REFORMA TRABALHISTA

Uma reflexão dos Auditores-Fiscais do Trabalho sobre os efeitos da Lei n. 13.467/2017 para os trabalhadores

Carlos Fernando da Silva Filho
Rosa Maria Campos Jorge
Rosângela Silva Rassy
Organizadores

Reforma Trabalhista

Uma reflexão dos Auditores-Fiscais do Trabalho sobre os efeitos da Lei n. 13.467/2017 para os trabalhadores

Sinait
Sindicato Nacional dos Auditores Fiscais do Trabalho

LTr®

EDITORA LTDA.

Rua Jaguaribe, 571
CEP 01224-003
São Paulo, SP — Brasil
Fone (11) 2167-1101
www.ltr.com.br
Janeiro, 2019

Produção Gráfica e Editoração Eletrônica: R. P. TIEZZI
Projeto de Capa: FABIO GIGLIO
Imagem de capa: MANIFESTACIÓN, 1934 – ANTONIO BERNI (1905-1981)
Impressão: META BRASIL

Versão impressa — LTr 6151.9 — ISBN 978-85-361-9905-4
Versão digital — LTr 9503.9 — ISBN 978-85-361-9917-7

Dados Internacionais de Catalogação na Publicação (CIP)
(Câmara Brasileira do Livro, SP, Brasil)

Reforma trabalhista : uma reflexão dos auditores-fiscais do trabalho sobre os efeitos da Lei n. 13.467/2017 para os trabalhadores / Carlos Fernando da Silva Filho, Rosa Maria Campos Jorge, Rosângela Silva Rassy, organizadores. São Paulo : LTr, 2019.

Vários autores.

Bibliografia.

ISBN 978-85-361-9905-4

1. Auditoria fiscal — Brasil 2. Direito do trabalho 3. Direito do trabalho — Brasil 4. Lei n. 13.467, de 2017 5. Reforma constitucional — Brasil I. Silva Filho, Carlos Fernando da. II. Jorge, Rosa Maria Campos. III. Rassy, Rosângela Silva.

18-22161 CDU-34:331.001.73(81)

Índice para catálogo sistemático:

1. Brasil : Reforma trabalhista : Direito do trabalho 34:331.001.73(81)

Cibele Maria Dias — Bibliotecária — CRB-8/9427

Carlos Fernando da Silva Filho é graduado em Ciências Econômicas pela Universidade Federal de Pernambuco, especialista em Higiene Ocupacional pela Escola Politécnica da Universidade de São Paulo. É Auditor-Fiscal do Trabalho desde 2007. Foi vice-presidente do Sindicato Nacional dos Auditores Fiscais do Trabalho — SINAIT no biênio 2013-2015; presidente do Sindicato Nacional dos Auditores Fiscais do Trabalho — SINAIT no biênio 2015-2017; e, atualmente é presidente do Sindicato Nacional dos Auditores Fiscais do Trabalho — SINAIT no triênio 2017-2020. Foi presidente da Associação dos Auditores Fiscais do Trabalho do Estado de Pernambuco.

Rosa Maria Campos Jorge é graduada em Direito pela Pontifícia Universidade Católica de Goiás, especialista em Direito do Trabalho e Docência Universitária. Professora de Direito do Trabalho da Universidade Católica de Goiás – PUC-GO. É Auditora-Fiscal do Trabalho desde 1985. Foi presidente do Sindicato Nacional dos Auditores Fiscais do Trabalho – SINAIT nos mandatos dos biênios 2005/2007, 2007/2009 e 2013/2015; foi vice-presidente do Sindicato Nacional dos Auditores Fiscais do Trabalho – SINAIT (biênio 2015/2017); e, atualmente é vice-presidente do Sindicato Nacional dos Auditores Fiscais do Trabalho – SINAIT no triênio 2017/2020. Foi Presidente da Confederação Iberoamericana dos Inspetores do Trabalho — CIIT no período de 2011/2013 e, atualmente, faz parte da Comissão Diretiva como Vogal (biênio 2018/2020). Foi presidente da Associação dos Auditores Fiscais do Trabalho do Estado de Goiás.

Rosângela Silva Rassy é graduada em Direito pela Universidade da Amazônia e em Comunicação Social pela Universidade Federal do Pará. É mestre e especialista em Direito do Trabalho e Relações Sociais pela Universidade da Amazônia; especialista em Jornalismo pela Universidade Federal do Pará. Professora de Direito do Trabalho da Universidade da Amazônia. É Auditora-Fiscal desde 1984. Foi presidente do Sindicato Nacional dos Auditores Fiscais do Trabalho — SINAIT nos biênios 2009-2011 e 2011-2013. Atualmente é diretora do SINAIT. Foi presidente da Associação dos Auditores Fiscais do Trabalho do Estado do Pará.

Sumário

III — DIREITO COLETIVO DO TRABALHO

Mensagem dos Organizadores

A ideia de publicar uma obra coletiva com artigos científicos de Auditores-Fiscais do Trabalho sobre as consequências da Lei n. 13.467/2017 (Reforma Trabalhista) surgiu com a necessidade de trazer uma contribuição para a discussão do futuro das relações de trabalho no Brasil, a partir da alteração da CLT em mais de cem artigos.

Transcorrido um ano da nova lei, a reflexão profissional dos Auditores-Fiscais do Trabalho, resultante de experiências em fiscalizações diárias em ambientes de trabalho diversos, ganha uma dimensão importante que vem destacar a atuação do tripé institucional de proteção ao trabalhador: Fiscalização do Trabalho, Procuradoria do Trabalho e Justiça do Trabalho.

A comissão organizadora da presente coletânea divulgou um regulamento para apresentação dos artigos científicos e sugeriu 20 (vinte) temas referentes às principais modificações trazidas pela nova legislação, além da alternativa para os autores escreverem sobre "outros pontos tratados na Lei n. 13.467/2017".

A proposição do Sinait foi bem recebida pela categoria e mais de trinta Auditores enviaram textos inéditos que foram avaliados pela Comissão Científica quanto aos requisitos formais e atendimento ao tema central proposto, estabelecendo-se a partir daí importante diálogo entre autores e comissão em busca da construção de uma coletânea de artigos científicos em torno do tema central: Reforma Trabalhista — Uma reflexão dos Auditores-Fiscais do Trabalho sobre os efeitos da Lei n. 13.467/2017 para os trabalhadores.

A comissão organizadora parabeniza a todos os articulistas pelo espírito de coletividade e ressalta a qualidade do resultado final alcançado, fruto do conhecimento, experiência e sensibilidade dos Auditores-Fiscais do Trabalho para as questões que envolvem as relações de trabalho.

Nossos agradecimentos à LTr Editora, sempre atenta aos importantes temas do Direito do Trabalho em nosso país.

Que essa obra seja lida e refletida por todos os que operam no mundo do trabalho!

Comissão Organizadora

I – Direito Administrativo do Trabalho

Alguns Prognósticos sobre o Futuro das Relações de Trabalho e da Inspeção do Trabalho no Brasil após a "Reforma Trabalhista" (Lei n. 13.467/2017)

Luiz Felipe Monsores de Assumpção[(1)]

I. Introdução

É comum ouvir em conversas informais, ou ler nas mensagens trocadas entre colegas Auditores Fiscais do Trabalho nas redes sociais, de que a partir da reforma trabalhista o AFT passaria a ser "fiscal de sindicato". Tais comentários têm um indisfarçável caráter reprovador, mormente se contrastado com o discurso de emancipação frente ao Sistema de Relações de Trabalho[(2)], havido como um dos principais elementos que traçaram o contexto das transformações pelas quais passou a inspeção do trabalho brasileira, sobretudo no decênio compreendido entre 1994 e 2004.[(3)]

Esse tom depreciativo também se explica pela crítica à supremacia do negociado em face do legislado, que sob o pressuposto de uma crise de legitimação sindical, menos que representar a democracia nas relações de trabalho, resultaria na consumação do processo de precarização do emprego, esvaziando o

(1) Auditor-Fiscal do Trabalho. Economista e bacharel em direito. Especialista em direito do trabalho e legislação social. Mestre e doutor em direito e sociologia. Professor do Centro Universitário Geraldo di Biase.

(2) Enquanto sistema nacionalmente organizado, a fiscalização do trabalho brasileira fora concebida praticamente como uma forma integrada à ação sindical, daí sua íntima e histórica ligação com o Sistema de Relações de Trabalho. Contudo, a partir dos anos cinquenta, com a chegada da primeira geração de Inspetores do Trabalho concursados, essa relação de intimidade com as representações sindicais (autorizadas pelo Estado, lembremos) passou a ser revisitada, uma vez que começava a ser percebida pelo corpo fiscal como uma forma velada de ingerência política. Com o meio sindical, a inspeção do trabalho passou a estabelecer pouco a pouco uma relação de natureza instrumental, como ocorrera durante a década de sessenta, quando empunharam uma pauta conjunta de oposição à política de arrocho salarial imposta aos trabalhadores e servidores públicos, além de organizarem ações fiscais em parceira, carregadas de efeito simbólico, a fim de demonstrarem, fiscalização e sindicatos, a grande insatisfação causada pelas medidas de fragilização da inspeção do trabalho adotadas na gestão Castello Branco. Até mesmo a Convenção n. 81 da OIT era amiúde invocada para justificar a "independência" da fiscalização trabalhista, inclusive com relação ao sistema oficial de representação sindical, considerado como fonte potencial de influência externa indevida, ou mesmo uma extensão do controle político-governamental sobre a inspeção do trabalho.

(3) Período demarcado pela edição da Portaria Interministerial n. 6/1994 (SFIT) e a Portaria n. 513/2004 (GIFA).

móvel garantista do intervencionismo estatal, o *télos* protetivo que caracteriza, no particular, a inspeção do trabalho.

Num âmbito mais sério de discussão, a inspeção do trabalho vem ensaiando um discurso crítico da Lei n. 13.467/2017 e da desconstrução do sentido protetivo do direito do trabalho que dela decorre. Não se trata de uma crítica institucional, decerto, pois diante do argumento modernizante entoado pelo Ministério do Trabalho (MT), a Secretaria de inspeção do trabalho se manteve em silêncio, cabendo ao Sindicato Nacional dos Auditores Fiscais do Trabalho (SINAIT) a iniciativa de se aproximar de outras representações classistas, mobilizadas e dispostas a opor resistência à reforma trabalhista, mormente as ligadas à ANAMATRA.(4)

O SINAIT também assegurou participação no grupo formado por uma Subcomissão da Comissão de Direitos Humanos e Legislação Participativa — CDH do Senado, que vem discutindo a elaboração do "Estatuto do Trabalho" que, segundo a entidade, visa a se contrapor à reforma trabalhista.(5)

Mas é certo que no âmbito de cada uma dessas instâncias de manifestação do corpo fiscal revela-se a mesma preocupação: a prescindibilidade da inspeção do trabalho, no novo contexto das relações trabalhistas pós-reforma.(6)

Nesse sentido, além de submeter a inspeção do trabalho a toda uma problemática em torno da dicotomia legislado x negociado, é possível que a percepção compartilhada pelo corpo fiscal, de que a reforma trabalhista propôs uma ruptura com a promessa (talvez tardia) de um Estado de bem-estar, assentado na garantia de uma cidadania salarial, tenha obrigado a inspeção do trabalho a legitimar o seu discurso garantista, e a reclamar o seu *status* de "Inspeção Constitucional do Trabalho".

II. Desenvolvimento

II.1. A reforma trabalhista e a falácia da valorização da negociação coletiva

A Constituição Federal de 1988 (CRFB/88) foi a primeira a declarar a tensão existente entre o capital e o trabalho, algo considerado inerente ao processo de construção do modelo de Estado capitalista projetado no texto constitucional.

Quando não expressamente conciliados (cf. art. 145 da CF/1946), a liberdade de iniciativa e os valores do trabalho não eram nada além de princípios informadores da ordem econômica. Alçados ao nível de princípios federativos, trabalho e livre-iniciativa se autonomizaram em seus próprios estatutos analíticos de direitos constitucionais, a partir da CRFB/88.

Abstraindo do fato de se tratar de um elenco de direitos, a Consolidação das Leis do Trabalho (CLT), por sua vez, sempre pareceu projetar-se bem mais e melhor como uma declaração do direito de resistência individual do trabalhador. Com a CRFB/88, esse direito se expande para o plano coletivo, anunciado na forma de um direito de resistência social, a despeito (ou em face) dos compromissos institucionais do Estado capitalista brasileiro, cuja evidência, além do desatrelamento estatal das representações de classe, da vedação do retrocesso social, e do tipo ideal de cidadania centrada no trabalho, apareceria, inclusive, em insuspeitas inserções que poderiam figurar em qualquer manifesto socialista, como é o caso da proteção dos trabalhadores (no plural) frente

(4) A 2ª Jornada de Direito Material e Processual do Trabalho, promovida pela Associação Nacional dos Magistrados da Justiça do Trabalho (ANAMATRA), ocorrida entre os dias 9 e 10 de outubro de 2010 em Brasília, contou com uma expressiva delegação de Auditores Fiscais do Trabalho, com mais de 60 integrantes, os quais participaram na elaboração de pelo menos 20 enunciados.

(5) Disponível em: <https://www.sinait.org.br/site/noticia-view?id=15325/retrospectiva%202017sinait%20faz%20preparacao%20para%20participacao%20na%202?%20jornada%20da%20anamatra%20sobre%20a%20reforma%20trabalhista>.

(6) O contraponto à "imprescindibilidade" da inspeção do trabalho na obra de Mannrich (1991) é proposital.

a automação, declarada no inciso XXVII do art. 7º da CRFB/88.[(7)]

Ao mesmo tempo em que a CRFB/88 reconhece o conflito fundamental capital *versus* trabalho como constituinte do modelo de Estado federativo brasileiro, ela apresenta a solução dominante para esse conflito.

Trata-se de um modelo de concertação social no qual a negociação coletiva assume uma posição saliente, e a despeito de ainda se notarem reminiscências do projeto corporativista do entreguerras, mostra-se claramente reconfigurado, a fim de que se realize numa dimensão societal.

Pela primeira vez, note-se, a negociação coletiva aparece protegida como um direito em si. É a primeira Constituição a se colocar "de frente" para a negociação coletiva[(8)]. Trata-se, pois, do reconhecimento constitucional da negociação coletiva, enquanto direito fundamental coletivo.

Embora não sejam poucos os que, até com certo desembaraço, afirmam sobre os limites do que se pode ou não negociar coletivamente, o fato é que essa questão nunca foi satisfatoriamente resolvida.

A interpretação restritiva, apegada às hipóteses em que a CRFB/88 mencionava expressamente a negociação coletiva, ou os acordos e convenções coletivas, como alternativas mitigadoras (redução salarial, ampliação da jornada mediante acordo de compensação e ampliação da jornada trabalhada em turnos ininterruptos de revezamento) nunca foi capaz de apreender a realidade cotidiana dos arranjos de conveniência e "satisfação" mútuas, como a repartição das férias individuais por iniciativa do empregado, a flexibilização do início e do término da jornada de trabalho, a possibilidade de negociação de distratos, a indenização proporcional ao período de estabilidade de empregadas gestantes, quando transferidas compulsoriamente nas situações previstas no art. 469 da CLT, em especial a do § 2º, dentre outros.

Por outro lado, a aplicação do princípio dos poderes implícitos (*inherent powers*), assumindo que tudo é possível, diante da possibilidade de redução real dos salários e da ampliação da jornada sem limite expresso, sempre nos pareceu excessivo, principalmente se considerarmos, em termos principiológicos, a vedação do retrocesso social como promessa constitucional, e o déficit de legitimidade de boa parte das nossas representações sindicais laborais, como uma evidência da fragilidade, em regra, da autonomia negocial coletiva.

Para o bem ou para o mal, a reforma trabalhista propôs uma solução para esse dilema, elencando expressamente quais temas poderiam ser objeto de negociação, e quais não poderiam sê-lo, demarcando e protegendo, todavia de forma bastante peculiar, o território de atuação da autonomia negocial coletiva.

Senão vejamos:

a) **O espaço da negociação coletiva deixa de ser um "espaço de interesse público".** Isto pode ser visto na blindagem substancial do consenso coletivo, junto ao sistema de justiça (art. 8º, § 3º; art. 611-A, § 1º). Na prevalência do pacto normativo sobre a lei, considerando que esta, em tese, se submete a um debate intersubjetivo e a um escrutínio político-jurídico teoricamente mais depurado, cuidadoso e, acima de tudo, público. Na aplicação da "teoria da especificidade" como critério dominante para a

(7) A inspeção do trabalho se apropriou desse enunciado constitucional para fundamentar a defesa da NR-12 (segurança de máquinas, equipamentos e instalações), de modo que os efeitos deletérios da automação não seriam observados apenas no âmbito do mercado de trabalho, com o desemprego, mas também no espaço da produção, concorrendo para o aumento da intensidade do trabalho. A NR-12 propõe, nesse sentido, o redirecionamento da tecnologia para a segurança no trabalho com máquinas e equipamentos, tornando-a um aspecto intrínseco do processo produtivo, ainda que em detrimento do ritmo do trabalho (ASSUMPÇÃO, L. F. Monsores de; SANTOS NETO, José Olímpio dos; DOMINGUES, Carlos Eduardo F. Serve na Europa, não no Brasil: a NR-12 e as várias faces de um debate nacional. *Suplemento Trabalhista LTr*, São Paulo ano 52, v. 71, p. 397-410, 2016).

(8) SÜSSEKIND, Arnaldo *et al. Instituições de direito do trabalho.* 22. ed. atual. por Arnaldo Süssekind e João de Lima Teixeira Filho. São Paulo: LTr, 2005. v. 2.

solução de antinomias entre normas coletivas (art. 620). Na equiparação da dispensa coletiva/coletivizada com a dispensa singularizada, para efeito do exercício do direito potestativo, por parte do patrão, de cessação imotivada do contrato de trabalho (art. 477-A). Na exclusão de certos agentes necessários do espaço negocial (INSS, por exemplo), impedindo a defesa de certos interesses da comunidade externa aos sujeitos da negociação coletiva, como se vê na autodeterminação do grau da insalubridade (art. 611-A, XII). Na regulação da representação dos empregados no espaço empresarial, enquanto lugar da solução hermética dos conflitos que emergem das relações de trabalho (art. 510-A, § 1º).

b) **A erradicação dos resquícios do institucionalismo clássico nas relações de trabalho.** A constitucionalização analítica dos direitos trabalhistas não serve apenas ao propósito de reafirmar a centralidade do trabalho, seja no contexto da organização social, seja como atributo de dignidade e cidadania. Serve também a um projeto de Estado capitalista, que dentro da taxinomia proposta por Esping-Andersen não corresponderia a um tipo "puro"[(9)] — algo entre o "conservador" e o "socialdemocrata" —, mas sem dúvida a um Estado de bem-estar (*welfare*), segundo o qual o aparato organizador, legitimador e coercitivo estatal (aí incluindo a inspeção do trabalho) é posto a serviço da inclusão social e do aumento da qualidade de vida das pessoas. E isso é importante porque, sob o ponto de vista do processo de acumulação, a dignificação da relação salarial é fundamental para a reprodução da força de trabalho, ao passo que o salário é realçado em seu atributo de fonte de demanda efetiva. Nesse sentido, a concepção doutrinária de que as normas trabalhistas se destacam, no Brasil da Constituição Cidadã, como sendo de "ordem pública", insujeitas à mitigação indiscriminada pela via da vontade privada, não se sustenta apenas à custa da promessa constitucional de uma cidadania salarial, mas também pelo conteúdo programático consistente com a construção de um tipo peculiar de Estado de Bem-Estar Keynesiano. Percebe-se, deste ponto, que a reforma trabalhista "bate de frente" com esse programa, na medida em que promove a interdição drástica dos discursos de resistência à mercadorização da força de trabalho, um dos cânones da sociedade de mercado, revelando o compromisso com o Estado de tipo liberal, o qual se estrutura sobre três pilares fundamentais: a) papel mínimo do Estado (incluindo um papel residual na prestação do bem-estar social); b) ênfase na individualização, e não na socialização dos riscos relacionados com a participação no mercado de trabalho; c) preferência pelas soluções de mercado para os problemas sociais e econômicos. É o mercado substituindo o Estado como o curador das relações de trabalho, cuja forma jurídica de atuação não é outra, senão o contrato.

c) **A grande contradição por trás da supremacia do negociado sobre o legislado.** Sayonara Grillo[(10)] já demonstrou que, em boa dose, a CLT atendeu as expectativas do empresariado brasileiro, na medida em que legitima o fastio negocial que historicamente o caracterizou. Negociar com os trabalhadores, sobretudo quando organizados, motivados e mobilizados sempre foi um pesadelo para os capitalistas tupiniquins. A experiência exitosa do "Novo sindicalismo" buscou reescrever essa tendência, influenciando a constituinte, e levando-a a estampar na Constituição Federal de 1988 o princípio da inescusabilidade da negociação coletiva, sob a tese de que sem ela não é possível conceber a melhoria da condição de vida dos trabalhadores, nem promover a concertação social como solução para o conflito capital x trabalho. Isto posto, convém perguntar: como é possível que uma reforma trabalhista ultraliberal possa endossar a supremacia do negociado sobre o legislado? Simples, basta que se tenha o controle sobre o espaço, sobre o tempo, sobre a forma, sobre os sujeitos e sobre os objetos da negociação. E isso é garantido, de fato, porque a reforma propõe:

(9) BOYER, Robert. *Teoria da regulação* — os fundamentos. São Paulo: Estação Liberdade, 2012.
(10) SILVA, Sayonara Grillo C. L. da. *Relações coletivas de trabalho* – configurações institucionais no Brasil contemporâneo. São Paulo: LTr, 2008.

i. A desconstrução do espaço negocial em sua dimensão coletiva, ou seja, como o espaço de atuação das representações de classe, cujo propósito é garantir a "paridade de armas" com a expressão coletiva do capital, cujo tipo ideal é a empresa;

ii. O "civilizamento" das relações de trabalho[11]; o contrato de trabalho como um pacto isonômico, legitimado pela tese da maturidade volitiva do trabalhador brasileiro, e pela "superação" do conflito capital x trabalho;

iii. O domínio patronal sobre a autonomia negocial coletiva das representações laborais, seja pela supressão do financiamento compulsório da ação sindical, seja pelo advento de formas intramuros (herméticas à ação coletiva) de pacificação de conflitos trabalhistas;

iv. A indiscutibilidade das cláusulas normativas em nome da segurança jurídica, condição *sine qua non* para conferir efeito compromissório aos contratos, sem o que não é possível conceber um mercado autorregulado;

v. A possibilidade de (re)configuração em nível ôntico (em oposição ao ontológico), pela via contratual, dos sujeitos e formas jurídicas fundamentais da relação de trabalho assalariado. Se for contratado, pau vira pedra, e não se discute;

vi. A agudização do processo de precificação controlada das condições de trabalho, atendendo à lógica curto prazista dos mercados, à racionalização e estabilização dos riscos do empreendimento, e ao consumismo como um traço característico do tipo ideal de cidadania que caracteriza as sociedades capitalistas modernas.

O cerne da grande contradição dessa reforma, no que tange à negociação coletiva, pode ser sintetizada numa única expressão: não dá para consagrar a supremacia dos consensos num cenário onde se nega a existência do conflito nas relações de trabalho, premissa comum tanto ao estatalismo, quanto ao mercantilismo, nas suas formas extremas.

II.2. O princípio protetor e o *télos* protetivo da inspeção do trabalho no pós-reforma

Note-se que a partir da maneira pela qual a reforma trabalhista trata o tema da negociação coletiva, visualiza-se não só a negação da vulnerabilidade do trabalhador, como também a desconstrução do conceito de classe trabalhadora juridicamente protegida.[12]

A reforma trabalhista, sem exagero, propõe uma verdadeira desconstrução epistemológica, política e ideológico-doutrinária do direito do trabalho, começando por negar alguns de seus princípios informadores, como o da norma mais favorável (possibilidade de regulamentação *in pejus*, uma vez afastado o paradigma legal, além da reconfiguração dos critérios de integração normativa, previstos no art. 8º). Da condição mais benéfica (ênfase no formalismo contratual, o que pode ser visto em determinados casos, como o do salário-substituição [§ 2º do art. 468] e da equiparação salarial [§ 2º do art. 461]). Da primazia da realidade (talvez o caso paradigmático seja o da legitimação da pejotização, como se vê no art. 442-B). O da indisponibilidade-irrenunciabilidade dos direitos (possibilidade do distrato como hipótese terminativa do contrato de trabalho [art. 484-A]; convenção de arbitragem através de cláusula compromissória [art. 507-A], dentre outros exemplos).

Não precisaria ir além do ataque ao núcleo substantivo e normativo do direito do trabalho consagrado por aqui, não fosse o terror que o meio empresarial possui do Judiciário Trabalhista, tido para seus críticos como um berço criacionista de direitos sumulados *ex nihilo*[13], ao arrepio — quase sempre — da teoria dos contratos, o que se poderia dizer, por exemplo,

(11) VIANA, Márcio Túlio. O novo papel das convenções coletivas de trabalho: limites, riscos e desafios. *Revista do TST*, Brasília, v. 67, n. 3, p. 47-63, jul./set. 2001.

(12) ANDRADE, Everaldo Gaspar Lopes de. A desconstrução do paradigma trabalho subordinado como objeto do direito do trabalho. *Revista LTr Legislação do Trabalho*, São Paulo, v. 72, n. 8, p. 913-919, ago. 2008.

(13) FARAH, G. Pereira. *As súmulas inconstitucionais do TST*. São Paulo: LTr, 2007.

da garantia de emprego da gestante no âmbito do contrato de experiência.

Emascular o direito do trabalho sem atacar sua *envoltura protectora*[(14)] seria por demais arriscado, sobretudo quando se tem uma Justiça do Trabalho que para si atraiu, historicamente, com razão ou sem ela, a função de grande intérprete do princípio da proteção do trabalhador. Há de se perceber, por evidente, que a reforma trabalhista desfere um golpe poderoso na Justiça do Trabalho, atacando-a em todos os níveis.

Mas o que dizer da inspeção do trabalho? Dá para afirmar que ela passou incólume pela reforma trabalhista?

De início, percebe-se que a reforma trabalhista repete em muitos aspectos o receituário noventista, apostando nas implicações indiretas da mudança na regulamentação do trabalho assalariado sobre o perfil de atuação da inspeção do trabalho. Contudo, apesar de frequentemente contraditório, o grande argumento utilizado na segunda metade da década de noventa era a vocação pedagógica e transformativa da fiscalização trabalhista, que predominava (ou deveria predominar) sobre o perfil policialesco e repressivo.

Porém, a reforma trabalhista chega num momento em que se constata uma mudança aguda na forma de atuação da inspeção do trabalho pós-CRFB/88, consequência de um processo paulatino, mas que se acelerou a partir de 2003, e que teve em 2010 o seu grande momento de inflexão.

Um dos aspectos que vale a pena ressaltar, no âmbito da reconfiguração da inspeção do trabalho pós-CRFB/88, é a consolidação de um *télos* construído discursivamente, capaz de tensionar a relação com outras instituições (Justiça do Trabalho e MPT), com as quais a inspeção do trabalho passou a disputar o domínio do discurso (e da ação), centrado(s) na proteção do trabalhador.

A consolidação desse *télos*, todavia, se tornou tributária de um processo de desintegração com o sistema de relações de trabalho; de autonomização político-institucional, de busca irrefreável pela homogeneização cognitiva e procedimental; do recrudescimento da "postura militante", do *esprit de corps* e da atuação coletiva enquanto grupo de pressão; do abandono sistemático da atuação compreensiva[(15)] e da assimilação do receituário proposto pela *new public management*, mormente quanto aos sistemas de controle da produtividade; do generalismo, em vez do especialismo; do predomínio dos juízos de convicção formalmente legitimados, em desfavor dos juízos propositivos discursivamente fundamentados, dentre outros aspectos.

De fato, há prós e contras que podem ser visualizados nesse processo pós-CRFB/88 de reconfiguração institucional e ideológica da inspeção do trabalho. Mas o importante aqui é detectar em que medida a fiscalização trabalhista se sente impactada pela reforma da CLT e, nesse sentido, arrisca-se a dizer que a nova lei põe em cheque esse *télos*, justamente porque a reforma propõe, em grande medida, a desconstrução do trabalhador, enquanto sujeito juridicamente hipossuficiente e individualmente incapaz de exercer o seu direito de resistência frente à sua reificação e à mercadorização do seu trabalho.

Se o propósito da inspeção do trabalho é a proteção substantiva do trabalhador, como fica esse *télos* diante de uma norma de sustento que reafirma a sua (do trabalhador) capacidade de negociar suas próprias condições de trabalho, e que o único objeto de proteção é a sua empregabilidade?

Um exemplo banal do que ora se cogita pode ser visto em relação ao que a inspeção

(14) CUEVA, Mário de La. *El nuevo derecho mexicano del trabajo*. México: Porrúa, 1985. v. 2.

(15) Uma ontologia compreensiva da inspeção do trabalho, em sua concepção originária, inclusive no Brasil, se caracteriza pela centralidade que assumem as narrativas dos sujeitos históricos, coletivos e individuais. Dessa ontologia se supõe a capacidade da inspeção trabalhista de "compreender uma 'individualidade sociocultural' formada de componentes historicamente agrupados" (QUINTANEIRO, Tânia; BARBOSA; Maria Lígia de O.; OLIVEIRA, Márcia Gardênia M. de. *Um toque de clássicos*. 2. ed. rev. e ampl. Belo Horizonte: UFMG, 2007. p. 112), e de buscar o sentido de suas condutas plurais reciprocamente orientadas no contexto do "mundo do trabalho".

do trabalho considera ser um dos "atributos de ouro": a jornada de trabalho.

São várias, de fato, as possibilidades de legitimação do excesso de jornada: a) banco de horas negociado individualmente (art. 59, § 5º); b) acordo de compensação tácito e incidental (art. 59, § 6º); c) necessidade imperiosa com dispensa de comunicação *a posteriori* (art. 61, § 1º); d) acordo de compensação cumulado com prorrogação sistemática da jornada (parágrafo único do art. 59-B); e) o teletrabalho formalmente contratado (art. 62, III), tudo isso sem desconsiderar, por pressuposto, a própria condição de empregado desse trabalhador hipotético. Por outro lado, cada uma dessas situações é facilmente "documentável", pois se situam, todas, no âmbito do contrato individual de trabalho e, portanto, sob o domínio das "partes" contratantes.

Esse novo cenário, de investida sobre o garantismo constitucional trabalhista, permite visualizar alguns dilemas que se apresentarão iminentemente, e que aqui se expõem na forma de um rol (ainda) aberto de interrogações:

i) O civilizamento das relações de trabalho promoverá o aumento do formalismo contratual, levando a inspeção do trabalho a se especializar na auditoria das rotinas trabalhistas[16] e, na medida em que isso ocorra, amplificará a sua percepção do ilícito trabalhista e multiplicará a produção de tipos infracionais?

ii) Pelo fato de a inspeção do trabalho ter sido negligenciada, quando da alteração do art. 8º da CLT, herdará o AFT a missão de principal intérprete da norma trabalhista (incluindo os instrumentos normativos, regulamentos de empresa e os próprios contratos), e de sua adequação ao mundo do trabalho, uma vez que o uso dos elementos de integração normativa, previstos no próprio art. 8º, não foi comprometido?

iii) A inspeção do trabalho adotará a Constituição Federal como parâmetro normativo, no que se refere aos dispositivos *self-executing*, para fundamentar o seu juízo de convicção? Ou seja, os AFTs se tornarão os "guardiões" do direito constitucional do trabalho?

iv) A narrativa do trabalhador, do empregador e de terceiros tenderão a ganhar importância para a formação do convencimento do AFT? Ou seja, a inspeção do trabalho irá resgatar a sua atuação compreensiva?

v) Em caso positivo, se imporá o contraditório durante o processo de formação do convencimento do AFT?[17]

vi) Sob o ponto de vista interinstitucional, é possível se pensar numa integração com a Justiça do Trabalho, com intuito de aumentar a aderência com a inspeção do trabalho, de modo que a realidade retratada sem mediação pela fiscalização possa servir de evidência, ou fundamentar um juízo de verossimilhança no processo judicial trabalhista?

vii) A inspeção do trabalho irá retomar, ainda que parcialmente, o paradigma restitutivo de ação e, com isso, recuperar a imposição da multa de ofício, como possibilidade decorrente de uma integração interinstitucional com a Justiça do Trabalho?

---

(16) O saber da "prática trabalhista" constituiu-se numa literatura autêntica, que remonta à primeira CLT comentada publicada no país [PEIXOTO, Jarbas. *Código do trabalho:* interpretação e prática da consolidação das leis do trabalho. Rio de Janeiro: Nacional de Direito, 1945. v. 2], e que caracterizou a produção de conhecimento da inspeção do trabalho, acerca da legislação social brasileira, até meados dos anos 1970. A busca por associar-se à comunidade do discurso jurídico, que coincidiu com o ingresso da "geração de 75", cujo concurso exigiu, pela primeira vez, a formação de nível superior, reorientou a inspeção do trabalho em muitos aspectos, inclusive quanto às estratégias de luta política. O saber da prática trabalhista, de caráter instrumental, foi sendo, aos poucos, exilado do âmbito da inspeção do trabalho e do próprio campo jurídico, tendo sido, posteriormente, reapropriado pela administração de empresas e pelas ciências contábeis e atuariais. Admite-se que o conhecimento da prática trabalhista, pelo que já representou no passado da inspeção do trabalho, tem potencial para ampliar a sua permeabilidade social, nomeadamente junto aos principais mediadores técnicos do pequeno empreendimento: os contadores e os profissionais de departamento pessoal.

(17) Tal argumento foi recentemente mobilizado com sucesso junto à Justiça do Trabalho (Proc. n. 1000348-70.2015.5.02.0203, da 3ª Vara do Trabalho de Barueri/SP), que decidiu pela anulação de 18 autos de infração lavrados em razão do descumprimento de normas de segurança e saúde do trabalhador.

viii) A inspeção do trabalho se reconciliará com o Sistema de Relações de Trabalho, até como forma de se contrapor à ascensão dos modelos privados de adjudicação de conflitos, como a arbitragem? De que forma? I) Tão só em termos operacionais, baseada em troca de informações? II) Integrando-se pelo modelo de mediação de conflitos coletivos baseados em interesses, atuando como um contrapeso restaurativo, e promovendo a paz social? III) Integrando-se, também, pelo modelo de mediação de conflitos baseados em direitos, inclusive individuais e, nesse sentido, adotando um paradigma de ação restitutiva do patrimônio econômico-jurídico do trabalhador?

ix) Dada a proposta de legitimação formal da precarização do trabalho, a inspeção trabalhista tenderá a se afirmar em seu caráter repressivo, na medida em que adote um juízo categórico como paradigma ético de atuação?

x) O procedimento especial será lugar comum, inclusive para o débito salarial, tendo em vista a tendência de desconstrução do princípio da alteridade, e o desconforto histórico da inspeção do trabalho em lidar com a prestação de serviços, sobretudo quando há um desnível substancial entre tomador e prestador?

xi) Com a autonomização presumida do trabalhador, associada à extinção da assistência homologatória, o plantão fiscal ganhará importância como espaço de reconciliação da inspeção do trabalho com a sociedade do trabalho?

xii) A importância da inspeção do trabalho continuará associada à sua capacidade de agregar o elemento "risco" à decisão do empregador em descumprir a norma trabalhista?

xiii) Ou é possível cogitar de uma ação do AFT que seja multiplicadora da capacidade de autodefesa do trabalhador, incorporando a sua ação ao que Dal Rosso[18] chama de "inspeção social"?

xiv) O descumprimento da norma trabalhista tenderá a aumentar, uma vez que o custo da litigância do descumprimento dos contratos (forma dominante de regulação das relações de trabalho, pós-reforma) é comprovadamente menor, se comparada ao descumprimento de uma legislação tradicionalmente considerada imperativa e cogente?

Sob muitos aspectos, o direito administrativo do trabalho é compreendido a partir da inspeção do trabalho e de seu modo de ação. Reduzindo-se a fiscalização trabalhista a uma mera avalizadora do núcleo substantivo do direito do trabalho, qualquer discussão a respeito das implicações da reforma trabalhista na inspeção do trabalho soará desnecessária, pois pouco importa qual seja a base normativa que irá nortear a ação coercitiva do Estado, nesse particular, principalmente se se admitir, por princípio, que a ação fiscalizadora seja, predominantemente, subsuntiva.

Mas isso não é, precisamente, o que ocorre, pois a reforma trabalhista atinge a inspeção do trabalho justamente em seu componente canônico, compartilhado pelo corpo fiscal. Trata-se da crença de que ela possua um *télos*, o que Mannrich[19] chama de "espírito", que legitima um vetor de atuação orientado para uma ideia mais ou menos nítida de "proteção".

A reforma atinge o *télos* protetivo da inspeção do trabalho por que ela reconfigura ontologicamente o sujeito-trabalhador, conferindo-lhe atributos como maturidade volitiva, autonomia, liberdade e autodeterminação, pondo-o em pé de igualdade com o patrão.

O curioso — quase piada pronta — é que a nova lei nem precisaria reafirmar tais qualidades expressamente, como forma de justificar a equivalência entre os polos do contrato de trabalho. Bastaria endossar o fetiche do "empreendedorismo tupiniquim"[20], implementando políticas ainda mais eficazes,

---

(18) DAL ROSSO, Sadi. A inspeção do trabalho. *RAP – Revista de Administração Pública*, Rio de Janeiro, v. 30, n. 2, p. 107-139, mar./abr. 1996.

(19) MANNRICH, Nelson. *inspeção do trabalho*. São Paulo: LTr, 1991.

(20) ALVIM, Joaquim Leonel de Rezende; NUNES, Tiago de Garcia; CASTRO, Carla Appollinário de. Empreendedorismo Tupiniquim: notas para uma reflexão. Trabalho apresentado no *I CONINTER*, Niterói, RJ, nos dias 3 a 6 de setembro de 2012. *Anais*... Disponível em: <http://www.aninter.com.br/Anais%20I%20Coninter.html>. Acesso em: 13.5.2015.

de molde a permitir que formas coletivas e individuais precárias de exercício da empresa sejam criadas e, nessa condição, se tornem empregadores emergentes.

Há, contudo, o que parece ser uma desconcertante contradição da Lei n. 13.467/2017, se tomarmos como premissa a fragilização da inspeção do trabalho que dela decorre. Trata-se do aumento de até 500% dos valores das multas pela falta de registro de empregados, o que facilmente poderia ser interpretado como um reforço ao combate à informalidade.

Decerto que o incremento do custo da infração pode confirmar a tendência de aumento da expectativa de arrecadação da inspeção do trabalho com a aplicação de multas, conforme se verá a seguir. Mas também pode representar algo mais sombrio.

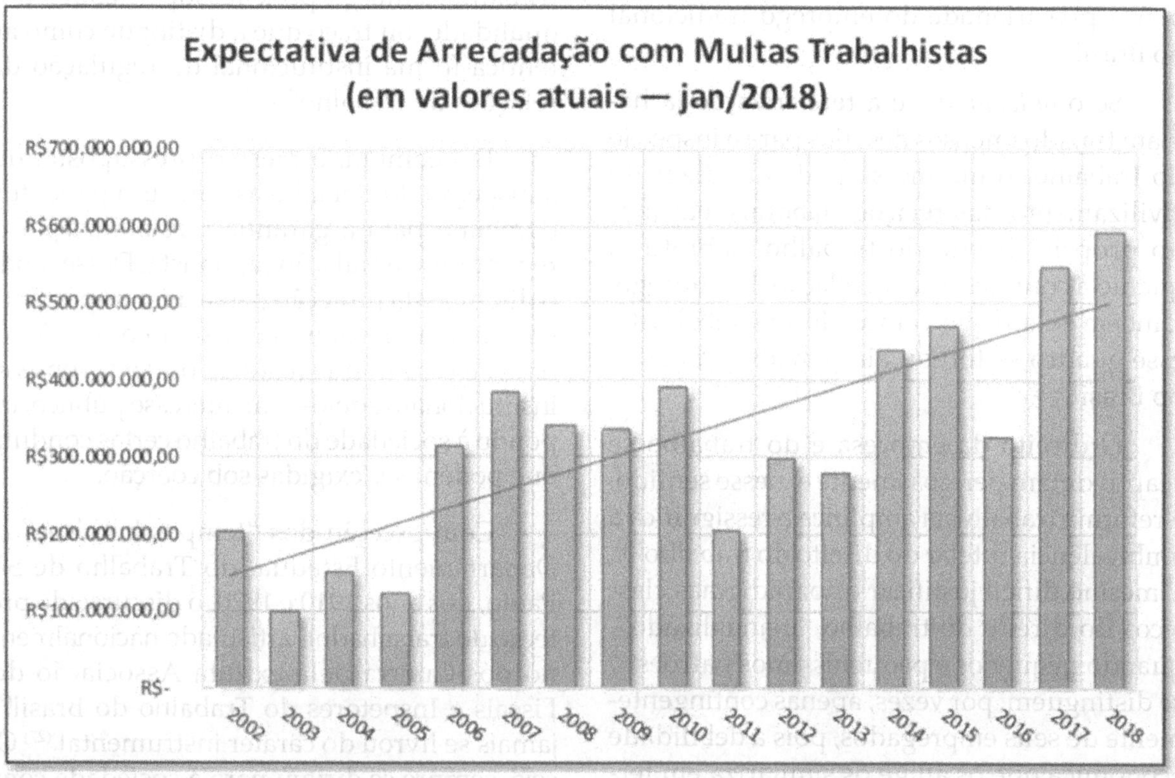

Gráfico 1 — Expectativa de receita oriunda das multas trabalhistas (valores atualizados).
Fonte: PLOA. Gráfico elaborado pelo autor.

Independente se se trata de modernização, como sugere o discurso oficial, ou de precarização, é fato que a Lei n. 13.467/2017 trouxe maior segurança jurídica a formas contratuais consideradas, até então, extremamente fugazes e altamente propensas à desconstrução, no caso concreto, tanto pela Justiça do Trabalho, quanto pela fiscalização trabalhista. Não bastasse, ainda criou uma versão tupiniquim do *zero-hours contract*, o contrato intermitente, no qual a própria obrigação substantiva imposta ao empregador — fornecer trabalho ao empregado — não configura cláusula pétrea.

Com relação, justamente, ao contrato intermitente, há um pressuposto não declarado que serve de contraponto ao aumento do valor das multas por manter trabalhador em condição de informalidade. Trata-se do "desemprego voluntário", cânone do liberalismo clássico e do trabalho-mercadoria, deduzido da possibilidade legal de se manterem diversos vínculos formais de emprego simultaneamente, e que serve de fundamento para a não concessão do seguro-desemprego aos trabalhadores contratados sob aquele regime.

Se é verdadeira a premissa aplicável aos trabalhadores, qual seja, que com a inflação de formas contratuais precárias, só fica desempregado quem quer, seu equivalente patronal também o será, isto é, que nada justifica manter um trabalhador sem vínculo empregatício formal de algum tipo.

Nessa perspectiva, o aumento do valor das multas pela falta de registro de empregados, menos que empoderar a inspeção do trabalho, se lhe atribui, na verdade, a função de legitimar a precariedade do emprego tradicional no Brasil.

Se o *outsourcing* e a terciarização já haviam trazido imensos desafios para a inspeção do trabalho, o mesmo se podendo dizer do civilizamento das relações laborais, em face do próprio direito do trabalho, sobretudo quanto à configuração da relação de emprego, também é certo que, com a reforma trabalhista, esse quadro se tornou ainda mais dramático no Brasil.

O direito da empresa e do trabalho se reaproximam perigosamente e, nesse sentido, a reforma trabalhista amplifica e ressignifica a ambivalência tutelar do direito do trabalho[21]. É mesmo difícil justificar os paradigmas clássicos do direito do trabalho "manualizado", quando pequenos e pequeníssimos patrões[22] se distinguem, por vezes, apenas contingentemente de seus empregados, pois a debilidade econômica que os aflige os similariza em termos funcionais, no âmbito da sociedade do trabalho, como "fios invisíveis da produção capitalista"[23]

II.3. A atuação regulatória da inspeção do trabalho e a retomada do viés constitucional

O que é retratado como um histórico desvio de finalidade da inspeção do trabalho brasileira, na crítica incisiva formulada por Sadi Dal Rosso, que a toma como um instrumento de regulamentação do processo de acumulação, de intervenção no domínio econômico e de corregulação do mercado de trabalho, emerge para Jessop[24] como uma qualidade, ou traço que a distingue como autêntica forma institucional da regulação das relações de trabalho[25].

Em comum, o mesmo pressuposto, que a inspeção do trabalho assume um papel fundamental para a garantia e estabilização do regime de acumulação capitalista. Desse modo, o discurso da proteção passa a ter importância na medida em que viabiliza a conversão da *raison d'État* — que justifica os compromissos institucionalizados — em interesse público, impondo à sociedade do trabalho certas condutas que podem ser exigidas sob coerção.

Com exceção dos "tempos heroicos" do Departamento Estadual do Trabalho de São Paulo, nos anos 1910 e 1920, o discurso de proteção do trabalhador, articulado nacionalmente no pós-Guerra pela extinta Associação dos Fiscais e Inspetores do Trabalho do Brasil[26], jamais se livrou do caráter instrumental.[27] Ou seja, sempre se dirigiu para a sociedade como um dentre outros aspectos de um contexto discursivo mais amplo, de autovalorização da fiscalização trabalhista. Desta forma, o *télos* pro-

(21) RAMOS FILHO, Wilson. *Direito capitalista do trabalho:* história, mitos e perspectivas no Brasil. São Paulo: LTr, 2012.

(22) Responsável pela produção de riqueza equivalente a 27% do PIB nacional (SEBRAE/FGV, 2011); por 41,4% dos salários pagos (RAIS, 2013); por 51,2% dos empregos formais (RAIS, 2014). Informações disponíveis em: <http://www.aedb.br/seget/arquivos/artigos16/14924134.pdf>. Acesso em: 22.8.2017.

(23) TAVARES, Maria Augusta. *Os fios (in)visíveis da produção capitalista.* São Paulo: Cortez, 2004.

(24) JESSOP, B. *El futuro del estado capitalista.* Madrid Los Libros de la Catarata, 2008.

(25) ASSUMPÇÃO, L. F. Monsores de. Redemocratização e transformação da inspeção do trabalho no Brasil: alguns aportes sobre eficiência e fragilidades. *Revista Brasileira de Sociologia do Direito,* São Paulo, v. 3, n. 1, p. 117-148, jan./abr. 2016.

(26) Trata-se da primeira entidade de representação nacional da inspeção do trabalho no Brasil, criada em outubro de 1952, e cujos últimos registros datam de 1963.

(27) Considera-se que durante os 25 anos que se seguiram à ascensão do Estado Novo predominou, no âmbito da política pública da inspeção do trabalho, a orientação pela paz social, com o solidarismo societal ascendendo sobre viés protetivo.

tetivo da inspeção do trabalho se apresentava como *poiesis*(28), de modo que ao defendê-la, em sua funcionalidade, defender-se-ia, por consequência, o próprio trabalhador.

Nesse sentido, a CRFB/88 se ofereceu como a oportunidade histórica para reverenciar o discurso de proteção do trabalhador como compromisso do Estado brasileiro, sem correr o risco do argumento *pro domo*, o que seria facilitado pela referência expressa à inspeção do trabalho, até então inédita no constitucionalismo brasileiro.(29)

Entretanto, não se observou, no decorrer dos anos 1990, a sublevação da inspeção do trabalho brasileira em torno do discurso de proteção, ao menos não como *poiesis*, mas em torno da vocação arrecadatória, argumento há muito invocado, mas tão só recentemente bem-sucedido.(30) O *télos* protetivo da inspeção do trabalho teria se convertido em *práxis*, isto é, em virtude estética, deduzida do próprio exercício da atividade inspecional.

A reforma trabalhista se tornou um desafio para a inspeção do trabalho porque a recoloca diante do mesmo dilema dos primeiros anos após a promulgação da CRFB/88. A agenda neoliberal implementada nos anos 1990 produziu, de fato, alguns solavancos no Sistema de inspeção do trabalho. No entanto, sua qualidade autorregulatória, desenvolvida em tempo recorde durante a transição para o governo FHC(31), foi capaz de amortecer a maioria dos impactos das novas formas de organização do trabalho, que raramente dispensavam a premissa da negociação coletiva em sua forma constitucionalmente autêntica, sem embargo de todas as (merecidas) críticas ao nosso sistema de representação sindical.

Desta feita, a reforma trabalhista impôs a ressignificação da própria dimensão coletiva das relações de trabalho, desde o sentido de representatividade formal ao conceito de negociação coletiva, sob o argumento do ganho de legitimação dos pactos firmados, tanto no âmbito coletivo, quanto no individual.

A dificuldade trazida pela Lei n. 13.467/2017 à inspeção do trabalho, e que a diferencia do conjunto normativo introduzido nos anos 1990, é que a precarização do trabalho não se sustenta apenas em suas respectivas formas jurídicas (trabalho a tempo parcial, intermitente, temporário etc.), mas na suposta legitimação produzida pelo próprio direito do trabalho, na medida em que, reorientado, passa a arbitrar os "acordos entre iguais"(32), o que torna, no mínimo, problemática a atuação interventiva do Estado.

Pior que isso, é constatar que a guinada arrecadatória da inspeção do trabalho não se choca frontalmente com a Lei n. 13.467/2017, pois o argumento da defesa da empregabilidade, ainda que por meio da inserção subalternizada de homens e mulheres no mercado de trabalho, vai ao encontro de novas possibilidades de ingressos tanto de contribuições previdenciárias, quanto do FGTS. Isto posto, o dilema da inspeção do trabalho não é só jurídico-constitucional, mas também ético.

Conclusão

A Lei n. 13.467/2017, que reformou massivamente a CLT, não trouxe grandes alterações no capítulo dedicado à inspeção do trabalho, salvo por menções isoladas ao valor das multas admi-

(28) LUHMANN, Niklas. *Introdução à teoria dos sistemas:* aulas publicadas por Javier Torres Nafarrate. Petrópolis: Vozes, 2011. Segundo o autor, *poiesis* compreende "algo que se produz de fora de si mesmo" (*Ibidem*, p. 121), cujo sentido advém dos resultados expressamente perseguidos.

(29) Cf, art. 21, inciso XXIV, da CRFB/88.

(30) Está-se referindo ao trabalho das extintas FASIBRA e AFAITRA durante a Constituinte e, pouco depois, em 1989, quando da votação da Medida Provisória n. 90, de 26 de setembro de 1989, que resultou na Lei n. 7.839, de 12 de outubro de 1989.

(31) O período compreendido entre o *impeachment* de Collor (e a consequente assunção de Itamar Franco) e a eleição de FHC também foi favorável à consolidação do ingresso político da inspeção do trabalho, organizada na forma de grupo de interesse ou de pressão (BOBBIO, Norberto; MATTEUCCI, Nicola; PASQUINO, Gianfranco. *Dicionário de política.* Brasília: UnB, 2004. v. 2, p. 562-571), no chamado "grupo fisco" (antigo grupo TAF), possibilitando as condições para a realização, em 1994, do maior concurso público da história da fiscalização trabalhista brasileira.

(32) Viana, 2001, p. 52.

nistrativas, que bem poderiam ser interpretadas, numa leitura precipitada, como evidências de exaltação da atividade inspecional.

Todavia, os impactos da reforma trabalhista vão muito além da simples "modernização" do estatuto consolidado. Trata-se de uma verdadeira ruptura com a tradição epistemológica do direito do trabalho brasileiro, radicado na sistematização principiológica elaborada por Américo Plá Rodriguez, começando por redefinir a ontologia do sujeito-trabalhador, ao qual se referiu Cesarino Júnior, de forma então inédita, como hipossuficiente(33), no âmbito da relação de emprego.

As mudanças promovidas não se justificam nem mesmo pela via da teoria crítica, aplicada ao direito do trabalho, uma vez que o próprio conceito de classe economicamente vulnerável, na qual se inserem os trabalhadores, é mitigado em favor de uma suposta segurança jurídica trazida com a indiscutibilidade substantiva dos contratos individuais e coletivos.

Nesse sentido, a inspeção do trabalho parece estar diante de um dilema já conhecido e vivenciado, para o qual se apresentam, quando menos, duas possibilidades de trajeto igualmente relevantes. A de atender às expectativas de novos ingressos de recursos para o Estado, no âmbito de sua atuação contra a "injustificável" informalidade das relações de trabalho e, desse modo, consolidar a sua vocação arrecadadora e reguladora do mercado de mão de obra. Ou, diversamente, a de centrar sua atuação no resgate da promessa constitucional de cidadania salarial pelo trabalho digno, aumentando sua permeabilidade social, na medida em que retoma sua tradicional aderência com o Sistema de Relações de Trabalho, seja pelo modelo de adjudicação de conflitos, seja pela aproximação com as representações sindicais.

Referências bibliográficas

ALVIM, Joaquim Leonel de Rezende; NUNES, Tiago de Garcia; CASTRO, Carla Appollinário de. Empreendedorismo Tupiniquim: notas para uma reflexão. Trabalho apresentado no I CONINTER, Niterói, RJ, nos dias 3 a 6 de setembro de 2012. *Anais... CONINTER I*, 2012. Disponível em: <http://www.aninter.com.br/Anais%20I%20Coninter.html>. Acesso em: 13.5.2015.

ANDRADE, Everaldo Gaspar Lopes de. A desconstrução do paradigma trabalho subordinado como objeto do direito do trabalho. *Revista LTr Legislação do Trabalho*, São Paulo, v. 72, n. 8, p. 913-919, ago. 2008.

______. *Direito do trabalho e pós-modernidade. Fundamentos para uma teoria geral*. São Paulo: LTr, 2005.

______. *Princípios de direito do trabalho. Fundamentos teórico-filosóficos*. São Paulo: LTr, 2008.

ASSUMPÇÃO, L. F. Monsores de. Redemocratização e transformação da inspeção do trabalho no Brasil: alguns aportes sobre eficiência e fragilidades. *Revista Brasileira de Sociologia do Direito*, São Paulo, v. 3, n. 1, p. 117-148, jan./abr. 2016.

______. *O sistema, a história, a política e o futuro da inspeção do trabalho no Brasil*. Tese (Doutorado em Ciências Jurídicas e Sociais) — Universidade Federal Fluminense, Niterói, 2018 (não publicado).

ASSUMPÇÃO, L. F. Monsores de; SANTOS NETO, José Olímpio dos; DOMINGUES, Carlos Eduardo F. Serve na Europa, não no Brasil: a NR-12 e as várias faces de um debate nacional. *Suplemento Trabalhista LTr*, São Paulo, ano 52, v. 71, p. 397-410, 2016.

BOBBIO, Norberto; MATTEUCCI, Nicola; PASQUINO, Gianfranco. *Dicionário de política*. Brasília: UnB, 2004. v. 2.

BOYER, Robert. *Teoria da regulação* — os fundamentos. São Paulo: Estação Liberdade, 2012.

BRASIL. *Lei n. 13.467, de 13 de julho de 2017*. Altera a Consolidação das Leis do Trabalho (CLT), aprovada pelo Decreto-Lei n. 5.452, de 1º de maio de 1943, e as Leis ns. 6.019, de 3 de janeiro de 1974, 8.036, de 11 de maio de 1990, e 8.212, de 24 de julho de 1991, a fim de adequar a legislação às novas relações de trabalho. Disponível em: <http://www.planalto.gov.br/ccivil_03/_ato2015-2018/2017/lei/l13467.htm>. Acesso em: 25.7.2018.

CESARINO JÚNIOR, A. F. *Direito corporativo e direito do trabalho:* soluções práticas. São Paulo: Livraria Martins, 1940.

______. *Direito social brasileiro*. 5. ed. ampl. e atual. Rio de Janeiro: Freitas Bastos, 1963. v. 2.

(33) CESARINO JÚNIOR, A. F. *Direito corporativo e direito do trabalho*: soluções práticas. São Paulo: Livraria Martins, 1940.

COELHO, Luiz Fernando. *Teoria crítica do direito.* Porto Alegre: Sergio Antonio Fabris, 1991.

CUEVA, Mário de La. *El nuevo derecho mexicano del trabajo.* México: Porrúa, 1985. v. 2.

DAL ROSSO, Sadi. A inspeção do trabalho. *RAP — Revista de Administração Pública,* Rio de Janeiro, v. 30, n. 2, p. 107-139, mar./abr. 1996.

FARAH, G. Pereira. *As súmulas inconstitucionais do TST.* São Paulo: LTr, 2007.

FILGUEIRAS, Vitor Araújo. *Estado e direito do trabalho no Brasil:* regulação do emprego entre 1988 e 2008. Tese (Doutorado em Ciências Sociais) — Universidade Federal da Bahia, Salvador, 2012.

JESSOP, B. *El futuro del estado capitalista.* Madrid: Los Libros de la Catarata, 2008.

KREIN, José Dari. Balanço da reforma trabalhista do governo FHC. In: PRONI, Marcelo; HENRIQUES, Wilnês (orgs.). *Trabalho, mercado e sociedade:* o Brasil nos anos 90. São Paulo: UNESP; Campinas: Instituto de Economia da UNICAMP, 2003.

LUHMANN, Niklas. *Introdução à teoria dos sistemas:* aulas publicadas por Javier Torres Nafarrate. Petrópolis: Vozes, 2011.

_____. *O direito da sociedade.* São Paulo: Martins Fontes, 2016.

MANNRICH, Nelson. *inspeção do trabalho.* São Paulo: LTr, 1991.

MIGUEL, Antônia Celene. O fiscal do trabalho: entre a lei e o mercado. Trabalho apresentado no *XI Congresso Brasileiro de Sociologia,* Campinas, nos dias 1 a 5 de setembro de 2003. *Anais...* SBS 2003. Disponível em: <http://www.sbsociologia.com.br/portal/index.php?option=com_docman&task=cat_view&gid=116&Itemid=171>. Acesso em: 2.9.2015.

_____. *A inspeção do trabalho no Governo FHC:* uma análise sobre a política da fiscalização do trabalho. São Carlos. Dissertação (Mestrado em Ciências Sociais) — Universidade Federal de São Carlos, 2004. Disponível em: <http://docplayer.com.br/5036137-Universidade-federal-de-sao-carlos-centro-de-educacao-e-ciencias-humanas-programa-de-pos-graduacao-em-ciencias-sociais.html>. Acesso em: 3.11.2015.

PEIXOTO, Jarbas. *Código do trabalho:* interpretação e prática da consolidação das leis do trabalho. Rio de Janeiro: Nacional de Direito, 1945. v. 2.

PIRES, Roberto Rocha C. Estilos de implementação e resultados de políticas públicas: fiscais do trabalho e o cumprimento da lei trabalhista no Brasil. *DADOS — Revista de Ciências Sociais,* Rio de Janeiro, v. 52, n. 3, p. 735 a 769, 2009. Disponível em: <http://www.scielo.br/scielo.php?pid=S0011-52582009000300006&script=sci_arttext>. Acesso em: 10.4.2014.

_____. *Flexibilidade, consistência e impactos na gestão do desempenho burocrático:* subsídios para uma nova sistemática de acompanhamento e avaliação do desempenho da inspeção do trabalho no Brasil. Brasília: OIT, 2010.

POLANYI, Karl. *A grande transformação:* as origens da nossa época. Rio de Janeiro: Campus, 1980.

QUINTANEIRO, Tânia; BARBOSA; Maria Lígia de O.; OLIVEIRA, Márcia Gardênia M. de. *Um toque de clássicos.* 2. ed. rev. e ampl. Belo Horizonte: UFMG, 2007.

RAMOS FILHO, Wilson. *Direito capitalista do trabalho:* história, mitos e perspectivas no Brasil. São Paulo: LTr, 2012.

RODRIGUEZ, Américo Plá. *Princípios de direito do trabalho.* São Paulo: LTr, 2002.

SILVA, Sayonara Grillo C. L. da. Direitos fundamentais, garantismo e direito do trabalho. *Revista do TST,* Brasília, v. 77, n. 3, p. 274-292, jul./set. 2011.

_____. *Relações coletivas de trabalho* — configurações institucionais no Brasil contemporâneo. São Paulo: LTr, 2008.

SÜSSEKIND, Arnaldo *et al. Instituições de direito do trabalho.* 22. ed. atual. por Arnaldo Süssekind e João de Lima Teixeira Filho. São Paulo: LTr, 2005. v. 2.

SÜSSEKIND, Arnaldo; MARANHÃO, Délio; VIANNA, José Segadas. *Instituições de direito do trabalho.* 2. ed. rev. aum. e atual. Rio de Janeiro: Freitas Bastos, 1961. v. 2.

TAVARES, Maria Augusta. *Os fios (in)visíveis da produção capitalista.* São Paulo: Cortez, 2004.

VIANA, Márcio Túlio. O novo papel das convenções coletivas de trabalho: limites, riscos e desafios. *Revista do TST,* Brasília, v. 67, n. 3, p. 47-63, jul./set. 2001.

Princípio Helicoidal do Sistema Brasileiro de Proteção ao Trabalho

Renato Bignami[(1)]

1. Introdução

Em 2017, o ordenamento jurídico-trabalhista brasileiro sofreu profundas mudanças, levadas a efeito pela Lei n. 13.429/2017 e pela Lei n. 13.467/2017, as quais abrangem respectivamente a autorização da terceirização das atividades finalísticas das empresas e a redução ou eliminação de direitos trabalhistas consolidados nas últimas sete décadas. A pretexto de fortalecer a negociação coletiva, foram promovidas alterações legislativas que se, por um lado, sinalizavam a possibilidade da prevalência das normas convencionais sobre as estatais, por outro, retiravam a fonte tradicional de financiamento das entidades sindicais laborais, solapando imediatamente a sua capacidade de articulação.

Nesse quadro de enfraquecimento da organização sindical dos trabalhadores, mais do que nunca avulta a importância das instituições públicas que atuam prioritariamente na seara trabalhista — inspeção do trabalho, Ministério Público do Trabalho e Justiça do Trabalho. Com efeito, num contexto de rebaixamento do patamar civilizatório trabalhista, é indispensável que essa atuação ocorra de forma articulada, sistemática, inclusive como forma de enfrentar a erosão das relações sociais que inevitavelmente resultará dessas mudanças.

Assim, propomos aqui uma compreensão sistêmica e integrada da atuação dessas instituições, destacando o papel da inspeção do trabalho, que mais diretamente nos interessa.

2. Inspeção do trabalho e o sistema brasileiro de proteção ao trabalho

O Sistema Brasileiro de Proteção ao Trabalho — SBPT é o conjunto de instituições públicas responsáveis, dentro do ordenamento jurídico brasileiro e com absoluta prioridade, por proteger a força de trabalho do homem[(2)], por meio da atividade de seus membros, ferramentas, remédios jurídicos e estrutura geral. Fazem

(1) Auditor-Fiscal do Trabalho. Bacharel e mestre em direito do trabalho pela Universidade de São Paulo. Doutor em direito do trabalho e da seguridade social pela Universidad Complutense de Madrid.

(2) A definição da natureza jurídica da regulação social mais adequada à dinâmica das relações de trabalho foi elaborada pelo juslaboralista mexicano Mário de La Cueva que, em 1938, afirmou que o Direito do Trabalho "no protege los acuerdos como tales sino la energía del trabajo del hombre", v. em: DE LA CUEVA, Mário. *El nuevo derecho mexicano del trabajo.* 4. ed. México: Porrúa, 1977. p. 194-195.

parte do SBPT o Sistema Federal de inspeção do trabalho, o Ministério Público do Trabalho e a Justiça do Trabalho. Outras instituições podem, por derivação e de forma residual, exercer atividades que revertam na proteção da força de trabalho do homem, a exemplo da Defensoria Pública da União, que possui competência para ajuizar reclamações trabalhistas em favor de trabalhadores que tenham insuficiência de recursos para demandar perante o Poder Judiciário, a Advocacia-Geral da União, competente para defender a União em eventuais questionamentos judiciais em face das atribuições exercidas pelos auditores-fiscais do trabalho, e outras congêneres. Igualmente, há outros entes responsáveis pela proteção do trabalho humano, a exemplo dos sindicatos representativos das diversas categorias de trabalhadores e até mesmo das organizações da sociedade civil organizada que direcionam suas atividades para a defesa dos trabalhadores. No entanto, são as instituições participantes do SBPT que possuem competência plena, direcionada em tempo integral e vocacionada para a proteção da força de trabalho do homem de forma institucional, pública e compulsória, uma vez presentes as hipóteses de atuação dessas instituições.

As funções, competências e organização geral de cada uma dessas instituições constam da Constituição Federal e do ordenamento jurídico em vigor. No caso da inspeção do trabalho, revestem-se de particular importância o disposto na Lei n. 10.593, de 6 de dezembro de 2002, na Convenção n. 81, da Organização Internacional do Trabalho, revigorada pelo Brasil por meio do Decreto n. 95.461, de 11 de dezembro de 1987, e no Decreto n. 4.552, de 27 de dezembro de 2002. As referidas normas tratam de organizar a estrutura geral da inspeção do trabalho no Brasil, bem como estabelecer as prerrogativas e obrigações dos auditores-fiscais do trabalho — servidores de Estado dotados de autoridade trabalhista para fazer cumprir as normas de proteção ao trabalho.

Em linhas gerais, a inspeção do trabalho é o organismo dotado de estrutura própria, inserido na estrutura administrativa do Ministério do Trabalho por meio de sua autoridade central, a Secretaria de inspeção do trabalho, órgão específico singular cujas competências encontram-se estabelecidas pelo Decreto n. 8.894, de 3 de novembro de 2016, além das normas previamente citadas, que aprova a estrutura regimental do Ministério do Trabalho. Sua atividade é primordialmente exercida no âmbito administrativo, por meio das ferramentas próprias tanto do Direito Administrativo quanto do Direito do Trabalho, razão pela qual alguns autores[(3)] entendem ter-se formado um ramo específico do direito para tratar dos institutos desse ramo jurídico: o Direito Administrativo do Trabalho.

No que diz respeito ao seu esteio internacional, a Convenção n. 81 da OIT, foi adotada pela Conferência Geral da Organização Internacional do Trabalho em sua trigésima sessão, aos 11 de julho de 1947 e trata da inspeção do trabalho na indústria e no comércio. No Brasil, foi aprovada pelo Decreto Legislativo n. 24, de 29 de maio de 1956, promulgada pelo Decreto n. 41.721, de 25 de junho de 1957, veio a ser denunciada por parte do governo brasileiro por meio do Decreto n. 68.796, de 23.6.1971 e, posteriormente, revigorada por meio do Decreto n. 95.461, de 11.12.1987, vigente até hoje.

De maneira geral, a Convenção n. 81 diz respeito ao modo de organização da inspeção do trabalho, seus meios de atuação, poderes, composição do pessoal, competências, funções e possuem origem no próprio Tratado de Versalhes, de 1919, cujo art. 427 indicava a necessidade de cada Estado organizar um serviço de inspeção, a fim de assegurar o cumprimento das leis de proteção aos trabalhadores.

As principais missões confiadas ao corpo nacional de inspeção do trabalho, formado pelos integrantes da carreira da auditoria-fiscal do trabalho, organizada pela Lei n. 10.593/2002, encontram-se expressas na Convenção n. 81, da OIT:

(3) Por todos, v. TRUEBA URBINA, Alberto. *Nuevo derecho administrativo del trabajo:* teoría integral. 2. ed. México: Porrúa, 1979.

Art. 3.1. O sistema de inspeção de trabalho será encarregado:

a) de assegurar a aplicação das disposições legais relativas às condições de trabalho e à proteção dos trabalhadores no exercício de sua profissão, tais como as disposições relativas à duração do trabalho, aos salários, à segurança, à higiene e ao bem-estar, ao emprego das crianças e dos adolescentes e a outras matérias conexas, na medida em que os inspetores são encarregados de assegurar a aplicação das ditas disposições;

b) de fornecer informações e conselhos técnicos aos empregadores e trabalhadores sobre os meios mais eficazes de observar as disposições legais;

c) de levar ao conhecimento da autoridade competente as deficiências ou os abusos que não estão especificamente compreendidos nas disposições legais existentes.

Assim, observa-se a configuração de uma tríplice funcionalidade dos sistemas nacionais de inspeção do trabalho: garantir o cumprimento da legislação de proteção, orientar patrões e trabalhadores sobre os meios mais eficazes de observar as disposições legais e noticiar as lacunas da lei para a autoridade competente. Desse tripé, reveste-se de especial relevância a função de vigilância e controle da inspeção do trabalho sobre as relações de trabalho que está contida no art. 3.1.a. No que diz respeito ao princípio helicoidal, nota-se, portanto, a centralidade da efetividade da legislação de proteção como razão teleológica de toda função administrativa exercida pelos membros do Sistema Federal de inspeção do trabalho. Nesse diapasão, importa registrar a notória evolução vivenciada pela inspeção do trabalho brasileira, no sentido de direcionar suas atividades para uma gestão concentrada no desempenho[4] de seus agentes, com vistas a garantir o efetivo cumprimento da legislação e não apenas em punir as flagrantes violações, a partir de uma matriz inspecional que privilegia as técnicas administrativas lastreadas no modelo *compliant* de controle das relações de trabalho, em complemento ao paradigma *deterrent*, mais primitivo e pouco eficaz na atualidade complexa das modernas relações de trabalho e produção[5].

Nesse enfoque particular, interessa sobremaneira a análise do art. 17 da Convenção n. 81, cujo texto indica três aspectos da atuação da inspeção do trabalho. Em primeiro lugar, indica a necessidade da legislação de cada país dar à atividade inspecional um caráter de autoexecutoriedade, isto é, garantir ao inspetor do trabalho o poder-dever de agir imediatamente sempre que se deparar com alguma situação de ilegalidade, dentro dos princípios da autonomia e do impulso inspecional. No caso específico da legislação do Brasil, temos a hipótese da fiscalização imediata, prevista no parágrafo único do art. 20 do Regulamento da inspeção do trabalho, aprovado pelo Decreto n. 4.552, de 27 de dezembro de 2002, na qual é dado o poder de atuação em qualquer parte do território nacional aos inspetores que se depararem com situação de grave e iminente risco à saúde e segurança no trabalho.

Em segundo lugar, e ainda como um aspecto do item 1, do mesmo art. 17, a possibilidade da legislação interna de cada Estado que ratificar a Convenção n. 81 prever hipóteses em que uma advertência deva ser ministrada, em vez de se intentarem medidas legais mais contundentes. No caso do nosso ordenamento jurídico, temos as hipóteses legais do art. 627 da CLT do art. 6º, § 3º, da Lei n. 7.855, de 24 de outubro de 1989, e do inciso IV, do art. 23 do Decreto n. 4.552, de 27 de dezembro de 2002. Trata-se, respectivamente, das hipóteses de dupla visita obrigatória em caso de lei nova, estabelecimento novo, empresas com até 10 empregados ou microempresas e empresas de pequeno porte, já tratados anteriormente.

(4) PIRES, Roberto Rocha C. *Flexibilidade, consistência e impactos na gestão do desempenho burocrático:* subsídios para uma nova sistemática de acompanhamento e avaliação do desempenho da inspeção do trabalho no Brasil. Brasília: Organização Internacional do Trabalho, 2010. p. 19-26.

(5) BIGNAMI, Renato. A modernização da inspeção do trabalho no Brasil. *Revista da Escona Nacional de inspeção do trabalho,* ano 1, n. 1, Brasília: ENIT, p. 282-310, jul./dez. 2017.

Por fim, o aspecto contido no item 2 do art. 17, que não era contemplado explicitamente por nosso ordenamento jurídico até o advento do art. 627-A da CLT, e que trata da faculdade discricionária à qual a doutrina internacional faz menção. Essa faculdade discricionária se refere tão somente aos meios de que dispõe a inspeção do trabalho para fazer cumprir a lei. Com relação à sua finalidade não há qualquer discricionariedade. O inspetor tem o dever de velar pelo cumprimento do ordenamento jurídico trabalhista, de orientar empregadores e trabalhadores sobre como cumprir a legislação, fornecendo-lhes informações e conselhos técnicos, e de levar ao conhecimento das autoridades competentes quaisquer deficiências ou abusos que não estejam compreendidos nas disposições legais. Trata-se de completa vinculariedade à finalidade da lei. O aspecto discricionário, repetimos e frisamos, está relacionado com os meios pelos quais o Sistema Federal de inspeção do trabalho irá atingir a sua finalidade. E mesmo assim, tal discricionariedade encontra-se totalmente respaldada na lei e por ela limitada. Assim, apenas dentro dos aspectos nos quais a lei garante conveniência e oportunidade de se tomar determinada medida, no lugar de outra, é que poderá ocorrer a escolha do agente pela medida mais efetiva, eficiente, eficaz, econômica, razoável e célere. O agente busca, assim, humanizar a atividade administrativa, aproximando-a das reais necessidades da sociedade.

Ocorre que por ser um órgão de polícia administrativa, a inspeção do trabalho deve dispor de suficientes meios coercitivos para garantir o cumprimento da legislação. Não obstante, seu papel primordial é fazer cumprir a lei, independentemente das autuações eventualmente lavradas. Vale dizer que a finalidade das autuações é impor sanções com vistas a garantir o cumprimento das leis sociais[(6)]. Consequentemente, utilizar medidas preventivas entremeadas pelas repressivas faz parte de um só objetivo: velar pelo cumprimento das leis sociais.

Abaixo, destacamos um trecho da Pesquisa Geral sobre os relatórios relativos à Convenção sobre a inspeção do trabalho, de 1947 (n. 81), elaborada pela OIT, por ocasião da 95ª Conferência Internacional do Trabalho, em 2006, na qual se discutiram diversos pontos sobre a administração do trabalho e a inspeção do trabalho, dentre eles os atributos de discricionariedade atribuídos aos membros da inspeção do trabalho, notadamente em face de qual procedimento adotar a fim de garantir a efetividade da legislação de proteção do trabalho (grifo nosso):

> 279. Para garantizar la aplicación de las disposiciones legislativas relativas a las condiciones de trabajo y a la protección de los trabajadores, los convenios prevén que **el sistema de inspección del trabajo esté encargado de facilitar información técnica y asesorar a los empleadores y a los trabajadores** (artículo 3, párrafo 1, apartado b), del Convenio núm. 81 y artículo 6, párrafo 1, apartado b), del Convenio núm. 129). Si bien esta información y asesoramiento no pueden sino favorecer la adhesión a las prescripciones legales, **deben ir asimismo acompañados de un dispositivo de represión que permita procesar a los autores de infracciones comprobadas por los inspectores del trabajo**.
>
> 280. La credibilidad de todo servicio de inspección depende, en gran medida, no sólo de su capacidad para asesorar a los empleadores y a los trabajadores sobre la mejor forma de aplicar las disposiciones legales cuyo cumplimiento le corresponde controlar, sino también de la existencia y utilización efectiva de un sistema de sanción que sea lo suficientemente disuasivo. **Para la inspección del trabajo, las funciones de control y de asesoramiento son, en la práctica, indisociables**.
>
> 281. Asimismo, **con arreglo al artículo 17, párrafo 1, del Convenio núm. 81**, y del artículo 22, párrafo 1, del Convenio núm. 129, **las personas que violen las disposiciones legales o muestren negligencia en la observancia de las mismas deberán ser sometidas inmediata-**

(6) PEREZ-ESPINOSA SANCHEZ, Fernando. *Las infracciones laborales y la inspección de trabajo*. Madrid: Montecorvo, 1977. p. 107-108.

mente, sin aviso previo, a un procedimiento judicial o administrativo. Sin embargo, la legislación nacional podrá establecer excepciones, en los casos en que deba darse un aviso previo a fin de remediar la situación o tomar disposiciones preventivas.

282. La comisión de una infracción puede resultar del desconocimiento de los términos o del alcance del derecho aplicable. Por este motivo, el inspector del trabajo debería tener siempre la facultad de prescindir del recurso a las sanciones para garantizar la aplicación de las disposiciones legales. El artículo 17, párrafo 2, del Convenio núm. 81 y el artículo 22, párrafo 2, del Convenio núm. 129 prescriben a este efecto que los inspectores del trabajo tendrán la facultad discrecional de advertir y de aconsejar, en vez de iniciar o recomendar un procedimiento. Esta libertad de decisión supone para el personal de inspección una facultad de enjuiciamiento que le permite distinguir entre la infracción intencional grave o repetida, la negligencia culposa o la mala voluntad flagrante, que deben ser sancionadas, y la infracción involuntaria o leve, que puede ser objeto de una simple advertencia.

283. Hay inspectores competentes y experimentados que son conscientes de las virtudes del consejo y la advertencia como incentivos a una aplicación correcta de las exigencias de la ley. Generalmente, una nueva visita de seguimiento después del plazo temporal concedido a un empleador para subsanar las irregularidades advertidas bastará para alcanzar el objetivo perseguido. Por ello, en la mayoría de los países, los inspectores del trabajo prefieren, en la práctica, recurrir — salvo infracción intencional o grave, negligencia culposa o mala voluntad flagrante — a la vía del asesoramiento y de la persuasión antes que entablar o recomendar procedimientos judiciales o administrativos. Estos suelen incoarse contra empleadores reacios a colaborar, en particular cuando las infracciones exponen a los trabajadores a riesgos que pueden afectar a su seguridad o salud.

284. La inobservancia de las disposiciones relativas a las condiciones de trabajo tiene una incidencia directa o indirecta en la salud de los trabajadores y sus allegados, así como en su seguridad y la del medio ambiente de trabajo. En determinadas profesiones, como el transporte vial, así como en las profesiones médicas, el incumplimiento, por ejemplo, de las disposiciones sobre el tiempo de trabajo afecta no sólo a los trabajadores interesados, sino que también puede socavar la salud o la vida de muchas personas. Por lo tanto, la infracción de las disposiciones legales pertinentes debería poder ser tratada por los inspectores del trabajo con el rigor apropiado.

285. La legislación de determinados países prevé expresamente que corresponde a los inspectores determinar libremente la oportunidad de recurrir a las vías de la información, el asesoramiento o las advertencias, antes que a la vía punitiva. En otros países, no se excluye que los inspectores dispongan en la práctica de esta facultad, aunque no existan disposiciones legales en ese sentido. En algunos países, el apercibimiento previo es la regla. Es el caso de Jordania, donde el inspector está obligado, en todo caso, a apercibir primero al empleador para que ponga coto a la infracción.

286. Sin embargo, es importante que esa facultad del inspector de descartar el recurso inmediato a la sanción no se desvíe de su objetivo inicial, como ocurre a veces según algunas organizaciones sindicales.

O texto oferecido pela OIT indica com nitidez os postulados relativos ao exercício da discricionariedade inspecional como fundamento de garantia de uma maior efetividade da instituição, mas ainda assim é importante remetermo-nos aos momentos anteriores à elaboração tripartite da Convenção n. 81, a fim de compreender os motivos que foram determinantes para a Conferência Internacional do Trabalho adotar a fórmula contida no texto da convenção. Em 1946, durante sua 30ª reunião, a Conferência Internacional do Trabalho analisou o tema por meio de questionários enviados aos governos de diversos Estados-Membros, com o objetivo de compreender o funcionamento dos diversos sistemas de inspeção que haviam sido criados desde a publicação da Recomendação n. 20, de 1923, sobre a inspeção do trabalho.

Assim, o relatório final sobre a inspeção do trabalho em estabelecimentos comerciais e industriais, publicado por ocasião dos debates que redundaram no texto final da Convenção n. 81, afirmava (grifos nossos)(7):

> El artículo 17 trata de **procedimientos para hacer cumplir la ley.** El primer párrafo dispone que se instaurará un procedimiento contra un transgresor, sin previa advertencia, en el caso de infracción deliberada de la ley o de seria negligencia en su aplicación, estableciéndose, sin embargo, la salvedad de que **la legislación nacional podrá introducir las excepciones para casos especiales en los que podrá advertirse previamente al empleador, a fin de que remedie la situación o dicte medidas preventivas.** El segundo párrafo estipula que **nada en las disposiciones anteriores podrá interpretarse de modo que prive a los inspectores del trabajo de la facultad discrecional de hacer una advertencia previa antes de instaurar un procedimiento**, en los casos de contravenciones de relativa poca importancia. Ambos párrafos se fundan sobre las preguntas 33 y 34 respectivamente, a cuyo respecto se recibieron contestaciones que indicaban que **había un acuerdo bastante amplio sobre ellas.** Podría resultar útil llamar la atención sobre el hecho de que el proyecto de texto para el artículo 17, no requiere que el inspector mismo instaure un procedimiento contra el transgresor; los gobiernos quedan en libertad para tratar este punto ellos mismos. También en relación con este artículo hay que recordar que muchas de las respuestas a las preguntas sobre las cuales se fundan estas disposiciones, así como también a otras preguntas, hicieron hincapié sobre **la importancia de las actividades de los inspectores como asesores para lograr la cooperación de los empleadores**. En contestación a estas observaciones, puede explicarse que en la forma en que se propone el artículo 17 para su consideración por la Conferencia, **no se trata de depreciar en modo alguno el valor de las actividades asesoras y educativas de los inspectores. Su intención es la de requerir que el sistema de inspección disponga del remedio final de la acción penal para poder lograr el cumplimiento de la ley en los casos en que esta acción sea necesaria**.

Observa-se, dessa maneira, que a principal motivação para o reconhecimento da faculdade discricionária atribuída à inspeção do trabalho está diretamente relacionada com a efetividade de sua atividade no controle da legalidade dos atos empresariais em sua relação com o uso da mão de obra. A efetividade da atividade inspecional, por sua vez, implica a análise de diversos e complexos fatores, não apenas da punibilidade das violações ocorridas no ambiente de trabalho (análise econômica), e também remete a uma análise jurídica, social, antropológica, histórica, psicológica, de técnica legislativa adotada etc.

3. *Princípio helicoidal do SBPT*

Assim compreendida a amplitude da atuação da inspeção do trabalho, entende-se por principio helicoidal do SBPT a forma pela qual se realiza a dinâmica funcional dos membros das instituições participantes do sistema, agregada em torno de três eixos multidirecionais que formam uma figura em hélice, na qual o eixo principal, ao redor do qual circulam os demais, é formado pela atividade da inspeção do trabalho. O princípio parte da compreensão das características de cada uma das organizações que a ele aderem, no sentido de que possam ser otimizadas as propriedades e particularidades de cada uma dessas instituições. À inspeção do trabalho é destinado o eixo central por ser ela, das três, a única instituição prioritariamente concentrada na atividade administrativa, mais célere, menos complexa e custosa que a atividade jurisdicional, de trato e resultados mais imediatos, dotada de ampla discricionariedade para adotar as medidas mais efetivas de proteção ao trabalho como legítima manifestação da

(7) ORGANIZACIÓN INTERNACIONAL DEL TRABAJO. La organización de la inspección del trabajo en las empresas industriales y comerciales. *Informe IV.* Cuarto punto del orden del día. Montreal: Oficina Internacional del Trabajo, 1946. p. 166-167.

street level bureaucracy[8] e dotada de um caráter nitidamente preventivo[9] com relação à própria atividade jurisdicional: quanto mais efetiva a inspeção do trabalho menos necessidade de se acionar a Justiça do Trabalho, quer seja de forma individual ou coletiva, ampliando-se o controle sobre as relações de trabalho nacionais.

Diversos fatores indicam a necessidade de se racionalizar o esforço público-estatal de proteção da força de trabalho humano em torno do princípio helicoidal. As alterações profundas e galopantes ocorridas nos locais de trabalho, que deixam de ser representados pelo tradicional "chão de fábrica", no âmbito da planta industrial da virada do século, para ser alocado em qualquer local, desde o próprio domicílio do trabalhador, cada vez mais utilizado para a realização do teletrabalho no denominado *home office*, até outras soluções ainda carentes de regulação, como a proliferação recente das plataformas de *co-working* e a utilização de aplicativos como Uber e similares; o crescimento e a evolução das novas formas da economia informal; o fracionamento produtivo, representado pelas diversas formas de externalização produtiva, de terceirização, de fornecimento de bens e serviços e a proliferação de contratos atípicos de trabalho; o declínio da densidade sindical e novas formas de riscos nos ambientes de trabalho, transformam a missão da inspeção do trabalho consideravelmente mais complexa. Dessa forma, é fundamental o desenvolvimento de novas abordagens de auditoria trabalhista estratégica[10] a fim de que a inspeção do trabalho possa, de forma holística, cumprir seu mandato constitucional.

A partir do fluxo de trabalho realizado no âmbito administrativo, podemos compreender como o princípio helicoidal incide sobre a ampliação da efetividade do SBPT. Dessa forma, podemos observar, no fluxograma a seguir[11], a trajetória do procedimento inspecional:

(8) *Street level bureaucracy* é a denominação utilizada por Michael Piore e Andrew Schrank ao revisitarem a célebre obra de Michael Lipsky, de 1969, que pela primeira vez visualizou as características das "burocracias ao nível das ruas", dotadas de ampla discricionariedade para realizar seu mister da forma mais próxima possível do cidadão, de maneira bastante flexível para se adaptar às necessidades imediatas que lhes são confiadas; Piore e Schrank adaptam a figura clássica para os sistemas de inspeção do trabalho latinos, dotados de ampla discricionariedade para adaptar as necessidades dos trabalhadores às das empresas, sem que esse processo implique PIORE, Michael; SCHRANK, Andrew. Toward managed flexibility: the revival of labour inspection in the latin world. *International Labour Review*, v. 147, n. 1. p. 9, 2008.

(9) INTERNATIONAL LABOUR ORGANIZATION. Labour administration and labour inspection. Fifth item on the agenda. *Report V*. Geneva: International Labour Office, p. 81, 2011.

(10) WEIL, David. A strategic approach to labour inspection. *International Labour Review*, Geneva, v. 147, n. 4, p. 350, 2008.

(11) Fluxograma retirado da publicação: Organização Internacional do Trabalho. *As boas práticas da inspeção do trabalho no Brasil*: a inspeção do trabalho no Brasil: pela promoção do trabalho decente. Brasília: Organização Internacional do Trabalho, 2010. p. 29.

Figura 4: Fluxo da Ação Fiscal

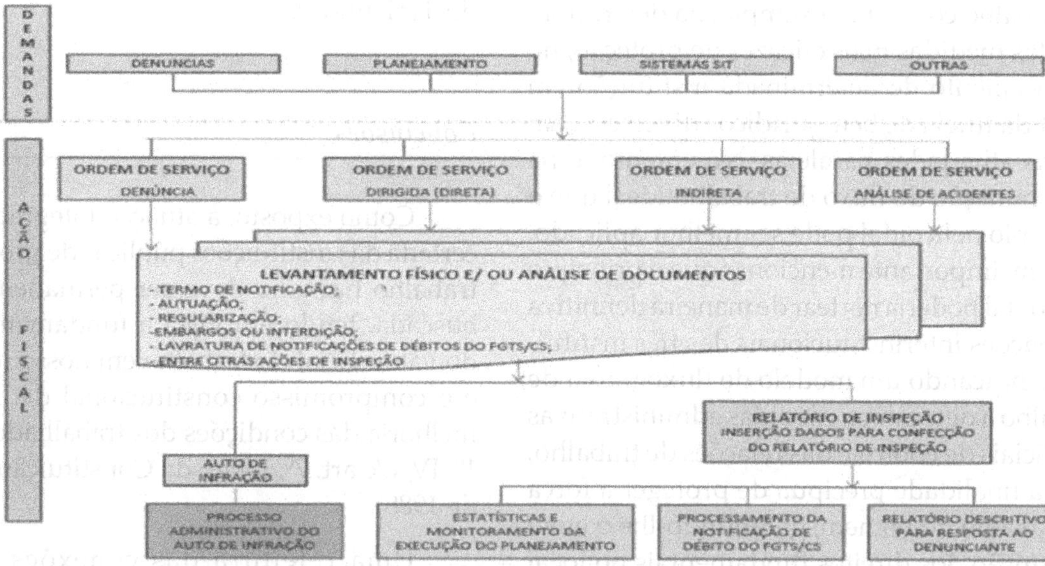

A atividade administrativa de controle das relações de trabalho pode começar em denúncias apresentadas pelos diversos entes (trabalhadores, Ministério Público, Poder Judiciário, Sindicatos etc.) ou em atividades planejadas, a partir do cruzamento de dados diversos que indiquem a priorização de determinadas empresas, locais de trabalho, setores econômicos ou localidades geográficas que devam merecer a priorização da atividade de controle exercida pela Polícia do Trabalho. Em todas essas etapas o princípio helicoidal poderá incidir, de forma isolada ou integral, sempre com vistas a ampliar o espectro de efetividade da ação fiscal.

A fim de melhor ilustrar o funcionamento do princípio, fazemos remissão à figura seguinte, que demonstra como ocorre a dinâmica helicoidal no trato cotidiano da atividade de proteção ao trabalho exercida por cada uma das instituições. Assim, na figura abaixo o eixo X representa o Sistema Federal de inspeção do trabalho, central em sua atividade de impulsão das demais instituições. Por sua vez, os eixos Y e Z representam, respectivamente, o Ministério Público do Trabalho e a Justiça do Trabalho que ao circular ao redor da inspeção do trabalho, reforçam a atuação administrativa e a complementam, sempre que seja insuficiente para promover a completa proteção do trabalho humano, em todas suas vertentes.

Princípio Helicoidal do Sistema Brasileiro de Proteção ao Trabalho:

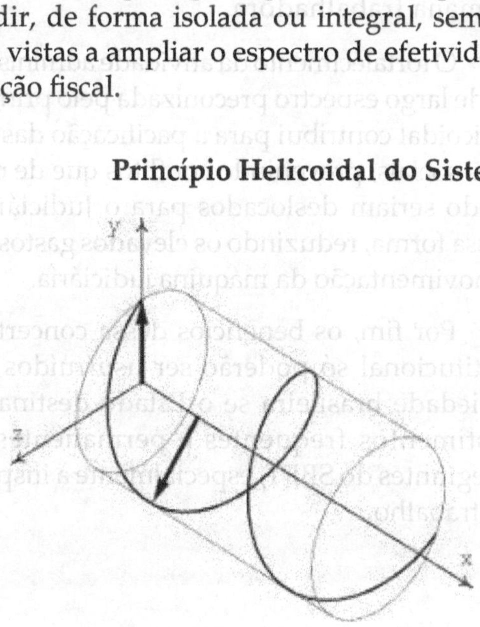

Legenda:
X — Sistema Federal de inspeção do trabalho
Y — Ministério Público do Trabalho
Z — Justiça do Trabalho

O princípio helicoidal do SBPT incide em diversos momentos do labor diário de proteção ao trabalho como, por exemplo, na determinação das medidas mais eficazes de proteção, no deslocamento de determinada instituição em favor da tutela de bens jurídicos diversos e em outras atividades paralelas. No entanto, é na determinação do fluxo de trabalho ideal que o princípio helicoidal pode ser melhor aplicado. Por fim, importante mencionar que o princípio helicoidal poderia nortear de maneira definitiva as relações interinstitucionais das três instituições, indicando um modelo de fluxograma de trabalho a determinar medidas administrativas e judiciais de controle das relações de trabalho, com a finalidade precípua de proteger a força de trabalho do homem, garantindo-lhe o gozo e a fruição dos direitos fundamentais no local de trabalho, qualquer que seja.

Os efeitos da incidência do princípio helicoidal nas atividades do SBPT são múltiplos, pois lhe garantem mais eficiência na proteção do trabalho humano, mais efetividade no controle das fraudes às relações de trabalho e maior racionalização dos fluxos de trabalho entre as três instituições, com vistas a potencializar o controle exercido sobre as relações de trabalho. Por meio da priorização da atividade administrativa sobre a judicial, sobretudo no controle difuso da legalidade da prestação do trabalho, o princípio helicoidal garante, dessa forma, que ganhos de efetividade sejam alcançados pelo SBPT, com redução de custos e ampliação da proteção. No entanto, a fim de que o princípio helicoidal possa ser integralmente observado no SBPT, é essencial que o Estado brasileiro destine investimentos frequentes e permanentes ao Sistema Federal de inspeção do trabalho, por meio da contratação de mais auditores-fiscais do trabalho, do pessoal de apoio, da disponibilização de ferramentas modernas e da garantia do gozo de prerrogativas internacionalmente consolidadas, conforme indicado amplamente na Resolução de 2011 da Organização Internacional do Trabalho, sobre a inspeção do trabalho e a Administração Pública do Trabalho[12].

Conclusões

Como exposto, a atuação integrada e concertada das instituições públicas de proteção do trabalho humano deve ser permanentemente buscada, tendo em vista a fundamentalidade do valor social do trabalho em nossa república e o compromisso constitucional de contínua melhoria das condições dos trabalhadores (art. 1º, IV, c/c art. 7º, *caput*, da Constituição Federal de 1988).

Uma releitura das conexões entre a inspeção do trabalho, o Ministério Público do Trabalho e a Justiça do Trabalho, como a proposta neste estudo, pretende avançar no aperfeiçoamento da articulação interinstitucional com vistas à elevação da eficácia de sua intervenção e, por conseguinte, aprofundar a proteção social-trabalhista. Portanto, a ideia de um Sistema Brasileiro de Proteção ao Trabalho — SBPT, informado em sua atuação pelo princípio helicoidal, converge integralmente com o projeto constitucional-trabalhista, centrado na dignidade da pessoa humana trabalhadora.

O fortalecimento da atividade administrativa de largo espectro preconizada pelo princípio helicoidal contribui para a pacificação das relações sociais, prevenindo conflitos que de outro modo seriam deslocados para o Judiciário e, dessa forma, reduzindo os elevados gastos com a movimentação da máquina judiciária.

Por fim, os benefícios dessa concertação institucional só poderão ser usufruídos pela sociedade brasileira se o Estado destinar investimentos frequentes e permanentes aos integrantes do SBPT, especialmente à inspeção do trabalho.

---

(12) Disponível em: <http://www.ilo.org/wcmsp5/groups/public/---ed_dialogue/---lab_admin/documents/newsitem/wcms_158683.pdf>. Acesso em: 3.12.2017.

Referências bibliográficas

BIGNAMI, Renato. A modernização da inspeção do trabalho no Brasil. *Revista da Escona Nacional de inspeção do trabalho*, ano 1, n. 1, Brasília: ENIT, jul./dez. 2017.

DE LA CUEVA, Mário. *El nuevo derecho mexicano del trabajo*. 4. ed. México: Porrúa, 1977.

INTERNATIONAL LABOUR ORGANIZATION. *Labour administration and labour inspection*. fifth item on the agenda. *Report V*, Geneva: International Labour Office, 2011.

ORGANIZAÇÃO INTERNACIONAL DO TRABALHO. *As boas práticas da inspeção do trabalho no Brasil:* a inspeção do trabalho no Brasil: pela promoção do trabalho decente. Brasília: Organização Internacional do Trabalho, 2010.

ORGANIZACIÓN INTERNACIONAL DEL TRABAJO. La organización de la inspección del trabajo en las empresas industriales y comerciales. *Informe IV. Cuarto punto del orden del día*. Montreal: Oficina Internacional del Trabajo, 1946.

PEREZ-ESPINOSA SANCHEZ, Fernando. *Las infracciones laborales y la inspección de trabajo*. Madrid: Montecorvo, 1977.

PIORE, Michael; SCHRANK, Andrew. Toward managed flexibility: the revival of labour inspection in the latin world. *International Labour Review*, v. 147, n. 1, 2008.

PIRES, Roberto Rocha C. *Flexibilidade, consistência e impactos na gestão do desempenho burocrático:* subsídios para uma nova sistemática de acompanhamento e avaliação do desempenho da inspeção do trabalho no Brasil. Brasília: Organização Internacional do Trabalho, 2010.

TRUEBA URBINA, Alberto. *Nuevo derecho administrativo del trabajo: teoría integral*. 2. ed. México: Porrúa, 1979.

WEIL, David. A strategic approach to labour inspection. *International Labour Review*, v. 147, Geneva, n. 4, 2008.

II – Direito Individual do Trabalho

As Incertezas Jurídicas Decorrentes da Reforma Trabalhista

Luiz Antonio Medeiros de Araújo(1)

1. Introdução

A legislação trabalhista passou por uma profunda alteração promovida pela Lei n. 13.467, de 2017, que fez a chamada "reforma trabalhista", certamente a maior desde a edição da Consolidação das Leis do Trabalho — CLT. Essa lei, embora tenha feito inúmeras modificações, teve uma tramitação muito rápida e o que se constata da análise do seu texto são diversas imprecisões, atecnias, e incompatibilidades entre ele e o existente em outras legislações. Essas inconsistências geram insegurança jurídica a todos os atores das relações de trabalho, pois não se sabe como essas alterações serão interpretadas pelos que aplicam a legislação trabalhista: auditores-fiscais do trabalho, juízes do trabalho, procuradores do trabalho, advogados e demais aplicadores do direito.

Esse artigo tem por objetivo cuidar da insegurança jurídica decorrente das inconsistências no texto da Lei n. 13.467. Deixa-se toda a outra discussão quanto à constitucionalidade e convencionalidade da reforma trabalhista para os demais artigos integrantes dessa obra.

Não há dúvidas dos prejuízos para os trabalhadores trazidos pela reforma trabalhista, seja pela inserção de novos institutos prejudiciais aos trabalhadores, seja pela forma como ela foi implementada, deixando margem para interpretações prejudiciais aos trabalhadores, seja pela supressão de direitos, dentre outros. Podemos apontar como exemplos de supressão de direitos a extinção da jornada *in itinere*, a diminuição da remuneração do tempo do intervalo não concedido, que antes correspondia ao valor de uma hora e agora corresponde apenas ao valor que faltou para completar uma hora.

2. Da reforma trabalhista

A denominada reforma trabalhista foi operacionalizada pela Lei n. 13.467, de 2017,

(1) Auditor-Fiscal do Trabalho; Bacharel em direito e em ciências contábeis; pós-graduado em direito e processo do trabalho; integrante do grupo técnico do eSocial desde 2013; autor do artigo "*Compliance* trabalhista: a preocupação continua após a reforma trabalhista", integrante do livro *Compliance tributário: prática, riscos e atualidades*, em maio de 2018, Realejo edições; coautor do livro: *Tudo sobre o novo empregado doméstico e o eSocial*, Editora Legistrab, em março de 2017 e do livro *Empregado doméstico. O guia prático e acessível do empregador*. 2. ed. São Paulo: Método, em junho de 2008; professor de MBA; autor de artigos publicados em revistas e jornais especializados em direito do trabalho; conteudista e mantenedor do *site* <www.legistrab.com.br>.

que apesar de ter feito tamanha alteração no direito trabalhista, teve uma tramitação extremamente rápida, atropelada, sem que tenha havido tempo de uma maior discussão e maturação do texto.

Isso sem contar os efeitos extremamente negativos aos direitos dos trabalhadores, decorrentes da implantação dos novos institutos e regulações trazidas pela Lei n. 13.467, de 2017.

Mas é importante ser lembrado que essa lei, bem como todas as demais normas, devem ser interpretadas não isoladamente e sim considerando que elas fazem parte do ordenamento jurídico brasileiro, cuja norma de maior hierarquia é a Constituição Federal, que logo em seu art. 1º anuncia como sendo um dos fundamentos da República Federativa do Brasil a dignidade da pessoa humana.

Sendo assim, a Lei n. 13.467 há de ser interpretada considerando a Constituição Federal vigente que, além do art. 1º traz em seu art. 7º o elenco de 34 incisos relacionados aos direitos trabalhistas e, conforme o *caput* deste artigo, além de outros que visem a melhoria da condição social dos trabalhadores.

Ademais disso, é importante ser frisado que cabe aos aplicadores do direito, sobretudo do direito do trabalho, a interpretação da lei e o que, embora o legislador tenha tido uma intenção ao inserir um artigo ou disposição na lei, é possível que ele ao transpor essa ideia para o papel não tenha conseguido traduzir essa intenção. Então podemos ter um distanciamento entre a intenção do legislador e a redação aprovada pelo congresso nacional e, ainda, a interpretação que vai ser dada ao que foi aprovado.

3. *Das inconsistências*

Muitas são as incertezas jurídicas decorrentes de diversos fatores: atecnias, imperfeições textuais, novos institutos e regulamentações incompletas.

Elencamos abaixo algumas delas, para mostrar ao leitor que o que menos se tem a partir da reforma trabalhista é a segurança jurídica que muitos almejavam com ela.

3.1. Prorrogação de jornada de trabalho

Em relação à prorrogação e compensação de jornada, a reforma trabalhista fez algumas alterações. Dentre elas, mudou a redação do *caput* do art. 59 da CLT. Antes, esse artigo dizia que a prorrogação de jornada necessitava que houvesse acordo escrito entre empregador e empregado ou contrato coletivo de trabalho.

Com a alteração, há necessidade de que haja acordo individual, convenção coletiva ou acordo coletivo de trabalho. Dessa forma, agora está aberta a possibilidade de se interpretar que o acordo individual não precisa mais ser escrito, podendo, por exemplo, ser verbal. É bem verdade que a lei não permitiu que o acordo seja tácito, apenas não exigiu que ele seja escrito.

São inegáveis os prejuízos que essa interpretação pode trazer para a fiscalização do trabalho e para os trabalhadores, pois os empregadores sempre poderão alegar que houve acordo verbal, já que não mais precisam apresentar o acordo escrito.

Outra alteração diz respeito ao termo "horas suplementares", anteriormente utilizado. Após a reforma, o termo utilizado no *caput* do art. 59 é "horas extras". Não se sabe bem ao certo se haverá algum efeito prático decorrente dessa alteração, de "horas suplementares" para "horas extras". A CLT já utilizava os termos "horas extraordinárias" e "horas suplementares" como sinônimos, mas alguns enxergam diferença entre eles.

Em relação à prorrogação de jornada por necessidade imperiosa, enxergamos uma interessante alteração: pela redação anterior do § 1º do art. 61 da CLT dizia que o excesso de jornada podia ser exigido independente de acordo ou contrato coletivo. Na prática, o entendimento que predominava é que não era exigido acordo algum para essa prorrogação. Na verdade, era a única possibilidade de o empregador poder exigir que os empregados laborassem em sobrejornada.

Agora, com a alteração, o § 1º diz que o excesso pode ser exigido independentemente de convenção ou acordo coletivo de trabalho. Ora, se para a prorrogação sem a ocorrência de necessidade imperiosa, a CLT exige que haja acordo individual, convenção coletiva ou acordo coletivo e para quando houver necessidade imperiosa ela diz que não precisa de convenção ou acordo coletivo, é aberta a possibilidade de se interpretar que é necessária a existência de acordo individual. Sendo cabível essa interpretação, pensamos que a alteração veio para alterar as formalidades para a prorrogação de jornada em caso de necessidade imperiosa, ao invés de simplesmente fazer ajustes no texto.

3.2. Compensação de jornada de trabalho

Até o início da vigência da Lei n. 13.467, a legislação trabalhista e jurisprudência do Tribunal Superior do Trabalho — TST previa dois tipos de compensação de jornada: a semanal, onde era exigido acordo individual escrito (Súmula n. 85 do TST), acordo coletivo ou convenção coletiva de trabalho e o banco de horas, mediante acordo coletivo ou convenção coletiva de trabalho. Até para a semana espanhola o TST exigia acordo coletivo ou convenção coletiva de trabalho, já que a compensação ultrapassava o módulo semanal de jornada.

Com a reforma trabalhista, passou a ser possíveis três tipos de compensação de jornada:

a) a **mensal**, necessitando apenas de acordo individual, tácito ou escrito. É interessante ressaltar que diferentemente do que tem sido dito, na compensação mensal, o empregado não pode trabalhar 220 horas, pois essa quantidade de horas engloba as horas em que o empregado trabalha e as horas de descanso semanal. Sendo assim, por exemplo, se em um mês existem 25 dias úteis, o empregado pode trabalhar 7,33 horas x 25 dias úteis = 183,25 horas.

Uma questão interessante é quanto à subsistência, ou não, do regime de compensação semanal de jornada. É possível a continuidade de sua adoção? A Súmula n. 85 do TST vai ser alterada, cancelada? Entendemos que a compensação semanal vai poder continuar a ser adotada, pois se ela pode ocorrer ao longo de um mês, pode acontecer, também, ao longo de uma semana. O que muda é que se antes era exigido o acordo individual escrito, agora ele pode ser tácito. Mas ainda reside um problema. É que como os meses não começam numa 2ª e terminam num sábado, é possível que no regime de compensação semanal, os empregados trabalham em determinados meses uma quantidade de horas maior do que deveriam. É o caso do exemplo abaixo.

	2ª	3ª	4ª	5ª	6ª	Sáb.	Dom.
Dia			01	02	03	04	05
Quantidade de horas			9h	9h	8h		
Dia	06	07	08	09	10	11	12
Quantidade de horas	9h	9h	9h	9h	8h		
Dia	13	14	15	16	17	18	19
Quantidade de horas	9h	9h	9h	9h	8h		
Dia	20	21	22	23	24	25	26

Quantidade de horas	9h	9h	9h	9h	8h		
Dia	27	28	29	30			
Quantidade de horas	9h	9h	9h	9h			

Observe-se que nesse mês existem 26 dias e, dessa forma, o empregado teria de trabalhar: 190,58 horas (26 dias x 7,33 horas), enquanto que nesse mês o empregado irá trabalhar 194 horas. Dessa forma, o recomendável é a compensação semanal de jornada ocorrer mediante acordo individual escrito, pois nesse caso, o regime de compensação passa a ser o semestral e não apenas o mensal. Na verdade, não se sabe se a jurisprudência, auditoria-fiscal do trabalho e doutrina irão analisar uma situação idêntica a essa com tanto rigor como estamos analisando, mas deve ser no mínimo preocupante, pelo menos para os empregadores, a possibilidade de virem a ser autuados em razão de ter mantido empregado trabalhando nessa condição.

A mesma situação acontece com relação ao regime de semana espanhola, em que o empregado trabalha 8 horas de 2ª feira a sábado numa semana, totalizando 48 horas e 8 horas de 2ª a 6ª feira na semana seguinte, totalizando 40 horas. Conforme o exemplo abaixo, esse empregado pode vir a trabalhar uma quantidade de horas mensais maior do que deveria, sendo prudente, então, que sua adoção ocorra mediante acordo escrito.

	2ª	3ª	4ª	5ª	6ª	Sáb.	Dom.
Dia			01	02	03	04	05
Quantidade de horas			8h	8h	8h		
Dia	06	07	08	09	10	11	12
Quantidade de horas	8h	8h	8h	8h	8h	8h	
Dia	13	14	15	16	17	18	19
Quantidade de horas	8h	8h	8h	8h	8h		
Dia	20	21	22	23	24	25	26
Quantidade de horas	8h	8h	8h	8h	8h	8h	
Dia	27	28	29	30			
Quantidade de horas	8h	8h	8h	8h			

Observe-se que nesse mês existem 26 dias e, dessa forma, o empregado teria de trabalhar: 190,58 horas (26 dias x 7,33 horas), enquanto que nesse mês o empregado irá trabalhar 192 horas. Dessa forma, o recomendável é a adoção da semana espanhola também mediante acordo individual escrito, pois nesse caso, o regime de compensação passa a ser o semestral e não apenas o mensal.

b) a **semestral**, precisando haver acordo individual escrito. Aqui, houve um desprestígio aos sindicatos, que até antes da reforma trabalhista tinha participação obrigatória na negociação para adoção de regime de compensação que ultrapasse a semana e agora só precisa participar quando a compensação ultrapassar seis meses;

c) a **anual**, sendo necessária a existência de acordo coletivo ou convenção coletiva de trabalho. Aqui, nada mudou em relação à situação de antes da reforma trabalhista.

3.3. Jornada 12 x 36

Finalmente a legislação trabalhista regulamentou a adoção da jornada 12 x 36. Até então, tinha-se apenas a Súmula n. 444, que determinava que a adoção dessa jornada precisava ser mediante acordo coletivo de trabalho ou convenção coletiva de trabalho e que os feriados trabalhados tinham de ser remunerados em dobro.

A reforma trabalhista cuidou de regulamentar a jornada 12 x 36, mas não o fez por completo, deixando algumas questões a serem resolvidas. Quanto ao instrumento autorizador, a lei diz que pode ser mediante acordo individual escrito, acordo coletivo ou convenção coletiva de trabalho. A Medida Provisória n. 808 havia eliminado a possibilidade de adoção da jornada por meio de acordo individual escrito, mas com o fim de sua vigência, voltou a ser permitida a adoção por simples acordo individual escrito.

É importante deixar registrado que a Lei n. 13.467 utilizou diversas expressões, não sabemos se proposital ou foi decorrente de descuido, para mencionar os acordos. Quanto à prorrogação de jornada de trabalho, ela diz que tem de haver **acordo individual**. Não disse que tem de ser escrito. Já com relação à compensação mensal, ela diz que tem de ser mediante **acordo individual, tácito ou escrito**. Ora, aqui estamos diante de outra atecnia da lei. Os termos "tácitos" e "escritos" não deveriam ser utilizados como alternativos, pois o tácito se contrapõe ao expresso e o escrito se contrapõe ao verbal. Quando a lei trata da adoção do regime de trabalho de 12 x 36 e de adoção de banco de horas semestral, a lei diz que tem de haver **acordo individual escrito**. É de se duvidar se realmente a intenção do legislador era dar esses três tratamentos distintos.

A primeira das questões diz respeito ao intervalo intrajornada. A lei diz que ele pode ser concedido ou indenizado, mas não diz se quando ele é concedido ele deve ou não ser computado na jornada do empregado. Pela regra geral, os intervalos intrajornada não são computados na jornada, mas parece-nos que no caso da jornada 12 x 36 não há outra forma de se interpretar que não seja a de que esses intervalos devem ser computados na jornada. Por exemplo, se um empregado trabalha das 06:00 às 18:00, com uma hora de intervalo, na verdade, esse empregado só trabalha 11 horas. Ainda que o empregador diga que então o empregado deve trabalhar até as 19:00, para completar as 12 horas trabalhadas, isso não seria possível, pois ele saindo as 19:00, não poderia retornar as 06:00 do segundo dia depois, pois dessa forma só teria sido concedido intervalo interjornadas de apenas 35 horas. Dessa forma, é forçoso se interpretar que no caso dessa jornada, o empregado tem computado em sua jornada o intervalo intrajornada usufruído.

Uma outra questão que poderia ter sido esclarecida pela lei é quanto ao divisor a ser adotado para os empregados que trabalham nessa jornada. Há quem defenda que deve ser utilizado o divisor 220. Outros, entendem que o divisor a ser adotado é 210 e outros, 180. Particularmente defendemos que o divisor a ser utilizado é 210 e isso decorre da simples aplicação de uma regra de três. Os empregados que trabalham nessa jornada laboram numa semana uma jornada de 48 horas e na semana seguinte, 36 horas e assim sucessivamente, totalizando uma média de 42 horas. Então, aplicando-se uma regra de 3, se os empregados que trabalham 44 horas semanais têm divisor 220 os que laboram 42 horas, devem ter o divisor 210.

Mas, como dissemos, o ideal é que a própria lei tivesse trazido essa definição.

3.4. Trabalho em tempo parcial

O contrato em tempo parcial não foi novidade trazida pela reforma trabalhista. Ele já existia, com alguns detalhes: limite máximo de 25 horas, impossibilidade de os empregados trabalharem horas extras e de converterem 1/3 de suas férias em abono pecuniário, férias limitadas a 18 dias, dependendo da jornada semanal.

A reforma trabalhista mudou esse cenário, alterando o limite semanal para 26 horas semanais, com possibilidade de 6 horas semanais ou para 30 horas, mantendo a impossibilidade de horas extras. Ela fez outras alterações: extinguiu a regra que impossibilitava esses empregados de converterem 1/3 de suas férias em abono pecuniário e igualou as férias desses empregados aos que são contratados em tempo integral, ou seja, eles passaram a ter direito a 30 dias de férias, desde que não tenham mais de cinco faltas no período aquisitivo.

A lei estabeleceu que esses empregados devem compensar eventuais horas extras na semana seguinte. Portanto, a eles não são aplicadas as compensações mensal, semestral ou anual.

Quanto às férias, há uma questão interessante que diz respeito aos empregados contratados em regime de tempo parcial e que tiveram seus períodos aquisitivos de férias completados antes do início da vigência da Lei n. 13.467, de 2017. A eles serão devidos 18 dias de férias ou 30 dias de férias? O autor Oscar Krost[(2)], em seus comentários inseridos no art. 130-A do livro *Reforma Trabalhista comentada por juízes do trabalho: artigo por artigo* diz o seguinte: "Por conta do princípio da proteção, pela projeção da aplicação da regra mais favorável, que orienta e inspira o direito do trabalho, bem como, por analogia, do direito penal, o princípio da irretroatividade das leis, salvo para beneficiar o réu, tem por assegurado a todos os contratados em regime de tempo parcial o direito a 30 dias de férias a partir da vigência da Lei n. 13.467, de 2017, que ainda não tenham sido pagas ou fruídas". Embora não partilhemos da mesma ideia do autor, a deixamos aqui registrado com o intuito de demonstrar as possíveis interpretações que serão dadas à matéria.

Uma outra questão que surge a partir da mudança trazida pela reforma trabalhista é quanto à possibilidade de haver contratação de empregado para trabalhar acima do limite legal do regime de tempo parcial e receber remuneração proporcional à jornada de trabalho. Até antes da reforma trabalhista, o entendimento era de que sim, era possível essa contratação. Tanto é que a Orientação Jurisprudencial n. 158 ao anunciar a licitude do pagamento de remuneração proporcional à jornada trabalhada, não vinculou à contratação em regime de tempo parcial.

O ilustre doutrinador Mauricio Godinho Delgado[(3)] assim leciona:

> Esclareça-se, ademais, que a lei nova não eliminou o antigo critério geral de cálculo de valores trabalhistas, segundo a proporção horas laboradas/salário devido. Seguramente que não — sob pena de se ter criado profunda irracionalidade no Direito do Trabalho. Logo, em uma categoria que tenha 44 horas como o padrão semanal de labor, a pactuação de 30 horas semanais em certo contrato assegura o respeito ao salário-hora da categoria para

(2) KROST, Oscar. Art. 130-A. In: LISBOA, Daniel; MUNHOZ, José Lúcio (orgs.). *Reforma trabalhista comentada por juízes do trabalho:* artigo por artigo. São Paulo: LTr, 2018. p. 118.

(3) DELGADO, Mauricio Godinho. *Curso de direito do trabalho.* 16. ed. São Paulo: LTr, 2017. p. 1059.

o respectivo obreiro, e não exatamente ao salário padrão mensal. Portanto, o critério do § 1º do art. 58-A da CLT ('O salário a ser pago aos empregados sob o regime de tempo parcial será proporcional à sua jornada, em relação aos empregados que cumprem, nas mesmas funções, tempo integral') aplica-se, na verdade, a qualquer tipo de jornada contratualmente reduzida.

Sendo assim, a questão que queremos levantar é essa: se antes da reforma trabalhista, a contratação em tempo parcial sujeitava às partes às limitações impostas a esse regime, ainda haverá razão para a contratação nesse regime, já que agora não existem mais as limitações (os empregados podem converter 1/3 de suas férias em abono pecuniário e elas são de 30 dias e não mais limitadas a 18 dias)?

3.5. Trabalho intermitente

A reforma trabalhista introduziu uma nova modalidade de contratação de empregados: trabalho intermitente, e ela tem sido objeto de muitas críticas, no sentido de que transfere para o empregado parte do risco do empreendimento, já que o empregador só vai remunerar o empregado pelo trabalho que o empregado realize. Sem entrar na discussão quanto à legalidade e constitucionalidade dessa modalidade, enxergamos alguns pontos na regulamentação que merecem comentários e destaques.

1) O primeiro diz respeito ao conceito de intermitente, que menciona que nesse regime de contratação há alternância de períodos de prestação de serviços e de inatividade e esses períodos são definidos em horas, dias ou meses. Pela definição, só restou proibida a adoção desse regime para os aeronautas. Em relação aos períodos não se sabe qual a interpretação que vai ser dada ao termo "meses". Será que vai ser legal o empregador convocar o empregado para trabalhar, por exemplo, por dois meses, enquanto dois de seus empregados fixos gozam suas férias? Noutro exemplo, qual a interpretação que vai ser dada a uma faculdade que mantiver professores de graduação trabalhando no regime de trabalho intermitente. Eles são convocados para lecionar uma disciplina, por exemplo, de fevereiro a junho e depois, em outra convocação, de agosto a dezembro. Em uma fiscalização essa situação será tida como regular? Além disso, em uma reclamação trabalhista em que o empregado discute a legalidade de sua contratação, qual será o entendimento do juiz acerca dessa situação? São questões ora levantadas que, por enquanto, não temos respostas.

É possível que se interprete que desde que seja dado ao empregado a oportunidade de dizer se aceita, ou não, a convocação, a contratação é legal. Na verdade, o que diferencia o trabalhador intermitente do empregado contratado no regime de tempo parcial é a imprevisibilidade do trabalho intermitente, enquanto que no contrato em tempo parcial, o empregado é contratado já ciente dos dias em que irá trabalhar.

2) O art. 452-H da CLT, estabelece que o valor do salário horário do empregado intermitente não pode ser inferior aos demais empregados do estabelecimento que exercem a mesma função em contrato intermitente ou não. Não fez, todavia, qualquer ressalva aos artigos que tratam da equiparação salarial, entendemos que a regra estabelecida no art. 452-H não é absoluta. Por exemplo, se um empregador mantém um empregado há 5 anos na empresa e agora contrata outro empregado como intermitente para exercer a mesma função, esse novo empregado não terá o direito de receber o mesmo salário-hora do empregado mais antigo. Mas reconhecemos que a redação do art. 452-H abre margem para a interpretação de que a equiparação salarial não é aplicável nesse caso.

3) Uma outra questão que merece destaque é quanto ao pagamento do salário ao empregado. O § 6º do art. 452-A da CLT determina que ao final de cada período de convocação, o empregado deve receber o valor da remuneração, acrescido das férias proporcionais, do décimo terceiro salário proporcional, do repouso semanal remunerado e dos adicionais legais.

Verifica-se, aqui, uma atecnia da lei, quando chamou de "remuneração". Certamente, a lei queria dizer "salário-base", já que as outras parcelas: adicionais legais e repouso semanal remunerado também compõem a remuneração.

4) Outro problema é que ao mencionar as férias proporcionais e décimo terceiro salário proporcional, não indicou se o empregado deve ter trabalhado uma certa quantidade de dias no mês para fazer jus ao equivalente a essas parcelas. Diante da ausência de previsão de cumprimento de requisitos e em homenagem ao princípio da proteção, certamente há uma tendência de ser interpretado que mediante trabalho em qualquer quantidade de dias, o empregado faz jus ao equivalente a 1/12 avos das referidas parcelas. Mas, mesmo assim, registramos que o ideal é que a lei tivesse dito isso claramente.

Ainda em relação aos cálculos, temos também a questão da ausência de regulamentação quanto ao cálculo do valor do repouso semanal remunerado. Terá direito o empregado ao repouso semanal remunerado apenas em relação às semanas em que ele trabalhou ou o empregado fará jus ao repouso semanal remunerado, calculado da mesma forma que os demais empregados: dividindo-se o valor do salário pelo número de dias úteis e multiplicando-se esse resultado pelo número de repousos semanais e feriados ocorridos no mês?

Uma outra questão que envolve essa matéria diz respeito ao fato de a lei ter determinado que a cada vez que o empregado trabalha ele já recebe o valor do pagamento das férias e do décimo terceiro salário ou ele recebe apenas um adiantamento referente a essas parcelas. Muito já se fala sobre esse problema e alguns defendem que o empregador já vai quitando os valores, não sendo devido quaisquer ajustes quando do gozo das férias ou no mês de dezembro ou, ainda, na rescisão contratual. Outros argumentam que a Lei n. 13.467, de 2017 não fez menção expressa ao afastamento da incidência do art. 142 da CLT e do § 1º do art. 1º da Lei n. 4.090, de 1962 que estabelecem que as férias devem ser remuneradas com o valor do salário devido na época do gozo e que o décimo terceiro salário corresponde ao valor do salário devido no mês de dezembro de cada ano. Mais uma vez, invocando o princípio da proteção, sendo cabíveis duas interpretações razoáveis, há de se optar pela mais benéfica para o empregado. Por outro lado, pode-se perguntar: então para que a lei criou essa obrigação de o empregador pagar essas parcelas ao empregado a cada vez que ele trabalhe ao invés de deixar seguir a mesma regra dos demais empregados?

A tese de que o empregador deve efetuar os ajustes nos valores das férias e do décimo terceiro ganhou corpo com a edição da Medida Provisória n. 808, de 2017, quando em seu art. 452-E, inciso II, estabeleceu que na ocorrência de rescisão do contrato do trabalhador intermitente seriam devidas as demais verbas na integralidade. Pergunta-se: a que outras verbas o inciso se refere? Não haveriam outras verbas que não fossem as férias vencidas e proporcionais e o décimo terceiro salário proporcional, já que o art. 452-E trata da rescisão em decorrência de o empregado estar a mais de 12 meses sem ser convocado. Sendo assim, não se há que falar em saldo de salários. Embora a referida Medida Provisória ter tenha perdido a vigência, a Portaria n. 329, de 2018, trouxe novamente essa mesma disposição, em seu art. 5º.

5) Duas questões que envolvem o trabalho intermitente e que haviam sido resolvidas pela Medida Provisória n. 808, de 2017, voltaram a ficar sem regulamentação: e quando o empregado adoecer, quem irá pagar os salários do empregado nos 15 primeiros dias de afastamento e quando a mulher iniciar o gozo de licença-maternidade, quem irá lhe pagar o salário-maternidade? A referida medida provisória havia estabelecido que nesses dois casos o empregado iria receber diretamente do INSS.

6) Há outro ponto que merece destaque é a obrigação, trazida pelo art. 452-H, de o empregador fornecer ao empregado intermitente comprovante do cumprimento das obrigações relativas aos depósitos do FGTS e do recolhimento das contribuições previdenciárias. No modelo atual, o empregador tem um relatório gerado pelo sistema SEFIP, a Relação de Empregados — RE, que lista todos os empregados com suas respectivas remunerações e, além disso, o empregador gera a Guia de Recolhimento do FGTS — GRF e a Guia de Recolhimento da Previdência Social — GPS. Indaga-se, então, qual seria o documento que o empregador

tem de fornecer ao empregado intermitente? A cópia da RE, da GRF e da GPS e, dessa forma, revelar aos demais empregados o valor das remunerações dos outros trabalhadores? Registre-se que essa obrigação está mantida e os empregadores que hoje não fazem essa entrega, pelo menos em tese, estão sujeitos a serem autuados pelo não cumprimento dessa obrigação. É de ser lembrado que a Medida Provisória n. 808, de 2017, havia estabelecido que essa obrigação deveria ser cumprida a todos os empregados e não apenas aos intermitentes. Com o fim da vigência da referida medida, essa obrigação hoje subsiste apenas em relação aos intermitentes.

7) Outro ponto que merece destaque é em relação à estabilidade da empregada gestante. Entendemos que ela é aplicável à empregada intermitente, mas em razão de ausência de regulamentação, é possível que ela se torne inócua, já que o empregador poderá passar todo o período da estabilidade sem convocá-la a trabalhar. Nesse caso, é possível que a empregada ingresse com reclamação apontando que durante o período de estabilidade o empregador convocou outros empregados e não o fez em relação a ela. Não sabemos como o judiciário irá interpretar essa situação.

8) Uma questão já frequente em grupos de discussões é quanto ao cômputo, ou não, dos empregados intermitentes na definição da cota de contratação de aprendizes, e de Pessoas com Deficiência — PCD e no dimensionamento da Comissão Interna de Acidentes de Trabalho — CIPA e do Serviço de Controle Médico e Saúde Ocupacional - SESMT. Nessa mesma esteira é a discussão quanto à possibilidade de contratação de um PCD como intermitente. Particularmente, acreditamos que a contratação de um PCD como intermitente desvirtua o objetivo da inserção de PCD no mercado de trabalho, pois os empregadores iriam cumprir suas cotas de PCD como intermitentes e como não há norma que obrigue a convocação de intermitentes, esses PCD não seriam convocados a trabalhar. Por outro lado, reconhecemos que já há argumentos que defendem que por não ser possível a contratação de PCD como intermitente, estes não devem ser computados na definição da cota daqueles.

9) Esses são alguns exemplos de incertezas jurídicas que envolvem o novo instituto trazido pela reforma trabalhista e que certamente serão objeto de ações judiciais, de autuações pela Auditoria-Fiscal do Trabalho e de procedimentos no âmbito do Ministério Público do Trabalho. Infelizmente, talvez tenhamos de esperar anos até que os órgãos venham firmar entendimentos quanto à correta interpretação desses pontos e de outros que se relacionam com o trabalho intermitente.

3.6. Utilização de uniforme

A reforma trabalhista introduziu na CLT o art. 456-A, que estabelece que cabe ao empregador definir o padrão de vestimenta no meio ambiente laboral, sendo lícita a inclusão no uniforme de logomarcas da própria empresa ou de empresas parceiras e de outros itens de identificação relacionados à atividade desempenhada.

Esse artigo tem gerado dúvidas quanto à sua interpretação, pois há quem defenda que ele está autorizando o empregador a definir o padrão de vestimenta a ser utilizado pelos empregados, mas não está, todavia, obrigando o empregador a fornecer aos empregados essas vestimentas.

Não nos parece que essa interpretação condiz com os princípios norteadores do direito do trabalho, sobretudo o princípio protetor.

Dessa forma, entendemos que o art. 456-A deve ser interpretado de forma que a dignidade da pessoa humana não seja afetada, não sendo, portanto, lícito ao empregador impor aos empregados a utilização de vestimentas que atentem contra sua dignidade. Além disso, o empregador é quem deve fornecer aos empregados as vestimentas que serão utilizadas no trabalho.

3.7. Salário e remuneração

Várias rubricas tiveram sua natureza jurídica alterada pela reforma trabalhista. Analisemos essas alterações.

1) Em primeiro lugar, a Lei n. 13.467, de 2017 deu nova redação ao § 1º do art. 457 e determinou que o salário é integrado pela importância fixa estipulada, as gratificações legais e as comissões pagas pelo empregador. Pela redação anterior, integravam o salário as gratificações ajustadas e agora só as legais.

É de se registrar que o rol trazido nesse parágrafo não é exaustivo, pois ele deixou parcelas que, com certeza, sempre integraram e continuarão a integrar o salário, a exemplo, do adicional de horas extras, adicional noturno etc.

2) A nova redação do § 2º desse artigo anunciou algumas rubricas que, mesmo pagas habitualmente, não integram a remuneração do empregado, não se incorporam ao contrato de trabalho e não constituem base de incidência de encargo trabalhista e previdenciário.

Ajuda de custo: embora a lei tenha citado expressamente a ajuda de custo, não cuidou de defini-la. Até então, a CLT tratava apenas da ajuda de custo devida aos empregados em decorrência de transferência de uma cidade para outra. Mas, agora, ela trata da possibilidade de esse pagamento ser habitual. Teria, então, a CLT criado uma ajuda de custo mensal? Mas, qual seria a finalidade dessa ajuda de custo?

A doutrina define ajuda de custo como sendo a parcela destinada a ressarcir despesa efetiva feita pelo trabalhador(4). A Instrução Normativa n. 144, de 2018 da Secretaria de Inspeção do Trabalho — SIT, do MTb, nos incisos XIII, XIV e XV do art. 10, estabelece que não sofre incidência do FGTS as ajudas de custo decorrentes de mudança de localidade, seja ela paga em parcela única ou mensalmente e, ainda, a ajuda de custo devida aos aeronautas, nos termos da Lei n. 5.929, de 1973.

A Medida Provisória n. 808, de 2017, havia estabelecido um limite máximo de 50% para o valor da ajuda de custo, mas com o fim de sua vigência, deixou de haver limite. Mas, com certeza, em decorrência da ausência de definição do conceito de ajuda de custo, isso será matéria de reclamações trabalhistas, onde os empregados irão tentar a integração de valores recebidos sobre essa denominação em seus salários.

Auxílio-alimentação: vedado o seu pagamento em dinheiro. Até antes do início da vigência da Lei n. 13.467, de 2017, o valor da alimentação concedida aos empregados só não integrava o salário se fossem pagos em conformidade com as regras do Programa de Alimentação do Trabalhador — PAT.

A questão do auxílio-alimentação vai render muitas discussões, pois apesar de a Lei n. 13.467 ter anunciado que se ele não for pago em dinheiro não integra o salário do empregado nem o salário de contribuição, há entendimentos de que em razão de não ter havido a revogação da alínea "c" do § 9º do art. 28 da Lei n. 8.212, de 1991, apenas o auxílio-alimentação fornecido nos termos do PAT é que não integra o valor do salário de contribuição não tendo, portanto, a Lei n. 13.467 tido o condão de fazer alteração nessa disposição.

Prêmios: Conforme a definição dada pelo § 4º do art. 457 da CLT, consideram-se prêmios as liberalidades concedidas pelo empregador em forma de bens, serviços ou valor em dinheiro a empregado ou a grupo de empregados, em razão de desempenho superior ao ordinariamente esperado no exercício de suas atividades.

Aqui reside uma questão interessante. A definição diz que os prêmios são liberalidades concedidas pelo empregador. Mas, e se os prêmios forem pagos em razão de disposição contratual? Essa condição retira o caráter de liberalidade do empregador e, assim, passa a compor o salário do empregado?

Para Vólia Bomfim(5): "Logo, se previsto no contrato ou na norma interna, não será liberalidade e, por isso, integrará o salário. Se pago mensalmente, é porque remunera o

(4) DELGADO, Mauricio Godinho. *Curso de direito do trabalho. Op. cit.*, p. 814.

(5) CASSAR, Vólia Bomfim; BORGES, Leonardo Dias. *Comentários a reforma trabalhista*. Rio de Janeiro: Forense; São Paulo: Método, 2017. p. 65.

desempenho ordinário, e não extraordinário, tendo natureza salarial".

Interessante a discussão. Com certeza vai gerar muitas reclamações trabalhistas.

Gorjetas: Registre-se, aqui, o que podemos chamar de uma grande trapalhada do legislador, no que tange à regulamentação das gorjetas.

A Lei n. 13.419, de 2017 havia inserido no art. 457 da CLT os §§ 4º ao 11, para tratar das gorjetas. A Lei n. 13.467, também de 2017, aprovada alguns meses depois simplesmente deu nova redação ao § 4º (para tratar dos prêmios) e, pelo menos de uma forma indireta, revogou os §§ 5º ao 11. Verificada a trapalhada feita pela Lei n. 13.467, a Medida Provisória n. 808 cuidou de reeditar a regulamentação das gorjetas, mas o com o término de sua vigência, na prática, não há mais a regulamentação das gorjetas, tão almejada pelos trabalhadores do setor de hotelaria, bares e restaurantes. Saliente-se que o texto da CLT que consta no site do Planalto traz os referidos parágrafos riscados, significando que eles foram revogados.

Isso demonstra, no mínimo, a pressa com que foi elaborado e revisado o texto da Lei n. 13.467.

3.8. Rescisão de contrato de trabalho

A reforma trabalhista fez algumas alterações relacionadas a rescisão de contrato de trabalho.

A primeira é referente ao fim da homologação de rescisão de contrato de trabalho. A Lei n. 13.467, de 2017 revogou o § 1º do art. 477, que estabelecia a obrigatoriedade de homologação de rescisão e atribuía competência aos sindicatos e ao Ministério do Trabalho.

Todavia, muitas convenções coletivas de trabalho, celebradas após o início de vigência da referida lei, contém cláusula estabelecendo a obrigatoriedade de haver a homologação da rescisão perante o sindicato. Entendemos lícita a cláusula, por não ser uma das matérias inseridas nos incisos do art. 611-B da CLT. Mas essa obrigatoriedade tem criado algumas dificuldades, como é o caso, por exemplo, dos sindicatos que tem abrangência estadual, mas só tem sede ou escritório de representação na capital ou em algumas cidades. Nesse caso, o empregador tem de se deslocar com o empregado de sua cidade até a capital do estado ou a uma cidade onde há escritório de representação do sindicato? Até antes da reforma, os empregadores faziam as homologações nas unidades do Ministério do Trabalho ou perante juízes de paz ou, ainda, de promotores de justiça.

A segunda alteração trazida pela reforma trabalhista diz respeito ao prazo para pagamento das verbas rescisórias. A reforma trabalhista unificou o prazo para o pagamento. A partir de 11 de novembro, o prazo é de dez dias contados do término do contrato. A redação do § 6º do art. 477 estabelecia dois prazos e quanto ao prazo de dez dias, a lei dizia claramente que os dez dias eram contados da notificação da demissão e agora a lei diz que os dez dias são contados do término do contrato.

Com essa alteração, alguns sustentam que no caso de rescisão com aviso-prévio indenizado, os dez dias só serão contados a partir da projeção do aviso-prévio indenizado, já que esse prazo é contado para todos os fins. Não nos parece que essa interpretação merece guarida, pois não é razoável que um empregado que seja dispensado com aviso-prévio indenizado de 90 dias só venha a receber suas verbas rescisórias 100 dias após ter deixado de trabalhar. Mas nós temos de reconhecer que a mudança no texto foi muito infeliz ou, quem sabe, proposital, para prejudicar os trabalhadores.

Felizmente, já temos a opinião do ilustre Mauricio Godinho Delgado(6), para quem "deve-se interpretar que a intenção legal foi a de estabelecer prazo único de dez dias contado

(6) DELGADO, Mauricio Godinho; DELGADO, Gabriela Neves. *A reforma trabalhista no Brasil:* com os comentários à Lei n. 13.467/2017. São Paulo: LTr, 2017. p. 179.

do dia do término efetivo do contrato (se não houver aviso-prévio — caso de contratos a termo) ou do dia do término fático do contrato de trabalho, se houver aviso-prévio indenizado (ou seja, do dia da comunicação do pré-aviso)".

Uma novidade trazida pela reforma trabalhista foi quanto à nova modalidade de rescisão de contrato: a rescisão por acordo. Pela regulamentação, nesse tipo de rescisão o empregado tem direito à metade do aviso-prévio, se indenizado. Daí, surge a primeira questão, que diz respeito ao fato de a projeção do aviso-prévio dever ser também pela metade ou se deve ser integral, ou seja, se o aviso-prévio é de 30 dias, o empregador irá indenizar 15 dias. Mas a projeção deve ser de 15 dias ou de 30 dias? Já podemos adiantar que o inciso XXII do art. 9º da Instrução Normativa n. 144, de 2018, da Secretaria de Inspeção do Trabalho — SIT, do MT, estabelece que o valor da parte não paga do aviso-prévio no caso de rescisão por acordo, deve integrar a base de cálculo do FGTS, o que significa que esse tempo compõe o tempo de serviço do empregado. Consideramos que no caso de empregado que tem mais de um ano de tempo de serviço, o valor da metade do aviso-prévio, se indenizado, corresponde ao tempo do aviso proporcional ao tempo de serviço.

A lei não é clara quanto à possibilidade de haver aviso-prévio trabalhado. Para nós, se a lei disse que o empregado tem direito à metade do aviso-prévio, se indenizado, ela está dizendo, pelo menos de forma indireta, que o aviso-prévio pode ser trabalhado. Mas dessa possibilidade, decorrem algumas questões, como por exemplo, a aplicação, ou não, da redução de duas horas na jornada ou de sete dias corridos, bem como se esse aviso será cumprido integralmente e, ainda, se haverá o cômputo dos 3 dias para cada ano de tempo de serviço. Registre-se que no caso de rescisão a pedido, não há esse cômputo.

Considerações finais

Conforme demonstrado nesse texto são inúmeras as incertezas jurídicas decorrentes da Lei n. 13.467, de 2017, sendo que muitas delas derivam da imperfeição ou da imprecisão do texto da lei e outras, da regulamentação incompleta de novos institutos e situações e, ainda, de mudanças em textos e interpretações solidificadas ao longo de tempo.

É possível que só tenhamos a definição de muitas dessas incertezas após vários anos, quando os tribunais e órgãos de fiscalização firmarem entendimentos acerca da correta interpretação dessas alterações. Até lá, todos os envolvidos irão ter de lidar com várias possibilidades de interpretação, causando insegurança para muitos e, o que é pior, muitas das vezes prejudicando os direitos dos trabalhadores brasileiros.

Referências bibliográficas

CASSAR, Vólia Bomfim; BORGES, Leonardo Dias. *Comentários a reforma trabalhista*. Rio de Janeiro: Forense; São Paulo: Método, 2017.

DELGADO, Mauricio Godinho. *Curso de direito do trabalho*. 16. ed. São Paulo: LTr, 2017.

DELGADO, Mauricio Godinho; DELGADO, Gabriela Neves. *A reforma trabalhista no Brasil:* com os comentários à Lei n. 13.467/2017. São Paulo: LTr, 2017.

KROST, Oscar. Art. 130-A. In: LISBOA, Daniel; MUNHOZ, José Lúcio (orgs.). *Reforma trabalhista comentada por juízes do trabalho:* artigo por artigo. São Paulo: LTr, 2018.

Subordinação no Pós-Reforma: a Necessidade de Retorno à Dependência como Pressuposto Autêntico do Liame de Emprego

Bruno Pontes Sales[1]

Introdução

Este ensaio procurará demonstrar, com certa dose de pretensão, a necessidade de revisitar-se o conceito de subordinação, enquanto critério principal de identificação de uma situação jurídica de emprego, analisando-o não apenas sob o seu perfil tradicional e sob as influências modernas das concepções objetivas, mas, principalmente, a partir de sua origem legítima e histórica estampada no art. 3º, *caput*, da Consolidação das Leis do Trabalho, qual seja, a partir do elemento econômico-jurídico que lhe estrutura em seu verdadeiro cerne, a dependência.

Vislumbrada dentro da lógica do trabalho assalariado e da apropriação por terceiro da força produtiva alheia, a dependência do obreiro, iniciada como econômica e transmudada de força jurígena na sequência, como contrato ou ato-fato jurídico, apresenta-se, a juízo deste articulista, como a melhor resposta do Direito do Trabalho às variadas e novas formas de gestão dos processos econômicos e produtivos, persistente tanto nos modelos mais rudimentares e primários de organização, como no contexto atual de liberalização da terceirização nas atividades-fins e nos cenários disruptivos que exsurgem no mercado de trabalho ("uberização", *marketplace* etc.).

Essa abordagem, a par da recente reforma, perpassará por algumas das inovações trazidas pela Lei n. 13.467/2017 à legislação sociolaboral, principalmente pelo polêmico parágrafo único do art. 444 celetista, procurando apontar suas inconstitucionalidades e inconsistências sob diversas e diferentes perspectivas, e tendo em conta o caráter sempre tuitivo da ciência jurídica trabalhista nesse processo. O postulado da primazia da realidade funcionará, nesse desiderato, como via aclaratória da dependência econômico-jurídica como o pressuposto fundante de qualquer relação de emprego — revelando, assim, sua essência — e como condição de possibilidade interpretativa de quaisquer dispositivos que direta ou indiretamente procurem tutelá-la.

Sem mais delongas, avante.

---

(1) Auditor-Fiscal do Trabalho. Pós-Graduado em Direito do Trabalho e Processo do Trabalho.

1. Tipos de subordinação e a insuficiência de seus conceitos

Na busca por identidade própria e como forma de autonomizar o Direito do Trabalho perante outras searas jurídicas — o que, aliás, se mostrava como de necessidade indiscutível, haja vista suas nuances —, a doutrina e a jurisprudência trabalhistas desenvolveram a categoria da subordinação jurídica em consonância com diversos pontos de vista e em matizes das mais variadas ordens. O fim, como dito, era ressaltar a relação de emprego no sistema capitalista como algo — um existencial — que se distinguia das demais formatações jurídicas até então construídas e concebidas pela ciência civilística.

Nesse propósito, inicialmente, talvez porque contagiada pela dinâmica gerencial do taylorismo-fordismo, de intenso controle, a subordinação foi encarada sob a premissa de que sua materialização ocorreria apenas e tão somente se, em paralelo, houvesse ordens e comandos diretos provindos da contraparte que contratara e/ou empregara o trabalhador. Nesse raciocínio, portanto, haveria de existir uma forte influência sobre o conteúdo do trabalho desenvolvido e/ou sobre o *modus operandi* acerca de seu funcionamento, em uma dinâmica que, sem possibilidade de contraposição, o fazer do trabalhador submetia-se natural e inexoravelmente à direção do titular do poder patronal.

Assim sendo, sob essa ótica, a subordinação revelar-se-ia mediante o labor desenvolvido no estabelecimento do empregador, por meio do controle de jornada e das pausas de descanso, através de prescrições demarcadas aprioristicamente e numa aproximação mais direta e pessoal entre o tomador dos serviços (ou seus prepostos) e o respectivo prestador. A justificativa era, pois, a intensificação do trabalho a par de um constante processo de monitoramento e vigilância.

Essa concepção, com o tempo, mostrou-se frágil e à margem das inúmeras realidades vivenciadas por diversos trabalhadores que, no mercado, vendiam sua força de trabalho — e apenas ou principalmente ela — em troca de um rendimento por sobrevivência e condições mínimas de vida. Trabalhadores efetivamente assalariados, não proprietários e/ou não detentores dos meios de produção, os quais, não enquadrados nessa condição fático-jurídica, ou melhor, não nela subsumidos — ou porque não recebiam ordens diretas ou porque não trabalhavam na unidade física do empreendedor ou, ainda, porque não se submetiam à marcação de ponto — eram relegados de qualquer proteção sociojurídico-trabalhista, a representar, evidentemente, uma contradição às razões fundantes e principiológicas do Direito Laboral enquanto ciência imperativa. São exemplos e alvos desses efeitos colaterais os trabalhadores em domicílio, os profissionais intelectuais e/ou técnico-científicos, os "autônomos" não exclusivos, entre outros.

Como forma de alterar esse quadro — e levando em consideração os novos cenários de organização produtiva, sob os auspícios do Toyotismo, mais flexível e permeável, portanto, menos rígido, e conduzido por outros desígnios ideológicos (adaptação à demanda) —, a conformação da subordinação jurídica foi ganhando novos ingredientes e requisitos não pensados e contemplados dentro de sua configuração tradicional anterior. Migrou-se, assim, de um enfoque subjetivista tão somente — propalado na vinculação pessoal do empregado a um empregador — a uma abordagem também e, principalmente, objetificante, arquitetada na noção de inserção ou interação sinérgica da atividade do trabalhador, como uma engrenagem, nos fins precípuos do empreendimento. O objetivo era claro: imantar a proteção do Direito do Trabalho à camada de trabalhadores que, até então, vinha sendo excluída de sua tutela.

Um dos primeiros juristas brasileiros a tratar do assunto foi Arion Romita (1979), cuja formulação teórica, denominada subordinação objetiva, em síntese, é assim articulada:

> A subordinação gravita em torno da atividade. Exercita-se, porém, sobre comportamentos de recíproca expressão, que se definem pela integração da atividade do empregado na organização empresarial. É certo que a própria pessoa do trabalhador está envolvida na relação de trabalho, mas

é a *atividade* do empregado que se insere na organização da empresa. A relação de trabalho, caracterizada pela subordinação, é uma relação intersubjetiva (por isso, não isenta de conotações pessoais), mas o vínculo de subordinação é de ordem ***objetiva***, pois visa à atividade do empregado.(2)

Paulo Vilhena, no mesmo compasso, tratando do poder diretivo objetivo, assim se manifesta:

> Se há atividade, se há trabalho pessoal para a empresa, cujo círculo de repercussão esteja dentro da normal precisão do empregador, está-se exercitando sobre esse trabalho poder diretivo, porque esse trabalho se integra, necessária e continuamente, na atividade geral da empresa.(3)

Contudo, não obstante as alvissareiras intenções e o espectro mais amplo que a subordinação objetiva alberga, em prol de maior proteção, também ela não se mostrou consistente o bastante a dar segurança acerca da consubstanciação de vínculos de emprego entre um trabalhador e um tomador de seus serviços. Diz-se isso porque, considerando como norte de análise a mera circunstância de a atividade do obreiro acoplar-se ao prisma organizativo da empresa, em tons de obediência à sua cadência, olvidou-se, por outro lado, a existência de efetivos serviços autônomos prestados por trabalhador que não se posiciona, social e juridicamente, como um autêntico assalariado.

Com efeito, eventual trabalhador que se apropria dos fatores de produção, gerindo sua atividade e vendendo-a no mercado como um serviço pronto e acabado — portanto, que não comercializa somente ou notadamente sua energia laborativa —, é "catalogado" na intitulação jurídica de verdadeiro trabalhador autônomo, ainda que seus ofícios coincidam interativamente com o concatenamento produtivo do contratante de seus serviços. Aproxima-se, por consequência, muito mais da figura de um empresário, mesmo que de pequeno porte, do que da do trabalhador que justificou o surgimento do Direito do Trabalho, o sujeito assalariado.

Mauricio Delgado (2016), procurando corrigir a amplitude excessiva do conceito objetivo — que provocou, aliás, o seu desprestígio — elabora uma fórmula subordinante (a estrutural) que, sem desconsiderar os modelos anteriores, procura melhor delimitar a subordinação a partir de um perfil mais restritivo e caudatário da cultura organizacional da empresa. Em outros termos, sob esse ponto de vista, imiscuindo-se na atividade principal e/ou mesmo marginal do empregador, o trabalhador será empregado se, acolhendo a sua estruturação pré-concebida e previamente formatada, integra-a de tal forma que sua submissão se dá em tons de absorção da cultura corporativa dominante da empresa, e não pelo mero encaixe nas atividades rotineiras desta.

Assim, diz o Ministro:

> Estrutural é, pois, a subordinação que se manifesta pela **inserção** do trabalhador na dinâmica do tomador de seus serviços, independentemente de receber (ou não) suas ordens diretas, mas **acolhendo, estruturalmente, sua dinâmica de organização e funcionamento**. (...).
>
> Na subordinação estrutural, o trabalhador pode realizar tanto atividade-meio como atividade-fim do tomador dos serviços; será, porém, subordinado, caso se ajuste, **estruturalmente**, ao sistema organizacional e operativo da entidade tomadora de serviços, absorvendo sua **cultura e sua lógica empresariais** durante o ciclo de prestação de seu labor e, na **medida dessa aculturação**, seu poder direcionador e dirigente.(4)

Da mesma forma e nos mesmos termos da crítica anterior, a subordinação estrutural não deslinda a condição do sujeito que labora em favor de um tomador de modo verdadeiramente autônomo e sem a necessária hipossuficiência que caracteriza o trabalhador assalariado. Não apresenta ela critérios mínimos — pontos de

(2) ROMITA, Arion Sayão. *A subordinação no contrato de trabalho*. Rio de Janeiro: Forense, 1979. p. 81, grifo nosso.
(3) VILHENA, Paulo Emílio Ribeiro de. *Relação de emprego. Estrutura legal e supostos*. 3. ed. São Paulo: LTr, 2005. p. 259.
(4) DELGADO, Mauricio Godinho. *Curso de direito do trabalho*. 15. ed. São Paulo: LTr, 2016. p. 314-315, grifo do autor.

partida, ao menos — que conformem quando há a ocorrência fidedigna de trabalho por conta própria ou quando, ao contrário, se desenvolve em nome de outrem e em processo de expropriação.

Por essas incompletudes é que, por exemplo, Lorena Porto (2009), ao dispor sobre uma definição integrativa de subordinação (a seguir deduzida), vislumbra a subordinação estrutural não como um conceito em si, independente por conta e apto por tão só (junto com os demais requisitos, à evidência) a respaldar o liame empregatício, mas como uma mera consequência do fato de o trabalhador não possuir uma organização produtiva própria (se ele não a possui, é por isso, então, que acolhe a estruturação alheia do tomador contratante).

A jurista, em estudo de fôlego, traz à tona, ainda sob uma aura objetiva, a figura da subordinação integrativa, que ajusta o critério da conexão das atividades do trabalhador à rotina maior do empregador com o realce, todavia, da averiguação de inexistência de autonomia por parte do obreiro, aqui compreendida como consubstanciada somente se, no quadro da prestação dos serviços, o trabalhador apresentar-se como verdadeiro empresário (art. 966 do Código Civil). Aduz a procuradora:

> A subordinação, em sua dimensão **integrativa**, faz-se presente quando a prestação do trabalho integra as atividades exercidas pelo empregador e o trabalhador não possui uma organização empresarial própria, não assume verdadeiramente os riscos de perdas ou ganhos e não é proprietário dos frutos do seu trabalho, que pertencem, originariamente, à organização produtiva alheia para a qual presta a sua atividade. (PORTO, 2009, p. 253, grifo nosso)

No mesmo raciocínio que Lorena (adotando, portanto, também o conceito integrativo), mas dando maior ênfase ao poder diretivo — por ele avaliado como a contraface da subordinação —, Danilo Gaspar (2016), considerando detalhadamente os elementos de um autêntico trabalho autônomo, denomina de subordinação potencial aquela em que, inexistente aquele, há um constante estado de crédito do empregador perante os seus empregados — crédito este entendido como o poder jurídico de exigibilidade da prestação de serviços dos obreiros —, cujo exercício pode se manifestar concretamente ou ficar em constante estado de latência, de forma mediata e remota à discricionariedade da entidade patronal. Arremata o autor:

> Como se vê, a potencialidade da subordinação jurídica encontra-se presente nas lições de diversos autores, ficando claro, nesse sentido, que subordinado é aquele que se encontra em estado **potencial** de subordinação.
>
> Portanto, fica evidente que a subordinação não foi alterada em sua essência, mantendo-se, pois, relacionada e vinculada ao **poder** diretivo do empregador. Este último sim que sofreu modificações a partir do processo de reestruturação produtiva.[5]

Muito embora se reconheça a evolução das duas últimas teses, notadamente porque melhor definem os contornos de um verdadeiro trabalho autônomo e sua diferenciação em relação ao trabalho empregatício, padecem ainda, na visão deste auditor, de falhas relevantes nos seus elementos estruturantes, sem a percepção real da causa fundante dos enleios de emprego. Explica-se.

De um ponto de vista a outro, as definições acerca da subordinação jurídica tocam na temática ou da emissão de ordens e mandos sobre os trabalhadores e suas atividades, ou da imersão destes na organização empresarial alheia, e a partir sempre da formação e desenvolvimento dos contratos de trabalho na seara da prestação de serviços efetivos. Em síntese: o trabalho subordinativo, segundo a posição tradicional positivista, segue e flutua em torno dessa delimitação conceitual, numa miscigenação que se adapta e procura abarcar

(5) GASPAR, Danilo Gonçalves. *Subordinação potencial*: encontrando o verdadeiro sentido da subordinação jurídica. São Paulo: LTr, 2016. p. 197.

os diversos panoramas de produção — desde variantes do fordismo-taylorismo, à liquidez do sistema toyotista e similares, até outras formas de gestão exsurgentes, apoiadas nos modelos disruptivos oriundos do avanço da 4ª Revolução Industrial.

Ocorre que estas não respondem, há tempos, a algumas questões rotineiras, antigas e a outras provenientes de cenários mais flexíveis com suas implicações e impactos sobre os postulados do Direito do Trabalho. Citam-se alguns exemplos para melhor elucidação.

Os institutos jurídicos da suspensão e da interrupção contratual retratam realidades em que, separadas suas diferenças, não há trabalho dos empregados em favor de seus empregadores. Ressalvados alguns efeitos jurídicos aqui e acolá, o ponto de convergência situa-se na circunstância de que, suspensos (sentido lado) os contratos, os empregados têm o direito de não trabalhar, de não cumprirem suas obrigações naturais de fazer, apesar de — registre-se nesse momento com toda a veemência e destaque que essa elementar merece — manterem seus *status* de empregados.

Esclareça-se esse ponto. Durante a suspensão e interrupção dos contratos de trabalho, os empregados respectivos não se sujeitam aos comandos provindos de seu ente patronal (subordinação clássica-subjetiva), não se integram às atividades da organização e nem à sua dinâmica operacional-dominante — já que estão episodicamente afastados — (subordinação objetiva, estrutural e integrativa) e nem mesmo ficam potencialmente à mercê do poder empregatício de seus patrões (subordinação potencial). Ou seja, nesses cenários, não se encontram na condição de autênticos obreiros subordinados. Contudo — e isso é pacífico — mantêm suas qualificações de autênticos empregados tutelados pelo Direito especializado do Trabalho, sem que maiores explicações abriguem essa conclusão. Questiona-se, então: Isso é possível? Se o requisito da subordinação é a pedra angular a definir alguém como juridicamente um empregado, como pode ele permanecer nessa situação se não está, na conjuntura suspensiva, como um subordinado?

Poder-se-ia argumentar, em outro sentido, que a manutenção do título *empregado* se justificaria porque, mesmo afastado, continua formalmente vinculado ao empregador pelo ato prévio de registro funcional e assinatura de sua CTPS. Todavia, assim inferindo, entrar-se-ia numa contradição epistemológica: se a primazia da realidade é tida como princípio a superar questões formais (supremacia dos fatos sobre a forma), poderia ela, na contramão de sua essência, negar o existencial de o empregado não ser subordinado, mas assim se o considerar porque documentalmente os atos registrários assim o definem?

Se tomar-se em conta os demais pressupostos fático-jurídicos do momento empregatício — onerosidade, habitualidade e pessoalidade — também eles, em variada medida, ocultam-se no contexto ilustrativamente delineado, sem que, saliente-se novamente, o trabalhador perca sua posição de empregado. Qual a razão, pois, para tanto? Como explicar essa possível incoerência? A resposta — e guarde-se bem esse alerta — transita por um existencial, por um dado sempre permanente na catalogação do conceito de empregado: o trabalhador continua como um sujeito assalariado.

Raciocínio semelhante é feito também em relação ao (novo legalmente no Brasil) contrato de trabalho intermitente, trazido à legislação nacional pela Lei n. 13.467/2017 e dentro da sistemática dos denominados contratos zero-hora. Regulado nos arts. 443, § 3º e 452-A e parágrafos da CLT, o contrato intermitente traz hipótese em que, trabalhando esporádica e eventualmente, o empregado tem por remunerado apenas e tão somente o tempo em que, faticamente, sua força de trabalho é utilizada, sem que o seu tempo à disposição produza consequências jurídicas. Consubstancia, pois, uma das exceções previstas na parte final do art. 4º, *caput*, da CLT.

Repara-se que, mesmo nessa operacionalização peculiar, o empregado inserido em uma prestação de serviços intermitente, por força do art. 443, § 3º, não perde a sua característica jurídico-social de ainda empregado. Mas aí, novamente, a roda gigante volta ao seu ponto: no período em que não executa atividades em favor do empregador com quem assinou seu contrato escrito (art. 452-A, *caput*), não está ele recebendo ordens e nem acolhendo o fluxo das diretivas daquele, porque não inserido em sua cadeia produtiva. Por que então, legalmente, continua ele empregado? Se não há subordinação em nenhuma das dimensões externadas, como é possível classificá-lo nesses moldes? Assevere-se, mais uma vez, em novo alerta, o mencionado antes: não perde o trabalhador sua condição constante e reiterada de assalariado.

É bem verdade que o § 3º dos arts. 443 e 452-A da CLT, expressa e literalmente, faz (em) referência à existência de uma subordinação, como a se supor que ela se personificaria por ficção, de forma abstrata. Contudo, bem vistas as coisas, o que se extrai dessas dicções legais imediatamente referidas é uma releitura do conceito de subordinação, sob um novo paradigma (aliás, não novo, mas esquecido): o trabalhador assalariado não é necessariamente subordinado, entendido nas teorias tradicionais como aquele que obedece a desígnios diretos provindos do empregador ou imiscuído nas atividades que exerce no seu dia a dia, mas sim, mais corretamente, dependente, analisado como aquele que depende da venda (somente ou principal) de sua força de trabalho a outrem em troca de uma contrapartida financeira.

O que se quer com tudo isso dizer é que o aspecto subordinativo, de acordo com as abordagens esposadas que se quer superar, transparece não como causa do fenômeno empregatício e da formação na sequência dos contratos de trabalho, mas, ao revés, quando muito, como consequência, como efeito da relação jurídica de emprego já constituída. Ele aparece, e nem sempre, depois, no curso do cumprimento das obrigações contratuais, e não antes, como se fosse a semente a dar ensejo ao ajuste de emprego.

Prova disso, por todos, é a situação dos altos empregados. Eles não se sujeitam a ordens de outrem — em realidade, são eles que as proferem, como porta vozes dos empreendimentos — e nem obedecem a uma dinâmica pré-concebida — essa dinâmica, muitas vezes, é por eles mesmos orquestrada e posta em execução, e dentro do ritmo que melhor lhes aprouver (eles não se inserem, ao contrário, determinam a inserção). Se não são subordinados, por que se mantêm empregados como preconiza o art. 62, II, da CLT? Porque — aplicando-se a premissa — são, ainda que bem remunerados, autênticos assalariados, vendendo sua força de trabalho (intelectual, técnica, científica, criativa, inventiva, de gestão etc.) em prol de outrem, o qual, este sim, é quem possui a propriedade, é quem detém o título de exercício dos atributos do domínio.

Outro exemplo — onde se verificam decisões em um ou outro sentido, justamente pelo foco equivocado na subordinação (consequência) e não na dependência (causa) — é a diferenciação entre o empregado vendedor e os representantes comerciais, referidos na Lei n. 4.886/1965. Essa situação será melhor retratada no tópico seguinte, quando se procurará refinar o conceito de dependência num viés econômico e jurídico incindível, mas que, de pronto, serve à discussão.

Se o representante comercial pode receber comandos do representado e se deve seguir as diretrizes delimitadas por este — o que evidencia que seu labor pode desenvolver-se de forma subordinada —, como distingui-lo do empregado vendedor se se utilizar apenas e tão somente desse discurso subordinativo? Evidentemente, o filtro de separação deve ser outro, e a identificação da dependência, a partir do trabalho assalariado, mostra-se, a juízo desse autor, como o melhor critério para tal empreitada distintiva.

Por fim, e ainda dentro da crítica em andamento, cita-se a sistemática atual definida para as terceirizações, tanto pela decisão proferida pelo STF na ADPF n. 324 e no RE n. 958252, como pelo teor das Leis ns. 13.429/2017 e 13.467/2017. Nesses instrumentos, consoante noticiado, foi consolidada a possibilidade de terceirização em quaisquer das atividades do tomador de serviços, sejam elas acessórias ou principais, sejam elas instrumentais ou finalísticas. Daí resulta um cenário fático possível: um contratante que apenas e tão somente administra o negócio, delegando todo o espectro de processos que o integra a terceiras pessoas com as quais celebra um contrato.

Num cenário como esse, em que o tomador de serviços terceiriza toda a sua atividade, vem o questionamento. Como aplicar as subordinações objetiva, estrutural, integrativa e/ou potencial se, em relação a esse tomador, não há mais ao que se integrar? Como acolher estruturalmente sua dinâmica de funcionamento ou inserir-se em suas atividades se não há mais atividade sua a ser desenvolvida e, portanto, não há mais onde os ofícios do trabalhador se acoplarem? Se assim se entender, fechar-se-ão as portas à possibilidade de formação de vínculo de emprego entre os terceirizados e o tomador último de seus serviços, o que, juridicamente, não se pode sustentar.

O signo mais seguro, porque presente em qualquer tipo de vínculo estabelecido entre um trabalhador e um tomador de serviços que, permanentemente, se apropria do trabalho daquele e, transformado em mercadoria, o comercializa no mercado, é o da dependência, com os pormenores jurídicos e econômicos que lhe são pertinentes, visto que imanente à própria ontologia do Direito do Trabalho enquanto ramo autônomo a regular tais relações.

Na sequência, tentar-se-á estabelecer alguns atributos que auxiliem no projeto de definição desse elemento.

2. Conceito de dependência — fusão das searas econômico e jurídica. A dependência como condição de possibilidade para a caracterização do emprego

Consoante aludido no tópico anterior, a subordinação, como entendida majoritariamente, é apenas consequência possível do enleio empregatício, e não causa fundante de sua constituição. Ou seja, primeiramente faz-se presente no mundo fenomênico o liame de emprego para, somente depois, na sequência, exsurgir a subordinação (e nem sempre). Assim, é plenamente possível afirmar que, por ser empregado, é que o trabalhador obedece a comandos e/ou integra-se em empreendimento alheio, e não que, porque obedece a comandos e/ou integra-se em empreendimento alheio, é que se caracteriza como empregado.

Essa constatação foi percebida perspicazmente, há tempos, por Murilo Oliveira (2014), que assim resume a questão:

> Por outro lado, o retorno da dependência econômica empreende uma ruptura parcial com a sinonímia subordinação-dependência. Muitos autores estabelecem, em sentido amplo, uma sinonímia entre subordinação e dependência, a exemplo de Sidnei Machado (2009). Isso porque a heterodireção, normalmente, enseja disposição a obedecer a ordens alheias, a qual é compreendida como dependência. Assim, subordinação gera dependência, ou seja, o léxico de subordinação remete à sinonímia de dependência. Ocorre que esta sinonímia é restrita e parcial, justamente porque o sentido de dependência é bem maior e mais amplo, compreendendo a subordinação e outros significantes. Todavia, a dependência, maior e mais ampla, nem sempre se verifica pela subordinação. Esta última é **consequência possível (não necessária)** da primeira, pois a dependência é sempre a causa da subordinação. (...) Sendo proprietário, o sujeito pode criar sua própria organização produtiva. Dessa titularidade também decorre a possibilidade de dirigir aqueles que lhe entregam sua força de trabalho. Ocorre que a direção dos serviços, produtora de trabalho subordinado, é, igualmente, uma consequência possível desta titularidade. Ora, a subordinação **não é uma essência**, mas apenas uma **derivação** da venda de força de trabalho.(6)

Cesar Bessa (2017), em obra brilhante, inclusive introjetando temas pertinentes à psicanálise e às teses freudianas, também segue a mesma linha de argumentação:

(6) OLIVEIRA, Murilo Carvalho Sampaio. *Relação de emprego, dependência econômica e subordinação jurídica:* revisitando conceitos — critérios de identificação do vínculo empregatício. Curitiba: Juruá, 2014. p. 175.

(...). Pois a subordinação do empregado ao empregador tem como fato gerador a dependência econômica do trabalho ao capital e, portanto, não define a relação de emprego, mas é dela uma característica, uma **consequência** proveniente da acumulação de propriedade privada. Até mesmo porque a subordinação existe em outras relações humanas, como na relação neotênica e continuará existindo mesmo depois do fim do sistema capitalista. (BESSA, 2017, p. 164, grifo nosso)

Feita essa abertura preambular, é possível, e mesmo vinculante, avançar-se sobre o conceito de dependência, até para que as elucubrações mencionadas até o momento façam algum sentido. Nessa empreitada, utilizar-se-á do escólio, por todos, do suprarreferido Murilo Oliveira (2014), naquilo que concerne aos préstimos que sua teoria trouxe na conexão estabelecida com a dependência econômica como critério diferenciador, sem, entretanto — e aqui se busca ir além do referido jurista —, olvidar-se do aspecto necessariamente jurídico que cerca o fenômeno em questão.

Ultrapassando as amarras do positivismo normativista puro, cuja tipologia negara à dependência econômica sua importância original e ontológica, enxergando-a como algo fora do direito — extrajurídico —, procurar-se-á, no cerne da Crítica Hermenêutica do Direito, de Lenio Streck, ousadamente, trazê-la para dentro desta equação, nos seus corretos termos e limites estabelecidos pelo próprio Direito do Trabalho.

Assim, de pronto, se estabelece um ponto nodal de partida: é o próprio Direito Laboral que traz para dentro de si, de forma deontológica, a temática da dependência econômica no âmago de sua compreensão, fazendo dela algo co-originário ao conceito da dependência enquanto fenômeno também jurídico. São elementos, portanto, com diferenças intrínsecas e singulares, mas incindíveis no tocante à escorreita percepção das relações empregatícias, os quais, em circularidade hermenêutica, estabelecem influências recíprocas no cotejo interpretativo-aplicativo.

Tentar-se-á ser mais claro, na sequência, não obstante a necessidade de algumas divagações. Todavia, uma observação se faz antes inelutável.

Se o conceito de empresa tem, cada vez mais, adquirido uma amplitude maior como forma de adaptar-se às diversificadas vias de gestão do empreendimento em si, nada mais natural que, também a dependência, do lado dos trabalhadores, alargue sua dimensão em tom no mínimo equivalente àquele operado pelos proprietários dos meios de produção. A paridade de armas e de respostas na divisão social de classes é algo que o direito não pode ignorar — ou melhor, é algo que ele deve normatizar —, sob pena de tomar partido, ilegitimamente, em favor apenas ou principalmente de um lado, em ruptura com a integridade que deve permear as ciências jurídicas.

Essa inferência é algo extraído dos próprios fundamentos do Estado Democrático de Direito, expressado precisamente na positivação da liberdade de iniciativa paralelamente — lado a lado — com o fator trabalho, ambos condicionados por um valor tido essencialmente como social (art. 1º, IV, CRFB). Essa conformação equitativa tem, consequentemente, um significado, um comando imperativo e deontológico sobre todo o ordenamento jurídico, até porque, assevere-se — e é essa a linguagem constitucional — apresenta-se como fundamento, como razão de ser, imediatamente delineado no introito da Constituição.

Ademais, a decisão de sedimentar os direitos sociais e trabalhistas no rol de direitos fundamentais — direitos estes que inauguram um novo constitucionalismo e são o cerne de fundação dos Estados democráticos — representa, especialmente pelos arts. 7º e 8º e seus incisos, a escolha do constituinte em privilegiar a relação de emprego como o marco principal no contexto dos sistemas capitalistas de produção. Não fosse assim, por que elencar uma lista de direitos e garantias trabalhistas e sindicais no texto constitucional?

Por todas essas razões é que — como argumento de princípio — a compreensão da dependência econômico-jurídica como instituto a respaldar a existência dos vínculos de emprego deve, necessária e obrigatoriamente, transcorrer em formato ampliativo e em perfil bastante abrangente. Não cabem, pois, interpretações limitativas de sentido. Avante, então.

A dependência econômica, como primeiro ponto de exame, deve ser entendida dentro do quadro em que surgiu, vale dizer, no panorama balizado pelo sistema capitalista. Nesse sentido, aparece ela como umbilicalmente presa à ideia de trabalho assalariado, labor em que alguém coloca sua energia ocupacional à disposição de outrem em troca de um valor. Mais precisamente e contextualizando: a dependência econômica é materializada na venda do bem "força de trabalho" o qual se aperfeiçoa enquanto tal (enquanto bem) apenas e somente se e/ou quando integra-se em uma propriedade em movimento — a empresa/empregador.

O raciocínio se estabelece da seguinte maneira: o trabalhador dispõe apenas (ou principalmente) de um bem — seu trabalho — cuja eficácia econômica é bastante limitada, cuja utilidade somente aparece como tal a partir do momento em que se incorpora à propriedade alheia. Dissociada do empreendimento, sem a junção necessária, não possui valor no regime de produção ora vigente, daí precisando nele se enquadrar para ter reconhecido esse aspecto mensurável — o seu preço. É aqui, nessa tramitação, que se declara a dependência econômica como um existencial: no entrelaçamento coercitivo com a propriedade alheia, na necessidade (dependência) em estabelecer com ela uma relação, de somente nessa interação obter economicamente um valor. De certa forma, é uma narrativa intersubjetiva que manifesta um conceito filosófico de ser-aí, de ser algo em alguma outra coisa e a partir dessa outra coisa a qual diz uma outra coisa ao ser-aí.

A doutrina de Murilo Oliveira (2014) corrobora essa concepção:

> Destarte, a dependência, em sua essência, deve corresponder à causa real do trabalho assalariado. Trata-se da compra de força de trabalho no sentido da economia política de um **bem que somente se realiza quando integrado a uma propriedade em ação**, ou seja, à empresa. (...).
>
> O sentido da expressão "venda de força de trabalho" refere-se ao bem cuja utilidade econômica é restrita, **por depender do seu acoplamento a um empreendimento**, mais precisamente pela sua conjunção com a propriedade (meios de produção). Sendo o trabalho um dos elementos da empresa, seu destino é o de estar contido nesta. O trabalho dissociado da propriedade não pode agir como empresa; somente lhe cabe retornar à empresa pela "venda compulsória de força de trabalho".(7)

Vê-se — e é importante frisar isso — que esse aspecto econômico do conceito de dependência não é aferido a partir do *quantum* salarial recebido pelo empregado do seu empregador, a ponto de influir, por conseguinte, na conclusão de sua não consubstanciação se a remuneração obreira for maior que certo valor objetivo definido em lei. Não. A dependência econômica é conformada, repise-se, na necessidade — condição *sine qua non* — de o bem *trabalho* somente alcançar valor, no sentido patrimonial e quantitativo, quando em fusão com a propriedade/organização alheia que o absorve para si.

A dependência jurídica, por sua vez, é evidenciada no exato momento em que esse contato ocorre na apropriação por outrem do resultado econômico oriundo do trabalho. Enquanto a dependência econômica é o impulso que leva o assalariado à empresa, em busca de quantificação patrimonial ao seu trabalho, a jurídica é a que acontece na sequência, quando essa quantificação — ainda que em mais valia — é concretamente realizada no contexto da relação.

Esse contato, que pode ser por meio de um contrato de trabalho formalmente estabelecido ou mediante um ato-fato jurídico(8), é o ponto

(7) OLIVEIRA, 2014, p. 217-218, grifo do autor.

(8) Ato-fato jurídico consiste em uma manifestação de vontade (por isso, ato) cujos efeitos jurídicos não são necessariamente os desejados pelas partes (por isso, fato). É o caso do trabalhador autônomo reconhecido faticamente

de transformação da dependência econômica em também dependência jurídica, quando os conceitos se entrecruzam e se fundem, e a tutela pelo Direito do Trabalho exsurge em favor da relação de emprego. Por isso, como elementos inseparáveis e que estabelecem entre si um intercâmbio constante, é que não se pode orbitar para fora da dependência como fenômeno simultaneamente econômico e jurídico.

Em suma, será empregado então todo trabalhador que, em busca de salário, se vê obrigado a vender sua força de trabalho a uma organização produtiva alheia — porque dependente economicamente dessa propriedade não sua e que somente nela ganha valor — e que, nessa sinergia, o seu trabalho escapa de si para acoplar-se (dependência jurídica) aos demais meios de produção também não seus, culminando em mercadoria posta, na sequência, pelo proprietário/titular, no mercado de consumo.

Como se pode perceber nesse cenário, o titular do empreendimento/proprietário dos meios de produção se coloca entre o empregado, de quem compra sua força de trabalho, e o consumidor, para quem vende o produto ou serviço pronto, ocorrendo, pois, nesse processo, um intercâmbio de mercadorias. A ilustração a seguir auxilia na visualização:

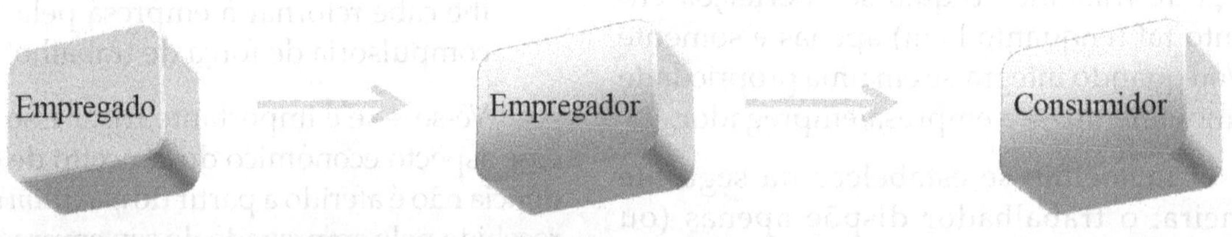

Exceções a essa dinâmica, como o caso dos empregados domésticos, em que o mercado consumidor não aparece nessa fórmula, e do trabalhador temporário, em que o vínculo permanece (se cumpridos os termos da Lei n. 6.019/1974) com a empresa de trabalho temporário, onde também não há contato com o consumidor (beneficiário final), apenas consolidam o paradigma estabelecido, dentro da máxima de que "as exceções confirmam as regras".

Faz-se aqui, por relevante, uma observação imprescindível. Na abordagem feita acerca da dependência como dado sensível à configuração das avenças de emprego, não se atine à atividade em si efetuada pelo trabalhador e nem mesmo ao conteúdo específico das funções por ele executadas em favor de seu empregador. O cerne, em realidade, condiz com a circunstância de vender trabalho para a percepção de salário e de o seu trabalho ser absorvido por quem o toma, o qual, adiante, dele se aproveita em benefício de seu negócio. Quer isso significar, então, que a matriz de averiguação refere-se à posição sociojurídica que o trabalhador assume quando labora para um contratante — posição de assalariado — e não sobre o teor das atribuições que desempenha e nem mesmo se essas coincidem com as atividades principais do tomador.

Essa ponderação é importante para explicar, por exemplo, porque uma faxineira ou uma auxiliar de limpeza em um escritório de contabilidade (ou qualquer outro estabelecimento) é considerada empregada, apesar de não necessariamente receber ordens e nem suas funções se encaixarem na atividade-fim da empresa. A razão é, pois, e sempre uma só: ela mantém sua condição constante de assalariada — vende seu trabalho (para alguém) o qual é absorvido em proveito de um empreendimento que não lhe pertence (alheio). Grosso modo, é sempre uma relação que se estabelece entre proprietários e não proprietários.

como empregado: ele decide trabalhar em favor de outrem (ato — manifestação de vontade) como autônomo, mas, por estarem presentes os elementos de emprego, é considerado empregado (fato: ser considerado empregado não era uma consequência desejada).

Isso é ainda mais relevante tendo em conta a recente declaração de inconstitucionalidade proferida pelo STF acerca da temática da Súmula n. 331 do TST e sobre os limites impostos por esta à delegação de funções ligadas às atividades-fins. Com efeito, ao invés de centrar-se na análise se a terceirização está ou não transcorrendo nos misteres nucleares da empresa tomadora — o que às vezes é de difícil constatação — deve-se, ao revés, investigar qual a situação sociojurídica do trabalhador nesse enleio e como está se dando esse processo de apropriação de sua energia de trabalho por outrem. Em resumo: se a terceirizada o transforma em serviço pronto e acabado, vendendo-o à contratante, ou se apenas intermedeia meramente uma mão de obra de forma difusa e pontual. O foco, portanto — na concepção da dependência aqui defendida — não pode e nem deve ser somente sobre as atividades em si.

Um dado relevante, para fins de melhor compreensão desse tópico. A Constituição, como é de conhecimento de todos, no inciso XXXIV de seu art. 7º, expressamente iguala em direitos o trabalhador avulso e o empregado com vínculo permanente. Pergunta-se então: para além da força histórica dos sindicatos portuários em pressionar a positivação dessa garantia no Texto Maior, é possível explicar por outros motivos o porquê dessa equiparação normativa? Há semelhanças entre as realidades vivenciadas por essas duas categorias de trabalhadores a respaldar essa potencial isonomia?

Bem reparadas as coisas, verifica-se que tanto os empregados celetistas como os obreiros avulsos situam-se, econômica e juridicamente, como autênticos trabalhadores dependentes, no sentido de que vendem sua força de trabalho a outrem que dela se apropria em benefício de sua organização. Ocupam, portanto, ambos a condição sociojurídica de trabalhadores assalariados.

Dessa percepção estruturante ficam nítidas as razões da decisão constitucional em estabelecer a via equiparatória: agasalhar sob sua tutela todos os trabalhadores que, justificados no mesmo cenário jurídico-econômico, vendam sua energia de trabalho em favor de terceiros que dela façam uso na circulação econômica de bens e serviços (mercadoria). Assim, em eventual divergência casuística acerca do enquadramento legal de tal ou qual trabalhador como avulso ou empregado, a pendenga perpassará não pelo descobrimento da dependência como elemento central de diferenciação — presente, pois, em ambos —, mas, sim, no modelo adotado legalmente de intermediação dos trabalhadores face aos diversos tomadores de seus serviços, ou seja, se existente o OGMO (previsto na atual Lei n. 12.815/2013, reguladora dos portuários) ou se presentes os sindicatos da categoria (positivado na Lei n. 12.023/2009, regedora dos não portuários).

Uma última explicação, por fim, não pode passar em branco, sob pena de emissão de juízos valorativos equivocados acerca da tese aqui defendida.

A OIT, mais especificamente no anexo *Declaração referente aos fins e objetivos da Organização Internacional do Trabalho*, de sua Constituição, (re)afirma como um de seus princípios fundamentais a assertiva de que "o trabalho não é uma mercadoria". Se assim não é — e esse enunciado tem força normativa —, questiona-se: é correto, na definição de dependência, notadamente no aspecto econômico, defender o trabalho como um bem mensurável? Isso não seria uma equiparação ilegítima à ideia de mercadoria?

Em realidade, o Tratado de Versalhes, que criou a OIT, em sua redação original, não dizia que *o trabalho não é uma mercadoria*, mas, sim, que *o trabalho não pode ser tratado como mercadoria*. Essa posição histórica — o tratamento em si do trabalho — tinha por finalidade deixar clara a necessidade de um regramento próprio às relações trabalhistas, que fosse diverso em princípios, institutos e regras do organograma normativo que versava sobre o direito das coisas. Se não é possível dissociar o trabalhador de seu labor, natural que o tipo de tutela fosse normatizado de forma diferenciada em relação à seara civilística.

Nesse prisma, não obstante a redação atual, entende-se que por trás e/ou no derredor do teor literal do dispositivo em questão há e permanece em voga o sentido pioneiro de outrora (uma pré-compreensão da proscrição do tratamento mercadológico como um parâmetro de partida, algo que já é dito e concebido desde sempre, sem que o intérprete autêntico possa negar), até porque, dentro do sistema capitalista reinante, não é possível negar a materialidade do fenômeno em si — o trabalho é, portanto, ontologicamente uma mercadoria, apesar de, juridicamente, sob o ponto de vista de seu regramento, não poder ser assim considerado. Alegar o contrário é, em verdade, incidir em atitude anti-hermenêutica.

A doutrina de Murilo Oliveira (2014) corrobora essa compreensão:

> Destaque-se que o aclamado texto de fundação da Organização Internacional do Trabalho (OIT) que apresenta o princípio de que o trabalho não é mercadoria não diz exatamente isto. O art. 427 do Tratado de Versalhes, ao criar a OIT, elencou uma série de princípios, afirmando literalmente que **"o trabalho não pode ser tratado como mercadoria"**. Note-se que o princípio da OIT assevera sobre a forma de tratamento do trabalho, no sentido de que **o regramento jurídico das questões trabalhistas não pode ser o mesmo daquele regramento das demais mercadorias**, como ocorre no direito das "coisas".
>
> Neste texto, **nunca se afirmou que o trabalho não é ontologicamente uma mercadoria**. Ao contrário, aduzia-se que a **sua regulação jurídica deveria ser distinta daquela tradicional dos demais contratos fundados sobre "coisas"** (mercadorias). Entretanto, a ideologia jurídica, numa economia intencional de sentido, suprime a ideia de "tratamento" (regramento) para, invertendo a materialidade dos fenômenos, enunciar que a mercadoria não é mais mercadoria. Por força do novo "decreto internacional" e através de uma interpretação "forçada" deste princípio declarado, o trabalho deixa de ser mercadoria, **como se a realidade fosse modificada através apenas das proclamações jurídicas.**[(9)]

2.1. Mas por que dependência econômica e jurídica?

Retomando à dependência como um existencial econômico-jurídico, não se pode fugir das motivações do porquê dessa conclusão, quais razões legais e legítimas arrimam a posição de enquadrá-la nesse padrão binário de positivação. Elencam-nas a seguir.

Primeiramente, essa visão encontra suporte numa análise hermenêutico-filosófica acerca da dependência como evento enquanto tal, como uma pré-compreensão que, desde sempre, a partir da faticidade e da historicidade, já traz um sentido que sempre antecipa e limita o intérprete e o operador do direito. Os ensinamentos de Lenio Streck vêm em auxílio:

> A hermenêutica mostra o exsurgir da nossa compreensão, a qual está imersa em uma **faticidade e historicidade do intérprete as quais são condição de possibilidade para qualquer interpretação.**[(10)]

A formação do Direito do Trabalho enquanto ciência regulatória da relação principal de emprego dá-se no contexto do fenômeno do assalariamento e sua conexão direta com o capital. Justamente porque o capital se apropria do resultado do trabalho do obreiro, exatamente porque a contrapartida operária se dá em níveis inferiores ao que foi produzido e, especialmente, porque o trabalhador teme o desemprego constante, não sendo titular dos meios de produção, é que o ramo justrabalhista surge como o espectro normativo a limitar sua alienação desenfreada por sobrevivência, estabelecendo, pois, um rol mínimo de direitos e garantias em favor de sua proteção jurídica.

É famosa — e verdadeira — a afirmação de que o Direito do Trabalho visa à compensação da desigualdade econômica com uma desigualdade minimamente jurídica. Nesses termos, por todos, José Catharino (1982) afirma que:

(9) OLIVEIRA, 2014, p. 209, grifo nosso.

(10) GADAMER (1990 *apud* STRECK, 2017, p. 228). *Dicionário de hermenêutica:* quarenta temas fundamentais da teoria do direito à luz da crítica hermenêutica do Direito. Belo Horizonte: Letramento, 2017.

A força do critério está na **história, pois não nos é possível separar o emprego da evolução econômica**, da produção sob regime da empresa. O direito do trabalho surgiu, precisamente, para **compensar as desigualdades econômicas**. Para reduzir a coação econômica, viciadora da vontade dos mais fracos em face dos economicamente poderosos. Surgiu como instrumento jurídico de reação contra o *status quo* implantado pelo capitalismo desenfreado, e com nítida finalidade humanitária.[11]

Na mesma base de raciocínio, afirma Murilo Oliveira:

> A oferta de trabalho, na forma de assalariamento capitalista, resulta em exploração da própria pessoa, porque se manifesta como apropriação alheia do trabalho daquela. Perante as situações de excessiva exploração do trabalho humano, a ontologia juslaboral foi criada almejando combater a exploração do homem pelo homem, seja por sua atenuação (reformismo cristão), limitação (socialismo utópico) ou mesmo a supressão (comunismo). Independentemente dos graus de tolerância da exploração, resta clarividente **o compromisso ontológico do Direito do Trabalho em questionar a desigualdade entre o patrão (tomador dos serviços) e o trabalhador (prestador dos serviços)**, ou melhor, em contestar a hipossuficiência nas relações laborais, embora persista sua função geral de legitimar esta exploração capitalista.[12]

Observa-se, portanto, que a legitimidade do Direito do Trabalho — sua base social — é extraída do clamor por proteção de uma classe de pessoas que não tinha como sobreviver senão pelo próprio trabalho e, estando à mercê, em dependência econômica, rogava por tutela. Nasce como via de rompimento com a ideia de igualdade em um perfil meramente formal, de cunho individualista-iluminista, em favor de uma isonomia material — logo, um novo paradigma —, lastreada no reconhecimento fático da hipossuficiência econômica dos trabalhadores assalariados em geral.

Assim, dentro desse panorama histórico e tradicional de florescimento do Direito Laboral, um fato jamais pode ser olvidado — e, então, mostra-se como uma questão já posta que não pode ser ignorada pelos operadores do direito em qualquer processo de interpretação-aplicação: a íntima ligação desse ramo com a dimensão econômica da dependência.

Nessa quadra, quando se estuda os institutos e regras que autonomizam o Direito do Trabalho, não há um grau zero de sentido de onde se inicia a tramitação de assimilação do conhecimento, como se fosse possível "resetar" toda a biografia desta ciência especializada e, a partir daí, começar de novo, refazendo uma nova narrativa desconectada do mundo prático. Não.

Em qualquer setor do conhecimento a linguagem sempre diz alguma coisa sobre alguma coisa e essa mensagem já antecipa a atividade em si de conhecer. Sempre vem algo antes, que aprisiona, que diz alguma coisa que condiciona o entender, quer se goste, quer não, quer se perceba ou não. Por isso, não é possível fugir da lógica de que compreendemos para interpretar e não que interpretamos para compreender. No Direito do Trabalho, essa antecipação de sentido — que se impõe como um vetor hermenêutico — dá-se pela pré-compreensão da dependência econômica como essa categoria mínima de direcionamento das avenças empregatícias.

Os ensinamentos de Lenio Streck, a esse respeito, ratificam a ilação: "(...). Dizendo de um modo mais simples: **só interpreto se compreendo; só compreendo se tenho pré-compreensão**, que já une todas as partes (textos) do 'sistema'"[13].

(11) CATHARINO, 1982, p. 201-202 (*apud* OLIVEIRA, 2014, p. 176).
(12) OLIVEIRA, 2014, p. 177, grifo nosso.
(13) GADAMER, 1990 (*apud* STRECK, 2017, p. 228).

O princípio da isonomia é quem, captando essa essência já pré-concebida do Direito do Trabalho, traz para o interior dele essa realidade — transporta o mundo prático representado pela vulnerabilidade econômica para o âmago das normas —, servindo como fechamento interpretativo do processo de produção das normas desse ramo especial. Em síntese: conduz a dependência econômica para dentro da jurídica, dando contornos mais precisos desse conceito basilar. Há, assim, entre o econômico e o jurídico, uma contínua dinâmica de interação, um constante ir e vir, que funciona como substrato interpretativo do Direito do Trabalho como um todo.

Essa transposição do mundo prático ao direito, em dimensão co-originária (e não posterior, de caráter corretivo) realizada pela força normativa dos princípios jurídicos, no seu agir comunicativo e constante com a porosidade das regras, é sagazmente percebida por Lenio Streck (2017). Aduz ele:

> Nestes termos, os princípios jurídicos devem ser compreendidos a partir da tese da descontinuidade como normas que possuem imperatividade e que **instituem o mundo prático ao Direito** no atravessamento da **porosidade das regras** (transcendência). Assim, servem como um **"fechamento" interpretativo**, sendo, portanto, um entrave à discricionariedade judicial.
>
> As regras, devido a sua generalidade e abstração, procuram antecipar as ocorrências fáticas num plano ideal que carece, por óbvio, da historicidade. Ao serem interpretadas a luz dos princípios há **um reingresso da faticidade** e de uma dimensão justificativa. Os princípios não são ornamentos e nem conceitos vazios que apontam para a direção que aprouver ao intérprete. Diferentemente, **sua normatividade direciona sentidos que espelham a comum-unidade a que pertencem.**(14)

Um exemplo concreto disso que se está a falar, diz respeito às recentes leis sobre a terceirização — primeiramente, a n. 13.429/2017 e, na sequência, a n. 13.467/2017, as quais alteraram a Lei n. 6.019/1974. Com efeito, preconizam, respectivamente, os arts. 4º-A, *caput* e 4º-B, III:

> Art. 4º-A. Considera-se prestação de serviços a terceiros a transferência feita pela contratante da execução de quaisquer de suas atividades, inclusive sua atividade principal, à pessoa jurídica de direito privado prestadora de serviços que possua **capacidade econômica** compatível com a sua execução.
>
> Art. 4º-B. São requisitos para o funcionamento da empresa de prestação de serviços a terceiros: (...)
>
> III — capital social compatível com o número de empregados, observando-se os seguintes parâmetros:
>
> a) empresas com até dez empregados — capital mínimo de R$ 10.000,00 (dez mil reais);
>
> b) empresas com mais de dez e até vinte empregados — capital mínimo de R$ 25.000,00 (vinte e cinco mil reais);
>
> c) empresas com mais de vinte e até cinquenta empregados — capital mínimo de R$ 45.000,00 (quarenta e cinco mil reais);
>
> d) empresas com mais de cinquenta e até cem empregados — capital mínimo de R$ 100.000,00 (cem mil reais); e
>
> e) empresas com mais de cem empregados — capital mínimo de R$ 250.000,00 (duzentos e cinquenta mil reais).

Os novos dispositivos em vigência, expressamente, tornam jurídica a questão econômica, deixando clara a seguinte mensagem acerca do cenário terceirizante: as empresas prestadoras de serviços — que somente podem ser pessoas jurídicas — somente assim legitimamente são consideradas se possuírem porte econômico nos padrões definidos pelas inovações legislativas. Vale dizer, apenas assim são reconhecidas se sua integração ao processo produtivo da tomadora transcorrer no contexto *propriedade-propriedade* (aporte de

(14) STRECK, 2017, p. 244, grifo nosso.

serviço ou produto pronto e acabado na organização-propriedade da contratante), em que o arquétipo da autonomia dita as regras da relação estabelecida (e não no modelo empregatício da dependência, regido pela equação *força de trabalho-propriedade*).

Em resumo, sem entrar no mérito acerca da (in)constitucionalidade e/ou (in)convencionalidade do instituto da terceirização, fato é que as circunstâncias econômicas se jungem desde sempre à ótica jurídica.

Assim, a par dessa sinergia, inclusive positivada (como visto acima), é que não se entende correto limitar o conceito de dependência a apenas um sentido econômico ou a somente uma seara jurídica, sob pena de, em contradição epistêmica, incorrer-se em movimento anti-hermenêutico.

Em segundo lugar, de acordo com uma visão jurídico-pragmática (longe de ser a melhor, mas que ajuda a esclarecer o contexto), também se confirma a dependência nos auspícios de um fator intrinsecamente econômico e jurídico.

Por exemplo, um jogador de futebol renomado nacional e internacionalmente, com contrato em vigor com clube brasileiro — portanto, sob a vigência da lei Pelé e suas alterações —, não deixa de ser empregado pelo simples fato de ser muito bem remunerado e daí poder, inclusive, abrir negócios próprios, na condição de empresário (ou seja, ser ele independente economicamente). Enquanto atleta profissional, que vende apenas ou principalmente sua força de trabalho em troca de um valor — negocia sua *performance* futebolística — à instituição desportiva, qualifica-se, no tocante a essa precisa relação, como juridicamente um "empregado", ainda que regido especificamente por lei própria. *Vide* a literalidade da Lei n. 9.615/1998:

> Art. 3º, § 1º O desporto de rendimento pode ser organizado e praticado:
>
> I — de modo profissional, caracterizado pela remuneração pactuada em **contrato formal de trabalho** entre o atleta e a entidade de prática desportiva.

Quer isso significar, então, ou melhor, deixa bem clara, a assunção tomada pela ordem jurídica brasileira em não levar em consideração apenas e tão somente a face econômica dos liames de emprego. Se assim fosse — e o dispositivo acima deixa bem evidente que não é —, atletas de ponta e com *status* de artistas, com salários estratosféricos, jamais seriam enquadrados no epíteto de empregados.

E, observe-se, é natural e mesmo imprescindível que assim seja. Se a prestação de serviços se dá de forma pessoal pelo empregado — é essa a dicção positivada na parte final do art. 2º (*prestação pessoal de serviço*) — é a sua pessoa que deve ser eficazmente protegida, é o ser humano que precisa de tutela, independentemente da contrapartida salarial que recebe ou que lhe é devida. Ou por acaso as regras de segurança e saúde ocupacional não são aplicáveis aos altos empregados? Ou por acaso deve prevalecer a dinâmica da monetização dos riscos?

Em um outro exemplo — situação dos representantes comerciais da Lei n. 4.886/1965 em comparação com a dos empregados vendedores —, a filtragem pela dimensão tão somente jurídica, ou seja, a partir e nos limites do interior do contrato de trabalho, também acusa algumas dificuldades de difícil resolução, se não se ultrapassar as fronteiras do positivismo puro que refuta o "tido" como extra/meta-jurídico.

Com efeito, o conteúdo e *modus operandi* dos serviços desenvolvidos pelo representante comercial em nada ou quase nada diferem do teor e forma de trabalho do vendedor celetista. Em grande medida, há confluência mesmo de suas dinâmicas operativas, sem possibilidade de identificação de cada qual se o olhar ficar restrito a apenas o atributo jurídico-contratual da relação. Portanto, a consequência natural é socorrer-se de outras fontes, procurar respostas em outros horizontes, o que encaminha o projeto compreensivo à faceta econômica da dependência — o lado sempre presente do trabalhador assalariado quando se fala em obreiro empregado.

Nesse sentido, devem ser investigados quais motivos levaram o trabalhador ao cenário laborativo em questão, se ele se apresentou como alguém que, somente por, ou principalmente, pelo seu trabalho, se viu obrigado a acoplar-se em propriedade alheia como forma de receber valor economicamente apreciável (um assalariado), ou se, desde antes, nas fases tratativas, ele já possuía propriedade (estrutura própria já pronta) — logo, já possuía valor — a conjugar-se com outra propriedade de terceiro contratante em benefício mútuo. Na primeira hipótese, será empregado; na segunda, representante comercial.

A parte inicial do art. 1º da Lei n. 4.886/1965, ao falar em autonomia, dá ensejo a essa construção interpretativa.

> Art. 1º Exerce a representação comercial **autônoma** a pessoa jurídica ou a pessoa física (...).

E vê-se que essa forma de conceber uma contratação — e que é aqui efetuada ao se buscar os fundamentos da relação para fora do direito, *in casu*, na premissa econômica — não é novidade na tradição jurídica pátria. O art. 140 do Código Civil, ao versar sobre o falso motivo, expressamente juridiciza um fator externo ao negócio estipulado.

> Art. 140. O **falso motivo** só vicia a declaração de vontade quando expresso como razão determinante.

Por fim, em terceiro lugar, um outro argumento a sustentar o perfil duplo e indivisível da dependência atine à própria principiologia do Direito do Trabalho e sua aplicação prática nos cenários trabalhistas.

O princípio da irrenunciabilidade de direitos laborais, por exemplo, cujo conceito, a grosso modo, concerne à impossibilidade de renúncia de direitos trabalhistas positivados em lei de ordem pública, tem incidência muito além da delimitação estabelecida nos contornos dos contratos de trabalho. É dizer, sua esfera de aplicação não se restringe aos parâmetros jurídicos do acordo, produzindo efeitos antes e após esse momento contratual (momento tipicamente jurídico).

A título ilustrativo, são vedadas a pré-contratação de horas extraordinárias (tipo de renúncia prévia aos limites de jornada) — evento imediatamente anterior ao contrato em si — e o ajuste da devolução da multa de 40% (quarenta por cento) do FGTS oriunda de dispensa sem justa causa (renúncia a verbas rescisórias) — evento sequencialmente posterior ao contrato de trabalho.

Assim é porque, seja antes, seja depois do pacto em si, em circunstância então que inexiste a subordinação jurídica defendida majoritariamente pela doutrina e jurisprudência pátrias, permanece, sempre, a dependência como elemento indissociável a justificar a proteção do trabalhador, sua posição sociojurídica de assalariado que precisa vender sua força de trabalho a outrem em troca de um valor. Se o viés fosse apenas o caráter jurídico em si da dependência, não subsistiriam razões para os princípios tuitivos incidirem em fases que desbordam desse instante nodal.

Por todo o mencionado, sem esgotamento da matéria, é que se defende a tese da dependência como um fenômeno autêntico e essencialmente econômico-jurídico.

2.2. E por que a *dependência* (ainda)?

A escolha da dependência como o critério principal de identificação de uma relação de emprego se justifica, para além de todos os argumentos escriturados até aqui neste artigo, por mais algumas razões básicas.

Primeiro, porque a própria CLT, genuinamente, assim se expressa no seu art. 3º. E registre-se: o texto normativo, em sua literalidade, sempre diz alguma coisa, sempre traz consigo um mínimo de sentido, circunstância que jamais pode ser ignorada pelo intérprete e operador do direito. Ou seja, produz-se a norma a partir de seu texto, que atua sempre como ponto de partida e como ponto de chegada de quaisquer desígnios interpretativos que se intente (não se cria — ir além do texto — e nem se reproduz — ficar preso ao texto — a norma em questão: em verdade, é ela efetivamente produzida, dentro e nos contornos do texto legislado).

Segundo, porquanto as demais normas tradicionais que procuram estabelecer uma diferenciação da categoria jurídica que tutelam em relação a de emprego o fazem também, linguisticamente, por meio da dependência. *Vide* arts. 710 e 722 do Código Civil:

> Art. 710. Pelo contrato de agência, uma pessoa assume, em caráter não eventual e sem vínculos de **dependência**, a obrigação de promover, à conta de outra, mediante retribuição, a realização de certos negócios, em zona determinada, caracterizando-se a distribuição quando o agente tiver à sua disposição a coisa a ser negociada.

> Art. 722. Pelo contrato de corretagem, uma pessoa, não ligada a outra em virtude de mandato, de prestação de serviços ou por qualquer relação de **dependência**, obriga-se a obter para a segunda um ou mais negócios, conforme as instruções recebidas.

O fato de, em 2011, a Lei n. 12.551 ter alterado o art. 6º da CLT para acrescer nele a expressão *subordinação*, não altera essa conclusão. Isso porque não somente a locução dependência continuou viva e tenaz no art. 3º supramencionado, sem solução de continuidade, como, ainda, o termo subordinação foi utilizado apenas e tão somente para efeitos de equiparação com a subordinação clássica, sem alteração de sua essência fundante — mera consequência do pacto de emprego.

Terceiro, porque, historicamente, antes da elaboração da CLT, quando vigorava o Decreto n. 20.291/1931, fazia-se alusão à subordinação como filtro mais relevante — dizia-se: subordinação a horário e à fiscalização. *Vide*:

> Art. 6º Consideram-se empregados ou operários, para os efeitos do presente regulamento, sem distinção de sexo e idade, todos os indivíduos que, percebendo remuneração a qualquer título, por mês, quinzena, semana, dia, hora, por comissão, empreitada, tarefa, ou por qualquer outra forma, prestarem serviços a um ou mais indivíduos, estabelecimentos ou empresas e estejam **subordinados** a horário e fiscalização.

Se a regra era essa e a CLT incorporou outra simbologia — a *dependência* —, ignorando a *subordinação*, é porque, no mínimo, ela quis trazer um outro conceito e uma nova abordagem à definição de empregado, o que, evidentemente e ainda permanecendo em vigor, não pode ser olvidado.

Assim, por tudo que foi desenvolvido até este átimo, sem, repise-se, pretensão de exaustividade, não se vê outra alternativa senão a de reconhecer a dependência como o elemento prévio e estrutural a distinguir a relação de emprego no contexto do sistema de produção atual.

3. *Análise do art. 444, parágrafo único da CLT*

Postas as premissas desenvolvidas acima, necessárias para uma melhor avaliação e contextualização do cenário atual do pós-reforma, parte-se para a análise do art. 444, parágrafo único da CLT. Diz ele:

> Art. 444. As relações contratuais de trabalho podem ser objeto de livre estipulação das partes interessadas em tudo quanto não contravenha às disposições de proteção ao trabalho, aos contratos coletivos que lhes sejam aplicáveis e às decisões das autoridades competentes.

> Parágrafo único. A livre estipulação a que se refere o *caput* deste artigo aplica-se às hipóteses previstas no art. 611-A desta Consolidação, com a mesma eficácia legal e preponderância sobre os instrumentos coletivos, no caso de empregado portador de diploma de nível superior e que perceba salário mensal igual ou superior a duas vezes o limite máximo dos benefícios do Regime Geral de Previdência Social.

O dispositivo em questão, conforme se nota, procura estabelecer uma segregação entre trabalhadores empregados, catalogando-os em categorias diferentes a partir da conjugação de dois filtros: a posse de um diploma universitário e a percepção salarial mensal em patamares iguais ou superiores ao dobro do limite-teto dos benefícios do RGPS.

O que ele faz (ou potencializa) é o seguinte: aqueles empregados que se enquadrem nos critérios por ele estipulados podem, direta, individual e pessoalmente, negociar seus direitos com a entidade que os contrata, mesmo que em padrões inferiores ao previsto em lei e/ou em contradição com as normas coletivas, e sem que isso implique violação ao ordenamento jurídico posto (algo como uma CTPS de cor verde e amarela em contraponto à tradicional azul, aproveitando a senda eleitoral)[15].

Resgata ele, de forma a-histórica, ideias concebidas em outros países — e até mesmo difundidas por algumas vozes doutrinárias no Brasil — acerca do trabalhador parassubordinado, trabalhador este que se situa num ponto intermediário entre conceitos: não é nem subordinado, nos moldes tradicionais, e nem se caracteriza como um autônomo, do tipo empresário. É, no máximo, um colaborador, um membro da equipe, que não ocupa, na divisão social de classes, uma posição definida (pelo menos assim não se percebe ou é assim induzido a não se ver).

Além de sua inconstitucionalidade flagrante por ofensa ao art. 7º, XXXII, da Constituição e de sua inconvencionalidade em relação à Convenção n. 111 da OIT, na medida em que estabelece diferenciação entre trabalhadores com base em fatores não autorizados pela e na ordem jurídica — maior remuneração e formação acadêmica —, há outras inúmeras inconsistências que ele produz que não condizem com uma visão integrativa e coerente do Direito.

Primeiramente, de supetão, altera ele toda uma sistemática de entendimento do Direito do Trabalho sem que dados da realidade dessem indícios dessa mudança de rumos. Muito embora se tenha, ao longo deste texto, criticado as diversas posições que se filiam à subordinação e a seu aspecto somente jurídico como as elementares mais relevantes na identificação do vínculo de emprego, um ponto era consenso e, para ele, todos convergiam: todos os empregados, salvo raríssimas exceções, dispunham dos direitos e garantias trabalhistas na totalidade de suas densidades, e suas autonomias da vontade, perante a lei, encontravam limites intransponíveis se fossem aptas a macular as condições de trabalho então estabelecidas.

Agora, diante dessa nova realidade, quebra-se uma narrativa construída historicamente no cenário jurídico brasileiro — um romance em cadeia, relembrando aqui as teses dworkianas —, rompendo com uma estruturação que a Constituição de 1988, inclusive e imperativamente, recepcionou. Nesse passo, pergunta-se: Como a possibilidade de tratativas diretas e aquém da lei pode melhorar a condição social do trabalhador (parte final do art. 7º, *caput*)? Como contratos com menos direitos, em favor da manutenção de emprego — e assim, empregos mais precários —, alça o trabalhador a um cenário de ascensão social? Como essa sistemática reduz as desigualdades sociais, objetivo fundamental da República Federativa do Brasil (parte final do art. 3º, III, CRFB)? Há, claramente, sem fundamento materialmente democrático — sem legitimidade, portanto —, uma ofensa ao postulado da segurança jurídica (o que, aliás, é uma das premissas utilizadas como justificativa da reforma trabalhista) no seu viés de respeito à construção paulatina e secular do Direito do Trabalho.

Em segundo lugar — e dentro das arguições trazidas neste trabalho —, olvida um existencial que jamais pode ser relegado a escanteio quando se pensa na relação de emprego e na sua compreensão autêntica e legítima: a figura sempre existente e persistente do trabalhador assalariado.

Seja o trabalhador rico, mediano ou pobre, seja ele dotado de formação profissional diferenciada ou aprendida e apreendida no transcurso de sua vida, nos seus "sobe e desce", fato é que dessa equação ele não pode fugir, ao menos não enquanto vende apenas e principalmente sua força de trabalho.

O preceito, a seu turno, despreza por completo essa realidade (aliás, algo constante na

(15) O programa eleitoral de 2018, do pré-candidato Jair Bolsonaro, aborda a possibilidade de o trabalhador optar entre uma CTPS azul, com os direitos trabalhistas tradicionais preconizados na CLT, e uma CTPS verde e amarela, em que o teor do contrato de trabalho prevaleceria sobre o previsto na legislação trabalhista.

reforma, como faz o art. 611-B, parágrafo único, da CLT, ao desvincular as regras de jornada e descanso das temáticas de SST), não trazendo ao seu texto o mundo prático, ignorando a circunstância de o Direito do Trabalho reger, por natureza, a relação conflituosa entre o capital e o trabalho. É, por assim dizer, também e notadamente anti-hermenêutico.

Em terceiro lugar — e contrariando o conceito econômico-jurídico da dependência aqui defendido —, o dispositivo se liga a um parâmetro tão somente econômico (e também intelectual) a amparar a separação de tutelas entre os empregados que alberga.

Desdenhando da faceta jurídica da dependência — formatada a partir do contato do trabalhador com o empreendimento alheio o qual, ato contínuo, transforma sua energia laborativa em mercadoria, em um processo de separação/estranhamento em relação ao resultado final —, o dispositivo busca, a partir da contraprestação obreira — lado somente econômico — alterar toda a lógica de funcionamento do Direito do Trabalho. É como se ele dissesse: se o empregado receber o dobro ou mais que o teto do RGPS não há de se falar em ocorrência de mais valia e, portanto, assim sendo, o empregado não é tão empregado assim.

Mesmo que outro fosse o padrão assegurado pela inovação legislativa, por exemplo, o da Lei n. 11.101/2005, art. 83, I — cento e cinquenta salários mínimos —, o paradigma jurídico deveria ser mantido e imposto, sob pena de, a todo o momento, a mercê das vontades legislativas e dos poderes de ocasião, o direito ser suplantado por discursos meramente econômicos, morais, políticos, ideológicos, (...), e em tonalidades meramente pragmáticas e consequencialistas.

Streck (2017), em sua Crítica Hermenêutica ao Direito, censurando veementemente essas posturas, a gerar decisões discricionárias e amparadas no arbítrio de quem julga — como se o direito fosse tão só um ato de vontade (e não um conjunto de normas democraticamente construído) —, cristaliza, como um princípio inarredável, a autonomia do Direito. Acentua ele:

Assim, mais do que sustentáculo do Estado Democrático de Direito, **a preservação do acentuado grau de autonomia conquistado pelo Direito** é a sua própria condição de possibilidade, unindo, conteudisticamente, a visão interna e a visão externa do Direito. É, também, uma "garantia contra o poder contramajoritário" (segundo Guastini, as denominadas "garantias contra o Poder Judiciário"), abarcando o princípio de legalidade na jurisdição (que, no Estado Democrático de Direito, passa a ser o princípio da constitucionalidade). Ou seja, esta **autonomia** deve ser entendida como ordem de validade, representada pela **força normativa de um Direito produzido democraticamente e que institucionaliza (ess)as outras dimensões com ele intercambiáveis** (portanto, a autonomia do Direito não emerge apenas na sua perspectiva jurisprudencial, como acentua, *v. g.*, Castanheira Neves; há algo que se coloca como condição de possibilidade ante essa perspectiva jurisprudencial: a Constituição entendida no seu todo principiológico), apontando para a Constituição como fio condutor dessa intermediação, cuja interpretação deve ser controlada hermeneuticamente, evitando-se que **o sentido a ser atribuído ao seu texto e ao conjunto normativo infraconstitucional vá além ou fique aquém desse fundamento normativo.** (...).

Por isso, **a validade do Direito perante a política, a economia e a moral não pode depender de uma jurisprudencialização do Direito**, isto é, não é jurisprudência que garante o indispensável grau de autonomia do Direito, e, sim, é **a autonomia do Direito**, sustentada em um denso controle hermenêutico, que assegura as possibilidades de a Constituição ter preservada sua força normativa. Ou seja, não se pode confundir o Direito (e suas possibilidades autônomas) com a instância judiciária; e tampouco a política com a lei (vontade geral sem controle).[16]

(16) STRECK, 2017, p. 632-633, grifo nosso.

Logicamente que, dentro dessa autonomia — do Direito e não da lei — defende o autor o exercício do controle de constitucionalidade nas hipóteses de enunciados normativos incompatíveis com a Constituição. O que ele deixa e pretende deixar bem claro — e isso é fundamental — é que a feição jurídica jamais pode ser descartada na análise dos fenômenos da vida, ainda mais os sociais. E o dispositivo em comento caminha aceleradamente na contramão dessa regra.

Em quarto lugar — continuando —, produz efeitos práticos paradoxais quando em comparação a outros institutos previstos na CLT. Explicita-se.

Há tempos se discute no interior da doutrina e da jurisprudência trabalhistas se um empregado que cumprira os requisitos preconizados em sistema de cargos e salários (ou algo do gênero) pode, validamente, recusar a ascensão profissional e renunciar à posse em cargo hierarquicamente superior. Dizia-se, entre os que defendiam a tese da impossibilidade de recusa, que o trabalhador deveria aceitar a promoção porque, ao rejeitá-la, prejudicaria quem estivesse logo abaixo dele e que "subiria" caso o empregado em questão galgasse ao cargo de cima — uma espécie de efeito dominó, pois.

Surge então o questionamento. Sabendo o trabalhador que, ao aceitar a promoção, vai passar a receber salário em patamar acima do dobro do teto do RGPS (e supondo que ele tenha nível universitário), mas que, nessa nova condição, pode ser pressionado a negociar diretamente com o seu empregador — e em direitos abaixo qualitativamente dos que possuía antes da promoção —, pode ele licitamente recusar a proposta? Os demais empregados, inseridos no plano de cargos e salários, e que ascenderiam escalonadamente se ele assumisse o novo cargo, mas que não vão, se ele recusar, serão titulares do direito subjetivo de impor-lhe a promoção? O interesse dessa coletividade potencialmente prejudicada pode se sobrepor ao do trabalhador individualmente considerado? Uma vez promovido e, de fato, coagido a celebrar tratativas menos benéficas, pode, juridicamente, pretender o retorno ao cargo anterior?

Mais. O dispositivo preconiza acerca do empregado ser portador de diploma de nível superior, sem especificar se, na empresa, a função que exercerá será coincidente ou não com essa formação técnica — a lógica parece ser esta, mas o artigo assim não expressamente diz. Pergunta-se: diante de dois trabalhadores que percebam remuneração acima do dobro do teto previdenciário e que exerçam a mesma função, com a mesma precisão e produtividade, mas com somente um deles com título universitário, é possível aplicar o princípio da primazia da realidade em favor de uma possível equiparação salarial? O formal — o diploma — cederá à prevalência fática — a realidade? Se sim, isso não descaracterizaria o artigo? Quem vence, o princípio ou a regra excepcional? Por quê?

Mais. O art. 62, II, da CLT versa acerca do superempregado, aquele que, na empresa, estabelecimento, filial ou departamento, atua como "alter ego" do empregador, exercendo efetivo cargo de gestão. É sabido, não obstante teses acerca de sua possível inconstitucionalidade, que esse trabalhador, por uma maior aproximação ao seu empregador que aos demais empregados, tem sua subordinação (no sentido clássico) bem atenuada ou mesmo inexistente, o que tem levado parte majoritária da doutrina e dos tribunais a entender como lícitas a menor titularidade de direitos preconizada no *caput* do aludido dispositivo — ou seja, sem jornada, descansos, intervalos e regras do trabalho noturno.

Pergunta-se. Se o trabalhador que tem curso superior e ganha mais que duas vezes o maior benefício do RGPS negocia, "livremente", com seu empregador, entre outros, flexibilização de jornada, relativização de repouso interjornada, concessão de DSR mesmo após o sétimo dia de trabalho, carga horária noturna sem a contagem ficta, pagamento de salário após o quinto dia útil, valor do sobreaviso de apenas 1/6, renúncia a estabilidades, labor em feriados e sem o pagamento dobrado, descontos salariais para além das hipóteses autorizadas pelo art. 462, compartilhamento de riscos, quitação do décimo terceiro em mais que duas parcelas (...) — situações estas não taxativamente vedadas pelo art. 611-B e, portanto, aceitáveis no "entre outros" do *caput* do art. 611-A — é razoável que, mesmo assim, sua tutela se dê em níveis menores do que a do gerente mandachuva da empresa? Ele é então mais subordinado, menos remunerado e, ainda assim, submetido a uma menor proteção?

Mais. O empregado do parágrafo único do art. 444 pode, espontaneamente, pactuar a pré-contratação de horas extras, em descumprimento à tradicional Súmula n. 199 do TST?

Mais. Se ele, passando a enquadrar-se no contexto do famigerado artigo, aceitar a flexibilização de seus direitos em circunstâncias menos vantajosas, há descumprimento do princípio da inalterabilidade contratual lesiva? Quem vence, o art. 444, parágrafo único ou o art. 468?

Há uma infinidade de questões que o referido dispositivo afeta direta ou indiretamente, apresentando inúmeras inconsistências, inconstitucionalidades, inconvencionalidades (...). Longe aqui se está de conseguir retratar todas elas e em tom abrangente o suficiente a esgotar as discussões. O tempo, sempre ele, trará outras situações, provavelmente conjunturas constrangedoras, que nem o mais liberal dos doutos conseguirá explicar, nem mesmo em bases econômicas, nem mesmo com esteio em *fake news* jurídicas.

A resposta, a juízo deste auditor, e que evitaria enunciados legislativos nesses termos ou que apontaria para suas nulificações, perpassa e imiscui-se na relação de emprego como algo umbilicalmente determinado pela dependência, no seu perfil simultaneamente econômico e jurídico, como algo já dado pela história, algo que desde sempre já aponta para um caminho, que é vinculante. É preciso apenas percebê-lo, tê-lo em conta, para que os processos interpretativos-aplicativos da norma produzida — no caso, a identificação de uma relação de emprego nas suas diversas dimensões —, para além de escorreitos, culminem em um resultado dotado de efetiva legitimidade.

Conclusão

A recente reforma trabalhista, sob a justificativa da "modernização", alterou parte significativa dos dispositivos da Consolidação das Leis do Trabalho. O contraditório é que, de novo mesmo, em adequação aos novos modelos de produção, pouco acrescentou ao Direito Material do Trabalho — talvez apenas o teletrabalho e o malsinado contrato intermitente.

Nada dispôs acerca da prática de *dumping social*, das gestões de mão de obra a partir de aplicativos e plataformas digitais/eletrônicas, do conceito de empresa em seus variados perfis (subjetivo, objetivo, funcional, corporativo e político[17]), da reformulação do conceito de categoria profissional em processos terceirizantes, da atualização das normas de segurança e saúde ocupacional a par dos novos conhecimentos técnicos, da revisão da parte voltada à fiscalização do trabalho, entre outras inúmeras omissões.

O que dela se extrai — e por isso procurou-se desenvolver bastante este tema, mais do que a própria análise do parágrafo único do art. 444 da CLT — é que, mais do que nunca, deve-se revolver à dependência como elemento central de formação dos enleios empregatícios, como a condição de possibilidade fundante de suas manifestações concretas.

Acredita-se, inclusive, que é ela a via mais apta a responder à altura aos novos cenários resultantes dos avanços da propalada 4ª Revolução Industrial, mesmo porque, se realmente os trabalhadores vierem a ser substituídos um dia por robôs, continuarão, ainda assim, dependentes do capital, mesmo que sob um outro viés, com outras características e em uma nova roupagem. O ponto de partida, ainda que com novos atributos, será novamente a persistente e intrigante dependência.

Neste trabalho, procedeu-se à investigação da dependência como um conceito econômico-jurídico, por entender-se que, como fenômeno, é o que melhor captava a realidade sociojurídica

(17) Essa abordagem foi feita em PRAGMÁCIO FILHO, Eduardo. *Teoria da empresa para o direito do trabalho*. São Paulo: LTr, 2018.

da relação de emprego enquanto relação em constante movimento. O princípio da primazia da realidade, trazendo o mundo prático para dentro do direito, foi o instrumental teórico subliminar utilizado para essa revelação, pelo menos de acordo com a visão deste autor, a partir do que entendido como pré-juízos autênticos em conexão com história especial do Direito do Trabalho.

Logicamente que o foco na dependência, como premissa principal do liame empregatício, não está a desconsiderar os seus demais pressupostos essenciais, "dependendo" deles para a constituição dessa particular relação e sua devida compreensão. Apenas, realce-se, decidiu-se por concentrar esforços nela porque, aparentemente, foi esquecida, foi lançada à margem do direito como algo meramente secundário. E esse débito, com juros, deve ser quitado.

Essa quitação atravessa o exame do art. 444, parágrafo único, da CLT, o qual, sem levar em conta na devida medida a dependência e todos os seus meandros — o assalariamento, a apropriação do trabalho alheio por terceiro proprietário e sua transformação em mercadoria a ser consumida no mercado — emergiu ousadamente na criação de um empregado não tão empregado assim. Urge, pelas consequências práticas e jurídicas ilustrativamente elencadas, suprimi-lo do mundo jurídico, e em caráter retroativo, sem modulação e sem freios. Entretanto, fica o sobreaviso: quantos mais dispositivos desse cariz serão formulados — o também novo art. 507-A[(18)] ratifica o alerta — se ficar-se preso a uma visão meramente subordinativa dos contratos de emprego? Esperar-se-á uma nova crise?

As leis que trouxeram a testilha da reforma foram questionadas por meio das ações de controle concentrado de constitucionalidade. Independentemente do resultado que daí decorra — e infelizmente a Suprema Corte brasileira não tem se apresentado muito sensível às questões trabalhistas —, não se pode deixar de arrimar-se, sempre e insistentemente, na Constituição e no seu perfil transformador da realidade, papel este que qualquer jurista somente se desincumbe se nela sempre procurar as respostas aos problemas exsurgentes, sem ser meramente um expectador passivo das decisões dos Tribunais Superiores ou das autoridades do momento. Em uma sociedade aberta de intérpretes (expressão cunhada por Peter Haberle), todos participam da construção do Direito, todos dão sua contribuição. E, na percepção deste auditor, a construção do Direito do Trabalho começa e termina, peremptoriamente, na dependência como um fenômeno essencialmente econômico-jurídico.

Referências bibliográficas

BESSA, Cesar. *Além da subordinação jurídica no direito do trabalho.* São Paulo: LTr, 2017.

DELGADO, Mauricio Godinho. *Curso de direito do trabalho.* 15. ed. São Paulo: LTr, 2016.

GASPAR, Danilo Gonçalves. *Subordinação potencial:* encontrando o verdadeiro sentido da subordinação jurídica. São Paulo: LTr, 2016.

OLIVEIRA, Murilo Carvalho Sampaio. *Relação de emprego, dependência econômica e subordinação jurídica:* revisitando conceitos — critérios de identificação do vínculo empregatício. Curitiba: Juruá, 2014.

PORTO, Lorena Vasconcelos. *A subordinação no contrato de trabalho. Uma releitura necessária.* São Paulo: LTr, 2009.

PRAGMÁCIO FILHO, Eduardo. *Teoria da empresa para o direito do trabalho brasileiro.* São Paulo: LTr, 2018.

ROMITA, Arion Sayão. *A subordinação no contrato de trabalho.* Rio de Janeiro: Forense, 1979.

STRECK, Lenio Luiz. *Dicionário de hermenêutica:* quarenta temas fundamentais da teoria do direito à luz

(18) Nos contratos individuais de trabalho cuja remuneração seja superior a duas vezes o limite máximo estabelecido para os benefícios do Regime Geral de Previdência Social, poderá ser pactuada cláusula compromissória de arbitragem, desde que por iniciativa do empregado ou mediante a sua concordância expressa, nos termos previstos na Lei n.-9.307, de 23 de setembro de 1996.

da crítica hermenêutica do Direito. Belo Horizonte: Letramento, 2017.

______. *Verdade e consenso.* 6. ed. rev. e ampl. São Paulo: Saraiva, 2017.

VILHENA, Paulo Emílio Ribeiro de. *Relação de emprego. Estrutura legal e supostos.* 3. ed. São Paulo: LTr, 2005.

A Subordinação Jurídica na Reforma Trabalhista

Carmem Cenira Pinto Lourena Melo[1]

1. Introdução

Este artigo tem por objetivo demonstrar que apesar de a malsinada Lei n. 13.467/2017, conhecida como Reforma Trabalhista, em vigência desde 11.11.2017, ter trazido sensíveis modificações nos direitos sociais conquistados com muito suor, sangue e lágrimas pelos trabalhadores brasileiros, preserva o instituto da subordinação jurídica.

O cenário que se desponta é o de crise nas relações sociais em diversos campos e a Lei n. 13.467/2017 consubstancia um profundo retrocesso social na história de lutas por melhores condições de trabalho, por um trabalho digno e decente, retrocesso este nunca antes vivido na história do Brasil, uma verdadeira desconstrução da proteção legal e aprofundamento da precarização de um dos direitos fundamentais do homem: o direito ao trabalho.

Esta proteção encontra-se insculpida na Constituição Federal em seu art. 1º que reza:

> A República Federativa do Brasil, formada pela união indissolúvel dos Estados e Municípios e do Distrito Federal, constitui-se em Estado Democrático de Direito e tem como fundamentos: I — a soberania; II — a cidadania; III — a dignidade da pessoa humana; IV — **os valores sociais do trabalho e da livre-iniciativa;** V — o pluralismo político.

É cediço que o Estado Constitucional interioriza a dimensão dos direitos fundamentais e que nele os **direitos sociais passam a ser considerados direitos fundamentais, que possibilitam a exigência de prestações positivas pelo Estado em favor dos cidadãos.** Dessarte, a Constituição tem o significado mais amplo do que ordem jurídica fundamental do Estado, de vez que também compreende as estruturas basilares da sociedade. (NERY; NERY, 2017, p. 205-206) (grifo nosso).

O Brasil, indubitavelmente, perpassa a maior crise de Estado dos últimos tempos. E a reforma trabalhista aparece como intensificador deste adoecimento do Estado Brasileiro, onde não se garante um "patamar civilizatório mínimo" ao ser humano que trabalha, a fim de se assegurar a dignidade da pessoa

(1) Auditora-Fiscal do Trabalho aposentada, advogada e escritora. Graduada em Direito pela USP (1982) e Pós-graduada em Negociação Coletiva pela UFRGS (2010), Economia do Trabalho e Sindicalismo pela UNICAMP (2011) e MBA em Gestão Pública pela FMU (2013).

humana[2] (KREIN; GIMENEZ; SANTOS, 2018, p. 13).

Vive-se a crise do Estado-nação, composto de território, povo e soberania. Soberania abalada pelos efeitos da globalização, dos ventos soprados pelo neoliberalismo e do Consenso de Washington[3], cujo receituário do Estado mínimo, resultou na reafirmação dos mecanismos das desigualdades sociais, afastando o Brasil do cumprimento de um dos objetivos mais preciosos e delicados da República introduzido na Carta Constitucional de 1988, inspirada nos ideais de liberdade, igualdade e fraternidade nascidos na Revolução Francesa.

A reforma trabalhista altera mais do que as relações de emprego, de vez que produz efeitos nefastos sobre a economia, o mercado de trabalho, a proteção, a forma de organização social e na atuação das instituições públicas do trabalho tais como a Justiça do Trabalho e o Sistema Federal de inspeção do trabalho, entre outras.[4]

Diante de tamanha crueldade, cuja finalidade é a de se ampliar a liberdade de o capital se valer da força de trabalho para atender aos seus interesses, em detrimento do respeito a um dos direitos fundamentais do homem: a de viver com dignidade por meio de seu trabalho, ainda encontramos o instituto da subordinação jurídica como uma garantia de preservação de direitos e segurança jurídica para o cidadão-trabalhador.

Em face da crise que abala o Brasil e o mundo, é forçoso conceber que não há lugar para o Estado mínimo pregado pelo neoliberalismo, porque uma das finalidades do Estado é o bem comum.

A desastrosa Reforma Trabalhista não chegou às raias da irresponsabilidade de afastar o instituto da subordinação jurídica na relação entre empregador e empregado, o que motiva as considerações que se seguem sob a ótica da doutrina e da jurisprudência. Entende-se ser necessário mostrar que a referida reforma não revogou o instituto da subordinação jurídica.

Importa trazer a comento, a posição de brilhantes doutrinadores quanto ao tema, consoante exposição abaixo.

2. *A visão da doutrina*

A fatídica Lei n. 13.467/2017 que alterou a Consolidação das Leis do Trabalho (CLT), aprovada pelo Decreto-Lei n. 5.452, de 1º de maio de 1943, e as Leis ns. 6.019, de 3 de janeiro de 1974, 8.036, de 11 de maio de 1990, e 8.212, de 24 de julho de 1991, a fim de adequar a legislação às novas relações de trabalho o legislador em seu art. 442-B estabeleceu que:

> A contratação do autônomo, cumpridas por este todas as formalidades legais, de forma contínua ou não, afasta a qualidade de empregado prevista no art. 3º desta Consolidação.
>
> [...]
>
> § 6º Presente a subordinação jurídica, será reconhecido o vínculo empregatício. (Redação dada pela MP n. 808/17, que infelizmente caducou e levou consigo qualquer possibilidade de se reconhecer alguma legitimidade à Lei n. 13.467/2017).

Todavia, o leitor deve estar se perguntando por qual motivo escolheu-se um tema no

(2) KREIN, José Dari; GIMENEZ, Denis Maraccci; SANTOS, Anselmo Luiz dos. *Dimensões críticas da reforma trabalhista no Brasil*. 1. ed. CESIT-UNICAMP: Curt Nimuendajú, 2018. p. 13.

(3) *CESIT Carta Social e do Trabalho*, n. 27, jul./set. 2014. O Consenso de Washington recomendou políticas que não deveriam ser "copiadas" pelos países emergentes. Foi uma "proposta" americana para a economia global que incluía oportunidades para o seu projeto nacional de desenvolvimento. Controlaram as instituições centrais da economia competitiva moderna: o sistema de crédito e a política de comércio exterior, aí incluída a administração da taxa de câmbio. Os bancos públicos foram utilizados para dirigir e facilitar o investimento produtivo e em infraestrutura. Disponível em: <http://cesit.net.br/wp/wp-content/uploads/2014/11/Carta-Social-e-do-Trabalho-27.pdf >. Acesso em: 13.9.2018.

(4) KREIN, José Dari, GIMENEZ, Denis Maraccci e SANTOS, Anselmo Luiz dos. *Dimensões críticas da reforma trabalhista no Brasil*. 1. ed. CESIT-UNICAMP: Curt Nimuendajú, 2018. p. 13.

qual a trágica Lei n. 13.467/2017 nem se arriscou a tocar. Simplesmente, porque, inobstante, a maioria dos doutrinadores tecerem ferrenhas críticas a citada lei e com toda a razão, por vezes, esquecem de comentar sobre um instituto que não foi e nem poderia ter sido desvirtuado: o da **subordinação jurídica** (SOUTO, 2018, p. 1) (grifo nosso).

É importante salientar a posição de Souto Maior (2018) no que tange a reforma trabalhista:

> "[...] para o futuro não muito distante, o que se pode prever é um ataque ainda maior à Justiça do Trabalho, que pode até chegar à inconsequente proposta de sua extinção, apenas para que essa instituição, cumprindo o seu dever funcional, constitucionalmente assegurado, não revele todas as impropriedades técnicas da Lei n. 13.467/17 e até consiga rechaçar parte delas."[(5)]

Vale lembrar, que toda e qualquer controvérsia, quanto a aplicabilidade da catastrófica reforma deve ser dirimida no âmbito do Judiciário Trabalhista, especialmente no que tange a discussão da existência de subordinação jurídica nas relações de emprego, pois que a subordinação jurídica tem sido bem discutida no seio da tão sobrecarregada Justiça do Trabalho.

Ressalte-se, que a própria reforma trabalhista tornou a Justiça do Trabalho menos acessível ao trabalhador, distanciando-o de mais uma maneira de efetivar os direitos fundamentais da condição humana. Interessa repisar que a cataclísmica lei reformista não trouxe alterações ao art. 3º da CLT que estabelece: "considera-se empregado toda **pessoa física** que prestar serviços de natureza **não eventual** a empregador, sob a **dependência** deste e mediante **salário**".

Para o jurista Martins (2018, p. 13) a designação dependência não é apropriada, como destaca em:

> "(...) a denominação **dependência** não é adequada, pois o filho pode ser dependente do pai, mas não é a ele subordinado. A denominação mais correta é, portanto, **subordinação.** É também a palavra mais aceita na doutrina e na jurisprudência."[(6)]

A origem do vocábulo subordinação **encontra-se no termo** derivado do latim *subordinatio-onis*, e significa: submissão, sujeição, delegação.[(7)] Outro significado atribuído a palavra subordinação é sub (baixo) ordine (ordens) quer dizer estar sob as ordens de outrem. De acordo, com o saudoso mestre Nascimento (2013, p. 219), o ponto fulcral do direito individual do trabalho é a subordinação, cuja teoria nasceu no direito italiano clássico para diferenciar o trabalho do operário da indústria europeia da locação de serviços do direito civil da época.[(8)]

Voltando a exegese do art. 442-B da fatídica reforma trabalhista, constatamos que, apenas e tão somente, a mudança reside no **autônomo** que ao ser contratado deverá cumprir todas as formalidades legais (alínea *h* do inciso V do art. 12 da Lei n. 8.212/1991)[(9)], **de forma contínua ou não** e dessa forma **não será considerado empregado**, conforme o disposto no art. 3º da CLT (grifo nosso).

Neste diapasão, é de solar clareza que a lei reformista não ousou impingir qualquer

---

(5) MAIOR, Jorge Luiz Souto. A MP n. 808 caducou e levou com ela o seu assunto (a Lei n. 13.467/17). *Migalhas*, 4 maio de 2018. Disponível em: <https://www.migalhas.com.br/dePeso/16,MI279399,61044-A+MP+808+caducou+e+levou+com+ela+o+seu+assunto+a+lei+1346717>. Acesso em: 16.9.2018.

(6) PINTO, Sergio Martins. *Comentários à CLT*. 21. ed. São Paulo, Saraiva, 2018. p. 33.

(7) *Ciberdúvida*. Disponível em: <https://ciberduvidas.iscte-iul.pt/consultorio/perguntas/etimologia-de-subordinacao-e-coordenacao/19620>. Acesso em: 17.9.2018.

(8) NASCIMENTO, Amauri Mascaro. *Curso de direito do trabalho*. 28. ed. São Paulo: Saraiva, 2013. p. 219.

(9) Art. 12 da Lei n. 8.212/1991 (Lei Orgânica da Seguridade Social): São segurados obrigatórios da Previdência Social as seguintes pessoas físicas: **V** — como contribuinte individual: (Redação dada pela Lei n. 9.876, de 1999). **h)** a pessoa física que exerce, por conta própria, atividade econômica de natureza urbana, com fins lucrativos ou não; (Incluído pela Lei n. 9.876, de 1999).

mutação à norma consolidada no que tange aos pressupostos da relação de emprego. Segundo Cassar (2018, p. 64) o que causa estranheza é que a CLT, lei direcionada a empregados e empregadores versa sobre contrato autônomo. Nesta perspectiva, a jurista destaca que a inclusão do art. 442-B da CLT mais se assemelha a uma tentativa de burlar a relação de emprego do que reafirmar que o autônomo não é empregado.(10)

O art. 442-B trazido pela legislação reformista não pode ser interpretado isoladamente. Sua interpretação deve estar *pari passu* com o art. 3º da CLT, que estabelece os requisitos para a relação de emprego, a saber: pessoalidade, onerosidade, continuidade e subordinação ao empregador. Existem várias espécies de subordinação, conforme nos ensina Pinto (2018, p. 33-34)(11): econômica, técnica; moral; social; hierárquica; objetiva; subjetiva; direta ou imediata; indireta ou mediata; típica; atípica e jurídica, sendo esta a que nos interessa nesta reflexão.

Na **subordinação jurídica** o empregado está sujeito a receber ordens em decorrência do contrato de trabalho e da lei, decorrente do poder diretivo do empregador, que fiscaliza, gerencia e controla o trabalho daquele. **A subordinação jurídica é também denominada de estrutural ou integrativa** e toma como princípio a flexibilização das formas de trabalho, além da constante evolução tecnológica de transmissão de dados instantânea, **possibilitando a existência de subordinação sem a necessária ordem direta do empregador**, o qual somente fica responsável por organizar a produção (TEIXEIRA, 2014) (grifo nosso).(12)

Sempre que o empregado exercer atividade laboral inserida na atividade econômica da empresa, ele terá uma subordinação, jurídica, estrutural ou integrativa, já que seu **trabalho integra o processo produtivo e a dinâmica estrutural, organizativa e operacional de funcionamento da empresa ou do tomador de serviços.** O trabalhador presta serviços essenciais e ligados ao objeto social da empresa, integrando-se, destarte, ao empreendimento e se submetendo a sua cultura corporativa dominante.

Adiante, aborda-se a subordinação jurídica à luz das decisões dos nossos tribunais.

3. *Visão da jurisprudência*

Interessa registrar, o que os nossos tribunais têm decidido, no que concerne ao instituto em comento, tanto antes quanto depois da vigência da Lei n. 13.467/2017 continua sendo o mesmo posicionamento.

Decidiu o E. TRT da 1ª Região em um Recurso Ordinário que para se configurar a relação de emprego, é imprescindível o preenchimento dos requisitos estabelecidos no art. 3º da CLT, quais sejam: pessoalidade, não eventualidade, onerosidade e subordinação jurídica. Acordaram os juízes da 3ª Turma que o reclamante ao exercer a função de motorista, ainda que em caminhão próprio, executa a atividade necessária para atingir o objeto social da reclamada, que atua no ramo de comércio de materiais de construção. É a chamada subordinação estrutural, defendida pelo hoje Ministro do Colendo Tribunal Superior do Trabalho, Mauricio Godinho Delgado, ou seja, **não há necessidade de o empregado receber ordens diretas do tomador para a caracterização do vínculo, basta que o trabalhador esteja integrado ao processo produtivo e à dinâmica estrutural da tomadora de serviços, como ficou bem nítido no caso em apreço.**(13)

Outro julgado do C. TRT da 4ª Região refere-se à **subordinação estrutural quando o**

(10) CASSAR, Vólia Bomfim; BORGES, Leonardo Dias. *Comentários à reforma trabalhista*. 3. ed. Rio de Janeiro: Forense; São Paulo: Método, 2018. p. 64.

(11) PINTO, Sergio Martins. *Comentários à CLT*. 21. ed. São Paulo, Saraiva, 2018. p. 33 e 34.

(12) TEIXEIRA, Luana Cordeiro. Aplicabilidade da teoria da subordinação estrutural. *Revista Jus Navigandi*, ISSN 1518-4862, Teresina, ano 19, n. 4098, 20 set. 2014. Disponível em: <https://jus.com.br/artigos/29547>. Acesso em: 15.9.2018.

(13) TRT-1 — RO: 00004733720105010501, RJ, Relator: Leonardo Dias Borges, Data de Julgamento: 28.4.2014, Terceira Turma) (grifo nosso).

trabalhador se insere na organização empresarial, de forma não eventual, pessoal e onerosa, prestando serviços essenciais e ligados ao objeto da reclamada, integrando-se, portanto, no empreendimento.[14]

O conceito de **subordinação,** que se afastou do termo dependência adotado pela CLT no art. 3º, merece leitura expansionista proposta pelos conceitos de subordinação objetiva e estrutural, sem afastar-se da dependência — termo utilizado pela lei brasileira, e orientada pelo **princípio da primazia da realidade e pelas novas formas de controle do empregado pelo empregador, feita por meio do estabelecimento de metas, regras e medidas de resultado, que caracterizam o chamado controle por programação.** A análise dos elementos fáticos comprovados nos autos à luz da técnica do conjunto de indícios qualificados torna inexorável reconhecer a existência de vínculo de emprego entre as partes.[15]

Neste trilhar, também se pronunciou E. TRT da 17ª Região em recente decisão, cuja ementa tem a seguinte dicção: "é sabido que, conforme legalmente consagrado pelo art. 3º da CLT, a relação de trabalho baseada em um vínculo empregatício é composta de requisitos que devem apresentar-se cumulativamente na situação fática, quais sejam, prestação de serviços por uma pessoa física com pessoalidade, onerosidade, não eventualidade e subordinação. **A subordinação jurídica mencionada no art. 3º da CLT está ligada ao direito do empregador, na qualidade de credor da atividade, de emitir comandos e ordens e, consequentemente, a correspondente obrigação do empregado de se submeter àqueles comandos, o que, inclusive, torna o direito de resistência uma exceção.** Admitida a prestação de serviços por parte da reclamada, impõe-se a esta, a teor dos arts. 818 da CLT e 373, II, do NCPC, o ônus de demonstrar a inexistência desses requisitos. No presente caso, entende-se que a ré não se desincumbiu desse ônus"[16].

Para finalizar a apresentação da pesquisa jurisprudencial, traz-se à baila um resumo de um acórdão recentemente proferido pelo C. TRT-15 Região, em Recurso Ordinário, tendo como Relator Antonio Francisco Montanagna, que **afastou de plano a aplicação do art. 442-B da CLT**, concluindo que presentes estavam os elementos caraterizadores da relação de emprego e que a Recorrente-Reclamada, mesmo tendo arguido a condição de autônoma da Reclamante não logrou êxito em provar, de vez que era a Reclamada quem elaborava as escalas de trabalho e dirigia o seu labor, não havendo possibilidade de se fazer substituir por outra pessoa e que nas funções de corretora/consultora de vendas tinha que bater as metas e não podia chegar atrasada, sendo certo que recebia as comissões, sendo certo que este pagamento ocorria em retribuição financeira aos serviços prestados.[17]

Conclusão

O Estado não necessita direcionar a vida do Homem, como um pai indica o caminho a percorrer ao filho ainda pequeno, mas em face da crise nacional e mundial, o Estado para atingir sua finalidade deve deixar aos governos a regulamentação dos direitos sociais, entendidos estes como direitos indissociáveis da existência de todo o cidadão e ao mercado a direção da vida econômica. (NASCIMENTO, 2013)[18]. Nesta perspectiva, inconcebível, deixar o mercado se autorregular (liberalismo econômico) ou que o capital determine as condições de contratação dos trabalhadores em nome de um desenvolvimento brasileiro.

(14) TRT-4 RO: 7220145040373, RS. Relatora: Carmem Izabel Centena Gonzalez, Data do Julgamento: 4.5.2017, Sétima Turma (grifo nosso).

(15) TRT-1 — RO: 00104943020145010017 RJ, Relator: Carina Rodrigues Bicalho, Terceira Turma, Data de Publicação: 10.10.2017 (grifo nosso).

(16) TRT-17 RO 00016466920165170007; Relator: José Carlos Rizk, Data de Julgamento 4.9.2018; Data da Publicação: 14.9.2018 (grifo nosso).

(17) TRT-15 RO 0010168-78.2017.5.0113, Data da Publicação: 14.9.2018 (grifo nosso).

(18) NASCIMENTO, Amauri Mascaro. *Curso de direito do trabalho*. 28. ed. São Paulo: Saraiva, 2013. p. 89.

Segundo o eminente mestre Dallari (2010), o Estado, como sociedade política, com um fim geral, constitui-se em meio para que os indivíduos e as demais sociedades possam atingir seus respectivos fins particulares, concluindo-se desta forma, que o fim do Estado é o Bem Comum.(19)

Neste ano comemoram-se 70 anos da publicação da Declaração Universal de Direitos Humanos aprovada em 10 de dezembro de 1948 pela Assembleia Geral das Nações Unidas que proclamou os direitos fundamentais da pessoa humana, "(...) significando que sua existência independe de qualquer vontade ou formalidade, (...) não tendo qualquer indivíduo, ou entidade, governos, Estados legitimidade para retirá-los (...)". Dallari (2010, p. 212).(20)

Igualmente, neste ano de 2018 a Constituição Cidadã completa 30 anos e está sendo, paulatinamente, retalhada, pois que não mais se respeitam os direitos consignados em seu texto, *verbi gratia,* seu art. 6º:

> **São direitos sociais a educação, a saúde, a alimentação, o trabalho, a moradia, o transporte, o lazer, a segurança, a previdência social, a proteção à maternidade e à infância, a assistência aos desamparados, na forma desta Constituição.** (Redação dada pela Emenda Constitucional n. 90, de 2015) (grifo nosso)

O presente artigo versa sobre a preservação do instituto da subordinação jurídica, apesar do advento da funesta reforma trabalhista e tem por objeto fazer o leitor atentar que a dita reforma não obteve êxito em desconstruir por completo o arcabouço jurídico em que se edifica o Direito do Trabalho. Certamente, trouxe um imenso abalo sísmico ao trabalhador em diversos aspectos de sua vida, uma maior precarização do trabalho e um grande retrocesso histórico para os trabalhadores que lutam há séculos por melhores condições de trabalho, traduzidas por melhores condições de vida.

Referências bibliográficas

CASSAR, Vólia Bomfim; BORGES, Leonardo Dias. *Comentários à reforma trabalhista.* 3. ed. Rio de Janeiro: Forense; São Paulo: Método, 2018.

CESIT. Carta Social e do Trabalho, n. 27, jul/set. 2014. Disponível em: <http://cesit.net.br/wp/wp-content/uploads/2014/11/Carta-Social-e-do-Trabalho-27.pdf>. Acesso em: 13.9.2018.

______. Disponível em: <file:///C:/Users/User/Downloads/LeiteMarcosViniciusChiliatto_TCC.pdf>. Acesso em: 16.9.2018.

______. Disponível em: <https://ciberduvidas.iscte-iul.pt/consultorio/perguntas/etimologia-de--subordinacao-e-coordenacao/19620>. Acesso em: 17.9.2018.

______. Disponível em: <https://www.migalhas.com.br/dePeso/16,MI279399,61044-A+MP+808+-caducou+e+levou+com+ela+o+seu+assunto+a+lei+1346717>. Acesso em: 16.9.2018.

DALLARI, Dalmo de Abreu. *Teoria geral do estado.* 29. ed. São Paulo: Saraiva, 2010.

KREIN, José Dari; GIMENEZ, Denis Maraccci; SANTOS, Anselmo Luiz dos. *Dimensões críticas da reforma trabalhista no Brasil.* 1. ed. CESIT-UNICAMP: Curt Nimuendajú, 2018.

NASCIMENTO, Amauri Mascaro. *Curso de direito do trabalho.* 28. ed. São Paulo: Saraiva, 2013.

NERY, Nelson; NERY, Rosa Maria de Andrade. *Constituição Federal comentada.* 6. ed. São Paulo: Revista dos Tribunais, 2017.

PINTO, Sergio Martins. *Comentários à CLT.* 21. ed. São Paulo: Saraiva, 2018.

TEIXEIRA, Luana Cordeiro. Aplicabilidade da teoria da subordinação estrutural. *Revista Jus Navigandi,* ISSN 1518-4862, Teresina, ano 19, n. 4.098, 20 set. 2014. Disponível em: <https://jus.com.br/artigos/29547>. Acesso em: 15.9.2018.

(19) DALLARI, Dalmo de Abreu. *Teoria geral do estado.* 29. ed. São Paulo: Saraiva, 2010.
(20) *Ibidem,* p. 212.

A Necessidade de Tutela do Trabalho Rural e os Impactos da Reforma Trabalhista no Campo Brasileiro

Lucas Reis da Silva[(1)]

1. Introdução

O presente texto analisa os possíveis impactos diretos da reforma trabalhista sobre as relações de trabalho estabelecidas no meio rural brasileiro. Há que se observar que, tratamos aqui, apenas dos impactos diretos da reforma. Existem outros impactos da referida alteração legal, que, mesmo indiretamente, devem implicar danos à qualidade de vida e de trabalho no ambiente rural, especialmente no campo da economia. Na condição de impactos jurídicos diretos da alteração legislativa, esse texto aborda, especificamente, as alterações produzidas pelas Leis ns. 13.467/2017 e 13.429/2017, cujos efeitos se fizeram vigentes a partir de novembro de 2017.

A ideia deste texto é realizar, inicialmente, uma abordagem histórica a respeito da proteção jurídica do trabalhador rural brasileiro. Torna-se impossível construir qualquer narrativa a respeito das relações de trabalho no campo brasileiro que prescinda de uma análise histórica a respeito das disputas de poder que se travaram pela ocupação do solo no país. A formação do campesinato brasileiro e o contexto histórico que levou à promulgação da CLT em maio de 1943, excluindo do escopo de sua aplicação, os trabalhadores rurais, são essenciais para compreensão da condição socioeconômica desse grupo social.

Posteriormente, serão trazidos à discussão dados que refletem as condições de trabalho e de vida dos trabalhadores no campo brasileiro para, a partir daí, compreender necessária a tutela do trabalho rural. Por fim, diante da importância da tutela do Estado brasileiro sobre o trabalho rural, e diante das condições socioeconômicas que justificam essa necessidade, serão analisados alguns aspectos das inovações legais implementadas pela reforma trabalhista a fim de concluir que ela não apenas, não atende às demandas sociais do trabalhador rural, mas que, ao contrário disso, submete o trabalhador rural a condições de trabalho ainda mais precárias e vulneráveis à superexploração de sua mão de obra.

---

(1) Auditor-Fiscal do Trabalho. Bacharel em Direito e em História pela Universidade Federal de Ouro Preto. Mestrando em Direito Socioambiental e Sustentabilidade pela Pontifícia Universidade Católica do Paraná.

Apenas a título de citação, apontamos alguns dos impactos indiretos da reforma no meio rural, que não são discutidos neste artigo: 1. A possível retração da economia e do mercado de consumo interno, provocada pela reforma trabalhista, impactará a realização do excedente agrícola refletindo na desaceleração do mercado como um todo, aí incluído o mercado rural. Isso porque, desde a entrada em vigência da reforma trabalhista, o trabalhador brasileiro já tem sofrido perdas significativas no valor de sua remuneração mensal[(2)]; 2. O desemprego em geral (que, em setembro de 2018 alcança 13,5 milhões de pessoas, ou seja, 12,7% da população economicamente ativa)[(3)], associado a uma política de desvalorização do salário em decorrência do desequilíbrio entre oferta e demanda de mão de obra, tende a ter impactos gravosos no meio rural, onde os salários já são, em média, mais baixos do que no meio urbano[(4)]; 3. A legalização de práticas precarizantes, consideradas irregulares antes da reforma, impede que estas possam vir a ser questionadas posteriormente à alteração legal.

2. *Antecedentes históricos da proteção jurídica do trabalhador rural brasileiro*

O trabalho rural no Brasil guarda especificidades profundas com relação ao trabalho urbano. Primeiro porque, desde a colonização brasileira até os dias atuais, o campo brasileiro tem sido palco de profundas tensões, inauguradas desde a chegada dos colonizadores. Qualquer análise que envolva questões relacionadas ao campo brasileiro deve passar necessariamente pela discussão do latifúndio, implementado como forma de ocupação do território e que perdura até os dias atuais. Esse modo de ocupação do território fez dos indígenas as primeiras vítimas dessa violência, mas que também não poupou negros, trazidos para serem escravizados, e nem tampouco trabalhadores livres despossuídos de terras[(5)].

De 1500 a 1850, a Coroa portuguesa detinha o monopólio da propriedade da terra. Nesse período, a Coroa realizava concessões de uso com direito à herança, o que implicou o cultivo de monocultura em grandes áreas, com mão de obra eminentemente escrava. Apesar do direito dos beneficiários e seus herdeiros de explorarem a terra, não havia a possibilidade de sua compra e venda, ou seja, a terra ainda não era considerada "mercadoria". Isso mudou com a promulgação da Lei de Terras, em 1850, marco inicial da caracterização da terra enquanto propriedade privada[(6)]. Observa-se que a utilização de mão de obra escrava vinha se tornando insustentável, tanto por mobilizações internas quanto por pressão internacional. A referida lei prevê, expressamente, que o acesso à terra passaria a se dar pela compra e venda, o que resultou na exclusão desse direito à imensa maioria de trabalhadores e escravos que viriam a ser libertos em 1888. Ao contrário disso, o que ela fez foi concentrar o poder sobre a terra e instituir o latifúndio, ao mesmo tempo em que instituía a terra como propriedade privada e excluía do acesso a ela a imensa maioria da população.

Com a Lei Áurea, em 1888, o contingente de ex-escravos, agora libertos, se somou à massa de trabalhadores livres (também chamados

(2) De acordo com informação veiculada pelo Jornal O Valor Econômico, de 13 de julho de 2018, que reportava estudos do DIAP (Departamento Intersindical de Assessoria Parlamentar), a partir da reforma trabalhista, cada trabalhador teve perda média de R$ 14,00 (quatorze reais) em seu salário. Portanto, a reforma trabalhista deve causar perda do poder de compra da classe trabalhadora e consequente desaceleração do mercado de consumo interno. Disponível em: <https://www.valor.com.br/brasil/5635495/empregado-teve-perda-de-salario-com-reforma-trabalhista-diz-diap>.

(3) Disponível em: <https://ww2.ibge.gov.br/home/estatistica/indicadores/trabalhoerendimento/pme_nova/> e <https://g1.globo.com/economia/concursos-e-emprego/noticia/2018/07/31/desemprego-fica-em-124-em-junho-e-atinge-13-milhoes-de-pessoas-diz-ibge.ghtml>. <https://ww2.ibge.gov.br/home/estatistica/indicadores/trabalhoerendimento/pme_nova/>.

(4) DIEESE. *Estudos e pesquisas n. 74. O mercado de trabalho assalariado brasileiro*. Disponível em: <https://www.dieese.org.br/estudosepesquisas/2014/estpesq74trabalhoRural.pdf>.

(5) STÉDILE, João Pedro. *Questão agrária no Brasil*. 11. ed. Col. Espaço & Debate, 2011.

(6) MARÉS, Carlos Frederico. *A função social da terra*. Porto Alegre: Sergio Antonio Fabris, 2003.

de "agregados") em uma economia, naquele momento, praticamente agroexportadora. O fim do modelo escravocrata, somado às teorias pretensamente científicas de "branqueamento" da população brasileira, e a questões de ordem internacional, fizeram com que o Estado Brasileiro implementasse projetos que visavam à imigração europeia. Este é o contexto de nascimento do campesinato brasileiro, que se forma por imigrantes em busca de melhores condições de vida, pela população mestiça que se formou nos primeiros 400 anos de história, pelos indígenas e pelos descendentes de escravos formalmente libertos em 1888[7], campesinato, este, caracterizado pela exclusão do acesso à terra tornada mercadoria pelo ordenamento jurídico em 1850.

Na década de 1930, a crise no modelo agroexportador colabora para alterações políticas profundas. As antigas oligarquias agrárias perderam espaço político para uma burguesia industrial nascente, que ascendeu ao poder com Getúlio Vargas. Esse novo governo inaugurou um modelo econômico chamado de industrialização dependente, pelo fato de que não prescinde do capital internacional, ao mesmo tempo em que não rompe por completo com as oligarquias rurais, de onde provinha grande parte dos novos industriais. Além disso, nota-se que, apesar de instituir o modelo industrial, há a manutenção, ainda que minorada em importância, do modelo agroexportador que imperava quase que absoluto até o início do século XX. Ou seja, o movimento que entrega a Vargas o poder político, e junto com ele, a burguesia industrial nascente, não funcionou no sentido de desconstituir o poder dos antigos proprietários de terra e o modelo agroexportador que se tinha no campo[8]. Ainda se tinha o latifúndio como forma de ocupação rural do país. De fato, o que se observa é que a burguesia industrial decorre da oligarquia rural, especialmente quando do acúmulo de capitais oriundos do auge da exportação cafeeira e que financiava a construção do parque industrial brasileiro nascente.

Foi nesse período, durante a Era Vargas, que a Consolidação das Leis Trabalhistas foi promulgada – em 1º de maio de 1943. Entretanto, a CLT, em seu art. 7º, *b*, excluiu expressamente o trabalhador rural do escopo de sua aplicação, apesar da grande massa de brasileiros se concentrarem exatamente no campo. Segundo o censo do IBGE de 1940, de 4.591.067 de pessoas que eram proprietárias de imóveis, 1.306.477 possuíam imóveis no quadro urbano, 3.044.250 possuíam no quadro rural e 171.474 possuíam imóveis em quadros urbanos e rurais. Ou seja, tratava-se de uma sociedade majoritariamente rural, ao passo que foram eles, os trabalhadores rurais, os excluídos da abrangência da proteção da legislação trabalhista em 1943[9]. A equiparação dos rurais aos trabalhadores urbanos só se deu duas décadas depois, em março de 1963, na esteira das reformas de base de João Goulart. Durante esses vinte anos, ficaram absolutamente desprotegidos, ao arbítrio dos empregadores, grandes proprietários de terras.

A desigualdade que caracteriza a sociedade agrária desse período, por contrapor de um lado latifundiários, com evidente poder econômico e político que se transformou, mas que não cessou a partir da revolução de 1930 e, de outro lado, uma massa de trabalhadores rurais pobres, manifesta-se nas relações trabalhistas. Enquanto direitos e garantias importantes foram estabelecidos em lei para os trabalhadores urbanos, dentre eles limitação da jornada de trabalho, concessão da carteira de trabalho, salário mínimo, férias, previdência social e o direito de se sindicalizar, os rurais ainda permaneceram desprotegidos por mais vinte anos na condição, não de empregados, mas de arrendatários, parceiros, foreiros, meeiros, agregados e posseiros. Deve-se observar, também, a importante mobilização dos trabalhadores rurais com fins à equiparação com os

(7) OLIVEIRA, Ariovaldo Umbelino de. A longa marcha do campesinato brasileiro. *REA*, 15 (43), São Paulo, 2001.
(8) MARTINS, José de Souza. *Expropriação e violência*. São Paulo: Hucitec, 1980.
(9) Recenseamento Geral do Brasil do IBGE publicado em 1º de setembro de 1940. Disponível em: <https://biblioteca.ibge.gov.br/visualizacao/periodicos/65/cd_1940_v2_br.pdf>.

urbanos. A partir de 1945, assistiu-se à criação de diversos associações de trabalhadores rurais, unificados em 1954 através da ULTAB (União dos Lavradores e Trabalhadores Agrícolas) com a finalidade de coordenar as diversas entidades rurais, criando condições para uma mobilização conjunta com os trabalhadores urbanos. "Essa organização foi criada aos poucos em todos os estados, com exceção do Rio Grande do Sul, onde havia o MASTER, e em Pernambuco, onde havia as Ligas Camponesas[(10)]".

Dois eventos importantes ocorreram em 1963: a promulgação do Estatuto do Trabalhador Rural, que legalizou a atividade sindical no campo, e a criação da Confederação Nacional dos Trabalhadores na Agricultura (CONTAG). Neste momento, o trabalhador rural passa a ter as mesmas garantias que já tinham os urbanos, situação ratificada pela Constituição de 1988 ao equipará-los em direitos.

3. *Perfil socioeconômico do trabalhador rural brasileiro e necessidade de tutela do trabalho rural*

Nas últimas décadas, intenso êxodo rural fez com que a população rural brasileira passasse de 44% em 1970 para 15,6% do conjunto da população brasileira em 2010. De qualquer forma, em números absolutos, esta população representa uma cifra expressiva de 30 milhões de pessoas, segundo os dados do IBGE[(11)].

O primeiro aspecto importante a se observar é a desigualdade dos graus de escolaridade das áreas urbanas e rurais. Em 2010, enquanto nas áreas rurais o percentual de pessoas sem qualquer tipo de escolaridade era de 25%, na zona urbana, esse número representava 8%. No mesmo período, 18% da população urbana possuía nível superior enquanto a população rural com o mesmo nível educacional era de 3%[(12)].

Com relação ao Índice de Desenvolvimento Humano, o IDH, a média das cidades brasileiras alcançou a marca de 0,750 (na média global), considerado um nível de desenvolvimento humano alto, enquanto nas zonas rurais, esse mesmo índice chegou a 0,586 (considerado baixo desenvolvimento humano)[(13)].

Ao analisar o indicador de renda da população rural brasileira no ano de 2010, enquanto a renda per capita média da população urbana era de R$ 882,64, nas áreas urbanas ela era de R$ 312,84 – bastante inferior, portanto.

O indicador de expectativa de vida é o que coloca a população rural mais próxima da população urbana. Entretanto, há que se considerar que esse dado ainda representa qualidade de vida e acesso a serviços de saúde de menor qualidade à população rural. Enquanto, em 2010, a expectativa de vida ao nascer, da população urbana brasileira era de 74,6 anos, a da população rural era de 71,5: ainda inferior.

Quanto a relação trabalhista no campo, dados de uma pesquisa do IBGE de 2012, divulgada pelo Departamento Intersindical de Estatísticas e Estudos Socioeconômicos (DIEESE) demonstram um dado alarmante. Sessenta por cento dos trabalhadores rurais estavam na informalidade. Além disso, 78,5% dos trabalhadores assalariados rurais informais têm rendimento médio mensal de até um salário mínimo (R$ 622,00 à época da pesquisa), sendo que quase metade desse total, 33,9%, recebiam menos que o piso legal.[(14)]

(10) MORISSAWA, Mitsue. *A história da luta pela terra e o MST*. São Paulo: Expressão Popular, 2001. p. 94.

(11) Segundo a definição do IBGE de 2010, o domicílio particular é aquele que foi construído a fim de servir para habitação, seja de forma exclusiva (particular permanente) ou não (particular improvisado) e que, na data de referência, tinha a finalidade de servir de moradia a uma ou mais pessoas. O IBGE também considera em suas pesquisas os domicílios coletivos, instituições ou estabelecimentos onde a relação entre as pessoas esteja restrita a normas de subordinação administrativa (asilos, orfanatos, alojamentos, presídios, entre outros).

(12) Fonte: Censo Demográficos do IBGE de 2010, excluídos residentes de domicílios coletivos. Disponível em: <https://journals.openedition.org/confins/10548?lang=pt#bodyftn2>.

(13) Dados obtidos em consulta pública na plataforma virtual (<http://www.atlasbrasil.org.br>).

(14) Disponível em: <http://agenciabrasil.ebc.com.br/direitos-humanos/noticia/2014-05/mais-de-60-dos-trabalhadores-rurais-estao-na-informalidade>.

Por todo o exposto, fica evidente a condição de vulnerabilidade do trabalhador rural brasileiro. Os vinte anos de atraso quanto à promulgação de uma legislação que garantisse aos trabalhadores rurais os mesmos direitos assegurados aos trabalhadores urbanos, como visto no tópico anterior, resultou num fosso de diferenciação quanto às condições de vida e de trabalho desse grupo populacional. Se a situação de remuneração, trabalho e de vida da população das cidades já se apresenta, muitas vezes, precária, quando se observam os trabalhadores rurais, a gravidade é ainda mais evidente. Renda per capita inferior, menor grau de escolaridade, expectativa de vida mais baixa, mais dificuldade de acesso a serviços públicos como saúde e educação fazem com que essa população se torne ainda mais vulnerável à superexploração por meio do trabalho. Não é à toa que a maior parte dos trabalhadores resgatados de condições de trabalho escravo contemporâneo pela Auditoria-Fiscal Trabalhista do Ministério do Trabalho, nos últimos vinte anos, é composta de trabalhadores rurais (conforme observaremos em tópico posterior). As condições objetivas de vida mais precárias e mais empobrecidas dos trabalhadores rurais fazem com que eles estejam sujeitos a condições de trabalho atentatórias a sua própria dignidade. Dados do IBGE demonstram que 25% da população no campo brasileiro vivem em situação de miséria extrema[15].

Por todo o exposto, é natural concluir que há necessidade de uma legislação trabalhista protetiva desse grupo social. Diante da evidente desigualdade que marca a relação entre o patronato rural, caracterizado historicamente pelo latifúndio, e as condições de miséria do trabalhador no campo brasileiro, não há como duvidar da necessidade de uma legislação para garantir minimamente um equilíbrio nessa relação. A tutela do trabalho rural se apresenta como política pública de Estado necessária e essencial para garantir diminuição das desigualdades sociais, conforme previsão constitucional expressa no art. 7º, inciso X, da Constituição da República Federativa do Brasil.

4. *A reforma trabalhista e os impactos no trabalho rural*

Entende-se por Reforma Trabalhista, neste artigo, o conjunto de leis aprovadas pelo Congresso Nacional Brasileiro em 2017, quando na chefia do poder executivo encontrava-se o Presidente da República Michel Temer. Trata-se, especificamente, da Lei n. 13.429/2017, que regulamenta a terceirização irrestrita e da Lei n. 13.467/2017, que altera substancialmente vários institutos da CLT (Consolidação das Leis do Trabalho), promulgada em maio de 1943, conforme já visto.

4.1. Lei n. 13.429/2017 e a terceirização irrestrita

Esta norma buscou ampliar as possibilidades de terceirização de mão de obra, já que sua aplicação era vedada, a partir de entendimento jurisprudencial, na atividade-fim das empresas. Tal compreensão a respeito do escopo de aplicação da terceirização se deu a partir da interpretação do art. 455 da Consolidação das Leis do Trabalho, do art. 94, II, da Lei n. 9.472/1997 (telecomunicações), do art. 25 da Lei n. 8.987/1995 (regime de concessão e permissão), da Lei n. 6.019/1974 (trabalho temporário) e da Lei n. 7.102/1983 (vigilância bancária). Este entendimento culminou na Súmula n. 331 do Tribunal Superior do Trabalho que, expressamente, autorizava a terceirização da mão de obra em atividade-meio da empresa (aquela que não é inerente ao seu objetivo principal), mas as vedava nas atividades-fim (aquela que caracteriza o objetivo principal do empreendimento). A construção doutrinária justrabalhista analisava a terceirização da mesma maneira, considerando a possibilidade de transferência

(15) Disponível em: <http://g1.globo.com/economia/agronegocios/noticia/2011/12/cerca-de-25-da-populacao-rural-vive-em-situacao-de-pobreza-extrema.html>.

a terceiro das "atividades reconhecidamente genéricas, secundárias, acessórias ou de suporte ao empreendimento, de forma a permitir que a empresa envide esforços e concentre atenção naquelas atividades centrais ou principais vertidas em seu objeto social".(16)

A terceirização tem sido considerada elemento de precarização das relações de trabalho. Estudos do DIEESE comprovam que as atividades terceirizadas apresentam condições de trabalho e de remuneração piores do que aquelas regidas por vínculos diretos entre o prestador de serviços – empregado – e o tomador. Maior incidência de afastamentos por doenças do trabalho, rotatividade mais elevada e jornadas mais longas e intensas (todos esses fatores estão, por sinal, inter-relacionados). Além disto, observam-se também remunerações inferiores.(17) Isso se dá por diversos motivos, entre eles, pelo fato de que grandes empresas subcontratam a prestação de serviços a empresas bem menores, sem capacidade econômica suficiente para garantir treinamentos e capacitações em segurança e saúde do trabalho, elaboração e implementação de programas de segurança adequados aos riscos da atividade e capacidade de arcar com todos os custos da produção, nele incluído o da mão de obra. A terceirização irrestrita também abre caminho para a "pejotização", fraude já utilizada por muitos empregadores antes da promulgação da referida lei, que consiste na contratação de empregados não através de um vínculo empregatício, mas a partir de um contrato civil regido por normas do direito empresarial. Dessa forma, o empregado passaria a não usufruir das garantias previstas na CLT.

Há que se observar a íntima relação existente entre terceirização e trabalho escravo. Análise dos dados da Divisão para Erradicação do Trabalho Escravo (DETRAE), da Secretaria de Inspeção do Trabalho, do Ministério do Trabalho, revela que 90% dos dez maiores resgates de trabalhadores em condições análogas às de escravo realizados pela Auditoria-Fiscal Trabalhista entre os anos de 2010 e 2014 envolvia trabalhadores terceirizados de forma irregular(18). Sendo assim, a regulamentação da terceirização na atividade-fim representa um verdadeiro óbice para o combate ao trabalho escravo contemporâneo, visto que a referida lei pode funcionar como aval do legislativo brasileiro para a proliferação de toda e qualquer forma de terceirização no campo. Além do mais, a reparação dos danos, tanto individuais quanto coletivos, causados pela submissão de trabalhadores a condições análogas às de escravo também ficam seriamente comprometidas, considerando que o vínculo tende a ser estabelecido não mais com a grande empresa tomadora de serviços, mas com pequenas empresas fornecedoras de mão de obra, sem a mesma capacidade econômica de que dispõem as primeiras.

De acordo com o Observatório do Trabalho Escravo, 8 em cada 10 resgatados de condições análogas às de escravo no Brasil eram trabalhadores rurais. Considerando a relação entre a terceirização e o trabalho escravo contemporâneo, e levando em consideração que este se localiza, majoritariamente, no campo, pode-se deduzir que o trabalhado rural sofrerá diretamente os impactos negativos da regulamentação da terceirização irrestrita(19).

4.2. Lei n. 13.467/2017 e os impactos sobre a remuneração dos trabalhadores

Os impactos da Reforma Trabalhista sobre a remuneração dos trabalhadores se ligam

(16) BARROS, Alice Monteiro de. *Curso de direito do trabalho*. 6. ed. São Paulo. LTr, 2010. p. 452.

(17) DIEESE – Departamento Intersindical de Estatística e Estudos Socioeconômicos. Terceirização e precarização das condições de trabalho: condições de trabalho e remuneração em atividades tipicamente terceirizadas e contratantes. São Paulo: Diese, 2017. (Nota Técnica, n. 172).

(18) FILGUEIRAS, V. *Terceirização e trabalho análogo ao escravo:* coincidência? São Paulo: Unicamp, 2014. Obtido em: <https://indicadoresdeemprego.files.wordpress.com/2013/12/tercerizac3a7c3a3o-e-trabalho-anc3a1logo-ao-escravo1.pdf>. Acesso em: 17.10.2018.

(19) Disponível em: <https://www.senado.gov.br/noticias/Jornal/emdiscussao/trabalho-escravo/xavier-plassat/trabalho-escravo-se-concentra-na-zona-rural.aspx>.

diretamente às novas formas de contratação introduzidas por essa lei. Uma delas é a contratação por regime intermitente de jornada. O primeiro problema dessa nova forma de contratação é que ela coloca em risco o salário mínimo como piso da remuneração do trabalhador.

A aplicação dessa modalidade de contratação no trabalho rural se potencializa pela prática de formas de contratação já vigentes no campo que adéquam a utilização da força de trabalho dos empregados às necessidades da empresa. A exemplo disto citamos a contratação por pequeno prazo e os contratos de safra, ambos previstos na Lei n. 5.889/1973. Os contratos de safra duram até 180 dias e costumam restringir-se a períodos mais curtos (durante a colheita). A Lei n. 11.718/2008 acrescentou à Lei n. 5.889/1973 o contrato por pequeno prazo, facultando ao empregador a possibilidade de fixar a duração do vínculo em apenas dois meses. Portanto, a modalidade de contrato intermitente tende a potencializar essas formas de contratação e encontrar terreno fértil de disseminação no campo brasileiro.

Além destas especificidades do trabalho intermitente no contrato de trabalho rural, há aquelas críticas mais gerais quanto à utilização desta modalidade contratual. Além de colocar em risco a garantia do salário mínimo, ela não garante previsibilidade do salário mensal do empregado, dificultando o planejamento de sua vida econômico-financeira, e deixa o trabalhador ao arbítrio completo do empregador, que pode escolher quando, se e com que frequência convocá-lo ao trabalho. "O trabalhador torna-se responsável por gerenciar sua sobrevivência na instabilidade"[20]. Há também riscos de que esta modalidade contratual possa ser utilizada como forma de assédio moral do empregador sobre o empregado, já que cabe a ele a convocação.

A nova forma de pagamento das "horas *in itinere*" também representa um forte impacto da Lei n. 13.467/2017 sobre a remuneração dos trabalhadores. Trata-se do fim do pagamento das horas de deslocamento pagas aos empregados. Antes da entrada em vigor da referida legislação, o art. 58, § 2º, da CLT previa que elas deveriam ser pagas aos trabalhadores desde que cumpridos alguns requisitos: o local da prestação de serviços deveria ser de difícil acesso, não servido por transporte público e o transporte deveria ser providenciado pelo empregador. Desde que cumpridos estes requisitos, estas deveriam ser pagas como se fossem tempo à disposição do empregador. A nova redação do art. 58, § 2º, da CLT altera esta previsão, e exclui a necessidade de pagamento das horas *in itinere*. Esta alteração terá impacto direto sobre a remuneração dos trabalhadores rurais.

De acordo com Júnior Stefanini, presidente do Sindicato dos Trabalhadores Rurais de Jaú (SP), cerca de 5000 trabalhadores da cana-de-açúcar daquela região terão perda salarial entre R$ 150,00 e R$ 200,00 por mês em virtude da supressão do pagamento das horas *in itinere*, o que representa entre 10% e 20% de redução da remuneração de tais empregados[21]. O trabalhador rural será o maior prejudicado pela referida supressão.

4.3. Lei n. 13.467/2017 e os impactos sobre a jornada de trabalho

Ainda sobre a supressão das horas *in itinere*, conforme analisada acima, seus impactos não se dão apenas no que concerne à redução da remuneração dos empregados. Além disso, haverá impactos também sobre a jornada de trabalho, que não levará mais em conta o tempo de deslocamento dos empregados. Isso representa maior jornada de trabalho em atividades que já são, por si só, bastante extenuantes pelo fato de serem exercidas sob sol, chuva e intempéries diversas. De acordo com o Presidente do Sindicato dos Trabalhadores

---

(20) *Contribuição crítica à reforma trabalhista*. CESIT/IE/UNICAMP. Disponível em: <https://www.ael.ifch.unicamp.br/pf-ael/public-files/noticias/arquivos/dossie_cesit_-_contribuicao_critica_a_reforma_trabalhista.2017.pdf>.

(21) Disponível em: <https://economia.uol.com.br/noticias/redacao/2017/09/20/como-a-reforma-trabalhista-impacta-a-vida-do-trabalhador-rural.htm>.

e Empregados Rurais de Paulistânia, Abílio Penteado da Silva, oito mil trabalhadores da região gastam, em média, duas horas por dia com deslocamento em ônibus da empresa(22). Até mesmo o tempo de deslocamento dentro da empresa, necessidade muito comum no meio ambiente de trabalho rural, foi excluído da redação do art. 58, § 2º, da CLT que desconsidera do cômputo da jornada o tempo despendido pelo empregado desde a sua residência até a efetiva ocupação do posto de trabalho. Sendo assim, os impactos da supressão das horas *in itinere* também alcançam o cálculo dos intervalos intrajornada e interjornada.

Outra alteração estabelecida pela referida lei na jornada foi a ampliação do regime de trabalho em tempo parcial, que teve a sua possibilidade de duração estendida para trinta horas semanais. Essa possibilidade representa impactos tanto no que se refere à jornada quanto ao salário. Segundo os arts. 58-A e §§ 1º e 2º, art. 59, § 4º e art. 130-A da CLT, antes da promulgação da referida lei, a jornada para quem trabalhasse em regime parcial era de até vinte e cinco horas semanais, sendo vedada a realização de horas extras. O salário deveria ser proporcional ao dos que cumprem jornada integral nas mesmas funções e deveria haver, no regime de trabalho em tempo parcial, assim como as férias, escalonamento de no mínimo oito e no máximo dezoito dias sem a possibilidade de conversão de um terço do período de férias em abono pecuniário.

A Lei n. 13.467/2017 alterou o art. 58-A da CLT e o trabalho em regime de tempo parcial passou a admitir duas formas de contratação: 1) aquele cuja duração não exceda a trinta horas semanais, sem a possibilidade de horas suplementares semanais, ou 2) aquele cuja duração não exceda a vinte e seis horas semanais, com a possibilidade de acréscimo de até seis horas extras semanais. Na segunda hipótese, essas horas extras podem ser compensadas na semana seguinte. Já as férias passam a ser escalonadas da mesma forma que para os empregados em regime de quarenta e quatro horas semanais ou seja, em períodos que vão de 12 a 30 dias, conforme a quantidade de ausências no período aquisitivo das férias. Com a alteração, os empregados passam a poder converter um terço do período de férias em abono pecuniário.

Toma-se, por exemplo, um trabalhador rural com jornada semanal de trinta horas. Supondo o valor fictício de mil reais como salário mínimo. Antes da reforma trabalhista, este trabalhador faria jus à remuneração mínima neste valor. Depois da reforma trabalhista, este mesmo empregado, se contratado em regime de tempo parcial, poderá receber apenas seiscentos e oitenta e um reais a título de salário mensal, pelas mesmas trinta horas de trabalho, sofrendo redução de trinta e dois por cento em sua remuneração mensal, redução esta proporcional às horas trabalhadas.

Considerando as observações a respeito das condições de vida e de trabalho do empregado rural, e a consequente vulnerabilidade a que se expõe, esses impactos são ainda mais graves, sobretudo quando analisados no conjunto mais amplo da Lei n. 13.467/2017 que introduziu também, quanto à jornada de trabalho, outras alterações profundas como, por exemplo, o "banco de horas" (que pode ser estabelecido por acordo individual, com previsão de compensações no próprio mês, se o acordo for escrito ou tácito ou dentro de um intervalo de seis meses, mediante acordo escrito), e as jornadas de doze horas de trabalho por trinta e seis horas de descanso (que poderão ser realizadas, inclusive, em locais insalubres, sem a necessidade de licença de autoridade responsável).

Conclusão

Procuramos analisar os possíveis impactos da reforma trabalhista nas relações de trabalho estabelecidas no campo brasileiro. A partir de uma perspectiva histórica, percebemos que o trabalhador rural brasileiro tem tido condições

(22) Disponível em: <https://economia.uol.com.br/noticias/redacao/2017/09/20/como-a-reforma-trabalhista-impacta-a-vida-do-trabalhador-rural.htm>.

mais precárias de labor e de vida. Com relação à proteção justrabalhista instituída em 1943, com a promulgação da Consolidação das Leis do Trabalho, notamos a exclusão do trabalhador rural do escopo de sua aplicação. Considerando a legislação trabalhista como importante mecanismo de desenvolvimento econômico, social, político e cultural, a absoluta falta de legislação que protegesse esse segmento deixou-os à própria sorte, por duas décadas, ao sabor da relação desigual historicamente existente entre o trabalhador rural e o proprietário de terras, muitas vezes representado pela figura do latifundiário.

Esse atraso de vinte anos no alcance da proteção instituída pela legislação trabalhista foi instrumento gerador de outras desigualdades. No campo brasileiro, como observamos, a média salarial dos trabalhadores ainda é significativamente mais baixa do que a dos empregados no meio urbano. Todos os elementos que compõem o Índice de Desenvolvimento Humano colocam o trabalhador rural numa posição de maior vulnerabilidade, entre eles expectativa de vida mais baixa e grau médio de escolaridade menor. Até mesmo o trabalho escravo contemporâneo, como observado no decorrer do texto, atinge de forma muito mais contundente o rural.

Diante de tudo isso, concluímos pela necessidade de tutela do trabalho rural brasileiro. Sabendo da condição precária em que vivem milhares de trabalhadores no campo, há necessidade de legislação trabalhista que lhes garanta um patamar civilizatório mínimo e não os deixe ao arbítrio do empregador. O campo brasileiro já foi palco de disputas desiguais durante a história, como vimos. A ausência de proteção do trabalhador nessa relação se apresenta como mais uma delas, a se desenhar a partir desta alteração normativa.

Ao contrário dessa necessidade caminha a reforma trabalhista. Ela não regulamenta a contento o trabalho no Brasil e, mais especificamente com relação ao trabalho rural, ela se apresenta como elemento que deverá trazer impactos sociais bastante negativos, como vistos, a aprofundar as condições de miséria no campo. O contrato de trabalho intermitente, a terceirização, a supressão do pagamento das horas *"in itinere"* e do cômputo delas na jornada de trabalho desregulamentam a relação de emprego no que elas têm de mais essencial: a jornada e a remuneração. Avança, portanto, a referida reforma, na contramão do que se apresenta, historicamente, como necessidade de proteção jurídica equilibrada na relação entre empregados e empregadores do campo brasileiro.

Referências bibliográficas

BARROS, Alice Monteiro de. *Curso de direito do trabalho*. 6. ed. São Paulo: LTr, 2010.

CESIT/IE/UNICAMP. *Contribuição crítica à reforma trabalhista*. Disponível em: <https://www.ael.ifch.unicamp.br/pf-ael/public-files/noticias/arquivos/dossie_cesit_-_contribuicao_critica_a_reforma_trabalhista.2017.pdf>.

DIEESE – Departamento Intersindical de Estatística e Estudos Socioeconômicos. Estudos e pesquisas 74. *O mercado de trabalho assalariado brasileiro*. Disponível em: <https://www.dieese.org.br/estudosepesquisas/2014/estpesq74trabalhoRural.pdf>.

______ . *Terceirização e precarização das condições de trabalho:* condições de trabalho e remuneração em atividades tipicamente terceirizadas e contratantes. São Paulo: Dieese, 2017. (Nota Técnica, n. 172).

FILGUEIRAS, V. *Terceirização e trabalho análogo ao escravo:* coincidência? São Paulo: Unicamp, 2014. Disponível em: <https://indicadoresdeemprego.files.wordpress.com/2013/12/tercerizac3a7c3a3o-e-trabalho-anc3a1logo-ao-escravo1.pdf>.

MARÉS, Carlos Frederico. *A função social da terra*. Porto Alegre: Sergio Antonio Fabris, 2003.

MARTINS, José de Souza. *Expropriação e violência*. São Paulo: Hucitec, 1980.

MORISSAWA, Mitsue. *A história da luta pela terra e o MST*. São Paulo: Expressão Popular, 2001.

OLIVEIRA, Ariovaldo Umbelino de. A longa marcha do campesinato brasileiro. *REA* 15 (43), São Paulo, 2001.

STÉDILE, João Pedro. *Questão agrária no Brasil.* 11. ed. 2011. Col. Espaço & Debate.

IBGE. *Recenseamento Geral do Brasil do IBGE publicado em 1º de setembro de 1940.* Disponível em: <https://biblioteca.ibge.gov.br/visualizacao/periodicos/65/cd_1940_v2_br.pdf>.

______ . Censo Demográficos do IBGE de 2010, excluídos residentes de domicílios coletivos. Disponível em: <https://journals.openedition.org/confins/10548?lang=pt#bodyftn2>.

Nova Lei da Terceirização e suas Implicações no Mundo do Trabalho

Armando Cruz Vasconcellos[1]

Introdução

Trata-se o presente artigo de uma análise inicial da nova Lei n. 13.429, editada em 31.3.2017[2], que veio alterar a Lei n. 6.019, de 1974, modificando dispositivos que regulamentavam, até então, o trabalho temporário, e acrescentando outros, a pretexto de, finalmente, regulamentar o instituto da terceirização.

Com a recente edição da Lei n. 13.467/2017[3], publicada em 14.7.2017, e que entrou em vigor em 14.11.2017, com novas alterações trazidas à "prestação de serviços a terceiros", as quais serão também consideradas.

Serão brevemente avaliados o sentido e alcance das novas normas legais, e a provável repercussão das mesmas, no âmbito das relações de trabalho.

Percebe-se, claramente, já em um primeiro contato com a nova regulamentação de tão importantes institutos como o do trabalho temporário e da terceirização, que surgiram muito mais questionamentos do que esclarecimentos. Isso porque a nova lei, de forma deliberada, ou não, traz uma série de conceitos vagos, que vão depender de um consciencioso esforço hermenêutico do aplicador do Direito, para poderem ser aplicados em conformidade aos princípios constitucionais que iluminam esse ramo jurídico, em especial.

Com efeito, a nossa Carta Maior teve um especial cuidado ao tratar dos direitos deferidos aos trabalhadores, e do sistema de garantias desses direitos, bem como do valor do trabalho humano em nossa ordem jurídica.

Como lembra muito bem o eminente Ministro Mauricio Godinho Delgado, nossa Constituição previu normas concernentes à ideia básica de isonomia (art. 5º, *caput*, início, e inciso I); preceitos concernentes à ideia de prevalência na ordem jurídica dos direitos trabalhistas (art. 1º, incisos III e IV; art. 3º, I, *in fine*, e III, *ab initio*, e IV, *ab initio*; art. 4º, II; art. 6º, art. 7º, *caput, in fine*, e incisos VI, VII e X; art. 100, *ab initio*; art. 170, III); além de normas

(1) Auditor-Fiscal do Trabalho. Especialista em Direito Constitucional. Especialista em Direito e Processo do Trabalho.

(2) BRASIL. Lei n. 13.429, de 31 de março de 2017. Disponível em: <http://www.planalto.gov.br/ccivil_03/_ato2015-2018/2017/lei/L13429.htm>. Acesso em: 22.5.2017.

(3) BRASIL. Lei n. 13.467, de 14 de julho de 2017. Disponível em: <http://www.planalto.gov.br/ccivil_03/_ato2015-2018/2017/lei/L13467.htm>.

que determinam a ampla proteção ao salário (art. 7º, VI, VII e X)[4].

É, portanto, com base nessas e em várias outras normas e princípios constitucionais aplicáveis, que passamos a analisar as novas disposições legais, sempre procurando interpretá-las, de acordo com a filtragem constitucional a que se submetem, bem como de acordo com os princípios específicos do Direito do Trabalho, amplamente consolidados em nosso sistema jurídico.

Diferenciação entre terceirização de serviços e intermediação de mão de obra

De início, embora alguns autores sustentem não haver distinção entre os institutos jurídicos da terceirização e da intermediação de mão de obra, ou que as diferenças seriam de menor relevância, entendemos de fundamental importância a referida distinção, para a integral compreensão dos institutos, e das consequências jurídicas de cada um.

Agora, mais do que antes, essa diferenciação se torna necessária, posto que a nova lei disciplina claramente os dois institutos, de forma distinta, situando o trabalho temporário, forma lícita de intermediação de mão de obra, no art. 1º, que altera diversos dispositivos da velha Lei n. 6.019/1974, e a terceirização, agora denominada pela lei de "prestação de serviços a terceiros", acrescentando os arts. 4º-A, 4º-B, 5º-A, 5º-B, 19-A, 19-B e 19-C, à mesma Lei n. 6.019.

De fato, já tivemos a oportunidade de nos posicionar quanto a distinção entre os institutos, ao analisarmos a então nova lei sobre as cooperativas de trabalho.[5]

Com efeito, demonstra-se o instituto da terceirização de serviços, inconfundível, como veremos, com a mera intermediação de trabalhadores.

Como já fizemos antes, para o escopo do presente trabalho, entenderemos terceirização como conceituada por Ciro Pereira da Silva, que a descreve como:

> a transferência de atividades para fornecedores especializados, detentores de tecnologia própria e moderna, que tenham esta atividade terceirizada como sua atividade-fim, liberando a tomadora para concentrar seus esforços gerenciais em seu negócio principal, preservando e evoluindo em qualidade e produtividade, reduzindo custos e gerando competitividade.[6]

Consideramos muito apropriada esta conceituação, pois a mesma compreende todos os elementos do instituto, tais como a delegação de atividades acessórias, ou atividades-meio, para empresas realmente especializadas, que executarão tais tarefas de maneira muito mais eficiente, de forma autônoma em relação à tomadora, ou seja, sem que esta interfira na relação direta com os empregados da contratada, e com o objetivo de deixar a tomadora liberada para suas atividades principais, o que fará com que evolua em qualidade e competitividade. Só ficava difícil entender como poderia se dar a redução de custos, se a empresa contratada, além de arcar com todos os encargos trabalhistas, ainda terá que visar seu lucro. Na realidade, entendemos que a vantagem para a tomadora consiste em poder se concentrar em sua atividade principal (*core business*), sem se preocupar com atividades acessórias, tais como as de limpeza, conservação ou vigilância, por exemplo, incrementando sua eficiência e competitividade no mercado. Mas não reduzindo custo com a terceirização, porque não há como a entrega da atividade a terceiro sair menos custosa, dentro da legalidade, se a contratada é uma empresa que também visa o lucro. Pode ser que tal raciocínio se altere com as legítimas cooperativas prestadoras de serviços a terceiros.

---

(4) DELGADO, Mauricio Godinho. *Curso de direito do trabalho*. 3. ed. São Paulo: LTr, 2004. p. 444-45.

(5) VASCONCELLOS, Armando Cruz. A nova lei das cooperativas de trabalho — como evitar (e coibir) fraudes. *Revista LTr*, São Paulo, ano 77, n. 6, p. 676-683, jun. 2013.

(6) SILVA, Ciro Pereira da. *A terceirização responsável:* modernidade e modismo. São Paulo: LTr, 1997. p. 30.

Não havia, em nosso ordenamento, regramento sobre o instituto da terceirização, com a ressalva da Súmula n. 331, TST, a qual é desprovida de força normativa ou conteúdo vinculante.

A nova lei, como cediço, veio, finalmente, tentar regulamentar o instituto. No entanto, como veremos, de forma que talvez traga mais problemas de insegurança jurídica, do que enquanto se encontrava sem regulamentação legal.

De outra banda, vai se dar a mera intermediação de mão de obra quando se tratar apenas da colocação de trabalhadores subordinados à disposição de um tomador, a qual reúne os elementos legais que o qualificam como real empregador daqueles trabalhadores, posto que sobre eles exerce seu poder empregatício[7], e os remunera, embora por intermédio de empresa interposta, às vezes, uma cooperativa.

Para a caracterização inafastável de tal situação, é interessante observarmos a presença de um feixe de indícios, proposto por Rodrigo Carelli, que, da mesma forma que aquele existente para a busca da subordinação jurídica na relação de emprego, poderá nos indicar a existência de uma mera intermediação de mão de obra, nula de acordo com nosso ordenamento justrabalhista, ou de uma legítima e lícita terceirização. Importante notar que nenhum dos elementos é por si só determinante, devendo haver uma convergência desses elementos para a verificação ou não da fraude[8].

O autor menciona diversos desses elementos ou indícios, mas eles podem ser reduzidos a somente três que, mais amplamente demonstrariam a existência de mera intermediação de mão de obra: gestão do trabalho pela tomadora de serviços, a prevalência do elemento humano no objeto do contrato de prestação de serviços, e a falta de especialização da prestadora de serviços.

A gestão do trabalho, isto é, a determinação do modo, tempo e forma com que o trabalho deve ser realizado, é o elemento mais perfeito para indicar a existência de subordinação jurídica. A constatação da gestão ou organização do trabalho, por parte do tomador de serviços, deixa clara a existência de uma interposição de empresa para fuga do vínculo empregatício direto com os trabalhadores.

Também a prevalência do elemento "trabalho humano" na prestação de serviços é forte indicativo de intermediação de mão de obra. Deve ser verificado, no caso concreto, se o objeto do contrato se satisfaz com o mero emprego de mão de obra, ou se há necessidade de um conhecimento técnico específico e uma estrutura de apoio operacional, com a utilização de meios materiais próprios para a execução do contrato. Se o objeto do contrato se encerrar na prestação de serviço pelos trabalhadores, provavelmente tratar-se-á de mera intermediação de mão de obra.

A especialização da empresa contratada naquela área específica objeto do contrato é outro elemento indispensável para a caracterização da verdadeira terceirização. Isso decorre do próprio conceito de terceirização, que se trata da entrega de serviços à empresa especializada que melhor os realizaria, concentrando-se a tomadora na sua atividade central.

Entretanto, não basta qualquer tipo de especialização. Como adverte Carelli, a empresa contratada tem que deter um saber-fazer específico, distinto daquele que detém a contratante[9].

Além disso, esse *know-how* deve ser imprescindível para a realização das tarefas terceirizadas. Desta forma, se a especialização da contratada equivale à da contratante, que detém, em seus quadros, empregados tão ou mais especializados do que aqueles pertencentes ao quadro da contratada, é porque se trata de mera intermediação de mão de obra.

Por esse motivo, é que não se pode admitir como lícita, a empresa de terceirização ou cooperativa de trabalho que terceiriza tudo,

(7) DELGADO, Mauricio Godinho. *Curso de direito do trabalho*. 3. ed. São Paulo: LTr, 2004. p. 628 e ss.
(8) CARELLI, Rodrigo de Lacerda. *Terceirização e intermediação de mão de obra:* ruptura do sistema trabalhista, precarização do trabalho e exclusão social. Rio de Janeiro: Renovar, 2003. p. 124.
(9) *Op. cit.*, p. 136.

ou fornece todo tipo de profissional. Essas empresas ou cooperativas, na verdade, não são especializadas em nada, destinando-se apenas a alocar pessoal em outras empresas ou entidades públicas, lucrando com o trabalho alheio. Trata-se de meras intermediadoras do trabalho humano, que obtém seu lucro locando pessoas para prestarem serviço a outras tomadoras. Como bem adverte Carelli, as chamadas cooperativas multidisciplinares de trabalho nada mais são do que meras intermediadoras de mão de obra, "com o agravante de serem fraudadoras de direitos fundamentais sociais básicos. Falta-lhes o elemento "especialização", indispensável para a caracterização da terceirização legal"[(10)].

Por esta razão, a intermediação de mão de obra é instituto de exceção, no âmbito das relações de trabalho, e precisa se circunscrever às expressas previsões legais, como a da Lei n. 6.019/1974, parte inicial, que regulamenta as relações de trabalho temporário.

Daí porque a desnecessidade de se deixar expresso que se aplica às atividades-fim das empresas tomadoras. De regra, como se tratava de espécie contratual que se destinava a atender a necessidade temporária de substituição de pessoal regular e permanente da tomadora, ou a acréscimo extraordinário de serviços, a atividade sempre se encaixava dentre as principais exercidas pela tomadora.

Mesmo com a atual alteração do texto legal, que procura, ao que parece, estender a aplicação do trabalho temporário a um leque maior de opções, quando declara que agora se destina a atender à *"necessidade de substituição transitória de pessoal permanente ou à demanda complementar de serviços"* (novo *caput* do art. 2º, da Lei n. 6.019), o mesmo raciocínio continua se aplicando. Ou seja, a atividade desenvolvida pelos trabalhadores temporários continua se incluindo nas atividades principais da empresa tomadora, desde que dentro das estritas hipóteses legais de utilização. Como não há palavras sobrando na lei, cremos que a expressão de que *"o contrato de trabalho temporário pode versar sobre o desenvolvimento de atividades-meio e atividades-fim a serem executadas na empresa tomadora de serviços"* (§ 3º do art. 9º) volta-se àqueles que não consideravam diferentes os institutos da terceirização e da mera intermediação.

De qualquer maneira, qualquer outra forma de se intermediar trabalhadores para um tomador de serviços, sem que haja prévia e expressa autorização legal, atrairá a incidência do art. 9º da CLT, que resta intacto, na esteira das alterações legislativas recentes.

Alterações na regulamentação do trabalho temporário

A nova lei, ao alterar os dispositivos da agora primeira parte da Lei n. 6.019/1974, que trata do trabalho temporário, típico caso de intermediação de mão de obra lícita em nosso ordenamento, desde que conforme os estritos parâmetros legais, trouxe, sem dúvida, algumas mudanças nefastas na regulamentação desse instituto de exceção. Vejamos:

1 — Como se sabe, impera na seara das relações de trabalho o Princípio da Continuidade da Relação de Emprego. Tal princípio informa que é do interesse do Direito do Trabalho a permanência do vínculo empregatício, "com a integração do trabalhador na estrutura e dinâmica empresariais".[(11)] Com isso, espera-se que a longevidade do contrato de trabalho leve a uma elevação dos direitos do trabalhador, a um investimento da empresa em sua educação e desenvolvimento profissional, e a uma afirmação social do trabalhador, favorecido por esse longo contrato.

Estaria, assim, a empresa cumprindo com a função social do contrato, e da propriedade dos meios de produção, em linha com o inciso III do art. 170 da nossa Carta Maior.

(10) CARELLI, Rodrigo de Lacerda. *Cooperativas de mão de obra:* manual contra fraude. São Paulo: LTr, 2002. p. 42.
(11) DELGADO, Mauricio Godinho. *Curso de direito do trabalho.* 3. ed. São Paulo: LTr, 2004. p. 209-210.

Exemplo das consequências disso? Basta ver o desempenho e competitividade das empresas japonesas em geral, cujos empregados, aqueles que não desejem tornar-se eles mesmos empreendedores, costumam passar toda a sua vida laboral, orgulhando-se de pertencer à mesma organização.

Além disso, também impera em nosso sistema, a relação jurídica direta entre empresa e trabalhador, os dois polos que configuram a relação de emprego.

Portanto, o instituto do trabalho temporário vem acolher exceção, a um só tempo, tanto à Continuidade da Relação de Emprego, quanto ao caráter bilateral típico dessa espécie de relação jurídica.

Nessa esteira, não parecem apropriadas nem a abrangência que se pretende dar ao instituto, nem a sua dilação temporal.

A nova lei parece procurar estender as hipóteses de cabimento do trabalho temporário, quando altera a expressão ***"necessidade temporária de substituição de pessoal regular e permanente da tomadora, ou a acréscimo extraordinário de serviços"*** pela nova: ***"necessidade de substituição transitória de pessoal permanente ou à demanda complementar de serviços"***. Logo informando que: ***"considera-se complementar a demanda de serviços que seja oriunda de fatores imprevisíveis ou, quando decorrente de fatores previsíveis, tenha natureza intermitente, periódica ou sazonal"*** (novo § 2º do art. 2º da Lei n. 6.019).

Quanto à primeira hipótese de cabimento, apesar da pequena alteração da sequência de palavras, não nos parece que tenha havido alguma mudança em seu sentido e alcance.

Entretanto, quanto à possibilidade de utilização para suprir *"demanda complementar"*, de natureza intermitente, periódica ou sazonal, parece que as portas se abriram para uma gama impensável de situações. Qual empresa que, de forma sazonal, periódica, ou intermitente, não tem a necessidade de alteração de seu quadro de pessoal? Basta uma flutuação natural de sua demanda por mão de obra, que autorizada estará a contratação de trabalhadores por esta modalidade.

Antes, a empresa, a quem cabe, de regra, os riscos do negócio, e a responsabilidade social, procurava manter seus trabalhadores em seu quadro, utilizando-se de instrumentos como Banco de Horas, ou férias coletivas, para administrar sua necessidade de mão de obra. Agora, bastará manter um reduzidíssimo número de empregados fixos, usufruindo dos temporários, sempre que necessário. Tais trabalhadores, enquanto não necessários, estarão desempregados. Isso não parece fazer sentido, quando o que se usa como motivação para a alteração legislativa é justamente o incremento do número de postos de trabalho.

Como não bastasse, estende-se a possibilidade de manutenção do mesmo trabalhador por até 270 dias, prestando serviços na tomadora. Em outras palavras, o que era exceção, praticamente virará regra como forma contratual de trabalho, malferindo gravemente o Princípio da Continuidade da Relação de Emprego em nosso sistema.

Como se vê, tudo isso onerando tão somente uma das partes da relação de trabalho, e, sem dúvida, aumentando o já elevado quadro de desemprego em nosso país, ao contrário do que se alegava buscar.

2 — A nova lei perdeu a chance de equiparar os direitos dos trabalhadores temporários aos dos empregados diretamente contratados pela tomadora, e que realizam rigorosamente as mesmas funções, garantindo-se-lhes o mesmo enquadramento sindical. Equiparação que a jurisprudência já reconhecia como devida por critério de equidade (*ex vi* da OJ n. 383, SDI-I/TST).

Por outro lado, ainda que escassos, parece haver alguns pontos positivos no novo diploma.

Com efeito, ao declarar a proibição de contratação de trabalho temporário para a substituição de trabalhadores em greve, salvo nos casos previstos em lei, vem a nova lei, ao menos aqui, atender ao direito fundamental de greve dos trabalhadores, talvez o único instrumento de que ainda disponham para sua autotutela.

Finalmente, é legalmente fixada a responsabilidade subsidiária da tomadora, pelo período em que cada trabalhador lhe prestou serviços. Responsabilidade que, até então, era acolhida pela jurisprudência (Súmula n. 331/TST), mas sem previsão positiva na lei.

Também bastante salutar a obrigatoriedade de extensão ao trabalhador da empresa de trabalho temporário, do mesmo atendimento médico, ambulatorial e de refeição destinado aos seus empregados, existente nas dependências da contratante, ou local por ela designado. Aqui, o critério de equidade não foi olvidado.

Outrossim, ao imputar responsabilidade à empresa contratante para garantir as condições de segurança, higiene e salubridade dos trabalhadores, quando o trabalho for realizado em suas dependências ou em local por ela designado, a nova lei deixa expresso aquilo que a Doutrina e a Jurisprudência já vinham acolhendo como medida de justiça, na busca de um meio ambiente laboral equilibrado e seguro (sobretudo com base na Constituição, art. 225, *caput*, c/c art. 200, VIII).

Afastar a incidência do contrato de experiência, quando o trabalhador temporário é contratado, posteriormente, pela empresa tomadora, também se demonstra medida justa, posto que a tomadora já teve a oportunidade de avaliar o obreiro, pelo período em que o mesmo lhe prestou serviço.

Por fim, também se demonstrou adequado o veto presidencial ao artigo que permitia o pagamento direto do FGTS, no momento do término do contrato. A experiência demonstra a grande incidência de fraude, quando tal pagamento era legalmente permitido para os empregados em geral.

Prestação de serviços a terceiros

Finalmente, a tão propalada terceirização agora possui um *nomen juris*. A lei fala, a partir de agora, em *"prestação de serviços a terceiros"*, ao acrescentar os arts. 4º-A, 4º-B, 5º-A, 5º-B, 19-A, 19-B e 19-C, à Lei n. 6.019.

E a Lei n. 13.467/2017 veio, ainda, alterar a redação dos arts. 4º-A e 5º-A, bem como introduzir os arts. 4º-C, 5º-C e 5º-D.

Como dissemos, aqui não se trata da mera interposição de mão de obra a uma empresa tomadora, mas da própria entrega de certa atividade para outra empresa especializada, detentora de *know-how* específico, para melhor exercer aquela atividade.

A Lei n. 13.429/2017, alterando a Lei n. 6.019/1974, vinha dispondo que a terceirizada se destinava a prestar à contratante *"serviços determinados e específicos"* (art. 4º-A). No entanto, logo após, este artigo, bem como o art. 5º-A, tiveram sua redação alterada pela Lei n. 13.467/2017, a qual procurou deixar claro, com todas as letras, que a prestadora de serviços pode executar quaisquer das atividades da contratante, inclusive sua **atividade principal**.

Passado o momento de perplexidade, tendo em vista o que a doutrina e a jurisprudência sempre consideraram sobre o tema, resta-nos procurar compreender o que pode, ou não, ser alterado no que diz com a possibilidade de se ter trabalhadores laborando na atividade precípua do empregador, sem que forme o liame empregatício com o mesmo.

A relação de emprego clássica é a regra geral estabelecida pela nossa ordem jurídica, e que permanece incólume pela atual reforma, tendo em vista a integridade dos arts. 2º, *caput*, e 3º, da CLT.

É verdade que as regras sempre comportam exceções. Exceções essas que, como tais, precisam ser juridicamente justificadas, posto que devam se dirigir a fatos específicos, não regulados pela regra geral, tendo o trabalho temporário como exemplo clássico.

Concordamos com o jurista Jorge Luiz Souto Maior, quando declara que o *"ordenamento não pode estabelecer um padrão jurídico e, em paralelo, criar outro padrão contraditório com o primeiro"*.[12]

(12) SOUTO MAIOR, Jorge Luiz. *A "CLT de Temer"*. Disponível em: <http://www.jorgesoutomaior.com/blog/a-clt-de-temer-cia-ltda>. Acesso em: 18.7.2017.

Em outras palavras, ao se estabelecer a relação de emprego como regra geral da vinculação entre o capital e o trabalho, não se revela possível a ordem jurídica permitir, simultaneamente, que a formação dessa relação de emprego, como ainda se depreende dos arts. 2º e 3º da CLT, passe a ficar à mercê de um ajuste de vontades, que permite ao empregador, se assim desejar, se afastar desse liame jurídico, através da interposição de uma empresa de prestação de serviços.

Evidente que a prestação de serviços é uma realidade inafastável e condizente com o mercado moderno, quando se trata de atividades nas quais a prestadora é especializada, e a contratante não tem interesse de atuar diretamente, casos clássicos da segurança, limpeza e conservação, entre outros.

A prestadora de serviços precisa possuir uma qualificação específica, com uma organização própria. Não pode se colocar de encontro com o primado da relação de emprego, ainda prevalecente em nossa ordem jurídica, que determina que as atividades de trabalho subordinado devem se dar de forma direta entre capital e trabalho, sem intermediários.

Mais uma vez, concordamos com Souto Maior, ao afirmar que:

> Uma prestação de serviços só pode se desenvolver de modo regular, juridicamente falando, no contexto do Direito Social, para a realização de atividades que não estejam inseridas ao conjunto daquelas que são necessárias, de forma permanente, à concretização do objeto empresarial daquele que contrata tais serviços, até porque quanto mais intermediações se efetivam no processo produtivo, mais distante o trabalhador fica do capital e mais difícil se torna a concretização do projeto de uma ordem social mínima para o capitalismo.[13]

Lembra o ilustre autor, em outro ponto, que quando a lei autoriza a entrega da própria atividade principal da contratante, cria-se a ilusão de que é possível o capital se realizar sem uma correlação com o trabalho e que, em uma realidade regrada pelo Direito Social, se teria uma fórmula para impedir a responsabilidade do capital frente ao trabalho, a não ser por uma concessão do capitalista, que só não terceiriza se não quiser. Em outras palavras, que seria juridicamente permitido ao capital não se ver mais obrigatoriamente vinculado ao projeto social, estando submetido, unicamente, à sua própria lógica.[14]

Mas a organização do modelo capitalista de produção pelo Direito Social não pode se efetivar dentro desse marco de livre arbítrio do capitalista, ainda mais porque suas opções estão condicionadas à pressão da concorrência, que lhe impõe posturas que acabam sacrificando o trabalho e o projeto social, destruindo as possibilidades de concretização de políticas públicas.

E finaliza o autor:

> Então, quando a lei chega ao ponto de autorizar a terceirização da atividade-fim, o efeito jurídico necessário, para a manutenção da ordem social, assegurada na Constituição Federal, fixada nos Tratados Internacionais de Direitos Humanos, com realce para as Convenções da OIT, e nos princípios do Direito do Trabalho, é o de se afirmar o contrário, ou seja, que a terceirização, juridicamente falando, não existe e o mecanismo que se tem para isso é o da declaração da relação de emprego, instituto cujo primado foi preservado na "reforma" e que foi criado exatamente para estabelecer, de forma obrigatória, um vínculo jurídico entre o trabalho e o capital, atribuindo-se a este uma responsabilidade social mínima e, claro, para proteger o ser humano trabalhador e lhe

(13) SOUTO MAIOR, Jorge Luiz. *A "CLT de Temer"*. Disponível em: <http://www.jorgesoutomaior.com/blog/a-clt-de-temer-cia-ltda>. Acesso em: 18.7.2017.

(14) *Idem.*

permitir projetar e almejar uma melhoria para a sua própria vida.[15]

Pensamos que, a despeito da literalidade da novel norma jurídica, que expressamente dispõe sobre a possibilidade de entrega da atividade principal da contratante à prestadora, sem que se forme o liame de emprego dos trabalhadores desta com aquela, precisamos nos socorrer da interpretação sistemática do ordenamento jurídico, para que não se perca de vista o Princípio da Unidade da ordem jurídica.

Com efeito, esse novo dispositivo legal não possui existência isolada na ordem jurídica. Ao contrário, vem se inserir em um ordenamento, com um arcabouço de outras normas jurídicas, que precisam ser interpretadas e aplicadas em conjunto, com vistas à manutenção da integridade e harmonia do ordenamento que, no caso, compõe o ramo jurídico do Direito do Trabalho.

Delgado nos faz recordar do que se trata o método sistemático de interpretação das normas jurídicas como sendo:

> O método interpretativo que se caracteriza pela busca de harmonização da norma ao conjunto do sistema jurídico. Tal método volta-se a produzir uma interpretação vinculada e harmônica ao conjunto do sistema do Direito. Pelo método sistemático, o processo lógico de interpretação passa a operar em campo mais vasto de ação: investiga-se também a tendência normativa hegemônica nas diversas normas e diplomas existentes sobre matérias correlatas, adotando-se tal tendência como uma das premissas centrais implícitas àquela norma ou diploma interpretado. A partir desse critério apreendem-se, inclusive, com maior clareza, os aspectos transformadores, retificadores ou continuativos da norma recente perante a ordem jurídica respectiva.[16]

Fácil perceber a necessidade de se recorrer ao método interpretativo sistemático, para a devida compreensão do sentido e do alcance de uma nova norma que parece se chocar com toda uma ordem jurídica preestabelecida.

Passemos, então, a verificar com quais normas, ainda em pleno vigor, deve o novo permissivo legal se compatibilizar, para que a unidade do sistema seja preservada.

O mais singelo e, talvez, o mais robusto argumento contrário à ideia de que a nova lei passou a permitir a intermediação de mão de obra em sua atividade principal, fora dos casos legalmente expressos, sem que se forme a relação de emprego, quando presentes seus elementos, é, sem dúvida, o fato de que os arts. 2º, *caput*, e 3º, da CLT, mantiveram-se íntegros, e com a mesma redação original dos tempos getulistas.

É verdade que houve alteração significativa no que diz respeito com a configuração do grupo econômico, visando a dificultar sobremaneira a responsabilização das empresas agrupadas pelas verbas trabalhistas inadimplidas. No entanto, mesmo essa alteração não afeta a definição de empregado e de empregador, tais como se encontram no Diploma Celetista, há tanto tempo.

Ainda, para complementar, a integridade do art. 9º da CLT, que vem robustecer, de forma talvez visionária, a nulidade de tantos artifícios criados ao longo do tempo, com vistas a afastar a configuração da relação de emprego. Lembremos, no momento, apenas do parágrafo único, do art. 442 da CLT, acrescentado pela Lei n. 8.949/1994, que tanta celeuma causou, à época, com muitos empregadores desejando se utilizar de fraudulentas cooperativas de trabalho para afastar a relação de emprego com seus trabalhadores subordinados.

De fato, os arts. 2º e 3º da CLT, como normas cogentes, determinam, inafastavelmente, quem são, respectivamente, empregador e empregado, no contexto das relações de emprego, sendo que quaisquer artimanhas para afastar tal vínculo é fulminada de nulidade

(15) SOUTO MAIOR, Jorge Luiz. *A "CLT de Temer"*. Disponível em: <http://www.jorgesoutomaior.com/blog/a-clt-de-temer-cia-ltda>. Acesso em: 18.7.2017.

(16) DELGADO, Mauricio Godinho. *Curso de direito do trabalho*. 3. ed. São Paulo: LTr, 2004. p. 234-235.

pela disposição do art. 9º da própria CLT, sede do chamado Princípio da Indisponibilidade da Relação de Emprego. Este artigo, aliás, consta do texto originário da CLT, portanto, de 1943. Interessante observar que a Recomendação n. 198 da OIT, texto de 2006, traz, no item 9, disposição muito semelhante ao art. 9º, celetista, no sentido de rechaçar qualquer tentativa de se afastar o vínculo da relação de emprego por meios artificiosos[(17)].

Há, ainda, outra norma jurídica que deve ser considerada, quando se cogita de se entregar o objeto precípuo da empresa contratante a outra. Diz respeito à incongruência com o próprio conceito de empresa.

Dispõe o art. 966 do Código Civil brasileiro, que empresário é *"quem exerce profissionalmente atividade econômica organizada para a produção ou a circulação de bens ou de serviços"*[(18)].

A Doutrina empresarialista destaca desse conceito que, se o empresário é o exercente profissional de uma atividade econômica organizada, então empresa é uma **atividade**, a de produção ou de circulação de bens ou de serviços. Lembra-nos Fabio Ulhoa Coelho que, na linguagem cotidiana, mesmo nos meios jurídicos, a expressão "empresa" é utilizada com significados diferentes e impróprios. Ao se dizer que a "empresa faliu" ou que a empresa "importou essas mercadorias", o termo está sendo usado de forma errada, atécnica[(19)].

Somente se emprega o conceito de empresa, de modo técnico, continua o autor, quando for sinônimo de *empreendimento*.

Assim, empresa é a atividade desenvolvida pelo empresário, é o empreendimento a que ele resolveu se dedicar.

Portanto, não se pode vislumbrar como se empreender uma determinada atividade e, simultaneamente, entregar essa mesma atividade a outro empreendedor. É uma contradição em termos.

Já tivemos a oportunidade de nos debruçar sobre o tema, ao avaliarmos a possibilidade prevista na Lei Geral de Telecomunicações. Na ocasião, refletimos sobre o sentido e alcance da norma contida no art. 94, inciso II, da Lei n. 9.472/1997, que dispõe ser possível às empresas de telecomunicações *"contratar com terceiros o desenvolvimento de atividades **inerentes**, acessórias ou complementares ao serviço"*. Quanto à expressão *"atividades inerentes"*, cogitou-se de se tratar das atividades precípuas das concessionárias[(20)].

No texto do conhecido enunciado da Súmula do TST n. 331, a jurisprudência já aceitava as terceirizações de atividades meio, desde que sem pessoalidade e subordinação direta do trabalhador ao tomador de serviço, simplesmente porque não há qualquer óbice legal e, ao particular, tudo o que não é vedado, é permitido. Simples. Não ocorre a formação dos elementos da relação de emprego arrolados no art. 3º da CLT, entre o trabalhador e o tomador.

Mas, por que razão não seria possível terceirizar a própria atividade finalística da empresa, seja ela de que ramo for?

Também simples. Se o trabalhador subordinado exerce suas funções na atividade principal da empresa que toma seu serviço, torna-se impossível que não se forme a relação de emprego direta entre ambos, posto que, inexoravelmente, encontrar-se-ão presentes os elementos da relação de emprego, tais como a subordinação jurídica, a pessoalidade, a não

(17) *"For the purposes of the national policy of protection for workers in an employment relationship, the determination of the existence of such a relationship should be guided primarily by the facts relating to the performance of work and the remuneration of the worker, notwithstanding how the relationship is characterized in any contrary arrangement, contractual or otherwise, that may have been agreed between the parties."* Disponível em: <www.ilo.org>. Acesso em: 24.5.2017.

(18) BRASIL. Lei n. 10.406, de 10 de janeiro de 2002. Disponível em: <http://www.planalto.gov.br/ccivil_03/_ato2015-2018/2017/lei/L13429.htm>. Acesso em: 1º.6.2017.

(19) COELHO, Fabio Ulhoa. *Manual de direito comercial*. 16. ed. rev. e atual. São Paulo: Saraiva, 2005. p. 12-13.

(20) VASCONCELLOS, Armando Cruz. *Da impossibilidade de terceirização das atividades inerentes das concessionárias de telecomunicações* — fundamentos. Disponível em: <http://jus2.uol.com.br/doutrina/texto.asp?id=13850>. Acesso em: 24.5.2017.

eventualidade e a onerosidade. Ou seria possível contratar-se alguém para prestar serviço na atividade precípua de seu empreendimento, sem estar subordinado ao empreendedor? Tal situação implicaria no que a doutrina francesa nomeou de *marchandage*[21], ou mera intermediação de mão de obra, figura rechaçada não só em nosso sistema jurídico, como reconhece, acertadamente, a Súmula n. 331 do TST, mas a própria Organização Internacional do Trabalho. Principalmente no item I, alínea "a", da Declaração de Filadélfia, em que afirma a OIT que *"o trabalho não é uma mercadoria"*. Desta forma, o trabalho humano não pode ser intermediado, fora das exceções legalmente autorizadas, pois estaria sendo comercializado como uma mercadoria. Exceção para as figuras extraordinárias do trabalho temporário (Lei n. 6.019/1974), Órgão Gestor de Mão de Obra — OGMO, no âmbito do trabalho portuário (Lei n. 8.630/1993) e entidades previstas no art. 430, incisos II e III, da CLT, como autoriza seu art. 431, no contexto do trabalho dos aprendizes. Trata-se de casos excepcionais de intermediação lícita, que não regulam a prestação ordinária de trabalho, no âmbito da empresa.

Desta forma, não se vislumbra a possibilidade de se "terceirizar" a atividade principal de uma empresa, seja qual for seu ramo de atividade, sem que se forme o vínculo direto de emprego dos obreiros subordinados com a contratante, pois, além de ser logicamente incompatível com o instituto da terceirização, na prática, haverá sempre o controle da execução pela própria empresa tomadora do serviço, incidindo o elemento da subordinação jurídica, como já observado por Carelli[22].

A subordinação, aqui, pode tanto ser encontrada como a clássica subordinação jurídica, que vai ocorrer em alguns casos, mas também como a assim denominada subordinação estrutural, tal aquela em que o trabalhador é inserido na *"dinâmica do tomador de seus serviços, independentemente de receber (ou não) suas ordens diretas, mas acolhendo, estruturalmente, sua dinâmica de organização e funcionamento"*[23].

A lei, claramente, dispõe que a empresa prestadora de serviços *"contrata, remunera e dirige o trabalho realizado por seus trabalhadores, ou subcontrata outras empresas para realização desses serviços"* (§ 1º do art. 4º-A, grifo nosso). Desta forma, é a empresa contratada, prestadora de serviços, que *dirige*, que exerce os poderes empregatícios típicos em face de seus trabalhadores. Ou subcontrata outra empresa para executar esses serviços. Nesse último caso, será a subcontratada quem dirigirá seus empregados, por óbvio.

Portanto, exsurge de forma cristalina que, se a empresa tomadora dos serviços estiver dirigindo a prestação do serviço terceirizado, exercendo seu poder diretivo sobre os empregados da terceirizada, o que será inafastável no caso de sua atividade finalística, restará desfigurada a terceirização lícita, ensejando a formação do vínculo de emprego diretamente com a tomadora.

Por fim, mas não menos importante, exsurge que a Constituição da República acolheu em seu art. 7º, no Capítulo dos Direitos Sociais, dentro do Título dos Direitos e Garantias Fundamentais, um extenso rol de direitos e garantias aos trabalhadores urbanos e rurais. Logo no inciso I desse artigo, refere-se a Constituição à relação de emprego, reconhecida e protegida, inclusive contra despedida arbitrária ou sem justa causa.

Isso não é pouco. A nossa própria Constituição, dentro dos Direitos e Garantias Fundamentais, reconheceu a relação de emprego como hegemônica nas relações entre Capital e Trabalho, em nosso sistema jurídico e, por tal motivo, protegida, inclusive contra despedida arbitrária ou sem justa causa. Com muito mais razão, também protegida contra

(21) SÜSSEKIND, Arnaldo *et al. Instituições de direito do trabalho*. 19. ed. São Paulo: LTr, 2000. v. I, p. 282.

(22) CARELLI, Rodrigo de Lacerda. *Terceirização e intermediação de mão de obra:* ruptura do sistema trabalhista, precarização do trabalho e exclusão social. Rio de Janeiro: Renovar, 2003. p. 80.

(23) DELGADO, Mauricio Godinho. Os direitos fundamentais nas relações de trabalho. In: CORDEIRO, Juliana Vignoli; CAIXETA, Sebastião Vieira (coords.). *O MPT como promotor dos direitos fundamentais*. São Paulo: LTr, 2006. p. 193-194.

artifícios tendentes a afastar o reconhecimento da relação de emprego e, consequentemente, negar ao trabalhador toda a relação de direitos e garantias constitucionalmente estabelecidos.

Desta forma, para que o novo dispositivo não seja interpretado de forma a afastar a incidência do art. 7º da Constituição, entre outros, o que faria com que fosse considerado inconstitucional, há que se recorrer ao Princípio da Interpretação Conforme a Constituição.

Tal Princípio, que se revela como um instrumento de controle de constitucionalidade, e não apenas de uma simples regra de interpretação, consiste em:

> recomendar que os aplicadores da Constituição, em face de normas infraconstitucionais de múltiplos significados, escolham o sentido que as torne constitucionais e não aquele que resulte na sua declaração de inconstitucionalidade (...).(24)

Portanto, tendo em vista que a nova norma infraconstitucional não tem o condão de afastar a incidência do art. 7º constitucional, entre outros, e negar aos trabalhadores urbanos e rurais os direitos nele previstos, deve-se, sob pena de inconstitucionalidade, interpretá-la conforme a Constituição, para se chegar ao resultado inequívoco de que, sempre que restarem configurados os elementos fático-jurídicos identificadores da relação de emprego, tais os descritos nos arts. 2º, *caput*, e 3º, da CLT, a formação de tal vínculo será inafastável, quer seja com o trabalhador diretamente contratado, quer seja com o obreiro intermediado por interposta "empresa de prestação de serviços".

Por outro lado, caso entre os trabalhadores da prestadora de serviços e a contratante não haja pessoalidade e subordinação direta, situação muito difícil de se configurar quando se tratar da própria atividade principal da empresa, nenhuma agressão haverá à lei ou à Constituição da República.

Em uma tentativa de sintetizar as inovações nefastas da nova lei, no que diz com o instituto da terceirização (segunda parte da lei) agora nomeada "prestação de serviços a terceiros", temos:

1 — Dá margem a possíveis interpretações equivocadas, no sentido de que se estaria eliminando qualquer restrição ao instituto;

2 — Permite, expressamente, a "quarteirização", "quinteirização", etc. É verdade que a subcontratação, a rigor, não encontrava vedação expressa, e já vinha sendo bastante utilizada, sobretudo no âmbito das empreiteiras de obras públicas. Tais empresas ganhavam determinadas licitações de obras públicas de médio ou grande porte e, ato contínuo, repassavam o objeto contratual para ser executado por outra empresa menor. Esta, por sua vez, continuava repassando o objeto do contrato, ou seja, a realização da obra, para empresas cada vez menores, até que, finalmente, a obra acabava sendo executada por diversas minúsculas empresas, geralmente titularizadas por ex-empregados de uma das empresas subcontratadas. A experiência demostra fartamente que, nesses casos, embora a empreiteira principal, vencedora da licitação, recebesse pontualmente os valores destinados à execução da obra, lá na outra ponta, o microempresário que efetivamente vinha a executar a obra, geralmente não conseguia honrar suas obrigações com seus trabalhadores, muitas vezes, até mesmo contratados informalmente. Muito comum, nesses casos, atrasos rotineiros de pagamento de salários, de entrega de vale-transporte, cestas básicas, etc. Além, de inadimplemento dos recolhimentos legais, como FGTS e contribuições previdenciárias, deixando os trabalhadores, responsáveis efetivos pela execução da obra, à míngua. Sem falar no descumprimento de normas de Saúde e Segurança do Trabalho, por falta de condições financeiras, aumentando significativamente o número de doenças e acidentes de trabalho.

(24) BRANCO, Paulo Gustavo Gonet; MENDES, Gilmar Ferreira; COELHO, Inocêncio Mártires. *Curso de direito constitucional*. São Paulo: Saraiva, 2007. p. 112.

Além disso, fazendo com que os obreiros tenham extrema dificuldade em responsabilizar as empresas que subcontrataram, uma vez que seu contratante direto, via de regra, não ostenta porte econômico-financeiro para adimplir com suas obrigações.

Por esses motivos, vistos à exaustão, na rotina de Fiscalização do Trabalho, entendemos que a nova lei perdeu uma oportunidade ímpar de, ao contrário do que fez, impor restrições à subcontratação, que tanto precariza as relações de trabalho, pelos motivos expostos.

3 — A Lei n. 13.429/2017, ao contrário do que previu na nova regulamentação do trabalho temporário, não havia estendido, de forma taxativa, ao trabalhador da empresa de prestação de serviços *"o mesmo atendimento médico, ambulatorial e de refeição destinado aos seus empregados, existente nas dependências da contratante, ou local por ela designado"* (§ 4º do art. 5º-A, introduzido pela Lei n. 13.429/2017).

De fato, ao utilizar a expressão *"poderá estender"* ao invés da utilizada para os trabalhadores temporários, *"estenderá"*, a nova lei pareceu querer impor um fator de discrímen, que não encontra respaldo em nenhum fundamento de fato ou de direito.

Se aos trabalhadores temporários, eventualmente contratados pela tomadora, se estenderá o atendimento médico, ambulatorial e de refeição, o que justificaria a extensão meramente opcional desse mesmo atendimento aos trabalhadores terceirizados que, ao contrário dos temporários, tendem a ser mais perenes, no que diz com o tempo em que permanecerão prestando serviços à mesma empresa? Lembremos que, no caso da "prestação de serviços a terceiros", não há limite temporal de permanência para os trabalhadores.

No entanto, a Lei n. 13.467/2017, logo depois, veio incluir o art. 4º-C da Lei n. 6.019/1974, passando a assegurar aos empregados da prestadora de serviços, quando e enquanto os serviços forem executados nas dependências da tomadora, as mesmas condições de alimentação garantida aos empregados da contratante, quando oferecida em refeitórios; o direito de utilizar os serviços de transporte; atendimento médico ou ambulatorial existente nas dependências da contratante ou local por ela designado; e treinamento adequado, fornecido pela contratada, quando a atividade o exigir.

Além disso, foram assegurados aos mesmos as medidas de proteção à saúde e de segurança no trabalho e as instalações adequadas à prestação do serviço.

Interessante a previsão de que os empregados da contratada farão jus a salário equivalente ao pago aos empregados da contratante, além de outros direitos. Porém, este direito só será estabelecido, se a contratante e a contratada *assim entenderem.*

Pensamos, entretanto, que quando elas *"assim não entenderem"*, ainda assim será devida a equivalência salarial, em face do Princípio da Isonomia, e da vedação de discriminação entre espécies de trabalhadores, quando as funções forem equivalentes, evidentemente.

4 — A previsão legal expressa de responsabilidade meramente subsidiária da tomadora aqui não se revela a mais adequada. Mais uma oportunidade perdida pela nova lei de impor responsabilidade solidária, na seara da terceirização. Isso porque, ao contrário do trabalho temporário, a "prestação de serviços a terceiros" permite uma entrega permanente de determinada atividade, necessária à tomadora, para ser exercida pela terceirizada. De forma que a tomadora deveria ser solidária à empresa contratada, pelo adimplemento das verbas e demais direitos dos trabalhadores que lhe prestam diretamente serviços, não sendo razoável deixá-los à mercê da empresa que ela livremente selecionou para a entrega da atividade, e que não estiver cumprindo com suas obrigações legais para com os trabalhadores. Incidência da culpa *in eligendo,* no momento da escolha da prestadora, e da culpa *in vigilando,* ao deixar de verificar o cumprimento das obrigações trabalhistas, no curso do contrato de prestação.

A responsabilidade solidária despontaria como a melhor solução para a garantia dos direitos dos trabalhadores, sobretudo quando admitidas sucessivas subcontratações de prestadoras.

5 — A previsão da "quarentena" de dezoito meses para que ex-trabalhadores da contratante sejam contratados por meio da prestadora de serviços, ou sejam os próprios titulares ou sócios (pejotização) da prestadora de serviços, é uma norma que revela alguns desdobramentos dessa reforma.

Por um lado, contém uma previsão aparentemente protetora, de que os trabalhadores que já prestavam serviços para a contratante não sejam dispensados e, desde já recontratados, por meio da prestadora de serviços, ou como titulares ou sócios das mesmas, o que se configura no que a doutrina e a jurisprudência passaram a nominar como "pejotização".

Mas, por outro lado, denota clara intenção de permitir que isso venha a ocorrer, depois de certo interregno de tempo.

Ora, se o trabalhador foi dispensado, é porque a contratante não mais dele necessitava.

Se o mesmo trabalhador voltar a prestar serviço para a mesma tomadora, agora como titular ou sócio de uma "prestadora de serviços" ou como empregado da terceirizada, ainda que depois de certo período de tempo, isso denota claramente a intenção de precarização das relações de trabalho. Em outras palavras, se a contratante usar da terceirização para simplesmente substituir a forma de contratação de empregados de que efetivamente precisa, por outra forma menos onerosa, "pejotizando" o trabalhador, ou exigindo da prestadora de serviços que o coloque à sua disposição, por seu intermédio (pessoalidade), restará cristalina a intenção pura e simples de desvirtuar, impedir ou fraudar o reconhecimento da relação de emprego com o trabalhador, atraindo a incidência do art. 9º da CLT.

Decisão do STF sobre a terceirização irrestrita de atividades

Como se sabe, em 30 de agosto de 2018, em decisão ainda pendente de publicação no momento em que se escrevem essas linhas, o Supremo Tribunal Federal — STF concluiu o julgamento da Arguição de Descumprimento de Preceito Fundamental — ADPF n. 324, e do Recurso Extraordinário — RE n. 958.252, com repercussão geral reconhecida.

Nesse julgamento por maioria de 7 a 4, o STF decidiu pela constitucionalidade da terceirização de todas as etapas do processo produtivo das empresas, inclusive, das atividades-fim.

Desta forma, a já mencionada jurisprudência consolidada do TST na Súmula n. 331, que cristaliza 32 anos de interpretação da mais alta Corte Trabalhista sobre o tema, desde o antigo Enunciado n. 256, teve sua estrutura dilapidada, uma vez que os incisos que vedavam a terceirização de forma irrestrita deverão ser alterados pelo TST.

A tese de repercussão geral aprovada no RE teve os seguintes termos:

> É lícita a terceirização ou qualquer outra forma de divisão do trabalho entre pessoas jurídicas distintas, independentemente do objeto social das empresas envolvidas, mantida a responsabilidade subsidiária da empresa contratante.[25]

Decisão com espeque em argumentos, *data venia*, metajurídicos, como, por exemplo, o do ministro Celso de Mello, para quem, sem a possibilidade irrestrita de terceirização:

> O custo da estruturação de sua atividade empresarial aumenta e, por consequência, o preço praticado no mercado de consumo também é majorado, disso resultando prejuízo para sociedade como um todo,

(25) Disponível em: <http://www.stf.jus.br/portal/cms/verNoticiaDetalhe.asp?idConteudo=388429>. Acesso em: 11.9.2018.

inclusive do ponto de vista da qualidade dos produtos e serviços disponibilizados. (...) O impedimento absoluto da terceirização trará prejuízos ao trabalhador, pois certamente implicará a redução dos postos de trabalho formal criados em decorrência da ampliação da terceirização nos últimos anos.[26]

Ou ainda, o do Min. Luis Roberto Barroso, relator da ADPF 324:

> Num momento em que há 13 milhões de desempregados e 37 milhões de trabalhadores na informalidade, é preciso considerar as opções disponíveis sem preconceitos ideológicos ou apego a dogmas.[27]

Sem adentrar no mérito dos argumentos falaciosos que deram suporte à decisão, o que faremos no próximo tópico, a questão é: o que tal julgamento, de nossa mais alta Corte, modifica o que vimos enfrentando, em face dos fundamentos aqui já expostos?

Parece-nos que nada.

Isto porque, ao se declarar que não há óbice constitucional à delegação de qualquer atividade empresarial a terceiros, a Suprema Corte não declarou a inconstitucionalidade dos arts. 2º, 3º, ou mesmo o art. 9º da CLT e, portanto, de forma sistemática com estes devem ser interpretadas as normas que regem a prestação de serviços a terceiros.

Em outras palavras, continuam válidas nossas argumentações, no sentido de que o vínculo empregatício há de se formar com a empresa que mantém com cada trabalhador os elementos fático-jurídicos da relação de emprego, tendo-se sempre em vista o Princípio da Primazia da Realidade. Com relação a isso, a decisão do STF em nada altera o *status quo*.

Portanto, cristalina é a conclusão de que a questão fundamental não é a constitucionalidade da terceirização. Nunca se defendeu que ela é totalmente vedada, seja pela lei ou pela norma constitucional.

A questão fundamental é que, se a tomadora exercer sobre os trabalhadores seus poderes empregatícios típicos, assumindo, no plano fático, que os trabalhadores lhe são diretamente subordinados, *sendo em sua atividade principal, ou não*, restará configurado o vínculo direto com a mesma (incidência dos arts. 2º, 3º e 9º da CLT). Artigos estes inatacados pela indigitada decisão. Entendimento diverso implicaria em afastar a própria aplicabilidade do art. 7º constitucional, que enumera o vasto rol de direitos fundamentais do trabalhador nacional, posto que, se uma norma infraconstitucional pudesse ter o condão de afastar o vínculo de emprego pelo só fato de ter sido o trabalhador intermediado por empresa interposta, restaria esvaziado o conteúdo da referida norma constitucional, porque os direitos ali arrolados não mais seriam oponíveis a quem, de fato, exercesse sobre o obreiro seu poder empregatício.

Neste ponto, interessante a observação do Min. Alexandre de Moraes que, embora tenha sido favorável à terceirização de qualquer atividade, esclareceu muito bem que: *"a terceirização não pode ser confundida com a intermediação ilícita de mão de obra, que é caracterizada pelo abuso aos direitos trabalhistas e previdenciários do trabalhador"*[28].

Em outras palavras, pontuou o Ministro que, embora não haja óbice em se delegar qualquer atividade à terceira empresa, isto não se confunde com se permitir a mera intermediação de mão de obra, fora das exceções legais, ou seja, como já tratamos alhures, a simples interposição de empresa para afastar fraudulentamente o liame empregatício, sendo que a subordinação jurídica do empregado se mantém com a tomadora de seu serviço.

---

(26) Disponível em: <http://www.stf.jus.br/portal/cms/verNoticiaDetalhe.asp?idConteudo=388429>. Acesso em: 11.9.2018.

(27) *Idem.*

(28) Disponível em: <https://www.migalhas.com.br/Quentes/17,MI286649,31047-STF+julga+constitucional+terceirizacao+de+atividadefim>. Acesso em: 12.9.2018.

Portanto, entendemos que a decisão da Suprema Corte não altera o que a nova lei já veio prever, de forma expressa. Lícita é a delegação de qualquer atividade, sem subordinação do obreiro ao tomador de seus serviços. Ilícita é a fraude consistente em se buscar afastar a relação de emprego com quem mantém com o trabalhador a integralidade dos elementos fático-jurídicos que a impõem.

Escopo da nova lei

Não se trata de novidade. Já em diversas outras ocasiões, os operadores do Direito do Trabalho tiveram a oportunidade de se deparar com uma espécie de "onda" de alterações legislativas que, a título de "modernizar" a legislação trabalhista, procuram compor toda a solução do problema, lastreado em mais uma crise econômico-financeira que assola o país, transferindo os ônus para apenas uma das partes da desigual relação de trabalho. Justamente para a parte que menos tem condições de postulação e defesa de seus direitos, não apenas por sua reconhecida condição de hipossuficiência na relação jurídica que entabula com o tomador de sua força de trabalho, mas, talvez principalmente, por não ter quem legitimamente a represente no momento crucial da produção legislativa.

Com efeito, é no momento da criação da norma jurídica, que se tem a primeira oportunidade de se fazer incidir um conjunto de princípios constitucionais e supralegais (com previsão em Convenções e Tratados Internacionais) que devem reger a produção legiferante de determinado ramo jurídico.

É o que a Doutrina chama de fase pré--jurídica ou política, quando os princípios despontam como:

> [...] proposições fundamentais que propiciam uma direção coerente na construção do Direito. São veios iluminadores à elaboração de regras e institutos jurídicos. Os princípios gerais do Direito e os específicos a determinado ramo normativo tendem a influir no processo de construção das regras jurídicas, orientando o legislador no desenvolvimento desse processo. Nesse momento, os princípios atuam como verdadeiras fontes materiais do Direito, na medida em que se postam como fatores que influenciam na produção da ordem jurídica.[29]

Como vimos, diversos princípios constitucionais e supralegais que têm servido de parâmetro para a produção, aplicação, e interpretação das normas de Direito do Trabalho parecem ter sido deliberadamente colocados à margem, na elaboração da nova lei.

O alegado, e intensamente difundido nos meios de comunicação, objetivo de combate ao desemprego tem gerado muita aceitação na população em geral, não só dessa nova lei, mas de qualquer norma que pareça reduzir custos para a contratação de um trabalhador.

No entanto, sabe-se, há muito, que esses mecanismos não têm trazido o, tão almejado por todos, incremento no número de postos de trabalho.

Isso porque nenhum empregador irá oferecer vagas de trabalho apenas pelo fato delas terem se tornado menos onerosas. Essas vagas só surgirão quando a empresa, efetivamente, não puder abrir mão da contratação de novos trabalhadores. A única consequência que deflui da precarização e retirada de direitos dos trabalhadores é a possibilidade de substituição de postos mais onerosos por outros, de menor custo.

Nessa linha de raciocínio, nenhum incremento nas vagas de trabalho sucede a essa espécie de alteração legislativa. A história prova esse fato, com base nas diversas alterações "flexibilizantes" do final dos anos 1990 e início da década de 2000.

Delgado, com acerto, acena que a criação definitiva de empregos não se vincula a "prá-

(29) DELGADO, Mauricio Godinho. *Curso de direito do trabalho*. 3. ed. São Paulo: LTr, 2004. p. 187.

ticas de apenação unilateral do trabalhador". Para o renomado autor, a questão passa por dimensões macroeconômicas, em que o custo do trabalhador é de pouca significância, principalmente se for considerado que os salários aqui praticados se encontram entre os menores, "no quadro dos parâmetros ocidentais minimamente comparáveis". Acrescenta, por fim, que exemplo de política social que realmente poderia se mostrar eficaz no combate ao desemprego seria a redução da jornada de trabalho, associada à penalização definitiva da prática de horas suplementares habituais(30).

O tempo, e só ele, demonstrará se a nova lei, bem como outras que por aí estão chegando, servirá ao fim a que se propõe ou se diferentes serão as consequências. Até lá, resta aos aturdidos operadores do Direito se debruçarem detidamente sobre a nova lei, e aplicá-la, com sabedoria e bom senso, tendo sempre em mente a nossa Lei Maior, e todos os princípios que dela emanam, tendo em vista que a nossa República Federativa do Brasil tem, entre seus fundamentos, a dignidade da pessoa humana, e o valor social do trabalho, no mesmo patamar da livre-iniciativa, e entre seus objetivos fundamentais, a construção de uma sociedade livre, justa e solidária, bem como a erradicação da pobreza e a redução das desigualdades sociais.

Essas normas, lembremos, não foram, e nem podem ser revogadas.

Conclusão

Em apertada síntese, poderíamos discriminar algumas implicações do novo texto legal:

1 — Foram ampliadas as hipóteses permissivas da contratação de trabalho temporário, com a extensão de alguns direitos, até então sem previsão positiva;

2 — A nova lei não se preocupou com a delicada questão do *enquadramento sindical* dos trabalhadores terceirizados, que tenderão a ser excluídos do movimento sindical, com repercussão considerável na manutenção de seus direitos, com fulcro em instrumentos de negociação coletiva. Esperamos que a jurisprudência, na esteira do critério de isonomia esposado na OJ n. 383/SDI-I/TST, estenda aos terceirizados a integralidade do arcabouço de direitos previstos para os empregados diretamente contratados;

3 — Em uma *interpretação sistemática* da norma que autoriza prestação de serviços na atividade principal da contratante, sempre que houver subordinação direta e pessoalidade quanto aos empregados da prestadora de serviços em face da contratante, haverá a inafastável configuração do liame empregatício entre os mesmos;

4 — Também tendo em vista a necessidade de interpretação da nova norma *conforme a Constituição*, o vínculo de emprego entre contratante e trabalhador da prestadora restará configurado, sempre que presentes os elementos ensejadores do liame empregatício, sob pena de inconstitucionalidade, por afronta ao art. 7º da Constituição, que ocorreria, caso afastado o vínculo por norma infraconstitucional.

5 — Na hipótese de terceirização (entrega) da própria atividade que diz com a essência da empresa, restam desfigurados o próprio conceito e a razão de ser da empresa (atividade empreendida pelo empresário);

6 — A empresa prestadora contratada (terceirizada), ou a subcontratada (quarterizada), é que dirige seus empregados (art. 2º, *caput*, da CLT). Portanto, se a tomadora exercer sobre eles quaisquer dos *poderes empregatícios típicos* (diretivo, regulamentar, fiscalizatório ou disciplinar), assumindo, no plano fático, que os trabalhadores lhe são diretamente subordinados (Princípio da Primazia da Realidade), afastada restará a "prestação de serviços" lícita, *sendo em sua atividade principal, ou não*, e

(30) DELGADO, Maurício Godinho. *Op. cit.*, p. 576.

configurado o vínculo direto com a tomadora (incidência dos arts. 2º, 3º e 9º da CLT).

7 — Assim sendo, em nada se alteram os fundamentos aqui esposados, em face da recente decisão do STF, na ADPF n. 324, e no RE n. 958.252, acima citados;

8 — Não se vislumbra como a nova regulamentação legal do trabalho temporário e da terceirização poderá incrementar o número de postos de trabalho, visando à redução dos elevados índices nacionais de desemprego, objetivo da nova lei, segundo seus defensores.

Referências bibliográficas

BARROSO, Luís Roberto. *O direito constitucional e a efetividade de suas normas*. 5. ed. Rio de Janeiro: Renovar, 2001.

BRANCO, Paulo Gustavo Gonet; MENDES, Gilmar Ferreira; COELHO, Inocêncio Mártires. *Curso de direito constitucional*. São Paulo: Saraiva, 2007.

BRASIL. *Lei n. 13.429, de 31 de março de 2017*. Disponível em: <http://www.planalto.gov.br/ccivil_03/_ato2015-2018/2017/lei/L13429.htm>.

______. *Lei n. 13.467, de 14 de julho de 2017*. Disponível em: <http://www.planalto.gov.br/ccivil_03/_ato2015-2018/2017/lei/L13467.htm>.

BRITO FILHO, José Cláudio Monteiro de. *Discriminação no trabalho*. São Paulo: LTr, 2002.

CARELLI, Rodrigo de Lacerda. *Terceirização e intermediação de mão de obra:* ruptura do sistema trabalhista, precarização do trabalho e exclusão social. Rio de Janeiro: Renovar, 2003.

______. *Cooperativas de mão de obra:* manual contra fraude. São Paulo: LTr, 2002.

SILVA, Ciro Pereira da. *A terceirização responsável:* modernidade e modismo. São Paulo: LTr, 1997.

CORDEIRO, Juliana Vignoli; CAIXETA, Sebastião Vieira (coords.). *O processo como instrumento de realização dos direitos fundamentais*. São Paulo: LTr, 2007.

DELGADO, Mauricio Godinho. *Curso de direito do trabalho*. 15. ed. São Paulo: LTr, 2016.

______. Os direitos fundamentais nas relações de trabalho. In: CORDEIRO, Juliana Vignoli; CAIXETA, Sebastião Vieira (coords.). *O MPT como promotor dos direitos fundamentais*. São Paulo: LTr, 2006.

SARLET, Ingo Wolfgang. *A eficácia dos direitos fundamentais*. 7. ed. rev. atual. e ampl. Porto Alegre: Livraria do Advogado, 2007.

______. *Dignidade da pessoa humana e direitos fundamentais na Constituição Federal de 1988*. 4. ed. rev. e atual. Porto Alegre: Livraria do Advogado, 2006.

SOUTO MAIOR, Jorge Luiz. *O direito do trabalho como instrumento de justiça social*. São Paulo: LTr, 2000.

______. *A "CLT de Temer"*. Disponível em: <http://www.jorgesoutomaior.com/blog/a-clt-de-temer-cia-ltda>. Acesso em: 18.7.2017.

VASCONCELLOS, Armando Cruz. A nova lei das cooperativas de trabalho — como evitar (e coibir) fraudes. *Revista LTr*, São Paulo, ano 77, n. 6, p. 676-683, jun. 2013.

______. *Da impossibilidade de terceirização das atividades inerentes das concessionárias de telecomunicações* — fundamentos. Disponível em: <http://jus2.uol.com.br/doutrina/texto.asp?id=13850>.

Responsabilidade Ambiental Trabalhista: Sanções Administrativas Aplicáveis aos Tomadores de Serviços como Fator de Desestímulo às Terceirizações Precárias

Luiz Gustavo Magalhães Costa Meneses(1)

1. Introdução

Entre as estratégias empresariais voltadas à redução dos custos de produção, a terceirização ocupa lugar de incontestável proeminência. Com o transpasse de atividades a terceiros, trabalhadores de empresas diferentes passam a compartilhar o mesmo ambiente e, amiúde, o mesmo processo de trabalho.

Nesse passo, observa-se, frequentemente, a assunção de atividades por sujeitos (empresas prestadoras de serviços) desprovidos de capacidade técnica, financeira e administrativa para gerenciar, adequadamente, os riscos a que se expõem seus empregados, fato que, como há anos denunciam os órgãos de proteção do trabalho, implica graves repercussões na esfera da segurança e saúde do trabalhador.

Agrava o quadro acima traçado o equivocado entendimento de que as contratadas, na condição de empregadoras dos trabalhadores terceirizados, são exclusivamente responsáveis pelo cumprimento das normas de segurança e saúde no trabalho.

A própria inspeção do trabalho, admita-se, em que pese às previsões especiais de responsabilidade administrativa do tomador de serviços, conforme se detalhará no presente artigo, tem atuado com fulcro no modelo convencional de aplicação de multas, atrelado à tradicional distribuição de responsabilidade trabalhista e administrativa pelo cumprimento das leis do trabalho: cada empregador responde por seus empregados.

Até meados de 2017, em face da necessidade de regulamentar o fenômeno da terceirização, carente de legislação disciplinadora de suas condições de validade, a jurisprudência dos tribunais trabalhistas havia consolidado interpretação segundo a qual somente se admitia a contratação de terceiros nas atividades-meio do tomador de serviços, nos termos da Súmula n. 331 do Tribunal Superior do Trabalho — TST, impondo limites

(1) Auditor-Fiscal do Trabalho, Bacharel em Engenharia Civil, Bacharel em Direito, Especialista em Direito do Trabalho e Previdenciário. *E-mail:* luizgustavomcm@gmail.com.

à propensão empresarial de transferência de responsabilidades.

O marco jurisprudencial, no entanto, nunca agradou à comunidade empresarial, que, ancorada no pretexto de uma alegada insegurança jurídica suscitada pelos conceitos equívocos de atividade-meio e atividade-fim, exigia do Legislativo um tratamento liberal à matéria.

A força representativa parlamentar do segmento empresarial, afinal, logrou êxito em seu intento, e, em 31 de março de 2017, promulgou-se a Lei n. 13.429, que, complementada por dispositivos da Lei n. 13.467, de 13 de julho de 2017, estabeleceu novas regras para a terceirização, atendendo aos anseios daqueles que preconizavam ampla e (quase) irrestrita liberdade na contratação de empresas prestadoras de serviços.

Dispõe a primeira lei, especificamente, sobre trabalho temporário e prestação de serviços por meio de terceirização; a segunda introduziu profundas mudanças na legislação trabalhista e complementou as inovações da Lei n. 13.429/2017, fechando o círculo da nova (des)regulamentação da terceirização no país.

A liberação da terceirização na atividade-fim das empresas implica alarmante retrocesso na regulação das relações de trabalho, abrindo espaço para a precarização dos postos de trabalho, o tratamento desigual, o enfraquecimento da representação sindical e, sobretudo, o aumento dos acidentes e doenças do trabalho. A expectativa é de que, com a remoção dos entraves reguladores, processe-se um avanço sem precedentes do contingente de trabalhadores mantidos sem vínculo empregatício com o tomador de serviços.

Destarte, não se vislumbra momento mais oportuno para que a inspeção do trabalho aplique, nos exatos termos da legislação pertinente, a responsabilidade administrativa por descumprimento de normas trabalhistas ambientais, em face das empresas que optarem pelo expediente da contratação de prestadoras de serviços.

O conjunto de previsões legais de punição administrativa pelo descumprimento de normas de saúde e segurança, com fulcro nos modelos de responsabilidade objeto da presente discussão, desponta como poderosa ferramenta no empenho estatal para conferir maior proteção aos trabalhadores terceirizados, colocando a inspeção do trabalho em posição de protagonismo no combate às práticas de terceirização predatória.

Importa, assim, analisar tais categorias de responsabilidade administrativa para adequado entendimento de seus elementos fundamentais, considerando que tal compreensão é fundamental para que os Auditores-Fiscais do Trabalho se livrem do desconforto gerado por inseguranças interpretativas e apliquem com desembaraço as multas cabíveis a contratantes e contratadas, atendendo, assim, aos verdadeiros propósitos da lei, a saber, o desestímulo ao avanço das terceirizações precárias e a garantia da isonomia no plano da proteção da integridade e da saúde do trabalhador.

2. *Sanções administrativas aplicáveis aos tomadores de serviços por descumprimento de normas ambientais trabalhistas em prejuízo dos empregados de empresas contratadas*

2.1. Aspectos gerais

Não se discute que ao empregador se impõe o dever jurídico de promover um meio ambiente seguro e saudável aos seus empregados, uma vez que, além de manter relação de subordinação com os trabalhadores, exerce pleno controle sobre as instalações, os equipamentos, os insumos, a tecnologia e o processo produtivo ligados à sua atividade.

Ocorre que o sistema de vínculos (reais e pessoais) tradicional nas relações de trabalho sofre uma traumática ruptura com o advento da terceirização: o tomador de serviços controla os elementos conformadores do ambiente (em razão de posse ou propriedade), mas não estabelece pacto empregatício com o trabalhador; em contrapartida, o prestador de serviços (empresa contratada) se vincula diretamente ao empregado, mas não exerce domínio sobre o estabelecimento nem possui poder de decisão em face do negócio principal.

As partes contratantes conectam-se a partir da bipartição do negócio e, notadamente no campo da segurança e saúde no trabalho, as mazelas da terceirização decorrem de tal laceração promovida na estrutura fundamental da relação de trabalho. Ora, se o empregador, na relação de terceirização, não é mais o pleno controlador do processo produtivo, não tendo, na maioria das vezes, sequer acesso ao componente tecnológico ou posse sobre os elementos físicos que conformam o ambiente de trabalho, ainda que continue responsável por oferecer condições adequadas de trabalho, enfrentará graves obstáculos para, efetivamente, desincumbir-se de tal dever. Esse vácuo de assunção de responsabilidade é espaço fértil para proliferação de trabalhos degradantes, doenças e acidentes laborais.

Tal constatação é válida, independentemente de ser lícita ou ilícita a terceirização, porquanto, em qualquer caso, a contratante almeja sempre desvincular-se de deveres e encargos trabalhistas, e, assim, o resultado prático é o mesmo: trabalhadores alijados do referencial subjetivo de responsabilidade por um ambiente de trabalho digno e seguro.

A ideia de isenção de responsabilidade é inerente aos propósitos dos contratos de prestação de serviços: de um lado, a empresa contratante, apesar de exercer pleno controle sobre o ambiente, não se ocupa de certos trabalhadores porque não possui vínculo empregatício com eles; de outro, a contratada, malgrado empregadora, acusa-se impotente, por não ter o necessário comando dos elementos que conformam o local de prestação de serviços de seus empregados.

Alheios a esse jogo de empurra, os agentes nocivos ambientais não perdoam a falta ou deficiência de proteção e fazem dos trabalhadores terceirizados as maiores vítimas de seu poder deletério. A principal marca das terceirizações precárias é sua íntima relação com o quadro de condições degradantes, mortes e mutilações no trabalho, especialmente em certos segmentos da atividade econômica, como a construção civil e o setor elétrico.[2]

Não escapa à menor análise a percepção das condições propiciadoras elementares dessa chaga infame: o descaso empresarial e a inapetência da comunidade jurídica em enfrentar, com o devido ímpeto, o dramático cenário, que se revela às escâncaras.

2.2. Responsabilidade ambiental trabalhista e a finalidade preventiva das sanções administrativas

Revela-se fundamental que os órgãos de proteção do trabalho, notadamente a inspeção do trabalho, oponham-se, com os instrumentos legais disponíveis, à tendência de expansão desmesurada da terceirização, desestimulando o espraiamento das práticas que desvinculam o trabalhador daquele que, efetivamente, domina e dirige o processo produtivo.

Entende-se que é na esfera dos deveres ambientais trabalhistas que se encontra a chave para o convencimento das empresas de que a terceirização indiscriminada não se afigura o negócio vantajoso que uma análise apressada sugere.

Conforme se detalhará adiante, a contratante não se isenta dos gravosos deveres inerentes à segurança e saúde dos trabalhadores da contratada; antes atrai para si novas obrigações, o que torna não apenas mais complexa a gestão de riscos ocupacionais, como especialmente mais onerosas as sequelas jurídicas pelo descumprimento de tais deveres.

Entre tais consequências destaca-se a responsabilidade administrativa por descumprimento das normas ambientais trabalhistas, especialmente as Normas Regulamentadoras – NR do Ministério do Trabalho e Emprego — MTE, consubstanciada pela aplicação de multas pela inspeção do trabalho.

(2) COUTINHO, Grijalbo Fernandes. *Terceirização:* máquina de moer gente trabalhadora. São Paulo: LTr, 2015.

Esclareça-se que responsabilidade administrativa é a consequência gravosa imposta àquele que viola normas cujos preceitos preveem a aplicação da penalidade pela própria Administração Pública. Cometida a infração, vale dizer, violado o preceito legal, surge para o órgão competente o poder-dever de impor a sanção ao infrator, conforme ensina, com notável síntese, Celso Antônio Bandeira de Mello: "Infração Administrativa é o descumprimento voluntário de uma norma administrativa para o qual se prevê sanção cuja imposição é decidida por uma autoridade no exercício de função administrativa".[(3)]

Trata-se, enfim, de aplicação de sanções cuja iminência ou efetiva concretização têm o condão de desestimular a violação (ou a reiteração de condutas infratoras) dos preceitos jurídicos subjacentes.

De fato, o fim precípuo do sistema sancionatório estatal é o de prevenção da transgressão das normas jurídicas. Como anota Cezar Roberto Bitencourt, a necessidade da aplicação de penas, segundo as teorias relativas (preventivas ou utilitárias), que se opõem às que defendem a sanção como mera retribuição ao mal causado por meio do delito (teorias absolutas ou retributivas), baseia-se na finalidade de "inibir, tanto quanto possível, a prática de novos fatos delitivos"[(4)]. Tal efeito social processa-se pela atuação psicológica da certeza da punição estatal, em caso de violação do dever prescrito (prevenção negativa), ou pelo convencimento da utilidade prática em se cumprir o comando legal (prevenção positiva), podendo ser analisado sob o prisma individual (especial) e coletivo (geral). Invocam-se, novamente, as lições de Bitencourt para expor a estruturação dos conceitos ora aludidos:

> As teorias da prevenção geral têm como fim a prevenção de delitos, incidindo sobre os membros da coletividade social. Quanto ao modo de alcançar este fim, as teorias da prevenção geral são classificadas atualmente em duas versões: de um lado, a prevenção geral negativa ou intimidatória, que assume a função de dissuadir os possíveis delinquentes da prática de delitos futuros por meio da ameaça da pena, ou predicando com o exemplo do castigo eficaz; e, de outro lado, a prevenção geral positiva que assume a função de reforçar a fidelidade dos cidadãos à ordem social a que pertencem.[(5)]

De outro lado, segundo o mesmo autor, "a teoria da prevenção especial procura evitar a prática do delito, mas, ao contrário da prevenção geral, dirige-se exclusivamente ao delinquente em particular, objetivando que este não volte a delinquir"[(6)].

Em conformidade com o pacífico entendimento doutrinário, sanção penal e punição administrativa comungam a mesma matriz ontológica, diferindo apenas no plano da eficácia (apenas a primeira faz coisa julgada) e do regime jurídico (a pena resulta de atos de jurisdição, enquanto a sanção constitui decisão administrativa). Nas palavras de Régis Fernandes de Oliveira, "não há diferença de conteúdo entre crime, contravenção e infração administrativa. Advém ela da lei, exclusivamente. Inexiste diferença de substância entre pena e sanção administrativa".[(7)]

Destarte, as ilações acerca dos fins da pena são perfeitamente válidas para a sanção administrativa, que, no caso da que decorre da violação de normas de segurança e saúde no trabalho, tem o ineludível escopo de demover o infrator sancionado (prevenção especial) e as demais empresas (prevenção geral) de cogitações tendentes a verter na desobediência do preceito legal, seja pela intimidação (prevenção negativa), seja pelo convencimento do

(3) MELLO, Celso Antônio Bandeira de. *Curso de direito administrativo brasileiro*. 29. ed. São Paulo: Malheiros, 2012. p. 863.
(4) BITENCOURT, Cezar Roberto. *Tratado de direito penal:* parte geral. 17. ed. São Paulo: Saraiva, 2012. p. 140.
(5) *Ibidem*, p. 141.
(6) *Ibidem*, p. 150.
(7) OLIVEIRA, Régis Fernandes de. *Infrações e sanções administrativas*. 3. ed. São Paulo: Revista dos Tribunais, 2012. p. 72.

valor social da conduta desejada (prevenção positiva).

Nesse passo, oferecem-se à inspeção do trabalho os instrumentos sancionatórios que expressam a responsabilidade administrativa das empresas contratantes em face de terceirizações precárias, capazes de gerar efeitos pedagógicos que tendem a dissuadir empresários de cogitar concluir ou manter contratos com o único fim de desonerar-se de encargos celetistas e deveres inerentes à esfera da responsabilidade ambiental trabalhista.

Deve-se frisar, nesse ponto da dissertação, que a aplicação da punição administrativa (multa) se orienta pelo princípio da legalidade estrita, particularizado pelos ditames do ato vinculado[(8)], não havendo espaço para análise de conveniência do agente fiscalizador acerca da lavratura do auto de infração, conforme expressa o art. 628 da CLT.[(9)]

Ademais, a incidência das diversas ordens de responsabilidade administrativa do tomador de serviços e seus efeitos sociais não são fatos manipulados teleologicamente pelo Auditor-Fiscal do Trabalho, em atividade cerebrina dedicada a arranjos criativos dos dispositivos legais sancionatórios, visando a uma eventual maximização ou atenuação das consequências jurídico-administrativas.

A sanção, insista-se, possui uma atávica função conformadora de comportamentos, independentemente mesmo da percepção de tal viés pelo agente mediador do ato punitivo, e sua deflagração só depende da confluência de alguns pressupostos, a saber, a previsão legal (tipo sancionador administrativo), o fato contrário a tal regramento (conduta material omissiva ou comissiva) e a convicção interpretativa acerca da subsunção da conduta ao preceito penalizante.

Advém desse último pressuposto a necessidade da adequada apreensão dos conceitos e delineamentos básicos subjacentes às diversas configurações de responsabilidade administrativa do tomador de serviços, a saber, a responsabilidade ambiental *stricto sensu*, a solidariedade declarada em Normas Regulamentadoras, a posição de garantidor e os deveres de integração, conforme se explicita nos tópicos seguintes.

2.3. Responsabilidade ambiental *stricto sensu*

A posição clássica do tomador de serviços em face de deveres associados à segurança e saúde dos trabalhadores, conforme se depreende, especialmente, do art. 7º, inc. XXII, da Constituição Federal de 1988, e do art. 157 da Consolidação das Leis do Trabalho, é a que decorre da formação de vínculo empregatício, em benefício dos respectivos empregados. Trata-se da circunstância jurídica que origina, sem dúvida, a imensa maioria das sanções por descumprimento de Normas Regulamentadoras do MTE.

Ocorre que a condição de empregador não é o único e sequer o principal pressuposto para a imputação à empresa do dever de proporcionar um ambiente de trabalho seguro. Conforme assinala Raimundo Simão de Melo, "o meio ambiente do trabalho adequado e seguro é um direito fundamental do cidadão trabalhador (*lato sensu*). Não é um mero direito trabalhista vinculado ao contrato de trabalho (...)".[(10)] Na sequência, arremata o mesmo autor:

> De conformidade com as normas constitucionais atuais, a proteção do meio ambiente do trabalho está vinculada diretamente à saúde do trabalhador enquanto cidadão, razão por que se trata de um direito de todos, a ser instrumentalizado pelas normas gerais que aludem à proteção dos interesses difusos e coletivos. O Direito do Trabalho, por sua vez, regula

---

(8) DI PIETRO, Maria Sylvia Zanella. *Direito administrativo*. 17. ed. São Paulo: Atlas, 2004.

(9) Art. 628. Salvo o disposto nos arts. 627 e 627-A, a toda verificação em que o Auditor-Fiscal do Trabalho concluir pela existência de violação de preceito legal deve corresponder, sob pena de responsabilidade administrativa, a lavratura de auto de infração.

(10) MELO, Raimundo Simão de. *Direito ambiental do trabalho e a saúde do trabalhador*, cit., p. 32.

as relações diretas entre empregado e empregador, aquele considerado estritamente.[11]

Com efeito, seja contratando diretamente seus empregados, seja valendo-se de mão de obra terceirizada, a empresa (empregadora ou simples tomadora de serviços) desenvolve atividade econômica potencialmente geradora de degradação do ambiente laboral, fato atrativo da responsabilidade decorrente de normas e princípios que regem o direito ambiental.

Entre tais princípios, destaca-se o do poluidor-pagador, extraído do art. 225 da Carta de 1988, que, em breve síntese, determina que aqueles que se beneficiam, de algum modo, de uma atividade potencialmente poluidora, devem lançar mão de todos os meios para prevenir danos ao ambiente, cabendo-lhes, por conseguinte, reparar os prejuízos eventualmente decorrentes da poluição. Aduz, com precisão, Raimundo Simão de Melo:

> O princípio de poluidor-pagador tem duas razões fundamentais: primeiro prevenir o dano ambiental, depois em não havendo a prevenção, visa a sua reparação da forma mais integral possível. Não quer dizer este princípio que alguém, pagando, esteja liberado para poluir. Desse modo impõe-se ao poluidor o dever de prevenir danos que a sua atividade possa causar ao meio ambiente, cabendo-lhe o ônus de utilizar todos os equipamentos e meios necessários a evitar o dano. Não o fazendo, responderá objetivamente pelos prejuízos ocasionados, conforme estabelece o § 3º do art. 225 da Constituição Federal.[12]

O meio ambiente do trabalho compõe a noção mais ampla de meio ambiente, conforme se depreende da Constituição Federal de 1988 (art. 200). Assim, os princípios do direito ambiental aplicam-se à dimensão laboral, inclusive, por óbvio, o do poluidor-pagador, respeitadas as adequações decorrentes das peculiaridades de cada aspecto ambiental[13].

A figura do poluidor, no meio ambiente de trabalho, não se circunscreve apenas ao empregador dos trabalhadores afetados pelo dano efetivo ou potencial, assim como, por exemplo, a poluição do meio ambiente natural não se atribui apenas ao fornecedor final (vendedor) de um produto degradante do meio ambiente natural. Como observa Celso Antônio Pacheco Fiorillo, o art. 225 da Constituição Federal preceitua que o dever de preservar o meio ambiente é do Poder Público e da coletividade. Explica o renomado autor:

> Como se percebe, a própria Carta Constitucional socorreu-se de fórmula ampla, abrangendo assim, todos (pessoas físicas ou jurídicas de direito público ou privado) que, de algum modo, forem os causadores do dano ambiental. A grande função do art. 225 é dizer que todos podem encaixar-se no conceito de poluidor e degradador ambiental.[14]

Segundo o princípio do poluidor-pagador, são solidariamente responsáveis pelo dano ambiental (incluindo o do trabalho), com fulcro no art. 225 da Carta, supratranscrito, e no art. 3º, inc. IV, da Lei n. 6.938/1981[15], "[...] todos aqueles que, direta ou indiretamente, se aproveitam da atividade poluidora".[16]

Nesse quadro, resta patente que todas as empresas envolvidas no processo produtivo, especialmente se conectadas em regime de terceirização, independentemente da relação jurídico-contratual que mantenham com os trabalhadores afetados, são responsáveis por propiciar medidas que previnam a degradação das condições de trabalho.

(11) *Ibidem*, p. 32.
(12) MELO, Raimundo Simão de. *Direito ambiental do trabalho e a saúde do trabalhador*, cit., p. 48.
(13) FIORILLO, Celso Antônio Pacheco. *Curso de direito ambiental brasileiro*. 13. ed. São Paulo: Saraiva, 2012.
(14) *Ibidem*, p. 104.
(15) Segundo o mencionado dispositivo, poluidor é a "[...] pessoa física ou jurídica, de direito público ou privado, responsável, direta ou indiretamente, por atividade causadora de degradação ambiental".
(16) MELO, Raimundo Simão de. *Direito ambiental do trabalho e a saúde do trabalhador*, cit., p. 49.

Destarte, a natureza da relação jurídica mantida com os trabalhadores que lhes prestam serviços é irrelevante para o delineamento dos deveres ambientais do tomador de serviços, respondendo, no quadrante administrativo, pela inobservância das Normas Regulamentadoras, em situações fáticas que afetem a segurança dos empregados de suas contratadas.

Percebe-se do exposto que tal modalidade de responsabilidade administrativa aplica-se aos aspectos diretamente ligados ao ambiente de trabalho em sentido estrito da contratante (estabelecimento), abrangendo, notadamente, as edificações, as instalações físicas, os contaminantes do ar, as máquinas e equipamentos, sendo, assim, colateral à responsabilidade da própria prestadora de serviços, visto que ambas devem ser solidariamente sancionadas pela condição ambiental *stricto sensu* desconforme às prescrições normativas.

Assim, verificando-se, por exemplo, falta de proteções coletivas, deficiência em arranjos físicos ou falha nas instalações, consubstanciando riscos no próprio estabelecimento da contratante, impõe-se penalizar tanto esta empresa (na condição de sujeito poluidor) como a contratada (empregador) pelo descumprimento do mesmo comando normativo (item ou subitem de NR). Por outro lado, irregularidades associadas a medidas de proteção individual, a monitoramento da saúde ou a programas de gestão, entre outras que não tenham origem no estabelecimento da tomadora, recebem melhor tratamento, na esfera sancionatória, se forem subsumidas como violação, por parte da contratante, dos deveres de garante (art. 5º-A, § 3º, da Lei n. 6.019/1974) ou desatenção à solidariedade prevista, de modo específico, em algumas NRs, sem prejuízo da responsabilidade da contratada, conforme se verá nos tópicos seguintes.

2.4. Solidariedade declarada em normas regulamentadoras do MTE

A responsabilidade ambiental *stricto sensu*, acima explanada, solidariza contratante e contratada, em razão de *circunstâncias fáticas*, pelo descumprimento de certos comandos normativos (os relacionados ao estabelecimento do tomador de serviços).

Algumas Normas Regulamentadoras, porém, estendem tal responsabilidade solidária a todos os aspectos concernentes às atividades por elas disciplinadas, exsurgindo, então, uma comunhão mais ampla, com fulcro no próprio texto normativo (não apenas em aspectos fáticos), que exige a autuação de todas as empresas envolvidas (contratantes e contratadas), independentemente do fato material subjacente à norma violada (ambiente físico do estabelecimento, organização do trabalho, programas de gestão, aspectos administrativos, medidas pessoais, etc.).

É que a percepção de que, em algumas atividades, a atribuição do mesmo nível de responsabilidade pelo cumprimento de todas as ordens de medidas protetivas revela-se indispensável para sua própria efetividade, motivou o órgão ministerial a inserir no campo das respectivas Normas Regulamentadoras a cláusula da solidariedade.

Tal previsão legal representa um marco na regulamentação normativa dos deveres inerentes à segurança e saúde dos trabalhadores de empresas prestadoras de serviço, emergindo no ordenamento pátrio em 7 de dezembro de 2004, por meio da Portaria GM n. 598, que alterou a Norma Regulamentadora n. 10 (Instalações e Serviços em Eletricidade).

A inovação está em estabelecer a responsabilidade solidária pelo cumprimento de todos os preceitos de uma determinada NR, podendo-se, a partir de então, exigir, também das contratantes, a observância da norma por inteiro, em relação aos empregados das contratadas, sob pena de autuação e consequente aplicação de multa administrativa.

Desse modo, o item 10.13.1 da NR-10 passou a prever que "as responsabilidades quanto ao cumprimento desta NR são solidárias aos contratantes e contratados envolvidos". Em seguida, as Portarias ns. 485 (11 de novembro de 2005), 202 (22 de dezembro de 2006) e 308 (29 de fevereiro de 2012), que aprovaram, respectivamente, a NR-32 (Segurança e Saúde no Trabalho em Serviços de Saúde), a NR-33 (Segurança e Saúde nos Trabalhos em Espaços Confinados) e a nova redação da NR-20 (Segurança e Saúde no Trabalho com Inflamáveis e Combustíveis), estabeleceram, com discretas particularidades textuais, o mesmo preceito normativo.

Com efeito, o item 32.11.4 do primeiro diploma crava que "a responsabilidade é solidária entre contratantes e contratados quanto ao cumprimento desta NR". A seu turno, o item 33.5.2 da NR-33 afirma que "são solidariamente responsáveis pelo cumprimento desta NR os contratantes e contratados". Finalmente, o item 20.16.1 da NR-20 estatui que "a contratante e as contratadas são solidariamente responsáveis pelo cumprimento desta Norma Regulamentadora".

Pois bem. Ocorre que a imputação textual de "solidariedade" pelo cumprimento de obrigações ambiental-trabalhistas causou certa perplexidade e embaraço interpretativo, pois tal expressão tem origem no direito civil e se reveste de aspectos conceituais aparentemente inconciliáveis com a esfera administrativo-trabalhista[17].

De fato, é imperioso alertar que não se resolve o debate acerca da atribuição da responsabilidade administrativa solidária a contratante e contratada pela aplicação pura e automática do regramento normativo referente às obrigações solidárias civis.

Para apreender a razão da advertência, deve-se, inicialmente, discernir *dever* de *obrigação*, enquanto categorias contrapostas em razão do bem jurídico objeto do comando normativo que abriga a conduta cogente. A distinção é formulada, *e.g.*, na lição de Fábio Ulhoa Coelho, que observa que o atributo da patrimonialidade "distingue a obrigação do dever":

> Em outros termos, a obrigação, além de poder acarretar repercussões no patrimônio dos sujeitos de direito envolvidos, tem por objeto prestação – ainda que representada por um fazer ou não fazer do devedor – sempre passível de mensuração em dinheiro, direta (na execução) ou indiretamente (na inexecução). Não há obrigação sem esta característica. É o atributo da *patrimonialidade* que a distingue de outros vínculos de sujeição entre as pessoas qualificadas pelo Direito. Estes outros vínculos de sujeição não revestidos de patrimonialidade devem ser chamados de *dever*, para não se confundirem dois institutos jurídicos bem distintos (grifado no original).[18]

A adoção de medidas que garantam a higidez do meio ambiente laboral, escopo das NRs, por razões facilmente perceptíveis, é imposição legal que não ostenta conteúdo patrimonial, patenteando-se, assim, seu enquadramento na categoria de dever, conforme o critério acima explicitado.

Descumprindo-se o dever, impõe-se ao infrator o consectário do cometimento de ato ilícito, ou seja, exsurge a responsabilidade[19], que será administrativa quando a sanção for aplicada pela Administração Pública, no exercício do chamado Poder de Polícia.

Isso posto, assente-se que a cláusula da solidariedade incide não sobre a responsabilidade, mas sobre o dever, manifestando-se pela exigibilidade de seu cumprimento em face de qualquer das empresas (contratante ou contratada). Por outro lado, a responsabilidade decorrente da violação do preceito legal (independentemente de seu autor material, tomadora ou prestadora) será autônoma para cada parte envolvida na relação de terceirização, vertendo-se em sanções individualizadas,

---

(17) Abordagem detalhada sobre os aspectos conceituais, estruturais e concernentes à fundamentação jurídico-constitucional da responsabilidade administrativa solidária pode ser conferida na seguinte monografia de graduação de curso de Direito: MENESES, Luiz Gustavo Magalhães Costa. *A responsabilidade administrativa solidária entre empresas contratantes e contratadas pelo cumprimento de normas regulamentadoras do ministério do trabalho.* Teresina: Centro de Ensino Unificado de Teresina — CEUT – PI, 2015.

(18) COELHO, Fábio Ulhoa. *Curso de direito civil.* 5. ed. São Paulo: Saraiva, 2012a. v. 1, p. 49.

(19) GONÇALVES, Carlos Roberto. *Direito civil brasileiro*: teoria geral das obrigações. 9. ed. São Paulo: Saraiva, 2012.

tendo em comum apenas a mesma fonte geradora, qual seja, o fato ilícito, objetivamente considerado.

Destarte, cada preceito das NRs ns. 10, 20, 32 e 33 impõe um dever aos empregadores, sendo solidário entre contratante e contratada. O descumprimento de medidas impostas naquelas NRs, ou seja, a violação do dever, que recai, repita-se, sobre todos os pactuantes do contrato de terceirização, tem como consequência a responsabilidade administrativa (sanção) autônoma, pois cada empresa suportará sua penalidade.

Anote-se que as empresas não são solidárias apenas porque as NRs assim determinam (até porque tais normas não são lei em sentido estrito), mas em razão de irrefutáveis mandamentos oriundos do ordenamento constitucional, a saber, o princípio da dignidade da pessoa humana, o princípio da isonomia, o direito fundamental à redução dos riscos inerentes ao trabalho e (nos exatos termos alhures ponderados) o princípio do poluidor-pagador — as NRs, destarte, apenas declaram a solidariedade, que se dessume da ordem vigente.

Finalmente, esclareça-se que não há que confundir a responsabilidade administrativa solidária declarada em Norma Regulamentadora com as responsabilidades trabalhistas solidárias e subsidiárias previstas na Súmula n. 331 do TST, no art. 5º-A, § 5º, no art. 10, § 7º, e art. 16 da Lei n. 6.019/74, no art. 455 da CLT e na OJ n. 191 do TST. Nesses casos, a responsabilidade refere-se a verbas trabalhistas salariais, rescisórias ou de natureza civil indenizatória, incidindo sobre bens jurídicos diversos daqueles garantidos pelas normas de proteção à integridade física e mental do trabalhador.

2.5. Posição de garantidor

Em meio ao desarranjo ético-jurídico e à promessa de caos que acompanham o aval legislativo à terceirização nas atividades finalísticas empresariais, eis que se divisa certo preceito, cuja carga axiológica e adequação constitucional conferem-lhe destaque insular no tenebroso mar da reforma trabalhista. Trata-se do art. 5º-A, § 3º, da Lei n. 6.019/74, introduzido pela Lei n. 13.429/2017, que preconiza: "É responsabilidade da contratante garantir as condições de segurança, higiene e salubridade dos trabalhadores, quando o trabalho for realizado em suas dependências ou local previamente convencionado em contrato".

Dúvida não resta de que a inserção de tal dispositivo na Lei n. 6.019/1974, que doravante disciplina também a contratação de prestação de serviços em geral (a par do trabalho temporário), traduz-se, estritamente sob a ótica do legislador reformista, como uma mera *compensação retórica* aos trabalhadores, em face da ampla liberdade conferida ao capital para a prática predatória da terceirização. Isso porque, de fato, o Parlamento de 2017 manifesta lamentável alheamento aos preceitos científicos e axiológicos que regem a defesa do meio ambiente de trabalho, seja pelo desconhecimento técnico-jurídico da matéria, seja por razões ligadas aos reais interesses protegidos pela presente legislatura.

A lei, contudo, uma vez aperfeiçoada em seu processo formativo, desprende-se de seu autor material (legislador) e ganha vida própria no mundo jurídico, animada pela interpretação que lhe dá o operador do direito, que há de buscar, sempre, conforme os preceitos mais autorizados da hermenêutica, a *mens legis*, na concretização (aplicação) do conteúdo normativo da regra jurídica[20]. Assim, a *despretensiosa* declaração contida no referido art. 5º-A, § 3º, nada mais faz que reconhecer, formalmente, o ineludível dever do tomador de serviços de garantir a todos os trabalhadores envolvidos em seu processo produtivo, sejam ou não seus empregados, o mesmo nível de proteção contra os agentes nocivos ambientais.

Bem analisado, malgrado as circunstâncias de seu surgimento na ordem jurídico-positiva, inegável a força potencial do dispositivo em comento para promover justiça social, por meio

(20) NADER, Paulo. *Introdução ao estudo do direito*. 33. ed. Rio de Janeiro: Forense, 2011.

de sua aplicação preventiva ou repressiva, nas diversas esferas em que pode ser invocado (civil, trabalhista, administrativa, etc.).

Na seara do direito administrativo sancionador, o enunciado preenche uma lacuna no campo da responsabilidade da contratante: havia, até então, dificuldades para penalizar o tomador de serviços pelo específico descumprimento de normas de segurança e saúde por parte das empresas contratadas, quando o fato infracional não contrariasse as disposições das NRs que trazem a cláusula da solidariedade ou não se pudesse vislumbrar a responsabilidade ambiental *stricto sensu* (desconformidades envolvendo o estabelecimento da contratante).

Nesse diapasão, não se exagera em reconhecer ao preceito em comento certo viés de marco legal regulatório do direito à segurança e saúde dos trabalhadores terceirizados, reclamado pelos princípios constitucionais voltados à proteção isonômica do trabalhador. Reiterando-se o que já se registrou nos tópicos anteriores, os princípios da isonomia, da dignidade da pessoa humana, do direito a redução dos riscos, da prevenção e do poluidor-pagador, para mencionar os mais relevantes, impõem, de modo inexorável, que a pessoa humana seja colocada no centro das preocupações com a qualidade de vida no ambiente de trabalho, pouco importando o regime jurídico de seu contrato laboral[21].

Por tal razão, com elogiável percuciência, tratou a Secretaria de Inspeção do Trabalho de proporcionar a viabilidade operacional para aplicação da sanção associada ao descumprimento de tal dever, por meio da geração do código específico de autuação[22]. Destaque-se, ainda, a edição da Nota Técnica n. 90/2018/DEFIT/DSST/CGR/SIT, que examina o tema em epígrafe e orienta os Auditores-Fiscais do Trabalho sobre o tratamento jurídico das questões ligadas ao descumprimento de normas de proteção da saúde e da integridade de trabalhadores de empresas prestadoras de serviços.

Note-se, então, que a partir da vigência da Lei n. 13.429/2017, o descumprimento de qualquer norma relacionada à segurança e saúde no trabalho, em desfavor dos empregados da contratada, ensejará a autuação da contratante, por deixar de "garantir as condições de segurança, higiene e salubridade", conforme dicção da lei.

Ademais, para cada norma violada pela contratada, impõe-se a aplicação de uma multa em desfavor da contratante, com fulcro no aludido art. 5º-A, § 3º, sem que tal conduta implique *bis in idem*, uma vez que o dever de garantir condições ambientais adequadas aos trabalhadores da empresa terceirizada não se resolve em uma pretensa responsabilidade indivisa de garantir o atendimento em bloco do conjunto normativo de segurança e saúde; antes reside na obrigação de assegurar o cumprimento de cada específico mandamento relacionado às condições ambientais do trabalho, notadamente de cada item (e subitem) das Normas Regulamentadoras do MTE[23].

É precisamente na possibilidade de múltiplas autuações, na exata medida da quantidade de violações perpetradas pela tomadora, no campo do direito ambiental do trabalho (especialmente em prejuízo do regramento contido nas NRs), que reside o notável caráter intimidativo do novel art. 5º-A, § 3º, da Lei n. 6.019/1974, valendo observar que tal ordem de responsabilidade assenta-se sobre o conceito de meio ambiente de trabalho *lato sensu*, porquanto não discrimina o substrato fático da transgressão, ou seja, se a medida de proteção desrespeitada concerne, *e. g.*, a ambiente físico e suas instalações, a aspectos organizacionais, administrativos, individuais ou a controle da saúde do trabalhador.

Isso decore do dever, atribuído pela lei ao tomador de serviços, de *assegurar* que suas contratadas cumpram as normas de proteção da saúde e integridade de seus empregados. A empresa contratante não é devedora da prestação

(21) MELO, Raimundo Simão de. *Direito ambiental do trabalho e a saúde do trabalhador*, cit., 2008.
(22) Ementa n. 001960-7.
(23) Nota Técnica n. 90/2018/DEFIT/DSST/CGR/SIT.

(adoção de medidas de proteção)[24], mas sim, *garantidora* de seu cumprimento, devendo lançar mão de todos os meios e recursos gerenciais e contratuais disponíveis para *evitar* a infração, sob pena de ser penalizada por sua omissão.

Enfatize-se, nesse ponto, a expressão *responsabilidade*, trazida à baila pela Lei n. 13.429/2017, a indicar a natureza do liame estabelecido entre o tomador de serviços e as condições de trabalho dos empregados alheios. A mencionada Nota Técnica n. 90/2018 divisa naquele vocábulo o sentido de consequência jurídica pelo descumprimento de dever previamente atribuído a terceiros (empresas contratadas). A contratante, segundo tal interpretação, não teria prévia conexão obrigacional com os empregados da prestadora; somente responsabilidade, no sentido normalmente empregado no direito civil.

Prefere-se, *data venia*, vislumbrar, na expressão utilizada pela lei, idêntico conteúdo semântico que informa o vocábulo *dever*, por melhor traduzir o termo, considerando o contexto em que é empregado, e por ser mais consentâneo com o propósito da norma. Com efeito, note-se que responsabilidade é expressão equívoca, podendo reportar-se tanto ao dever quanto à consequência pelo seu descumprimento (responsabilidade em sentido estrito), conforme evidencia De Plácido e Silva, em seu célebre vocabulário jurídico:

> E daí porque, responsabilidade, exprimindo etimologicamente a qualidade de ser responsável, a condição de responder, pode ser empregado em todo pensamento ou ideia, onde se queira determinar a obrigação, o encargo, o dever, a imposição de ser feita ou cumprida alguma coisa.[25]

A norma, enfim, quer dizer que o tomador de serviços tem o dever (responsabilidade em ampla significação) de garantir as condições de segurança e saúde dos empregados da prestadora de serviços. Tal dever se satisfaz quando, na condição de contratante, a empresa adota critérios rigorosos de contratação, fiscaliza adequadamente a empresa contratada, emprega ferramentas de gestão, enfim, pratica medidas concretas para assegurar as condições adequadas de segurança e saúde aos empregados de sua contratante. A norma almeja, primariamente, que a tomadora efetivamente contribua para evitar a infração de ordem ambiental trabalhista por parte da prestadora, surgindo a sanção como fato decorrente (secundário) de sua inépcia em evitar o ilícito.

Trata-se, enfim, da posição de garante (garantidor), atribuída textualmente ao tomador de serviços. A responsabilidade em sentido estrito decorrerá da violação de tal dever, conforme art. 19-A da mesma Lei n. 13.429/2017[26].

Invocando-se, uma vez mais, a identidade ontológica entre a sanção penal e a punição administrativa, nota-se interessante proximidade entre a posição assumida pelo tomador de serviços, em face da violação cometida pela empresa contratada, qual seja, a de garante, e a figura homônima do direito penal. A própria alusão ao dever de "garantir", consignada no art. 5º-A, § 3º, da Lei n. 6.019/74, recém-introduzido pela reforma trabalhista, sugere a semelhança, vindo a calhar uma breve incursão às lições doutrinárias acerca dos delitos omissivos, para adequada compreensão da natureza da infração administrava em análise.

Os delitos cometem-se por condutas positivas ou negativas, ou seja, por ação ou omissão. A conduta omissiva será considerada relevante para configuração do ilícito quando frustrado o dever de agir imposto a determinado sujeito. A tal respeito, Cezar Roberto Bitencourt esclarece que "o agente não tem simplesmente a obriga-

(24) Ao contrário do que sucede na responsabilidade ambiental *stricto sensu* e na responsabilidade solidária declarada em Norma Regulamentadora, em razão das quais o tomador é devedor direto da prestação (medida de segurança e saúde no trabalho).

(25) SILVA, De Plácido e. *Vocabulário jurídico*. 24. ed. Rio de Janeiro: Forense, 2004.

(26) Art. 19-A. O descumprimento do disposto nesta Lei sujeita a empresa infratora ao pagamento de multa.
Parágrafo único. A fiscalização, a autuação e o processo de imposição das multas reger-se-ão pelo Título VII da Consolidação das Leis do Trabalho (CLT), aprovada pelo Decreto-Lei n. 5.452, de 1º de maio de 1943.

ção de agir, mas *a obrigação de agir para evitar um resultado*, isto é, deve agir com a *finalidade* de impedir a ocorrência de determinado evento" (grifados no original).[27]

A infração administrativa consubstanciada pela inobservância do art. 5º-A, § 3º, da Lei n. 6.019/1974, possui características nitidamente omissivas e se perfaz quando a contratante (garantidor) não logra impedir a situação fática que ofende a saúde, a integridade, a dignidade ou o bem-estar do empregado da contratada, ou coloca tais bens em risco. Nota-se que, assim como o garante do direito penal, o tomador de serviços recebe da lei o dever de evitar determinado resultado, a saber, a situação fática que caracteriza a infração ambiental trabalhista, em prejuízo dos empregados da contratada[28].

A responsabilidade de garantidor, assim, coloca a tomadora no polo ativo da conduta caracterizadora de infração ambiental trabalhista, ao lado da própria prestadora, obrigando-lhe, para evitar a aplicação de multas (em igual quantidade à de preceitos normativos violados), a abandonar a inércia característica das empresas que transferem seus processos produtivos a terceiros e participar efetivamente da adoção de medidas de segurança e saúde em benefício dos empregados da contratada.

2.6. Deveres de integração

Deve-se reconhecer que as primeiras iniciativas contundentes em atribuir ao tomador de serviços deveres diretamente relacionados à segurança e saúde dos empregados de terceiros materializaram-se nas Normas Regulamentadoras que passaram a exigir iniciativas no campo da gestão integrada de riscos ocupacionais. Revelando a azada compreensão do fenômeno da terceirização e suas implicações para os trabalhadores envolvidos (especialmente os das contratadas), o órgão ministerial regulamentador, em atitude vanguardista, editou, sucessivamente, alguns atos normativos que passaram a atribuir obrigações específicas à empresa contratante.

Assim, inicialmente, a Portaria SSST n. 25, de 29 de dezembro de 1994, que alterou a Norma Regulamentadora n. 9 do MTE, impôs à contratante a incumbência de executar ações integradas com a contratada, no âmbito das medidas previstas no Programa de Prevenção de Riscos Ambientais – PPRA, conforme item 9.6.1 da nova NR-9:

> Sempre que vários empregadores realizem simultaneamente atividades no mesmo local de trabalho terão o dever de **executar ações integradas** para aplicar as medidas previstas no PPRA visando a proteção de todos os trabalhadores expostos aos riscos ambientais gerados. (grifamos)

Em seguida, a Portaria n. 8, de 23 de fevereiro de 1999, que promoveu ampla alteração na NR-5, passou a dispor os seguintes comandos, de caráter inédito no ordenamento regulatório das práticas de terceirização:

> 5.47. Sempre que duas ou mais empresas atuarem em um mesmo estabelecimento, a CIPA ou designado da empresa contratante deverá, em conjunto com as das contratadas ou com os designados, **definir mecanismos de integração e de participação de todos os trabalhadores** em relação às decisões das CIPA existentes no estabelecimento.
>
> 5.48. A contratante e as contratadas, que atuem num mesmo estabelecimento, deverão **implementar, de forma integrada, medidas de prevenção de acidentes e doenças do trabalho**, decorrentes da presente NR, de forma a garantir o **mesmo nível de proteção** em matéria de segurança e saúde a todos os trabalhadores do estabelecimento.
>
> 5.49. A empresa contratante **adotará medidas necessárias** para que as empresas contratadas, suas CIPA, os designados e os demais trabalhadores lotados naquele estabelecimento

(27) BITENCOURT, Cezar Roberto. *Tratado de direito penal:* parte geral, cit., p. 302.
(28) Entretanto, diversamente do que ocorre na esfera penal, não se imporá ao garante a mesma pena associada ao resultado da conduta da contratada, pois a lei prevê sanção específica (art. 19-A da Lei n. 13.429/2017).

recebam as **informações sobre os riscos** presentes nos ambientes de trabalho, bem como **sobre as medidas de proteção** adequadas.

5.50. A empresa contratante adotará as providências necessárias para **acompanhar o cumprimento pelas empresas contratadas** que atuam no seu estabelecimento, das medidas de segurança e saúde no trabalho. (grifamos)

Em resumo, a NR-5 passou a exigir: 1) a participação de todos os trabalhadores que prestam serviços em um mesmo estabelecimento (independentemente de quem seja o empregador), nas decisões das CIPA das empresas envolvidas; 2) a comunhão articulada de esforços das empresas envolvidas para a prevenção de acidentes e doenças do trabalho, de modo a proporcionar o mesmo nível de proteção a todos os trabalhadores, sem distinção associada à titularidade da posição de empregador; 3) a prestação de informações por parte da contratante sobre os riscos ambientais existentes em seu estabelecimento e os respectivos meios disponíveis para elidi-los; e 4) o efetivo acompanhamento do sistema de gestão de riscos adotado pela tomadora de serviço.

Não obstante as controvérsias suscitadas entre os Auditores-Fiscais do Trabalho sobre o sentido e o alcance do item 5.50 acima transcrito (o mais impactante dos novos dispositivos)[29], as inovações carreadas pelas Portarias ns. 25/1994 e 8/1999 exerceram incontestável contribuição para o encorajamento de uma nova postura em face dos abusos nas terceirizações, expressando a irrefreável tendência de imputar às empresas contratantes o dever de proteger todos os trabalhadores que lhes prestam serviços, independentemente de quem seja o empregador.

A par das disposições gerais da NR-5 e NR-9, verificam-se, atualmente, preceitos similares, em outras NRs, sempre no sentido de impor à contratante deveres gerenciais de integração[30] em relação às condições de trabalho dos empregados das contratadas, a exemplo dos itens 33.2.1.g e h da NR-33 (Segurança e Saúde nos Trabalhos em Espaços Confinados), 34.2.1.g da NR-34 (Condições e Meio Ambiente de Trabalho na Indústria da Construção e Reparação Naval), 35.2.1.e da NR-35 (Trabalho em Altura) e 36.6.1 da NR-36 (Segurança e Saúde no Trabalho em Empresas de Abate e Processamento de Carnes e Derivados).

Insta destacar que as multas aplicadas pela violação dos deveres de integração tornam o conjunto de consequências sancionatórias decorrente do desatendimento de normas de segurança e saúde no trabalho mais oneroso para a empresa contratante que para o próprio empregador (prestador de serviços). É que, além de responder pelo descumprimento *per se* de cada norma de proteção ambiental trabalhista violada pela prestadora (por força da responsabilidade ambiental *stricto sensu*, da solidariedade declarada em NRs ou da posição de garante), a empresa tomadora poderá ser punida, concomitantemente, pelo descumprimento dos itens 9.6.1 da NR-9, 5.47, 5.48 e 5.49 da NR-5 e equivalentes de outras NRs.

Destarte, ao decidir pela contratação de prestadoras de serviço, a empresa não apenas segue com os deveres associados a cada medida concreta de proteção do trabalhador da contratada, como atrai outros, na seara da integração dos sistemas de gestão.

---

(29) A aplicação de uma multa à empresa contratante, para cada item descumprido de qualquer outra norma regulamentadora, com amparo no item 5.50 da NR-5, gerou dissenso que culminou na edição do Precedente Administrativo n. 96, cancelado logo em seguida, segundo o qual "o dever das contratantes de acompanhar o cumprimento das normas de segurança e saúde no trabalho pelas contratadas que atuam no seu estabelecimento significa a fiscalização e cobrança do cumprimento da Norma Regulamentadora n. 5 e não responsabilidade solidária pela infração".

(30) Qualifica-se de "gerencial" o conjunto de deveres acima transcritos, atribuídos à empresa contratante, porquanto as medidas aptas a garantir sua satisfação viabilizam-se por iniciativas de caráter marcadamente administrativo, como reuniões entre membros das CIPA, planejamento comum dos SESMT, atos de fiscalização, definição e controle de metas, exigências contratuais, treinamentos, etc.

2.7. Aplicação harmônica das sanções que expressam a responsabilidade ambiental trabalhista da tomadora de serviços

Almeja-se, no presente tópico, articular critérios sistematizante para a aplicação harmônica das modalidades de responsabilidade trabalhista ambiental da empresa tomadora de serviços, afastando-se dubiedades eventualmente suscitadas pelas diversas previsões de sanções administrativas.

De início, afigura-se fundamental para a pretendida sistematização apreender que a transferência de atividades da empresa contratante a terceiros em nada afeta a responsabilidade em face do meio ambiente de trabalho, expressa notadamente pelo princípio do poluidor-pagador, porquanto a empresa contratante segue como causadora da atividade degradante, conforme se depreende do art. 3º, inc. IV, da Lei n. 6.938/1981[(31)], que estabelece a definição de poluidor, nela compreendida a figura correspondente do meio ambiente laboral[(32)]. O conjunto de normas e princípios constitucionais asseguradores de um ambiente de trabalho equilibrado não admite que o empreendedor principal se retire do quadro central de sujeitos responsáveis por sua concretização. Destarte, deve-se priorizar a ordem sancionatória que coloque a contratante o mais próximo possível da obrigação diretamente desrespeitada[(33)].

À vista disso, na investigação da responsabilidade administrativa da tomadora pela violação de normas materialmente praticada pela prestadora ou que afete os empregados desta empresa, a questão inicial é saber se o preceito violado pela contratada está inserido em Norma Regulamentadora que prevê a solidariedade (atualmente, as NRs ns. 10, 20, 32 e 33). Nesse caso, conforme exposto, aplicar-se-á a mesma sanção às empresas envolvidas — que pode variar quanto ao valor da multa, de acordo com a quantidade de empregados da cada empresa, em razão dos parâmetros contidos na NR-28[(34)].

Se a disposição transgredida pela contratada tocar às condições ambientais diretamente ligadas ao estabelecimento da contratante (edificações, instalações, agentes contaminantes do ar, máquinas, etc.), ainda que a NR onde se circunscreve o preceito não preveja solidariedade, a sanção à contratante deve corresponder, precisamente, ao item desatendido (responsabilidade ambiental *stricto sensu*). Aqui, também, a mesma multa em espécie aplicada contra a tomadora cabe, *ipso fato*, à contratante (podendo variar em valor, conforme os critérios da NR-28).

Não se enquadrando a conduta infracional da contratada nas situações acima descritas, deve-se, então, aplicar à contratante o disposto no art. 5º-A, § 3º, da Lei n. 6.019/1974, acrescentado pela Lei n. 13.429/2017, que comina multa própria pelo desatendimento do dever de garantidor, à razão de uma autuação para cada item de NR violado pela prestadora. Esta empresa, por sua vez, será sancionada pela aplicação das específicas multas correspondentes a cada item ofendido.

Finalmente, se a análise concreta dos fatos revelar, também, falha da contratante em adotar as condutas gerenciais de integração exigidas pelas NRs ns. 5 e 9 (além de outras com disposições semelhantes), impõe-se a aplicação das sanções correspondentes, cumulativamente com as multas específicas por cada preceito violado (nos termos das demais categorias de responsabilidade da tomadora de serviços, acima delineadas).[(35)]

---

(31) ANDRADE, Laura Martins Maia de. *Meio ambiente de trabalho e ação civil pública trabalhista*. São Paulo: Juarez de Oliveira, 2003.

(32) MELO, Raimundo Simão de. *Direito ambiental do trabalho e a saúde do trabalhador*, cit., 2018.

(33) Alerte-se, afinal, que as situações delineadas neste artigo concernem a terceirizações lícitas, pois, nas ilícitas, o vínculo empregatício se estabelece entre o trabalhador e a tomadora de serviços, que responderá na condição de empregador pelas normas de proteção ambiental desatendidas.

(34) Anexo I da Norma Regulamentadora n. 28 do MTE – Fiscalização e Penalidades.

(35) Vale lembrar que a responsabilidade administrativa é objetiva, prescindindo da análise de culpa. Assim, infértil qualquer alegação por parte da tomadora de que exercia efetiva vigilância sobre as condições de segurança

Conclusão

A eliminação das barreiras doutrinárias e jurisprudenciais que impediam a terceirização nas atividades-fim, posta a efeito pelas Leis ns. 13.429/2017 e 13.467/2017, descortina um horizonte de precarização generalizada nos ambientes de trabalho, exigindo que a inspeção do trabalho lance mão dos recursos legais disponíveis para inibir abusos no direito de terceirizar.

Há, em resumo, quatro ordens de deveres e subsequentes responsabilidades administrativas da empresa contratante, concernentes aos trabalhadores vinculados a empresas contratadas: 1) a obrigação de manter seu estabelecimento em condições ambientais adequadas, independentemente da natureza da relação contratual firmada com os trabalhadores a serem protegidos (responsabilidade ambiental *stricto sensu*); 2) a solidariedade declarada por algumas Normas Regulamentadoras em face do cumprimento de suas disposições (NRs ns. 10, 20, 32 e 33); 3) a obrigação de garantir o atendimento pela contratada de todas as exigências legais no campo do direito ambiental do trabalho (art. 5º-A, § 3º, da Lei n. 6.019/1974, introduzido pela reforma trabalhista); e 4) a imposição de integrar a contratada ao seu sistema de gestão de riscos ocupacionais (deveres de integração), nos moldes do que preconizam, em termos genéricos, as Normas Regulamentadoras ns. 5 e 9 do MTE, e, de modo específico, dispositivos congêneres presentes em outras NRs.

Trata-se da consolidação de um novo paradigma da atuação estatal punitiva, em que o empregador deixa de ser o único sujeito penalizado por inobservância das normas de proteção do trabalho, aplicando-se as sanções a todos os que contribuíram para o ato ilícito.

A efetiva aplicação dos preceitos vetoriais da responsabilidade administrativa do tomador de serviços, em suas várias modalidades, decerto repercutirá nas estratégias empresariais de transferência de atividades, demovendo empresários da cogitação de lograr proveito de terceirizações precárias. Com efeito, para evitar a atuação repressiva da inspeção do trabalho, as empresas contratantes terão que dedicar aos empregados das contratadas o mesmo nível de atenção que conferem aos trabalhadores subordinados (empregados próprios), o que pode implicar péssima relação entre custo e benefício.

Vislumbra-se, portanto, que a imposição da responsabilidade ambiental trabalhista à contratante, por meio das devidas sanções administrativas, revela uma finalidade preventiva imediata, qual seja, aproximar a contratante dos empregados da contratada, que serão irrestritamente beneficiados pelo sistema de gestão de riscos ocupacionais da empresa principal (tarefa mais ou menos difícil, de acordo com a idoneidade e estrutura da contratada), e um indisfarçável e louvável escopo preventivo mediato, que consiste em estimular as empresas a, refletindo sobre todas as variáveis da equação de ônus decorrentes da terceirização, reduzir ou abolir tal prática.

O bom êxito dessa via de combate à degradação do meio ambiente de trabalho depende, portanto, da adesão dos Auditores-Fiscais do Trabalho, agentes que podem dar vida aos comandos da responsabilidade ambiental *stricto senso*, da solidariedade declarada em Normas Regulamentadoras, da posição de garante e dos deveres de integração, contribuindo, substancialmente, para conter o avanço das terceirizações precárias e garantir a isonomia no plano da proteção da integridade e da saúde do trabalhador.

Referências bibliográficas

ANDRADE, Laura Martins Maia de. *Meio ambiente de trabalho e ação civil pública trabalhista.* São Paulo: Juarez de Oliveira, 2003.

e saúde dos empregados da prestadora, e, não obstante tal providência, a referida contratada cometeu o ilícito ambiental trabalhista.

BITENCOURT, Cezar Roberto. *Tratado de direito penal:* parte geral. 17. ed. São Paulo: Saraiva, 2012

COELHO, Fábio Ulhoa. *Curso de direito civil.* 5. ed. São Paulo: Saraiva, 2012. v. 1.

COUTINHO, Grijalbo Fernandes. *Terceirização:* máquina de moer gente trabalhadora. São Paulo: LTr, 2015.

DI PIETRO, Maria Sylvia Zanella. *Direito administrativo.* 17. ed. São Paulo: Atlas, 2004.

FIORILLO, Celso Antônio Pacheco. *Curso de direito ambiental brasileiro.* 13. ed. São Paulo: Saraiva, 2012.

GONÇALVES, Carlos Roberto. *Direito civil brasileiro: teoria* geral das obrigações. 9. ed. São Paulo: Saraiva, 2012.

MELLO, Celso Antônio Bandeira de. *Curso de direito administrativo brasileiro.* 29. ed. São Paulo: Mallheiros, 2012.

MELO, Raimundo Simão de. *Direito ambiental do trabalho e a saúde do trabalhador.* 3. ed. São Paulo: LTr, 2008.

NADER, Paulo. *Introdução ao estudo do direito.* 33. ed. Rio de Janeiro: Forense, 2011.

OLIVEIRA, Régis Fernandes de. *Infrações e sanções administrativas.* 3. ed. São Paulo: Revista dos Tribunais, 2012.

SILVA, De Plácido e. *Vocabulário jurídico.* 24. ed. Rio de Janeiro: Forense, 2004.

Cláusulas em Contratos de Terceirização que Contribuem para Acidentes de Trabalho

Rodrigo Aoki Fuziy[1]
Mariana Pacheco Fuziy[2]

1. Introdução

No imaginário popular, a causa de acidente de trabalho, muitas vezes, se relaciona a um caso fortuito, a uma obra do destino, a uma vontade de Deus. Aos olhos daqueles que vivenciam o acidente, por sua vez, relaciona-se a um "ato inseguro", a uma "fração de segundo mal calculada", a "um esquecimento", a um "descuido", a "uma falta de noção de um colega novato". Para alguns, que analisam o caso à distância com uma palavra dita de autoridade, o acidente, pasmem, pode relacionar-se até a uma vontade do acidentado de ser indenizado.

Contudo, segundo Llory, o acidente não é, fundamentalmente, revelador do erro do operador, não mais que da fragilidade técnica: ele revela a disfunção do conjunto da organização — ou pelo menos de uma parte substancial dessa. Dito de outra maneira, o acidente revela o fracasso da organização de segurança.[3]

Neste artigo, será abordada a temática do acidente sob a perspectiva organizacional do trabalho, mais precisamente em seu aspecto contratual no âmbito da terceirização. A disposição e adoção de certas cláusulas contratuais celebradas entre empresas tomadoras e prestadoras de serviços na terceirização prenunciam que o acidente não é uma mera força do destino, entretanto uma posição deliberada das empresas envolvidas para redução de custos ou para se esquivarem de sua obrigação legal de garantir a segurança e a saúde dos trabalhadores.

Inicialmente, serão abordados, de forma sucinta, o conceito e a origem da terceirização, fenômeno moderno que se desenvolveu no contexto de reestruturação produtiva ocorrida a partir da década de 1970. Ainda no campo conceitual serão abordados o conceito de acidente do trabalho e as espécies legais existentes.

Após as análises conceituais introdutórias, passar-se-á a exemplificação de cláusulas de contratos de terceirização que contribuem para a ocorrência de acidente de trabalho, especialmente no âmbito do gerenciamento prévio dos riscos envolvidos.

(1) Auditor-Fiscal do Trabalho. Especialista em auditoria fiscal em Segurança e Saúde do Trabalho. *E-mail:* rodrigo.fuziy@gmail.com.
(2) Auditora-Fiscal do Trabalho. *E-mail:* mariana.pacheco356450@gmail.com.
(3) LLORY, Michel; MONTMAYEUL, Rene. *O acidente e a organização*. Belo Horizonte: Fabrefactum, 2014. p. 35.

A análise da correlação entre cláusulas contratuais e acidentes de trabalho aqui adotada leva em consideração que as causas profundas dos acidentes estão enraizadas em fatores organizacionais (escolhas orçamentárias, destinação de recursos etc.), cujo efeito vai se difundir até os postos de trabalho mais próximos da instalação técnica, tendo como consequência uma influência sobre o aparecimento de ações operadoras arriscadas, degradando a segurança.[4]

O artigo não tem o objetivo de esgotar o tema citando todos os tipos de cláusulas que contribuem para ocorrência de acidentes até porque no mundo fático as necessidades de contratação de serviços são extremamente voláteis.

Ademais, as cláusulas foram garimpadas a partir de análises de acidentes do trabalho desenvolvidas pela fiscalização, o que limita a amostragem a certo quantitativo, porém demonstra de forma mais evidente a correlação entre as cláusulas dos contratos de terceirização e os acidentes ocorridos.

2. *Terceirização: conceito e evolução*

O termo *terceirização* advém de neologismo decorrente da palavra terceiro, isto é, o intermediário, interveniente. A expressão, inicialmente, foi desenvolvida no âmbito da administração de empresas para descrever o fenômeno da descentralização das atividades de uma empresa para outrem, um terceiro[5].

Na prática, a terceirização é fenômeno de reestruturação produtiva, também conhecida como Toyotismo. Modelo organizacional da atividade empresarial que substituiu o modelo Fordista.

Basicamente, o modelo Fordista era tido como concentrador de atividades numa única empresa, com a produção realizada em uma grande unidade fabril, onde todos os trabalhadores estavam vinculados a um mesmo empregador, regidos por um mesmo estatuto e produzindo mercadorias padronizadas e em larga escala. A estrutura da empresa é de alta hierarquização e de matiz piramidal[6].

A partir da década de 1970, com a crise mundial, as empresas passaram por uma readequação de produção, e, por consequência, de sua forma de contratação. Nesse período, surge o Toyotismo, cuja característica produtiva era a diversificação de mercadorias, sendo estas produzidas a partir da demanda, de modo a manter os estoques em patamares mínimos. Para tanto, a empresa, que era responsável por toda etapa produtiva de determinado bem, passa a concentrar seus esforços numa atividade nuclear, delegando tarefas acessórias e periféricas a empreendedores ditos especializados nessas áreas[7].

No campo da contratação tem-se a coexistência de empregados de inúmeras empresas numa infinidade de formas contratuais "sendo uns mais estáveis (aqueles da empresa principal), e outros detentores de diversos níveis de precariedade. As empresas se organizam em rede, formando laços vários de dependência mútua"[8].

Com base em tais considerações, um conceito simples mas muito esclarecedor para terceirização seria "processo de repasse para a realização de complexo de atividades por empresa especializada, sendo que estas atividades poderiam ser desenvolvidas pela própria empresa".[9]

O fenômeno da terceirização, como se observa, calca origem na ciência da Adminis-

(4) REASON, J., 1997. *Managing the risks of organizational accidents*. Aldershot: Ashgate, p. 16-17. *Apud* LLORY, Michel; MONTMAYEUL, Rene. *O acidente e a organização*. Belo Horizonte: Fabrefactum, 2014. p. 82.

(5) DELGADO, Mauricio Godinho. *Curso de direito do trabalho*. 14. ed. São Paulo: LTr, 2015. p. 473.

(6) CARELLI, Rodrigo de Lacerda. A terceirização no século XXI. *Revista do Tribunal Superior do Trabalho*, São Paulo, v. 79, n. 4, p. 240, out./dez. 2013. Disponível em: <https://hdl.handle.net/20.500.12178/55996>. Acesso em: 6.10.2018.

(7) *Ibidem*, p. 241.

(8) *Idem*.

(9) CARELLI, Rodrigo de Lacerda. *Cooperativas de mão de obra:* manual contra fraude. São Paulo: LTr, 2002. p. 22.

tração, a qual aponta entre suas vantagens "redução de custos, melhoria na qualidade dos produtos, melhor competitividade, aumento de produtividade e aumento de lucros".[10]

Contudo, é questionável a existência de fato de uma redução de custos, porquanto "quando se contrata uma outra empresa para realização de um serviço que ela própria realizava, ou poderia realizar, deve-se levar em conta que se pagará, além dos custos daquela atividade, o lucro da empresa contratada".[11]

Nesse contexto, terceirização que visa a redução de custos, na prática, seria uma espécie de deturpação da terceirização, descambando para uma pura e simples intermediação de mão de obra.

Pinceladas essas premissas fáticas sobre a origem da terceirização, no âmbito do Direito do Trabalho, terceirização é "o fenômeno pela qual se dissocia a relação econômica de trabalho da relação justrabalhista que lhe seria correspondente".[12]

De forma sucinta, pode-se afirmar que no Brasil, o fenômeno foi e é objeto de diversos embates, com um contexto histórico de idas e vindas sobre sua possibilidade e, mais especificamente, sobre sua abrangência. Boa parte desses embates se deram levando em consideração o conceito de terceirização de serviços, sua forma pura, e o conceito de intermediação de mão de obra, uma espécie de deturpação da terceirização.

No campo da jurisprudência, o Tribunal Superior do Trabalho, inicialmente, adotou uma posição restritiva no que tange a entrega de atividades de uma empresa principal para uma segunda empresa, ressalvando-se apenas as situações com permissivo legal, trabalho temporário e empresas de segurança, conforme se verifica da redação da Súmula n. 256:

> Salvo os casos de trabalho temporário e de serviço de vigilância, previstos nas Leis ns. 6.019, de 3.1.1974, e 7.102, de 20.6.1983, é ilegal a contratação de trabalhadores por empresa interposta, formando-se o vínculo empregatício diretamente com o tomador dos serviços.[13]

Posteriormente, a edição da Súmula n. 331 do TST consagrou a divisão entre atividade-fim e atividade-meio, adotando-se o conceito de terceirização originário da administração, pois:

> [...] a empresa central ou principal concentra suas funções naquilo que é a expressão nuclear de sua atividade, horizontalizando entre outras empresas as outras atividades, tidas por periféricas ou auxiliares, as quais, por sua vez, são principais para essas empresas horizontalizadas.[14]

Nesse momento, mitigou-se o rigor da redação da Súmula n. 256, ampliaram-se os casos de terceirização lícita e definiram-se responsabilidades de empresas contratantes e empresas contratadas.

Não se pode negar que mesmo com o abrandamento da Corte, grande parcela do empresariado ainda via na Súmula n. 331 uma forte barreira aos seus anseios econômicos de utilização da terceirização como redutor de custos. A pressão do setor culminou com modificações legislativas e decisão do Superior Tribunal Federal contrárias ao entendimento consagrado no verbete.

O advento da Lei n. 13.467/2017 que alterou a Lei n. 6.019/1979, modificou, de forma profunda o entendimento cristalizado na Súmula n. 331 do TST, permitindo-se a realização de terceirização de atividades periféricas da empresa principal.

Por outro lado, como uma esperança nesse duro processo de esfacelamento das regras trabalhistas, as alterações legislativas foram

(10) *Ibidem*, p. 23.
(11) *Ibidem*, p. 23 e 24.
(12) DELGADO, Mauricio Godinho. *Curso de direito do trabalho*. *Op. cit.*, p. 473.
(13) BRASIL. Tribunal Superior do Trabalho. *Súmula n. 256*. Acesso em: 7.10.2018.
(14) CASTRO, Maria do Perpetuo Socorro Wanderley de. *Terceirização:* uma expressão do direito flexível do trabalho na sociedade contemporânea. São Paulo: LTr, 2014. p. 129.

expressas: "É responsabilidade da contratante garantir as condições de segurança, higiene e salubridade dos trabalhadores, quando o trabalho for realizado em suas dependências ou local previamente convencionado em contrato"[(15)] (Lei n. 6.019, 1979).

O texto não foi insignificante, visto que, por se tratar de norma relacionada à saúde e segurança do trabalho, impõe-se ao contratante responsabilidade sobre as condições de segurança, higiene e salubridade e tornam nulas as cláusulas que afastam sua responsabilidade diante de irregularidades dessas naturezas encontradas na contratada.

Contudo, o artigo não deve ser interpretado como uma regra de responsabilidade econômica a ser utilizada apenas em casos nos quais se verifica o acidente do trabalho, mas como responsabilidade pela efetiva garantia de um meio ambiente seguro, seja por meio do oferecimento direto de tais condições, seja por meio da contratação de empresas idôneas para execução de atividades de risco.

3. Acidente de trabalho: conceitos e espécies

Há no mundo por volta de 337 milhões de acidentes do trabalho por ano, 923 mil acidentes do trabalho por dia, 10 por segundo, conforme dados da Organização Internacional do Trabalho[(16)].

No Brasil, o legislador "não conseguiu formular um conceito de acidente do trabalho que abrangesse todas as hipóteses em que o exercício da atividade profissional pelo empregado gera incapacidade laborativa".[(17)]

Atualmente, o conceito é definido pela Lei n. 8.213/1991[(18)], que dispõe em seu art. 19 que acidente do trabalho é:

> [...] o que ocorre pelo exercício do trabalho a serviço de empresa ou de empregador doméstico ou pelo exercício do trabalho dos segurados referidos no inciso VII do art. 11 desta Lei, provocando lesão corporal ou perturbação funcional que cause a morte ou a perda ou redução, permanente ou temporária, da capacidade para o trabalho.

Referido artigo define, pois, o conceito de acidente típico do trabalho, que nada mais é que:

> [...] aquele evento instantâneo que atinge o trabalhador de súbito, causando-lhe um gravame consubstanciado numa incapacidade total ou parcial (transitória ou definitiva) para o trabalho com dano lesivo à saúde física ou mental daquele, desde que existente um nexo etiológico entre o trabalho desenvolvido e o acidente e entre este último e a perda ou redução da capacidade para o trabalho ou, ainda, na morte do trabalhador.[(19)]

Por sua vez, o art. 20 da lei previdenciária[17] dispõe sobre as doenças ocupacionais, subdividindo-as em doenças profissionais (inciso I) e doenças do trabalho (inciso II):

> Consideram-se acidente do trabalho, nos termos do artigo anterior, as seguintes entidades mórbidas: I — doença profissional, assim entendida a produzida ou desencadeada pelo exercício do trabalho peculiar a determinada atividade e constante da respectiva relação elaborada pelo Ministério do Trabalho e da Previdência Social; II — doença do trabalho, assim entendida a adquirida ou desencadeada em função de condições especiais em que

(15) BRASIL. Lei n. 6.019, de 3 de janeiro de 1974, com redação dada pela Lei n. 13.467, de 31 de março de 2017. Dispõe sobre o trabalho temporário nas empresas urbanas, e dá outras providências. Art. 5º-A, § 3º.

(16) OLIVEIRA, Sebastião Geraldo de. *Indenização por acidente do trabalho ou doença ocupacional.* 8. ed. rev. amp. e atual. São Paulo: LTr, 2014. p. 34.

(17) *Ibidem,* p. 44.

(18) BRASIL. Lei n. 8.213, de 24 de julho de 1991. Dispõe sobre os planos de benefícios da Previdência Social e dá outras providências. Disponível em: <http://www.planalto.gov.br/ccivil_03/Leis/L8213cons.htm>. Acesso em: 7.10.2018. Arts. 19 e 20.

(19) MELO, Raimundo Simão de. *Direito ambiental do trabalho e a saúde do trabalhador:* responsabilidades legais, dano material, dano moral, dano estético, indenização pela perda de uma chance, prescrição. 5. ed. São Paulo: LTr, 2013. p. 364.

o trabalho é realizado e com ele se relacione diretamente, constante da relação mencionada no inciso I.

Doenças ocupacionais, sejam elas caracterizadas como doenças profissionais ou como doenças do trabalho, são consideradas espécie de acidente do trabalho. Sua origem relaciona-se com agressões ao meio ambiente do trabalho, desencadeadas por agentes insalubres de natureza física, química ou biológica. Por sua vez, os acidentes típicos, descritos no art. 19 da Lei n. 8.213, relacionam-se com a falta de segurança no trabalho[20].

O art. 21 da lei descreve situações diversas que, embora não enquadradas nos arts. 19 e 20, foram equiparadas pelo legislador a acidentes do trabalho.

Por fim, o art. 3º da Convenção n. 174 da OIT, conceitua acidente maior como "todo evento subitâneo, como emissão, incêndio ou explosão de grande magnitude, no curso de uma atividade em instalação sujeita a riscos de acidentes maiores, envolvendo uma ou mais substâncias perigosas e que implica grave perigo, imediato ou retardado, para os trabalhadores, a população ou o meio ambiente".

O presente artigo abordará casos de acidente do trabalho típicos e de acidentes maiores, cujas contribuições relacionam-se com os fatores organizacionais resultantes da imposição arbitrária de cláusulas contratuais na terceirização de serviços.

4. Acidentes ocorridos e cláusulas contratuais

Todos os casos relacionados neste artigo tiveram como ponto de partida a ocorrência de um acidente fatal ou um acidente maior, nos termos do art. 3º da Convenção n. 174 da OIT[21]. Após a ocorrência de cada evento, a auditoria-fiscal do trabalho realizou inspeção nos estabelecimentos envolvidos com o objetivo de identificar os fatos que contribuíram para os acidentes.

Dentre esses fatos, destacam-se omissões das prestadoras de serviço por deixar de identificar riscos e deixar de prevenir seus trabalhadores dos riscos de acidente presentes no estabelecimento da tomadora.

Ao analisar os contratos de prestação de serviços, os quais imputavam responsabilidade exclusiva à contratada pelas infrações trabalhistas na realização da tarefa, foram identificadas as seguintes cláusulas impostas pela contratante que contribuíram para a ocorrência do acidente: capacitação; fornecimento de ferramentas e equipamentos e; fornecimento de equipamentos de proteção individual.

As cláusulas de contrato citadas foram obtidas no exercício da atividade de fiscalização trabalhista, cujo sigilo está regido pelo art. 35, item II, do Decreto n. 4.552, de 27 de dezembro de 2002[22]: "Art. 35. É vedado aos Auditores-Fiscais do Trabalho e aos Agentes de Higiene e Segurança do Trabalho: (...) II — revelar informações obtidas em decorrência do exercício das suas competências".

Por esta razão, o desenvolvimento deste artigo transmite apenas o relato da atuação dos auditores-fiscais do trabalho no exercício da competência de analisar e inspecionar acidentes, nos termos do art. 18, item XIV do Decreto n. 4.552, de 27 de dezembro de 2002, sem identificação de empresa ou empresário.

4.1. Cláusula de capacitação na atividade de distribuição de líquidos inflamáveis

Determinada empresa desenvolve a atividade de distribuição de líquidos inflamáveis, sendo classificada como classe III pela Norma Regulamentadora n. 20 (NR-20). Para a realização de manutenção em seus equipamentos

(20) MELO, Raimundo Simão de. *Direito ambiental do trabalho e a saúde do trabalhador:* responsabilidades legais, dano material, dano moral, dano estético, indenização pela perda de uma chance, prescrição. *Op. cit.*, p. 361.
(21) ORGANIZAÇÃO INTERNACIONAL DO TRABALHO. *Convenção internacional do trabalho:* Convenção n. 174: convenção sobre a prevenção de acidentes industriais maiores. p. 11.
(22) BRASIL. Decreto n. 4.552, de 27 de dezembro de 2002. *Aprova o Regulamento da inspeção do trabalho.*

dentro da área de estoque de inflamáveis, contratou prestadora de serviços elétricos.

Após acidente com incêndio de grandes proporções, foi realizada inspeção das instalações no estabelecimento. Na inspeção, verificou-se que um dos trabalhadores da prestadora de serviços em eletricidade não havia realizado curso de capacitação para operar em áreas com estoque de inflamáveis. Nesses locais, os trabalhadores que realizam manutenção devem realizar curso intermediário de 16 (dezesseis) horas, conforme item 20.11.5 da mesma norma:

> 20.11.5. Os trabalhadores que laboram em instalações classes I, II e III, adentram na área ou local de extração, produção, armazenamento, transferência, manuseio e manipulação de inflamáveis e líquidos combustíveis e mantêm contato direto com o processo ou processamento, realizando atividades de manutenção e inspeção, devem realizar curso Intermediário. (MINISTÉRIO DO TRABALHO, 2018)(23)

A análise do contrato revelou como obrigação da prestadora: confiar os serviços somente a profissionais empregados, habilitados e especializados nas atividades contratadas, utilizando-se o mais alto nível da técnica atual. A comprovação da capacidade técnica profissional poderá ser exigida, a qualquer momento, pelo contratante.

E dentre as obrigações da tomadora: fiscalizar a realização dos serviços, por seus prepostos, encarregados de verificar o cumprimento das obrigações contratuais, podendo inclusive recusar ou sustar qualquer serviço executado em desacordo com o contrato ou que atente contra a segurança de pessoas, bens do contratante, de terceiros ou contra o meio ambiente.

No contrato também havia cláusula dispondo que a ação ou omissão, total ou parcial, da fiscalização pela contratante não eximiria a contratada da total responsabilidade pela execução dos serviços e não limitaria a responsabilidade da contratada pela inobservância de qualquer problema por parte da fiscalização.

Os responsáveis pela segurança do trabalho da tomadora informaram que a alta rotatividade de trabalhadores terceirizados, inclusive das próprias prestadoras de serviço, dificulta a garantia de que todos empregados recebam os treinamentos obrigatórios. Além disso, a necessidade dos serviços da prestadora geralmente é imediata, o que dificulta a fiscalização quando é realizada logo antes do início da prestação do serviço.

Destaque-se que a obrigação legal da tomadora não está limitada apenas ao atendimento à NR-20(24), devendo também observar ao comando do art. 9º, item *c*, da Convenção n. 174 da Organização Internacional do Trabalho:

> Art. 9º Com relação a cada instalação sujeita a risco maior, os empregadores deverão criar e manter um sistema documentado de controle de risco que preveja: [...]
>
> c) medidas organizacionais que incluam formação e instrução do pessoal, fornecimento de equipamentos de segurança, níveis do pessoal, horas de trabalho, definição de responsabilidade controle de empresas externas e de trabalhadores temporários no local da instalação. (OIT, 2014)(25)

No caso concreto, pode-se chegar à conclusão de que impor à empresa prestadora de serviços uma cláusula contratual com obrigação de capacitar seus trabalhadores quanto aos riscos inerentes da tomadora, limitando-se a esta apenas a obrigação de fiscalizar no momento da prestação do serviço, deixou de garantir que trabalhadores devidamente capacitados adentrassem as áreas de risco do estabelecimento.

4.2. Cláusula de treinamento em atividade de produção de fertilizantes

Durante a parada para manutenção de uma empresa de fertilizantes, foi contratada

(23) MINISTÉRIO DO TRABALHO. *Normas Regulamentadoras*. Brasília, 2018.
(24) MINISTÉRIO DO TRABALHO. *Normas Regulamentadoras*. Brasília, 2018.
(25) ORGANIZAÇÃO INTERNACIONAL DO TRABALHO. *Convenção internacional do trabalho:* Convenção n. 174: convenção sobre a prevenção de acidentes industriais maiores. p. 14.

uma prestadora de serviços em engenharia para realizar atividade de corte e soldagem nas linhas de vapor sob alta pressão.

Para a execução dos reparos, os trabalhadores eram obrigados a assinar uma permissão de trabalho, na qual tinham ciência de que seu supervisor imediato havia vistoriado o operador da contratante bloquear as linhas de vapor que iriam atuar. Durante execução do serviço, o trabalhador que realizava o corte da tubulação recebeu um jato de vapor em alta temperatura no peito, vindo a falecer.

Na análise do acidente, constatou-se a ausência de bloqueio da linha de vapor que o acidentado estava atuando. O operador da contratante, acompanhado do supervisor da prestadora de serviços, realizou o bloqueio e a liberação de linha diversa da que seria realizado o serviço.

Em entrevista, o supervisor da contratada afirmou não ter recebido treinamento quanto aos procedimentos de bloqueio, deixando sempre a cargo do operador da contratante avalizar a segurança da linha de vapor. Embora tenha acompanhado o operador da contratante nos bloqueios, afirmou não possuir entendimento suficiente para questionar a atuação deste.

Esclareça-se que deixar de informar aos trabalhadores os meios para prevenir e limitar riscos que possam originar-se nos locais de trabalho e as medidas adotadas pela empresa é infração ao item 1.7, alínea "c", II, da Norma Regulamentadora n. 1, do Ministério do Trabalho[(26)].

No contrato foram identificadas as seguintes obrigações da terceirizada: prestar os serviços com pessoal devidamente treinado e capacitado, cabendo à contratada total e exclusiva responsabilidade pela coordenação e prestação dos serviços, responsabilizando-se quanto às questões legais, administrativas e técnicas.

Já as obrigações da tomadora dos serviços seriam disponibilizar à contratada todas as informações e normas internas da contratante necessárias à prestação dos serviços.

Por fim, o contrato também dispõe de cláusula de fiscalização, na qual a contratante poderá, a qualquer tempo, fiscalizar e vistoriar a exata e pontual execução dos serviços e o cumprimento das demais obrigações. Sempre que solicitado pela contratante, a contratada deverá comprovar o cumprimento dessas obrigações.

Entrevistados, os responsáveis pela segurança do trabalho da tomadora informaram que todos os procedimentos operacionais foram entregues à prestadora, inclusive as instruções de bloqueio. Contudo, não haveria como garantir que todas as prestadoras capacitaram seus trabalhadores quanto aos procedimentos disponibilizados e que todo o conteúdo foi absorvido de forma adequada para a realização do serviço.

Com base na análise deste acidente, conclui-se que impor ao contratado a obrigação de capacitar seus trabalhadores aos procedimentos operacionais da contratante, limitando-se esta a apenas fiscalizar o desenvolvimento das atividades, não garantiu que trabalhadores devidamente capacitados realizassem as tarefas de forma segura no estabelecimento.

4.3. Cláusula de fornecimento de equipamentos e ferramentas

Na mesma empresa que estoca líquidos inflamáveis, mas em outra prestadora de serviços na área de risco, verificou-se que as ferramentas com isolamento elétrico da empresa terceirizada não eram testadas e inspecionadas, conforme item 10.4.3.1 da Norma Regulamentadora n. 10 (NR-10)[(27)]. E também com a ABNT NBR 9.699 (EB1027) de 7.2015[(28)].

(26) MINISTÉRIO DO TRABALHO. *Normas Regulamentadoras*. Brasília, 2018.
(27) MINISTÉRIO DO TRABALHO. *Normas Regulamentadoras*. Brasília, 2018.
(28) ASSOCIAÇÃO BRASILEIRA DE NORMAS TÉCNICAS. *NBR 9.699: Ferramentas manuais — Isolação elétrica até 1 000 V c.a. e 1 500 V c.c.* Rio de Janeiro, 2015.

> (...) o uso de equipamentos, dispositivos e ferramentas contendo materiais isolantes, funcionais ou de proteção, devem ter esse isolamento elétrico compatível com a tensão elétrica e condições de operação, de forma a preservar a segurança e saúde dos usuários. Tal material isolante elétrico deve ser inspecionado e testado, em conformidade e atendimento às regulações, quando houver, às recomendações do fabricante ou na ausência, aos procedimentos dos tomadores de serviço. (PEREIRA, 2010)[29]

A inspeção prévia evita o uso de ferramentas com risco de conduzir eletricidade e como fonte de ignição dentro da área com produtos inflamáveis. Cabe ainda destacar que na empresa contratante o pessoal próprio manutenção possui ferramentas devidamente certificadas, conforme item da NR-10[30].

A análise do contrato demonstrou a existência de cláusula impondo obrigação de que a prestadora de serviço forneça a relação de máquinas, ferramentas e equipamentos necessários à realização dos serviços, obtendo as necessárias autorizações de entrada e permanência nas dependências do contratante.

Do contrato de prestação de serviços consta a mesma cláusula de fiscalização dos serviços prestados pela contratante citados nos exemplos anteriores.

Os responsáveis pela segurança do estabelecimento informaram realizar as auditorias previstas em contrato, embora não seja possível garantir que as prestadoras de serviço estejam portando ferramentas e equipamentos em completa conformidade com as normas, já que é a contratada que realiza a compra dos materiais.

Informaram também que os dispositivos contratuais teriam como objetivo responsabilizá-las pelas infrações cometidas e não de garantir a aquisição e utilização de ferramentas e equipamentos em conformidade com a norma. No caso dos trabalhadores próprios, é possível garantir a utilização de equipamentos e ferramentas corretos, uma vez que o setor próprio de compras da tomadora somente adquire materiais com especificações adequadas ao risco do estabelecimento.

No caso analisado, pode-se concluir que impor ao contratado a obrigação de portar equipamentos e ferramentas adequadas aos riscos presentes no estabelecimento da tomadora não garantiu que os trabalhadores da prestadora de serviços adentrassem apenas com instrumentos adequados nas áreas com risco de inflamáveis na contratante, sendo insuficiente a mera fiscalização por parte da tomadora.

4.4. Cláusula de fornecimento de equipamentos de proteção individual

Em uma empresa que realiza estocagem de alimento líquido, o produto estocado é mantido resfriado com um sistema de refrigeração com amônia, um material tóxico e gasoso em temperatura ambiente. Para mudar a posição das tubulações do sistema, contratou uma empresa de manutenção de equipamentos e soldagem. Durante a prestação dos serviços, a tubulação rompeu-se e ocorreu vazamento de amônia no ambiente. Um vazamento descontrolado de amônia torna a atmosfera imediatamente perigosa à vida, pois:

> O gás é um irritante poderoso das vias respiratórias, olhos e pele. Dependendo do tempo e do nível de exposição podem ocorrer efeitos que vão de irritações leves a severas lesões corporais. [...]
>
> A exposição a concentrações acima de 2.500 ppm por aproximadamente 30 minutos pode ser fatal. (MINISTÉRIO DO TRABALHO, 2007)[31]

---

(29) PEREIRA, Joaquim Gomes; SOUSA, João José Barrico de. *Manual de auxílio na interpretação e aplicação da NR-10*. São Paulo: Superintendência Regional do Trabalho de São Paulo, 2010. p. 40.

(30) MINISTÉRIO DO TRABALHO. *Normas Regulamentadoras*. Brasília, 2018.

(31) MINISTÉRIO DO TRABALHO. *Nota Técnica n. 3/2004:* refrigeração industrial por amônia: riscos, segurança e auditoria fiscal. 2. tir. Brasília: MTE, SIT, DSST, 2007. p. 12.

Os prestadores de serviços absorveram o gás e tiveram que ser levados imediatamente para emergência médica. Na análise do acidente, foi constatado que os trabalhadores portavam máscara semifacial, deixando a pele do rosto e os olhos descobertos e, por consequência, desprotegidos da amônia.

> O respirador que deve ser utilizado em atmosferas imediatamente perigosas à vida e à saúde provocada pela presença de contaminantes tóxicos é a máscara autônoma de demanda com pressão positiva, com peça facial inteira, ou um respirador de linha de ar comprimido de demanda com pressão positiva, com peça facial inteira, combinado com cilindro auxiliar para escape. (TORLONI, M., 2002)[32]

Fornecer aos empregados equipamento de proteção individual inadequado ao risco é irregular, nos termos do item 6.3 da Norma Regulamentadora n. 6, do Ministério do Trabalho[33].

Na entrevista, os trabalhadores acidentados informaram acreditar que a prestadora de serviço forneceu o equipamento de proteção individual correto e que a tomadora verificou a conformidade do equipamento na liberação do trabalho, conforme permissão de trabalho emitida.

Todavia, em entrevista com os responsáveis pela segurança e permissão do serviço, a liberação ocorreu de forma aparente. Ou seja, o responsável pela liberação não verificou se todos os equipamentos de proteção individual utilizados seriam os corretos, não anotou os Certificados de Aprovação tampouco verificou se estavam válidos. Ao assinalar que verificou a utilização dos equipamentos de proteção individual na liberação, apenas considerou não haver impedimentos à realização do serviço, já que os trabalhadores aparentavam estar corretamente equipados.

A análise do contrato de prestação de serviço revelou que a tomadora impôs uma cláusula que obriga à contratada o fornecimento dos equipamentos de proteção individual adequados aos riscos ambientais no estabelecimento da contratante. Por outro lado, à contratante coube apenas a cláusula de fiscalização das atividades realizadas pelo prestador de serviço, inclusive quanto às normas de segurança e saúde.

Sobre a cláusula contratual, os responsáveis pela segurança do trabalho no estabelecimento afirmaram ser impraticável checar o Certificado de Aprovação e a sua validade para todos os equipamentos de proteção individual no momento em que a permissão de trabalho é emitida, pois o serviço está prestes a começar. E sobre o uso do equipamento de proteção correto, embora os prestadores de serviço sejam informados sobre as especificações dos equipamentos a serem adquiridos, seria difícil garantir que estarão portando o especificado no momento da realização da atividade, já que esses prestadores realizam serviços também para outras empresas e, consequentemente, com outros riscos. Tal problema não ocorreria com os trabalhadores próprios, uma vez que os equipamentos de proteção individual apenas são adquiridos e fornecidos internamente se estiverem em conformidade com os riscos do estabelecimento. Ou seja, o trabalhador próprio dificilmente estaria portando um equipamento inadequado.

Na situação analisada, conclui-se que impor ao contratado a obrigação de fornecer e a exigir utilização de equipamentos de proteção individual adequados aos riscos presentes no estabelecimento da contratante não garantiu que os prestadores de serviço utilizassem equipamentos de proteção individual adequados ao risco em seu estabelecimento, mesmo com fiscalização durante a emissão da permissão de trabalho.

(32) TORLONI, M.; VIEIRA, A. V.; AQUINO, J. D.; ALGRANTI, E. *Programa de proteção respiratória:* recomendações, seleção e uso de respiradores. São Paulo: Fundacentro, 2002. p. 28 e 29.

(33) MINISTÉRIO DO TRABALHO. *Normas Regulamentadoras*. Brasília, 2018.

5. *Análise dos efeitos das cláusulas contratuais nos acidentes*

Sobre as cláusulas de capacitação, é necessário reconhecer que a gestão para capacitar trabalhadores terceirizados é tarefa mais complexa do que a de trabalhadores próprios. Pois no segundo caso, geralmente os postos de trabalho, as tarefas a serem executadas e os riscos ambientais são previamente identificados, sendo possível elaborar um programa de capacitação e habilitação específico. Já no caso de prestadores de serviço há uma variabilidade de locais e tarefas, o que dificulta uma prévia capacitação, notadamente quando a atividade da prestadora envolve serviço urgente, como uma manutenção corretiva. Além disso, há também a dificuldade de checar a conformidade do treinamento dos trabalhadores com os riscos a que ele estará sujeito no momento da emissão da permissão de trabalho.

Quanto às cláusulas de fornecimento de equipamentos e ferramentas, a dificuldade está em assegurar que os milhares de materiais adquiridos pela contratada estarão em conformidade com as normas legais e os riscos da contratante. No caso dos trabalhadores próprios, o setor de compras da tomadora é responsável pela aquisição de ferramentas em conformidade unicamente com as especificações adequadas aos riscos inerentes ao estabelecimento. Por outro lado, as empresas prestadoras de serviço buscam adquirir ferramentas e equipamentos que atendam todos os riscos de todas as empresas para as quais oferecem serviço. Assim, é grande a chance do trabalhador terceirizado utilizar ferramenta ou equipamento que seja inadequado ao risco específico presente na contratante.

Já a cláusula de fornecimento de equipamentos de proteção individual tem a mesma problemática da cláusula de fornecimento de equipamentos e ferramentas. Existindo ainda a obrigação de checar dezenas de equipamentos de proteção individual no momento da emissão da permissão de trabalho, sendo todos de extrema importância especialmente em locais de alto risco de acidentes. Há ainda a grave possibilidade de que nenhum EPI seja fornecido ao trabalhador, uma vez que a falta de instrumentos impossibilita a realização do serviço, mas a falta do equipamento de proteção não tem esse impedimento.

Por fim, conclui-se que a cláusula de fiscalização das empresas contratantes é mais uma cláusula arbitrária do que efetivamente garantidora da segurança e saúde dos trabalhadores.

Primeiramente porque todas as fiscalizações realizadas pela contratante foram avaliações pontuais e com alcance limitado, não garantindo condições de segurança no momento da execução dos serviços.

Além disso, a fiscalização costuma ser realizada no momento imediatamente anterior à realização do serviço, mesmo existindo uma impossibilidade temporal de realizar a verificação de todos os equipamentos de proteção, ferramentas e capacitações. Trata-se de uma situação em que o responsável pela liberação do serviço está pressionado, tendo de concluir rapidamente pela autorização ou não, o que compromete a sua análise crítica sobre a segurança e saúde na atividade.

Considerando ainda o incômodo que é gerado quando há negativa de autorização, esse profissional tende a confiar no preparo daquele que se apresenta como prestador de serviço.

Assim, tendo em vista a limitação das fiscalizações por parte das tomadoras de serviços, conclui-se que tal atividade deve ser apenas uma das redundâncias na gestão de segurança e não o sistema de gestão da segurança em si, como se presencia na prática.

Tecnicamente, para a prevenção é importante poder identificar de modo preciso aquilo que é chamado de "causas profundas", quase sempre de caráter organizacional e avaliar seus múltiplos efeitos no desenvolvimento da situação acidental. Com efeito, a ação no nível dessas causas profundas do acidente por meio de ações corretivas, permite não somente evitar a renovação de uma sequência acidental particular, mas, de forma mais geral, evitar o desenvolvimento de uma situação propícia à ocorrência de um certo número de sequências acidentais possíveis.[34]

Ou seja, para garantir as condições de segurança e saúde das contratadas nos exemplos citados, uma empresa contratante deveria implementar sistemas de gestão de segurança e saúde que verifiquem todas as capacitações, todos os equipamentos e ferramentas e todos os EPIs das prestadoras para cada um dos serviços a serem realizados em seu estabelecimento antes de permitir que os terceirizados adentrem nos locais de prestação de serviços.

Uma outra alternativa mais efetiva seria a contratante mesmo realizar as capacitações, além de adquirir e fornecer equipamentos, ferramentas e EPIs de acordo com seus riscos no estabelecimento. Cada uma dessas iniciativas, se praticada pela contratante, constituiria uma barreira que impediria o desenvolvimento do acidente. Por exemplo, a capacitação sobre procedimentos operacionais oferecida pela tomadora também contemplaria informar os riscos inerentes da atividade econômica.

Conclusão

Por tudo quanto foi exposto, é possível concluir que a terceirização é prática presente e da qual não se tem como fugir, sendo hoje permitida sua adoção em qualquer atividade de uma empresa.

Contudo, por certo, quando adotada unicamente com o objetivo de redução de custos e não de especialização de serviços, assume seu caráter precarizante e potencialmente acidentário já no bojo do próprio contrato celebrado entre empresa tomadora de serviços e empresa prestadora de serviços. Pois prestadoras de serviço que desconhecem plenamente os riscos da tomadora oferecem orçamentos de serviço mais baixos. Consequentemente, deixam de realizar capacitações e adquirem equipamentos de proteção e ferramentas baratas e inadequadas.

A adoção de cláusulas ditas fiscalizatórias, como os acidentes analisados demonstraram, funcionaram apenas como uma medida arbitrária e ineficaz para uma efetiva gestão da saúde e segurança num empreendimento.

A lógica por traz da redução de custos operacionais e da delegação de responsabilidades que deveriam ser próprias parece, inclusive, ignorar a existência do corpo de segurança das empresas tomadoras, especialmente do serviço especializado em segurança e medicina do trabalho, na elaboração responsável de cláusulas contratuais relacionadas à saúde e segurança do trabalho, porquanto tais profissionais podem suprir o desconhecimento e a falta de preparo das prestadoras de serviços acerca das especificidades inerentes às atividades das empresas tomadoras.

A legislação impôs à tomadora a obrigação de garantir efetivamente condições de segurança, higiene e salubridade dos trabalhadores das prestadoras de serviço. Tal obrigação, em hipótese alguma, se resume a um mero dever de fiscalização, o qual como demonstrado nos casos analisados não impediram a ocorrência de acidentes.

Finalizando, para que a celebração de um contrato de terceirização garanta as condições de segurança, higiene e salubridade dos trabalhadores, é necessário que o setor jurídico das empresas se aproxime dos profissionais de segurança e saúde do trabalho, principalmente das terceirizadas, com o objetivo de garantir um ambiente seguro de trabalho e não de simplesmente buscar afastar-se de responsabilizações futuras.

Referências bibliográficas

ASSOCIAÇÃO BRASILEIRA DE NORMAS TÉCNICAS. *NBR 9.699:* ferramentas manuais — isolação elétrica até 1000 V c.a. e 1500 V c.c. Rio de Janeiro, 2015.

(34) LLORY, Michel; MONTMAYEUL, Rene. *O acidente e a organização*. Belo Horizonte: Fabrefactum, 2014.

BRASIL. Decreto n. 4.552, de 27 de dezembro de 2002. *Aprova o Regulamento da inspeção do trabalho.* Disponível em: <http://www.planalto.gov.br/ccivil_03/decreto/2002/d4552.htm>. Acesso em: 7.10.2018.

______. Lei n. 6.019, de 3 de janeiro de 1974, com redação dada pela Lei n. 13.467, de 31 de março de 2017. Dispõe sobre o trabalho temporário nas empresas urbanas, e dá outras providências. Disponível em: <http://www.planalto.gov.br/ccivil_03/LEIS/L6019.htm>. Acesso em: 7.10.2018.

______. Tribunal Superior do Trabalho. *Súmula n. 256.* Salvo os casos de trabalho temporário e de serviço de vigilância, previstos nas Leis ns. 6.019, de 3.1.1974, e 7.102, de 20.6.1983, é ilegal a contratação de trabalhadores por empresa interposta, formando-se o vínculo empregatício diretamente com o tomador dos serviços. Disponível em <http://www3.tst.jus.br/jurisprudencia/Sumulas_com_indice/Sumulas_Ind_251_300.html#SUM-256>. Acesso em: 7.10.2018.

CARELLI, Rodrigo de Lacerda. *Cooperativas de mão de obra: manual contra fraude.* São Paulo: LTr, 2002.

______. A terceirização no século XXI. *Revista do Tribunal Superior do Trabalho,* São Paulo, v. 79, n. 4, p. 232-244, out./dez. 2013, Disponível em: <https://hdl.handle.net/20.500.12178/55996>. Acesso em: 6.10.2018.

CASTRO, Maria do Perpetuo Socorro Wanderley de. *Terceirização:* uma expressão do direito flexível do trabalho na sociedade contemporânea. São Paulo: LTr, 2014.

DELGADO, Mauricio Godinho. *Curso de direito do trabalho.* 14. ed. São Paulo: LTr, 2015.

LLORY, Michel; MONTMAYEUL, Rene. *O acidente e a organização.* Belo Horizonte: Fabrefactum, 2014.

MELO, Raimundo Simão de. *Direito ambiental do trabalho e a saúde do trabalhador:* responsabilidades legais, dano material, dano moral, dano estético, indenização pela perda de uma chance, prescrição. 5. ed. São Paulo: LTr, 2013.

MINISTÉRIO DO TRABALHO. *Normas Regulamentadoras.* Brasília, 2018. Disponível em: <http://trabalho.gov.br/seguranca-e-saude-no-trabalho/normatizacao/normas-regulamentadoras>. Acesso em: 7.10.2018.

______. *Nota técnica n. 3/2004:* refrigeração industrial por amônia: riscos, segurança e auditoria fiscal. 2. tir. Brasília: MTE, SIT, DSST, 2007.

OLIVEIRA, Sebastião Geraldo de. *Indenização por acidente do trabalho ou doença ocupacional.* 8. ed. rev. amp. e atual. São Paulo: LTr, 2014.

ORGANIZAÇÃO INTERNACIONAL DO TRABALHO; SOBRINHO, Fernando Vieira (coord.). *Convenção internacional do trabalho:* Convenção n. 174: convenção sobre a prevenção de acidentes industriais maiores; Convenção internacional do trabalho: Recomendação n. 181: recomendação sobre a prevenção de acidentes industriais maiores. 2. ed. São Paulo: Fundacentro, 2010.

PEREIRA, Joaquim Gomes; SOUSA, João José Barrico de. *Manual de auxílio na interpretação e aplicação da NR-10.* São Paulo: Superintendência Regional do Trabalho de São Paulo, 2010.

REASON, J., 1997. *Managing the risks of organizational accidents.* Aldershot: Ashgate. *Apud* LLORY, Michel; MONTMAYEUL, Rene. *O acidente e a organização.* Belo Horizonte: Fabrefactum, 2014.

TORLONI, M.; VIEIRA, A. V.; AQUINO, J. D.; ALGRANTI, E. *Programa de proteção respiratória:* recomendações, seleção e uso de respiradores. São Paulo: Fundacentro, 2002.

Terceirização: Impactos sobre a Segurança e a Saúde no Trabalho para Trabalhadores em Estabelecimentos de Saúde

Ana Luiza Caldas Horcades[(1)]
Silvio Carlos Andrade da Silva[(2)]

Apresentação

A grande influência do meio ambiente sobre a saúde humana vem sendo demonstrada através de numerosos estudos. De acordo com a Organização Mundial de Saúde, o ambiente influencia a saúde de diversas formas, incluindo exposições prejudiciais, infraestrutura inadequada, ecossistemas degradados e más condições de trabalho, sendo que aproximadamente 23% das mortes mundiais podem ser atribuídas a causas ambientais, assim como 22% da redução de tempo de vida da população em geral[(3)]. O meio ambiente de trabalho, entendido como o microssistema de condições, leis, influências e interações de ordem física, química, biológica ou psicológica que incidem sobre o homem em seu local de trabalho ou em razão de sua atividade laboral, merece especial atenção. Assim como a Organização Mundial de Saúde, entendemos a saúde em seu conceito mais amplo, como um estado de completo bem-estar físico, mental e social, e não somente a ausência de afecções e enfermidades, e por isso devem integrar o conceito de meio ambiente de trabalho seguro e saudável a observância das regras sobre a organização, duração e intervalos do trabalho, bem como a imposição de ritmo de trabalho e a redução de fatores que possam interferir negativamente na saúde do trabalhador[(4)]. No caso específico do meio ambiente de trabalho, dadas as individualidades de determinadas atividades laborais e analisadas as precárias condições de trabalho às quais estão expostos os trabalhadores brasileiros, e com atenção especial ao trabalhador da saúde, tal impacto tende a agravar-se, visto que as atividades laborais ocupam importante percentual das horas semanais da população economicamente ativa e seu impacto tende a potencializar os efeitos negativos do meio ambiente sobre a saúde. Ao analisar um recorte

(1) Auditora-Fiscal do Trabalho.
(2) Auditor-Fiscal do Trabalho aposentado, professor assistente da Universidade Federal Fluminense.
(3) Ministério da Fazenda — Anuário Estatístico da Previdência Social, 2016, 2017.
(4) PRÜSS-ÜSTÜN, A. *et al. Preventing disease through healthy environments:* a global assessment of the burden of disease from environmental risks. OMS, 2016.

deste tema no que diz respeito ao meio ambiente de trabalho a que se expõe o trabalhador de saúde, é fundamental que se teçam comentários sobre a grande acidentalidade observada atualmente neste determinado setor no Brasil e se correlacione com o presente momento de flexibilização da legislação trabalhista e possibilidade de terceirização irrestrita.

A evolução observada nas estatísticas de acidentes e doenças ocupacionais para trabalhadores de saúde chama a atenção, especialmente quando comparada a outros setores onde a natureza da atividade é penosa ou a interação com máquinas e equipamentos é constante, como é o caso da construção civil. Ao analisar o Anuário Estatístico da Previdência Social de 2017, Seção I — Subseção A — Acidentes do Trabalho verificou-se que durante o ano de referência (2017) foram registrados 549.405 mil acidentes de trabalho. Com relação ao Anuário de 2017, cujos dados vêm estratificados por atividade econômica, o setor "serviços" participou com 27,32% do total, sendo que para acidentes típicos o subsetor "Saúde e Serviços Sociais" corresponde a 28,23% do total. Enquanto, em números absolutos, a acidentalidade na "Construção Civil" vem apresentando evidente redução absoluta e relativa se comparamos os dados de 2017 com os de 2015 (2015: total de 46.855 acidentes, e 2017: 31.637 acidentes), no setor "Saúde e Serviços Sociais" há um aumento significativo da ocorrência de acidentes no mesmo período (2015: total de 25,43% dos acidentes, e 2017: 27,32% dos acidentes). Esta avaliação se dá em números relativos tendo em vista o desaquecimento da economia que gerou menos postos de trabalho, formal e informalmente. Outra observação que chama a atenção é que o setor saúde e serviços sociais representam mais de um quarto dos acidentes de trabalho no país.

Tabela 1: Quantidade de Acidentes de Trabalho

	2015		2016		2017	
	Absoluto	Percentual	Absoluto	Percentual	Absoluto	Percentual
Construção Civil	46.855	7,53	38.683	6,61	31.637	5,76
Serviços	158.258	25,43	156.608	26,74	150.104	27,32
• Saúde	71.564	11,50	71.456	12,20	69.188	12,59
• Saúde Ampliado	96.815	15,56	96.939	16,55	93.008	16,93
Totais	622.379	100,00	585.626	100	549.405	100

Fonte: Anuário Estatístico de Acidentes de Trabalho 2017 – Ministério da Fazenda/INSS.

Tabela 2: CLASSIFICAÇÃO NACIONAL DE ATIVIDADES EMPRESARIAIS - CNAE

SETOR: SERVIÇOS											
C-29 – SERVIÇOS											
41.10-7	64.62-0	68.10-2	68.21-8	68.22-6	69.11-7	69.12-5	69.20-6	70.10-7	70.20-4	73.20-3	77.21-7
77.22-5	77.23-3	77.29-2	79.11-2	79.12-1	79.90-2	81.11-7	85.50-3	94.11-1	94.12-0	94.20-1	94.30-8
94.91-0	94.92-8	94.93-6	94.99-5								
C-30 - LOCAÇÃO DE MÃO-DE-OBRA E LIMPEZA											
80.11-1	80.12-9	80.20-0	80.30-7	81.21-4	81.22-2	81.29-0	81.30-3	96.01-7			
C-31 – ENSINO											
85.11-2	85.12-1	85.13-9	85.20-1	85.31-7	85.32-5	85.33-3	85.41-4	85.42-2	85.91-1	85.92-9	85.93-7
85.99-6	91.01-5	91.02-3	91.03-1	93.11-5	93.12-3	93.13-1	93.19-1				
C-32 – PESQUISAS											
71.20-1	72.10-0	72.20-7									
C-33 - ADMINISTRAÇÃO PÚBLICA											
84.11-6	84.12-4	84.13-2	84.21-3	84.22-1	84.23-0	84.24-8	84.25-6	84.30-2	99.00-8		
C-34 – SAÚDE											
75.00-1	86.10-1	86.21-6	86.22-4	86.30-5	86.40-2	86.50-0	86.60-7	86.90-9	87.11-5	87.12-3	87.20-4
87.30-1	96.03-3										
C-35 - OUTROS SERVIÇOS											
62.01-5	62.02-3	62.03-1	62.04-0	62.09-1	63.11-9	63.19-4	63.99-2	71.11-1	71.12-0	71.19-7	73.11-4
73.12-2	73.19-0	74.10-2	74.90-1	77.11-0	77.19-5	77.31-4	77.32-2	77.33-1	77.39-0	78.10-8	78.20-5
78.30-2	81.12-5	82.11-3	82.19-9	82.20-2	82.30-0	82.91-1	82.92-0	82.99-7	92.00-3	93.21-2	93.29-8
95.29-1	96.02-5	96.09-2	97.00-5								
SERVIÇOS DE SAÚDE AMPLIADO (contempla todas as atividades em Estabelecimentos de Saúde)											
71.20-1	72.10-0	75.00-1	80.11-1	81.11-7	81.21-4	81.22-2	81.29-0	82.20-2	84.12-4	84.25-6	85.31-7
85.32-5	85.33-3	85.41-4	85.42-2	86.10-1	86.21-6	86.22-4	86.30-5	86.40-2	86.50-0	86.60-7	86.90-9
87.11-5	87.12-3	87.20-4	87.30-1	93.11-5	93.12-3	93.13-1	93.19-1	93.21-2	93.29-8	94.11-1	94.12-0
94.91-0	94.99-5	95.29-1	96.01-7	96.02-5	96.03-3	96.09-2					

Fonte: Norma Regulamentadora nº 5 da Portaria MTb 3214/78

Para esta diminuição de acidentalidade e adoecimento dos trabalhadores da construção civil podemos sugerir várias causas, dentre elas a evolução e modernização das técnicas de produção e as ações planejadas e reiteradas do Ministério do Trabalho no sentido de diminuir a informalidade e impor a implementação das Normas de Saúde e Segurança no Trabalho, que vêm sofrendo alterações constantes, em especial as Normas Regulamentadoras — NR-18 e 12 da Portaria n. 3.214/78, com foco nas fiscalizações das obras tanto de grande porte, onde encontramos com frequência máquinas e equipamentos pesados e grande incidência de terceirização, quanto de médio e pequeno, onde verificamos grande incidência de informalidade nas relações de trabalho e improvisos na execução de tarefas, com gerenciamento precário das condições de saúde e segurança do trabalhador envolvido na atividade.

No Setor de Saúde e Serviços Sociais, no período analisado, apesar de ter havido evolução na indústria farmacêutica, na medicina diagnóstica e na medicina de uma forma geral, não se pode dizer que houve significativas mudanças nas técnicas de trabalho que tragam impacto na exposição do trabalhador aos riscos ocupacionais, em especial ao risco biológico, campo onde tem havido o desenvolvimento de germes multirresistentes e de difícil manejo. Isto nos conduz à importância da análise das particularidades do referido meio ambiente e das relações trabalhistas que vêm impactando nestes violentos índices registrados.

A NR-32 — SEGURANÇA E SAÚDE NO TRABALHO EM SERVIÇOS DE SAÚDE traz, em seu item 32.1.2, a seguinte definição de serviços de saúde:

> *"Para fins de aplicação desta NR entende-se por serviços de saúde qualquer edificação destinada à prestação de assistência à saúde da população, e todas as ações de promoção, recuperação, assistência, pesquisa e ensino em saúde em qualquer nível de complexidade"*[(5)]. (grifo nosso)

(5) MINISTÉRIO DO TRABALHO – NORMA REGULAMENTADORA 32 – 2005.

A definição de serviço de saúde incorpora, portanto, o conceito de edificação. Assim, todos os trabalhadores que exerçam atividades nessas edificações, relacionadas ou não com a promoção e assistência à saúde, são abrangidos, como por exemplo, atividade de conservação e limpeza, lavanderia, entre outros[(6)]. Antes de aprofundarmos a análise das relações de trabalho observadas nos serviços de saúde, em especial nos hospitais, devemos nos ater às características ambientais peculiares desta atividade.

O meio ambiente de trabalho observado apresenta uma gama expressiva de riscos, sendo prevalente o biológico como agente insalubre, a qual afeta a todos os ocupantes dos ambientes laborais, independente da tarefa exercida e do regime jurídico a que se sujeita. As ações chave de promoção e prevenção relacionadas ao risco biológico se estabelecem através de medidas de biossegurança, que são normas que orientam os trabalhadores da saúde e outros ofícios para o controle das contaminações cruzadas de origem ocupacional causadas por micro-organismos. Por princípio, todos os trabalhadores da saúde devem tratar a todos os pacientes e seus fluidos corporais como se estivessem contaminados e tomar as precauções necessárias para prevenir que ocorra a transmissão. O risco biológico é de difícil manejo por diversas razões, dentre elas o fato de não ser visível ou facilmente detectável, aliado, equivocadamente, à crença de que estão presentes em todos os ambientes da natureza, e tende muitas vezes a ser menosprezado quando das avaliações ambientais, em especial naquelas realizadas por serviços terceirizados. Estes serviços que prestam assessoria, apesar de serem, em teoria, especialistas em avaliações ambientais, comumente não possuem familiaridade com as boas práticas de higiene e não possuem intimidade com a metodologia de avaliação do risco biológico por prestarem serviço para setores econômicos diversos, cujas características diferem radicalmente das aqui descritas. Por outro lado, o perfil microbiológico é particular e próprio de cada estabelecimento de saúde e também pode apresentar variações de difícil percepção decorrentes da natureza das doenças diversas em pacientes, o que entrava as implantações de medidas de controle. Cita-se ainda a presença de riscos combinados, como o risco físico decorrente das radiações ionizantes e não ionizantes, que pode ser utilizada de forma diagnóstica ou terapêutica e de riscos químicos de naturezas diversas, desde a simples manipulação de medicações rotineiras até o uso sistemático de quimioterápicos antineoplásicos[(7)]. Dentre as medidas de controle indicadas, boa parte destas depende de procedimentos a serem adotados pelos trabalhadores que precisam ser constantemente monitorados e submetidos a treinamentos e capacitações, como a lavagem correta das mãos, a higienização de utensílios, e o uso de equipamentos de contenção e de proteção individual de forma correta. Tais particularidades demandam, inclusive, esquema vacinal específico, com imunização obrigatória para hepatite B, difteria, tétano, de doenças próprias da infância (que apresentam severas repercussões em adultos), além de outras estabelecidas no Programa de Controle Médico e Saúde Ocupacional — PCMSO, a partir de levantamentos realizados no Programa de Prevenção de Riscos Ambientais — PPRA.

O controle de riscos descrito na NR-9 – Programa de Prevenção de Riscos Ambientais, como referencial primordial de prevenção, à qual se alia a NR-32, tem como objetivo eliminar ou mitigar a exposição dos trabalhadores do serviço de saúde, bem como daqueles que exercem atividades de promoção e assistência à saúde, aos agentes biológicos. Para se obter o conhecimento dos riscos potenciais que decorrem das diferentes situações de trabalho é necessária a observação criteriosa e *"in loco"* das condições e formas de exposição dos trabalhadores. As características de cada serviço de saúde envolvem as atividades desenvolvidas no serviço e também o perfil da população

(6) GANSTER, D. C.; ROSEN, C. C. Work stress and employee health: a multi-disciplinary review. *Journal of Management*, 39(5), p. 1085-1122, 2013.

(7) DIEESE — Anuário de Saúde do Trabalhador, 2015.

atendida, assim como estão sujeitas a mudanças decorrentes de fatores ambientais sem que haja possibilidade de controle destes por parte da empresa. Este ajuste fino do trato com o risco biológico é um fator imprescindível para a manutenção da saúde do trabalhador.

A NR-9 traz em seu item 9.3.5.1, como princípio básico, a necessidade de tomada de medidas de controle necessárias e suficientes para a eliminação, a minimização ou o controle dos riscos ambientais sempre que for identificado, na fase de antecipação, risco potencial à saúde do trabalhador, conforme transcrito a seguir:

> *9.3.5.1 Deverão ser adotadas as medidas necessárias suficientes para a eliminação, a minimização ou o controle dos riscos ambientais sempre que forem verificadas uma ou mais das seguintes situações:*
>
> ***a) identificação, na fase de antecipação, de risco potencial à saúde;*** (grifo nosso)
>
> *b) constatação, na fase de reconhecimento de risco evidente à saúde;*
>
> *c) quando os resultados das avaliações quantitativas da exposição dos trabalhadores excederem os valores dos limites previstos na NR-15 ou, na ausência destes os valores limites de exposição ocupacional adotados pela* ACGIH — American Conference of Governmental Industrial Higyenists, *ou aqueles que venham a ser estabelecidos em negociação coletiva de trabalho, desde que mais rigorosos do que os critérios técnico-legais estabelecidos;*
>
> *d) quando, através do controle médico da saúde, ficar caracterizado o nexo causal entre danos observados na saúde os trabalhadores e a situação de trabalho a que eles ficam expostos.*

Existem seis principais meios de controle de risco, 1 — A eliminação; 2 — A substituição; 3 — Os controles de engenharia; 4 — A organização de trabalho e tarefas; 5 — As barreiras; e 6 — Os equipamentos de proteção ou contenção individual. No caso específico para o risco biológico nas atividades laborais em Estabelecimentos de Saúde os aspectos 1º e 2º são praticamente impossíveis de serem aplicados, até porque o "meio de produção" é a fonte fomentadora do risco, condição pela qual ela se apresenta em busca da cura. Resta-nos apenas os controles de engenharia que para a maioria dos ambientes de trabalho apresentam soluções, cujos custos de implantação e manutenção são caros, sendo estes custos divididos ou repassados para prestadores de serviços, com a terceirização da mão de obra, como o caso de diagnósticos por imagem, terapêuticas de medicina nuclear, hemodinâmica, diálises e cirurgias de alta complexidade. Ainda no contexto das medidas de controle de engenharia é de vital importância a redução da exposição às fontes contaminantes, que se não no paciente, é delegada também, como regra corriqueira, a terceiros como os serviços de lavanderia, conservação e asseio, coleta de resíduos sólidos de saúde, dentre outras atividades. Restam, ainda, as práticas no trabalho, determinadas pela organização do trabalho e observância dos protocolos operacionais, o que em tese garante boas práticas de conduta resguardando o trabalhador de potenciais adoecimentos. No que pertine ao critério equipamentos de proteção pessoal estes são de grande valia quando falham as instâncias superiores do gerenciamento, mormente na questão biológica, dado ao fato de que suas portas de entrada, no organismo do trabalhador, são praticamente por qualquer região do corpo, seja pela pele e mucosas lesionadas ou íntegras e pela via respiratória. Este dado é importante, pois reforça todo o esforço nas condutas preventivas de retirada de adornos, proteção de qualquer região de pele que possa entrar em contato com material contaminante, a higienização das mãos antes e após o uso de luvas, bem como a limitação de uso de objetos pessoais em áreas restritas. A inobservância desses preceitos, que é um problema cultural bastante recorrente em estabelecimentos de saúde, principalmente quando os profissionais circulantes não são próprios do tomador de serviço gera uma potencialização coletiva do risco, pois crê-se que "bactéria tem em qualquer lugar" e, portanto, não faz mal. Tal concepção cai por terra na medida em estes locais, são ricos em microbiota altamente resistentes aos antibióticos e antimicóticos comuns e não aqueles que conosco convivem. Acresce-se às medidas de controle do risco biológico um parâmetro não aplicável aos demais riscos que são os Programas de imunização dos trabalhadores, sendo que destes, nenhum meio é totalmente eficaz isoladamente, sendo necessária a combinação das ações de forma planejada.

Quando tratamos de controles de engenharia, aí englobamos medidas administrativas e estruturais como sistema de programas de controle com o Programa de Manutenção, Organização e Controle de Ambientes Climatizados — PMOC, atividade 100% exercida por empresas terceiras, bem como o Programa de Gerenciamento de Resíduos Sólidos de Saúde — PGRSS, como também as medidas de proteção coletivas aplicáveis em cada situação particular, como: dispositivos de proteção de agulhas, lâminas de bisturi, lancetas e outros objetos perfurocortantes; autoclaves de barreira em funcionamento pleno; manipulação de fontes contaminantes em ambiente segregado; ainda o controle dos fluxos de coleta de resíduos sólidos de saúde e enxoval utilizado por pacientes; e as técnicas de higienização e desinfecção ambiental para o risco biológico. Com relação às práticas no trabalho, nos referimos a diversos detalhes que devem permear toda e qualquer atividade de saúde, e que devem ser descritas de forma minuciosa nos denominados Procedimentos Operacionais Padrão — POP. Estes têm como objetivo disciplinar e padronizar procedimentos de segurança e boas práticas de modo a reduzir a carga e tempo de exposição do trabalhador a agentes patógenos, muitos destes resistentes até mesmo aos quimioterápicos convencionais. Os POPs devem ser estudados e seguidos pelos trabalhadores de forma a evitar o contato e a propagação do agente, protegendo desta forma não só o trabalhador envolvido em determinada tarefa, mas também todos aqueles que, acessoriamente, exercem atividades laborais no local. Neste item ressalta-se novamente a importância das rotinas de lavagem das mãos, por exemplo, que quando não são corretamente executadas, podem gerar a contaminação do ambiente e a consequente contaminação cruzada entre pacientes manipulados pelo mesmo profissional de saúde. Ao examinar a importância dos equipamentos de proteção pessoal, como jalecos, máscaras, uniformes, toucas, é importante lembrar que sua eficácia depende completamente do correto uso, higienização e guarda, caso contrário estes podem não apresentar a proteção esperada e desta forma mascarar a exposição do trabalhador ao agente em questão. Os equipamentos de proteção individual, aqueles que permanecem com um único trabalhador, como luvas e óculos, devem encontrar-se em perfeito estado de conservação, serem utilizados da forma correta e sempre que a tarefa assim o exigir, ficando a cargo do trabalhador o julgamento da necessidade e existindo, desta forma, a obrigatoriedade de que sejam realizadas frequentes capacitações e a constante possibilidade de falha[8]. Os programas de imunização são medidas profiláticas que objetivam proporcionar uma adequada imunidade aos trabalhadores, garantindo o não adoecimento do trabalhador em caso de falha de processos e métodos de proteção já citados; ou pelo menos diante de uma eventual contaminação com determinados agentes, possa ser demonstrado uma eficácia da medida vacinal preventiva. Cumpre ressaltar que condições inadequadas de armazenamento e de conservação destas vacinas comprometem sua eficácia, lembrando que o esquema vacinal potencializa a capacidade de produção de imunoglobulina — anticorpos, no senso comum, e que cada indivíduo responde de forma particular à vacinação, podendo haver ou não a resposta imunológica desejada.

Dado o exposto, não se pode garantir a eficácia do controle dos riscos biológicos, sendo fundamental que se ressalte que muitos destes fatores dependem de práticas e intervenções constantes, e que podem apresentar influências e falhas, devendo ser objeto de ação contundente, planejada e persistente para o controle do risco biológico no estabelecimento. E desta forma, devemos analisar a capacidade de gestão desta sorte de risco quando existem nestes locais trabalhadores prestando serviços das formas mais diversas de contratação, além da circulação de outros profissionais que trazem seus pacientes para o seio do estabelecimento

(8) Secretaria de Inspeção do Trabalho — Riscos biológicos, Guia Técnico, 2008.

de saúde sem qualquer subordinação direta ao contratante e com conhecimento sofrível das técnicas e das práticas determinadas em cada estabelecimento, que poderão sofrer alterações com frequência indeterminável.

Para ampliarmos a discussão sobre o meio ambiente de trabalho dos trabalhadores de saúde, ainda devemos considerar como agente causal o risco ergonômico, desde a sua vertente osteomusculo-articular, até os aspectos psicossociais nas relações e pressões de trabalho. Este último uma importante influência naquilo que denominamos de estresse ocupacional, que guarda também relação direta com o adoecimento desta categoria profissional. O estresse ocupacional pode ser definido como um processo pelo qual vivências e demandas psicológicas no local de trabalho produzem alterações a curto e longo prazo na saúde física e mental do trabalhador[(9)]). O ambiente de trabalho de serviços de saúde tende a ser de alto nível de estresse, em especial em setores fechados, como centros de terapia intensiva, por manterem rotina ininterrupta com 24 horas diárias de funcionamento, tomadas de decisão críticas que representam, em muitas das vezes, sobre vida ou morte de uma pessoa, baixo contato com o ambiente externo, muitas vezes sem que seja possível a diferenciação do dia e da noite, e o ruído constante de equipamentos assistenciais como bombas infusoras de medicamentos e monitores de sinais vitais, que apresentam "bipes" frequentes e que muitas vezes não podem ser silenciados sob pena de prejudicar o atendimento do paciente, e ainda os setores de atendimento a pacientes crônicos, como unidades de internação em geral, visto que o convívio diário com a doença e o sofrimento apresenta grande impacto sobre os fatores psicossociais que favorecem o estresse e sua conversão somática em adoecimento, classicamente conhecido como *"Burn-out"*. Esta síndrome se revela por aspectos físicos como pinçamentos e hérnias discais, bursites, tendinites, tremores, taquicardias e arritmias, dentre outros, e ainda por aspectos relacionados com manifestações psicocomportamentais como síndrome do pânico, depressão, crises de ansiedade e deflagração de dependência química, o que torna a condição muitas vezes de difícil análise e correlação de nexo causal.

Discussão

Considerando tudo o que foi anteriormente exposto, devemos discutir a jornada de trabalho exercida nos estabelecimentos de saúde. Quando analisamos a jornada desses trabalhadores, percebemos que, por se tratar de serviços que geralmente funcionam de forma contínua (24 horas por dia), historicamente há uma tendência à implementação de jornadas de doze horas de trabalho por trinta e seis horas de descanso, o que possibilita que o trabalhador possua mais de um vínculo. Este dado é confirmado pelo Anuário de Saúde do Trabalhador 2015 – DIEESE, que traz as atividades de atendimento hospitalar em segundo lugar no *ranking* de atividades econômicas com maior frequência de trabalhadores com mais de um vínculo, em números absolutos, perdendo apenas para a administração pública em geral, conforme demonstrado nas tabelas 3 e 4, a seguir:

(9) ENSP; FIOCRUZ. *Plataforma RENAST Online* — Série histórica de acidentes do trabalho (INSS): 2002-2014. Rio de Janeiro.

Tabela 3: Classificação das 20 Atividades Econômicas com Maior Frequência de Trabalhadores com mais de um Vínculo – Brasil 2014

Atividade econômica	Número de Vínculos			Proporção Percentual
	Repetidos (1)	Únicos (2)	Total (3)	
Administração pública em geral	924.300	7.170.832	8.095.132	11,4
Atividades de atendimento hospitalar, exceto PS e unidades para atendimento a urgências	89.472	806.089	895.561	10,0
Educação superior graduação e pós-graduação	66.419	341.597	408.016	16,3
Educação superior graduação	58.663	231.234	289.897	20,2
Ensino fundamental	54.236	277.830	332.066	16,3
Atividades de vigilância e segurança privada	42.241	527.068	569.309	7,4
Regulação das atividades de saúde, educação, serviços culturais e outros serviços sociais	36.516	154.725	191.241	19,1
Ensino médio	32.490	120.427	152.917	21,2
Atividades de atendimento em PS e unidades hospitalares para atendimento a urgências	32.140	215.014	247.154	13,0
Construção de edifícios	28.879	1.085.504	1.114.383	2,6
Atividades de associações de defesa de direitos sociais	23.019	352.313	375.332	6,1
Outras atividades de ensino não especificadas anteriormente	18.971	142.516	161.487	11,7
Educação infantil pré-escola	16.985	154.487	171.472	9,9
Condomínios prediais	14.346	555.342	569.688	2,5
Limpeza em prédios e em domicílios	14.295	692.143	706.438	2,0
Comércio varejista de produtos farmacêuticos, sem manipulação de fórmulas	13.668	341.745	355.413	3,8
Justiça	12.466	253.981	266.447	4,7
Restaurantes e similares	11.525	731.727	743.252	1,6
Atividades de teleatendimento	10.216	479.339	489.555	2,1
Atividades de condicionamento físico	9.393	75.742	85.135	11,0
Subtotal (4)	1.510.240	14.709.655	16.219.895	9,3
Total	1.976.916	47.594.594	49.571.510	4,0

Fonte: MTPS/Rais — DIEESE.

Nota: (1) Número de empregos ocupados por trabalhadores que possuem mais de um vínculo.

(2) Número de empregos ocupados por trabalhadores que possuem apenas um vínculo.

(3) Estoque de empregos ativos em 31.12.2013.

(4) Corresponde somente às vinte maiores atividades.

Tabela 4: Classificação das 20 Atividades Econômicas com Maior Frequência de Trabalhadores com mais de um Vínculo – Brasil 2014

Atividade econômica	Número de Vínculos			Proporção Percentual
	Repetidos (1)	Únicos (2)	Total (3)	
Professor de nível médio no ensino fundamental	140.820	623.334	764.154	18,4
Professor de nível superior do ensino fundamental primeira a quarta série	107.269	317.458	424.727	25,3
Assistente administrativo	79.759	2.107.410	2.187.169	3,6
Técnico de enfermagem	78.885	443.079	521.964	15,1
Professor de disciplinas pedagógicas no ensino médio	70.814	220.617	291.431	24,3
Professor da educação de jovens e adultos do ensino fundamental primeira a quarta série	70.078	350.527	420.605	16,7
Médico clínico	63.342	117.678	181.020	35,0
Enfermeiro	50.325	195.589	245.914	20,5
Auxiliar de enfermagem	50.294	262.878	313.172	16,1
Auxiliar de escritório, em geral	49.123	2.233.707	2.282.830	2,2
Vigilante	46.592	655.144	701.736	6,6
Professor de nível médio na educação infantil	28.601	159.826	188.427	15,2
Professor de nível superior na educação infantil quatro a seis anos	24.031	78.841	102.872	23,4
Professor de ensino superior na área de prática de ensino	23.896	38.814	62.710	38,1
Professor de ensino superior na área de didática	23.490	45.186	68.676	34,2
Farmacêutico	20.263	87.699	107.962	18,8
Porteiro de edifícios	19.685	530.160	549.845	3,6
Faxineiro	17.434	1.243.604	1.261.038	1,4
Servente de obras	16.978	859.205	876.183	1,9
Técnico em radiologia e diagnóstico por imagem	15.719	43.149	58.868	26,7
Subtotal (4)	997.398	10.613.905	11.611.303	8,6
Total	1.976.916	47.594.594	49.571.510	4,0

Fonte: MTPS/Rais — DIEESE
Nota: (1) Número de empregos ocupados por trabalhadores que possuem mais de um vínculo.
(2) Número de empregos ocupados por trabalhadores que possuem apenas um vínculo.
(3) Estoque de empregos ativos em 31.12.2013.
(4) Corresponde somente às vinte maiores atividades.

Tabela 5: Classificação das 20 Ocupações com Maiores Ocorrências de Notificações de Acidentes de Trabalho com Exposição a Material Biológico — Brasil, 2014

Ocupação	Acidente de trabalho com exposição a material biológico	
	Números absolutos	Percentual
Técnicos e auxiliares de enfermagem	23.466	49,6
Enfermeiros e afins	3.998	8,5
Médicos	3.459	7,3
Trabalhadores nos serviços de coleta de resíduos, de limpeza e conservação de áreas públicas	2.904	6,1
Cirurgiões-dentistas	1.445	3,1
Técnicos de odontologia	935	2,0
Auxiliares de laboratório da saúde	784	1,7
Trabalhadores dos serviços domésticos em geral	744	1,6
Tintureiros, lavadeiros e afins, a máquina	422	0,9
Farmacêuticos	323	0,7
Auditores fiscais do trabalho	316	0,7
Fisioterapeutas	300	0,6
Agentes, assistentes e auxiliares administrativos	299	0,6
Trabalhadores em serviços de promoção e apoio à saúde	239	0,5
Técnicos de laboratório industrial	218	0,5
Operadores do comércio em lojas e mercados	174	0,4
Motoristas de veículos de pequeno e médio porte	169	0,4
Técnicos e auxiliares técnicos em patologia clínica	164	0,3
Vigilantes e guardas de segurança	136	0,3
Trabalhadores nos serviços de administração de edifícios	128	0,3
Subtotal (1)	40.623	85,9
Total	47.292	100,0

Fonte: MS. Sinan.
Elaboração: DIEESE.
Nota: (1) Corresponde somente às vinte maiores atividades.

A jornada de doze horas de trabalho por trinta e seis horas de descanso, quando combinada em dois estabelecimentos, possibilita o trabalho alternado, o que resulta em doze horas de trabalho diárias por doze horas de descanso para grande número de trabalhadores que se vê exigido a manter mais de um vínculo para garantir sua subsistência. Esta jornada regular de doze horas de trabalho diárias retira o trabalhador de seu convívio familiar e impede que o mesmo desfrute finais de semanas e feriados, além de mostrar-se extenuante e favorecer a ocorrência de acidentes de trabalho, devido ao cansaço físico e mental e às atividades repetidas. Ressaltamos, neste ponto, a impossibilidade de controle, por parte da empresa, de jornadas realizadas pelo trabalhador em outros estabelecimentos, e o desconhecimento das capacidades físicas e mentais de seus trabalhadores no que diz respeito ao cansaço e consequente exposição de seus pacientes a profissionais que muitas vezes não apresentam condições para o exercício de suas tarefas básicas.

Além da realidade de possuir mais de um vínculo, por ser o objeto de trabalho o ser humano acometido de alguma enfermidade, o trabalhador do setor hospitalar possui grande comprometimento com o atendimento do paciente e com o serviço de uma forma geral, sendo comum não deixar o posto de trabalho antes da chegada do próximo trabalhador, o que ocasiona a realização de horas extras – além das doze horas diárias — com frequência quando do atraso ou faltas de outros trabalhadores, mesmo sendo esta prática vedada pela legislação atual.

Quando associamos o estresse no ambiente e na tarefa às jornadas exaustivas, a tendência é que os efeitos deletérios sejam potencializados e o adoecimento ocorra de forma intensa, conforme já observamos nas estatísticas apresentadas anteriormente. Além do favorecimento da ocorrência de doenças e acidentes de trabalho, devemos trazer à discussão a ocorrência de erros no desempenho da função, podendo culminar na morte do paciente em tratamento. Numerosos são os casos em que se noticia o erro médico ou dos demais profissionais de saúde, comprometendo o paciente e a própria carreira do profissional.

Ao partir para a análise da qualidade dos vínculos trabalhistas mais comumente encontrados para trabalhadores de serviços de saúde percebemos que antes da reforma trabalhista já havia uma importante incidência de ocorrência de terceirização ilícita, com presença de médicos, fisioterapeutas e técnicos em radiologia figurando como os principais vínculos encontrados em situação irregular através de pessoas jurídicas fraudulentas. Estes profissionais, por conta da irregularidade citada, não entram no quadro de funcionários do hospital contratante e por este motivo não são submetidos a exames médicos e nem incluídos nos programas de vacinação, o que prejudica inclusive a análise quantitativa e qualitativa dos acidentes e doenças, trazendo a percepção de que os números apresentados são ainda inferiores aos reais. Muitas empresas prestadoras de serviços estão classificadas em código da Classificação Nacional das Atividades Econômicas — CNAE diverso da atividade hospitalar, visto que a empresa terceirizada geralmente fornece mão de obra para empresas variadas, como é o caso das empresas de limpeza, que fornecem trabalhadores para hospitais, mas também para escolas, bancos, condomínios residenciais e demais setores de atividade, não sendo possível realizar a correta contabilização da ocorrência de acidentes e doenças com estes profissionais que atuam em serviços de saúde. Além do disposto, o controle do contratante sobre as capacitações e treinamentos destes trabalhadores não tem como ser eficaz e faz com que todo o controle de riscos biológicos do hospital seja feito de forma superficial, ficando a cargo das terceiras presentes em seu estabelecimento, de forma pulverizada, capacitarem seus trabalhadores e cumprirem rotinas estabelecidas, que variam de hospital para hospital, e precisam ser rigorosamente respeitadas, sob pena de descontrole do risco biológico e contaminação ocupacional por agentes biológicos.

Para agravar ainda mais a situação do trabalhador de saúde de uma forma geral e dificultar as ações que visam à diminuição da acidentalidade e adoecimento dos trabalhadores envolvidos, a reformulação da legislação trabalhista ocorrida em 2017 trouxe a ampliação das possibilidades de terceirização de forma a não haver sequer a limitação no que diz respeito à atividade-fim.

Antes da citada alteração da legislação, eram observadas determinadas atividades que poderiam ser terceirizadas de forma regular, sem que se observasse a degradação da relação trabalhista. Nesta linha, citamos, por exemplo, a terceirização de laboratórios e bancos de sangue, atividades estas que apresentam toda uma expertise particular, com risco e necessidade de controle biológico ainda maiores do que os demais setores de um hospital, e que além de exigirem equipamentos especiais, demandam toda uma construção de técnicas e rotinas a parte dos demais setores do estabelecimento. É comum verificar, funcionando dentro de hospitais gerais, empresas regularmente constituídas que oferecem ao hospital serviços de laboratórios de análises clínicas, mas que também atendem a clientes externos, possuem relação individualizada com os planos de saúde, constituindo estes como principal pagador de hospitais e laboratórios particulares, apresentando-se, realmente, como terceirizações lícitas, sem qualquer relação de subordinação entre trabalhadores da empresa terceirizada e da contratante. O mesmo é, muitas vezes, observado com empresas que oferecem serviços de diagnóstico por imagem, como radiografias, tomografias computadorizadas, ressonâncias magnéticas e ultrassonografias, quando o hospital contrata uma empresa que participa não só com o fornecimento de mão de obra, mas com o fornecimento completo da atividade, incluindo os equipamentos, sem relação qualquer de subordinação ou pessoalidade. Este tipo de terceirização não oferece riscos adicionais aos trabalhadores, e não configura, assim, uma precarização do vínculo trabalhista, figurando como uma relação parceira entre a contratante, que conta com a especialização da terceira, e a contratada, que encontra um nicho de mercado receptivo, para suas atividades.

As atividades terceirizadas apresentam alta taxa de rotatividade de mão de obra[(10)], o que se destaca como um dos indicadores mais preocupantes do mercado de trabalho. Para os trabalhadores, a alta rotatividade em tempos de recessão econômica e a incerteza de encontrar um novo emprego num curto espaço de tempo aumentam as possibilidades de se submeter a condições piores de trabalho com menores salários e benefícios, como já se observa nas análises salariais de trabalhadores terceirizados quando comparados a trabalhadores não terceirizados. Este achatamento salarial é um fator que serve como incentivo à possibilidade de que se mantenham dois vínculos, facilitada pelas jornadas de doze horas de trabalho por trinta e seis horas de descanso. Cabe lembrar ainda que a Lei n. 13.467/2017 trouxe a permissão de acordo individual escrito, afastando os instrumentos coletivos de proteção do trabalhador, combinação esta que apresenta efeitos nefastos sobre a proteção deste perfil de trabalhadores.

Ainda analisando a legislação atual no que diz respeito à terceirização e correlacionando com a gestão dos riscos ocupacionais para o trabalhador da saúde, para que a referida terceirização seja regular não é permitido que haja a subordinação do trabalhador terceirizado à empresa contratante sob pena de que se caracterize o vínculo direto com o tomador do serviço. Tal exigência de impessoalidade traz complicações intransponíveis quando tratamos de um setor econômico tão peculiar. O controle de agentes biológicos, como citado anteriormente, depende em boa parte de práticas de trabalho e do uso de equipamentos de proteção individual, fatores estes que necessariamente devem ser supervisionados e capacitados por parte do empregador para que sejam eficientes, o que entra em choque com os princípios básicos da terceirização. Em caso de falha na gestão do risco biológico, todos os trabalhadores presentes no local, independente de seu regime jurídico, serão diretamente afetados, tornando o controle inviável. Desta forma, em havendo a presença de trabalhadores terceirizados em todas as áreas de um hospital, torna-se tarefa impossível realizar o controle adequado dos riscos ambientais.

Conclusão

O Brasil, por ter sido o último país independente do continente americano a abolir legalmente a escravatura e ter atravessado sua primeira revolução industrial em meados de 1930, apresenta ainda em seu território condições díspares de trabalho. Ao mesmo tempo em que determinados setores industriais, principalmente de produção voltada para o mercado consumidor externo cuja exigência as obrigam a protocolos de sustentabilidade e responsabilidade civil, se mostram evoluídos e utilizam tecnologias de ponta, são observadas outras atividades que ainda atacam diretamente a qualidade de vida do trabalhador, impactando em seu adoecimento e morte, seja por práticas

(10) PELATIERI, P. *et al. Terceirização e precarização das condições de trabalho:* condições de trabalho e remuneração em atividades tipicamente terceirizadas e contratantes, 2017.

arcaicas e predatórias, com interação direta com máquinas ou equipamentos perigosos, contato com substâncias químicas já proibidas em uso laboral em diversas partes do mundo ou falhas no gerenciamento de riscos conhecidos, e que poderiam ser minimizados.

O modelo de rede hospitalar brasileira é baseado em organizações de pequeno porte, composto por 60% de hospitais com até 50 leitos, e de baixa complexidade. Hospitais de pequeno porte tem baixa escala de assistência, ou seja, baixa relação de profissionais por leito, o que se correlaciona com piores resultados assistenciais, incluindo a segurança e dificuldades econômicas determinadas pela impossibilidade de diluir o elevado custo fixo destas instituições[(11)]. Esta baixa relação de profissionais por leito aumenta o ritmo e a intensidade de trabalho, potencializando o estresse e favorecendo a piora das condições de trabalho de uma forma geral.

O controle de riscos biológicos é atípico, este risco não pode ser eliminado da atividade e seu gerenciamento depende em grande parte de rotinas e ações positivas e planejadas, que irão diferir de estabelecimento para estabelecimento, e devem ser executadas pelos trabalhadores durante toda a sua jornada de trabalho, sob pena de disseminação do referido agente patógeno. Além do citado, não é de fácil análise e avaliação, o que agrava as consequências de um gerenciamento pobre e superficial.

Após realizar a análise dos impactos da terceirização trazidos pela reformulação da legislação trabalhista ocorrida no Brasil em 2017 sobre a Segurança e Saúde no Trabalho para trabalhadores em estabelecimentos em saúde, que amplia as possibilidades de terceirização de forma irrestrita, percebe-se que com relação aos demais setores de atividade há aqui fatores que geram dificuldades excepcionais quando da gestão dos riscos ocupacionais. Estes fatores, num universo de terceirização irrestrita e jornadas de doze horas de trabalho por trinta e seis de descanso poderão influenciar a acidentalidade e o adoecimento dos trabalhadores envolvidos trazendo um impacto negativo, o que toma vulto frente aos atuais índices verificados nos dados estatísticos disponíveis, que já são assombrosos e alertam para a obrigatoriedade de tomada de medidas eficazes para otimizar a preservação da integridade deste trabalhador.

As jornadas praticadas habitualmente neste setor já são excessivas, e perigosamente induzem à fadiga, falta de concentração e falhas de tomadas de decisão que podem representar a vida ou morte de pessoas sob os seus cuidados. Foi visto que a atividade em questão apresenta peculiaridades incompatíveis com a presença de profissionais não subordinados à contratante, tanto na área fim, quanto nas áreas meio, pela impossibilidade de gestão de riscos ambientais, o que fere a Constituição Federal em seu art. 7º, inciso XXII, que garante o direito à redução dos riscos inerentes ao trabalho por meio de normas de saúde, higiene e segurança.

Pelos motivos discutidos, resta claro que nos serviços de saúde apenas em atividades com nível de complexidade superior ou com presença de riscos ambientais diferentes dos que são inerentes ao atendimento hospitalar, como laboratórios ou serviços de imagem, a terceirização da atividade como um todo pode apresentar benefícios bilaterais, mas que qualquer atividade de risco ou complexidade igual ou inferior não deve ser terceirizada. E, neste contexto, demonstramos que as jornadas de trabalho de doze horas de trabalho por trinta e seis de descanso prejudicam a fidelização ao tomador de serviços, o que pode ser combatido através da regularização das jornadas para períodos diários de oito horas de trabalho, como fator desestressor, apaziguador de pressão de trabalho e redutor de chances de acidentes pessoais e de terceiros.

Referências bibliográficas

BRASIL. Lei n. 8.213, de 24 de julho de 1991: dispõe sobre os planos de benefícios da Previdência Social

(11) DRESCH EBERHARDT, L.; PEDROSA, K. *Os impactos da reforma trabalhista sobre os salários e remunerações*, 2018.

e dá outras providências. Brasília, 1991. Disponível em: <http://www.planalto.gov.br/ccivil_03/leis/L8213cons.htm>. Acesso em: 10.2018.

DIEESE. Anuário de Saúde do Trabalhador, 2015.

EBERHARDT, Leonardo Dresch; PEDROSA, Kassia. *Os impactos da reforma trabalhista sobre os salários e remunerações,* 2018.

ENSP; FIOCRUZ. *Plataforma RENAST Online* — Série histórica de acidentes do trabalho (INSS): 2002-2014. Rio de Janeiro. Disponível em: <http://renastonline.ensp.fiocruz.br/sites/default/files/arquivos/recursos/livro7_saude.pdf>. Acesso em: 10.2018.

FERREIRA GUIMARÃES, A. L.; RODRIGUES PINHEIRO, M. L.; PINHEIRO DE JESUS, N. S. *A quarteirização sob a ótica da reforma trabalhista.* Disponível em: <https://jus.com.br/artigos/68728/a-quarteirizacao-sob-a-otica-da-reforma-trabalhista>.

GANSTER, D. C.; ROSEN, C. C. Work stress and employee health: a multi-disciplinary review. *Journal of Management*, 39(5), p. 1085-1122, 2013.

INSTITUTO de Estudos de saúde suplementar — *II Anuário da Segurança Assistencial Hospitalar no Brasil,* 2018.

MINISTÉRIO DA FAZENDA. *Anuário Estatístico da Previdência Social 2016,* 2017.

______. *Anuário Estatístico de Acidentes do Trabalho 2017,* 2018.

MINISTÉRIO DO TRABALHO. Norma Regulamentadora n. 32, 2005.

______. *Relação Anual de Informações Sociais:* RAIS. Brasília, 2005-2015. Disponível em: <http://pdet.mte.gov.br/acesso-online-as-bases-de-dados>. Acesso em: 10.2018.

MTE. Ministério do Trabalho e Previdências Social — Anuário Estatístico de Acidentes do Trabalho: AEAT. Brasília: MTPS, 2014. 990 p. Disponível em: <http://www.previdencia.gov.br/wp-content/uploads/2016/07/AEPS-2014.pdf>. Acesso em: 10.2018.

PELATIERI, P. *et al. Terceirização e precarização das condições de trabalho:* condições de trabalho e remuneração em atividades tipicamente terceirizadas e contratantes, 2017.

PRÜSS-ÜSTÜN, Annette *et al. Preventing disease through healthy environments:* a global assessment of the burden of disease from environmental risks. OMS, 2016.

SECRETARIA DE INSPEÇÃO DO TRABALHO. *Riscos biológicos,* Guia Técnico, 2008.

Duração do Trabalho como Elemento de Segurança e Saúde do Trabalhador: a Inconstitucionalidade do Art. 611-B, Parágrafo Único, da Consolidação das Leis do Trabalho

Vitória Márcia Araújo Amâncio[(1)]

Introdução

Com foco no fortalecimento da autonomia privada coletiva, o Direito do Trabalho brasileiro sofreu uma transformação considerável com a publicação da Lei n. 13.467, de 13 de julho de 2017, conhecida como reforma trabalhista, que alterou a Consolidação das Leis do Trabalho.

O cerne deste artigo é a análise da inconstitucionalidade do novel art. 611-B, parágrafo único, da CLT, que desnaturou as regras de duração do trabalho de sua raiz normativa de segurança e saúde no trabalho. Para tanto, faz-se um estudo histórico, técnico e normativo do instituto duração do trabalho desde os primórdios da humanidade até os dias atuais por meio de pesquisa bibliográfica, com fins exploratório e descritivo, mediante a consulta dos repertórios estrangeiro e nacional (doutrina e jurisprudência), bem como da internet, todos relacionados ao ramo juslaboral.

No tópico 1, aborda-se o histórico das relações do trabalho, apresentando os conceitos de segurança e saúde no trabalho.

No tópico 2, expõe-se a classificação dos fatores de risco e efetua-se o enquadramento técnico da duração do trabalho como fator de risco ergonômico.

No tópico 3, exibe-se a positivação dos direitos de segurança e saúde do trabalhador no plano nacional, sob o prisma da CF/1988 e da CLT.

No tópico 4, examina-se a inconstitucionalidade do art. 611-B, parágrafo único, da CLT por meio da análise da natureza jurídica das

---

(1) Auditora-Fiscal Trabalho aposentada. Pós-graduada em Direito e Processo Constitucionais pela Universidade de Fortaleza — UNIFOR. Pós-graduada em Direito do Trabalho e Processo Trabalhista pela Faculdade CHRISTUS. Graduada em Direito pela Universidade de Fortaleza — UNIFOR. Especialista em Engenharia de Segurança do Trabalho pela Universidade de Fortaleza — UNIFOR. Graduada em Engenharia Elétrica pela Universidade Federal do Ceará — UFC.

normas de duração do trabalho e do estuário constitucional vigente no Brasil.

Por fim, conclui-se que a tutela às normas de duração do trabalho decorre de sua vinculação à proteção à segurança e saúde do trabalhador, seara representada por direitos humanos fundamentais insculpidos no âmago da CF/1988. Revela-se, assim, sua indisponibilidade absoluta, salvo as exceções exclusivamente previstas pelo legislador originário.

1. *Breve histórico das relações de trabalho e os conceitos de segurança e saúde no trabalho*

Sabe-se que o trabalho está inserido no desenvolvimento do homem desde os tempos mais remotos. A palavra trabalho deriva do latim *tripalium,* instrumento constituído por três estacas de madeira, utilizado para torturar pessoas destituídas de posses.

Analisando os períodos da Pré-história e da Antiguidade, desde o surgimento do homem na Terra até a consolidação da utilização da mão de obra escrava, é possível encontrar registros, em textos greco-romanos, da relação entre ambiente de trabalho, riscos ambientais e problemas relacionados à insalubridade, periculosidade e penosidade das profissões.

Na mesma seara, Mendes[2] relata as observações do poeta romano Tito Lucrécio Caro e de Plínio, o Velho, autor de *De História Naturalis,* sobre as condições de trabalho precárias, a vida efêmera dos cavouqueiros das minas e o uso de máscaras, panos ou membranas (de bexiga de carneiro) pelos escravos para minimizar a inalação de contaminantes.

Já na Idade Média, com a implantação do modo de produção feudal, os senhores feudais retribuíam com proteção política e militar os seus servos pelos serviços prestados, contudo, sem a existência de direitos trabalhistas. No final da Idade Média, surgiram as corporações de arte e ofício (guildas) compostas de mestres, aprendizes e companheiros e, então, o trabalhador passou a ser considerado como pessoa, embora com poucos direitos.

A concepção de trabalho sofreu gradativa alteração na Idade Moderna, em função das grandes navegações, da invenção da imprensa, do Renascimento e da Reforma Protestante de Martinho Lutero no século XVI. Na Europa, o trabalho livre foi incentivado e, poucas vezes, acompanhado com a percepção de salário, o que tendia a abominar, definitivamente, a escravidão. Iniciava-se o modo de produção capitalista.

Em 1700, Bernardino Ramazzini[3], considerado o Pai da Medicina do Trabalho, descreveu as doenças que acometiam trabalhadores em mais de 50 profissões, com propostas de medidas de prevenção e tratamentos no livro *De Morbis Artificum Diatriba* (As Doenças dos Trabalhadores). Ademais, propôs o acréscimo da pergunta qual a arte exercida pelo trabalhador durante a anamnese ocupacional. Por meio de seus estudos, restou demonstrado que o trabalho pode produzir doença, sendo necessário saber a relação entre a profissão e o quadro mórbido do trabalhador.

Face ao progresso das cidades, à expansão do comércio e à introdução de máquinas a vapor, de tear e de tecer, surgiu, no século XVIII, incipientemente, o fenômeno da Revolução Industrial na Europa, notadamente na Inglaterra, por volta de 1760.

Ao longo dos anos, o excesso de mão de obra, desemprego e incentivo à abolição da escravidão caracterizaram o período de industrialização. Além disso, a precariedade das condições de trabalho persistia e os impactos observados na saúde dos trabalhadores foram desde acidentes graves, mutilantes e fatais, a intoxicações agudas por condições de trabalho adversas. Perante esse cenário, a população

(2) MENDES, René. *Patologia do trabalho.* 1. ed. Rio de Janeiro: Atheneu, 1995. p. 5.

(3) RAMAZZINI, Bernardino. *As doenças dos trabalhadores.* 3. ed. Tradução de Raimundo Estrêla. São Paulo: Fundacentro, 2000. p. 15.

trabalhadora intensificou a organização em associações (sindicatos) para reivindicar direitos e confrontar o poder dos empregadores. As revoluções burguesas, como a Revolução Francesa em 1789, confrontaram a escravidão ao defenderem os ideais de liberdade, igualdade e fraternidade. Era o início do liberalismo em que o Estado tinha atuação mínima nas relações econômicas. A sociedade se polarizou em duas grandes classes: a burguesia e o proletariado.

Nessa conjuntura, a insatisfação dos trabalhadores crescia por inexistência de regulamentação, quando surgiu, incipientemente, o Direito do Trabalho, que se consolidou ao longo do século XIX na Europa, impondo a necessidade de intervenção do Estado por meio de legislação imperativa, sem possibilidade de renúncia pelas partes.

Em 1802, o Parlamento britânico, por intermédio do primeiro ministro Robert Peel, aprovou a *Moral and Health Act*, que proibiu o trabalho noturno dos menores e limitou a jornada de trabalho a 12 horas diárias, bem como determinou a higienização das paredes das fábricas e ventilação no ambiente fabril. Nas palavras de Brandão[(4)], observa-se a "interligação entre a definição de limites do trabalho diário e a fixação de regras de proteção à saúde do trabalhador, [...]".

Nessa mesma década, em 1848, Karl Marx e Friedrich Engels publicaram o Manifesto Comunista, primeiro documento histórico a discutir os direitos do trabalhador, e a Alemanha, ao editar uma legislação de segurança do trabalhador com previsão de seguro contra acidentes de trabalho em 1883 e reconhecer os sindicatos em 1884, tornou-se a precursora da responsabilidade social do Estado.

Com a Encíclica *Rerum Novarum* do Papa Leão XIII, de 15 de maio de 1891, questões como Justiça Social, proteção social, força e autoridade das leis e abusos dos empregadores foram expostas para reflexão de todos e implementação de ações quanto à proteção social do trabalhador por parte dos integrantes da nobreza.

No início do século XX, em 1917, a Constituição do México foi promulgada, sendo a primeira da história com previsão de férias remuneradas, regulamentação do trabalho da mulher e do menor, além de limitação da jornada de trabalho para oito horas. A partir de então, constituições de outros países consagraram esses mesmos direitos.

Ocorreu a Primeira Guerra Mundial, e a assinatura do Tratado de Versalhes, em 1919, veio assegurar a jornada de trabalho de 8 horas, o repouso semanal, salário mínimo, tratamento diferenciado ao trabalho da mulher e do menor e a não admissão de trabalho como mercadoria. No mesmo ano, a Organização Internacional do Trabalho (OIT) é criada com o objetivo de uniformizar o tratamento das questões trabalhistas, mormente aquelas relacionadas à proteção contra acidentes de trabalho e doenças ocupacionais. Ainda em 1919, iniciou-se a constitucionalização do Direito do Trabalho na Europa por meio da Constituição alemã de Weimar.

Em reconhecimento ao direito social à saúde, a Organização das Nações Unidas (ONU) aprovou, em 1948, a Declaração Universal dos Direitos do Homem[(5)] que assegurou o direito humano a saúde e ao bem-estar com "limitação razoável das horas de trabalho", segundo os artigos XXIV e XXV, n. 1. Essa norma, ao conferir a limitação da jornada de trabalho como direito a padrão de vida, saúde e bem-estar de todo ser humano, assumiu *status* de constituição humanista mundial.

Também merece registro, a Convenção Americana sobre Direitos Humanos da Organização dos Estados Americanos (OEA), conhecida por Pacto de San José da Costa Rica, de 1969, que previu, explicitamente, direito à saúde no artigo 10 do Protocolo Adicional à

(4) BRANDÃO, Cláudio Mascaranhas. Jornada de trabalho e acidente de trabalho: reflexões em torno da prestação de horas extraordinárias como causa de adoecimento no trabalho. *Revista TST*, Brasília, v. 75, n. 2, p. 37, abr./jun. 2009.
(5) ORGANIZAÇÃO DAS NAÇÕES UNIDAS (ONU). *Declaração Universal dos Direitos Humanos*. Disponível em: <https://nacoesunidas.org/direitoshumanos/declaracao/>. Acesso em: 16.3.2018.

Convenção Americana em Matéria de Direitos Econômicos, Sociais e Culturais (Protocolo de San Salvador)[6] ao expor: "Toda pessoa tem direito à saúde, entendida como o gozo do mais alto nível de bem-estar físico, mental e social". E no art. 11, garante a toda pessoa o direito a meio ambiente sadio, sendo responsabilidade dos Estados à promoção da sua proteção, preservação e do seu melhoramento.

As transformações continuaram e novas relações de trabalho se manifestaram, sobretudo após intenso processo de globalização no século XX, caracterizado pela interligação econômica, política, social e cultural, que mantém todos interconectados, diminuindo distâncias e prolongando jornadas de trabalho. A expansão dos sistemas de comunicação por satélite, telefonia, informática, tudo ao alcance de um *click* no teclado, é a realidade do início do século XXI. A palavra de ordem é flexibilização e liberalização do trabalho, situação em que as forças de mercado podem atuar livremente e gerar empregos, assim pensam os seus defensores.

Independentemente da quantidade de empregos gerados ou não, o número de acidentes de trabalho ainda é alarmante. Na celebração do Dia Mundial da Saúde e Segurança no Trabalho, em 28.4.2017, a OIT informou que cerca de 2,3 milhões de pessoas morrem e 300 milhões ficam feridas em acidentes de trabalho todos os anos no mundo, assim noticiou o *site* da Organização das Nações Unidas (ONU)[7]. A cada cinco minutos, cerca de 20 trabalhadores morreram em acidentes de trabalho.

Dada a relevância do assunto, cabe conceituar os termos saúde e segurança no trabalho. De acordo com a Organização Mundial da Saúde (OMS), agência especializada da Organização das Nações Unidas (ONU), o conceito de saúde na Constituição em 1946[8] é "um estado de completo bem-estar físico, mental e social, e não consiste apenas na ausência de doença ou de enfermidade". Com relação ao conceito de saúde vinculada ao trabalho, consta da Convenção n. 155 da Organização Internacional do Trabalho (OIT)[9], art. 3º, alínea "e", de 1981, que o termo saúde "abrange não só a ausência de afecções ou de doenças, mas também os elementos físicos e mentais que afetam a saúde e estão diretamente relacionados coma segurança e a higiene no trabalho".

Com o foco no ambiente laboral, Morais[10] conceitua segurança do trabalho como "conjunto de medidas adotadas na indústria visando minimizar os acidentes de trabalho, doenças ocupacionais, bem como proteger a integridade e a capacidade do trabalhador". Tais medidas obedecem à seguinte hierarquia: implantação de proteção coletiva; segundo, a adoção de medidas de caráter administrativo ou de organização do trabalho e, por último, a utilização de equipamentos de proteção individual — EPI. Desse modo, é possível garantir um ambiente laboral com qualidade de vida para o trabalhador, melhor produção e menor absenteísmo.

2. *Duração do trabalho como fator de risco ergonômico*

O trabalhador, por ser um organismo vivo, tem como necessidade básica a própria

(6) ORGANIZAÇÃO DOS ESTADOS AMERICANOS (OEA). *Protocolo de San Salvador*. Disponível em: <http://www.oas.org/pt/topicos/direitos_humanos.asp>. Acesso em: 14.3.2018.

(7) ORGANIZAÇÃO DAS NAÇÕES UNIDAS (ONU). *Acidentes de trabalho matam 2,3 milhões de pessoas por ano.* Disponível em: <https://news.un.org/pt/story/2017/04/1584331-acidentes-de-trabalho-matam-23milhoes-de-pessoas-por-ano>. Acesso em: 20.4.2018.

(8) ORGANIZAÇÃO MUNDIAL DA SAÚDE (OMS). *Constituição da Organização Mundial da Saúde.* Disponível em: <http://www.direitoshumanos.usp.br/index.php/OMS-Organiza%C3%A7%C3%A3oMundial-da-Sa%C3%BAde/constituicao-da-organizacao-mundial-da-saude-omswho.html>. Acesso em: 30.4.2018.

(9) BRASIL. Decreto n. 1.254 (1994). Brasília, 29 set. 1994. Promulga a Convenção n. 155, da Organização Internacional do Trabalho, sobre Segurança e Saúde dos Trabalhadores e o Meio Ambiente de Trabalho, concluída em Genebra, em 22 de junho de 1981. Disponível em: <http://www.planalto.gov.br/ccivil_03/decreto/1990-1994/d1254.htm>. Acesso em: 7.2.2018.

(10) MORAIS, Carlos Roberto Naves. *Compacto dicionário de saúde e segurança no trabalho e meio ambiente.* São Caetano do Sul: Yendis, 2011. p. 280.

sobrevivência no ambiente onde se encontra. Existe um número ilimitado de perigos visíveis nos locais de trabalho, a exemplo de máquinas sem proteção, pisos escorregadios, periferia de edificação sem proteção contra quedas, instalações elétricas energizadas sem isolação. Há, no entanto, aqueles perigos não visíveis, como os de natureza psicológica. No entendimento de Faria[11], "Todo trabalho possui algum risco". Os conceitos de perigo e de risco e a interface entre eles constam do relatório Sistema de Gestão da Segurança e Saúde no Trabalho: Um instrumento para uma melhoria contínua da Organização Internacional do Trabalho (OIT)[12]:

> Perigo é a propriedade intrínseca ou potencial de um produto, de um processo ou de uma situação nociva, que provoca efeitos adversos na saúde ou causa danos materiais. [...] Risco é a possibilidade ou a probabilidade de que uma pessoa fique ferida ou sofra efeitos adversos na sua saúde quando exposta a um perigo, ou que os bens se danifiquem ou se percam. A relação entre perigo e risco é a exposição, seja imediata ou a longo prazo.

Os riscos presentes ou relacionados ao trabalho coexistem e são capazes, isoladamente ou combinados, de causar os mais diversos danos à saúde e segurança dos trabalhadores. São classificados em fatores ou agentes físicos, químicos, biológicos, ergonômicos e mecânicos/de acidentes que atuam direta ou indiretamente no corpo e na mente do trabalhador.

Os agentes físicos são as diversas formas de energia, como ruído, vibrações, radiações ionizantes, radiações não ionizantes, temperaturas extremas, pressões anormais; os agentes químicos são as substâncias que possam penetrar no organismo pela via respiratória ou ter contato ou ser absorvidas através da pele ou por ingestão, sob a forma de vapores, fumos, neblinas, gases, névoas, poeiras; são considerados agentes biológicos os vírus, bactérias, parasitas, fungos; como agentes ergonômicos, aqueles relacionados ao levantamento, transporte e descarga de materiais, ao mobiliário, aos equipamentos do posto de trabalho, às condições ambientais de trabalho e à organização do trabalho (trabalho em período noturno, pausas, jornada de trabalho, horas extras, monotonia ou ritmo de trabalho excessivo, exigências de produtividade, relações de trabalho autoritárias); e agentes mecânicos/de acidentes são fatores relativos à proteção das máquinas, ordem e limpeza do ambiente de trabalho, sinalização, rotulagem de produtos, eletricidade, etc. O que determina um agente ser de risco é o tempo de exposição, a concentração, a intensidade e os danos à saúde do homem.

Dentre os fatores de riscos estudados, sobressai-se o risco ergonômico por ter relação direta com a duração do trabalho, que é o objeto deste artigo. Nesse sentido, é primordial o conceito de duração do trabalho e ergonomia.

Cassar[13] ensina que "duração do trabalho é o gênero do qual são espécies a jornada, o horário de trabalho e os repousos (intrajornada, entre jornadas ou interjornadas, semanal e anual)" e jornada é a "duração do trabalho diário".

Etimologicamente, o termo ergonomia deriva do grego *ergon*, que significa "trabalho", e *nomos* quer dizer "leis ou normas". A ergonomia surgiu, por volta de 1940, durante a evolução da produção artesanal à informatização dos postos de trabalho e das tarefas realizadas pelo homem. Depois, observou-se que os processos de trabalho podiam ser redesenhados com a finalidade de atender às necessidades e às características do ser humano e, na década de 1980, os interesses da ergonomia eram os aspectos da organização do trabalho que envolvia questões como as normas de produção, o modo operatório, a análise do grau de repetitividade, monotonia, turnos de trabalho, desempenho de tarefas, *layout* e biorritmo.

(11) FARIA, A. Nogueira de. *A segurança no trabalho. Coleção manuais de administração.* Rio de Janeiro, 1971. v. V, p. 15.

(12) ORGANIZAÇÃO INTERNACIONAL DO TRABALHO (OIT). *Sistema de gestão da segurança e saúde no trabalho:* um instrumento para uma melhoria contínua. Disponível em: <http://www.ilo.org/safework/info/publications/WCMS_154878/lang--en/index.htm>. Acesso em: 25.4.2018.

(13) CASSAR, Vólia Bomfim. *Direito do trabalho.* 9. ed. rev. atual. e ampl. Rio de Janeiro: Forense; São Paulo: Método, 2014. p. 616.

Wachowicz[14] assevera que a ergonomia é uma ciência interdisciplinar e tem por objetivo "adaptar o trabalho ao ser humano, e nunca o contrário" (grifos originais).

Considerando a fadiga acumulada, um trabalho no início da jornada de trabalho não necessariamente tem a mesma perfeição técnica ao fim do dia. Assim, a percepção do trabalhador sobre as condições de seu trabalho pode ser estimulante, socialmente importante, monótona ou aquém de suas capacidades. Está relacionada aos fatores psicossociais ou sentimentais. A relação entre fatores organizacionais e psicossociais é explicada por Kuorinka & Forcier na publicação brasileira Manual de Aplicação da Norma Regulamentadora n. 17[15]:

> Os fatores organizacionais são os aspectos objetivos da maneira pela qual o trabalho é organizado, supervisionado e efetuado. Os fatores psicossociais são as percepções subjetivas que o trabalhador tem dos fatores organizacionais. Logo, fatores organizacionais e psicossociais podem ser idênticos. Os fatores psicossociais veiculam um valor "emocional" no trabalhador.

Alcançar a percepção dos riscos psicossociais, capazes de afetar a saúde mental do trabalhador, constitui desafio num ambiente laboral de lógica capitalista globalizada em que existe a busca incessante por produtividade e lucro. A temática riscos psicossociais no século XXI já ocupa espaço e contornos bem definidos, havendo o consenso de que tais riscos, segundo a European Agency for Safety & Health at Work (EU-OSHA)[16], "são frequentemente resultantes de transformações técnicas ou organizativas [...] socioeconómicas, demográficas e políticas, incluindo o actual fenómeno da 'globalização'". De forma precisa, a Agência cita no artigo Riscos psicossociais e estresse no trabalho algumas condições de trabalho associadas a riscos psicossociais, como jornadas longas ou carga de trabalho excessiva.

Impende ressaltar que a Convenção n. 155 da OIT de 1981 já previa no art. 5º, alínea "b", a implementação de política em matéria de segurança e saúde no trabalho com ações direcionadas à adaptação do tempo de trabalho às capacidades físicas e mentais dos trabalhadores.

Destacando o efeito nefasto da sobrecarga de trabalho, Baruki[17], citando Líbia Carreiro, transcreve um caso brasileiro de acidente fatal, ocorrido numa indústria siderúrgica em Betim-MG e registrado em relatório elaborado por Auditor-Fiscal do Trabalho do Ministério do Trabalho, no qual foram indicadas como causas da morte do trabalhador o "excesso de jornada, realização de horas extras diárias e falta de descanso semanal remunerado". Outro acidente fatal por desrespeito às normas de duração do trabalho foi publicado, em âmbito nacional, pelo Sindicato Nacional dos Auditores-Fiscais do Trabalho (SINAIT)[18]:

> A análise feita por Auditores-Fiscais do Trabalho constatou que o motorista da carreta que bateu de frente com ônibus e duas ambulâncias trabalhou 14 horas seguidas na véspera do acidente, em 2017.

É fácil concluir que a duração do trabalho, quer por jornada de trabalho excessiva, quer por repouso insuficiente, tem relação direta com a saúde e segurança do trabalhador. É objeto de apreciação desde os primórdios da história e figura no século XXI como fator de risco ergonômico, da espécie organização do trabalho/psicossocial, podendo ser causadora de adoecimento e morte do trabalhador.

(14) WACHOWICZ, Marta Cristina. *Segurança, saúde e ergonomia.* Curitiba: InterSaberes, 2012. p. 110.

(15) BRASIL. Ministério do Trabalho. *Manual de Aplicação da Norma Regulamentadora n. 17.* 2. ed. Brasília: MTE, SIT, 2002. p. 56.

(16) AGÊNCIA EUROPEIA PARA A SEGURANÇA E SAÚDE NO TRABALHO (EU-OSHA). *Riscos psicossociais e stresse no trabalho.* Disponível em: <https://osha.europa.eu/pt/themes/psychosocial-risks-andstress>. Acesso em: 5.2.2018.

(17) BARUKI, Luciana Veloso. *Riscos psicossociais e saúde mental do trabalhador* — por um regime jurídico preventivo. São Paulo: LTr, 2015. p. 72-73.

(18) SINDICATO NACIONAL DOS AUDITORES FISCAIS DO TRABALHO. *Análise de auditores-fiscais conclui que jornada excessiva pode ser a causa de acidente com 23 mortes.* Disponível em: <https://www.sinait.org.br/site/noticia-view?id=15555/>. Acesso em: 7.4.2018.

3. *Positivação dos direitos à segurança e saúde do trabalhador à luz da CF/88 e CLT*

Em meio a anseios por elevação do nível de cidadania, resgate da dignidade da pessoa humana e valores sociais do trabalho, a Constituição Federal de 1988 foi promulgada em 5.10.1988. É no art. 6º que se encontram listados os direitos sociais básicos do cidadão, como a educação, a saúde, a alimentação, a moradia, o trabalho, o lazer, a segurança, a previdência social, a proteção à maternidade e à infância e a assistência aos desamparados.

Ratificando o compromisso do legislador com o direito à saúde de todos, o art. 196 da CF/88 prevê, de forma inovadora, que é dever do Estado garantir a redução do risco de doença e de outros agravos e o acesso universal, gratuito e igualitário às ações e aos serviços, mediante políticas sociais e econômicas, competindo ao Sistema Único de Saúde (SUS), art. 200 da CF/88, além de outras atribuições, nos termos da lei, executar as ações de vigilância sanitária e epidemiológica, bem como as de saúde do trabalhador, e colaborar na proteção do meio ambiente, nele compreendido o do trabalho. Ou seja, a saúde é um direito de todos, trabalhador ou não, e como direito social assume a condição de norma de ordem pública e, portanto, inderrogável e inafastável. Nessa senda, Mildner[19] afirma que:

> A saúde no trabalho ostenta, pois, ínsita em si, a um só tempo, caracteres de crescimento humano individual e coletivo, de tal sorte a merecer absoluta prioridade por parte da atividade estatal.

No art. 170 da CF/88, o legislador faz menção à ordem econômica no sistema capitalista, entretanto sem descuidar da valorização do trabalho humano e da livre-iniciativa como forma de garantir a todos existência digna. Nesse trilhar de ideias, o art. 225 da CF/88, especialmente quanto ao meio ambiente ecologicamente equilibrado, impõe ao Poder Público e à coletividade, aqui inclusos a sociedade e os sindicatos, o dever de defendê-lo e preservá-lo. Moraes[20], entendendo a intrínseca relação entre ambiente saudável e a saúde e segurança do indivíduo, assevera:

> Nesse sentido, temos que meio ambiente saudável é direito de todos, indiscriminadamente, constituindo-se como elemento intransponível para que o indivíduo possa alcançar o direito à saúde e segurança, pois o homem é produto do meio no qual vive e trabalha, estando em interação diária e contínua com o conjunto de fatores que formam seu *habitat*. Sem meio ambiente saudável, prejudica-se a qualidade de vida e, consequentemente, o próprio direito à saúde e segurança.

No caso específico do meio ambiente de trabalho, o legislador originário relaciona no art. 7º da Carta Maior um rol de direitos dos trabalhadores urbanos e rurais, dentre eles, a defesa da saúde do trabalhador, bem como proclama pela melhoria das condições de trabalho.

Quando dispõe sobre o labor, visa à proteção da segurança e saúde do trabalhador, pois limita a jornada de trabalho a seis horas normais, no máximo, em atividades nas quais o ciclo biológico é mais agressivo (art. 7º, inciso XIV, CF/88). Associado a isso, há a onerosidade ao empregador devido à prestação de trabalho extraordinário (art. 7º, inciso XVI, CF/88).

No mesmo esteio, estabelece a duração do trabalho normal não superior a oito horas diárias e quarenta e quatro semanais (art. 7º, inciso XIII, CF/88), em redução à duração do trabalho de quarenta e oito horas prevista na Constituição de 1967. Embora o constituinte originário tenha definido limites à jornada de trabalho e duração do trabalho, permite a flexibilização por meio da negociação coletiva, apontando, desse modo, para um modelo de

(19) MILDNER, Roberto Portela. *O ministério público e o controle social das políticas de saúde do trabalhador*. Porto Alegre: Sergio Antonio Fabris, 2012. p. 17.
(20) MORAES, Monica Maria Lauzid de. *O direito à saúde e a segurança no meio ambiente do trabalho*. São Paulo: LTr, 2002. p. 30.

autoadministração dos conflitos, porém limitando-o aos ditames constitucionais.

Ainda restringindo o tempo de labor, há previsão de repouso semanal remunerado, preferencialmente aos domingos (art. 7º, inciso XV, CF/88) e gozo de férias anuais remuneradas com, pelo menos, um terço a mais do que o salário normal (art. 7º, inciso XVII, CF/88).

Relacionado ao tema, importa ressaltar a doutrina de Barros(21), que aponta três fundamentos que justificam tutelar a integridade física do trabalhador por meio de normas sobre duração do trabalho: primeiro, o de caráter fisiológico: "as longas jornadas de trabalho têm sido apontadas como fato gerador de estresse, porque resultam em um grande desgaste para o organismo"; segundo, o de ordem econômica: "o empregado descansado tem o seu rendimento aumentado e a produção aprimorada"; e o terceiro, o de ordem social: "durante o dia o empregado necessita de tempo para o convívio familiar e para os compromissos sociais".

Lamentavelmente, a proteção pretendida no controle da duração do trabalho pela Carta Política ainda não encontra eficácia na prática. O trabalho extraordinário é a rotina de muitos trabalhadores. O dia a dia do trabalhador em função do trabalho extraordinário já foi incorporado à realidade brasileira, tanto que até os tribunais reconhecem o instituto da hora extra habitual.

Avançando em conquistas constitucionais quanto à proteção da saúde do trabalhador, a Constituição Cidadã prevê proteção adicional ao obreiro menor, tendo em vista a natureza física e os aspectos mental e intelectual ainda em formação, bem como a suscetibilidade a agressões dos riscos inerentes ao trabalho. Por conseguinte, é proibido o trabalho noturno, perigoso ou insalubre a menores de dezoito e de qualquer trabalho a menores de dezesseis anos, salvo na condição de aprendiz, a partir de quatorze anos (art. 7º, inciso XXXIII, CF/88).

Adotando postura de intervenção na legislação infraconstitucional para assegurar a preservação da saúde e segurança do trabalhador, garante que o trabalhador tem direito à redução dos riscos inerentes ao trabalho, por meio de normas de saúde, higiene e segurança (art. 7º, inciso XXII, CF/88). É primordial, para tanto, que o responsável pela atividade econômica promova a identificação, o reconhecimento, a avaliação e a eliminação dos diversos riscos inerentes ao trabalho que, isoladamente ou associados, prejudicam a saúde e segurança do trabalhador.

No entanto, a não concretização de um ambiente laboral seguro e saudável em que atividades desenvolvidas sejam enquadradas como insalubres ou perigosas enseja a percepção dos respectivos adicionais (art. 7º, inciso XXIII, CF/88). Quanto ao adicional por atividades penosas, ainda hoje, 30 anos da Carta Política de 1988, o instituto não foi regulamentado pelo legislador infraconstitucional no âmbito da Consolidação das Leis do Trabalho (CLT).

Ocorre que a não observância das normas de segurança e saúde no trabalho, muitas vezes, desencadeia a ocorrência do acidente de trabalho e consequente reparação de dano. Referente aos aspectos reparatórios de danos na área de segurança e saúde do trabalhador, a CF/88 firma como direito do trabalhador seguro contra acidentes de trabalho, a cargo do empregador, sem excluir a indenização a que este está obrigado, quando incorrer em dolo ou culpa (art. 7º, inciso XXVIII, CF/88).

Em manifestação de relatoria do Ministro Teori Zavascki do Supremo Tribunal Federal (STF)(22), datada de 9.12.2016, em sede do RE 828040 RG/DF, foi reconhecida a repercussão geral do tema reparação de danos no caso de acidente de trabalho em atividade de risco. Assim, a questão suscitada terá efeitos de interesse da coletividade.

---

(21) BARROS, Alice Monteiro de. *Curso de direito do trabalho*. 3. ed. rev. e ampl. São Paulo: LTr, 2007. p. 647.

(22) BRASIL. Supremo Tribunal Federal. *Possibilidade de responsabilização objetiva do empregador por danos decorrentes de acidentes de trabalho*. Disponível em: <http://www.stf.jus.br/portal/jurisprudenciaRepercussao/verAndamentoProcesso.asp?incidente=4608798&nume roProcesso=828040&classeProcesso=RE&numeroTema=932>. Acesso em: 25.6.2018.

Resta provado que a segurança e saúde do trabalhador é um direito que decorre de normas constitucionais e está albergado em diversos princípios, a exemplo do princípio da dignidade da pessoa humana (art. 1º, inciso III, CF/88); princípio da redução dos riscos inerentes ao trabalho, por meio de normas de saúde, higiene e segurança (art. 7º, inciso XXII, CF/88); princípio da valorização do trabalho humano (art. 170, *caput*, CF/88); princípio da defesa do meio ambiente (art. 170, inciso VI, CF/88); princípio da universalidade da saúde (art. 196, *caput*, CF/88) e princípio do meio ambiente ecologicamente equilibrado (art. 225, *caput*, CF/88).

Desse modo, para a concretização da proteção do direito à saúde e segurança no meio ambiente do trabalho, é mister a atuação conjunta do Estado e da coletividade (empregador, trabalhador, sindicatos e grupos sociais) na adoção de medidas que efetivem os mandamentos constitucionais.

Quanto à positivação dos direitos à segurança e saúde do trabalhador no plano infraconstitucional, a Consolidação das Leis do Trabalho (CLT), promulgada sob a égide do governo de Getúlio Vargas (1937-1945), por meio do Decreto-Lei n. 5.452, de 1º.5.1943, foi o principal documento normativo da legislação trabalhista para empregados urbanos.

Por intermédio do Decreto-Lei n. 229, de 28.2.1967, foram publicadas as normas de segurança e medicina no trabalho, previstas no Capítulo V do Título II da CLT, arts 154 a 221, que contemplaram, entre outros dispositivos, a constituição de CIPA, a adoção de medidas de proteção de ordem geral, o fornecimento de equipamento de proteção individual ao trabalhador, a realização de exames médicos do obreiro e a adoção de medidas de proteção em construções, elevadores, guindastes, máquinas e caldeiras e proteção à fadiga.

Em 22.12.1977, o Capítulo V da CLT sofreu alteração fundamental por meio da Lei n. 6.514, que resultou na reestruturação dos arts. 154 a 201 e revogação dos arts. 202 a 221.

Dos arts. 160 ao 200 da CLT são estabelecidos parâmetros técnicos mínimos e diretrizes gerais e, por vezes, específicos de determinadas atividades, a serem observados visando à preservação da saúde e da integridade dos trabalhadores. Além disso, o Ministério do Trabalho, com fulcro no art. 200 da CLT, publicou a Portaria n. 3.214, de 8.6.1978, que regulamentou vinte e oito normas de segurança e saúde no trabalho, denominadas de Normas Regulamentadoras — NR, com observância obrigatória no âmbito da relação empregatícia. Até a data de 1º.10.2018, já foram publicadas trinta e seis Normas Regulamentadoras. Destas, a NR-27 (Registro Profissional do Técnico de Segurança do Trabalho no Ministério do Trabalho) foi revogada pela Portaria n. 262, de 29.5.2008.

Considerando o tema duração do trabalho como eixo deste artigo, opta-se por comentar somente a Norma Regulamentadora n. 17 (NR-17) no item relacionado à organização do trabalho.

A NR-17 tem como objetivo estabelecer parâmetros que permitam a adaptação das condições de trabalho às características psicofisiológicas dos trabalhadores de modo a proporcionar um máximo de conforto, segurança e desempenho eficiente. No cômputo das condições de trabalho, a organização do trabalho considera as normas de produção.

Conforme o Manual de Aplicação da Norma Regulamentadora n. 17[23], as normas de produção são todas as normas que o trabalhador deve cumprir desde o horário de trabalho (se diurno, se noturno, a duração e a frequência das pausas, etc.) até a qualidade desejada do produto. Como já demonstrado, a duração do trabalho é fator de risco ergonômico e, agora, efetua-se o seu enquadramento normativo no subitem 17.6.2, alínea "a", da NR-17 — Ergonomia[24], da Portaria MTPS n. 3.751, de 23.11.1990:

(23) BRASIL. Ministério do Trabalho. *Manual de aplicação da Norma Regulamentadora n. 17*. 2. ed. Brasília: MTE, SIT, 2002. p. 49.

(24) BRASIL. Ministério do Trabalho. *Norma Regulamentadora n. 17* — ergonomia. Disponível em: <http://trabalho.gov.br/seguranca-e-saude-no-trabalho/normatizacao/normas-regulamentadoras>. Acesso em: 26.5.2018.

> 17.6.2. A organização do trabalho, para efeito desta NR, deve levar em consideração, no mínimo: a) as normas de produção; b) o modo operatório. [...]

A NR-17 é norma de proteção ao trabalhador que determina providências relativas à ergonomia e encontra guarida no Capítulo V do Título II da CLT.

Registre-se que, ao longo de 74 anos de sua existência, a CLT, por diversas ocasiões, foi alvo de calorosos debates sobre a atualização de suas normas à realidade das novas relações de trabalho.

A mais recente modificação da CLT iniciou-se timidamente, com poucos artigos, e transformou-se numa mutação da legislação trabalhista e da estrutura principiológica do Direito do Trabalho. Trata-se da Lei n. 13.467, de 13.7.2017, que alterou a CLT, e as Leis ns. 6.019, de 3.1.1974, 8.036, de 11.5.1990, e 8.212, de 24.7.1991, flexibilizando demasiadamente os atos de disposição relativos às normas sobre duração do trabalho, em especial aquela constante do art. 611 -B, parágrafo único, da CLT, assunto a ser avaliado no tópico 4.

4. *Da inconstitucionalidade do art. 611-B, parágrafo único, da CLT*

As normas de Segurança e Saúde no Trabalho envolvem também aquelas relativas à duração do trabalho (jornada, horário de trabalho e repousos). Em decorrência da pertinência do tema duração do trabalho a este estudo, cabe discorrer sobre a natureza jurídica das normas que o definem no plano nacional. Para tanto, é mister, inicialmente, entender a lógica do sistema constitucional de 1988 e seus pilares fundamentais. Parte da doutrina, em especial aquela apresentada por Delgado & Delgado[25], aponta como matriz estrutural da Constituição de 1988 os três pilares principais: arquitetura constitucional de um Estado Democrático de Direito, arquitetura principiológica humanística e social e conceito constitucional de direitos fundamentais da pessoa humana.

O Estado Democrático de Direito nasceu na Europa Ocidental após a Segunda Guerra Mundial e consagrou mudanças essenciais, particularmente aquelas voltadas ao crescimento dos direitos humanos, inclusive trabalhistas, ao lado de inovações como a institucionalização da natureza normativa dos princípios jurídicos e a estruturação de um rol de princípios humanísticos e sociais imperativos.

Outro eixo central da estruturação da Carta Política de 1988 é a arquitetura principiológica humanística e social que alberga o conceito de Estado Democrático de Direito e de direitos fundamentais da pessoa humana. A CF/88 inovou ao conferir caráter de norma aos princípios constitucionais, distinguindo-os dos princípios jurídicos que conduzem, quase sempre, à elaboração, interpretação e aplicação das normas. Aqueles "são espécies de norma jurídica, com força normativa, comando geral, abstrato, impessoal e imperativo", como assinala Júnior[26]. Então, é possível concluir que a interpretação da lei, ignorando os princípios constitucionais, é uma interpretação contrária à constituição, sendo inadmissível no atual estágio da constitucionalização do Direito.

O núcleo principiológico humanístico e social da CF/88 abrange diversos campos jurídicos, cabendo ressaltar alguns princípios constitucionais: princípio da dignidade da pessoa humana, princípio do bem-estar individual e social, princípio da justiça social, princípio da vedação do retrocesso social, princípio da centralidade da pessoa humana na vida socioeconômica e na ordem jurídica; princípio da inviolabilidade do direito à vida; princípio da igualdade, da progressividade social, etc.

Destaca-se, nesse contexto, o princípio da vedação do retrocesso social, albergado no

(25) DELGADO, Mauricio Godinho; DELGADO, Gabriela Neves. *A reforma trabalhista no Brasil com os comentários à Lei n. 13.467/2017*. São Paulo: LTr, 2017. p. 26.

(26) MAPELLI JÚNIOR, Reynaldo. *Judicialização da saúde* — regime jurídico do SUS e intervenção na administração pública. 1. ed. Rio de Janeiro: Atheneu, 2017. p. 22.

art. 5º, § 2º, da CF/88[27] ("Os direitos e garantias expressos nesta Constituição não excluem outros decorrentes do regime e dos princípios por ela adotados, ou dos tratados internacionais em que a República Federativa do Brasil seja parte"), por ser perfeitamente harmônico com o princípio da proteção laboral (art. 7º, *caput in fine*, da CF/88: "São direitos dos trabalhadores urbanos e rurais, além de outros que visem à melhoria de sua condição social"). A doutrina e jurisprudência entendem que aquele princípio impede, quando o assunto for direitos fundamentais de caráter social, a desconstituição das conquistas já alcançadas, sendo defeso ao legislador qualquer ação tendente a revogá-las ou anulá-las.

Na seara da especificidade da Segurança e Saúde no Trabalho, Júnior[28] enumera 7 (sete) princípios norteadores: princípio da indisponibilidade da saúde do trabalhador, princípio do risco mínimo regressivo, princípio do direito de recusa do obreiro, princípio da instrução do trabalhador, princípio do não improviso, princípio da retenção do risco na fonte e princípio da adaptação do trabalho ao trabalhador.

Destes, sobressai-se o princípio do risco mínimo regressivo por ter matriz constitucional (art. 7º, inciso XXII, da CF/88) direcionada à garantia de ambiente hígido, saudável e seguro. Por esse princípio, os riscos inerentes ao trabalho devem decrescer progressivamente em direção ao risco zero, de modo a ser eliminado ou minimizado ao máximo, sempre com foco na segurança e saúde do trabalhador.

Completando o tripé de estruturação da CF/88, os direitos fundamentais da pessoa humana decorrem do novo constitucionalismo do pós-Segunda Guerra Mundial e encontram assento constitucional nos arts. 1º a 17, que versam sobre os princípios fundamentais e os direitos e garantias fundamentais. Ressalte-se que o legislador originário conferiu aos direitos e garantias individuais a impossibilidade de intervenção do Poder Legislativo Reformador de propor emenda constitucional tendente a aboli-los (art. 60, § 4º, IV, da CF/88), aí inclusos os direitos individuais e sociais trabalhistas, que têm como titular a pessoa humana do trabalhador.

Resta claro que esses três eixos estruturantes da CF/88 revelam o Direito como mecanismo civilizatório mínimo de inclusão social em contraponto ao viés de segregação e exclusão vigente por séculos em passado recente.

Com fundamento no patamar civilizatório mínimo, a ordem jurídica brasileira dispõe de três grupos fundamentais de normas jurídicas: as normas constitucionais brasileiras, as normas internacionais vigentes no Brasil e as normas federais trabalhistas. Desse conjunto normativo, cabe realçar as normas internacionais sobre Direitos Humanos de natureza trabalhista que se estruturam na concepção da dignidade da pessoa humana. Para o doutrinador Oliveira[29], o Ministro do STF Sepúlveda Pertence, no julgamento da ADI — MC n. 1.675[30], e o Ministro do TST Mauricio Delgado[31], as Convenções da OIT que versam sobre segurança, saúde e meio ambiente do trabalho têm natureza de direitos humanos.

Não há dúvida de que um dos poucos consensos do mundo contemporâneo no ramo dos Direitos Humanos é o respeito à dignidade da pessoa humana, ao valor essencial do ser humano. Isso implica direito à vida, mas não uma vida qualquer, e sim vida com trabalho e saúde. Significa vida digna, equiparada à

(27) BRASIL. Constituição Federal (1988). Brasília, 5 out. 1988. Disponível em: <http://www.planalto.gov.br/ccivil_03/constituicao/constituicaocompilado.htm>. Acesso em: 28.1.2018.

(28) MAPELLI JÚNIOR, Reynaldo. *Judicialização da saúde* — regime jurídico do SUS e intervenção na administração pública. 1. ed. Rio de Janeiro: Atheneu, 2017. p. 19.

(29) OLIVEIRA, Sebastião Geraldo de. *Proteção jurídica à saúde do trabalhador*. 5. ed. rev. ampl. e atual. São Paulo: LTr, 2010. p. 74.

(30) BRASIL. Supremo Tribunal Federal. Disponível em: <https://stf.jus.br/jurisprudencia/741963/acao-direta-de-inconstitucionalidade-adi-mc-1675-df>. Acesso em: 20.3.2018.

(31) DELGADO, Mauricio Godinho. *Curso de direito do trabalho*. 8. ed. São Paulo: LTr, 2009. p. 145.

vida saudável, com foco na qualidade de vida e dignidade da pessoa humana, sendo inaceitáveis condições de vida insalubres, perigosas ou penosas.

Com o advento da CF/88, os direitos sociais, entre eles, aqueles enunciados no art. 7º da CF/88, como a limitação da duração do trabalho e a redução dos riscos inerentes ao trabalho, foram erigidos ao patamar de direitos e garantias fundamentais.

Entendendo que as normas sobre direitos trabalhistas são imperativas, Silva[(32)] ensina: "As normas que os definem, com eficácia imediata ou não, importam em obrigações estatais no sentido de proporcionar aos trabalhadores os direitos assegurados e programados. Toda atuação em outro sentido infringe-as".

Sabe-se que o constituinte originário adotou regulamentação detalhada sobre as normas de duração do trabalho ao dispor no art. 7º, inciso XIII, da CF/88, com o objetivo de tutelar a integridade física e mental do trabalhador. O legislador, ao fixar a duração do trabalho normal não superior a 8 (oito) horas diárias e quarenta e quatro semanais, o fez de forma taxativa, permitindo excepcionalidade em casos de compensação de horários e redução de jornada por meio de negociação coletiva. O dispositivo é explícito ao estabelecer os limites diário e semanal da duração do trabalho.

Então, excetuando as previsões do constituinte originário, deduz-se que normas definidoras dos direitos e garantias fundamentais têm aplicação imediata, nos termos do art. 5º, § 1º, da CF/88. Ademais, as normas insculpidas no art. 7º da CF/88, mormente aquelas relacionadas à duração do trabalho, são imperativas, estipulam direitos de ordem pública e não permitem às partes renúncia, transação ou disposição de benefício concedido ao obreiro. Ou seja, ostentam caráter de ordem pública e, portanto, inderrogáveis e inafastáveis pela vontade das partes. Nesse trilhar de ideias, a duração do trabalho importa na qualidade de emprego, tendo consequências na segurança e saúde do trabalhador, no seu convívio com a família e na própria empresa.

Porém, no plano infraconstitucional, a legislação protetiva sofreu diversas alterações sob o véu das modificações sociais e econômicas, muitas delas em torno da duração do trabalho.

Mesmo assim, a regra geral de indisponibilidade de direitos trabalhistas pelo empregado permanece imaculada nos arts. 9º ("Serão nulos de pleno direito os atos praticados com o objetivo de desvirtuar, impedir ou fraudar a aplicação dos preceitos contidos na presente Consolidação"); 444 ("As relações contratuais de trabalho podem ser objeto de livre estipulação das partes interessadas em tudo quanto não contravenha às disposições de proteção ao trabalho, aos contratos coletivos que lhes sejam aplicáveis e às decisões das autoridades competentes") e 468 ("Nos contratos individuais de trabalho só é lícita a alteração das respectivas condições por mútuo consentimento, e ainda assim desde que não resultem, direta ou indiretamente, prejuízos ao empregado, sob pena de nulidade da cláusula infringente desta garantia") da CLT[(33)], imperando a nulidade dos atos praticados.

Não obstante o arcabouço jurídico das normas de segurança e saúde, aqui inclusas as normas de duração do trabalho, esteja sob a guarida do manto da imperatividade e indisponibilidade, o universo normativo do instituto da duração do trabalho fundamenta-se em normas heterônomas estatais de caráter geral ou específico para determinadas categorias, bem como em normas autônomas na seara do coletivo privado. Estas permitem que os pactuantes flexibilizem regras de duração do trabalho; aquelas são normas emanadas do Estado, têm caráter imperativo e, portanto, infensas à negociação das partes.

Então, as normas de duração do trabalho têm natureza jurídica mista, sendo pública

(32) SILVA, José Afonso da. *Curso de direito constitucional positivo*. 24. rev. e atual. ed. São Paulo: Malheiros, 2005. p. 289.
(33) BRASIL. Consolidação das Leis do Trabalho (1943). Rio de Janeiro, 1º maio 1943. Disponível em: <http://www.planalto.gov.br/ccivil_03/Decreto-Lei/Del5452compilado.htm>. Acesso em: 3.2.2018.

quando o Estado interfere para garantir a segurança e saúde do trabalhador, determinando limites ao tempo despendido no labor e à prestação de serviços em jornadas extensivas; e privada, ao possibilitar que as partes do contrato de trabalho fixem jornadas somente dentro dos parâmetros legais, como determina o art. 7º, inciso XIII, da CF/88.

A natureza de ordem pública e imperativa das normas de duração do trabalho inviabiliza a manifestação do poder do trabalhador de renunciar às vantagens e proteções previstas no ordenamento jurídico, em especial na CF/88. O ato de renúncia é repelido sumariamente pela imperatividade dos arts. 9º, 444 e 468 da CLT e pelo princípio da indisponibilidade da saúde do trabalhador (arts. 1º, III, e 170, *caput*, da CF/88).

No que se refere à transação das normas de duração do trabalho, somente será possível em parcelas juridicamente imantadas por indisponibilidade relativa, como regime de compensação e banco de horas, casos excepcionais previstos no art. 7º da CF/88. Mesmo assim, se possível a transação, não se pode atingir o núcleo civilizatório mínimo e olvidar os impactos diretos e imediatos à saúde e segurança dos trabalhadores se reduzidas ou suprimidas as determinações de duração do trabalho.

Independentemente do posicionamento da doutrina quanto à possibilidade de transação das normas de duração de trabalho, nenhuma literatura técnica aqui exposta questiona o seu enquadramento como norma de saúde, higiene e segurança do trabalho, e como tal, sustenta-se a sua indisponibilidade absoluta, sendo infensa à flexibilização, salvo nos casos estritamente previstos pelo constituinte originário na CF/88.

Contrariando todo o conhecimento técnico e normativo, a Lei n. 13.467, de 13.7.2017, denominada reforma trabalhista, foi aprovada com flagrante autorização para que as partes flexibilizem as normas de duração do trabalho, permitindo a prevalência do negociado sobre as normas jusindividuais imperativas estatais.

Analisar os limites da negociação coletiva implica estudar o princípio da adequação setorial negociada que se apresenta como a forma mais viável de solução dos conflitos de trabalho. Para isso, é necessário pesquisar e aferir os critérios de validade jurídica e a extensão da eficácia das normas em pactos coletivos (convenções e acordos coletivos) frente à nova legislação trabalhista.

Pelo princípio da adequação setorial negociada, explica Delgado[34] que as normas autônomas juscoletivas podem prevalecer sobre o padrão geral das normas heterônomas quando atendem a dois critérios: a) as normas autônomas juscoletivas são mais benéficas do que a legislação heterônoma aplicável; b) as normas autônomas coletivas transacionam direitos relativamente indisponíveis.

Então, não se pode entender que a negociação coletiva trabalhista resulte em retrocesso social ao permitir a precarização e o rebaixamento do valor do trabalho e das condições de trabalho. Aliás, é impossível desconsiderar os princípios humanísticos e sociais da CF/88 e os instrumentos internacionais (Convenções da OIT, Declaração dos Direitos Humanos, Protocolo de San Salvador) e tampouco reduzir ou ignorar o patamar civilizatório mínimo de direitos individuais e sociais fundamentais dos trabalhadores previstos nos diversos normativos do ordenamento jurídico pátrio.

Ao examinar o art. 611-B, *caput*, da CLT ("Constituem objeto ilícito de convenção coletiva ou de acordo coletivo de trabalho, exclusivamente, a supressão ou a redução dos seguintes direitos"), o legislador reformador, aparentemente, preservou do processo de flexibilização intenso um elenco de trinta temas/assuntos infensos à negociação coletiva trabalhista, incorrendo em nulidade, os quais, na sua maioria, já se encontram protegidos pelo art. 7º da Constituição da República de 1988. Realmente, os direitos e regras arrolados nos incisos I a XXX do mencionado artigo da CLT são identificados como direitos de indisponibilidade absoluta, prevendo o legislador originário as suas próprias exceções.

(34) DELGADO, Mauricio Godinho. *Curso de direito do trabalho*. 8. ed. São Paulo: LTr, 2009. p. 792.

Analisando amiúde o texto do art. 611-B, *caput*, da CLT, cumpre destacar, inicialmente, que o termo "exclusivamente" não quer dizer que outros temas/assuntos não possam ser excluídos sumariamente da negociação coletiva trabalhista. Apoia-se o entendimento de que se trata de rol exemplificativo, tendo em vista a impossibilidade de autorização para discriminações que escapem à regra específica do inciso XXII do art. 611-B da CLT, como a não permissão para adoção de modalidades de trabalho servil, à base de remuneração *in natura*; a eliminação ou redução dos documentos contratuais considerados imperativos pelo ordenamento jurídico brasileiro; etc.

Ainda sobre o *caput* do art. 611-B, merece exame cuidadoso a questão de a nulidade estar condicionada, essencialmente, "a supressão ou a redução dos seguintes direitos", o que pode indicar a possibilidade de inexistência de nulidade a proclamar quando houver previsão de alguma compensação pactuada na negociação coletiva.

Ademais, em flagrante contradição ao *caput* do art. 611-B, a flexibilização, por meio da negociação coletiva, alcança o ápice na regra esposada no parágrafo único ao firmar que regras sobre duração do trabalho não pertencem ao conjunto das normas de segurança, saúde e higiene do trabalho, *in verbis*:

> Art. 611-B. Constituem objeto ilícito de convenção coletiva ou de acordo coletivo de trabalho, exclusivamente, a supressão ou a redução dos seguintes direitos:
>
> [...]
>
> Parágrafo único. Regras sobre duração do trabalho e intervalos não são consideradas como normas de saúde, higiene e segurança do trabalho para os fins do disposto neste artigo.

A flexibilização tem, em princípio, a intenção de compatibilizar a iniciativa privada com a valorização da dignidade do trabalho. Desse modo, não é possível negociar mediante ato estrito de renúncia. Também não prevalece nos casos de direitos revestidos de indisponibilidade absoluta, a exemplo de normas de segurança e saúde no trabalho.

É necessário reconhecer que a flexibilização da duração do trabalho, no atual estágio do capitalismo, tem sido o alvo de reflexões e reformas legislativas. Todavia, entende-se que tais movimentos não têm o condão de promover o rompimento do Direito do Trabalho da sua gênese, ou seja, é um ramo do Direito umbilicalmente e indissociavelmente relacionado à limitação da duração de trabalho como corolário de direito fundamental à saúde e segurança do trabalhador, parcela de interesse público de indisponibilidade absoluta. Trata-se, pois, de não negar as reformas, mas adequá-las aos mandamentos jurídicos e sociais alicerçados na qualidade de vida do trabalhador.

Ora, o legislador reformador prevê que os direitos e regras constantes do art. 611-B, inclusive as normas de saúde, higiene e segurança no trabalho previstas em lei ou em normas regulamentadoras do Ministério do Trabalho, insculpidas no inciso XVII, não estão sujeitos à supressão ou redução sob comando da negociação coletiva. Contraditoriamente, o parágrafo único do mesmo artigo excepciona as regras sobre duração do trabalho e intervalos do manto da indisponibilidade absoluta sob o fundamento de exclusão do seu teor normativo de saúde, higiene e segurança do trabalho, apesar de comprovadamente tal argumento não encontrar respaldo técnico na literatura especializada e tampouco na CF/88.

Ratifica-se, mais uma vez, que a duração do trabalho, quer por jornada de trabalho excessiva, quer por repouso insuficiente, é fator de risco ergonômico, da espécie organização do trabalho/psicossocial, com enquadramento legal na Norma Regulamentadora n. 17 — Ergonomia, norma de segurança e saúde no trabalho emanada pelo Ministério do Trabalho. Ademais, nesse caso, os estatutos constitucional e internacional imperativos de proteção à pessoa humana e ao trabalho humano não foram observados, o que fulmina a aplicação do princípio da adequação setorial negociada, pois resulta em precarização das condições contratuais e ambientais de trabalho.

Acrescente-se que o legislador, no parágrafo único do art. 611-B, conferiu aos vocábulos duração do trabalho e intervalos uma independência semântica que não traduz a realidade jurídica. O termo duração do trabalho foi definido neste estudo como o gênero do qual são espécies a jornada, o horário de trabalho e os repousos (intervalos, intrajornada, entre jornadas ou interjornadas, semanal e anual). Então, se a duração do trabalho é o gênero do qual os intervalos são espécies, não é compreensível a redundância utilizada pelo legislador reformador.

Tem-se conhecimento que durante anos os trabalhadores reivindicaram melhores condições de trabalho e redução da duração do trabalho, tendo como marco histórico a limitação de jornada de trabalho de 12 horas na *Moral and Health Act*, aprovada pelo Parlamento britânico em 1802, evidenciando a interface entre as horas trabalhadas e a fixação de regras de proteção à saúde e segurança do trabalhador.

Ao arrepio de todo o conjunto de estudos técnicos e da legislação nacional e internacional, a reforma trabalhista conduz o país ao retrocesso social sem precedentes, pois nega a luta histórica da humanidade pela dignidade do trabalhador. Somente é possível apoiar a flexibilização da duração do trabalho se for para garantir qualidade de vida ao ser humano trabalhador.

Manifestando-se em desfavor de dispositivos da reforma trabalhista, inclusive quanto a sua inconstitucionalidade, a Associação Nacional dos Magistrados da Justiça do Trabalho (ANAMATRA)[35] divulgou, no dia 19.10.2017, os cento e vinte enunciados concernentes à Lei n. 13.467/2017, aprovados durante a 2ª Jornada de Direito Material e Processual do Trabalho. Em especial o Enunciado n. 37 refere-se à interpretação e aplicação do parágrafo único do art. 611-B da CLT:

> 37. SAÚDE E DURAÇÃO DO TRABALHO
> É inconstitucional o parágrafo único do art. 611-B da CLT, pois as normas e institutos que regulam a duração do trabalho, bem como seus intervalos, são diretamente ligados às tutelas da saúde, higiene e segurança do trabalho como estabelecidas pelos arts. 7º, XIII, XIV e XXII, 196 e 225 da Constituição Federal, pelos arts. 3º, "b" e "e", e 5º da Convenção n. 155 da OIT, pelo art. 7º, II, "b" e "d", do PIDESC (ONU), pelo art. 7º, "e", "g" e "h", do Protocolo de San Salvador (OEA), e pelo próprio art. 58 da CLT, que limita a jornada a oito horas diárias, sendo, assim, insuscetíveis de flexibilização por convenção ou acordo coletivos.

Em resposta a essa abrupta mudança da CLT, alguns legitimados, constantes do art. 103 da CF/88, já propuseram Ação Direta de Inconstitucionalidade (ADI) desde 2017. Em consulta ao *site* do Supremo Tribunal Federal (STF)[36], em 17.9.2018, constatou-se a propositura de 23 (vinte e três) ADI, sendo 16 (dezesseis) relativas à contribuição sindical, 4 (quatro) versam sobre o trabalho intermitente, 1 (uma) aborda a indenização moral, 1 (uma) diz respeito ao valor do pedido na inicial da reclamação trabalhista e 1 (uma) refere-se à Justiça gratuita, tendo como requerente o Procurador-Geral da República.

Além de incipiente a manifestação da sociedade frente à reforma trabalhista e sem registro de ADI sobre a flexibilização das regras de duração do trabalho e intervalos de sua matriz de indisponibilidade absoluta de normas de saúde, higiene e segurança do trabalho, há de salientar que o enfrentamento a tão exagerada alteração na legislação trabalhista exige o fortalecimento, reaparelhamento e atuação proativa dos entes reguladores (Justiça do Trabalho, Ministério Público do Trabalho, Ministério do Trabalho) e a revitalização do movimento sindical para que o diálogo social seja efetivado em garantia ao patamar civilizatório mínimo.

É inquestionável o manto protetor da Constituição Federal de 1988, positivado no art. 7º, à limitação da duração do trabalho como

(35) ASSOCIAÇÃO NACIONAL DOS MAGISTRADOS DA JUSTIÇA DO TRABALHO (ANAMATRA). *Reforma trabalhista:* Anamatra divulga íntegra dos Enunciados aprovados na 2ª Jornada. Disponível em: <https://www.anamatra.org.br/imprensa/noticias/25797-reforma-trabalhista-anamatra-divulga-integra-dosenunciados-aprovados-na-2-jornada>. Acesso em: 25.6.2018.

(36) BRASIL. Supremo Tribunal Federal. Disponível em: <https://stf.jus.br/jurisprudencia/741963/acao-direta-de-inconstitucionalidade-adi-mc-1675-df>. Acesso em: 17.9.2018.

proteção à segurança e saúde do trabalhador, impondo interpretação restritiva à autonomia coletiva da vontade ao determinar os seus limites e não conferindo valor absoluto à negociação coletiva. Além disso, a segurança e saúde do trabalhador é um direito amparado nos princípios constitucionais da dignidade da pessoa humana (art. 1º, inciso III, da CF/88); da redução dos riscos inerentes ao trabalho (art. 7º, inciso XXII, da CF/88); da valorização do trabalho humano (art. 170, *caput*, da CF/88); da defesa do meio ambiente (art. 170, inciso VI, da CF/88); da universalidade da saúde (art. 196, *caput*, da CF/88) e do meio ambiente ecologicamente equilibrado (art. 225, *caput*, da CF/88).

É impossível validar constitucionalmente o texto do parágrafo único do art. 611-B da CLT por exibir lacunas axiológicas. Claramente, o legislador reformista violou o princípio da vedação do retrocesso social (art. 5º, § 2º, da CF/88), princípio da proteção (art. 7º, *caput*, da CF/88), o princípio da adequação setorial negociada (art. 7º, *caput*, da CF/88) e o princípio do risco mínimo regressivo (art. 7º, inciso XXII, da CF/88). Defende-se, indubitavelmente, a inconstitucionalidade do parágrafo único do art. 611-B da CLT, cabendo ao Poder Judiciário a apreciação do controle constitucional tanto pela via difusa quanto concentrada.

Conclusão

Com a promulgação da Lei n. 13.467/2017, alcançou-se o auge da flexibilização das normas trabalhistas, algo nunca vivido antes no nosso país. Não adianta cerrar os olhos aos fatos, pois a reforma trabalhista é fruto do movimento oscilatório entre as ideologias liberais e sociais que se alternam no decorrer da História.

Não há dúvida que houve um ataque frontal e exacerbado ao conjunto normativo nacional e internacional de proteção ao trabalho, com destaque privilegiado ao negociado sobre o legislado no atributo duração do trabalho.

A experiência nacional e internacional é vasta e contundente ao relacionar a duração do trabalho aos índices de acidentalidade e doenças relacionadas ao trabalho, o que permitiu afirmar que as regras de duração do trabalho (jornada, horário de trabalho e intervalos) são normas de saúde, higiene e segurança, infensas à negociação coletiva. Tal assertiva deriva do fato dessas normas serem de ordem pública, inderrogáveis pela vontade das partes e por se revestirem de caráter imperativo para a proteção da pessoa humana do trabalhador, em oposição ao princípio da autonomia privada.

Deve-se, acima de qualquer interesse individual, ter como pilar a manutenção de garantias mínimas para uma sociedade equilibrada do ponto de vista social, qual seja, livre, justa, solidária e fundada na valorização do trabalho humano. Não se concebe destruir o que ao longo dos séculos se consolidou, sob pena de retrocesso histórico e social e, por conseguinte, em elevação no número de acidentes e doenças relacionadas ao trabalho no Brasil.

A magnitude do retrocesso e da precarização social pode ser claramente constatada no art. 611-B, parágrafo único, da CLT, que desconstruiu anos de estudo e conquistas normativas ao impor a desvinculação das regras sobre duração do trabalho e intervalos das normas de saúde, higiene e segurança do trabalho. A duração do trabalho é elemento de Segurança e Saúde do Trabalhador, e, portanto, entende-se pela inconstitucionalidade do art. 611-B, parágrafo único, da Consolidação das Leis do Trabalho.

Referências bibliográficas

AMORIM JÚNIOR, Cléber Nilson. *Segurança e saúde no trabalho:* princípios norteadores. São Paulo: LTr, 2013.

BARROS, Alice Monteiro de. *Curso de direito do trabalho*. 6. ed. rev. e ampl. São Paulo: LTr, 2010.

BRASIL. Normas Regulamentadoras. Disponível em: <http://trabalho.gov.br/seguranca-esaude-no-trabalho/normatizacao/normas-regulamentadoras>. Acesso em: 5.2.2018.

CASSAR, Vólia Bomfim; BORGES, Leonardo Dias. *Comentários à reforma trabalhista de acordo com a Lei n. 13.467/2017 e a MP n. 808/2017*. 2. ed. rev. atual. e ampl. Rio de Janeiro: Forense; São Paulo: Método, 2018.

COLARES, Marcos; PAIVA, Leila. *Aprendizado, trabalho e dignidade* — discutindo perspectivas legítimas de ocupação produtiva para o adolescente no Brasil. Fortaleza: Perfil, 2003.

DELGADO, Mauricio Godinho. *Capitalismo, trabalho e emprego:* entre o paradigma da destruição e os caminhos de reconstrução. São Paulo: LTr, 2006.

KROEMER, K. H. E; GRANDJEAN, E. Adaptando o trabalho ao homem. In: *Manual de ergonomia.* 5. ed. Tradução: Lia Buarque de Macedo Guimarães. Porto Alegre: Bookman, 2005.

MELO, Raimundo Simão de. *Ação civil pública na justiça do trabalho.* 3. ed. São Paulo: LTr, 2008.

______ . *Direito ambiental do trabalho e a saúde do trabalhador.* 5. ed. São Paulo: LTr, 2013.

MOHAI JÚNIOR, Adalberto Szabó. *Manual de segurança, higiene e medicina do trabalho.* 7. ed. São Paulo: Rideel, 2014.

OLIVEIRA, Sebastião Geraldo de. *Proteção jurídica à saúde do trabalhador.* 6. ed. rev. ampl. e atual. São Paulo: LTr, 2011.

PACHECO JÚNIOR, Waldemar. *Qualidade na segurança e higiene do trabalho:* série SHT 9000, normas para gestão e garantia da segurança e higiene do trabalho. São Paulo: Atlas, 1995.

ROMITA, Arion Sayão. *Direitos fundamentais nas relações de trabalho.* São Paulo: LTr, 2005.

A Modernidade Líquida nas Relações de Trabalho. Possíveis Impactos da Reforma Trabalhista à Segurança e Saúde do Trabalhador

Douglas Mota da Silva[(1)]

1. Introdução

"Vivemos em tempos líquidos. Nada foi feito para durar"
(BAUMAN, 2001)[(2)]

Sob o pretexto de "modernização" e aumento da empregabilidade, está acontecendo a desregulamentação das relações de trabalho no Brasil. São exemplos a Lei n. 13.429, de 31 de março de 2017, que amplia a possibilidade da terceirização em todas as atividades e a Lei n. 13.467, de 13 de julho de 2017 (reforma trabalhista) que altera mais de cem artigos da Consolidação das Leis do Trabalho — CLT. As mudanças incluem formas de contratação mais precárias e atípicas, como a flexibilização da jornada de trabalho, rebaixamento da remuneração, alteração de normas de saúde e segurança do trabalho, fragilização da atividade sindical, mudanças na negociação coletiva, limitação do acesso à Justiça do Trabalho e limitação do poder da Justiça do Trabalho (TEIXEIRA, 2017)[(3)]. Além disso há mudanças relativas a aplicação de Normas Regulamentadoras do Ministério do Trabalho, como da NR n. 12 (proteção de máquinas e equipamentos) que buscam inviabilizar a atuação da Inspeção do Trabalho (FILGUEIRAS, 2017)[(4)].

A desregulamentação acontece conforme a agenda neoliberal, que tem início no governo de Margaret Thatcher, na Inglaterra e de Ronald Reagan, nos Estados Unidos da América e que chega com algum atraso no Brasil. A diminuição da intervenção do Estado em uma área de extrema sensibilidade, como as relações de trabalho pode causar consequências diretas quanto à segurança e saúde dos trabalhado-

(1) Auditor-Fiscal do Trabalho. Graduado em Fisioterapia pela Universidade Bandeirante de São Paulo. Mestrando em Trabalho, Saúde e Ambiente pela Fundacentro.

(2) BAUMAN, Zygmunt. *Modernidade líquida*. 1. ed. Rio de Janeiro: [s.n.], 2001. p. 260.

(3) TEIXEIRA, Andréia Galvão; KREIN, José Dari; BIAVASCHI, Magda Barros; OLIVEIRA, Marilane. *Contribuição crítica à reforma trabalhista*. Campinas: [s.n.], 2017.

(4) FILGUEIRAS, Vitor Araújo. *Saúde e segurança do trabalho no Brasil*. Brasília: MPT, 2017.

res. Steve Thombs e David White, alertam que o avanço da política neoliberal na Inglaterra promoveu a degradação da proteção regulatória dos trabalhadores em segurança e saúde (THOMBS, 2009).

Pode-se afirmar que se inicia um novo paradigma no mundo do trabalho e fica evidente a diminuição da proteção legal ao trabalhador, em especial no que diz respeito à relação de emprego. Flexibilizar é um eufemismo para a precarização das relações de trabalho e desmonte dos direitos conquistados após décadas de luta. Mudanças das últimas décadas já resultaram em um exército de trabalhadores mutilados, lesionados, adoecidos física e mentalmente, muitos deles incapacitados de forma definitiva para o trabalho (ANTUNES; PRAUN, 2015)[5].

Este estudo tem por objetivo analisar, mudanças recentes e possíveis consequências no que diz respeito à Segurança e Saúde do Trabalhador.

2. *Principais mudanças e possíveis consequências*

A lei que permite a terceirização em todas as atividades empresariais pode trazer graves consequências relativas à Segurança e Saúde, haja vista as inequívocas evidências da relação entre terceirização, adoecimento e morte de trabalhadores (J. ANDRADE, 2015). Diversas pesquisas evidenciam os impactos da terceirização à segurança e saúde do trabalhador, Mandarini realizou um estudo em 1754 artigos científicos da base de dados da SciELO, ProQuest, PsycINFO, e Scopus; no período de 2000 a 2015, em que resultados evidenciaram impactos negativos na saúde dos trabalhadores terceirizados devido a fatores desencadeadores de estresse, doenças relacionadas ao trabalho, riscos de acidentes, falta de suporte à saúde e à segurança, adoecimento psíquico, insegurança e esvaziamento do sentido atribuído ao trabalho. Os trabalhadores terceirizados estão mais propensos a sofrer acidentes de trabalho. Uma pesquisa do Dieese realizada em 2010 sobre os trabalhadores do setor elétrico constatou que a taxa de mortalidade no setor é muito mais alta entre os trabalhadores terceirizados.

Quanto ao contrato individual de trabalho intermitente, também conhecido como contrato-zero ou "bico oficial', regulado pelos arts. 443, *caput* e § 3º, 452-A a 452-H, da CLT, os defensores dessa nova modalidade de vínculo esperam que haja dinamização da economia com a criação de postos de trabalho com a diminuição de encargos trabalhistas (FERREIRA, 2017)[6], porém mesmo quem defende essa tese, como (PEREIRA, 2017)[7] alerta para a importância da atuação da Inspeção do Trabalho, Ministério Público do Trabalho e Justiça do Trabalho no tocante ao combate às fraudes trabalhistas. As críticas ao contrato zero-hora são referentes a violação de princípios do Direito do Trabalho (RODRIGUEZ, 2000)[8], inconstitucionalidade (SCALERCIO, 2017)[9] e precarização das relações de trabalho (TEIXEIRA, 2017). Esse modelo de jornada já existiu antes, e foi fortemente combatido pela Inspeção do Trabalho, Ministério Público do Trabalho e Justiça do Trabalho, porque fica evidente o efeito nocivo para a saúde do trabalhador não saber se vai ou não trabalhar e nem saber se vai ter um salário no final do mês ou não. Esse é um tipo de mudança que legaliza o trabalho precarizado em que na estatística há diminuição do desemprego, mas na prática gera um contingente de subempregos.

3. *A inspeção do trabalho*

O esvaziamento continuado da Inspeção do Trabalho, cujos quadros funcionais min-

(5) ANTUNES, Ricardo; PRAUN, Luci. A sociedade dos adoecimentos no trabalho. *Serv. Soc. Soc*, p. 407-427, 2015.
(6) FERREIRA, Paulo Afonso. *Modernizar para avançar*.
(7) PEREIRA, Leone. Contrato individual de trabalho intermitente: posição favorável. *Carta Forense*, p. 1-3, 2017.
(8) RODRIGUEZ, Américo Plá. *Princípios de direito do trabalho*. 3. ed. São Paulo: [s.n.], 2000. p. 1-233.
(9) SCALERCIO, Marcos. Contrato individual de trabalho intermitente: posição contrária. *Carta Forense*, p. 3-5, 2017.

guam sistematicamente, sem que haja qualquer indício de revisão desse quadro, a despeito de constituir flagrante desobediência à Convenção n. 81 da Organização Internacional do Trabalho (OIT), ratificada pelo Brasil (FILGUEIRAS, 2017). Em 2012 o Instituto de Pesquisa Econômica Aplicada (IPEA) divulgou a nota técnica n. 4 que trata da necessidade de Auditores-Fiscais do Trabalho no Brasil. A conclusão desse trabalho é que seria necessário aproximadamente mais 6.000 Auditores-Fiscais do Trabalho tendo em vista o grau de descumprimento da legislação trabalhista. Desde a edição da nota técnica em 2012 o número de Auditores-Fiscais vem diminuindo sem sequer a reposição das aposentadorias. Os Auditores-Fiscais do Trabalho (AFTs) têm como finalidade organizar, manter e executar a inspeção do trabalho no Brasil. A importância econômica e social desta atividade é notória na medida em que a área de atuação se dá em diversos setores que influenciam direta e indiretamente o bem-estar e os direitos do trabalhador. A inspeção do trabalho concentra sua atuação especialmente em quatro vetores: I) regularização de vínculos e remunerações de trabalhadores; II) regularização de contribuições de trabalhadores (FGTS); III) promoção da segurança e da saúde de trabalhadores; IV) erradicação de trabalho ilegal (trabalho infantil, juvenil, escravo).

O quadro abaixo mostra que o número de auditores é hoje o mais baixo dos últimos 30 anos.

Tabela 1

N. de AFT 1990 a 2017	
ANO	**Número de Auditores**
1990	3.285
1995	3.285
2000	3.131
2005	2.935
2010	3.061
2011	3.094
2012	2.942
2013	2.784
2014	2.713
2015	2.546
2016	2.489
2017	2.372

Fonte: DOU *Diário Oficial da União.*

Tabela 2

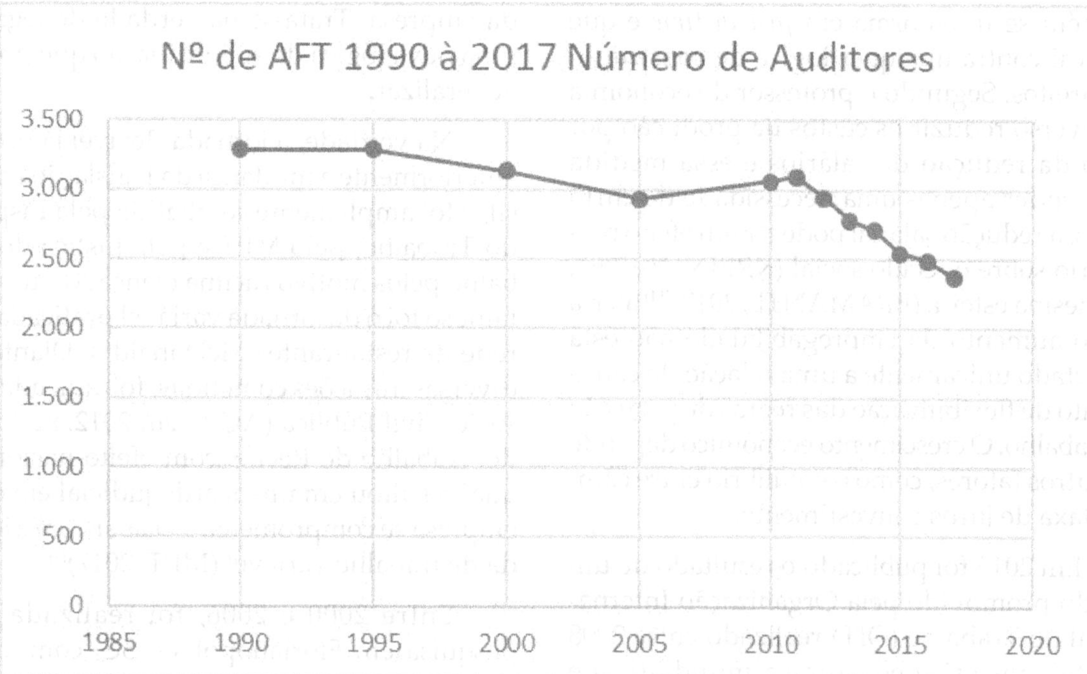

Fonte: DOU *Diário Oficial da União.*

4. *Modernização ou precarização?*

O vice-presidente da Confederação Nacional da Indústria (CNI) e presidente do Conselho de Assuntos Legislativos, Paulo Afonso Ferreira, disse ao jornal *O Popular*, em 25 de julho de 2017, que a reforma trabalhista marca o Brasil positivamente, proporcionando a redução de conflitos judiciais. Também diz que a competitividade do país vai aumentar e que haverá desenvolvimento socioeconômico, com mais empregos e inclusão social (FERREIRA, 2017).

José Márcio Camargo, professor da Pontifícia Universidade Católica (PUC) do Rio de Janeiro, afirma que haverá diminuição da informalidade pois vai ficar mais barato contratar trabalhadores (CAMARGO, 2017)[10].

Quanto à segurança jurídica, entendemos que a Lei n. 13.467/2017 aumentou a segurança jurídica apenas para as empresas, já que existem dispositivos que dificultam o acesso do trabalhador ao judiciário. Já no primeiro dia em que a nova lei entrou em vigor já começaram as decisões prejudiciais, como o trabalhador de uma fazenda da Bahia, que foi condenado a pagar 8,5 mil reais por litigância de má-fé pelo juiz do Trabalho José Cairo Junior, da 3ª Vara de Ilhéus (BA) (MARTINES, 2017)[11]. Em outro processo a trabalhadora foi condenada, na 2ª Vara do Trabalho de Volta Redonda (RJ) a pagar R$ 67 mil por uma ação movida contra o Banco que ela trabalhava (POVO, 2017)[12].

Já para o professor do Instituto de Economia da Unicamp, Universidade de Campinas, José Dari Krein, a reforma tem o objetivo de defender apenas os interesses das empresas e compromete qualquer projeto de desenvolvimento econômico e social para o Brasil, pois traz perda de direitos e fragiliza o emprego

(10) CAMARGO, José Márcio. Entrevista: *Nova lei trabalhista contribuirá para a redução da informalidade.*
(11) MARTINES, Fernando. *Baseado na reforma trabalhista, juiz condena trabalhador em R$ 8 mil por má-fé.*
(12) GAZETA DO POVO. Trabalhadora é condenada a pagar R$ 67 mil após reforma trabalhista. 13 dez. 2017.

e o trabalhador. Krein afirma que com o contrato de trabalho intermitente, o trabalhador também se transforma em *just in time* e que isso vai contra qualquer lógica de construção de direitos. Segundo o professor de economia é perverso reduzir os custos da produção por meio da redução de salários e essa medida vai atender apenas uma necessidade de curto prazo, a redução salarial pode ter um efeito predatório sobre o tecido social (KREIN, 2017)[13]. Na mesma esteira (BRAMANTE, 2017)[14] alerta que o aumento da empregabilidade não está conectado unicamente a uma relação de causa e efeito de flexibilização das regras de proteção do trabalho. O crescimento econômico depende de outros fatores, como o equilíbrio entre câmbio, taxa de juros e investimento.

Em 2016 foi publicado o resultado de um estudo promovido pela Organização Internacional do Trabalho (OIT) realizado entre 2008 e 2014 (pós-crise econômica mundial) que analisou 110 países, desenvolvidos e em desenvolvimento, buscando correlações entre a taxa de desemprego e a desregulamentação da proteção trabalhista. O estudo não encontrou relação entre diminuição da proteção legal e aumento de emprego nos países em desenvolvimento (ADASCALITEI; MORANO, 2015)[15].

O Grupo de trabalho de estudo da Reforma do Centro de Estudos Sindicais e Economia do Trabalho da Unicamp, elaborou um dossiê chamado Contribuição Crítica à Reforma Trabalhista 2017. Esse documento traz um alerta, considerando que o contrato de trabalho intermitente não seria apenas a regulamentação dos "bicos", na verdade essa é uma oportunidade para rebaixamento da remuneração do trabalhador em diversos setores e também pode promover a intensificação do trabalho com redução nas horas pagas, estabelecendo assim o trabalhador *just in time* que trabalha e recebe estritamente de acordo com as necessidades da empresa. Trata-se na verdade de legalizar uma nova lógica de subordinação que pode se generalizar.

Na verdade, a jornada flexível já ocorreu anteriormente à mudança da legislação no Brasil, e foi amplamente combatida pela Inspeção do Trabalho, pelo MPT e pela Justiça do Trabalho pelos motivos acima elencados, um caso famoso foi o da jornada variável praticada pela rede de restaurantes McDonald's. Diante das diversas infrações cometidas, foi ajuizada uma Ação Civil Pública (ACP), em 2012, na Justiça do Trabalho de Recife, com efeito nacional, a qual resultou em um acordo judicial em que a empresa se comprometeu a acabar com a jornada de trabalho variável (MPT, 2017)[16].

Entre 2000 e 2006, foi realizada uma pesquisa em Florianópolis – SC, com jovens trabalhadores da rede McDonald's, que traçou um perfil socioeconômico desses jovens com o objetivo de compreender a alta rotatividade desses trabalhadores que realizavam a jornada flexível e eram convocados conforme a necessidade da empresa. Problemas relatados por trabalhadores em entrevistas dão conta que nos períodos de grande demanda, havia o excesso de trabalho, com jornadas longas e alta densidade do trabalho e nesses períodos ficavam exaustos. Por outro lado, nas épocas de baixa demanda, quase não eram convocados e nesses meses recebiam remunerações muito abaixo do salário mínimo mensal. A pesquisa chega a conclusão que aqueles jovens eram altamente "substituíveis e flexíveis" que formavam um exército excedente para satisfação das necessidades empresariais e assim que possível procuravam outra oportunidade (REIS, 2007)[17].

(13) KREIN, José Dari. Economia: Reforma trabalhista joga contra qualquer projeto de desenvolvimento. *Carta Capital*, 2017.

(14) BRAMANTE, Ivani Contini. Contrato intermitente: "ubertrabalho e ultraflexiprecarização". *Revista Científica Virtual OAB*, p. 198, set. 2017.

(15) ADASCALITEI. Dragos; MORANO. Clemente. *Labour market reforms since the crisis:* drivers and consequences, n. 5. [S.l: s.n.], 2015.

(16) MPT. *McDonald's descumpre acordo trabalhista com MPT*.

(17) REIS, Antero Maximiliano Dias dos. Relações de trabalho no mundo juvenil: o caso da corporação McDonald's. *Associação Nacional de História – ANPUH*, p. 1-9, 2007.

5. *Pós-modernidade. A "modernidade líquida" do trabalho*

Zygmunt Bauman, analisa a sociedade contemporânea na pós-modernidade, a qual denomina "modernidade líquida", uma época caracterizada pelo enfraquecimento das instituições tradicionais, pelo individualismo e pela efemeridade das relações humanas. A modernidade imediata é "líquida" e "veloz", mais dinâmica que a modernidade "sólida" que suplantou. A passagem de uma a outra acarretou profundas mudanças em todos os aspectos da vida humana.

Bauman diz que no atual estado da sociedade, o capital rompeu sua dependência em relação ao trabalho e possui uma liberdade de movimentos impensável no passado. Nesse contexto, o capital se tornou extraterritorial, leve, desembaraçado e solto numa medida sem precedentes, e seu nível de mobilidade espacial é na maioria dos casos suficiente para chantagear as agências políticas dependentes de território e fazê-las se submeterem às suas demandas. Dessa forma, o "poder de pressão" de uma força de trabalho local o encolheu consideravelmente.

Em sua obra Modernidade Líquida, o autor compara os mecânicos de automóveis de antigamente, que consertavam as peças dos carros, com os de hoje que apenas trocam as peças danificadas por outras peças novas, seladas, disponíveis na prateleira, e faz um paralelo com aspectos sociais atuais: assim como na oficina mecânica, cada "peça" humana é tratada como "sobressalente" e substituível. Seu alerta é que o "mercado de trabalho flexível" traz incertezas e insegurança para o mundo do trabalho nunca vistas até hoje, e que a incerteza do presente é uma poderosa força individualizada.

No contrato de trabalho intermitente, quando não convocado, o trabalhador é tratado exatamente como no exemplo de Bauman, como uma peça sobressalente na prateleira à disposição para um momento de necessidade.

Conclusão

A Reforma Trabalhista traz sem sombra de dúvidas um novo paradigma nas relações de trabalho, resta saber a quem essa profunda mudança vai beneficiar. Fica evidente a diminuição da proteção legal do trabalhador. Nesse mesmo contexto, o contrato de trabalho intermitente, contrato-zero ou "bico oficial" gera uma forma de contrato sem obrigações, que muito provavelmente vai mudar as estatísticas nacionais sobre desemprego, que deve cair, mas sem qualquer garantia de melhora nas condições de vida do trabalhador. Então sob a falácia da geração de empregos, pode ser que ela aconteça apenas formalmente. Quanto ao argumento da segurança jurídica, as primeiras decisões já apontam que os trabalhadores encontrarão maiores dificuldades em acionar a justiça trabalhista em defesa dos seus direitos. O contrato de trabalho intermitente na verdade não traz uma inovação nas relações justrabalhistas nacionais, ele simplesmente torna legal práticas que já ocorriam e que sempre foram duramente combatidas exatamente pelo seu efeito nocivo, explorando a vulnerabilidade da mão de obra, gerando um estoque de "peças" sobressalentes à disposição.

Da forma que está positivado o contrato-zero fere princípios constitucionais do direito e a própria razão de ser da Justiça do Trabalho. O crescimento econômico depende de diversos fatores, como investimento, equilíbrio fiscal, entre outros, mas o momento de crise econômica que tem muitos fatores envolvidos, nacionais e internacionais foi aproveitado para retirar direitos fundamentais históricos conquistados em décadas de luta.

A perda de direitos e garantias que ocorre hoje, sob o capitalismo global, seria não apenas "precarização do trabalho" no sentido de piora nas condições da mera força de trabalho como mercadoria; mas seria, também, "precarização do homem que trabalha", no sentido de efetivação do homem como ser genérico (VIZZACCARO-AMARAL; MOTA; ALVES, 2011)[(18)].

(18) VIZZACCARO-AMARAL, André Luís; MOTA, Daniel Pestana; ALVES, Giovanni. *Trabalho e saúde:* a precarização do trabalho e a saúde do trabalhador no século XXI. [S.l: s.n.], 2011. p. 232.

Referências bibliográficas

ADASCALITEI, Dragos; MORANO, Clemente. *Labour market reforms since the crisis:* drivers and consequences, n. 5, [S.l: s.n.], 2015.

ADJ. *Teses da I Jornada Trabalhista da Associação Juízes.* [S.l: s.n.], 2017. Disponível em: <http://ajd.org.br/noticias_ver.php?idConteudo=863>.

ANTUNES, Ricardo; PRAUN, Luci. A sociedade dos adoecimentos no trabalho. *Serv. Soc. Soc.*, p. 407-427, 2015. Disponível em: <http://www.scielo.br/scielo.php?script=sci_arttext&pid=S0101-66282015000300407&lng=pt&nrm=iso%3E>. Acesso em: 15.12.2017.

BAUMAN, Zygmunt. *Modernidade líquida.* 1. ed. Rio de Janeiro: [s.n.], 2001. Disponível em: <http://xa.yimg.com/kq/groups/20876786/2059288489/name/Modernidade+Liquida+-+Zygmunt+Bauman.pdf>.

BRAMANTE, Ivani Contini. Contrato intermitente: "ubertrabalho e ultraflexiprecarização". *Revista Científica Virtual OAB*, p. 198, set. 2017.

CAMARGO, José Márcio. *Nova lei trabalhista contribuirá para a redução da informalidade.* Disponível em: <http://www.portaldaindustria.com.br/agenciacni/noticias/2017/08/entrevista-nova-lei-trabalhista-contribuira-para-a-reducao-da-informalidade-1/>. Acesso em: 16.12.2017.

DIEESE. *Terceirização e morte no trabalho:* um olhar sobre o setor elétrico brasileiro, 2010.

FERREIRA, Paulo Afonso. *Modernizar para avançar*. Disponível em: <http://www.portaldaindustria.com.br/agenciacni/noticias/2017/07/artigo-modernizar-para-avancar/>.

FIGUEIRAS, Vitor Araújo. *Saúde e segurança do trabalho no Brasil*. Brasília: MPT, 2017.

GAZETA DO POVO. Trabalhadora é condenada a pagar R$ 67 mil após reforma trabalhista. 13 dez. 2017 Disponível em: <http://www.gazetadopovo.com.br/justica/trabalhadora-e-condenada-a-pagar-r-67-mil-apos-reforma-trabalhista-340f7n4xqrqrqd6d2grj7ch78>.

KREIN, José Dari. Economia: Reforma trabalhista joga contra qualquer projeto de desenvolvimento. *Carta Capital,* 2017. Disponível em: <https://www.cartacapital.com.br/economia/reforma-trabalhista-joga-contra-qualquer-projeto-de-desenvolvimento>.

MANDARINI, Marina Bernardo; ALVES, Amanda Martins; STICCA, Marina Greghi. Terceirização e impactos para a saúde e trabalho: uma revisão sistemática da literatura. *Rev. Psicol., Organ. Trab.*, Brasília, v. 16, n. 2, p. 143-152, jun. 2016 . Disponível em <http://pepsic.bvsalud.org/scielo.php?script=sci_arttext&pid=S1984-66572016000200004&lng=pt&nrm=iso>. Acesso em: 8.10.2018.

MARTINES, Fernando. *Baseado na reforma trabalhista, juiz condena trabalhador em R$ 8 mil por má-fé.* Disponível em: <https://www.conjur.com.br/2017-nov-13/baseado-reforma-trabalhista-juiz-condena-trabalhador-ma-fe>.

MELLO, Celso Antônio Bandeira de. *Curso de direito administrativo.* 30. ed. São Paulo: [s.n.], 2012.

MPT. *McDonald's descumpre acordo trabalhista com MPT*. Disponível em: <https://portal.mpt.mp.br/wps/portal/portal_mpt/mpt/sala-imprensa/mpt-noticias/380af44a-f25f-4fb9-bf1e-1a5c0818b2d0/!ut/p/z0/jYzJDoIwFEV_BR...>.

PEREIRA, Leone. Contrato individual de trabalho intermitente: posição favorável. *Carta Forense,* p. 1-3, 2017. Disponível em: <http://www.cartaforense.com.br/conteudo/artigos/contrato-individual-de-trabalho-intermitente-posicao-favoravel/17990>.

REIS, Antero Maximiliano Dias dos. Relações de trabalho no mundo juvenil: o caso da corporação McDonald's. *Associação Nacional de História – ANPUH,* p. 1-9, 2007.

RODRIGUEZ, Américo Plá. *Princípios de direito do trabalho.* 3. ed. São Paulo: [s.n.], 2000.

SCALERCIO, Marcos. Contrato individual de trabalho intermitente: posição contrária. *Carta Forense,* p. 3-5, 2017. Disponível em: <http://www.cartaforense.com.br/conteudo/artigos/contrato-individual-de-trabalho-intermitente-posicao-contraria/17991>.

TEIXEIRA. Andréia Galvão; KREIN, José Dari; BIAVASCHI, Magda Barros; OLIVEIRA, Marilane. *Contribuição crítica à reforma trabalhista.* Campinas: [s.n.], 2017. Disponível em: <https://www.eco.unicamp.br/images/arquivos/Dossie14set2017.pdf>.

VIZZACCARO-AMARAL, André Luís; MOTA, Daniel Pestana; ALVES, Giovanni. *Trabalho e saúde:* a precarização do trabalho e a saúde do trabalhador no século XXI. [S.l: s.n.], 2011.

Uma Análise Crítica Acerca das Alterações da Reforma Trabalhista na Duração do Trabalho

João Paulo Ferreira Machado[1]

1. Introdução

A Lei n. 13.467/2017 introduziu no Brasil uma significativa alteração nos regramentos trabalhistas, o que foi chamado de Reforma Trabalhista. Foram muitas alterações e mesmo que alguns defendam que não houve redução de direitos, os prejuízos aos trabalhadores são claros. Para exemplificar, é possível citar a liberação da jornada intermitente; a criação de uma categoria de trabalhadores hiperssuficientes por terem nível superior e rendimento superior a duas vezes o teto da Previdência e para os quais foi liberada a negociação individual com prevalência sobre a lei; a possibilidade da redução do intervalo intrajornada sem qualquer avaliação técnica; a liberação do trabalho da gestante em local insalubre; o tabelamento de indenizações nas ações trabalhistas; a restrição ao acesso à justiça trabalhista; entre outras alterações prejudiciais na forma de rescisão do contrato e na contabilização de valores antes remuneratórios como indenizatórios. Enfim, são variadas alterações, inclusive com a mudança da lógica anterior em que a negociação coletiva só poderia ser utilizada para ampliação de direitos. Com a sanção da Lei n. 13.467 o negociado passou a prevalecer sobre o legislado mesmo para redução de direitos. E ainda que se diga que a intenção da norma era valorizar as entidades representativas (sindicatos) a verdade é que a mesma lei eliminou a maior fonte de custeio das agremiações de trabalhadores, a contribuição sindical obrigatória.

Considerando a imensidade de alterações trazidas pela reforma, este artigo terá foco nas alterações relativas à duração do trabalho, tratando especialmente da supressão das horas *in itinere*, das alterações no intervalo intrajornada, das mudanças na compensação e no banco de horas e na liberação irrestrita da jornada 12 x 36, inclusive por negociação individual.

2. A duração do trabalho e as alterações trazidas pela reforma trabalhista

Como parte do tratado de Versalhes, a Organização Internacional do Trabalho — OIT foi criada em 1919, com propósito de colaborar na construção de um equilíbrio na relação capital

(1) Auditor-Fiscal do Trabalho. Bacharel em Ciências Contábeis e em Direito. Especialista em Administração Tributária.

e trabalho e tendo como pilar a ideia de que a paz universal somente pode ser alcançada se houver justiça social.

Raimundo e Guilherme Melo afirmam(2):

> As longas jornadas de trabalho sempre foram uma preocupação no mundo do trabalho em razão das consequências e dos prejuízos nefastos que delas decorrem para os trabalhadores e para a sociedade. Por isso, na primeira Conferência Internacional do Trabalho, realizada em 1919, a OIT adotou seis convenções, sendo que a primeira delas respondia a uma das principais reivindicações do movimento sindical e operário do final do século XIX e começo do século XX, qual seja, a limitação da jornada de trabalho a 8 horas diárias e 48 horas semanais.

Percebe-se, assim, que tem se dado extrema relevância à temática em todo o mundo. E no Brasil não foi diferente, com a consagração dessa evolução na Constituição Federal de 1988, que garante em seu texto o direito a condições de trabalho adequadas, com vistas a resguardar a saúde física e mental do trabalhador.

Não podemos negar, contudo, que desde a promulgação da Constituição Cidadã a tônica da flexibilização, defendida como sinônimo de avanço econômico e aumento de empregos, tem permeado as discussões empresariais e parlamentares.

E a reforma trabalhista evidenciou claramente essa vontade de desregulamentação de direitos, transformando o desejo em realidade normativa, sem, é claro, a discussão necessária e desconsiderando critérios técnicos para prevalência do econômico.

2.1. A duração do trabalho na Constituição Federal de 1988

Qualquer análise de normas legais deve passar, necessariamente, pela compatibilização do texto infraconstitucional com o teor da Carta Magna. E, como veremos, há muita controvérsia acerca do respeito às normas constitucionais pelo texto da Lei n. 13.467/2017.

Nossa Constituição prevê:

> Art. 7º São direitos dos trabalhadores urbanos e rurais, além de outros que visem à melhoria de sua condição social:
>
> (...)
>
> XIII — duração do trabalho normal não superior a oito horas diárias e quarenta e quatro semanais, facultada a compensação de horários e a redução da jornada, mediante acordo ou convenção coletiva de trabalho;
>
> (...)
>
> XVI — remuneração do serviço extraordinário superior, no mínimo, em cinquenta por cento à do normal;
>
> (...)
>
> XXII — redução dos riscos inerentes ao trabalho, por meio de normas de saúde, higiene e segurança.

Percebe-se a clareza do inciso XIII do art. 7º da Carta Magna ao exigir acordo ou convenção coletiva para se definir a compensação de horários, quando não respeitada a jornada de até oito horas diárias e/ou quarenta e quatro horas semanais.

A Constituição também traz como norma de ordem pública a garantia de ambiente seguro e saudável, ao inserir como direito do trabalhador a redução dos riscos inerentes ao trabalho por meio de normas próprias de saúde, higiene e segurança no trabalho.

2.2. A compensação de horários após a reforma trabalhista

Ao abordar a compensação de horários, cabe, inicialmente, apresentar o art. 59

(2) MELO, Raimundo Simão de; MELO, Guilherme Aparecido Bassi de. Impactos da reforma trabalhista sobre a saúde dos trabalhadores no tocante à jornada de trabalho. *A reforma trabalhista e seus impactos*. Salvador: Juspodivm, 2017. p. 336.

da CLT, após a alteração promovida pela Lei n. 13.467/2017, destacando as principais alterações:

> Art. 59. A duração diária do trabalho poderá ser acrescida de horas extras, em número não excedente de duas, **por acordo individual**, convenção coletiva ou acordo coletivo de trabalho.
>
> § 1º A remuneração da hora extra será, pelo menos, 50% (cinquenta por cento) superior à da hora normal.
>
> § 2º Poderá ser dispensado o acréscimo de salário se, por força de acordo ou convenção coletiva de trabalho, o excesso de horas em um dia for compensado pela correspondente diminuição em outro dia, de maneira que não exceda, no período máximo de um ano, à soma das jornadas semanais de trabalho previstas, nem seja ultrapassado o limite máximo de dez horas diárias.
>
> § 3º Na hipótese de rescisão do contrato de trabalho sem que tenha havido a compensação integral da jornada extraordinária, na forma dos §§ 2º e 5º deste artigo, o trabalhador terá direito ao pagamento das horas extras não compensadas, calculadas sobre o valor da remuneração na data da rescisão.
>
> § 4º (Revogado pela Lei n. 13.467, de 2017)
>
> **§ 5º O banco de horas de que trata o § 2º deste artigo poderá ser pactuado por acordo individual escrito, desde que a compensação ocorra no período máximo de seis meses.**
>
> **§ 6º É lícito o regime de compensação de jornada estabelecido por acordo individual, tácito ou escrito, para a compensação no mesmo mês.**

A alteração introduzida no *caput* trouxe a permissão do acordo tácito ou verbal, quando no texto anterior era exigido o acordo escrito. Embora possa trazer algum prejuízo ao trabalhador, essa alteração é de menor impacto, pois se trata apenas da forma da demonstração de existência de uma negociação entre trabalhador e empregador.

Todavia, as inovações trazidas nos §§ 5º e 6º podem implicar absurdo prejuízo ao trabalhador e, no cotejo com o texto constitucional acima citado, se mostram inserções contrárias à nossa Carta Magna, conforme se explica a seguir.

Seguindo a lógica constitucional, o Tribunal Superior do Trabalho TST editou a Súmula n. 85 com o seguinte teor:

> COMPENSAÇÃO DE JORNADA (inserido o item VI) — Res. n. 209/2016, DEJT divulgado em 1º, 2 e 3.6.2016
>
> I. A compensação de jornada de trabalho deve ser ajustada por acordo individual escrito, acordo coletivo ou convenção coletiva. (ex-Súmula n. 85 — primeira parte — alterada pela Res. n. 121/2003, DJ 21.11.2003)
>
> II. O acordo individual para compensação de horas é válido, salvo se houver norma coletiva em sentido contrário. (ex-OJ n. 182 da SBDI-1 — inserida em 8.11.2000)
>
> III. O mero não atendimento das exigências legais para a compensação de jornada, inclusive quando encetada mediante acordo tácito, não implica a repetição do pagamento das horas excedentes à jornada normal diária, se não dilatada a jornada máxima semanal, sendo devido apenas o respectivo adicional. (ex-Súmula n. 85 — segunda parte — alterada pela Res. n. 121/2003, DJ 21.11.2003)
>
> IV. A prestação de horas extras habituais descaracteriza o acordo de compensação de jornada. Nesta hipótese, as horas que ultrapassarem a jornada semanal normal deverão ser pagas como horas extraordinárias e, quanto àquelas destinadas à compensação, deverá ser pago a mais apenas o adicional por trabalho extraordinário. (ex-OJ n. 220 da SBDI-1 — inserida em 20.6.2001)
>
> V. As disposições contidas nesta súmula não se aplicam ao regime compensatório na modalidade "banco de horas", que somente pode ser instituído por negociação coletiva.
>
> VI — Não é válido acordo de compensação de jornada em atividade insalubre, ainda que estipulado em norma coletiva, sem a necessária inspeção prévia e permissão da autoridade competente, na forma do art. 60 da CLT.

O item V anterior é bem claro ao estabelecer a impossibilidade de acordo de banco de horas se não houver negociação coletiva e a jurisprudência foi consolidada nesta forma porque se construiu o entendimento de que o inciso XIII do art. 7º do texto constitucional não poderia levar a outra conclusão.

Pois bem, o legislador reformista ignorou essa avaliação e nos §§ 5º e 6º do art. 59 inseriu a permissão para o banco de horas pactuado em acordo individual. Há quem diga que com essa alteração a Súmula n. 85 deixou de ter valor. E a análise mais simplista é esta mesma, porém, ainda não houve avaliação judicial contundente acerca da temática e há sim a possibilidade de uma declaração de inconstitucionalidade destes dispositivos, com manutenção do entendimento jurisprudencial esposado na Súmula n. 85.

Vale citar que a Reforma Trabalhista ainda trouxe mais um ponto que contraria a Súmula n. 85 do TST. O parágrafo único do novel art. 59-B do texto celetista, que assim dispõe:

> Art. 59-B. O não atendimento das exigências legais para compensação de jornada, inclusive quando estabelecida mediante acordo tácito, não implica a repetição do pagamento das horas excedentes à jornada normal diária se não ultrapassada a duração máxima semanal, sendo devido apenas o respectivo adicional.
>
> Parágrafo único. A prestação de horas extras habituais não descaracteriza o acordo de compensação de jornada e o banco de horas.

Ou seja, de acordo com o novo texto legal mesmo a realização de jornada suplementar habitualmente não descaracteriza o acordo de compensação de jornada e o banco de horas.

Com isso, se o empregado tiver um acordo para trabalhar as quarenta e quatro horas de segunda a sexta-feira e não trabalhar aos sábados, se o empregador exigir o trabalho aos sábados continuamente, não terá descaracterizado o acordo de compensação.

Ao tratar do tema, Homero Batista aduz[(3)]:

> [...] a legislação quer fazer crer que o empregador pode instituir banco de horas, digamos, com 10h diárias — que é o máximo permitido por lei — e exigir jornadas de 11 e 12, sem que isso invalide o ajuste de compensação. Não poderia haver equívoco maior. Não se pode mesclar regime de compensação com regime de pagamento de horas extras, sob pena de o trabalhador ficar sem saber quais horas serão compensadas e quais serão pagas, quer dizer, sem que se possa saber quais horas ele terá de ficar em casa e quais terá de atuar mediante remuneração.
>
> ...
>
> Os modelos que objetivam misturar prorrogações compensáveis com prorrogações indenizáveis desafiam sua constitucionalidade, porque criam semanas superiores a 44h e não respeitam a literalidade da exigência do art. 7º, XIII, da CF. Logo, a redação ousada do art. 59-B, parágrafo único, representa promessa que talvez não venha a ser concretizada. Não se deve recomendar para um cliente o desrespeito contumaz ao acordo de compensação antes de conferir o filtro da jurisprudência a respeito.

2.3. A jornada 12 x 36 e o acordo individual

As alterações na duração do trabalho foram muitas com a reforma trabalhista e ainda no aspecto da compensação de jornada houve outro grave retrocesso. O art. 59-A inseriu a possibilidade da jornada 12 x 36 ser pactuada entre empregado e empregador de forma individual e, como veremos, retirou outros direitos até então reconhecidos aos trabalhadores que são submetidos a essa jornada. Diz o texto legal:

> Art. 59-A. Em exceção ao disposto no art. 59 desta Consolidação, é facultado às partes,

(3) SILVA, Homero Batista Mateus da. *Comentários à reforma trabalhista*. São Paulo: Revista dos Tribunais, 2017. p. 46.

mediante **acordo individual** escrito, convenção coletiva ou acordo coletivo de trabalho, estabelecer horário de trabalho de doze horas seguidas por trinta e seis horas ininterruptas de descanso, **observados ou indenizados os intervalos para repouso e alimentação.** (grifei)

Parágrafo único. A remuneração mensal pactuada pelo horário previsto no *caput* deste artigo abrange os pagamentos devidos pelo descanso semanal remunerado e pelo **descanso em feriados, e serão considerados compensados os feriados e as prorrogações de trabalho noturno,** quando houver, de que tratam o art. 70 e o § 5º do art. 73 desta Consolidação. (grifei)

Mais uma vez recorrendo ao inciso XIII do art. 7º da Constituição verifica-se que a regra geral da jornada diária, seguindo inclusive o padrão internacional defendido pela OIT desde 1919, é de até oito horas. Contudo nossa Carta Magna permite que mediante negociação coletiva se estabeleça a compensação de jornada e, portanto, o TST editou, em 2012, a Súmula n. 444, que dispõe: "É válida, em caráter excepcional, a jornada de doze horas de trabalho por trinta e seis de descanso (...)". O verbete ainda continua "(...) prevista em lei ou ajustada exclusivamente mediante acordo coletivo de trabalho ou convenção coletiva de trabalho, assegurada a remuneração em dobro dos feriados trabalhados. (...)".

Não à toa, o texto sumulado afirma que a validade deste tipo de jornada é excepcional e vinculada à lei ou à negociação coletiva. Afinal, a jornada de doze horas seguidas pode ser extenuante para o trabalhador e, portanto, a participação da entidade sindical é necessária para evitar abusos no uso deste tipo de compensação de horários.

Quem acompanhou o processo de tramitação e mesmo o pós-reforma sabe que foi editada a MP n. 808/2017, após acordo entre a Presidência da República e o Senado Federal e o texto da Medida Provisória suavizava essa regra tão prejudicial, permitindo a negociação individual apenas para os trabalhadores da área de saúde. Contudo, a MP não foi votada pelo Congresso Nacional e perdeu sua validade em abril de 2018, voltando a valer o texto original da Lei n. 13.467/2017, acima citado.

Veja que mesmo o Governo, principal defensor da reforma, editou uma MP na tentativa de alterar a regra, de tão maléfica que foi considerada. Na exposição de motivos para o texto da Medida, assim expôs o então Ministro do Trabalho Ronaldo Nogueira[(4)]:

> 10.1 Por meio da alteração do *caput* do art. 59-A do Decreto-Lei n. 5.452, de 1943, além da inclusão no dispositivo dos §§ 1º e 2º, fica estabelecido que a jornada de doze horas de trabalho seguidas por trinta e seis horas ininterruptas de descanso poderá ser estipulada por meio de convenção coletiva ou acordo coletivo de trabalho, conforme jurisprudência do Tribunal Superior do Trabalho — TST, sendo que, no caso de entidades atuantes no setor de saúde, essa jornada poderá ser pactuada por meio de acordo individual escrito.

O art. 59-A ainda permite que os horários para repouso e alimentação sejam indenizados, ou seja, o trabalhador pode trabalhar 12 horas contínuas sem qualquer intervalo e isso sequer será considerada uma infração administrativa. Será que houve uma mínima avaliação técnica para a edição da norma ou foi o critério econômico que prevaleceu? Alguém tem dúvida?

É inadmissível aceitar que um trabalhador seja submetido a doze horas de labor sem qualquer direito a intervalo e a única obrigação do empregador seja indenizar esse período de intervalo, mas, por medieval que pareça, essa é a regra atual da CLT. Claro que ainda haverá muita discussão judicial sobre este tema, porém, no momento atual essa é a norma vigente.

E o parágrafo único do dispositivo ainda aduz que a remuneração pactuada para essa jornada compreende o descanso semanal e os

---

(4) BRASIL. *Exposição de Motivos da Medida Provisória n. 808/2017*. Disponível em: <http://www.planalto.gov.br/ccivil_03/_Ato2015-2018/2017/Exm/Exm-MP-808-17.pdf>. Acesso em: 5.10.2018.

feriados, considerando compensados os feriados e a prorrogação do trabalho noturno.

Em resumo, também contrariando a Súmula n. 444, e invertendo toda a lógica, em prejuízo do trabalhador, a norma elimina o direito ao salário em dobro nos feriados trabalhados e ao adicional noturno para as horas trabalhadas após às cinco da manhã quando a jornada abarca todo o período noturno, direitos esses que todos os demais trabalhadores possuem.

2.4. A supressão das horas *in itinere*

Para Alice Monteiro de Barros[(5)]:

> As horas *in itinere* correspondem ao tempo à disposição do empregador, quando expressamente encontra-se fora do perímetro urbano, via de regra, em local de difícil acesso, ou seja, impossível de ser atingido pelo obreiro sem o uso de transporte. Por essa razão, as empresas optam pela alternativa de propiciar condição a seus empregados, visando a obter mão de obra pontual e assídua. Assim, o tempo gasto pelo empregado no percurso, até o local de trabalho, em veículo fornecido pelo empregador, identifica-se com a hipótese prevista no art. 4º consolidado e autoriza o pagamento pelo tempo gasto no transporte, nos termos da Súmula n. 90, I, do TST, cujo teor é o seguinte: "O tempo despendido pelo empregado, em condução fornecida pelo empregador, até o local de trabalho de difícil acesso, ou não servido por transporte público regular, e para o seu retorno é computável na jornada de trabalho".

Assim, podemos entender que a evolução doutrinária, jurisprudencial e até legislativa foi sempre no sentido de interpretar que o tempo despendido em transporte fornecido pelo empregador no trajeto casa e trabalho e vice-versa quando o local de trabalho é de difícil acesso ou não servido de transporte público regular deve ser considerado como de serviço efetivo, por estar o obreiro à disposição do empregador (art. 4º da CLT).

A Súmula n. 90 do TST determina que:

> HORAS *"IN ITINERE"*. TEMPO DE SERVIÇO (incorporadas as Súmulas ns. 324 e 325 e as Orientações Jurisprudenciais ns. 50 e 236 da SBDI-1) — Res. n. 129/2005, DJ 20, 22 e 25.4.2005
>
> I — O tempo despendido pelo empregado, em condução fornecida pelo empregador, até o local de trabalho de difícil acesso, ou não servido por transporte público regular, e para o seu retorno é computável na jornada de trabalho. (ex-Súmula n. 90 — RA n. 80/1978, DJ 10.11.1978)
>
> II — A incompatibilidade entre os horários de início e término da jornada do empregado e os do transporte público regular é circunstância que também gera o direito às horas *"in itinere"*. (ex-OJ n. 50 da SBDI-1 — inserida em 1º.2.1995)
>
> III — A mera insuficiência de transporte público não enseja o pagamento de horas *"in itinere"*. (ex-Súmula n. 324 — Res. n. 16/1993, DJ 21.12.1993)
>
> IV — Se houver transporte público regular em parte do trajeto percorrido em condução da empresa, as horas *"in itinere"* remuneradas limitam-se ao trecho não alcançado pelo transporte público. (ex-Súmula n. 325 — Res. n. 17/1993, DJ 21.12.1993)
>
> V — Considerando que as horas *"in itinere"* são computáveis na jornada de trabalho, o tempo que extrapola a jornada legal é considerado como extraordinário e sobre ele deve incidir o adicional respectivo. (ex-OJ n. 236 da SBDI-1 — inserida em 20.6.2001)

A norma da corte trabalhista é de 1978 e desde 2001 a CLT também dispunha em mesmo sentido. Durante esse período de evolução várias questões foram sendo dirimidas, como a desnecessidade de inexistência de transporte público, bastando que não houvesse transporte

(5) BARROS, Alice Monteiro de. *Curso de direito do trabalho*. 10. ed. São Paulo: LTr, 2016. p. 441.

suficiente e nos horários de entrada e saída do empregado; também se inseriu uma regra permitindo às micro e pequenas empresas que, por negociação coletiva, estipulassem um tempo médio para as horas *in itinere*. Além disso, se avançou no entendimento de que o fato do empregador cobrar pelo fornecimento de transporte não o isentava do pagamento das horas de deslocamento.

Contudo, não cabe nesta análise avançar muito nesses quesitos, pois a reforma trabalhista trouxe novo texto ao § 2º do art. 58 consolidado, acabando com esse direito do trabalhador. Diz o texto:

> § 2º O tempo despendido pelo empregado desde a sua residência até a efetiva ocupação do posto de trabalho e para o seu retorno, caminhando ou por qualquer meio de transporte, inclusive o fornecido pelo empregador, não será computado na jornada de trabalho, por não ser tempo à disposição do empregador.

Mais uma vez se comprova que a reforma reduziu os direitos trabalhistas no Brasil, ao acabar com o direito ao pagamento das horas de percurso, ainda que na única exceção antes devida. E há, também, questão importante a ser decidida pelos tribunais: o empregado que recebia horas *in itinere* perdeu o direito desde 11.11.2017, data de entrada em vigor da lei, ou só para contratos firmados após essa data é que não é devido esse benefício?

O novo texto consolidado ainda traz uma alteração que merece preocupação dos operadores da legislação trabalhista. A norma diz que a jornada só é computada a partir da efetiva ocupação do posto de trabalho. A meu ver, quando o trabalhador adentra ao portão da empresa, ele já está à disposição do empregador, devendo ser considerado serviço efetivo, mas há quem defenda diferente. Mais uma vez o judiciário será instado a resolver a dúvida.

O professor Mauricio Godinho Delgado, ao comentar as alterações da Lei n. 13.467/2017 no texto consolidado, afirma[6]:

> Mas não se deve ampliar, por interpretação, os efeitos deletérios do novo texto do art. 58 da CLT, especialmente em seu novo § 2º Não se deve, pois, mediante interpretação gramatical e literalista, considerar modificado, pelo recente texto normativo, o conceito de duração do trabalho no Direito brasileiro.
>
> Ou seja, a eliminação das horas *in itinere* do ordenamento jurídico não afeta, entretanto, o conceito de tempo à disposição no ambiente de trabalho do empregador e, por consequência, de duração do trabalho. Embora a má redação do novo texto do § 2º do art. 58 da CLT eventualmente induza à compreensão de que a jornada de trabalho somente se inicia no instante em que o trabalhador concretiza a efetiva ocupação do posto de trabalho dentro do estabelecimento empresarial, tal interpretação gramatical e literal conduziria ao absurdo — não podendo, desse modo, prevalecer.
>
> Afinal, ao ingressar nos muros do estabelecimento empresarial, o trabalhador se coloca sob pleno poder empregatício, fato que define, de maneira relevante, os conceitos jurídicos de jornada de trabalho e de duração do trabalho...

Embora essa seja a interpretação mais condizente com os princípios do Direito do Trabalho e com o texto do art. 4º da CLT, não há como negar que haverá a defesa de uma interpretação diferente por alguns operadores do direito, especialmente por ser vantajoso para determinados empregadores.

Portanto, mais um prejuízo da reforma trabalhista; uma imensa insegurança jurídica. E olhe que na defesa do PL n. 6.787/2016 o Governo Federal usava como mote a segurança jurídica, alardeando que as alterações buscavam garantir maior compreensão e segurança no cumprimento da legislação. Pelo que se vê, o resultado foi o contrário.

(6) DELGADO, Mauricio Godinho; DELGADO, Gabriela Neves. *A reforma trabalhista no Brasil. Com os comentários à Lei n. 13.467/2017*. São Paulo: LTr, 2017. p. 122.

2.5. As alterações no intervalo intrajornada

O art. 71 da CLT assim dispõe:

> Art. 71. Em qualquer trabalho contínuo, cuja duração exceda de 6 (seis) horas, é obrigatória a concessão de um intervalo para repouso ou alimentação, o qual será, no mínimo, de 1 (uma) hora e, salvo acordo escrito ou contrato coletivo em contrário, não poderá exceder de 2 (duas) horas.
>
> § 1º Não excedendo de 6 (seis) horas o trabalho, será, entretanto, obrigatório um intervalo de 15 (quinze) minutos quando a duração ultrapassar 4 (quatro) horas.
>
> § 2º Os intervalos de descanso não serão computados na duração do trabalho.
>
> § 3º O limite mínimo de uma hora para repouso ou refeição poderá ser reduzido por ato do Ministro do Trabalho, Indústria e Comércio, quando ouvido o Serviço de Alimentação de Previdência Social, se verificar que o estabelecimento atende integralmente às exigências concernentes à organização dos refeitórios, e quando os respectivos empregados não estiverem sob regime de trabalho prorrogado a horas suplementares.
>
> § 4º A não concessão ou a concessão parcial do intervalo intrajornada mínimo, para repouso e alimentação, a empregados urbanos e rurais, implica o pagamento, de natureza indenizatória, apenas do período suprimido, com acréscimo de 50% (cinquenta por cento) sobre o valor da remuneração da hora normal de trabalho. (Redação dada pela Lei n. 13.467, de 2017)

Com exceção do texto do § 4º, que será comentado mais a frente, todo o resto do artigo é original, ou seja, de 1943. Percebe-se pela leitura que o legislador instituiu um intervalo diário mínimo para repouso e alimentação do trabalhador e permitiu, no § 3º, que por critérios técnicos e após autorização da inspeção do trabalho, o intervalo pudesse ser reduzido.

O texto consolidado traz algumas exigências, o atendimento às regras concernentes à organização dos refeitórios e a inexistência de prorrogação da jornada, afinal, o intervalo é medida de higiene e saúde e não pode ser desconsiderado ou mitigado se o trabalhador estiver realizando uma jornada superior ao limite constitucional.

Nessa linha de interpretação o TST editou a Súmula n. 437, que determina:

> INTERVALO INTRAJORNADA PARA REPOUSO E ALIMENTAÇÃO. APLICAÇÃO DO ART. 71 DA CLT (conversão das Orientações Jurisprudenciais ns. 307, 342, 354, 380 e 381 da SBDI-1) — Res. n. 185/2012, DEJT divulgado em 25, 26 e 27.9.2012
>
> I — Após a edição da Lei n. 8.923/1994, a não concessão ou a concessão parcial do intervalo intrajornada mínimo, para repouso e alimentação, a empregados urbanos e rurais, implica o pagamento total do período correspondente, e não apenas daquele suprimido, com acréscimo de, no mínimo, 50% sobre o valor da remuneração da hora normal de trabalho (art. 71 da CLT), sem prejuízo do cômputo da efetiva jornada de labor para efeito de remuneração.
>
> **II — É inválida cláusula de acordo ou convenção coletiva de trabalho contemplando a supressão ou redução do intervalo intrajornada porque este constitui medida de higiene, saúde e segurança do trabalho, garantido por norma de ordem pública (art. 71 da CLT e art. 7º, XXII, da CF/1988), infenso à negociação coletiva.** (grifei)
>
> III — Possui natureza salarial a parcela prevista no art. 71, § 4º, da CLT, com redação introduzida pela Lei n. 8.923, de 27 de julho de 1994, quando não concedido ou reduzido pelo empregador o intervalo mínimo intrajornada para repouso e alimentação, repercutindo, assim, no cálculo de outras parcelas salariais.
>
> IV — Ultrapassada habitualmente a jornada de seis horas de trabalho, é devido o gozo do intervalo intrajornada mínimo de uma hora, obrigando o empregador a remunerar o período para descanso e alimentação não usufruído como extra, acrescido do respectivo adicional, na forma prevista no art. 71, *caput* e § 4º da CLT.

Percebe-se que o verbete impede a redução ou a supressão do intervalo intrajornada por convenção ou acordo coletivo, afinal, como já mencionado alhures, é medida protetiva da saúde do obreiro.

Pois bem, a leitura do art. 71 descolada das demais alterações trazidas pela Reforma, não apontam mudanças nessa regra, porém, o legislador reformista incluiu algumas liberalidades no capítulo que trata da negociação coletiva que podem impactar violentamente na saúde e segurança do trabalhador. Vejamos:

> Art. 611-A. A convenção coletiva e o acordo coletivo de trabalho têm prevalência sobre a lei quando, entre outros, dispuserem sobre:
>
> I — pacto quanto à jornada de trabalho, observados os limites constitucionais;
>
> II — banco de horas anual;
>
> III — intervalo intrajornada, respeitado o limite mínimo de trinta minutos para jornadas superiores a seis horas;
>
> (...)
>
> Art. 611-B. Constituem objeto ilícito de convenção coletiva ou de acordo coletivo de trabalho, exclusivamente, a supressão ou a redução dos seguintes direitos:
>
> (...)
>
> XVII — normas de saúde, higiene e segurança do trabalho previstas em lei ou em normas regulamentadoras do Ministério do Trabalho;
>
> Parágrafo único. Regras sobre duração do trabalho e intervalos não são consideradas como normas de saúde, higiene e segurança do trabalho para os fins do disposto neste artigo.

Por se tratar de norma de saúde, higiene e segurança do trabalho e, assim, de ordem pública, o intervalo para repouso e alimentação, que possui garantia constitucional (art. 7º, inciso XXII), não poderia ser suprimido ou reduzido sem avaliação técnica. Essa sempre foi a previsão legal e também se consolidou como entendimento nas cortes trabalhista, conforme Súmula n. 437 acima mencionada.

Contudo, a Lei n. 13.467/2017, sem utilização de qualquer critério técnico e contrariando toda doutrina e ciência relacionadas ao tema, incluiu a permissão para a redução do intervalo para até 30 minutos por meio de negociação coletiva e, para tentar driblar a regra constitucional, constou em seu texto que as regras de duração de jornada e de intervalos não são consideradas normas de saúde, higiene e segurança quando se trata dos itens proibidos de serem negociados entre trabalhadores e empregadores em detrimento do mínimo legal.

O tema desta análise não é a relativização das normas de saúde e segurança, por isso não abordarei com muitos detalhes essa questão, mas acredito que as considerações acima já são suficientes para demonstrar a incongruência do texto da reforma e, principalmente, a desconsideração de toda a avaliação técnica e dos estudos científicos e jurídicos que sempre demonstraram o prejuízo trazido ao trabalhador quando não repousa adequadamente e a impossibilidade de se restringir esse direito em nosso ordenamento jurídico.

Nesse mesmo sentido, e comentando o parágrafo único do novel art. 611-B da CLT, assevera Bruno Klippel(7):

> Como conciliar a afirmação acima com a necessidade de proteção do trabalhador e a preservação da saúde e segurança do obreiro? Por que considerar que as normas sobre jornada não são consideradas de saúde, higiene e segurança tão somente para este artigo? Para outros fins, teriam as normas em destaque natureza jurídica diversa?

O único intuito do parágrafo único do art. 611-B da CLT é justificar a sua questionável constitucionalidade, já que o art. 7º, XXII, da CF/1988 garante a redução

(7) KLIPPEL, Bruno. Intervalo intrajornada. Normas de ordem pública e reforma trabalhista: avanço ou retrocesso? In: *A reforma trabalhista e seus impactos*. Salvador: Juspodivm, 2017. p. 364.

dos riscos inerentes ao trabalho, por meio de normas de saúde, higiene e segurança.

No caso, e avançando no entendimento trazido por Klippel, penso que tanto a permissão trazida no art. 611-A, inciso III, como a absurda regra do parágrafo único do art. 611-B são constitucionalmente questionáveis.

Mas a reforma trabalhista ainda trouxe mais um prejuízo ao trabalhador. Como se vê na Súmula n. 437, I, do TST, ao trabalhador era devido como horas extraordinárias e com todos os reflexos delas decorrentes (inciso III), todo o período do intervalo intrajornada quando este não era concedido integralmente. O novo texto do § 4º do art. 71 da CLT, por sua vez, alterando o texto de 1994, exige apenas o pagamento do período suprimido, com natureza indenizatória e acréscimo de 50% sobre o valor da hora normal. Sem repercussão, assim, no cálculo de outras parcelas salariais.

Esse novo texto além de maléfico ao empregado no aspecto financeiro, incentiva o empregador a descumprir a regra legal e a exigir o retorno do empregado ao trabalho antes do término do intervalo, afinal, se antes de 11.11.2017 o trabalhador com jornada superior a seis horas diárias realizasse um intervalo de 45 minutos, teria direito a receber uma hora extra com repercussão em outras verbas salarias. Atualmente, o empregador pagará apenas 15 minutos com natureza indenizatória.

Vale citar que nesse caso, embora tenha havido redução no valor a ser pago ao obreiro, o desrespeito ao intervalo mínimo permanece como infração administrativa e passível de autuação pela inspeção do trabalho.

Conclusão

Como apresentado neste estudo, após um longo período de evolução nos direitos trabalhistas, o Brasil teve aprovada em 2017 uma reforma que flexibiliza inúmeras regras de defesa do trabalhador.

A reforma não se preocupou em melhorar as condições de trabalho, afinal relativizou até conceitos de segurança, higiene e saúde do trabalho e eliminou alguns direitos financeiros também.

Foi retirado o direito ao recebimento das horas *in itinere*, mesmo no caso de transporte fornecido pelo empregador para local de difícil acesso e não servido de transporte público regular. Também foi eliminado o direito ao pagamento do intervalo intrajornada completo no caso de descumprimento do período integral pactuado, restando apenas a indenização pelo período não gozado.

Nesse assunto, ainda, foi permitida a negociação coletiva para redução do intervalo mínimo de uma hora nas jornadas superiores a seis, independente de qualquer análise técnica.

A reforma ainda permitiu a pactuação de banco de horas e da jornada 12 x 36 por acordo individual, retirando do empregado o apoio de sua agremiação sindical, pois sabemos que não é simples para o empregado negar ao seu empregador a realização de um acordo quando a empresa exige. A nova legislação também trouxe regras que sequer permitem a descaracterização do acordo de compensação quando da realização de horas extras habituais.

Vimos ainda que a discussão acerca da constitucionalidade das alterações é tanta que está lançada uma tremenda insegurança jurídica.

Portanto, alardeada como solução para o desemprego e com o intuito de gerar segurança jurídica no cumprimento da legislação, percebe-se que a reforma trabalhista serviu apenas para flexibilizar e retirar direitos, afinal, sequer o aumento no número de empregos aconteceu.

Referências bibliográficas

BARROS, Alice Monteiro de. *Curso de direito do trabalho*. 10. ed. São Paulo: LTr, 2016.

BRASIL. *Constituição da República Federativa do Brasil (1988)*. Disponível em: <http://www.planalto.gov.br/

ccivil_03/Constituicao/Constituicao.htm>. Acesso em: 7.10.2018.

______. *Decreto-Lei n. 5.452, de 1º de maio de 1943*. Disponível em: <http://www.planalto.gov.br/ccivil_03/Decreto-Lei/Del5452.htm>. Acesso em: 7.10.2018.

______. *Exposição de Motivos da Medida Provisória n. 808/2017*. Disponível em: <http://www.planalto.gov.br/ccivil_03/_Ato2015-2018/2017/Exm/Exm-MP-808-17.pdf>. Acesso em: 5.10.2018.

______. *Lei n. 13.467, de 13 de julho de 2017*. Disponível em: <http://www.planalto.gov.br/ccivil_03/_Ato2015-2018/2017/Lei/L13467.htm>. Acesso em: 7.10.2018.

DELGADO, Mauricio Godinho; DELGADO, Gabriela Neves. *A reforma trabalhista no Brasil. Com os comentários à Lei n. 13.467/2017*. São Paulo: LTr, 2017.

KLIPPEL, Bruno. Intervalo intrajornada, normas de ordem pública e reforma trabalhista: avanço ou retrocesso? *A reforma trabalhista e seus impactos*. Salvador: Juspodivm, 2017.

MELO, Raimundo Simão de; MELO, Guilherme Aparecido Bassi de. Impactos da reforma trabalhista sobre a saúde dos trabalhadores no tocante à jornada de trabalho. *A reforma trabalhista e seus impactos*. Salvador: Juspodivm, 2017.

SILVA, Homero Batista Mateus da. *Comentários à reforma trabalhista*. São Paulo: Revista dos Tribunais, 2017.

A Jornada Complessiva

Silvio José Sidney Teixeira[(1)]

1. Introdução. Aspectos gerais da jornada complessiva

A denominada "reforma trabalhista" trouxe dispositivos que visaram a alterar a regulamentação à jornada de trabalho, de forma a distorcer direitos construídos historicamente, e reconhecidos por meio de normativa internacional, constitucional, jurisprudencial e mesmo, legislativa. A contradição central desta lei de 2017, diz respeito ao fato de conferir prevalência do negociado sobre a lei, privilegiando a consequente intervenção mínima[(2)], sendo que ela própria intervém no ordenamento jurídico, de forma a alterar substancialmente institutos historicamente constituídos e pertencentes ao rol de direitos fundamentais; em outros termos, ela intervém de uma vez só, proclamando-se como detentora de um poder estatal de desregulamentação de direitos fundamentais, para depois abrir as portas à negociação e flexibilização de direitos entre as partes.

A considerar a inexistência de diálogo social para a construção da lei, desaprovada pela população[(3)], e aprovada a "toque de caixa" no Congresso, por um governo tampão[(4)] que tratou o tema como se fizesse parte apenas uma mera conjuntura econômica, Jorge Luiz Souto Maior chega a qualificar a "reforma", como verdadeiro "golpe trabalhista", frisando que "não se pode aceitar passivamente uma lei que é fruto de ruptura democrática, pois com isso

---

(1) Auditor-Fiscal do Trabalho, Bacharel em Direito pela USP e Mestrando em Direito pela UFMT.

(2) Sobre o tema da Intervenção Mínima, a 2ª Jornada da Anamatra aprovou o Enunciado n. 7 que assim dispõe: PRINCÍPIO DA INTERVENÇÃO MÍNIMA. A autonomia da vontade coletiva impede interferência judicial ou administrativa na eclosão de greve e outros mecanismos de pressão de que dispõem os trabalhadores.

(3) Segundo consulta no site da Câmara dos Deputados, finalizada em 11.7.2017, 172.168 pessoas posicionaram-se contra a reforma, enquanto apenas 16.791 foram favoráveis.

(4) De acordo com Jorge Luiz Souto Maior: "a Lei em questão é fruto da atuação de um governo que chegou ao poder apenas porque firmou o compromisso de satisfazer os interesses do grande capital e que a cada instante de instabilidade provocada pela Lava Jato buscou justificativa para se manter no poder reafirmando seu compromisso em realizar as ditas "reformas impopulares", reformas trabalhista e previdenciária e o congelamento de gastos sociais ("PEC do fim do mundo").

E o governo foi até o ponto de, mesmo já completamente afundado em denúncias gravíssimas (com 5% de aprovação), "subornar" a céu aberto o Congresso Nacional para que a "reforma" trabalhista fosse aprovada. Em paralelo, o poder econômico, a grande mídia e aquela parte da população que foi para as ruas falando em moralização do país se calaram convenientemente diante da maior desmoralização dos poderes Executivo e Legislativo – com certa participação do Judiciário – já vivenciada na história do país". MAIOR, Jorge Luiz Souto. *Impactos do golpe trabalhista. (A Lei n. 13.467/2017).* p. 1. Disponível em: <https://www.anamatra.org.br/files/Impactos_do_golpe_trabalhista.pdf>.

se abre a porta para o autoritarismo"[5]. Outros autores, considerando a mutação provocada pelos dispositivos da Lei n. 13.467, preferem a utilização do termo "deforma trabalhista"[6]. Preferimos a utilização apenas e exclusivamente deste número sem qualquer outra qualificação, já que eivada de inconstitucionalidade e ilegitimidade, representa pura e simplesmente um número de cinco dígitos.

Vale aqui pontuar que, o ataque representado pela Lei n. 13.467 afronta o Princípio do Estado Social, fundante do Estado Social de Direito, caracterizado pela existência de direitos fundamentais sociais como "exigência inarredável do exercício efetivo das liberdades e garantia da igualdade de chances (oportunidades), inerentes à noção de uma democracia e um Estado de Direito de conteúdo não meramente formal, mas sim, guiado pelo valor da justiça material".[7] Considerando a concretização do Princípio da Dignidade da Pessoa Humana em função das noções de Estado, Direito, Constituição e Direitos Fundamentais; Ingo Sarlet identifica a existência e medida de legitimidade de um Estado Democrático e Social de Direito[8], em complemento à concepção tradicional de Estado Democrático de Direito.

Em relação à interpretação e aplicação da norma, Valdete Souto Severo demonstra que se trata de uma "tentativa destinada ao fracasso, seja porque há um princípio instituidor do Direito do Trabalho (Princípio da Proteção) que precisa ser respeitado, seja em razão do texto que permanece inalterado na própria CLT" (art. 8º).[9] Com fins a resgatar a noção clássica de Princípio, observa que afastar a incidência do Princípio da Proteção no caso concreto representaria a quebra do próprio ordenamento jurídico, já que é o Princípio que justifica toda e qualquer regra jurídica[10]. Prossegue a autora: "O ponto de partida está em compreender que toda interpretação/aplicação de um conjunto de regras deve observar o princípio que o institui, sob pena de perda de sua própria razão de ser. Pois bem, no caso do Direito do Trabalho, o princípio que institui o conjunto de regras trabalhistas é a proteção (...)".[11] Em relação à inspeção do trabalho, cumpre frisar que portarias e regulamentos também devem respeito ao Princípio da Proteção, não podendo suprimir direitos trabalhistas, prevalecendo em todo o caso, a condição mais benéfica, como decorrência da relativização das fontes formais[12] (hierarquia dinâmica).[13]

Sobre a jornada de trabalho propriamente dita, são encontradas distorções e deturpações dos institutos de regulação do tempo de trabalho, incluindo a própria negação do pertencimento do tema ao rol de normas de saúde, higiene e segurança do trabalho (parágrafo único, do art. 611-B). Pela natureza de desregulamentação, e pela existência de incoerências, e sobretudo, pela tentativa de supressão de garantias sociais, categorizamos tais dispositivos como "jornada complessiva".

(5) MAIOR, Jorge Luiz Souto. *Impactos do golpe trabalhista*. Disponível em: <https://www.jorgesoutomaior.com/blog/impactos-do-golpe-trabalhista-a-lei-n-1346717>. Acesso em: 6.10.2018.

(6) MARQUES, Ana Carolina Bianchi Rocha Cuevas. Na reforma trabalhista a precarização não tem intervalo para descanso. In: MAIOR, Jorge Luiz Souto; SEVERO, Valdete Souto. *Resistência. Aportes teóricos contra o retrocesso trabalhista*. São Paulo: Expressão Popular, 2017. p. 335.

(7) SARLET, Ingo Wolfgang. *A eficácia dos direitos fundamentais. Uma teoria geral dos direitos fundamentais na perspectiva constitucional*. Porto Alegre: Livraria do Advogado, 2009. p. 62.

(8) *Ibidem*, p. 62.

(9) SEVERO, Valdete Souto. A hermenêutica trabalhista e o princípio do direito do trabalho. In: MAIOR, Jorge Luiz Souto; SEVERO, Valdete Souto. *Resistência. Aportes teóricos contra o retrocesso trabalhista*. São Paulo: Expressão Popular, 2017. p. 29.

(10) *Idem, passim*.

(11) *Ibidem*, p. 29.

(12) *Ibidem*, p. 39.

(13) Exemplo de regra jurídica ilegítima, por contrariedade ao princípio da proteção (bem como pelo desrespeito a direitos fundamentais) diz respeito à Portaria n. 1.129, de 13.10.2017 do Ministério do Trabalho sobre conceitos de trabalho forçado, jornada exaustiva e condições análogas à de escravo. Pela principiologia proposta pelo saudoso jurista uruguaio Américo Plá Rodriguez, e desenvolvida por Valdete Souto Severo, a regra contida na portaria seria contrária ao princípio que a instituiu (princípio da proteção), sendo nula de pleno direito.

O termo "complessivo" diz respeito, num primeiro momento à analogia com o instituto do pagamento do "salário complessivo" (ou melhor tecnicamente, "remuneração complessiva"), em que o empregador paga um valor sem discriminar os respectivos direitos por trás de cada parcela devida.

2. *O regime complessivo na jornada diária. Horas* in itinere, *intervalo intrajornada e horas extras*

Ao discorrer sobre os impactos da terceira revolução industrial, James Rifkin pontua que, assim como ocorre em toda mudança de paradigma de matriz energética-informacional, "tradicionalmente, quando novas tecnologias aumentam a produtividade, o resultado tem sido uma redução no número de horas trabalhadas e um aumento nos salários e benefícios"(14). Em outros termos, isso significa que "as melhorias na produtividade significaram que mais bens e serviços podiam ser gerados com uma parcela menor de trabalho humano"(15). De maneira contrária, a desregulamentação da "reforma" e a flexibilização pela negociação coletiva, visam a aumentar o encargo sobre o trabalhador.

Trata-se de sobreposição ao direito do trabalho de princípios de gerenciamento de matriz toyotista, como o *"part-time"*. Exemplo gritante dessa sistemática encontra-se em alguns dos países denominados Tigres Asiáticos, em que a jornada de trabalho é contabilizada apenas e então somente em relação ao tempo de efetivo gasto de energia do trabalhador em sua tarefa. Em outros termos, o conceito de trabalhador é reduzido ao conceito físico de trabalho, pela fórmula, $\tau = F \, x \, d$, em que F representa força e d, distância. Em outros termos, $\tau = \wp \, x \, T$, em que τ representa Trabalho, $\wp$, Potência e T, intervalo de tempo(16). Em última instância, mais uma vez, o Princípio basilar da OIT de que o trabalho não é uma mercadoria resta prejudicado, pois o que se pretende é reduzir o ser humano a mero insumo produtivo.

Essa concepção do processo de trabalho acaba gestando condições para o adoecimento do trabalhador. Do ponto de vista da saúde mental, os quatro grandes grupos de patologias elencados por Christophe Dejours: patologias de sobrecarga, patologias pós-traumáticas, patologias do assédio e depressões/suicídios possuem relação direta ou indireta com o aumento da carga e da jornada de trabalho. Segundo estudo minucioso feito por Luciana Veloso Baruki(17), de forma mais imediata, torna-se evidente o aumento de patologias causadas pela sobrecarga de tarefas e da jornada, como síndrome de Burnout, Karoshi e Disfunções Musculoesqueléticas (DORT); bem como em patologias de natureza pós-traumáticas, relacionadas ao *stress*. Pode-se também incluir o desgaste pelas jornadas excessivas como formas de violência e assédio no trabalho, como subprodutos da "violência da nova organização do trabalho".

2.1. Jornada diária de trabalho

A jornada diária de trabalho, segundo a Constituição Federal, em seu art. 7º, tem a seguinte previsão em seu inciso XIII: "duração do trabalho normal não superior a oito horas diárias e quarenta e quatro semanais, facultada a compensação de horários e a redução da jornada, mediante acordo ou convenção coletiva de trabalho". Sobre os turnos ininterruptos, o inciso XIV dispõe sobre "jornada de seis horas para o trabalho realizado em turnos ininterruptos de revezamento, salvo nego-

(14) RIFKIN, Jeremy. *O fim dos empregos:* o contínuo crescimento do desemprego em todo o mundo. São Paulo: M. Books do Brasil. Introdução de 2004. p. xxxi.
(15) *Idem.* Introdução de 2004.
(16) HEWITT, Paul G. *Física conceitual.* Porto Alegre: Bookman, 2011. p. 102 e 103.
(17) BARUKI, Luciana Veloso. *Riscos psicossociais e saúde mental do trabalhador. Por um regime jurídico preventivo.* São Paulo: LTr, 2015. p. 69 a 97.

ciação coletiva". Acerca do repouso semanal remunerado, o inciso XV, versa sobre "repouso semanal remunerado, preferencialmente aos domingos". Já sobre o serviço extraordinário, há menção no inciso XVI acerca da "remuneração do serviço extraordinário superior, no mínimo, em cinquenta por cento à do normal" (grifos nossos). Importa frisar nos incisos mencionados que a duração normal do trabalho e os turnos ininterruptos serão sempre aqueles fixados expressamente na Carta Magna, podendo apenas serem modificados em razão de negociação coletiva. Por outro lado, o repouso semanal remunerado não admite qualquer supressão.

Pelo texto da Lei n. 13.467, há inconstitucionalidade expressa do art. 59, sobre a possibilidade de acréscimo de duas horas extras em sede de acordo individual, uma vez que o artigo modificado da CLT ficou com a seguinte redação: "Art. 59. A duração diária do trabalho poderá ser acrescida de horas extras, em número não excedente de duas, por acordo individual, convenção coletiva ou acordo coletivo de trabalho".

2.2. Horas *in itinere*

O instituto das horas *in itinere* diz respeito a uma longa e progressiva construção jurisprudencial, tendo como marco inicial o Recurso de Revista n. 92/1976, Ac. 1ª T. 2703/1976 — Rel. *"ad hoc"* Min. Raymundo de Souza Moura, com publicação no DJ em 17.6.1977. A configuração atual da Súmula n. 90 do TST é assim expressa:

Súmula n. 90 do TST. HORAS *"IN ITINERE"*. TEMPO DE SERVIÇO (incorporadas as Súmulas ns. 324 e 325 e as Orientações Jurisprudenciais ns. 50 e 236 da SBDI-1) — Res. n. 129/2005, DJ 20, 22 e 25.4.2005

I — O tempo despendido pelo empregado, em condução fornecida pelo empregador, até o local de trabalho de difícil acesso, ou não servido por transporte público regular, e para o seu retorno é computável na jornada de trabalho. (ex-Súmula n. 90 — RA 80/1978, DJ 10.11.1978)

II — A incompatibilidade entre os horários de início e término da jornada do empregado e os do transporte público regular é circunstância que também gera o direito às horas *"in itinere"*. (ex-OJ n. 50 da SBDI-1 — inserida em 1º.2.1995)

III — A mera insuficiência de transporte público não enseja o pagamento de horas *"in itinere"*. (ex-Súmula n. 324 - Res. n. 16/1993, DJ 21.12.1993)

IV — Se houver transporte público regular em parte do trajeto percorrido em condução da empresa, as horas *"in itinere"* remuneradas limitam-se ao trecho não alcançado pelo transporte público. (ex-Súmula n. 325 - Res. n. 17/1993, DJ 21.12.1993)

V — Considerando que as horas *"in itinere"* são computáveis na jornada de trabalho, o tempo que extrapola a jornada legal é considerado como extraordinário e sobre ele deve incidir o adicional respectivo. (ex-OJ n. 236 da SBDI-1 — inserida em 20.6.2001)

O item V da Súmula trata de maneira expressa sobre a projeção das horas de percurso como medida de aferimento para percepção de horas extraordinárias quando o limite da jornada de trabalho for extrapolado por ocasião do retorno do trabalhador para a sua residência, ampliando para todos os efeitos a configuração do que seja "posto de trabalho". De acordo com o acórdão da 1ª Turma do TST, no Recurso de Revista 528338, de 1999, publicado no DJ em 7.4.2000 da relatoria do Ministro João Oreste Dalazen, é reconhecida essa percepção, pela natureza salarial da parcela.

Conclui-se, pois, que, possuindo as horas *in itinere*, inegavelmente, a natureza jurídica de parcela salarial, resulta inconteste a incidência do adicional de hora extra quando a sua prestação ocorrer em jornada suplementar. Aliás, este é o entendimento adotado pela atual Constituição Federal que, em seu art. 7º, inciso XVI, ratificando preceito já insculpido no art. 59, § 1º, da CLT, estabelece que a todo trabalho prestado em jornada extraordinária reputa-se devido o pagamento do respectivo adicional.

Acerca das horas *in itinere*, assim dispõe o texto da Lei n. 13.467:

Art. 58. [...]

§ 2º O tempo despendido pelo empregado desde a sua residência até a efetiva ocupação do posto de trabalho e para o seu retorno, caminhando ou por qualquer meio de transporte, inclusive o fornecido pelo empregador, não será computado na jornada de trabalho, por não ser tempo à disposição do empregador.

As horas *in itinere* representam tempo efetivo à disposição do empregador, mesmo que o empregado não preste serviços relacionados à atividade-fim do contrato de trabalho naquele período de tempo. Por conseguinte, a caracterização do tempo à disposição logicamente não se restringe à ocupação do "posto de trabalho" da atividade-fim.

O princípio da primazia da realidade[18] impede que, por mera ficção e capricho seja subvertida uma garantia fundamental. Vista pela ótica principiológica, a supressão das horas *in itinere* significaria violação do princípio da proibição do retrocesso social, uma vez que restaria diminuída dentre outros itens, a proteção à saúde e segurança do obreiro no percurso ao trabalho. De forma mediata, também seria afetada a irredutibilidade salarial, por supressão de contraprestação devida durante o tempo à disposição do empregador.

Por ocasião da 2ª Jornada da Anamatra, foi aprovado o Enunciado n. 16, que traça parâmetros acerca da aferição do tempo à disposição, reafirmando os preceitos da Súmula n. 90 do TST, trazendo em seu item segundo, a inaplicabilidade expressa do parágrafo segundo do art. 58 nos casos de trabalho rural.

Enunciado n. 16. Horas de trajeto: hipóteses de cômputo na jornada após a Lei n. 13.467/2017

1. A estrutura normativa matriz do art. 4º da CLT contempla a lógica do tempo à disposição, não eliminada a condição de cômputo quando se verificar concretamente que o transporte era condição e/ou necessidade irrefutável, e não de escolha própria do empregado, para possibilitar o trabalho no horário e local designados pelo empregador, mantendo-se o parâmetro desenvolvido pela Súmula n. 90 do TST, caso em que fará jus o trabalhador à contagem, como tempo de trabalho, do tempo de deslocamento gasto em trecho de difícil acesso ou sem transporte público por meio fornecido pelo empregador, na ida ou retorno para o trabalho. Inteligência do art. 3º, *c*, da Convenção n. 155 da OIT.

2. Inaplicabilidade do § 2º do art. 58 da Lei n. 13.467/2017 ao trabalho executado na atividade rural.

2.3. Horas extras habituais

A prestação de horas extras de forma "habitual" apresenta-se como burla ao regime de jornada de trabalho constitucionalmente assegurada. Trata-se de incompatibilidade teleológica com os fins psicossociais da limitação do trabalho, por legitimar sob qualquer aspecto a compensação de jornada e o banco de horas.

2.4. Panorama geral da jornada de trabalho: a inflação de horas

A Lei n. 13.467 deturpou o conceito de tempo à disposição, ao acrescentar o § 2º ao art. 4º da CLT, elencando um rol não exaustivo de atividades "particulares" desempenhadas pelo trabalhador nas dependências da empresa, sendo que, dentre estas atividades encontram-se descanso, lazer, higiene pessoal, alimentação e troca de roupa ou uniforme. O preceito detalha ainda circunstâncias de permanência ou reentrada do empregado no estabelecimento, citando casos como insegurança nas vias públicas e condições climáticas para fins de aferimento do tempo não contabilizado. Da forma como redigido, o artigo representa

(18) Segundo Valdete Souto Severo, "a primazia da realidade, apontada por Plá Rodriguez como princípio que decorre da proteção, é justamente o modo como a linguagem jurídica se apresenta no âmbito do Direito do Trabalho, como algo que deve servir para desvelar a questão social e minimizar suas consequências no contexto de um Estado liberal capitalista". *Op. cit.*, p. 37.

ruptura no tecido harmonioso da regulação de normas reguladoras do conflito capital x trabalho, ferindo frontalmente o princípio instituidor do Direito do Trabalho, uma vez que a própria norma revela um rigor excessivo, ferindo também o princípio da razoabilidade e da boa-fé. Trata-se de dispositivo que flerta com rígidos regulamentos de empresas de *telemarketing*, por exemplo, em que mesmo o tempo que usado para ir ao banheiro é controlado.

> Art. 4º [...]
>
> § 2º Por não se considerar tempo à disposição do empregador, não será computado como período extraordinário o que exceder a jornada normal, ainda que ultrapasse o limite de cinco minutos previsto no § 1º do art. 58 CLT, quando o empregado, por escolha própria, buscar proteção pessoal, em caso de insegurança nas vias públicas ou más condições climáticas, bem como adentrar ou permanecer nas dependências da empresa para exercer atividades particulares, entre outras:
>
> I – práticas religiosas;
>
> II – descanso;
>
> III – lazer;
>
> IV – estudo;
>
> V – alimentação;
>
> VI — atividades de relacionamento social;
>
> VII – higiene pessoal;
>
> VIII – troca de roupa ou uniforme, quando não houver obrigatoriedade de realizar a troca na empresa. (NR)

Dentre os inconvenientes dessa acepção, o trabalhador passa a ter uma diminuição do reconhecimento do tempo a ser remunerado, o que implica num aumento da jornada real de trabalho, e consequente redução do tempo de lazer e repouso, incidindo de forma reflexa na vida social e privada do trabalhador.

O Enunciado n. 24, aprovado pela 2ª Jornada da Anamatra assim dispõe:

> Enunciado n. 24. Tempo de serviço: exceções à aplicação do art. 4º, § 2º, da CLT. Tempo de serviço. Permanência no estabelecimento.
>
> I — Para fins de aplicação da regra constante no art. 4º, § 2º, da CLT, não se considera de escolha própria e/ou exercício de atividades particulares aquelas permanências que decorrerem de riscos inerentes à natureza da atividade do empregador, conforme art. 2º, *caput*, da CLT;
>
> II — Se, em função da natureza da atividade, for necessária a realização de higiene pessoal ou a troca da vestimenta no local de trabalho, o período correspondente será computado como tempo de serviço.

Panorama Geral da Jornada Diária de Trabalho

Quadro. Horário em função do trabalho

Modelo-padrão da Constituição, considerando jornada de 8 horas diárias

1	2	3	4	5	6	7	8	9	10	11	12	13	14	15	16	17	18	19	20	21	22	23	24
							T	T	T	T	IIJ	T	T	T	T								

T representando Tempo à disposição, o que envolve τ (trabalho efetivamente prestado) mais h horas *in itinere*, e intervalos ergonômicos e outros.

IIJ: Intervalo intrajornada

<table>
<tr><td>1</td><td>2</td><td>3</td><td>4</td><td>5</td><td>6</td><td>7</td><td colspan="2">8</td><td colspan="2">9</td><td colspan="2">10</td><td colspan="2">11</td><td colspan="2">12</td><td colspan="2">13</td><td colspan="2">14</td><td colspan="2">15</td><td colspan="2">16</td><td colspan="2">17</td><td colspan="2">18</td><td colspan="2">19</td><td>20</td><td>21</td><td>22</td><td>23</td><td>24</td></tr>
<tr><td></td><td></td><td></td><td></td><td></td><td></td><td></td><td>h</td><td>h</td><td>τ</td><td>τ</td><td>τ</td><td>τ</td><td>τ</td><td>τ</td><td>iij</td><td>iij</td><td>τ</td><td>τ</td><td>τ</td><td>τ</td><td>τ</td><td>τ</td><td>τ</td><td>τ</td><td>τ</td><td>τ</td><td>τ</td><td>τ</td><td>τ</td><td>τ</td><td></td><td></td><td></td><td></td><td></td></tr>
<tr><td></td><td></td><td></td><td></td><td></td><td></td><td></td><td>o1</td><td>τ</td><td>τ</td><td>e</td><td>τ</td><td>e</td><td>τ</td><td>e</td><td>o2</td><td>τ</td><td>τ</td><td>τ</td><td>τ</td><td>e</td><td>τ</td><td>e</td><td>τ</td><td>e</td><td>τ</td><td>e</td><td>τ</td><td>e</td><td>o3</td><td>h</td><td></td><td></td><td></td><td></td><td></td></tr>
</table>

Segundo o quadro acima, supomos que a hora seja dividida em frações de 15 minutos, e que o trabalhador realizasse intervalos ergonômicos ou outros não computados na jornada, uma vez a cada hora. Também foi considerada a possibilidade de intervalo intrajornada de meia hora apenas. De forma contrário, pelo modelo da Constituição Federal, contemplado pelo Princípio da Proteção, $T = \tau + h + e + o$.

No quadro, h, representa as horas *in itinere* (agora não computadas na jornada), supondo para simplificar, meia hora na ida e quinze minutos da volta; e, intervalos de natureza ergonômica; o, outros intervalos, agora não computados na jornada, exemplificando, o1 como troca de roupa e/ou deslocamento até o posto de trabalho, o2 como tempo para higiene pós-almoço, o3 como tempo para troca de roupa ao final da jornada e/ou deslocamento do posto de trabalho ao portão da empresa. Os quadrantes sublinhados representam o tempo de jornada sob a perspectiva da reforma.

Como resultado dessa abordagem deturpada, o trabalhador terá permanecido então 12 horas no ambiente de trabalho (contando tempo à disposição e intervalo intrajornada), ao contrário de 9 horas no modelo constitucional. Isso, tomando por base uma jornada padrão de 8 horas, e sem mencionar a realização de horas extras, horas extraordinárias e horas extras "habituais". No final das contas, descontando o período de sono, das 16 (dezesseis) horas do dia, enquanto no modelo constitucional, a proporção de horas abrangidas pela jornada e seus intervalos representa 9:16 (ou, 56.25%), no modelo da reforma *"just in time"*, teríamos 12:16 (ou, 75%).

Fosse o trabalhador de fato uma máquina, estar-se-ia cogitando sobre a viabilidade de utilização da máquina por tanto tempo, sobre a sua vida útil, sobre o que dispõe o manual do fabricante...

Mas em tratando de seres humanos, a lógica que deve pautar toda e qualquer regulamentação sobre jornada de trabalho, antes de qualquer coisa deve ser condizente com o princípio da dignidade humana, reconhecidos a proibição do retrocesso e o dever de progressividade. Todos esses pilares dos direitos fundamentais são deturpados com o aumento vertiginoso do tempo total à disposição da empresa, afetando a vida privada, o direito ao lazer, todas as relações familiares, educacionais ou quaisquer que sejam elas não relacionadas diretamente com a prestação de serviços. E aqui ainda podemos mencionar de forma indireta a questão remuneratória acerca das horas não trabalhadas.[19]

3. *O regime complessivo na jornada semanal. Turnos ininterruptos e repouso semanal remunerado*

Invertendo a lógica da proteção e do resguardo dos valores sociais do trabalho, o trabalho em turnos de revezamento caracteriza-se como medida de adaptação do trabalhador aos processos produtivos. A adoção de tal fórmula de gerenciamento prejudica em vários aspectos a saúde do trabalhador:

Os problemas vividos pelos trabalhadores se manifestam de formas diversificadas, em termos da saúde física e mental, e das relações sociais, incluindo queixas relativas ao sono, dificuldades na vida sócio familiar, problemas cardiovasculares,

(19) Em 8 de julho de 2016, o Presidente da Confederação Nacional da Indústria (CNI), Robson Braga de Andrade chegou a defender uma jornada de 80 horas semanais. Disponível em: <https://economia.estadao.com.br/noticias/geral,cni-defende-mudanca-em-leis-trabalhistas-e-cita-jornada-de-80-horas-semanais,10000061772>.

além de alterações gastrintestinais e metabólicas. Aspectos da saúde reprodutiva relacionados especificamente às mulheres também tem sido descritos. Mais recentemente, a literatura tem se voltado para as evidências de associação entre o exercício do trabalho em turnos e o câncer.[20]

O texto da reforma trabalhista, traz em seu art. 60, parágrafo único a supressão da exigência de licença prévia para jornadas ininterruptas no sistema de 12 (doze) por 36 (trinta e seis). O preceito fere de maneira frontal Princípios e institutos relativos a direitos constitucionalmente assegurados relativos à jornada de trabalho, bem como aos preceitos vinculados específicos da saúde dos trabalhadores.

Em relação ao instituto do repouso, a Constituição Federal traz a obrigatoriedade de Repouso Semanal Remunerado (RSR), preferencialmente aos domingos, de acordo com previsão expressa do inciso XV, de seu art. 7º. Tal instituto não comporta supressão ou redução por instrumentos de negociação coletiva, ou por mecanismos infraconstitucionais. Trata-se de norma de natureza cogente, inscrito no núcleo intangível de direitos fundamentais dos trabalhadores.

De forma a garantir a máxima efetividade das normas constitucionais, o RSR preferencialmente aos domingos deve ser respeitado de maneira absoluta.

Isso é corroborado pelo art. 7º da Constituição Federal ao enumerar direitos fundamentais de forma não exaustiva, consagrando os princípios da proteção e da norma mais favorável ao prescrever que: "*Art. 7º São direitos dos trabalhadores urbanos e rurais, além de outros que visem à melhoria de sua condição social (...)*".

Por conseguinte, a jornada de trabalho e suas normativas vigem apenas para os outros seis dias na semana. Qualquer disposição legal ou interpretação que se faça de dispositivos da natureza fundamental deve levar em conta esse caráter irrenunciável das disposições de proteção ao trabalho.

Nesse sentido, a faculdade de compensação de horas e redução da jornada inscrita no inciso XIII do art. 7º da Constituição Federal: "XIII — *duração do trabalho normal não superior a oito horas diárias e quarenta e quatro semanais, facultada a compensação de horários e a redução da jornada, mediante acordo ou convenção coletiva de trabalho*"; quando realizada deve ser feita nos estritos moldes da permissão constitucional, sem representar diminuição de direitos. Tal disposição atinge não apenas os sujeitos da negociação coletiva, como o legislador infraconstitucional.

Ocorre que o instituto do turno ininterrupto de revezamento é previsto no texto constitucional considerando apenas a jornada de 6 horas, segundo leitura do art. 7º, inciso XIV: — *jornada de seis horas para o trabalho realizado em turnos ininterruptos de revezamento, salvo negociação coletiva.*

Tal instituto, portanto, pode ser objeto de negociação coletiva, dentro dos limites fundamentais de proteção ao trabalho. Como a Constituição é expressa nesse sentido, reconhece-se o turno de revezamento como aquele constituído de seis horas ininterruptas, e não 12 (doze). Assim, o legislador infraconstitucional ao criar turno de 12 (doze) horas extrapola previsão constitucionalmente protegida, que apenas pode ser objeto de negociação coletiva, não sendo possível sua alteração *in pejus* por meio da legislação.

De toda sorte, o turno ininterrupto de revezamento deve obedecer às limitações constitucionais, sendo aplicado somente aos seis dias em que é permitido o trabalho numa semana. Por um raciocínio hipotético de permissividade da jornada no sistema de 12 (doze) por 36 (trinta e seis), dentro das disposições relativas à jornada, sua admissão seria condicionada ao respeito do instituto do RSR preferencialmente aos domingos, de acordo com inciso XIII, significando portanto, uma

(20) FISCHER, Frida Marina; MORENO, Cláudia Roberta de Castro; ROTENBERG, Lúcia. Trabalho em turnos e noturno: impactos sobre o bem-estar e saúde dos trabalhadores. Possíveis intervenções. In: MENDES, René. *Patologia do trabalho*. São Paulo: Atheneu, 2013. p. 766.

limitação de prestação de apenas 36 (trinta e seis) horas semanais de trabalho, já que o sétimo dia após três ciclos de 12 x 36 seria obrigatoriamente reservado ao repouso.

Caso não se realize tal interpretação, estar-se-ia diante de uma nova modalidade de jornada de trabalho que descaracterizaria todo o sistema constitucional de proteção ao trabalhador. De acordo com proposta realizada em parceria com a Auditora-Fiscal do Trabalho Giselle Viana Sakamoto, tal modalidade foi por nós denominada "jornada complessiva", por ocasião da elaboração de enunciados[21] para a Segunda Jornada da Anamatra, em outubro de 2017, resultando, após alterações nos debates do Grupo Técnico II, no Enunciado n. 15[22], item III: "Impossibilidade de regime 'complessivo ' quanto ao pagamento de feriados e prorrogação da jornada noturna, por infração ao art. 7º, IX, da Constituição Federal".

Para melhor visualização e entendimento do que seria o regime complessivo, elaboramos os seguintes quadros esquemáticos, sendo o Quadro 1 referente à correta aplicação dos institutos atinentes à Jornada de Trabalho e os Quadros 2-A e 2-B representando o regime complessivo, em duas semanas de trabalho.

Quadro Esquemático 1: Jornada 12 x 36 e Repouso Semanal Remunerado preferencialmente aos domingos[23]

Segunda	Terça	Quarta	Quinta	Sexta	Sábado	Domingo
12	36	12	36	12	36	RSR

Quadro Esquemático 2-A: Jornada 12 x 36 contínua: Repouso Semanal Remunerado "embutido" nas 36 horas de repouso. Primeira Semana

Segunda	Terça	Quarta	Quinta	Sexta	Sábado	Domingo
12	36	12	36	12	36	12

(21) Ementa original: Repouso semanal remunerado obrigatório e não incluído nas horas de descanso. Instituto diverso da jornada de trabalho e dos turnos de revezamento. Impossibilidade de regime "complessivo" quanto à jornada. Inaplicabilidade do sistema de 12 x 36. Necessidade de licença prévia mantida.

(22) O inteiro teor do Enunciado n. 15 assim dispõe:
Jornada 12 x 36.
1. Tratando-se de regime de compensação de jornada, é essencial para a sua validade a previsão em acordo coletivo ou convenção coletiva de trabalho, nos termos do art. 7º, XIII, da Constituição Federal, inclusive em relação ao comerciário, em razão de lei especial (Lei n. 12.790/2013).
2. Art. 60, parágrafo único da CLT. Dispensa de licença prévia para a realização de jornada 12 x 36. Matéria de saúde e segurança do trabalho. Inconstitucionalidade por infração ao art. 7º, XXII, da Constituição Federal.
3. Impossibilidade de regime "complessivo" quanto ao pagamento de feriados e prorrogação da jornada noturna, por infração ao art. 7º, IX, da Constituição Federal.
4. A prestação de horas extras, inclusive pela supressão do intervalo intrajornada (ainda que parcial), descaracteriza o regime de compensação de jornada 12 x 36, implicando o pagamento como hora extraordinária daquelas laboradas além da 8ª diária, por infração ao art. 7º, XIII e XXVI, da Constituição Federal.

(23) Por questões didáticas e para melhor visualização, a semana foi visualizada como se começasse na segunda-feira.

Quadro Esquemático 2-B: Jornada 12 x 36 contínua: Repouso Semanal Remunerado "embutido" nas 36 horas de repouso. Segunda Semana (continuação da semana representada no quadro anterior)

Segunda	Terça	Quarta	Quinta	Sexta	Sábado	Domingo
	12	36	12	36	12	36

De fato, a jornada de trabalho no Quadro 1 representa 36 (trinta e seis) horas semanais, sendo que, nos Quadros 2-A e 2-B observa-se a primeira semana de trabalho de 48 (quarenta e oito) horas e a segunda semana, de 36 (trinta e seis), totalizando a média de 44 (quarenta e quatro horas). Alguém poderá dizer: "perfeito, pois o teto semanal foi respeitado, no final das contas". Ocorre que a Constituição da Organização Internacional do Trabalho (OIT), define em sua Constituição que "o trabalho não é mercadoria". Antes de representar mero discurso programático, tal afirmação nos traz, a bem da verdade, o alicerce que molda o Princípio da Dignidade da Pessoa Humana à seara trabalhista. Por conseguinte, a mera contabilidade das horas de trabalho prestadas não pode reduzir o trabalhador a condição de um insumo, de um bem, de um objeto quantificável na fria matemática do tempo.

A pessoa que vive do trabalho é sujeita de direitos indisponíveis e personalíssimos, dentre os quais a figura o direito ao repouso semanal remunerado, desatrelado da jornada referente à prestação de serviços. Trata-se de dispositivo que visa a realização plena do ser humano, como membro de uma família, de comunidades, permitindo-lhe assim, usufruir de tempo de lazer e descanso, desconectando-o da marcha da jornada de trabalho.

Como à toda jornada diária de trabalho, seja ela de oito, seis ou quatro horas, será devido RSR, logo, a jornada semanal de trabalho dirá respeito aos outros seis dias da semana. Quanto à jornada de doze horas diárias, a princípio é vedada pelo Ordenamento, porém, o instituto dos turnos de revezamento é admitido, sendo que a adoção do regime de 12 horas por 36, frise-se, deve apenas ser fruto de negociação coletiva, e caso isso aconteça, também deverá abranger aqueles seis dias que não dizem respeito ao RSR. Uma consequência prática dessa interpretação é a redução da jornada de trabalho para 36 e não 44 horas semanais, sem compensação alguma nas semanas seguintes. Tratar-se-ia de um sopesamento: enquanto a empresa recebe no final da semana 36 horas prestadas de serviço, ao trabalhador caberá o ônus de laborar por 12 horas em alguns dos dias.

Há reconhecimento na legislação sobre o turno de 12 x 36 no tocante à jornada dos bombeiros civis, de acordo com o art. 5º da Lei n. 11.901, de 12 de janeiro de 2009, que por outro lado, também estipula o limite de 36 (trinta e seis) horas semanais. Tal dispositivo fora objeto de Ação Direta de Inconstitucionalidade (ADI), com decisão de improcedência proferida em 14 de setembro de 2016. Segundo teor do acórdão da relatoria do Ministro Édson Fachin:

> EMENTA: DIREITO DO TRABALHO. JORNADA DO BOMBEIRO CIVIL. JORNADA DE 12 (DOZE) HORAS DE TRABALHO POR 36 (TRINTA E SEIS HORAS) DE DESCANSO. DIREITO À SAÚDE (ART. 196 DA CRFB). DIREITO À JORNADA DE TRABALHO (ART. 7º, XIII, DA CRFB). DIREITO À PROTEÇÃO CONTRA RISCO À SAÚDE DO TRABALHADOR (ART. 7º, XXII, DA CRFB).
>
> 1. A jornada de 12 (doze) horas de trabalho por 36 (trinta e seis) horas de descanso não afronta o art. 7º, XIII, da Constituição da República, pois encontra-se respaldada na faculdade, conferida pela norma constitucional, de compensação de horários.

2. A proteção à saúde do trabalhador (art. 196 da CRFB) e à redução dos riscos inerentes ao trabalho (art. 7º, XXII, da CRFB) não são "ipso facto" desrespeitadas pela jornada de trabalho dos bombeiros civis, tendo em vista que para cada 12 (doze) horas trabalhadas há 36 (trinta e seis) horas de descanso e também prevalece o limite de 36 (trinta e seis) horas de jornada semanal.

Admitindo a existência de regular negociação coletiva e a estipulação da jornada de 12 por 36, e respeitando-se o gozo do RSR (com a limitação de 36 horas semanais de jornada), como no caso da legislação referente aos bombeiros civis, neste caso, há de se sopesar se a exposição a pressão psicológica, estresse, ruído, partículas em suspensão, desconforto térmico, dentre outros agravos por doze horas consecutivas, acabaria se tornando ou não uma vantagem, diante da prometida redução semanal para 36 horas. E isso partindo-se do pressuposto, que a organização empresarial da empresa funcionaria como um relógio, de fato, não sujeitando os seus empregados a horas extras "habituais". Em ambientes insalubres, e com exposição a riscos de natureza química, física, ergonômica, psicossocial ou biológica, a exposição por doze horas consecutivas não parece a mais indicada, por conta de riscos à privação do sono, decréscimo do funcionamento neurocognitivo, cansaço, depressão e recuperação insuficiente do trabalho, aumento da probabilidade de ganho de peso corporal, além do risco mais imediato de aumento da probabilidade de acidentes de trabalho.[24]

Dentro destas horas, também cabe mencionar, está garantido ao trabalhador o pleno gozo dos intervalos intrajornada. Como tal instituto só é admitido por meio de negociação coletiva, de forma apriorística não cabe aqui fixar parâmetros rígidos acerca do tempo de intervalo devido, lembrando que o instituto da jornada de trabalho está intimamente relacionado a questões de saúde do trabalhador, por mais que o parágrafo único do art. 611-B tente dizer algo como "o cigarro não faz mal à saúde". Como os intervalos intrajornada visam à reposição de nutrientes, recuperação do organismo diante da fadiga causada pelo trabalho durante o expediente, uma homeostase adequada dependerá dos riscos e das condições reais presentes no meio ambiente de trabalho.

4. *O regime complessivo na jornada mensal. Banco de horas: o princípio da vedação do retrocesso social e o compromisso com a progressividade dos direitos fundamentais*

O Princípio da Vedação do Retrocesso diz respeito à impossibilidade de supressão de direitos e garantias sociais. Já o dever de progressividade relaciona-se à necessidade de evolução dos direitos sociais, no decorrer do tempo. Segundo Luís Carlos Michele Fabre, externariam a "outra face da moeda da proibição ao retrocesso social"[25]. Em outros termos, enquanto a vedação do retrocesso revela-se uma garantia contra a supressão de direitos, assim como operam as cláusulas pétreas de uma Constituição, o dever de progressividade demonstra uma garantia pelo avanço no decorrer do tempo, com vistas à sua real eficácia e efetivação. Nesse sentido, o art. 26 do Pacto de San José conceitua o Desenvolvimento Progressivo, nos seguintes termos:

> Os Estados-Partes comprometem-se a adotar providências, tanto no âmbito interno como mediante cooperação internacional, especialmente econômica e técnica, a fim de conseguir progressivamente a plena efetividade dos direitos que decorrem das normas econômicas, sociais e sobre educação, ciência e cultura, constantes da Carta da Organização dos Estados Americanos, reformada pelo Protocolo de Buenos Aires, na medida dos recursos disponíveis, por via legislativa ou por outros meios apropriados.

Em relação à jornada de trabalho humana, o compromisso com a progressividade dos

(24) SOIBELMAN, Mauro; ESCOBAR, Jane. *Horas extras, reflexos na saúde dos trabalhadores*. Estudo realizado em 2008 pelos peritos da 4ª Região da Procuradoria Regional do Trabalho.

(25) FABRE, Luis Carlos Michele. *Fontes do direito do trabalho*. São Paulo: LTr, 2009. p. 47.

direitos fundamentais resta evidente. No plano internacional, a primeira das convenções da Organização Internacional do Trabalho (OIT), em 1919 dispôs sobre a jornada de trabalho na indústria, firmando em seu art. 2º, a regra geral de oito horas diárias e quarenta e oito horas semanais[(26)]. Para ilustrar a importância da progressividade, caso tal regulamentação centenária fosse aplicada apenas sob a sua vertente não retrocessiva, tal limite ainda seria vigente... Após a indústria, a progressividade atingiu o comércio uma década depois (Convenção n. 30 da OIT, de 1930). A progressividade foi notada com o reconhecimento pela Declaração Universal (1948) e a incorporação da Jornada no Pacto dos Direitos Econômicos, Sociais e Culturais, no plano das Nações Unidas.

Um denso estudo de 2007 feito pela Repartição Internacional do Trabalho da OIT, intitulado "*Working time around the world*", revelou a evolução história da jornada de trabalho em nove décadas, comparando avanços e retrocessos em países desenvolvidos e em desenvolvimento, chamando a atenção para a necessidade de limitações na jornada como dimensão do trabalho decente:

> *(...) in attempting to develop decent working time arrangements, it is vital also to look beyond measures targeted directly at working hours. Most obviously, given the relationship between poverty and long hours across developing countries, wage policies are central to the success of initiatives to reduce excessively long working hours.*[(27)]

No caso brasileiro, após a Constituição Federal de 1988, o caminho tem sido inverso, no sentido não apenas de não progredir, mas também de retroceder. Se a jurisprudência ao longo destes trinta anos criou figuras não previstas no texto original da Carta Magna como o Banco de Horas, a "reforma" de 2017 acabou retrocedendo ainda mais ao criar institutos como o das horas extras habituais e da flexibilização ainda maior do banco de horas, permitindo-se agora o simples acordo individual por escrito.

Quadro Comparativo

Artigos da Reforma Trabalhista x Enunciados aprovados na 2ª Jornada da Anamatra

Art. 4º [...] § 1º Computar-se-ão, na contagem de tempo de serviço, para efeito de indenização e estabilidade, os períodos em que o empregado estiver afastado do trabalho prestando serviço militar e por motivo de acidente do trabalho. § 2º Por não se considerar tempo à disposição do empregador, não será computado como período extraordinário o que exceder a jornada normal, ainda que ultrapasse o limite de cinco minutos previsto no § 1º do art. 58 da CLT, quando o empregado, por escolha própria, buscar proteção pessoal, em caso de insegurança nas vias públicas ou más condições climáticas, bem como adentrar ou permanecer nas dependências da empresa para exercer atividades particulares, entre outras:	**16. Horas de trajeto: hipóteses de cômputo na jornada após a Lei n. 13.467/2017** 1. A estrutura normativa matriz do art. 4º da CLT contempla a lógica do tempo à disposição, não eliminada a condição de cômputo quando se verificar concretamente que o transporte era condição e/ou necessidade irrefutável, e não de escolha própria do empregado, para possibilitar o trabalho no horário e local designados pelo empregador, mantendo-se o parâmetro desenvolvido pela Súmula n. 90 do TST, caso em que fará jus o trabalhador à contagem, como tempo de trabalho, do tempo de deslocamento gasto em trecho de difícil acesso ou sem transporte público por meio fornecido pelo empregador, na ida ou retorno para o trabalho. Inteligência do art. 3º, *c*, da Convenção n. 155 da OIT.

(26) Os países pioneiros da jornada de 48 horas foram Nova Zelândia e Estados Unidos, no início do século XX.
(27) LEE, Sang-Heon; McCANN, Deirdre; MESSENGER, Jon C. *Working time around the world:* trends in working hours, laws and policies in a global comparative perspective. ILO. p. 143. Disponível em: <https://www.ilo.org/wcmsp5/groups/public/@dgreports/@dcomm/@publ/documents/publication/wcms_104895.pdf>. Acesso em: 28.9.2018.

I – práticas religiosas; II – descanso; III – lazer; IV – estudo; V – alimentação; VI — atividades de relacionamento social; VII – higiene pessoal; VIII – troca de roupa ou uniforme, quando não houver obrigatoriedade de realizar a troca na empresa. (NR)	2. Inaplicabilidade do § 2º do art. 58 da Lei n. 13.467/2017 Ao trabalho executado na atividade rural **24. Tempo de serviço: exceções à aplicação do art. 4º, § 2º, da CLT. Tempo de serviço. Permanência no estabelecimento.** I — para fins de aplicação da regra constante no art. 4º, § 2º, da CLT, não se considera de escolha própria e/ou exercício de atividades particulares aquelas permanências que decorrerem de riscos inerentes à natureza da atividade do empregador, conforme art. 2º, *caput*, da CLT; II — se, em função da natureza da atividade, for necessária a realização de higiene pessoal ou a troca da vestimenta no local de trabalho, o período correspondente será computado como tempo de serviço.
Art. 59. A duração diária do trabalho poderá ser acrescida de horas extras, em número não excedente de duas, por acordo individual, convenção coletiva ou acordo coletivo de trabalho. § 1º A remuneração da hora extra será, pelo menos, 50% superior à da hora normal. § 3º Na hipótese de rescisão do contrato de trabalho sem que tenha havido a compensação integral da jornada extraordinária, na forma dos §§ 2º e 5º deste artigo, o trabalhador terá direito ao pagamento das horas extras não compensadas, calculadas sobre o valor da remuneração na data da rescisão. § 4º (Revogado).	**22. Prestação de horas extras: descaracterização do acordo de compensação e banco de horas** Horas extras. Descaracterização do acordo de compensação e banco de horas. A prestação de horas extras habituais ou, ainda que eventuais, em número superior a duas horas diárias, implica descaracterização do acordo de compensação e do acordo de banco de horas, conforme arts. 7º, XIII e XVI, da Constituição Federal, e 59 da CLT.
Art. 59. § 5º O banco de horas de que trata o § 2º deste artigo poderá ser pactuado por acordo individual escrito, desde que a compensação ocorra no período máximo de seis meses. § 6º É lícito o regime de compensação de jornada estabelecido por acordo individual, tácito ou escrito, para a compensação no mesmo mês. (NR)	**14. Banco de horas** Banco de horas por acordo individual. A compensação de horários requer intervenção sindical obrigatória, independentemente do seu prazo de duração, conforme art. 7º, XIII, CF, que autoriza a compensação apenas mediante acordo ou convenção coletiva de trabalho **23. Banco de horas: base de cálculo das horas sobejantes** Banco de horas. Compensação. Pagamento. Art. 59 da CLT. O pagamento das horas extras acumuladas em banco de horas e não compensadas será feito com base no valor do salário-hora mais vantajoso ao trabalhador.
Art. 59-A. Em exceção ao disposto no art. 59 da CLT, é facultado às partes, mediante acordo individual escrito, CCT ou ACT, estabelecer horário de trabalho de 12 horas seguidas por 36 horas ininterruptas de descanso, observados ou indenizados os intervalos para repouso e alimentação. Parágrafo único. A remuneração mensal pactuada pelo horário *caput* deste artigo abrange os	**15. Jornada 12 x 36** Jornada 12 x 36. 1. Tratando-se de regime de compensação de jornada, é essencial para a sua validade a previsão em acordo coletivo ou convenção coletiva de trabalho, nos termos do art. 7º, XIII, da Constituição Federal, inclusive em relação ao comerciário, em razão de lei especial (Lei n. 12.790/2013).

pagamentos devidos pelo descanso semanal remunerado e pelo descanso em feriados, e serão considerados compensados os feriados e as prorrogações de trabalho noturno, quando houver, de que tratam o art. 70 e o § 5º do art. 73 da CLT. Art. 59-B. O não atendimento das exigências legais para compensação de jornada, inclusive quando estabelecida mediante acordo tácito, não implica a repetição do pagamento das horas excedentes à jornada normal diária se não ultrapassada a duração máxima semanal, sendo devido apenas o respectivo adicional. Parágrafo único. A prestação de horas extras habituais não descaracteriza o acordo de compensação de jornada e o banco de horas.	2. Art. 60, parágrafo único da CLT. Dispensa de licença prévia para a realização de jornada 12 x 36. Matéria de saúde e segurança do trabalho. Inconstitucionalidade por infração ao art. 7º, XXII, da Constituição Federal. 3. Impossibilidade de regime "complessivo" quanto ao pagamento de feriados e prorrogação da jornada noturna, por infração ao art. 7º, IX, da Constituição Federal. 4. A prestação de horas extras, inclusive pela supressão do intervalo intrajornada (ainda que parcial), descaracteriza o regime de compensação de jornada 12 x 36, implicando o pagamento como hora extraordinária daquelas laboradas além da 8ª diária, por infração ao art. 7º, XIII e XXVI, da Constituição Federal.
Art. 60. [...] Parágrafo único. Excetuam-se da exigência de licença prévia as jornadas de doze horas de trabalho por trinta e seis horas ininterruptas de descanso. (NR) Art. 61. [...] § 1º O excesso, nos casos deste artigo, pode ser exigido independentemente de convenção coletiva ou acordo coletivo de trabalho. (NR) Art. 71, § 4º A não concessão ou a concessão parcial do intervalo intrajornada mínimo, para repouso e alimentação, a empregados urbanos e rurais, implica o pagamento, de natureza indenizatória, apenas do período suprimido, com acréscimo de 50% (cinquenta por cento) sobre o valor da remuneração da hora normal de trabalho. (NR)	**34. Intervalo intrajornada como norma de segurança e saúde pública** I — regras sobre o intervalo intrajornada são consideradas como normas de saúde, higiene e segurança do trabalho e, por consequência, de ordem pública, apesar do que dispõe o art. 611-B, parágrafo único da CLT (na redação da Lei n. 13.467/2017). II — o estabelecimento de intervalos intrajornadas em patamares inferiores a uma hora para jornadas de trabalho superiores a seis horas diárias é incompatível com os arts. 6º, 7º, inciso XXII, e 196 da Constituição.
Art. 611-A. A convenção coletiva e o acordo coletivo de trabalho têm prevalência sobre a lei quando, entre outros, dispuserem sobre: I – pacto quanto à jornada de trabalho, observados os limites constitucionais	**28. Negociado sobre legislado: limites** Nos termos do art. 5º, § 2º, da Constituição Federal, as convenções e acordos coletivos de trabalho não podem suprimir ou reduzir direitos, quando se sobrepuserem ou conflitarem com as convenções internacionais do trabalho e outras normas de hierarquia constitucional ou supralegal relativas à proteção da dignidade humana e dos valores sociais do trabalho e da livre-iniciativa. **29. Normas coletivas: princípio da norma mais benéfica** I — normas coletivas. Princípio da norma mais benéfica. Os acordos coletivos firmados não prejudicarão direitos garantidos pelas convenções coletivas de trabalho, em respeito à aplicação do princípio da norma mais favorável (art. 7º, *caput*, CF). Com efeito, a nova redação do art. 620 da CLT, dada pela Lei n. 13.467/2017, Não exclui a aplicação do princípio da norma mais favorável, de orientação e aplicação no direito do trabalho. II — ademais, prevalece em todo caso, em relação à matéria negociada, os princípios da proteção, e da inafastabilidade da tutela jurisdicional.

	III — a auditoria fiscal do trabalho possui o dever de exigir o cumprimento das normas laborais mais favoráveis ao trabalhador, o que inclui a possibilidade de verificação da aplicabilidade ou não de convenções e acordos coletivos de trabalho sob aquela sistemática.
	30. Negociação coletiva: licitude e aspectos formais Direitos trabalhistas garantidos por normas de ordem pública, relativos a medidas de higiene, saúde e segurança do trabalho, são infensos à redução ou supressão mediante negociação coletiva, consoante a interpretação conjunta dos incisos XXII e XXVI do art. 7º da Constituição. É, portanto, inconstitucional a previsão do art. 611-A, III e XII, da CLT (com a redação dada pela Lei n. 13.467/2017). **35. Prevalência do negociado sobre o legislado e controle de jornada de trabalho** I — o registro de jornada de trabalho permanece obrigatório, nos termos do art. 74 da Consolidação das Leis do Trabalho. II — a mera previsão em acordo ou convenção coletiva de trabalho não basta para a validade do sistema de registro eletrônico de jornada de trabalho. Necessidade de prova da inviolabilidade e veracidade dos registros e possibilidade de extração de dados pela fiscalização do trabalho.
Art. 611-B. Constituem objeto ilícito de convenção coletiva ou de acordo coletivo de trabalho, exclusivamente, a supressão ou a redução dos seguintes direitos: VI – remuneração do trabalho noturno superior à do diurno; IX – repouso semanal remunerado; X – remuneração do serviço extraordinário superior, no mínimo, em 50% (cinquenta por cento) à do normal; XI – número de dias de férias devidas ao empregado; XII – gozo de férias anuais remuneradas com, pelo menos, um terço a mais do que o salário normal. Parágrafo único. Regras sobre duração do trabalho e intervalos não são consideradas como normas de saúde, higiene e segurança do trabalho para os fins do disposto neste artigo.	**37. Saúde e duração do trabalho** É inconstitucional o parágrafo único do art. 611-B da CLT, pois as normas e institutos que regulam a duração do trabalho, bem como seus intervalos, são diretamente ligados às tutelas da saúde, higiene e segurança do trabalho como estabelecidas pelos arts. 7º, XIII, XIV e XXII, 196 e 225 da Constituição Federal, pelos arts. 3º, *b* e *e*, e 5º da Convenção n. 155 da OIT, pelo art. 7º, II, *b* e *d*, do PIDESC (ONU), pelo art. 7º, *e*, *g* e *h*, do Protocolo de San Salvador (OEA), e pelo próprio art. 58 da CLT, que limita a jornada a oito horas diárias, sendo, assim, insuscetíveis de flexibilização por convenção ou acordo coletivos.

Conclusão

Retomando os institutos protetivos do não retrocesso (conservação) e do dever de progressividade (evolução) como premissas da efetividade dos direitos fundamentais no tempo, à estas duas categorias, pode-se aqui opor duas outras que funcionariam como seus respectivos anti-institutos.

Identificamos assim a flexibilização como obstáculo ao dever de progressividade dos direitos fundamentais; enquanto a desregulamentação revela-se perniciosa ao não retrocesso.

Melhor fundamentando, a desregulamentação atua no cerne de alguns institutos, ora suprimindo direitos, ora reduzindo o alcance das garantias, resultando assim, em reconhecido retrocesso de direitos historicamente conquistados. Enquanto isso, a flexibilização, revela-se como a antiprogressividade em essência, pelo seu caráter regressivo, gradual de supressão de institutos.

De qualquer forma, o resgate da noção consagrada de princípios, na acepção juslaboral formulada por Plá Rodriguez, nos possibilita visualizar o princípio da proteção como matriz hermenêutica diante de toda e qualquer regra trabalhista. Do ponto de vista macro, a forma como a Lei n. 13.467 foi imposta à sociedade representa uma verdadeira ruptura no tecido social da regulamentação trabalhista, desviando-se da linguagem de concertação social, e afrontando princípios protetivos. Do ponto de vista da jornada de trabalho, opera-se retrocesso em institutos consagrados, tanto na jornada diária (cômputo do tempo de serviço, horas *in itinere*, intervalo intrajornada, tempo à disposição), como na jornada semanal (turnos de revezamento, impactos da compensação), mensal (banco de horas), e acima de tudo, de forma principiológica e conceitual, invertendo a lógica protetiva, a partir de institutos que pretensamente visariam a não relacionar jornada de trabalho com saúde do trabalhador, a prevalência irrestrita do negociado sobre o legislado, a inversão da lógica do tempo à disposição, dentre outros.

Em relação à atividade diuturna da Auditoria-Fiscal do Trabalho, importa ressaltar o papel de exegeta da lei, segundo o teor da Tese A aprovada no III CONAIT (Congresso Nacional dos Auditores-Fiscais do Trabalho), realizado em maio de 2018 pelo SINAIT (Sindicato Nacional dos Auditores-Fiscais do Trabalho), de autoria de Alex Myller Duarte Lima e Renato Bignami, "todo aplicador do direito, ao subsumir a norma ao fato, deve, necessariamente, realizar uma prévia atividade de hermenêutica".(28) Na Tese B, os mesmos autores ressaltam que "a produção coletiva de sentido, ou no caso do Direito do Trabalho, de um horizonte interpretativo comum aos diversos profissionais jurídicos que posicionarão as Leis ns. 13.467/2017 (reforma trabalhista) e 13.429/2017 (relações de trabalho na empresa de prestação de serviços a terceiros) no contexto mais amplo do ordenamento justrabalhista brasileiro deve ser fomentada pelo SINAIT, em atenção ao espírito democrático da Constituição Federal de 1988".(29)

Sobre a redução e/ou supressão de direitos trabalhistas, nem sempre o retrocesso (ou popularmente, "nenhum direito a menos") é percebido de maneira expressa. A identificação do instituto da jornada complessiva, vem assim, contribuir para o esclarecimento de consequências práticas advindas não apenas da Lei n. 13.467, mas também pela involução do instituto constitucional da jornada de trabalho, tanto na jurisprudência, como na práxis trabalhista. Dentro do poema "no caminho com Maiakóvski", de Eduardo Alves da Costa, escrito há 50 anos, em 1968, um alerta sobre a forma com que o retrocesso é cometido e a constatação de que não podemos deixar com que a segunda noite se instale.

---

(28) LIMA, Alex Myller Duarte; BIGNAMI, Renato. Auditor-fiscal do trabalho como exegeta: interpretação das Leis ns. 13.467/2017 e 13.429/2017 e atuação da inspeção do trabalho. Tese A. *III Conait*, Brasília, 2018.

(29) LIMA, Alex Myller Duarte; BIGNAMI, Renato. Uma proposta de interpretação das Leis ns. 13.467/2017 e 13.429/2017 à luz dos enunciados da 2ª jornada de direito material e processual do trabalho. Tese b. *III Conait*, Brasília, 2018.

"Na primeira noite eles se aproximam
e roubam uma flor
do nosso jardim.
E não dizemos nada.

Na segunda noite, já não se escondem:
pisam as flores,
matam nosso cão,
e não dizemos nada.

Até que um dia,
o mais frágil deles
entra sozinho em nossa casa,
rouba-nos a luz, e,
conhecendo nosso medo,
arranca-nos a voz da garganta.
E já não podemos dizer nada."

Referências bibliográficas

BARUKI, Luciana Veloso. *Riscos psicossociais e saúde mental do trabalhador. Por um regime jurídico preventivo.* São Paulo: LTr, 2015.

FABRE, Luis Carlos Michele. *Fontes do direito do trabalho*. São Paulo: LTr, 2009.

FISCHER, Frida Marina; MORENO, Cláudia Roberta de Castro; ROTENBERG, Lúcia. Trabalho em turnos e noturno: impactos sobre o bem-estar e saúde dos trabalhadores. Possíveis intervenções. In: HEWITT, Paul G. *Física conceitual*. Porto Alegre: Bookman, 2011.

LEE, Sang-Heon; McCANN, Deirdre; MESSENGER, Jon C. *Working time around the world:* trends in working hours, laws and policies in a global comparative perspective. ILO. Disponível em: <https://www.ilo.org/wcmsp5/groups/public/@dgreports/@dcomm/@publ/documents/publication/wcms_104895.pdf>.

MENDES, René. *Patologia do trabalho*. São Paulo: Atheneu, 2013.

MAIOR, Jorge Luiz Souto. *Impactos do golpe trabalhista. (A Lei n. 13.467/2017).* Disponível em: <https://www.anamatra.org.br/files/Impactos_do_golpe_trabalhista.pdf>.

MARQUES, Ana Carolina Bianchi Rocha Cuevas. Na reforma trabalhista a precarização não tem intervalo para descanso. In: MAIOR, Jorge Luiz Souto; SEVERO, Valdete Souto. *Resistência. Aportes teóricos contra o retrocesso trabalhista.* São Paulo: Expressão Popular, 2017.

RIFKIN, Jeremy. *O fim dos empregos:* o contínuo crescimento do desemprego em todo o mundo. São Paulo: M. Books do Brasil.

SARLET, Ingo Wolfgang. *A eficácia dos direitos fundamentais. Uma teoria geral dos direitos fundamentais na perspectiva constitucional*. Porto Alegre: Livraria do Advogado, 2009.

SEVERO, Valdete Souto. A hermenêutica trabalhista e o princípio do direito do trabalho. In: MAIOR, Jorge Luiz Souto; SEVERO, Valdete Souto. *Resistência. Aportes teóricos contra o retrocesso trabalhista.* São Paulo: Expressão Popular, 2017.

O Trabalho Extraordinário Conforme a Reforma Trabalhista

Hélio Antonio Bittencourt Santos(1)

1. *Introdução*

A preocupação com a jornada de trabalho foi a primeira existente com o intuito de proteção ao trabalhador e o que impulsionou o surgimento do Direito do Trabalho como forma de minimizar o desequilíbrio entre o então contratante e o contratado.

Passados mais de duzentos anos — que podem ser contados da denominada Lei de Peel, em 1802, na Inglaterra, que proibia jornada superior a doze horas diárias para o menor —, muito se evoluiu no aspecto jurídico, embora não se possa necessariamente afirmar quanto à realidade fática, pois diversos são os registros de empregadores que praticam uma jornada oficial documentada e outra irregular determinada pelo temor reverencial, expresso especialmente pelo medo da perda do emprego.

A Reforma Trabalhista ocorrida na República Federativa da Brasil, materializada pela Lei n. 13.467, de 13 de julho de 2017, teve grande repercussão no tema, especialmente por ampliar possibilidades de prática do trabalho extraordinário, inclusive por ajuste individual.

Dessa forma, primeiramente, será feita uma abordagem conceitual de jornada de trabalho e trabalho extraordinário para, em seguida, tratar-se das hipóteses de horas extras, com o objetivo especial de enfatizar as alterações decorrentes da Reforma Trabalhista. Além disso, pretende-se demonstrar o tratamento do assunto em situações especiais, como na atividade insalubre e no trabalho a tempo parcial e do adolescente.

2. *Jornada de trabalho e trabalho extraordinário*

Jornada de trabalho é uma forma de mensurar o tempo no qual o trabalhador permanece à disposição do empregador, estabelecendo limites diário e semanal. No Brasil, nos termos do inciso XIII, do art. 7º da Constituição Federal, a jornada geral é de até oito horas diárias combinada com quarenta e quatro semanais.

Por consequência, uma vez extrapolada a limitação, surge a jornada extraordinária, que "é a que ultrapassa os limites previstos como jornada normal, ou seja, ou ultrapassa as 44 (quarenta e quatro) horas semanais ou

(1) Auditor-Fiscal do Trabalho, Professor Universitário, Mestre em Direito pela Universidade Federal de Pernambuco. Autor do livro *Curso de direito do trabalho*. 4. ed. São Luís: Hélio B. Santos, 2010.

ultrapassa as 8 (oito) horas diárias, independentemente de haver ou não o pagamento das horas excedentes"[2].

Sendo assim, as horas extras refletem o trabalho excessivo, sendo tratadas juridicamente de várias formas que, em regra, convergem para o pagamento ou a compensação.

Sobre o assunto, a Lei n. 13.467, de 13 de julho de 2017, denominada de Reforma Trabalhista, apresentou diversas inovações, flexibilizando ainda mais a sua ocorrência e ampliando as hipóteses de ajuste direto por acordo individual, bem como prestigiando o negociado sobre o legislado.

Assim, as horas extras são regulamentadas como algo comum, mesmo adjetivada como extraordinária. Olvidam-se os legisladores das consequências decorrentes, enfatizadas por Rodrigo Trindade[3]:

> Muito se fala das causas dos excessos de acidente do trabalho em nosso país, mas uma coisa é certa: não há fator mais determinante que os exageros de jornada, sejam diários ou de acúmulos durante o ano. Não é à toa que a maior parte dos infortúnios ocorre durante as horas extras.

Convém esclarecer, todavia, que o novo § 2º do art. 4º da Consolidação das Leis do Trabalho, enfatiza não se tratar de jornada extraordinária o excesso por até cinco minutos em cada turno (conforme § 1º do art. 58), bem como "quando o empregado, por escolha própria, buscar proteção pessoal, em caso de insegurança nas vias públicas ou más condições climáticas, bem como adentrar ou permanecer nas dependências das empresas para exercer atividades particulares", listando, de forma exemplificativa, práticas religiosas, descanso, lazer, estudo, alimentação, atividades de relacionamento social, higiene pessoal e troca de roupa ou uniforme quando não houver obrigatoriedade de realizar a troca no estabelecimento. Assim, o texto evidencia que a permanência do trabalhador no ambiente de trabalho com finalidade diversa e de cunho pessoal obviamente não integra a jornada.

Também não há mais que se falar em jornada *in itinere*, o que "importa em retrocesso social e supressão de direitos arduamente conquistados pelos trabalhadores"[4], expressamente revogada pelo novo texto do § 2º do art. 58 da Consolidação das Leis do Trabalho:

> O tempo despendido pelo empregado desde a sua residência até a efetiva ocupação do posto de trabalho e para o seu retorno, caminhando ou por qualquer meio de transporte, inclusive o fornecido pelo empregador, não será computado na jornada de trabalho, por não ser tempo à disposição do empregador.

3. *Acordo de prorrogação de horas*

O acordo de prorrogação de horas possibilita o acréscimo de até duas horas diárias na jornada normal de trabalho, por meio de acordo individual, convenção coletiva ou acordo coletivo de trabalho.

Tal instituto vem sendo praticado no Brasil há anos, pois a legislação brasileira (art. 59, *caput* e § 1º, da CLT) não sofreu alteração significativa neste assunto, apenas foi ajustada e adequada ao texto constitucional. Assim, é possível que o trabalhador seja mantido permanentemente em regime de hora extra, mesmo que o conceito de extraordinário conflite com habitualidade.

(2) SANTOS, Hélio Antonio Bittencourt. *Curso de direito do trabalho*. 4. ed. São Luís: Hélio B. Santos, 2010. p. 156. Em seguida, alerta: "Para as profissões que têm jornada de trabalho especial, a jornada extraordinária é a que exceder a jornada máxima prevista para as mesmas".

(3) TRINDADE, Rodrigo. *Reforma trabalhista:* 10 (novos) princípios do direito empresarial do trabalho, ago. 2017. Disponível em: <http://www.amatra4.org.br/79-uncategorised/1249-reforma-trabalhista-10-novos-principios-do-direito-empresarial-do-trabalho>. Acesso em: 9.2018.

(4) CASSAR, Vólia Bomfim. *Breves comentários às principais alterações propostas pela reforma trabalhista*. Disponível em: <http://genjuridico.com.br/2017/05/09/breves-comentarios-principais-alteracoes-propostas-pela-reforma-trabalhista>. Acesso em: 9.2018.

O texto foi atualizado principalmente para corrigir a impropriedade terminológica que previa contrato coletivo de trabalho, instrumento inaplicável no Brasil. No entanto, foi essencial na fixação do limite, uma vez que expressamente estabelece "em número não excedente de duas", impedindo que norma coletiva amplie esse quantitativo, ainda que explicitamente os sindicatos estejam autorizados a negociar "pacto quanto à jornada de trabalho, observados os limites constitucionais" (inc. I do art. 611-A da CLT).

Também assegurado está o adicional de horas extras mínimo de cinquenta por cento sobre o valor da hora normal, pois, além de ser um direito constitucional (inc. XVI do art. 7º da CF), não pode ser suprimido nem reduzido por convenção ou acordo coletivo de trabalho (inc. X do art. 611-B da CLT).

No entanto, "a prestação de horas extras habituais não descaracteriza o acordo de compensação de jornada e o banco de horas" (parágrafo único do art. 59-B), ficando autorizada a concomitância do acordo de prorrogação com os sistemas de compensação, diversamente do entendimento anteriormente sumulado pelo Tribunal Superior do Trabalho que estabelecia que "a prestação de horas extras habituais descaracteriza o acordo de compensação de jornada" (inc. IV da Súmula n. 85).

Importante consignar que a prestação de horas extras além do limite legal de duas horas "não exime o empregador de pagar todas as horas trabalhadas", bem como que "o valor das horas extras habitualmente prestadas integra o cálculo dos haveres trabalhistas, independentemente da limitação prevista", conforme jurisprudência do Tribunal Superior do Trabalho (inc. I e II da Súmula n. 376).

E, por se tratar de uma irregularidade, está passível de autuação pela inspeção do trabalho já que configura uma infração trabalhista, o que independe do seu pagamento. Nesse sentido, o Precedente Administrativo n. 33 da Secretaria de inspeção do trabalho, aprovado pelo Ato Declaratório n. 4, de 21 de fevereiro de 2002:

> JORNADA. PRORROGAÇÃO. EFEITOS DO PAGAMENTO RELATIVO AO TRABALHO EXTRAORDINÁRIO. O pagamento do adicional por serviço extraordinário não elide a infração pela prorrogação de jornada além dos limites legais ou convencionais, uma vez que o serviço extraordinário deve ser remunerado, independentemente de sua licitude. Isso porque as normas limitadoras da jornada visam a evitar males ao trabalhador, protegendo-lhe a saúde e o bem-estar, não se prestando a retribuição pecuniária como substituta da proteção ao bem jurídico. Referência normativa: Art. 59 da Consolidação das Leis do Trabalho — CLT.

Sobre o assunto, importante a reflexão de Mauricio Godinho Delgado[5]:

> O fato de as prorrogações irregulares não produzirem efeitos distintos das regulares (remuneração compatível, adicional incidente, repercussões contratuais, etc.) elimina parte substantiva do valor prático da presente tipologia. Contudo, não a torna simplesmente inútil, dada a possibilidade de incidência de punições administrativas àquele que se vale irregularmente de sobretrabalho (art. 75, CLT).

Também cita-se uma possível providência, além da autuação da Fiscalização do Trabalho, sugerida por Gustavo Filipe Barbosa Garcia[6]:

> [...] tratando-se de conduta reiterada, afetando um conjunto de empregados, tem-se verdadeira lesão de ordem metaindividual, manifestamente prejudicial à saúde e à segurança dos trabalhadores, bem como à sociedade como um todo, seja no aspecto previdenciário, seja na questão da política de empregos. Por isso, também aqui, autoriza-se a atuação do Ministério Público do Trabalho e dos entes sindicais, em defesa dos preceitos que asseguram a dignidade, a saúde, a vida e a higidez

(5) DELGADO, Mauricio Godinho. *Curso de direito do trabalho*. 17. ed. rev. atual. e ampl. São Paulo: LTr, 2018. p.1086.

(6) GARCIA, Gustavo Filipe Barbosa. *Curso de direito do trabalho*. 8. ed. rev. atual. e ampl. Rio de Janeiro: Forense, 2014. p. 910.

física e psíquica do trabalhador, no sentido de que os limites da duração do trabalho sejam necessariamente respeitados pelo empregador. Nesse enfoque, são passíveis de utilização os instrumentos da tutela metaindividual de interesses difusos, coletivos e individuais homogêneos, perfeitamente aplicáveis às relações de trabalho, com destaque para o Termo de Compromisso de Ajustamento de Conduta e as ações coletivas.

4. Sistemas de compensação de horas

Como sistemas de compensação de horas é possível considerar a compensação simples, o banco de horas e até mesmo a jornada 12 x 36 horas.

Na compensação, as horas extras trabalhadas não são remuneradas, pois são compensadas com redução de jornada ou mesmo com folgas. Dessa forma, o trabalho extraordinário é utilizado para redistribuir a jornada de trabalho, alternando períodos de labor mais intenso com outros mais tranquilos.

Embora sem aprofundar a discussão, entende-se ser inconstitucional qualquer sistema de compensação por acordo individual, uma vez que o inciso XIII do art. 7º da Constituição Federal, ao prescrever a jornada normal de trabalho, faculta "a compensação de horário e a redução da jornada, mediante acordo ou convenção coletiva de trabalho". No entanto, tem prevalecido o entendimento de que o acordo pode ser individual ou coletivo, uma vez que o termo coletivo adjetivaria somente a convenção; tanto que, como ênfase a essa interpretação, está disposto no inciso VI do mesmo artigo "irredutibilidade do salário, salvo o disposto em convenção ou acordo coletivo", hipótese na qual explicitamente o acordo deve ser coletivo.

Na verdade, "a compensação de jornada nos moldes da reforma trabalhista veio para beneficiar os empregadores, que vão sentir menos no bolso na hora de extrapolar as horas convencionadas de seus empregados"[(7)], gerando um "desconforto axiológico, e, portanto, hermenêutico, devido à possibilidade de acordos e convenções de natureza individual"[(8)].

Importante abordar que em todos os sistemas, "o não atendimento das exigências legais para compensação de jornada [...] não implica a repetição do pagamento das horas excedentes à jornada normal diária se não ultrapassada a duração máxima semanal, sendo devido apenas o respectivo adicional", conforme dispõe o art. 59-B da Consolidação das Leis do Trabalho, trazendo para o texto consolidado entendimento já pacificado pelo Tribunal Superior do Trabalho (inc. III da Súmula n. 85). Assim, utilizada a compensação de forma irregular, deverá o empregador efetuar o pagamento apenas do adicional mínimo de cinquenta por cento; além de estar sujeito à penalidade administrativa se constatada a infração pela inspeção do trabalho.

4.1. Compensação simples

A compensação simples é a redistribuição da jornada em uma mesma semana, admitindo-se que assim seja feita por até um mês. Dessa forma, trabalhar nove horas por quatro dias e oito horas em um quinto dia resulta em uma folga extra na semana além do repouso semanal remunerado. Outro exemplo, denominado de semana espanhola, ocorre quando se trabalha em semanas alternadas quarenta e quarenta e oito horas, desta feita com uma folga extra a cada duas semanas.

O § 6º do art. 59 da Consolidação das Leis do Trabalho incluído pela lei da Reforma Trabalhista estabelece que "é lícito o regime de compensação de jornada estabelecido por acordo individual, tácito ou escrito, para a compensação no mesmo mês"; possibilitando o ajuste diretamente entre trabalhador e empregador.

(7) FIGUEIREDO, Raphaela. *Compensação de jornada na reforma trabalhista*, abr. 2018. Disponível em: <https://jus.com.br/artigos/65665/compensacao-de-jornada-na-reforma-trabalhista>. Acesso em: 9. 2018.

(8) TEIXEIRA, M. O. *Contribuição crítica à reforma trabalhista*. Campinas: UNICAMP/IE/CESIT, 2017. p. 32.

4.2. Banco de horas

O banco de horas é uma compensação mais elastecida, sendo as horas extras compensadas em meses subsequentes. O termo banco simboliza o fato de que as horas trabalhadas a mais ficarão guardadas como crédito do trabalhador para serem usufruídas posteriormente ou vice-versa, uma vez que o sistema pode ser iniciado com folga ou redução de jornada e o empregador ser o beneficiário do crédito.

Quando estabelecido por convenção ou acordo coletivo de trabalho, o banco de horas sofre duas restrições, tendo que ser, no máximo, anual e condicionado a uma jornada diária total máxima de dez horas. Enfatiza-se que, mesmo prevalecendo o negociado sobre o legislado, o § 2º do art. 59 da Consolidação das Leis do Trabalho expressamente impõe à norma coletiva esses dois parâmetros.

No entanto, a partir de 11 de novembro de 2017, com a vigência da denominada Reforma Trabalhista, o banco de horas também passou a ser autorizado por acordo individual escrito, mantendo a limitação de trabalho por dez horas diárias e reduzindo o período de compensação para seis meses.

Por fim, caso haja rescisão contratual sem a compensação integral da jornada extraordinária, "o trabalhador terá direito ao pagamento das horas extras não compensadas, calculadas sobre o valor da remuneração na data da rescisão" (§ 3º do art. 59 da CLT). Embora a legislação nada aborde a respeito, caso haja crédito do empregador quando da rescisão, as horas serão zeradas e o trabalhador não arcará com qualquer consequência, pois, além de ser o responsável pelos riscos do seu negócio, o banco de horas é administrado de acordo com a conveniência do empregador.

4.3. Jornada 12 x 36 horas

A escala 12 x 36 horas possibilita que o trabalho seja executado por metade de um dia com folga de um dia e meio, assim o trabalhador labora por doze horas e tem um descanso de trinta e seis horas.

Está previsto explicitamente no novo art. 59-A da Consolidação das Leis do Trabalho como exceção aos limites de horas extras impostos pelo art. 59, podendo o ajuste ser feito por norma coletiva ou por acordo individual, inclusive em atividade insalubre (parágrafo único do art. 60 da CLT).

Portanto, a partir da Reforma Trabalhista, além da escala 12 x 36 horas estar explicitamente prevista no ordenamento jurídico, seu ajuste deixou de ter natureza coletiva e passou a poder ser também individual[9], o que "acaba por dar uma certa liberdade para que o trabalhador prejudique sua própria saúde, prolongando o tempo de trabalho", dando azo a um argumento específico de inconstitucionalidade por violação ao direito à saúde, higiene e segurança no trabalho assegurada pelo inciso XXII do art. 7º da Constituição Federal[10].

Observa-se, primeiramente, que todo trabalho por mais de seis horas consecutivas — como ocorre com a jornada de doze horas — pressupõe intervalo mínimo de uma hora (art. 71, *caput*, da CLT), que pode ser reduzido para meia hora por norma coletiva (inc. III do art. 611-A da CLT). A não concessão pressupõe o pagamento apenas do intervalo suprimido e com natureza puramente indenizatória (§ 4º do art. 71 da CLT), e não mais da totalidade do intervalo que deveria ser concedido e agora sem natureza salarial, conforme alteração decorrente da Reforma Trabalhista. Assim, em regra, a indenização do intervalo suprimido é

(9) A Lei Complementar n. 150/2015, em seu art. 10, já possibilitava a jornada 12 x 36 no âmbito doméstico com as mesmas regras agora previstas também pela CLT, inclusive ajustada por acordo individual. A Medida Provisória n. 808, de 14.11.2017, autorizou a jornada 12 x 36 por acordo individual somente "às entidades atuantes no setor de saúde", exigindo convenção ou acordo coletivo de trabalho nos demais casos; no entanto, teve sua vigência encerrada em 23.4.2018, conforme Ato Declaratório n. 22, de 24.4.2018, do Presidente da Mesa do Congresso Nacional.

(10) MANTOVANI. Lucas. A (in)constitucionalidade da jornada especial 12 x 36. *JusBrasil*. São Paulo, mar. 2018. Disponível em: <https://ieadireito.jusbrasil.com.br/artigos/557988557/a-in-constitucionalidade-da-jornada-especial-12x36>. Acesso em: 9.2018.

uma compensação ao trabalhador decorrente da irregularidade trabalhista, diversamente do que ocorre na jornada 12 x 36 horas, na qual os intervalos podem ser observados ou indenizados a critério do empregador.

O repouso semanal remunerado continua considerado integrante do intervalo de trinta e seis horas, pois, além da jornada semanal média ficar em quarenta e duas horas, é compatível a soma do descanso semanal de vinte e quatro horas com o intervalo mínimo entre jornadas de onze horas (art. 66 da CLT).

Quanto aos feriados, a legislação passou a considerar também remunerados pela jornada, não pressupondo mais pagamento adicional. Também as prorrogações de trabalho noturno passaram a ser desprezadas e, por consequência, não remuneradas. Dessa forma, a Reforma Trabalhista, ao incluir o parágrafo único no art. 59-B da Consolidação das Leis do Trabalho, afastou dois direitos antes aplicáveis no exercício da jornada 12 x 36 horas.

Registra-se que nada justifica as alterações, pois o feriado trabalhado, uma vez não ocorrendo folga compensatória, deveria ser pago em dobro, nos termos do art. 9º da Lei n. 605/1949. Não se considera sequer razoável considerar que as duas horas semanais a menos na média (quarenta e duas das quarenta e quatro como regra geral) sirvam como uma equivalência aos feriados.

Também não se pode compreender a não prorrogação do trabalho noturno nos moldes do § 5º do art. 73 da Consolidação das Leis do Trabalho para os que trabalham a jornada 12 x 36 horas compreendendo o período noturno e se estendendo para o diurno (jornada típica das 19:00 às 7:00, na qual as últimas duas horas, após às 5:00, seriam de prorrogação do trabalho noturno), uma vez que o fato em nada se diferencia com os trabalhadores em atividade diferente desse tipo de escala.

Assim, "espera-se que o regime 12 x 36 possa ser adotado pelas empresas com segurança jurídica sem que gere um enorme passivo trabalhista, como ocorre atualmente"[(11)], uma vez que "é em suma uma exceção à regra geral e acaba por trazer fadiga e exaustão ao trabalhador, em razão das 12 horas seguidas de trabalho"[(12)].

5. *Outras hipóteses de trabalho extraordinário*

Além da prorrogação e da compensação de jornada, há horas extras decorrentes de situações especiais, bem como em virtude de irregularidade no intervalo, por considerar o seu elastecimento como tempo à disposição ou como forma de compensar o trabalhador por sua supressão ou redução irregular.

5.1. Força maior, necessidade imperiosa e serviços inadiáveis

A sucinta abordagem da ocorrência de horas extras em caso de força maior e de necessidade imperiosa em virtude de serviços inadiáveis decorre de uma pequena alteração na regulamentação promovida pela Reforma Trabalhista, já que o novo texto do § 1º do art. 61 da Consolidação das Leis do Trabalho revoga a necessidade de comunicação da ocorrência no prazo máximo de dez dias ao órgão local do Ministério do Trabalho, dificultando a ação da Fiscalização do Trabalho, inclusive porque a omissão do empregador podia ser usada contra ele como forma de demonstrar que sequer havia reconhecido o fato como uma ocorrência especial por não ter prestado a necessária informação à autoridade competente.

Força maior é um "acontecimento inevitável, em relação à vontade do empregador, e para a realização do qual este não concorreu, direta ou indiretamente", conforme o art. 501 da Consolidação das Leis do Trabalho, normalmente

(11) WATERKEMPER, Mariana Linhares. *O regime 12 x 36 e a reforma trabalhista*, nov. 2017. Disponível em: < https://jus.com.br/artigos/62108/o-regime-12-x-36-e-a-reforma-trabalhista>. Acesso em: 9.2018.

(12) RENZETTI, Rogério. *Direito do trabalho I*. 4. ed. rev. atual. e ampl. Coordenação Sylvio Motta. São Paulo: Método, 2018.

relacionados a causas naturais, não ocorrendo em caso de "imprevidência do empregador" (§ 1º) e quando "não afetar substancialmente, nem for suscetível de afetar, em tais condições, a situação econômica e financeira da empresa" (§ 2º). Trata-se de ocorrência bastante eventual, pois acontece excepcionalmente. Não foi estabelecido um limite de horas extras decorrentes de força maior, o que torna o trabalho viável enquanto for humanamente possível e não expor o trabalhador a risco excessivo.

Segundo Eduardo Gabriel Saad(13), "são serviços inadiáveis os trabalhos preparatórios ou suplementares que necessariamente devam ser executados fora do horário normal [...] e aqueles que, por sua própria natureza, não podem ser interrompidos (formação de uma laje de concreto, por exemplo)". Na mesma esteira, Valentin Carrion(14) cita tratar-se de necessidade imperiosa a "afluência inabitual de clientela por circunstâncias anormais, [...] sempre extravasando a rotina".

Hélio Antonio Bittencourt Santos(15) assim esclarece:

> Mas, o que são serviços inadiáveis? Como o próprio nome diz, são aqueles que não podem deixar para ser realizados em outro momento, ou seja, têm que ser concluídos na mesma jornada, pois, caso contrário, certamente ocorrerão prejuízos para o empregador.
>
> Fato típico é a manipulação de produtos perecíveis, que precisam ser estocados em condições térmicas adequadas. Como exemplo, pode-se citar um carregamento de carne chegando em um frigorífico no final do expediente, sendo necessário ser guardado nos congeladores para não se estragar durante a noite.
>
> Convém esclarecer que serviço inadiável não é sinônimo de força maior, embora dela muito se aproxime, pois só pode ocorrer raramente, não podendo ser constante, comum ou habitual. Portanto, não há que se falar em serviço inadiável no caso de empregados com função de caixa em bancos ou casas lotéricas, que só podem encerrar suas atividades após atendidos todos os que estiverem na fila e, posteriormente, "fecharem" ou "encerrarem" o caixa.

A necessidade imperiosa pressupõe, portanto, que os serviços sejam inadiáveis e não rotineiros, limitada a uma jornada diária máxima de doze horas. Assim, diferencia-se da força maior especialmente por sua previsibilidade, embora improvável, e pela limitação ao excesso de horas.

Sobre necessidade imperiosa, cabível transcrever o Precedente Administrativo n. 31, aprovado pelo Ato Declaratório n. 4, de 21 de fevereiro de 2009, da Secretaria de inspeção do trabalho:

> *JORNADA. PRORROGAÇÃO. NECESSIDADE IMPERIOSA. I — Os serviços inadiáveis ou cuja inexecução possa acarretar prejuízos manifestos autorizam a prorrogação da jornada apenas até 12 horas, caracterizando-se como tais aqueles que, por impossibilidade decorrente de sua própria natureza, não podem ser paralisados num dia e retomados no seguinte, sem ocasionar prejuízos graves e imediatos. II — Se a paralisação é apenas inconveniente, por acarretar atrasos ou outros transtornos, a necessidade de continuação do trabalho não se caracteriza como imperiosa e o excesso de jornada não se justifica. Referência normativa: Art. 59,* caput *e art. 61 da Consolidação das Leis do Trabalho — CLT.*

Registra-se que todas as horas extras devem ser pagas com adicional mínimo de cinquenta por cento por determinação constitucional, uma vez que originariamente as horas extras decorrentes de força maior eram pagas como horas normais sem qualquer adicional e as decorrentes de necessidade imperiosa com

(13) SAAD, Eduardo Gabriel. *Consolidação das leis do trabalho comentada*. 40. ed. atual. e rev. e amp. por José Eduardo Duarte Saad, Ana Maria Saad Castelo Branco. São Paulo, LTr, 2007. p. 153.

(14) CARRION, Valentin. *Comentários à Consolidação das Leis do Trabalho*. 39. ed. atual por Eduardo Carrion. São Paulo: Saraiva, 2014. p. 154.

(15) SANTOS, Hélio Antonio Bittencourt. *Op. cit.*, p. 217.

adicional de vinte e cinco por cento, previsões revogadas pela Constituição Federal desde 1988, embora a Reforma Trabalhista de 2017 não tenha atualizado o § 2º do art. 61[16].

Apenas como observação, é possível a ocorrência de horas extras para reposição de paralisações, sendo uma hipótese de *jus variandi* prevista no § 3º do art. 61 da Consolidação[17], o que foi integralmente mantido pela Reforma Trabalhista e de pouca aplicabilidade.

5.2. Hora extra em caso de ampliação irregular de intervalo

Dispõe o art. 71 da Consolidação das Leis do Trabalho sobre o intervalo intrajornada para repouso e alimentação de uma a duas horas para os que trabalham mais de seis horas e de quinze minutos para jornadas de quatro a seis horas diárias, condicionando o seu elastecimento à existência de "acordo escrito ou contrato coletivo" (leia-se norma coletiva).

Já a Lei Complementar n. 150/2015, que regula o trabalho doméstico, no *caput* de seu artigo 13, estabeleceu o mesmo intervalo para repouso e alimentação de uma a duas horas, sem a previsão de ampliação. Também, no § 1º, trouxe a previsão especial de desmembramento do intervalo em dois períodos para os domésticos que residam no local de trabalho, limitando-o a um total de quatro horas.

Sendo assim, é irregular, no trabalho urbano, intervalo superior a duas horas que não esteja previsto em documento individual ou coletivo escrito e qualquer ampliação no intervalo de quinze minutos; enquanto no trabalho doméstico é irregular intervalo superior a duas horas, salvo norma coletiva, ou superior a quatro horas quando a residência for no local de trabalho e o intervalo tiver sido desmembrado em dois períodos.

A consequência é que, mesmo sem haver trabalho, o intervalo irregularmente ampliado é considerado tempo à disposição do empregador e, não havendo redução da jornada (como logicamente em regra ocorre), implica na totalização de horas extras, tudo conforme Súmula n. 118 do Tribunal Superior do Trabalho: "Os intervalos concedidos pelo empregador, na jornada de trabalho, não previstos em lei, representam tempo à disposição da empresa, remunerados como serviço extraordinário, se acrescidos ao final da jornada".

No trabalho rural não é compatível essa ocorrência, uma vez que o intervalo intrajornada é de uma hora com limitação máxima regida pelos costumes da região, conforme expressamente dispõe o § 1º do art. 5º da Lei n. 5.889/73.

5.3. Hora extra em caso de supressão ou redução irregular do intervalo

O intervalo intrajornada já foi abordado no item anterior, faltando acrescentar que o intervalo mínimo de uma hora pode ser reduzido por ato do Ministério do Trabalho (§ 3º do art. 71 da CLT) e por norma coletiva (inc. III do art. 611-A da CLT), sendo que nesta última hipótese — acrescentada pela Reforma Trabalhista no texto legal (embora o Ministério do Trabalho já tivesse autorizado por ato administrativo) — deve ser respeitado o intervalo mínimo de trinta minutos (limitação esta não prevista para o Ministério do Trabalho, embora não haja registro de autorização administrativa de intervalo inferior).

Embora não exista hora extra propriamente dita, uma vez que no caso não há excesso de jornada, é uma forma de compensar o trabalhador pela supressão ou pela redução irregular do

(16) "Nos casos de excesso de horário por motivo de força maior, a remuneração da hora excedente não será inferior à da hora normal. Nos demais casos de excesso previstos neste artigo, a remuneração será, pelo menos, 25% (vinte e cinco por cento) superior à da hora normal."

(17) "Sempre que ocorrer interrupção do trabalho, resultante de causas acidentais, ou de força maior, que determinem a impossibilidade de sua realização, a duração do trabalho poderá ser prorrogada pelo tempo necessário até o máximo de 2 (duas) horas, durante o número de dias indispensáveis à recuperação do tempo perdido, desde que não exceda de 10 (dez) horas diárias, em período não superior a 45 (quarenta e cinco) dias por ano, sujeita essa recuperação à prévia autorização da autoridade competente."

intervalo, que evidentemente lhe é prejudicial à saúde, com o pagamento das horas acrescidas do adicional mínimo de cinquenta por cento, conforme expressamente prevê o § 4º do art. 71 com redação dada pela Reforma Trabalhista:

> A não concessão ou a concessão parcial do intervalo intrajornada mínimo, para repouso e alimentação, a empregados urbanos e rurais, implica o pagamento, de natureza indenizatória, apenas do período suprimido, com acréscimo de 50% (cinquenta por cento) sobre o valor da remuneração da hora normal de trabalho.

Na verdade, trata-se de um retrocesso quanto ao regramento anterior, que, desde a Lei n. 8.923/94, incluiu o § 4º no art. 71 da Consolidação das Leis do Trabalho, determinando o pagamento integral do intervalo suprimido com o acréscimo mínimo de cinquenta por cento e natureza salarial, o que era bastante justo considerando que o intervalo inadequado é prejudicial à saúde do trabalhador como um todo.

Dessa forma, além do valor ter sido reduzido por passar a ter como base de cálculo apenas a parte suprimida do intervalo, também passou a ter natureza indenizatória, deixando de ser considerado salário e, por consequência, de incidir para fins de FGTS, média de férias e de décimo terceiro, entre outros direitos.

Importante registrar que se trata de uma compensação ao trabalhador pela retirada do seu direito a um intervalo mínimo, sendo uma infração trabalhista passível de penalidade uma vez constatada pela inspeção do trabalho, independentemente de constatação de pagamento.

No entanto, quanto à jornada 12 x 36 horas, recorda-se que a legislação expressamente faculta ao empregador a concessão ou o pagamento do intervalo, hipótese em que a supressão ou redução passa a ser um direito do empregador.

Dispõe o art. 66 da Consolidação das Leis do Trabalho ser de onze horas o intervalo mínimo entre duas jornadas de trabalho. Assim, também há regra de intervalo mínimo entre duas jornadas, restando o entendimento de ser aplicável a mesma regra abordada quanto ao pagamento das horas suprimidas como hora extra com adicional e consequente natureza indenizatória, mantido, assim, o entendimento anterior do Tribunal Superior do Trabalho:

> Súmula n. 110. No regime de revezamento, as horas trabalhadas em seguida ao repouso semanal de 24 horas, com prejuízo do intervalo mínimo de 11 horas consecutivas para descanso entre jornadas, devem ser remuneradas como extraordinárias, inclusive com o respectivo adicional.

> Orientação Jurisprudencial da Seção de Dissídios Individuais I n. 355. O desrespeito ao intervalo mínimo interjornadas previsto no art. 66 da CLT acarreta, por analogia, os mesmos efeitos previstos no § 4º do art. 71 da CLT e na Súmula n. 110 do TST, devendo-se pagar a integralidade das horas que foram subtraídas do intervalo, acrescidas do respectivo adicional.

6. *Regulamentações especiais*

A Reforma Trabalhista inseriu a possibilidade de jornada extraordinária no trabalho a tempo parcial e ampliou a sua possibilidade em atividade insalubre. Quanto ao adolescente, nada foi alterado, até mesmo porque inaplicável as novas regras de compensação.

6.1. Trabalho a tempo parcial

Sabe-se que o trabalhador sob o regime de tempo parcial tem seu salário proporcional à jornada considerando como parâmetro os empregados que trabalham em tempo integral na mesma função, bem como que essa prática foi expressamente prevista no art. 58-A Consolidação das Leis do Trabalho desde 2001.

No entanto, o trabalho a tempo parcial era aquele que não excedia a vinte e cinco horas semanais e no qual era vedada a prestação de horas extras, conforme o revogado § 4º do art. 59 da Consolidação das Leis do Trabalho.

A partir da Reforma Trabalhista, o mencionado art. 58-A foi modificado, estabelecendo duas alternativas para o trabalho a tempo parcial: a) não exceder a trinta horas semanais, sem a possibilidade de horas suplementares semanais; b) não exceder a vinte e seis horas semanais, com a possibilidade de acréscimo de até seis horas suplementares semanais.

> O segundo modelo de regime de trabalho em tempo parcial diz respeito àquele cuja duração não exceda 26 horas semanais. Nesse modelo, contudo, fica clara "a possibilidade de acréscimo de até seis horas suplementares semanais" (novo *caput, in fine,* do art. 58-A da CLT). [...] Na prática, nesse segundo modelo, o empregado pode trabalhar até 32 horas semanais, sendo 26 horas a duração contratual padrão e mais seis horas suplementares.[18]

Dessa forma, foi regulamentada a possibilidade de horas extras, limitadas a seis semanais, para os contratados com jornada máxima de vinte e seis horas, enfatizando-se que o mesmo limite de trabalho extraordinário se aplica quando ajustada jornada inferior (§ 4º do art. 58-A da CLT).

Uma vez prestadas horas extras, poderão ser pagas com o acréscimo mínimo de cinquenta por cento sobre o salário-hora normal ou compensadas diretamente até a semana imediatamente posterior à da sua execução (§§ 3º e 5º do art. 58-A da CLT).

6.2. Jornada extraordinária no trabalho insalubre

O art. 60 da Consolidação das Leis do Trabalho condiciona a ocorrência de jornada extraordinária em atividades insalubres à prévia autorização do Ministério do Trabalho, o que se dá por meio da inspeção do trabalho, sendo que seu parágrafo único explicitamente excepciona a escala 12 x 36 horas, conforme já abordado.

No entanto, a partir da Reforma Trabalhista, o excesso de jornada no trabalho insalubre também pode ser autorizado por convenção ou acordo coletivo de trabalho, conforme explicitamente estabelece o inciso XIII do art. 611-A, previsto como exceção à proibição de suprimir ou reduzir direitos constantes nas normas de saúde, higiene e segurança do trabalho previstas em lei ou em normas regulamentadoras do Ministério do Trabalho (inc. XVII do art. 611-B da CLT).

Na verdade, a responsabilidade dos sindicatos quanto à autorização de horas extras em atividade insalubre foi ampliada também para a prorrogação habitual, pois o Tribunal Superior do Trabalho, com fundamento na Súmula n. 349, já considerava que "a validade de acordo coletivo ou convenção coletiva de compensação de jornada de trabalho em atividade insalubre prescinde da inspeção prévia da autoridade competente em matéria de higiene do trabalho".

6.3. Hora extra no trabalho do adolescente

Ao adolescente são aplicáveis regras especiais para a proteção do seu desenvolvimento físico e mental e uma delas foi a limitação da possibilidade de horas extras, somente possíveis em caso de compensação e de força maior e observados os limites estabelecidos pela Consolidação das Leis do Trabalho:

> Art. 413. É vedado prorrogar a duração normal diária do trabalho do menor, salvo:
>
> I — até mais 2 (duas) horas, independentemente de acréscimo salarial, mediante convenção ou acordo coletivo nos termos do Título VI desta Consolidação, desde que o excesso de horas em um dia seja compensado pela diminuição em outro, de modo a ser observado o limite máximo de 48 (quarenta e oito) horas semanais ou outro inferior legalmente fixado;
>
> II — excepcionalmente, por motivo de força maior, até o máximo de 12 (doze) horas, com acréscimo salarial de, pelo menos, 25% (vinte e cinco por cento) sobre a hora normal e desde que o trabalho do menor seja imprescindível ao funcionamento do estabelecimento.

Antes, porém, de aprofundar as hipóteses de hora extra no trabalho do adolescente, é importante esclarecer que o art. 611-B da Con-

(18) DELGADO, Mauricio Godinho. *Curso de direito do trabalho.* 17. ed. rev. atual. e ampl. São Paulo: LTr, 2018. p. 1107.

solidação das Leis do Trabalho, em seu inciso XXIV, proíbe a supressão ou a redução das medidas de proteção legal de crianças e adolescentes.

Dessa forma, prevalece o art. 413 da Consolidação das Leis do Trabalho no que diz respeito às horas extras do trabalhador adolescente, não podendo ser alterada por norma coletiva qualquer regra legal voltada à sua proteção.

6.3.1. Hora extra no sistema de compensação

Para fins de compensação de horas no trabalho adolescente resta evidente que a autorização deve integrar convenção ou acordo coletivo de trabalho, sendo vedado, implicitamente, o acordo individual, ainda que sobrevenha de regra posterior decorrente da Reforma Trabalhista, uma vez que se trata de norma especial de proteção ao adolescente que, inclusive, conforme já abordado, prevalece até mesmo sobre o negociado.

Também foram fixados limites para a jornada extraordinária, sendo de duas horas extras diárias combinadas com quarenta e oito horas semanais. Dessa forma, perfeita é a compensação simples, que pode ser encerrada dentro da própria semana ou mesmo com a adoção da chamada semana espanhola (semanas alternadas com quarenta e quarenta e oito horas).

O banco de horas é possível, mas de forma bastante restrita, uma vez que o limite semanal de quarenta e oito horas possibilita apenas quatro horas extras semanais. Enfatiza-se ser vedado o banco de horas por ajuste individual para o adolescente.

Já a jornada 12 x 36 horas é incompatível com a limitação diária de duas horas extras, prevalecendo a regra especial.

6.3.2. Hora extra força maior

O adolescente pode trabalhar horas extras em caso de força maior, mas, ao contrário do adulto, há limitação máxima de doze horas de trabalho no dia, bem como que o seu trabalho seja imprescindível ao funcionamento do estabelecimento.

Quanto ao adicional de horas extras, obviamente que necessária a atualização constitucional para cinquenta por cento no mínimo. No entanto, destaca-se a sua previsão à época (regra de 1967) porque até a Constituição Federal as horas extras decorrentes de força maior eram pagas como horas normais, sem adicional.

Conclusão

Observa-se que foram ampliadas as hipóteses de ajuste individual de jornada extraordinária, tornando o trabalhador mais vulnerável uma vez que, diante do temor reverencial, tende a acatar a solicitação do empregador, impossibilitando a efetiva aplicação do princípio da irrenunciabilidade.

Em contrapartida, embora a Reforma Trabalhista tenha prestigiado o negociado em relação ao legislado, não ampliou a possibilidade de horas extras pela via coletiva, pois o excesso ficou limitado às mesmas condições anteriores, viabilizando apenas, como novidade, ajustes por acordo individual e celebração em atividade insalubre, além de compatibilizar a aplicação simultânea dos sistemas de prorrogação e compensação.

Resta evidente, no entanto, que os sindicatos, no assunto trabalho extraordinário, foram desprestigiados, ficando o trabalhador individualmente a mercê de ajustes pseudobilaterais com o empregador para a composição de diversas formas de horas extras, destacadamente o banco de horas por até seis meses e a jornada 12 x 36 horas.

Já estando a norma em vigor, espera-se que as negociações coletivas avancem no sentido de limitar os ajustes individuais, como reduzindo o período do banco de horas por ajuste individual para três meses, por exemplo, ou mesmo estabelecendo regras específicas para a adoção da jornada 12 x 36 horas.

A Reforma Trabalhista foi concretizada e é uma realidade, cabendo aos sujeitos do contrato de trabalho, assistidos por seus sindicatos, não esquecer que o trabalho extraordinário está diretamente relacionado com o aumento do risco de acidente de trabalho e ter consciência de suas graves consequências; bem como ao poder público, em especial à Fiscalização do Trabalho, verificar o cumprimento das normas e inibir irregularidades e abusos decorrentes da extrapolação dos limites e das regras impostas para o trabalho excedente.

Referências bibliográficas

CASSAR, Vólia Bomfim. *Breves comentários às principais alterações propostas pela reforma trabalhista.* Disponível em: <http://genjuridico.com.br/2017/05/09/breves-comentarios-principais-alteracoes-propostas--pela-reforma-trabalhista>. Acesso em: 9.2018.

CARRION, Valentin. *Comentários à consolidação das leis do trabalho.* 39. ed. atual por Eduardo Carrion. São Paulo: Saraiva, 2014.

DELGADO, Mauricio Godinho. *Curso de direito do trabalho.* 17. ed. rev. atual. e ampl. São Paulo: LTr, 2018

FIGUEIREDO, Raphaela. *Compensação de jornada na reforma trabalhista,* abr. 2018. Disponível em: <https://jus.com.br/artigos/65665/compensacao-de-jornada--na-reforma-trabalhista>. Acesso em: 9.2018.

GARCIA, Gustavo Filipe Barbosa. *Curso de direito do trabalho.* 8. ed. rev. atual. e ampl. Rio de Janeiro: Forense, 2014.

MANTOVANI, Lucas. A (in)constitucionalidade da jornada especial 12 x 36. *JusBrasil,* São Paulo, mar. 2018. Disponível em: <https://ieadireito.jusbrasil.com.br/artigos/557988557/a-in-constitucionalidade-da-jornada-especial-12x36>. Acesso em: 9.2018.

RENZETTI, Rogério. *Direito do trabalho I.* 4. ed. rev. atual. e ampl. Coordenação Sylvio Motta. São Paulo: Método, 2018.

SAAD, Eduardo Gabriel. *Consolidação das leis do trabalho comentada.* 40. ed. atual. e rev. e amp. por José Eduardo Duarte Saad, Ana Maria Saad Castelo Branco. São Paulo: LTr, 2007.

SANTOS, Hélio Antonio Bittencourt. *Curso de direito do trabalho.* 4. ed. São Luís: Hélio B. Santos, 2010.

TEIXEIRA, M. O. *Contribuição crítica à reforma trabalhista.* Campinas: UNICAMP/IE/CESIT, 2017.

TRINDADE, Rodrigo. *Reforma trabalhista:* 10 (novos) princípios do direito empresarial do trabalho, ago. 2017. Disponível em: <http://www.amatra4.org.br/79-uncategorised/1249-reforma-trabalhista-10-novos-principios-do-direito-empresarial-do-trabalho>. Acesso em: 9.2018.

WATERKEMPER, Mariana Linhares. *O regime 12 x 36 e a reforma trabalhista,* nov. 2017. Disponível em: <https://jus.com.br/artigos/62108/o-regime-12-x-36-e-a-reforma-trabalhista>. Acesso em: 9.2018.

Reforma Trabalhista: Aumenta o Déficit Público e Contradiz a Necessidade de Reforma da Previdência

"O acaso não existe: tudo é ou provação, ou punição, ou recompensa, ou previdência."
Voltaire(1)

Celso de Barros Filho(2)

1. Introdução

Para delimitação do objeto de discussão deste texto é importante se rememorar, em breves linhas, que a Seguridade Social, regulada pelos arts. 194 a 204 da Constituição Federal, é o conjunto de ações do Estado voltadas a atender às necessidades básicas de seu povo nas áreas de Assistência Social, Saúde e Previdência Social.

Nos termos constitucionais, a assistência social é prestada a quem dela necessitar, independentemente de contribuição, com os objetivos de proteção à família, à maternidade, à infância, à adolescência, à velhice e à pessoa com deficiência.

O acesso à saúde é universalmente garantido mediante políticas sociais e econômicas, voltadas à promoção, proteção e recuperação de doenças e de outros agravos.

Por fim, a Previdência Social tem como finalidade promover a cobertura de eventos de aposentadoria e, ainda, funcionar como um seguro coletivo contra riscos sociais, como doença, invalidez, morte, idade avançada, maternidade, desemprego involuntário, salário-família e reclusão, provendo, a segurados ou dependentes, o pagamento temporário ou permanente de um benefício pecuniário correspondente.

O custeio da Seguridade Social, estabelecido pelo art. 195 da Constituição Federal, está

(1) Zadig ou la Destinée (Zadig ou o Destino) — Voltaire, 1747.

(2) Auditor-Fiscal do Trabalho, ex-servidor da Justiça do Trabalho, bacharel em Direito, pós-graduado em Processo Civil e em Organização do Trabalho, autor de artigos publicados pela Revista LTr, Revista Trabalhista Direito e Processo (ANAMATRA) e Revistas do Tribunal Superior do Trabalho e do Tribunal Regional do Trabalho da 13ª Região.

assentado na contribuição do trabalhador (com ou sem vínculo empregatício), na contribuição patronal, incidente sobre pagamentos efetuados a quem lhe preste serviço, no faturamento, no lucro, na contribuição do importador de bens e serviços e na receita de jogos de azar mantidos pelo Poder Público.

Incumbe aos participantes economicamente ativos da Previdência Social contribuírem para a manutenção daqueles que estão auferindo os benefícios presentemente. No caso das aposentadorias e pensões, há um mecanismo de financiamento em que a geração ativa custeia as gerações passadas. Tal solidariedade social leva à obrigatoriedade da filiação ao sistema previdenciário e ao pagamento da respectiva contribuição financeira.

O número de contribuintes da Previdência e o valor das contribuições interferem diretamente na higidez desse sistema, assim como gastos com o pagamento de benefícios, variáveis que são impactadas pelas alterações no mundo do trabalho, de onde provem significativa parcela da base de contribuintes do sistema.

A previdência estatal brasileira abrange regimes próprios de servidores públicos e o regime geral, o qual diz respeito às relações de trabalho da iniciativa privada e equiparadas (empresas estatais).

É sobre esse último regime que recaem as considerações deste estudo, quando busca discutir de que forma as recentes alterações legislativas interferem nas despesas e no custeio da Previdência Social, sem que, para isso, se faça juízo de valor sobre a reforma, pois se trata de tema bastante amplo, que demandaria aprofundamento específico.

2. *Redefinição de responsabilidades por ônus trabalhistas impacta a cobrança de contribuições previdenciárias*

A reforma introduziu alterações no § 2º do art. 2º da CLT[(3)], que ampliaram o conceito de grupo econômico, antes restrito à sua forma vertical (empresa controladora), para abranger o grupo econômico por coordenação (horizontalidade), que já existia na legislação do trabalho rural e era reconhecido pela doutrina juslaboralista.

Além disso, a definição de responsabilidades pelas relações de trabalho dos tomadores integrantes do grupo econômico restou alargada pois anteriormente embora o labor dos obreiros fosse efetivamente compartilhado entre integrantes de grupo econômico por coordenação (horizontal), não se podia atribuir a respectiva responsabilidade a qualquer um dos respectivos tomadores.

Com a definição formal dessa modalidade de agrupamento e a atribuição de responsabilidade solidária aos empregadores que o compõem, os ônus de formalização de vínculo empregatício — nestes incluídas as contribuições previdenciárias — podem ser cobrados daquele economicamente mais provido.

Apesar desses avanços, a reforma instituiu, por outro lado, restrições que favorecem a blindagem de empregadores por encargos trabalhistas e suas contribuições previdenciárias, preservando seu patrimônio de eventuais execuções, o que favorece a atuação de laranjas (prepostos) sem capacidade financeira para serem acionados.

O primeiro caso é o da retirada de sócio, para a qual o art. 10-A da CLT[(4)] efetuou uma grosseira tentativa de harmonização com o

---

(3) Art. 2º (...) § 2º Sempre que uma ou mais empresas, tendo, embora, cada uma delas, personalidade jurídica própria, estiverem sob a direção, controle ou administração de outra, ou ainda quando, mesmo guardando cada uma sua autonomia, integrem grupo econômico, serão responsáveis solidariamente pelas obrigações decorrentes da relação de emprego.

(4) Art. 10-A. O sócio retirante responde subsidiariamente pelas obrigações trabalhistas da sociedade relativas ao período em que figurou como sócio, somente em ações ajuizadas até dois anos depois de averbada a modificação do contrato, observada a seguinte ordem de preferência: I — a empresa devedora; II — os sócios atuais; e III — os sócios retirantes. Parágrafo único. O sócio retirante responderá solidariamente com os demais quando ficar comprovada fraude na alteração societária decorrente da modificação do contrato.

art. 1.003 do Código Civil[(5)], estabelecendo sua responsabilidade *subsidiária* em relação à empresa e a seus sócios atuais, para ações trabalhistas ajuizadas em até dois anos após a averbação da alteração do contrato social.

Nesse ponto, há conflito com o dispositivo civilista, que expressamente prescreve a responsabilidade solidária do sócio retirante com aquele para quem cedeu sua cota. Ademais, o período de ônus do ex-sócio é inferior ao do escopo do contrato de trabalho que a prescrição quinquenal possibilita que seja abrangido.

Essas regras conflitantes e mal resolvidas criam obstáculo à cobrança de contribuições previdenciárias.

No caso da sucessão trabalhista, a reforma foi mais longe, ao promover uma blindagem no empregador sucedido, pois o art. 448-A da CLT[(6)] atribuiu exclusivamente ao sucessor a assunção de todos os ônus trabalhistas, atuais e aqueles contraídos pelo sucedido, bem como restringiu a responsabilidade solidária entre ambos ao caso de fraude.

A fraude, evidentemente, necessita ser comprovada processualmente, com a garantia do contraditório, cujo diferimento no tempo ocasiona prejuízos à cobrança do passivo trabalhista e previdenciário transmitido a um empregador sem capacidade econômica suficiente para suportá-lo.

3. *Encolhimento da base de contribuintes da Previdência Social pela possibilidade de escamoteamento de vínculos de emprego*

São os vínculos empregatícios formais (chamados de trabalho com carteira assinada) e os trabalhadores portuários avulsos que constituem a maciça base de contribuintes da Previdência Social, por serem fonte geradora de receita patronal e obreira e, notadamente, por se sujeitarem à tutela da Auditoria-Fiscal do Trabalho, a quem cabe assegurar e, consequentemente, combater sonegações.

Uma das alterações legislativas polêmicas introduzidas pela chamada reforma trabalhista está na exclusão de vínculo empregatício do trabalhador que assine contrato de autônomo, mesmo que trabalhe com exclusividade e de forma contínua para um mesmo tomador:

> Art. 442-B. A contratação do autônomo, cumpridas por este todas as formalidades legais, com ou sem exclusividade, de forma contínua ou não, afasta a qualidade de empregado prevista no art. 3º desta Consolidação.

Tal disposição possibilita o escamoteamento de relações empregatícias, pois afasta a configuração do vínculo empregatício, atribuindo prevalência da forma (contrato de autônomo) sobre a materialidade da relação laboral, em franca contraposição ao que preconizam o princípio da primazia da realidade e o art. 9º da própria CLT, o qual obsta a validade de atos que desvirtuem a incidência de seus preceitos.

Considerando que é na fase de contratação que está um dos pontos de maior vulnerabilidade do obreiro e da sua autonomia volitiva, pela necessidade de auferir renda, o referido artigo favorece a dissimulação de uma relação empregatícia sob a pecha de autônomo e assim contribui para a informalidade das relações empregatícias.

Mesmo que tal contrato seja celebrado como se fosse com autônomo, não é sua forma, mas o *animus* (vontade) dos celebrantes, além

---

(5) Art. 1.003. A cessão total ou parcial de quota, sem a correspondente modificação do contrato social com o consentimento dos demais sócios, não terá eficácia quanto a estes e à sociedade. Parágrafo único. Até dois anos depois de averbada a modificação do contrato, responde o cedente solidariamente com o cessionário, perante a sociedade e terceiros, pelas obrigações que tinha como sócio.

(6) Art. 448-A. Caracterizada a sucessão empresarial ou de empregadores prevista nos arts. 10 e 448 desta Consolidação, as obrigações trabalhistas, inclusive as contraídas à época em que os empregados trabalhavam para a empresa sucedida, são de responsabilidade do sucessor. Parágrafo único. A empresa sucedida responderá solidariamente com a sucessora quando ficar comprovada fraude na transferência.

das características da execução contratual, que indicarão se há coerência com a realidade laboral e se ocorre a formação do vínculo empregatício, quando presente a subordinação (art. 3º da CLT), traço diferencial entre o trabalho autônomo e o subordinado.

Provoca impacto na Previdência Social com a redução de contribuições previdenciárias patronal e obreira que seriam devidas em decorrência de relações de emprego, as quais, pela dissimulação como contratação de mão de obra autônoma, passam a serem substituídas pela contribuição apenas do obreiro, reduzindo receita previdenciária.

4. Redução de contribuições previdenciárias por expurgo de parcelas salariais

Tido como expressão econômica do labor, o salário recebe a incidência de diversos princípios doutrinários de salvaguarda.

Laborando na contramão disso, a chamada reforma legitimou o chamado *pagamento por fora* de contraprestações pelo serviço, excetuando-as de caracterização como salário e isentando-as de incidências de contribuições previdenciárias.

O art. 457 da CLT[(7)] promove um verdadeiro estímulo à ***sonegação*** de encargos trabalhistas e previdenciários, pois autoriza o pagamento de parcelas salariais sob as denominações de abono e de prêmio e, mais ainda, deixa de estabelecer qualquer limite de valor em relação ao total da prestação pecuniária devida ao empregado.

Levada às últimas consequências, a fraude salarial oficializada respalda, por exemplo, que a maior parte — senão a integralidade — do valor percebido pelo empregado possam ser pagos sob as denominações de abono ou prêmio.

Não bastasse isso, a aludida disposição legal é tão precarizante que favorece também outro tipo de fraude, pois benefícios como alimentação, habitação, vestuário e outras prestações *in natura* possam ser pagas em pecúnia, sob a denominação de abono, para escamotear seu caráter salarial consideradas como salário (art. 458 da CLT), visando evitar a tributação previdenciária.

Trata-se de estapafúrdia precarização promovida pelo legislador sobre o principal fruto da relação de emprego, capaz de reduzir drasticamente a receita previdenciária, por elisão e sonegação fiscal incalculáveis, o que se contradiz com o discurso oficial da existência de déficit nos cofres da Previdência Social.

5. Redução de contribuições previdenciárias por redefinições na duração do trabalho

Uma das fontes de custeio da Previdência Social, é a incidência de contribuições patronal e obreira sobre contraprestações pelo trabalho (arts. 457[(8)] e 458[(9)] da CLT). As parcelas que possuem natureza variável e são relacionadas à duração do labor foram bastante afetadas pelas

(7) Art. 457. Compreendem-se na remuneração do empregado, para todos os efeitos legais, além do salário devido e pago diretamente pelo empregador, como contraprestação do serviço, as gorjetas que receber.
§ 1º Integram o salário a importância fixa estipulada, as gratificações legais e as comissões pagas pelo empregador.
§ 2º As importâncias, ainda que habituais, pagas a título de ajuda de custo, auxílio-alimentação, vedado seu pagamento em dinheiro, diárias para viagem, prêmios e abonos não integram a remuneração do empregado, não se incorporam ao contrato de trabalho e não constituem base de incidência de qualquer encargo trabalhista e previdenciário.
(...)
§ 4º Consideram-se prêmios as liberalidades concedidas pelo empregador em forma de bens, serviços ou valor em dinheiro a empregado ou a grupo de empregados, em razão de desempenho superior ao ordinariamente esperado no exercício de suas atividades.

(8) *Vide* nota de rodapé anterior.

(9) Art. 458. Além do pagamento em dinheiro, compreende-se no salário, para todos os efeitos legais, a alimentação, habitação, vestuário ou outras prestações "in natura" que a empresa, por força do contrato ou do costume, fornecer habitualmente ao empregado. Em caso algum será permitido o pagamento com bebidas alcoólicas ou drogas nocivas.

recentes redefinições legislativas, resultando em sonegação de horas extraordinárias e de tributação previdenciária.

A grande quebra de paradigma no âmbito da duração do trabalho está na alteração do conceito de tempo à disposição do empregador.

Primeiro, foi criado o contrato intermitente (art. 452-A da CLT[10]), um perverso mecanismo que reverte a lógica legal da absorção dos riscos do empreendimento pelo empregador (art. 2º da CLT), para remunerar apenas o tempo de efetivo trabalho do obreiro e desprezar o período em que o mesmo fica à disposição do empregador, por falta de demanda da respectiva atividade econômica.

Trata-se de uma grosseira desfiguração do trabalho avulso portuário, pois na região portuária o polo patronal (navio) não exerce atividade econômica permanente no local de demanda pela mão de obra, o que justifica a existência da relação de trabalho avulsa. No meio urbano, entretanto, a realidade é diversa, pois o empregador exerce sua atividade econômica de forma permanente no local em que admite a mão de obra, o que não viabiliza o aproveitamento do referido contrato de trabalho da região portuária.

Ao suprimir os poros da jornada de trabalho, o contrato de trabalho intermitente implica em substancial redução salarial, quando comparada à modalidade convencional de contratação (mensalista), ocasionando redução de contribuições patronais e obreiras para a Previdência Social.

A segunda quebra de paradigma no tempo à disposição do empregador foi promovida na jornada itinerária (horas *in itinere*).

Desde novembro/1978 tal matéria era regulada pela Súmula n. 90 do Tribunal Superior do Trabalho[11], a qual preconiza que integram a jornada de trabalho as horas despendidas no deslocamento do empregado até local de trabalho de difícil acesso ou não servido por transporte regular, bem como o período de incompatibilidade entre o término da jornada e o horário do transporte público regular.

No entanto, o art. 58, § 2º, da CLT[12] mitigou os efeitos dessa jurisprudência de 40 (quarenta) anos, extinguindo completamente as horas itinerárias, tendo deixando de contemplar, mesmo por exceção, a hipótese em que o estabelecimento laboral esteja localizado em local não servido por transporte regular e a locomoção do empregado seja propiciada pelo empregador.

Uma terceira alteração legislativa que segue a mesma lógica de pulverizar o tempo à disposição do empregador é o período despendido com higiene e troca de uniforme, atividades atinentes à realização do labor.

(10) Art. 452-A. O contrato de trabalho intermitente deve ser celebrado por escrito e deve conter especificamente o valor da hora de trabalho, que não pode ser inferior ao valor horário do salário mínimo ou àquele devido aos demais empregados do estabelecimento que exerçam a mesma função em contrato intermitente ou não. § 1º O empregador convocará, por qualquer meio de comunicação eficaz, para a prestação de serviços, informando qual será a jornada, com, pelo menos, três dias corridos de antecedência. § 2º Recebida a convocação, o empregado terá o prazo de um dia útil para responder ao chamado, presumindo-se, no silêncio, a recusa. (...) § 5º O período de inatividade não será considerado tempo à disposição do empregador, podendo o trabalhador prestar serviços a outros contratantes.

(11) HORAS *"IN ITINERE"*. TEMPO DE SERVIÇO. I — O tempo despendido pelo empregado, em condução fornecida pelo empregador, até o local de trabalho de difícil acesso, ou não servido por transporte público regular, e para o seu retorno é computável na jornada de trabalho. II — A incompatibilidade entre os horários de início e término da jornada do empregado e os do transporte público regular é circunstância que também gera o direito às horas *"in itinere"*. III — A mera insuficiência de transporte público não enseja o pagamento de horas *"in itinere"*. IV — Se houver transporte público regular em parte do trajeto percorrido em condução da empresa, as horas *"in itinere"* remuneradas limitam- se ao trecho não alcançado pelo transporte público. V — Considerando que as horas *"in itinere"* são computáveis na jornada de trabalho, o tempo que extrapola a jornada legal é considerado como extraordinário e sobre ele deve incidir o adicional respectivo.

(12) Art. 58 (*omissis*). (...) § 2º O tempo despendido pelo empregado desde a sua residência até a efetiva ocupação do posto de trabalho e para o seu retorno, caminhando ou por qualquer meio de transporte, inclusive o fornecido pelo empregador, não será computado na jornada de trabalho, por não ser tempo à disposição do empregador.

Na Súmula n. 366[(13)], o Tribunal Superior do Trabalho — TST assentou que constitui efetivo trabalho o tempo despendido pelo empregado no ambiente de trabalho, que exceder os limites legais de tolerância para registro do seu ponto (CLT, art. 58, § 1º)[(14)], não importando as atividades que o mesmo tenha desenvolvido nesse período.

Essa jurisprudência foi mitigada pela Reforma, que alterou o art. 4º da CLT[(15)], para considerar a higienização e troca de uniforme como atividades particulares do empregado e somente ressalvar esta última atividade como integrante da jornada quando for obrigatória, mas espantosamente o mesmo tratamento não foi conferido à higiene.

Tal distinção adquire relevância em atividades em que há a imposição de barreiras sanitárias para preservar a integridade do processo produtivo, como na criação de frangos, quando os empregados são obrigados a tomar banho e vestir uniforme apropriado. Nesse caso, apenas o tempo para vestir o fardamento da empresa é computado na jornada laboral, o que resulta em prejuízo às contribuições previdenciárias.

Outra reformulação na duração da jornada diz respeito ao sistema compensatório de 12 (doze) horas de trabalho por 36 (trinta e seis) horas de descanso, que foi ampliado de forma indistinta, tendo sido instituída sua possibilidade de implantação por mero instrumento individual. Segundo a Súmula n. 444 do TST[(16)], nessa sistemática de trabalho é devido o pagamento da dobra por feriados trabalhados, os quais não são compensados pela alternância entre uma semana com 36 (trinta e seis) horas de labor com outra que dura 48 (quarenta) e oito horas, perfazendo uma duração média de 44 (quarenta e quatro) horas.

Além de promover a supressão do pagamento da referida dobra, o novo parágrafo único do art. 59-A da CLT[(17)] dispensou a quitação das horas extraordinárias excedentes das 12 (doze) horas de labor, promovendo locupletamento ilícito do empregador, que se apropria do labor obreiro sem pagar a contrapartida, além de elisão de contribuições previdenciárias sobre as parcelas salarial suprimida.

Por outro lado, o *caput* do citado dispositivo celetista, em uma clara demonstração de falta de coerência legislativa, passou a

(13) Súmula n. 366 do TST: CARTÃO DE PONTO. REGISTRO. HORAS EXTRAS. MINUTOS QUE ANTECEDEM E SUCEDEM A JORNADA DE TRABALHO. Não serão descontadas nem computadas como jornada extraordinária as variações de horário do registro de ponto não excedentes de cinco minutos, observado o limite máximo de dez minutos diários. Se ultrapassado esse limite, será considerada como extra a totalidade do tempo que exceder a jornada normal, pois configurado tempo à disposição do empregador, não importando as atividades desenvolvidas pelo empregado ao longo do tempo residual (troca de uniforme, lanche, higiene pessoal, etc.).

(14) Art. 58 (*omissis*). § 1º Não serão descontadas nem computadas como jornada extraordinária as variações de horário no registro de ponto não excedentes de cinco minutos, observado o limite máximo de dez minutos diários.

(15) Art. 4º (*omissis*). § 2º Por não se considerar tempo à disposição do empregador, não será computado como período extraordinário o que exceder a jornada normal, ainda que ultrapasse o limite de cinco minutos previsto no § 1º do art. 58 desta Consolidação, quando o empregado, por escolha própria, buscar proteção pessoal, em caso de insegurança nas vias públicas ou más condições climáticas, bem como adentrar ou permanecer nas dependências da empresa para exercer atividades particulares, entre outras: (...) V — alimentação; (...) VII — higiene pessoal; VIII — troca de roupa ou uniforme, quando não houver obrigatoriedade de realizar a troca na empresa.

(16) Súmula n. 444/TST — JORNADA DE TRABALHO. NORMA COLETIVA. LEI. ESCALA DE 12 POR 36. VALIDADE. É valida, em caráter excepcional, a jornada de doze horas de trabalho por trinta e seis de descanso, prevista em lei ou ajustada exclusivamente mediante acordo coletivo de trabalho ou convenção coletiva de trabalho, assegurada a remuneração em dobro dos feriados trabalhados. O empregado não tem direito ao pagamento de adicional referente ao labor prestado na décima primeira e décima segunda horas.

(17) Art. 59-A. Em exceção ao disposto no art. 59 desta Consolidação, é facultado às partes, mediante acordo individual escrito, convenção coletiva ou acordo coletivo de trabalho, estabelecer horário de trabalho de doze horas seguidas por trinta e seis horas ininterruptas de descanso, observados ou indenizados os intervalos para repouso e alimentação. Parágrafo único. A remuneração mensal pactuada pelo horário previsto no *caput* deste artigo abrange os pagamentos devidos pelo descanso semanal remunerado e pelo descanso em feriados, e serão considerados compensados os feriados e as prorrogações de trabalho noturno, quando houver, de que tratam o art. 70 e o § 5º do art. 73 desta Consolidação.

permitir a substituição da fruição do intervalo intrajornada por sua mera indenização, o que representa entre 15 (quinze) e 16 (dezesseis) horas extras mensais, repercutindo nas contribuições previdenciárias.

A propósito da redução ou supressão do intervalo intrajornada, o novo § 4º do art. 71 da CLT[18] restringiu o pagamento de horas extras ao período suprimido, mitigando os efeitos da Súmula n. 437 do TST[19], que assenta ser devido o pagamento de horas extras correspondente à totalidade do intervalo reduzido. Houve aí uma redução no montante devido ao empregado a título de horas extras, com repercussão na tributação previdenciária.

6. *Aumento nas despesas da Previdência Social por pagamento de benefícios por sinistros ocupacionais*

O pagamento de benefícios decorrentes de infortúnios ocupacionais (morte, acidente de trabalho ou invalidez) é uma fonte de gastos que afeta os cofres da Previdência Social e que são custeados pela totalidade dos contribuintes ativos, conforme se ressaltou inicialmente.

Dentre as alterações promovidas pela Reforma vislumbra-se algumas que interferem na salubridade e segurança do meio ambiente de trabalho, sendo uma porta aberta para doenças ocupacionais e acidentes do trabalho típicos, que podem resultar em acostamentos ou benefícios permanentes (redução de capacidade, aposentadoria e pensão), ampliando o leque de gastos previdenciários.

A primeira delas é o contrato de trabalho intermitente, o qual faz com que os trabalhadores fiquem à disposição dos empregadores por períodos incertos, para trabalhar por períodos curtos, com sujeição a jornadas de trabalho exaustivas, dada a possibilidade de contratos de trabalho sucessivos com mais de um tomador.

Gera-se, com isso, a impossibilidade de planejamento da vida financeira, profissional e familiar do obreiro, impactando sua saúde física e psíquica e ampliando o risco de acidentes do trabalho típicos e doenças profissionais, o que ocasionará ônus à Previdência, com o pagamento de benefícios.

Outra alteração legislativa que pode ocasionar o mesmo tipo de impacto está na sistemática de 12 (doze) horas de trabalho por 36 (trinta e seis) horas de descanso, legitimada pela Reforma para todas as atividades (parágrafo único do art. 60 da CLT[20]), inclusive as insalubres, para as quais dispensa autorização das autoridades competentes (*caput*).

Essa isenção do exame do local de trabalho e a verificação dos respectivos métodos e processos é providência que não poderia ser excetuada para os ambientes insalubres, tanto pela extensa duração da jornada nesse regime quanto pela autorização para supressão do intervalo para descanso e refeição (art. 59-A).

Trata-se de uma combinação de condições desfavoráveis que aumenta o tempo de exposição do obreiro a agentes nocivos à sua saúde e que, na mesma medida, amplia a possibilidade de acidentes do trabalho típicos e doenças ocupacionais, que certamente oneram o caixa de Previdência Social com o pagamento de benefícios.

---

(18) Art. 71 (*omissis*) (...) § 4º A não concessão ou a concessão parcial do intervalo intrajornada mínimo, para repouso e alimentação, a empregados urbanos e rurais, implica o pagamento, de natureza indenizatória, apenas do período suprimido, com acréscimo de 50% (cinquenta por cento) sobre o valor da remuneração da hora normal de trabalho.

(19) INTERVALO INTRAJORNADA PARA REPOUSO E ALIMENTAÇÃO. APLICAÇÃO DO ART. 71 DA CLT. I — Após a edição da Lei n. 8.923/1994, a não concessão ou a concessão parcial do intervalo intrajornada mínimo, para repouso e alimentação, a empregados urbanos e rurais, implica o pagamento total do período correspondente, e não apenas daquele suprimido, com acréscimo de, no mínimo, 50% sobre o valor da remuneração da hora normal de trabalho (art. 71 da CLT), sem prejuízo do cômputo da efetiva jornada de labor para efeito de remuneração.

(20) Art. 60. Nas atividades insalubres (...) quaisquer prorrogações só poderão ser acordadas mediante licença prévia das autoridades competentes em matéria de higiene do trabalho (...).

Parágrafo único. Excetuam-se da exigência de licença prévia as jornadas de doze horas de trabalho por trinta e seis horas ininterruptas de descanso.

Consequência semelhante advém do fracionamento, sem limites, do intervalo para descanso na jornada para motoristas e cobradores de transporte coletivo, a partir do término da primeira hora trabalhada (art. 71, § 5º, da CLT[(21)]).

Essa disposição busca adequar a pausa às conveniências do serviço, longe de promover uma medida de higiene e saúde, imprescindível por se tratar de uma categoria laboral muito afetada pela violência urbana e pelo *stress* no trânsito e sendo o intervalo um benefício de natureza cogente, conforme preconiza o inciso II da Súmula n. 437 do Tribunal Superior do Trabalho[(22)].

Por fim, a reforma criou despesa, ao estabelecer que a Previdência Social reembolse o empregador pelo pagamento do adicional de insalubridade da empregada gestante, sem indicar a fonte de custeio desse novo benefício previdenciário.

7. *Considerações finais*

7.1 Comportamento da base de contribuintes da Previdência Social

Mesmo contando com quase um ano de vigência, a reforma trabalhista não logrou alcançar um dos seus mais apregoados objetivos: a geração de ***6 (seis) milhões de empregos***, anunciada por autoridades nacionais em outubro/2017[(23)], às vésperas do início da vigência das novas regras.

A realidade laborou ao revés desse prognóstico.

Conforme dados da Pesquisa Nacional por Amostra de Domicílio (PNAD) Contínua, divulgados pelo IBGE em 29.6.2018, o número de desempregados no final do trimestre março a maio/2018 foi de 13,2 milhões de pessoas, o que representa um tímido decréscimo de 4%, em comparação com o mesmo trimestre do ano anterior (março a maio/2017), quando havia 13,8 milhões de desocupados.

Essa redução, inclusive, está sendo atribuída pelos especialistas à desistência de muitas pessoas pela busca de um emprego formal e não propriamente à prometida geração de empregos, ilação que se explica pela redução no contingente de empregados com carteira assinada (incluindo domésticos), que ocorreu no mesmo período.

De março a maio/2018 a quantidade de pessoas em situação de emprego formal era de 32,8 milhões, universo que encolheu em 483 mil pessoas (1,5%) em relação ao período de março a maio/2017, anterior à reforma trabalhista.

A geração de empregos no período pós-reforma é bastante tímida. Conforme série histórica do CAGED (Cadastro Geral de Empregados e Desempregados), de dezembro/2017 a setembro/2018 (10 meses) — desde a vigência da Reforma Trabalhista — foram gerados apenas 310.604 postos de trabalho em todo o Brasil, o que resulta em média de 31.060 empregos/mês e de insignificantes 1.150 empregos/unidade da federação/mês.

---

(21) Art. 71 (*omissis*) § 1º Não excedendo de 6 (seis) horas o trabalho, será, entretanto, obrigatório um intervalo de 15 (quinze) minutos quando a duração ultrapassar 4 (quatro) horas. (...)
§ 5º O intervalo expresso no *caput* poderá ser reduzido e/ou fracionado, e aquele estabelecido no § 1º poderá ser fracionado, quando compreendidos entre o término da primeira hora trabalhada e o início da última hora trabalhada, desde que previsto em convenção ou acordo coletivo de trabalho, ante a natureza do serviço e em virtude das condições especiais de trabalho a que são submetidos estritamente os motoristas, cobradores, fiscalização de campo e afins nos serviços de operação de veículos rodoviários, empregados no setor de transporte coletivo de passageiros, mantida a remuneração e concedidos intervalos para descanso menores ao final de cada viagem.

(22) INTERVALO INTRAJORNADA PARA REPOUSO E ALIMENTAÇÃO. APLICAÇÃO DO ART. 71 DA CLT. (...) II — É inválida cláusula de acordo ou convenção coletiva de trabalho contemplando a supressão ou redução do intervalo intrajornada porque este constitui medida de higiene, saúde e segurança do trabalho, garantido por norma de ordem pública (art. 71 da CLT e art. 7º, XXII, da CF/1988), infenso à negociação coletiva.

(23) Disponível em: <https://g1.globo.com/economia/noticia/nova-lei-trabalhista-vai-gerar-mais-de-6-milhoes-de-empregos-diz-meirelles.ghtml>.

Gráfico — número de empregos formais gerados (admissões menos dispensas)

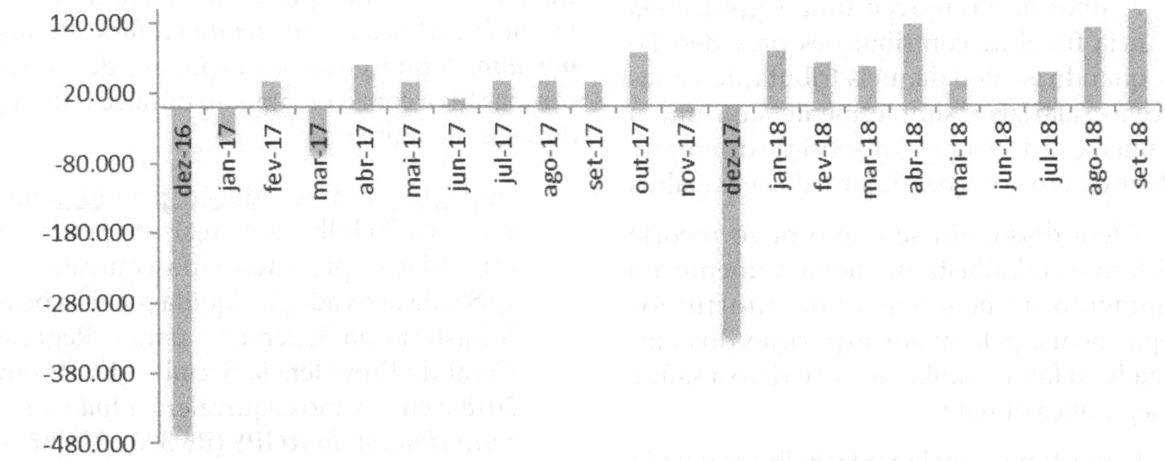

Fonte: CAGED/Ministério do Trabalho

Tabela — número de empregos formais gerados (admissões menos dispensas)

	dez-16	jan-17	fev-17	mar-17	abr-17	mai-17	jun-17	jul-17	ago-17	set-17	out-17	nov-17
ANTES DA REFORMA	-462.366	-40.864	35.612	-63.624	59.856	34.253	9.821	35.900	35.457	34.392	76.599	-12.292
	dez-17	jan-18	fev-18	mar-18	abr-18	mai-18	jun-18	jul-18	ago-18	set-18		
APÓS A REFORMA	-328.539	77.822	61.188	56.151	115.898	33.659	-661	47.319	110.431	137.336		

Fonte: CAGED/Ministério do Trabalho.

Observando-se o comportamento dos dados acima, constata-se haver oscilações, chegando a haver resultado negativo em junho/2018, denotando a instabilidade dos resultados e não um ritmo de crescimento constante, que pudesse ser creditado como efeito benéfico do novo marco regulatório laboral.

Mantido esse ritmo médio de geração de empregos (31.060/mês), seriam necessários 16 (dezesseis) anos para serem gerados seis milhões de empregos formais (com carteira assinada) que foram projetados como consequência das alterações legislativas.

Tais evidências apontam que não está havendo expansão da base de contribuintes da Previdência Social, devido à substituição de empregos convencionais por contratos precários (autônomos e intermitentes).

7.2. Impacto fiscal da reforma trabalhista

A reforma promoveu uma significativa renúncia fiscal de contribuições previdenciárias, quando isentou daquela tributação várias parcelas salariais e simplesmente suprimiu a remuneração de tempos à disposição do empregador e de prorrogações da jornada de trabalho.

Além disso, viu-se que o novo recorte legislativo trabalhista ocasiona aumento no pagamento de benefícios por infortúnios ocupacionais, pela maior exposição dos empregados a fatores ambientais de risco à saúde e à segurança obreira.

É oportuno mencionar trabalho realizado pelo Centro de Estudos Sindicais e de Economia do Trabalho da Universidade de Campinas — Unicamp[24], que projetou os seguintes cenários em relação às consequências da reforma trabalhista na arrecadação previdenciária:

> CENÁRIO 1: — Premissa: pejotização intensa de relações de trabalho (20%), com migração de empregados celetistas para contribuições como pessoa jurídica, via Simples ou MEI (Microempreendedor Individual) e formalização tímida (5% dos trabalhadores autônomos e 5% sem carteira assinada). Consequência: perda de arrecadação previdenciária de R$ 30 bilhões anuais.
>
> CENÁRIO 2: Pejotização: (10%) e formalização (10% conta própria e 10% dos sem carteira). Consequência: perda de arrecadação é de R$ 13,5 bilhões.
>
> CENÁRIO 3: Premissa: pejotização tímida (5%) e formalização intensa de vínculos empregatícios (apenas 20% dos trabalhadores autônomos e 20% sem carteira assinada). Consequência: perda de arrecadação previdenciária de R$ 4 bilhões no ano.

Segundo o estudo daquela conceituada universidade pública paulista, a reforma trabalhista provoca perda de arrecadação na Previdência Social de até ***trinta bilhões de reais por ano***, o que pode ser expresso, de forma comparativa com o orçamento público federal, da seguinte maneira:

> Impacto na arrecadação previdenciária — os 30 bilhões de reais de perda de arrecadação previdenciária equivalem a 7,68% da arrecadação líquida prevista pelo Ministério da Fazenda[25] para o Regime Geral de Previdência Social — RGPS em 2018 e em 13 anos equivalerá a ***toda a receita líquida do RGPS*** (R$ 390,55 bilhões em 2018)·
>
> Impacto no orçamento da União — os 30 bilhões de reais de perda de arrecadação previdenciária equivalem a 21,3% do déficit do Orçamento da União previsto para 2018 (R$ 141,038 bilhões)[26] ou a todo o déficit orçamentário dos próximos cinco anos.

Tais projeções se contrapõem à justificativa apresentada ao país para que seja realizada a Reforma da Previdência, atualmente em trâmite no Congresso Nacional, que está calcada na premissa de déficit previdenciário, fator que inviabilizaria o pagamento de futuros benefícios e cuja solução seria a postergação de aposentadorias, para aumentar os aportes ao sistema, com o elastecimento do tempo de contribuição.

7.3. As reformas trabalhista e previdenciária são contraditórias

Conforme se observou ao longo deste artigo e, ainda, de acordo com as reveladoras projeções efetuadas pela conceituada Unicamp,

(24) Texto de Discussão n. 7. Reforma trabalhista e financiamento da Previdência Social: simulação dos impactos da pejotização e da formalização, p. 5.

(25) Secretaria do Tesouro Nacional, Ministério da Fazenda. Relatório de Avaliação de Receitas e Despesas Primárias: 4º Bimestre de 2018. Brasília, set. 2018, p. 18.

(26) Disponível em: <https://economia.ig.com.br/2018-09-13/expectativa-deficit-publico-reduzida.html>. Acesso em: 8.10.2018.

a reforma trabalhista não promove o aumento da base de contribuintes da Previdência Social, nem o incremento de suas receitas e ainda induz o aumento da despesa com pagamento de benefícios.

Na realidade, a reforma está se prestando a aumentar o *déficit* das contas públicas federais, o que é uma enorme contradição com as causas constantemente apontadas para a suposta necessidade de reforma da previdência pública brasileira.

Não bastasse isso, há graves repercussões na economia nacional, pois o aumento do *déficit* público, segundo os economistas, recrudesce a capacidade de investimentos estatais, o que desaquece também os investimentos privados e reduz a geração de empregos, o consumo e a renda das famílias, formando-se um ciclo vicioso que também não corresponde aos objetivos propagados para a realização da reforma trabalhista.

Referências bibliográficas

AGÊNCIA IBGE. Notícias. *PNAD Contínua: taxa de desocupação é de 12,7% no trimestre encerrado em maio.* Disponível em: <https://agenciadenoticias.ibge.gov.br/agencia-sala-de-imprensa/2013-agencia-de-noticias/releases/21583-pnad-continua-taxa-de-desocupacao-e-de-12-7-no-trimestre-encerrado-em-maio> Acesso em: 5.10.2018.

BOSSOLAN, Eduardo Antonio. *O engodo da geração de empregos por meio da reforma trabalhista não se mantém de pé.* Disponível em: <http://www.justificando.com/2018/04/25/o-engodo-da-geracao-de-empregos-por-meio-da-reforma-trabalhist-nao-se-mantem-de-pe/#_ftn3>. Acesso em: 5.10.2018.

BRASIL ECONÔMICO, Economia — iG. *Projeção para deficit das contas públicas cai para R$ 141 bilhões neste ano.* Disponível em: <https://economia.ig.com.br/2018-09-13/expectativa-deficit-publico-reduzida.html>. Acesso em: 8.10.2018.

CÂMARA DOS DEPUTADOS. *Proposta de Emenda à Constituição.* Disponível em: <http://www.camara.gov.br/proposicoesWeb/prop_mostrarintegra?codteor=1514975&filename=Tramitacao-PEC+287/2016>. Acesso em: 5.10.2018.

CARVALHO, Laura. *Reforma trabalhista pode custar caro à previdência.* Disponível em: <https://www1.folha.uol.com.br/colunas/laura-carvalho/2018/08/reforma-trabalhista-pode-custar-caro-a-previdencia.shtml?loggedpaywall>. Acesso em: 5.10.2018.

CASSAR, Vólia Bomfim; BORGES, Leonardo Dias. *Comentários à reforma trabalhista.* Rio de Janeiro: Forense; São Paulo: Método, 2017.

DELGADO, Mauricio Godinho; DELGADO, Gabriela Neves. *A reforma trabalhista no Brasil:* com os comentários à Lei n. 13.467/2017. São Paulo: LTr, 2017.

FELIÇIANO, Guilherme Guimarães *et al.* (org.). *Reforma trabalhista:* visão, compreensão e crítica. São Paulo: LTr, 2017.

FERNANDES, Marcella. *O impacto da reforma trabalhista na criação de empregos até agora.* Disponível em: <https://www.huffpostbrasil.com/2018/02/08/o-impacto-da-reforma-trabalhista-na-criacao-de-empregos-ate-agora_a_23355807/>. Acesso em: 5.10.2018.

MARTELLO, Alexandre. *Nova lei trabalhista deve gerar mais de 6 milhões de empregos, diz Meirelles.* Disponível em: <https://g1.globo.com/economia/noticia/nova-lei-trabalhista-vai-gerar-mais-de-6-milhoes-de-empregos-diz-meirelles.ghtml>. Acesso em: 5.10.2018.

MINISTÉRIO DO TRABALHO. *Evolução de Emprego do CAGED — EEC.* Disponível em: <http://bi.mte.gov.br/eec/pages/consultas/evolucaoEmprego/consultaEvolucaoEmprego.xhtml#relatorioSetor> Acesso em: 22.10.2018.

SAKAMOTO, Leonardo. *No Brasil pós-reforma trabalhista, empregos formais caem e informais sobem.* Disponível em: <https://blogdosakamoto.blogosfera.uol.com.br/2018/06/29/no-brasil-pos-reforma-trabalhista-empregos-formais-caem-e-informais-sobem/>. Acesso em: 5.10.2018.

SCHIOSER, Andre R. *Aspectos previdenciários da reforma trabalhista.* Disponível em: <https://www.migalhas.com.br/dePeso/16,MI264277,11049-Aspectos+previdenciarios+da+Reforma+Trabalhista> Acesso em: 5.10.2018.

SECRETARIA DO TESOURO NACIONAL, Ministério da Fazenda. *Relatório de Avaliação de Receitas e Despesas Primárias: 4º Bimestre de 2018.* Disponível em: <http://www.planejamento.gov.br/assuntos/orcamento-1/informacoes-orcamentarias/relatorio-4o-bimestre_2018_reduzido.pdf> Acesso em: 8.10.2018.

SILVA, Homero B. M. *Comentários à reforma trabalhista:* análise da Lei n. 13.467/2017 — artigo por artigo. São Paulo: Revista dos Tribunais, 2017.

UNICAMP. Centro de Estudos Sindicais e de Economia do Trabalho. *Reforma trabalhista e financiamento da previdência social:* simulação dos impactos da pejotização e da formalização. Disponível em: <http://www.cesit.net.br/wp-content/uploads/2017/11/Texto-de-discussão-7-Financiamento-da-Previdencia-e-Reforma-Trabalhista.pdf>. Acesso em: 5.10.2018.

UNICAMP. Centro de Estudos Sindicais e de Economia do Trabalho. *Contribuição crítica à reforma trabalhista.* Disponível em: <https://www.eco.unicamp.br/images/arquivos/Reformatrabalhista.pdf> Acesso em: 5.10.2018.

WELLE, Arthur *et al. Reforma trabalhista e financiamento da previdência social:* simulação dos impactos da pejotização e da formalização. Disponível em: <http://portal.mpt.mp.br/wps/wcm/connect/portal_mpt/3d19e5a3-0f81-4be6-aaf7-95e39015a34f/Texto+de+discussão+7+-+Financiamento+da+Previdencia+e+Reforma+Trabalhista.pdf?MOD=AJPERES>. Acesso em: 5.10.2018.

A Reforma Trabalhista, a Lei da Terceirização e seus Impactos na Sustentabilidade da Previdência Social

Arthur José Nelson dos Santos Cavalcanti da Rocha[1]

Introdução

Muito se tem falado na Reforma Trabalhista como grande aliada do progresso do Brasil, onde haveria maior facilidade de geração de empregos e, consequentemente, de renda para os trabalhadores, resultando em maior consumo e, assim, proporcionando a volta do crescimento econômico do país. Entretanto, muito pouco foi à época falado e mesmo hoje em dia discutido acerca dos impactos desta reforma nas contas da Previdência Social.

Como é de amplo conhecimento, o Sistema Previdenciário Brasileiro sofre profunda crise, já tendo sido alvo de seis emendas constitucionais desde a promulgação da Constituição de 1988, além de ter ocorrido a tentativa de aprovação de nova emenda constitucional sob o governo do Presidente Temer e ser tema central quanto ao ajuste das contas públicas do próximo presidente eleito.

Porém, apesar de toda a problemática associada à Previdência e às contas públicas atuais e futuras, quando da aprovação da Reforma Trabalhista (Lei n. 13.467/2017) e da Lei de Terceirização (Lei n. 13.429/17) não foram estimados os impactos previdenciários de tais alterações legislativas para as contas previdenciárias, o que provavelmente, como veremos neste artigo, trará sérias consequências negativas à Previdência e, consequentemente, ao país.

Neste artigo trataremos em especial de algumas novidades jurídicas instituídas pelas leis acima citadas, em especial o trabalho intermitente, o autônomo com exclusividade e continuidade, a terceirização irrestrita com possibilidade de pejotização e a possibilidade de acordos coletivos retirarem de algumas verbas o caráter remuneratório e, consequentemente, excluírem dessas verbas a possibilidade de contribuição previdenciária.

Não custa lembrar que nada disso foi aventado quando da discussão da Reforma Trabalhista. Não foram calculados ou mesmo discutidos os eventuais impactos desta reforma

(1) Auditor-Fiscal do Trabalho, Graduado em Direito pela Universidade Federal do Rio Grande do Norte – UFRN, Especialista em Direito Público pela Fundação Escola Superior do Ministério Público do Rio Grande do Norte – FESMP/RN.

nas contas da Previdência Pública ou mesmo nas contas do Tesouro Nacional.

Passemos agora à análise, por novidade jurídica, dos possíveis impactos à Previdência Social advindos da Reforma Trabalhista e da liberação da Terceirização Irrestrita.

2. *Prêmios e abonos*

O art. 457, §§ 2º e 4º da Consolidação das Leis do Trabalho[(2)] foram alterados substancialmente pela Lei n. 13.467, senão, vejamos:

Redação anterior

§ 2º Não se incluem nos salários as ajudas de custo, assim como as diárias para viagem que não excedam de 50% (cinquenta por cento) do salário percebido pelo empregado.

(...)

§ 4º A gorjeta mencionada no § 3º não constitui receita própria dos empregadores, destina-se aos trabalhadores e será distribuída segundo critérios de custeio e de rateio definidos em convenção ou acordo coletivo de trabalho.

Nova redação

§ 2º As importâncias, ainda que habituais, pagas a título de ajuda de custo, auxílio-alimentação, vedado seu pagamento em dinheiro, diárias para viagem, prêmios e abonos não integram a remuneração do empregado, não se incorporam ao contrato de trabalho e não constituem base de incidência de qualquer encargo trabalhista e previdenciário.

(...)

§ 4º Consideram-se prêmios as liberalidades concedidas pelo empregador em forma de bens, serviços ou valor em dinheiro a empregado ou a grupo de empregados, em razão de desempenho superior ao ordinariamente esperado no exercício de suas atividades.

Como vemos, a mudança foi substancial. Nos dizeres de Schioser[(3)]:

O impacto de maior relevância nos parece que será a exclusão dos prêmios da remuneração e, consequentemente, da base de cálculo da contribuição previdenciária.

Isto porque muitas empresas possuem suas políticas de remuneração estruturadas de forma a pagar um salário fixo mensal, acrescido de um "prêmio", normalmente atrelado às vendas e/ou desempenho do empregado.

Considerando que o prêmio, atualmente, é comumente pago com habitualidade, é bastante comum que as empresas efetuem os recolhimentos previdenciários sobre o valor pago a esse título.

A Reforma Trabalhista é taxativa ao excluir tais valores da remuneração dos empregados e é igualmente taxativa ao dizer que "não constituem base de incidência de qualquer encargo trabalhista e previdenciária".

Tal entendimento é compartilhado por Badari e Hoffman[(4)]:

Fala-se numa possível migração de remunerações estruturadas em "salário acrescido de comissões", para "salário acrescido de prêmios", justamente com o intuito de diminuir o alto valor das contribuições previdenciárias incidentes sobre a folha de pagamentos. Entre as principais mudanças está a exclusão dos prêmios da remuneração e, com isso, da base de

(2) *Consolidação das Leis do Trabalho*. Disponível em: <http://www.planalto.gov.br/ccivil_03/Decreto-Lei/Del5452.htm>. Acesso em: 26.9.2018.

(3) SCHIOSER, André Rodrigues. *Aspectos previdenciários da reforma trabalhista*. Disponível em: <https://www.migalhas.com.br/dePeso/16,MI264277,11049-Aspectos+previdenciarios+da+Reforma+Trabalhista>. Acesso em: 2.10.2018.

(4) BADARI, João; HOFFMAN, Gustavo. *Novas discussões previdenciárias impostas pela reforma trabalhista*. Disponível em: <http://abladvogados.com/sem-categoria/novas-discussoes-previdenciarias-impostas-pela-reforma-trabalhista/>. Acesso em: 3.10.2018.

cálculo da contribuição previdenciária. Nas empresas em que o funcionário recebe um salário pequeno e fixo, porém com majoração relacionada a suas vendas, elas não irão verter tais reflexos nos salários de contribuição do empregado. A reforma foi clara em excluir tais valores da remuneração dos empregados, versando que "não constituem base de incidência de qualquer encargo trabalhista e previdenciária".

Além disso, impôs a modificação do "salário acrescido de comissões" para o "salário acrescido de prêmios", trazendo com isso a intenção de diminuir o alto valor das contribuições previdenciárias incidentes sobre os pagamentos mensais.

E também por Alabarce[(5)]:

Na minha avaliação, esta nova exclusão é da máxima importância, pois nela poderão ser agasalhados – com a proteção da não incidência previdenciária – diversas metodologias de incentivo profissional tão combatidas nos últimos anos pela RFB, como os planos de *stock option*, dentre muitos outros. Certamente será também aquela contra a qual a criatividade interpretativa dos *experts* seara previdenciária e de gestão de pessoas mais se debruçará!

Como vemos, há amplo entendimento dentre estudiosos da área de que a alteração efetivada no art. 457 da Consolidação das Leis do Trabalho é, isoladamente, uma das grandes ameaças à sustentabilidade da Previdência Pública.

Com a exclusão dos prêmios como parte da remuneração e, ainda ao deixar cristalino que sobre tais valores não há incidência de contribuição previdenciária, abre-se uma verdadeira Caixa de Pandora nas finanças do Sistema Previdenciário, pois é bastante provável que tenhamos um incremento ainda maior das parcelas pagas aos empregados sob a forma de prêmios em dinheiro, planos de distribuição de ações ou quaisquer outras formas disponíveis aos gênio humano, e tudo sem que haja a incidência de contribuição previdenciária.

Veremos, com essa mudança, uma adoção ainda maior de pagamentos salariais fixos e mínimos aos empregados, complementados por variados prêmios, tudo com o objetivo de estimular a produtividade e, simultaneamente, reduzir os encargos a serem pagos, o que trará reflexos profundos à Previdência.

3. *Participação nos lucros e resultados*

A Reforma Trabalhista também trouxe dentre suas alterações a possibilidade de que trabalhadores que possuem remuneração superior ao dobro do teto do Instituto Nacional do Seguro Social possam negociar diretamente com os empregadores o pagamento de Participação nos Lucros e Resultados (PLR), independentemente de negociação coletiva, possibilitando que variados bônus salariais sobre os quais incidia contribuição previdenciária sejam agora pagos sob a forma de PLR, isentando-se tais valores não só dos pagamentos à previdência, mas também promovendo a redução dos valores descontados para fins de Imposto de Renda, pois o PLR segue tabela própria em apartado da remuneração do obreiro.

Nas palavras de Badari e Hoffman[(6)]

Vale ressaltar o impacto remuneratório aos cofres da União na forma de negociação da participação nos lucros ou resultados da empresa. O art. 3º da Lei n. 10.101/00 prevê: "A participação de que trata o art. 2º não substitui ou complementa a remuneração devida a qualquer empregado, nem constitui base de incidência de qualquer encargo trabalhista, não se lhe aplicando o princípio da habitualidade". Porém, o art. 2º exige que a participação seja "objeto de negociação entre a empresa e seus empregados", por meio de acordo ou convenção coletiva.

(5) ALABARCE, Marcio Roberto. *Os impactos previdenciários da reforma trabalhista.* Disponível em: <https://www.linkedin.com/pulse/os-impactos-previdenci%C3%A1rios-da-reforma-trabalhista-lei-alabarce/>. Acesso em: 3.10.2018.
(6) BADARI; HOFFMAN. *Op. cit.*

A reforma trabalhista também prevê que empregados com curso superior e remuneração acima do dobro do teto pago pelo INSS, poderão negociar acordos de PLR diretamente com os seus empregadores. Acredita-se, com isso, que os bônus, anteriormente pagos com incidência de contribuições previdenciárias, passem a ser pagos a título de PLR, já que os executivos de alto escalão poderão negociar diretamente com as empresas as metas e valores, o que certamente também produziria uma diminuição na arrecadação.

Porém, tal entendimento ainda não é consolidado, conforme vemos da interpretação ofertada por Alabarce[(7)]:

> Uma das "novidades" da Reforma Trabalhista foi a prevalência do acordo ou convenção coletivos sobre a lei, sendo que em seu inciso XV, o novo art. 611-A da CLT trata da prevalência do acordo também no tocante à participação nos lucros ou resultados da empresa. Há de se ter muito cuidado no que concerne à interpretação desta disposição, pois uma leitura bastante plausível – que me pareceria correta, aliás, até mesmo com base em analogia ao que foi julgado pelo STF no passado (RE n. 569.441) – implica em reconhecer que os benefícios fiscais constantes da Lei n. 10.101 dependem do atendimento completo aos requisitos formais e materiais nela previstas (a qual inclusive prevê o acordo, mas exige determinadas regras e parâmetros). Caso a empresa opte por "inovar" no PLR com base na nova prevalência do acordo sobre a lei, mas sem observar o que está estabelecido na Lei n. 10.101, que o faça, mas sem os benefícios fiscais e previdenciários associados.

Assim, ainda não é possível asseverar que haverá uma migração dos valores pagos a título de bônus para a forma de PLR, ao menos enquanto perdurar essa dúvida interpretativa, porém é certo que serão buscadas formas de incluir esta possibilidade, PLR individual, dentre aqueles passíveis dos benefícios fiscais e previdenciários.

4. Trabalho intermitente

A figura do trabalho intermitente é absolutamente nova no mundo jurídico trabalhista e ainda estão sendo devidamente estudadas suas repercussões no mundo do trabalho, porém já é possível afirmar claramente que, em caso de ampla adoção dessa nova sistemática de vínculo empregatício, a queda na arrecadação previdenciária poderá vir a ser brutal.

Salomão[(8)], nos apresenta um questionamento bastante válido sobre o tema:

> A nova modalidade contratual denominada de Trabalho Intermitente possui contornos próprios e específicos no que se refere ao pagamento pelo serviço prestado, que é feito em horas de trabalho, não havendo limites mínimos de carga horária. Diante disso, as contribuições ao INSS passariam a ser efetuadas tomando-se por base de cálculo valores inferiores ao salário mínimo. Fica aqui a pergunta: no recolhimento da quota parte cabente ao empregado, quem seria o responsável pela complementação do valor recolhido levando-se em consideração que não se admite recolhimento tendo como base de cálculo valor inferior ao salário mínimo?

Conforme Badari e Hoffman[(9)]:

> A Receita Federal trouxe rapidamente as regras para o recolhimento da contribuição previdenciária dos trabalhadores intermitentes, cujo rendimento mensal

(7) ALABARCE. *Op. cit.*

(8) SALOMÃO, Marcela Cortez. *Reflexos da reforma trabalhista no direito previdenciário*. Disponível em: <https://www.migalhas.com.br/dePeso/16,MI281554,21048-Reflexos+da+reforma+trabalhista+no+Direito+Previdenciario>. Acesso em: 4.10.2018.

(9) BADARI; HOFFMAN. *Op. cit.*

ficar abaixo do salário mínimo. Como no contrato intermitente o empregado atua apenas quando é convocado, o salário varia conforme o número de horas ou dias trabalhados. Pela lei, deve-se receber, pelo menos, valor proporcional ao salário mínimo pela hora. Portanto, muitos trabalhadores receberão menos de um salário mínimo por mês, e poderão pagar a diferença entre a contribuição incidente sobre seu rendimento mensal e o mínimo exigido pela Previdência Social.

A regra fará com que, no limite, alguns trabalhadores precisem pagar para trabalhar. Citamos como exemplo: **Para quatro horas por dia, seis vezes por mês, uma empresa oferece salário de R$ 4,81 por hora. Com essa carga horária, o salário mensal chegaria a R$ 115,44. A contribuição à Previdência paga diretamente pela empresa à Receita seria de R$ 23,09. A contribuição mínima exigida pelo INSS, porém, é de R$ 187,40. Para se adequar à regra da Receita, portanto, o empregado precisaria pagar R$ 164,31. Ou seja, mais que o próprio salário.**

Quem não recolher esse valor adicional por conta própria não terá acesso à aposentadoria nem a benefícios por incapacidade.

O recolhimento será com base na alíquota de 8% sobre a diferença entre o que recebe e o salário mínimo até o dia 20 do mês seguinte ao salário. Nosso posicionamento é que a reforma trabalhista apenas formalizou o "bico", ao invés de proteger o trabalhador.

(...)

Portanto, não é certo que esses novos trabalhadores, submetidos a essas novas modalidades de contratos de trabalho, irão contribuir para a Previdência – tampouco os seus respectivos empregadores. (grifos nossos)

Vemos assim que a questão do trabalho intermitente e seus impactos previdenciários é de grande repercussão, tendo em vista que grande massa dos trabalhadores brasileiros recebe salários relativamente baixos e não conseguem se alocar em empregos tradicionais onde são laboradas 44 horas semanais, 220 horas por mês.

Dentre os obreiros que poderão ser bastante prejudicados (e que poderão vir a trazer graves prejuízos à previdência) pela nova modalidade de contratação, temos aqueles que são extremamente necessários apenas um ou dois dias da semana, como o pessoal que trabalha em restaurantes, bares e similares, cujo maior movimento é nos finais de semana. Temos também aqueles que laboram em estabelecimentos voltados à realização de festas e eventos, pois estes somente seriam chamados a trabalhar nos dias de movimento. Ainda há que se falar que alguns empregadores já pensam em contratar empregados intermitentes para o comércio, reforçando os seus recursos humanos nos dias de maior movimento do mês ou da semana, a depender do tipo de estabelecimento.

Todos esses trabalhadores poderão trabalhar apenas alguns dias do mês e receberão valores muito abaixo do mínimo, contribuindo, consequentemente, com valores bem inferiores ao menor limite do Instituto Nacional do Seguro Social.

Não custa lembrar que apesar dos evidentes prejuízos aos obreiros, o maior prejuízo será para os cofres públicos, pois, em última instância, esses cidadãos poderão vir a receber o Benefício de Prestação Continuada (BPC), valor equivalente ao salário mínimo pago a todos os maiores de 65 anos que comprovem não poderem se sustentar.(10)

Lembremos que muitos dos que laborarão de forma intermitente e a imensa maioria dos

---

(10) Lei n. 8.742/93. Art. 20. O benefício de prestação continuada é a garantia de um salário-mínimo mensal à pessoa com deficiência e ao idoso com 65 (sessenta e cinco) anos ou mais que comprovem não possuir meios de prover a própria manutenção nem de tê-la provida por sua família.

que não conseguirem ao menos um salário mínimo mensal com este labor, já ficariam satisfeitos com o BPC, pois equivaleria ou seria até superior à renda a que estariam habituados.

Vemos assim, que, além de não ser economicamente viável para grande parte dos empregados intermitentes (como no exemplo citado por Badari e Hoffman, em que o empregado que labora 6 dias por mês, 4 horas a cada dia, perceberá de remuneração total menos do que a contribuição mínima exigida pelo Instituto Nacional do Seguro Social) o pagamento do valor mínimo ao Instituto Nacional do Seguro Social também não traz quase nenhum benefício ao obreiro, sendo os grandes diferenciais a existência do 13º salário na aposentadoria (no BPC não há) e a aposentadoria que poderá se dar mais cedo, desde que a aposentadoria seja por idade e seja mulher (60 anos), pois o homem se aposenta por idade aos 65 (mesma idade do BPC) ou ainda, por tempo de contribuição, 35 anos de contribuição (420 contribuições) sem homem, isto é, situação virtualmente impossível.

Em suma, o trabalho intermitente oferece grande risco ao equilíbrio da Previdência Social, pois parte considerável daqueles empregados nesta nova modalidade de emprego não irão contribuir suficientemente para resguardar sua aposentadoria, preferindo ou mesmo necessitando recorrer ao BPC.

5. *Trabalho autônomo*

A Reforma Trabalhista inovou também nos contratos de trabalho autônomo, senão vejamos as alterações na CLT[11]:

> Art. 442-B. A contratação do autônomo, cumpridas por este todas as formalidades legais, com ou sem exclusividade, de forma contínua ou não, afasta a qualidade de empregado prevista no art. 3º desta Consolidação. (Incluído pela Lei n. 13.467, de 2017)
>
> Art. 443. O contrato individual de trabalho poderá ser acordado tácita ou expressamente, verbalmente ou por escrito, por prazo determinado ou indeterminado, ou para prestação de trabalho intermitente.

Como vemos, a inovação no trabalho autônomo trouxe a possibilidade de o trabalhador ser autônomo, com exclusividade e de forma contínua, além de possuir contrato tácito verbal, isto é, este trabalhador pode laborar para um mesmo empregador, de forma contínua e exclusiva e sem sequer um contrato escrito.

Tal situação traz enorme insegurança jurídica para ambas as partes, tendo em vista a possibilidade de autuação por Auditor-Fiscal do Trabalho ou mesmo de reclamatória trabalhista para buscar o reconhecimento de vínculo empregatício.

Ademais, para os cofres da Previdência, tal situação igualmente se torna perigosa pois grande percentual destes obreiros, especialmente devido à evidente insegurança no trabalho, não contribui com a Previdência.

Entretanto, supondo-se que contribuam, estes trabalhadores podem vir a se beneficiar, ilegalmente, de algumas vantagens tributárias que permitem ao autônomo que não presta serviços a empresas ou equiparados pagar muito menos que o empregado e mesmo que o autônomo cumpridor da lei, senão, vejamos o que nos diz a Lei n. 8.212/91[12]:

> Art. 21. A alíquota de contribuição dos segurados contribuinte individual e facultativo será de vinte por cento sobre o respectivo salário de contribuição.
>
> (...)
>
> § 2º No caso de opção pela exclusão do direito ao benefício de aposentadoria por tempo de contribuição, a alíquota de contribuição incidente sobre o limite mínimo mensal do salário de contribuição será de:

(11) CLT. *Op. cit.*

(12) Lei n. 8.212/91. Disponível em: <http://www.planalto.gov.br/ccivil_03/LEIS/L8212cons.htm>. Acesso em: 26.9.2018.

I — 11% (onze por cento), no caso do segurado contribuinte individual, ressalvado o disposto no inciso II, que trabalhe por conta própria, sem relação de trabalho com empresa ou equiparado e do segurado facultativo, observado o disposto na alínea b do inciso II deste parágrafo.

Como vemos, o autônomo que não preste serviços para empresa ou equiparado pode vir a optar pelo Plano Simplificado de Previdência Social e contribuir com apenas 11% do salário mínimo, garantindo, ainda assim a aposentadoria, tendo como limitação apenas o fato destas contribuições não serem válidas para a Aposentadoria por Tempo de Contribuição e para a emissão de Certidão de Tempo de Contribuição (CTC).

Frisemos que o autônomo regular, ou seja, aquele que busca cumprir a legislação na íntegra, não pagará menos verba previdenciária que os demais trabalhadores.

Ressaltemos, mais uma vez, que o autônomo que presta serviços a empresas ou equiparados não pode fazer uso deste Plano Simplificado, todavia, com as novidades advindas da Reforma Trabalhista, que permitiu o contrato autônomo verbal, é grande a possibilidade que um ou outro busque aderir a este modelo, reduzindo erroneamente sua contribuição.

6. *Terceirização*

Com o advento das Leis ns. 13.429/17 e 13.467/17 e, ainda, após a decisão do Supremo Tribunal Federal no RE 958.252, que foi o *leading case* da Repercussão Geral n. 725, que tratou da permissão da terceirização irrestrita, isto é, sem distinção entre atividade-meio e atividade-fim, o campo da terceirização abriu-se para empregadores de todo o Brasil. E com a terceirização ampla, teremos inúmeros impactos em nosso sistema previdenciário.

Inicialmente é de bom tom lembrar que o trabalhador terceirizado, de forma geral, recebe para a mesma função uma remuneração significativamente menor que o não terceirizado, como nos afirma Martinez[(13)]:

> Esse trabalhador que antes recebia 1.000 unidades monetárias quando contratado pela empresa produtora de bens e serviços, passará a receber 750 sobre o total da operação intermediada. Não por outro motivo, pesquisas, como aquela realizada pelo Departamento Intersindical de Estatísticas e Estudos Socioeconômicos (Dieese) durante as discussões em torno da PL n. 4.330/2004, indicam que os terceirizados recebem entre 25% e 30% menos do que os empregados com vínculo direto. Este decréscimo da vida social é algo que a Constituição da República repele, com lastro no princípio do não retrocesso social constante da parte final do *caput* do seu art. 7º.
>
> A terceirização impõe, ademais, a diminuição de custos no âmbito da saúde dos empregados intermediados e, especialmente, da segurança nas operações nas quais eles estão envolvidos. Não por outros motivos se evidencia que os terceirizados são os empregados que mais se acidentam no trabalho ou sofrem doenças ocupacionais. Isso acontece porque, ao contrário do que equivocadamente se alega, terceirizados não são (e nunca foram) mais especializados do que os empregados contratados diretamente pela empresa que se concentra em uma determinada atividade-fim.

Badari e Hoffman[(14)] trazem o mesmo entendimento:

> Cumpre ainda relembrar que é notório que trabalhador terceirizado ganha, em média, 25% menos do que um trabalhador com contrato direto.

(13) MARTINEZ, Luciano. *Curso de direito do trabalho:* relações individuais, sindicais e coletivas do trabalho. 8. ed. São Paulo: Saraiva, 2017. p. 321.

(14) BADARI; HOFFMAN. *Op. cit.*

Apenas tal fato, isto é, uma redução remuneratória de 25% a 30% já é suficiente para gerar grande baque nas contas da previdência, principalmente porque o sistema previdenciário brasileiro é baseado no sistema de repartição, isto é, as contribuições de hoje são utilizadas para pagar os benefícios de hoje. Assim, com uma remuneração 25% a 30% menores, as contribuições cairão na mesma proporção, mas a massa de beneficiários continua igual, resultando num aumento significativo do déficit.

Porém, além deste fato, não podemos esquecer ainda da possibilidade da pejotização, ou seja, a contratação de pessoa física como se pessoa jurídica fosse.

6.1. Pejotização e microempreendedor individual

Dentre as hipóteses de terceirização, apesar de oficialmente não liberada, tendo em vista que na hipótese de estarem presentes os requisitos da relação empregatícia a pejotização poderá ser descaracterizada, temos a pejotização.

Devemos observar que a Lei n. 13.429/17 trouxe algumas novidades que dificultam o reconhecimento de vínculo empregatício, o que deve aumentar a frequência com que ocorre a pejotização, além, é claro, da possibilidade de terceirização de todas as atividades.

Observemos as alterações introduzidas pela Lei n. 13.429/17(15):

> Art. 4º-A. Empresa prestadora de serviços a terceiros é a pessoa jurídica de direito privado destinada a prestar à contratante serviços determinados e específicos.
>
> § 1º A empresa prestadora de serviços contrata, remunera e dirige o trabalho realizado por seus trabalhadores, ou subcontrata outras empresas para realização desses serviços.
>
> § 2º **Não se configura vínculo empregatício entre os** trabalhadores, ou **sócios das empresas prestadoras de serviços, qualquer que seja o seu ramo, e a empresa contratante**.

Tal parágrafo abre espaço para a interpretação de que o sócio de empresa prestadora de serviços que labore ele mesmo para o tomador de serviços não terá o vínculo de emprego configurado, o que dificultará sobremaneira seus esforços caso esta seja uma situação fraudulenta.

Devemos lembrar que com as mudanças ocorridas na legislação, agora é clarividente a possibilidade de a pessoa física trabalhar como pessoa jurídica, desde que não presentes os requisitos do vínculo empregatício. Até as recentes mudanças, tal possibilidade era nebulosa, apesar de bem frequente, havendo ainda um grande limitador na impossibilidade de terceirização da atividade-fim.

A grande vantagem do trabalhador na pejotização reside na ampla redução de encargos a que está sujeito, pois devido à legislação de incentivo às Microempresas e Empresas de Pequeno Porte, a imensa maioria das pessoas jurídicas criadas para esse fim se enquadrariam nos limites legais e passariam a contribuir com valores muito inferiores às demais empresas.

Quanto à contribuição previdenciária em especial, temos que a imensa maioria das empresas inscritas no SIMPLES têm, embutido no valor pago no Documento de Arrecadação do Simples Nacional (DAS), o valor da contribuição previdenciária patronal (CPP), tendo como exceções a essa regra apenas aquelas listadas no § 5º-C do art. 18 da Lei Complementar n. 123/06(16):

> § 5º-C Sem prejuízo do disposto no § 1º do art. 17 desta Lei Complementar, as atividades de prestação de serviços seguintes serão tributadas na forma do Anexo IV desta Lei Complementar, hipótese em que não estará incluída no Simples Nacional a contribuição

(15) Lei n. 13.429/17. Disponível em: <http://www.planalto.gov.br/ccivil_03/_Ato2015-2018/2017/Lei/L13429.htm>. Acesso em: 18.9.2018.

(16) Lei Complementar n. 123/06. Disponível em: <http://www.planalto.gov.br/CCivil_03/leis/LCP/Lcp123.htm>. Acesso em: 21.9.2018.

prevista no inciso VI do *caput* do art. 13 desta Lei Complementar, devendo ela ser recolhida segundo a legislação prevista para os demais contribuintes ou responsáveis:

I — construção de imóveis e obras de engenharia em geral, inclusive sob a forma de subempreitada, execução de projetos e serviços de paisagismo, bem como decoração de interiores;

(...)

VI — serviço de vigilância, limpeza ou conservação.

VII — serviços advocatícios.

Ou seja, a imensa maioria das empresas inscritas no SIMPLES tem a Contribuição Previdenciária Patronal paga no próprio DAS, o que proporciona grande redução do valor efetivamente recolhido aos cofres previdenciários.

No caso do trabalhador pessoa jurídica temos como grande hipótese de vantagem previdenciária para si o Microempreendedor Individual (MEI).

O Microempreendedor Individual goza de imenso benefício quanto à contribuição previdenciária, conforme o disposto na Lei n. 8.212/91[(17)]:

Art. 21. A alíquota de contribuição dos segurados contribuinte individual e facultativo será de vinte por cento sobre o respectivo salário de contribuição.

(...)

§ 2º No caso de opção pela exclusão do direito ao benefício de aposentadoria por tempo de contribuição, a alíquota de contribuição incidente sobre o limite mínimo mensal do salário de contribuição será de: (Redação dada pela Lei n. 12.470, de 2011)

(...)

II — 5% (cinco por cento): (Incluído pela Lei n. 12.470, de 2011)

a) no caso do microempreendedor individual, de que trata o art. 18-A da Lei Complementar n. 123, de 14 de dezembro de 2006; e (Incluído pela Lei n. 12.470, de 2011).

Vemos que o Microempreendedor Individual que optar pelo Plano Simplificado de Previdência Social somente arcará com contribuição de 5% do salário mínimo para garantir seu direito à aposentadoria, lembrando que o MEI pode ter renda máxima anual de até R$ 81.000,00, o que dá R$ 6.750,00 por mês, uma renda elevada para os padrões brasileiros, equivalente a mais de 6 salários mínimos e onde poderia ser enquadrada parte considerável dos trabalhadores, porém pagando à Previdência Pública valor irrisório, de apenas 5% de um salário mínimo.

Não podemos esquecer que os trabalhadores MEI não podem estar submetidos às mesmas regras daqueles regidos pela Consolidação das Leis do Trabalho, sob pena de configuração do vínculo empregatício.

Conclusão

Como vimos, a Reforma Trabalhista e a Lei de Terceirização, além do julgado do Supremo Tribunal Federal no Tema 725, trouxeram várias novidades ao mundo do trabalho, mas cujos impactos no sistema de Previdência Pública não foram adequadamente considerados, tendo em vista a evidente possibilidade de redução das contribuições decorrentes dos prêmios de produtividade não serem verbas salariais, da possibilidade de negociação individual de PLR dos que percebem renda superior a duas vezes o teto da Previdência, dos contratos de trabalho intermitentes, da expansão da possibilidade de contratação de trabalhadores autônomos e trabalhadores terceirizados.

Tais situações, pela sua própria natureza deverão acarretar grande redução nos valores

(17) Lei n. 8.212/91. *Op. cit.*

vertidos para os cofres da Previdência, mas não foram consideradas nem durante o processo legislativo nem durante o julgamento do RE 958.252 e mesmo agora, passados mais de um ano da edição das Lei ns. 13.429 e 13.467 muito pouco foram estudados.

Esperamos que em alguns anos, com a adaptação da sociedade às novidades legislativas já seja possível mensurar adequadamente os efeitos advindos desta mudança e quiçá promover alterações legislativas que busquem promover o reequilíbrio das finanças previdenciárias, abaladas pelas alterações legislativas mencionadas.

Referências bibliográficas

ALABARCE, Marcio Roberto. *Os impactos previdenciários da reforma trabalhista*. Disponível em: <https://www.linkedin.com/pulse/os-impactos-previdenci%C3%A1rios-da-reforma-trabalhista-lei-alabarce/>. Acesso em: 3.10.2018.

BADARI, João; HOFFMAN, Gustavo. *Novas discussões previdenciárias impostas pela reforma trabalhista.* Disponível em: <http://abladvogados.com/sem-categoria/novas-discussoes-previdenciarias-impostas-pela-reforma-trabalhista/>. Acesso em: 3.10.2018.

MARTINEZ, Luciano. *Curso de direito do trabalho:* relações individuais, sindicais e coletivas do trabalho. 8. ed. São Paulo: Saraiva, 2017.

SALOMÃO, Marcela Cortez. *Reflexos da reforma trabalhista no direito previdenciário.* Disponível em: <https://www.migalhas.com.br/dePeso/16,MI281554,21048-Reflexos+da+reforma+trabalhista+no+Direito+Previdenciario>. Acesso em: 4.10.2018.

SCHIOSER, André Rodrigues. *Aspectos previdenciários da reforma trabalhista*. Disponível em: <https://www.migalhas.com.br/dePeso/16,MI264277,11049-Aspectos+previdenciarios+da+Reforma+Trabalhista>. Acesso em: 2.10.2018.

APONTAMENTOS SOBRE REPERCUSSÕES PREVIDENCIÁRIAS DA REFORMA TRABALHISTA

GUILHERME CAMARGO DE OLIVEIRA(1)

Introdução

O presente estudo procura debater alguns reflexos que a aprovação da chamada reforma trabalhista traz sobre aspectos previdenciários. É indubitável a relevância do assunto. A previdência social é de central importância para a garantia da dignidade da pessoa humana, um dos fundamentos da República (art. 1º, inciso III, da Constituição Federal). O próprio legislador constitucional elencou a previdência social como um direito social, inserido no rol de direitos fundamentais (art. 6º, *caput*, da Constituição Federal).

Assim, assume vital importância a análise, o estudo, a compreensão a respeito dos reflexos previdenciários de alterações tão profundas e variadas no cenário da legislação trabalhista.

Muitas são as maneiras pelas quais as alterações promovidas pelo legislador impactam a previdência social, direta e indiretamente. Toma-se, como exemplo, a nova regra segundo a qual as normas relativas à duração de trabalho e intervalos não serão consideradas como normas de saúde e segurança, para fins de prevalência do negociado sobre o legislado (art. 611-B, parágrafo único, da CLT). Imagina-se que em decorrência dessa nova norma possa acontecer um aumento no número de afastamentos em decorrência de lesão por esforço repetitivo, ou até por problemas psicológicos. A hipótese, por si, já indica o quanto é grande a gama de repercussões que a reforma trabalhista gera, ou pode gerar, sobre os aspectos previdenciários. Seria impensável, então, pretender abarcar todas essas possíveis repercussões. Nesse contexto, necessário efetuar determinados cortes. Opta-se então por eleger alguns aspectos para debate e, para além da mera reprodução dos termos legais, procura-se apresentar algumas reflexões e questionamentos, com apoio na recente doutrina, buscando traçar análise crítica sobre o controverso tema abordado.

Nesse diapasão, aborda-se inicialmente a tramitação do projeto de lei que resultou na aprovação da Lei n. 13.467/17. Muitos são os pontos polêmicos da nova legislação, havendo grande parte da doutrina que aponta inconstitucionalidade em diversos dos seus aspectos(2).

(1) Auditor-Fiscal do Trabalho. Graduado em Direito pela Universidade de São Paulo. Mestre em Direito do Trabalho pela Universidade de São Paulo. Pesquisador do GETRAB/USP.

(2) OLIVEIRA, Carlos Roberto de. Interpretação das normas de direito do trabalho. In: MANNRICH, Nelson (coord.). *Reforma trabalhista:* reflexões e críticas. 2. ed. São Paulo: LTr, 2018. p. 221-228.

Acredita-se que, possivelmente, muitas dessas contingências derivam do conturbado e acelerado tramitar do projeto legislativo. Como se, de uma gestação confusa e inadvertidamente apressada, tivesse surgido prematuramente uma legislação disforme, que precisou ser remediada logo nos primeiros dias de vigência, com edição da Medida Provisória n. 808/17. Parece não ser inadequado, assim, dedicar um olhar, ainda que breve, sobre esse processo legislativo.

Após, serão abordadas algumas das alterações promovidas no art. 457 da Consolidação das Leis do Trabalho (CLT), relativas à remuneração dos trabalhadores. Não se pretende alongar as observações a respeito de cada uma das verbas remuneratórias e não remuneratórias. Tal tarefa poderia se mostrar enfadonha e não muito distante da simples transcrição da norma. Será privilegiada, então, a alteração promovida no campo das diárias para viagem, com uma breve menção a respeito das possíveis situações de fraude e sonegação.

O presente estudo voltará a sua atenção, então, ao contrato de trabalho intermitente, um dos aspectos mais polêmicos da reforma trabalhista.

Não se tem a pretensão de fornecer respostas ou propor soluções. Trata-se, antes, de fomentar o debate, levantar dúvidas, apresentar reflexões e críticas a respeito da matéria. A legislação, ainda recente, merece ser cada vez mais estudada, analisada e confrontada com os princípios constitucionais, sendo desejável o desenvolvimento e amadurecimento da doutrina e da jurisprudência a respeito do tema.

1. Notas sobre a tramitação do projeto de lei

A denominada "reforma trabalhista", definida pela Lei n. 13.467/2017, foi aprovada após conturbada tramitação. O Projeto de Lei n. 6.787/16, apresentado pelo Poder Executivo em dezembro de 2016, buscava alterar menos de uma dezena de dispositivos concernentes às relações laborais. Em cerca de quatro meses, a Câmara dos Deputados aprovou um projeto que atingia mais de cem artigos da CLT, além de dispositivos das Leis ns. 6.019/74, 8.036/90 e 8.212/91.

Após a rápida passagem pela Câmara dos Deputados, o projeto seguiu para o Senado Federal, que em caráter de urgência, o aprovou sem alteração alguma. Trata-se de um dos episódios mais inusitados desta casa legislativa. Conforme noticiado pela Agência do Senado(3), houve um acordo entre parte dos senadores e o Poder Executivo. Segundo o noticiado à época, os senadores, apesar de identificarem diversos pontos em que seriam necessárias alterações no projeto de lei, deixariam de propor tais alterações, para evitar o retorno do projeto à Câmara dos Deputados. Assim, estaria garantida ainda

(3) Notícia publicada pela Agência do Senado menciona:
A reforma trabalhista aprovada pela Câmara e confirmada pelo Senado nesta terça-feira (11) ainda deve sofrer mudanças no Palácio do Planalto antes mesmo de entrar em vigor. Pelo menos oito pontos devem ser alvo de vetos ou sofrer alterações por meio de medida provisória. Para garantir a aprovação do PLC n. 38/2017 no Senado, o presidente Michel Temer enviou aos senadores uma carta em que admite a possibilidade de ajustes no texto. (...) O líder do governo recomenda ao Executivo mudanças na contribuição sindical. A reforma trabalhista prevê a extinção imediata do imposto. Romero Jucá sugere "um modelo de extinção gradual" para "assegurar o planejamento financeiro e o adequado funcionamento das entidades sindicais e patronais". Além de Jucá, assinam o acordo os presidentes da CCJ, senador Edison Lobão (PMDB-MA); da Comissão de Assuntos Econômicos (CAE), senador Tasso Jereissati (PSDB-CE); e da Comissão de Assuntos Sociais (CAS), senadora Marta Suplicy (PMDB-SP); e o relator da reforma trabalhista na CAE e na CAS, senador Ricardo Ferraço (PSDB-ES). Por acordo com senadores, reforma trabalhista deve ser alterada no Planalto. Agência do Senado. 13.7.2017. Disponível em: <https://www12.senado.leg.br/noticias/materias/2017/07/11/por-acordo-com-senadores-reforma- trabalhista-deve-ser-alterada-no-planalto>. Acesso em: 1º.10.2018.
Também pela Agência do Senado, outra notícia afirma:
Para assegurar a aprovação do texto, que altera pontos importantes da Consolidação das Leis do Trabalho (CLT), o líder do Governo e relator da reforma trabalhista no Plenário, senador Romero Jucá (PMDB-RR), voltou a afirmar que o Palácio do Planalto deve promover ajustes no PLC n. 38/2017, seja por veto ou medida provisória. Aprovada a reforma trabalhista. Agência do Senado. 13.7.2017. Disponível em: <https://www12.senado.leg.br/noticias/materias/2017/07/11/aprovada-a-reforma-trabalhista>. Acesso em: 1º.10.2018.

mais celeridade na aprovação das mudanças, com o envio do projeto diretamente para a sanção do Poder Executivo. Em contrapartida, o Poder Executivo se encarregaria de, posteriormente, promover as alterações indicadas pelo Senado. O referido acordo foi noticiado e divulgado por conhecidos meios de comunicação, como, por exemplo, *O Globo*(4):

> *O Senado defendeu uma MP, sob o argumento de que esse havia sido o acordo feito ainda em julho para viabilizar a aprovação da reforma trabalhista. O governo aceitou enviar por medida provisória as alterações pedidas pelos senadores. Se elas fossem feitas diretamente no texto, o projeto teria que voltar para a Câmara, alongando o processo de tramitação para além do que gostaria o Palácio do Planalto. Na queda de braço entre MP e PL, o Senado saiu vitorioso e o próprio presidente da Casa, Eunício Oliveira, anunciou ontem a decisão.*

As redes sociais dos próprios senadores também serviram para divulgar o acordo, como noticiou a revista *Veja*(5):

> *O líder do governo no Senado, Romero Jucá (PMDB-RR) indicou hoje que as mudanças na lei trabalhista prometidas a senadores devem ocorrer por medida provisória (MP). Em postagem no Twitter, ele disse que o presidente deve decidir como será cumprido o acordo até amanhã.*
>
> *<u>Para acelerar a votação no Senado, o governo se comprometeu a regulamentar os pontos polêmicos por medida provisória</u>. Se o texto fosse alterado, teria de voltar para a Câmara, atrasando a tramitação.* (grifo nosso)

Observa-se que, segundo o noticiado, o Senado não se furtou a identificar elementos no projeto que mereciam alterações, correções ou melhorias. Entretanto, deixou deliberadamente de propor essas alterações, passando a tarefa ao Poder Executivo. O texto, encaminhado ao Poder Executivo, foi então sancionado sem vetos, vindo à tona a Lei n. 13.467/17, com vigência a partir de 11 de novembro de 2017. Posteriormente, resultado do acordo anteriormente firmado, o Poder Executivo expediu a Medida Provisória n. 808, de 14 de novembro de 2017, alterando alguns pontos da Lei n. 13.467/17. Diversos aspectos foram abordados pela medida provisória, como o trabalho da mulher gestante em locais insalubres e o contrato de trabalho intermitente e respectiva contribuição previdenciária, por exemplo. Entretanto, a medida provisória não foi apreciada pelo Congresso Nacional dentro dos prazos estabelecidos no art. 62 da Constituição da República. Assim, o Senado publicou o Ato Declaratório n. 22, de 24 de abril de 2018, anunciando que a Medida Provisória teve seu prazo de vigência encerrado no dia 23 de abril de 2018.

Este foi o conturbado processo legislativo que resultou na chamada reforma trabalhista que se apresenta em vigor hoje.

Não foram poucas as críticas à inequívoca aceleração imposta à tramitação do projeto que, ao final, viria a alterar tantas normas trabalhistas. O trâmite, demasiadamente apressado, acabou por se distanciar dos princípios democráticos. Garcia (2018, p. 19)(6) é incisivo:

> *Impressiona, assim, o açodamento com que essa ampla e profunda modificação na legislação trabalhista foi aprovada na Câmara dos Deputados, sem o efetivo e necessário debate democrático, por meio de texto bastante diverso e muito mais amplo do que a versão inicialmente apresentada.*

---

(4) NASCIMENTO, Bárbara. MP com ajustes na reforma trabalhista ainda deve ser alvo de disputa no congresso. *O Globo,* 16.11.2017. Disponível em: <https://oglobo.globo.com/economia/mp-com-ajustes-na-reforma-trabalhista-ainda-deve-ser-alvo-de-disputa-no-congresso-22072736>. Acesso em: 1º.10.2018.

(5) TEMER deve decidir sobre MP da reforma até amanhã, diz Jucá. *Veja,* 14.11.2017. Disponível em: <https://veja.abril.com.br/economia/temer-deve-decidir-sobre-mp-da-reforma-ate-amanha-diz-juca/>. Acesso em: 1º.10.2018.

(6) GARCIA, Gustavo Filipe Barbosa. *Reforma trabalhista.* 4. ed. Salvador: Juspodivm, 2018.

No mesmo sentido, Oliveira (2018, p. 222)(7):

> *Outro ponto de desagrado coletivo foi a forma acelerada de tramitação da norma sem qualquer consulta ou diálogo com a sociedade, em um evidente atropelamento de fases e de debates, sem dizer a forma impositiva da Medida Provisória n. 808, de 14 de novembro de 2017 (que até agora não se entende onde se enquadra a relevância e urgência do art. 62 da Constituição Federal para esse caso).*

De fato, causa estranheza o contexto em que foi promulgada a referida medida provisória, após o noticiado acordo entre Senado e Poder Executivo. Ao que parece, o Senado abriu mão do seu tradicional e nobre papel de casa revisora. A relevante tarefa de propor alterações, correções, melhorias e aprimoramentos em projetos de lei recebidos da Câmara dos Deputados foi abandonada pelo Senado, que transferiu suas funções institucionais ao Poder Executivo. Um desvirtuamento ímpar no balanceamento e na harmonia entre os Poderes da República.

Não se desconhece que o processo legislativo, a gestação de uma determinada lei, é um processo eminentemente político. Estão evidentemente envolvidas as negociações partidárias, são, sem dúvida, necessários os acordos de lideranças, ajustes e acertos próprios do jogo democrático. Não obstante isso, devem ser respeitadas determinadas regras, determinados princípios constitucionais. O correto processo legislativo é de fundamental importância para a própria validade da norma jurídica. A lei, para ser válida, deve ser produzida conforme o procedimento previamente determinado, respeitando as regras jurídicas e princípios constitucionais pertinentes. Ferraz Junior (1994, p. 196-197) (8) leciona:

> *Para a dogmática jurídica, para que se reconheça a validade de uma norma é preciso, em princípio e de início, que a norma esteja integrada no ordenamento. Exige-se, pois, que seja cumprido o processo de formação ou produção normativa, em conformidade com os requisitos do próprio ordenamento. Cumprido esse processo, temos uma norma válida. (...)*
>
> *De modo geral, cumprido, conforme o caso, o processo prescrito para sua produção, a norma se integra no ordenamento e se diz válida.*

O respeito ao adequado procedimento para a produção das normas é matéria ligada, inclusive, à constitucionalidade das leis. Sobre o controle de constitucionalidade, Bonavides (2008, p. 297) (9) afirma:

> *O controle formal é, por excelência, um controle estritamente jurídico. Confere ao órgão que o exerce a competência de examinar se as leis foram elaboradas de conformidade com a Constituição, se houve correta observância das formas estatuídas, se a regra normativa não fere uma competência deferida constitucionalmente a um dos poderes, enfim, se a obra do legislador ordinário não contravém preceitos constitucionais pertinentes à organização técnica dos poderes, ou às relações horizontais e verticais desses poderes, bem como dos ordenamentos estatais respectivos, como sói acontecer nos sistemas de organização federativa do Estado.* (grifo nosso)

Diante desse contexto, importa saber se o conturbado trâmite da Lei n. 13.467/17, com seus acordos e atropelos, respeitou os limites constitucionais. Importa saber se o processo legislativo, além de atender às formalidades próprias para a aprovação de uma lei, deu-se de maneira também adequada aos princípios constitucionais democráticos, como o da independência e separação dos poderes, por exemplo. Espera-se que a doutrina e a jurisprudência, ao se debruçarem sobre a nova legislação, não deixem de lado esse aspecto, não deixem de observar a própria tramitação do projeto.

---

(7) OLIVEIRA, Carlos Roberto de. *Op. cit.*

(8) FERRAZ JUNIOR, Tércio Sampaio. *Introdução ao estudo do direito: técnica, decisão, dominação.* 2. ed. São Paulo: Atlas, 1994. p. 196-197.

(9) BONAVIDES, Paulo. *Curso de direito constitucional.* 22. ed. São Paulo: Malheiros, 2008.

2. *Alteração no art. 457 da CLT*

Muitos são os impactos da Lei n. 13.467/17 sobre a Previdência Social. A alteração promovida no art. 457 da CLT, certamente, é um dos mais evidentes. A nova lei procurou redefinir quais verbas podem ser consideradas remuneratórias. Os reflexos previdenciários são imediatos, pois a remuneração é a base do conceito de salário de contribuição dos segurados obrigatórios empregados e trabalhadores avulsos, conforme art. 28 da Lei n. 8.212/91. Evidentemente, qualquer alteração nas verbas remuneratórias implica em alteração, também, na composição e no montante do salário de contribuição.

O salário de contribuição é conceito fundamental para o sistema previdenciário, servindo, por exemplo, como base de cálculo para a contribuição social suportada pelos trabalhadores (art. 11, parágrafo único, alínea "c" da Lei n. 8.212/91), como critério para fixação de alíquotas de contribuição (art. 20 da Lei n. 8.212/91) e como base para a definição do salário de benefício (art. 29 da Lei n. 8.213/91).

A antiga redação do § 1º do art. 457 da CLT dispunha que integravam o salário, além da importância fixa estipulada, as comissões, percentagens, gratificações ajustadas, diárias para viagens e abonos pagos pelo empregador. O § 2º do referido artigo excluía do salário as ajudas de custo e as diárias para viagem em valor abaixo do limite de 50% do salário. Com a nova redação, o § 1º do art. 457 da CLT passou a determinar que integram o salário a importância fixa estipulada, as gratificações legais e as comissões pagas pelo empregador. O § 2º do art. 457 passou a excluir do conceito de remuneração diversas rubricas:

> § 2º *As importâncias, ainda que habituais, pagas a título de ajuda de custo, auxílio-alimentação, vedado seu pagamento em dinheiro, diárias para viagem, prêmios e abonos não integram a remuneração do empregado, não se incorporam ao contrato de trabalho e não constituem base de incidência de qualquer encargo trabalhista e previdenciário.*

As alterações, que restringem o que pode ser enquadrado como remuneração, certamente irão reduzir a arrecadação previdenciária. Aliás, a diminuição das receitas previdenciárias pode ser entendida como resultado não apenas da nova disciplina a respeito da remuneração, mas sim de todo o conjunto de alterações promovidas pela reforma trabalhista, como explica Carboni (2018, p. 254-255) [(10)]:

> Pode-se cogitar que sob o ponto de vista econômico, as normas trazidas com a reforma trabalhista que flexibilizam as contratações, as negociações individuais, a preponderância do negociado sobre o legislado, e que tem interferência direta na redução do custo da mão de obra, significam também a redução da base de cálculo das contribuições previdenciárias, tanto pelas empresas quanto pelos trabalhadores.
>
> (...)
>
> Assim, a partir de um olhar econômico-social sob os dois eixos da Previdência Social, pode-se dizer que os reflexos das normas flexibilizadoras da reforma trabalhista são potencialmente capazes de carrear a minoração no nível das receitas das contribuições previdenciárias ao longo prazo, tanto por parte das empresas quanto dos trabalhadores, com a consequente repercussão no valor dos benefícios previdenciários, que tenderão ao achatamento no piso constitucional de um salário mínimo.

Poder-se-ia argumentar, em contrário, que a flexibilização das relações laborais irá estimular a contratação e, assim, deverá aumentar os postos de trabalho. Desse modo, a nova legislação poderia compensar, com o aumento das contratações, a tendência de diminuição das receitas previdenciárias. Entretanto, ex-

(10) CARBONI, Mario Augusto. Reflexos previdenciários da reforma trabalhista. In: MANNRICH, Nelson (coord.). *Reforma trabalhista:* reflexões e críticas. 2. ed. São Paulo: LTr, 2018. p. 252-263.

tenso estudo da Organização Internacional do Trabalho(11), que analisou alterações legislativas em 110 países, conclui que as mudanças na legislação trabalhista não foram capazes de gerar aumento nos postos de trabalho.

2.1. Diárias para viagem

Observando de maneira mais específica as alterações nos §§ 1º e 2º do art. 457 da CLT, merece destaque a nova disciplina das diárias para viagem. Ao tratar do tema o legislador cuidou de também revogar o § 8º do art. 28 da Lei n. 8.212/91, que dispunha:

> § 8º Integram o salário de contribuição pelo seu valor total:
>
> a) o total das diárias pagas, quando excedente a cinquenta por cento da remuneração mensal.

Cabível uma pequena digressão: a expressa revogação deste trecho da Lei n. 8.212/91 contribui para a coerência do ordenamento jurídico, indicando que o legislador, apesar do açodamento com que aprovou a reforma, tentou manter, ao menos neste aspecto específico, uma certa harmonia entre as normas celetistas e as relativas à Previdência Social. Se, por um lado, o legislador teve essa atenção ao afastar o caráter remuneratório de determinadas verbas, por outro lado, ao tratar do trabalhador intermitente, o legislador parece não ter dedicado a devida atenção à previdência social deste trabalhador, como se verá adiante.

Retoma-se o assunto das diárias para viagem. Como se nota, anteriormente, havia dois limites. Um limite conceitual, é dizer, ligado ao conceito de remuneração. Tudo aquilo que fosse pago ao empregado como remuneração seria considerado salário de contribuição. Outro limite eminentemente matemático, os valores pagos a título de diárias para viagem não poderiam superar o limite de 50% da remuneração, sob pena de se considerar tal verba como salário de contribuição.

Evidentemente, as fraudes não se poderiam beneficiar do limite de 50% da remuneração. Com relação ao assunto, Delgado (2006, p. 695)(12) considera que a antiga regra tratava de estabelecer uma presunção relativa. Presumiam-se regulares as diárias aquém do limite de 50% do salário. Esta presunção poderia ser afastada em caso de demonstração de fraude. Ou seja, caso o empregador estivesse utilizando ilicitamente o nome "diária" para mascarar verdadeira remuneração paga ao empregado, ainda que abaixo daquele limite, o valor deveria ser considerado como integrante do salário de contribuição. Por outro lado, presumiam-se irregulares as diárias acima do limite de 50% do salário. Esta presunção também poderia ser afastada, caso o empregador comprovasse que o pagamento desses elevados valores não tinha caráter remuneratório, mas se destinava a cobrir as despesas da viagem, se propunha apenas a "viabilizar" a viagem.

Com a nova redação dos parágrafos do art. 457 da CLT e revogação do § 8º do art. 28 da Lei n. 8.212/91, não existe mais a limitação a 50% do salário do empregado. Ainda que o empregador pague ao empregado diárias em valor superior àquela percentagem, a verba permanece com seu caráter indenizatório, sem integrar o salário. A alteração mereceu elogios de alguns doutrinadores, como Cassar (2018, p. 762)(13):

> A partir da Lei n. 13.467/17, as diárias de viagem, mesmo que superiores a 50% do salário do empregado, deixam de ter natureza salarial. Correto o posicionamento do legislador, pois elas têm finalidade ressarcitória, isto é, de ressarcir as despesas com as viagens realizadas pelo empregado em viagem a trabalho.

(11) ADASCALITEI, Dragos; MORANO, Clemente Pignatti. Drivers and effects of labour market reforms: evidence from a novel policy compendium. *IZA Journal of Labor Policy*, 5, p. 15, 2016. Disponível em: <https://izajolp.springeropen.com/articles/10.1186/s40173-016-0071-z>. Acesso em: 1º.10.2018.

(12) DELGADO, Mauricio Godinho. *Curso de direito do trabalho*. 5. ed. São Paulo: LTr, 2006.

(13) CASSAR, Vólia Bomfim. *Direito do trabalho:* de acordo com a reforma trabalhista. 16. ed. Rio de Janeiro: Forense; São Paulo: Método, 2018.

Por um lado, a nova legislação evidenciou o caráter indenizatório das diárias para viagem, abandonando o critério puramente matemático, que desconsiderava a própria natureza da verba. Por outro lado, no entanto, não se pode deixar de enxergar o incremento da facilidade para a fraude. Certamente, aquele limitador matemático, impondo verdadeiro teto ao valor das diárias para viagem, servia como medida inibidora da ilicitude, ou pelo menos induzia o fraudador a agir apenas abaixo da barreira de 50% do salário do empregado. Agora, sem essa barreira, derrubou-se o obstáculo ao sonegador. Mendonça[(14)] (2018, p. 124) identificou o risco: "a nova redação é frágil em relação à questão da fraude no pagamento de uma parcela sob o véu da natureza indenizatória quando, na verdade, é salarial".

Com tal diagnóstico não se pretende defender o retorno da antiga limitação matemática. Entretanto, é evidente que esse tipo de alteração legislativa deveria vir acompanhada por um necessário aprimoramento dos instrumentos de combate a fraudes, por um inadiável reforço aos órgãos responsáveis pela fiscalização e repressão à sonegação, o que, infelizmente, não aconteceu.

3. *Trabalho intermitente – impactos previdenciários*

A nova figura do trabalhador intermitente chama a atenção pelos seus aspectos previdenciários. Esse tipo de contrato, necessariamente escrito, apresenta a alternância de períodos de efetiva prestação de serviços e de inatividade, determinados em horas, dias ou meses. Os períodos de inatividade, segundo a legislação, não são considerados tempo à disposição do empregador e, portanto, não há remuneração a ser paga. Cabe observar, neste ponto, o art. 20, § 1º, do Decreto n. 3.048/99:

> *Art. 20. Filiação é o vínculo que se estabelece entre pessoas que contribuem para a previdência social e esta, do qual decorrem direitos e obrigações.*
>
> *§ 1º A filiação à previdência social decorre automaticamente do exercício de atividade remunerada para os segurados obrigatórios, observado o disposto no § 2º, e da inscrição formalizada com o pagamento da primeira contribuição para o segurado facultativo.*

Como se percebe, a pessoa passa a ter direitos e obrigações perante a previdência social a partir da sua filiação ao regime, o que acontece automaticamente com o exercício de atividade remunerada pelo trabalhador. Para que fique claro, não é a partir da celebração do contrato, ou do vínculo empregatício, que a filiação se configura, mas sim do efetivo exercício de atividade remunerada. Percebe-se a complexidade do assunto, pois durante o período de inatividade do contrato de trabalho intermitente não existe exercício de atividade remunerada pelo trabalhador, muito embora subsista o contrato de trabalho. Aquele trabalhador intermitente contratado, mas ainda não convocado, seria já um empregado, porém sem o requisito para ser filiado à previdência social, pois ainda ausente o exercício de atividade remunerada. Não estaria apto, portanto, a ter direitos e obrigações perante a Previdência Social. A inusitada situação, de um empregado não filiado à previdência social, suas circunstâncias e consequências, devem ser mais bem estudadas, levando-se em conta todo o arcabouço jurídico que envolve o mundo do trabalho e da seguridade social, inclusive os princípios jurídicos próprios do direito previdenciário, como o da solidariedade e o da universalidade[(15)], por exemplo. É preciso enxergar tal situação à luz dos princípios constitucionais, considerando os fundamentos da República Federativa do Brasil anunciados logo no primeiro artigo da Constituição

(14) MENDONÇA, Camilla de Lellis. Nova morfologia salarial: análise do art. 457 da CLT. In: MANNRICH, Nelson (coord.). *Reforma trabalhista:* reflexões e críticas. 2. ed. São Paulo: LTr, 2018. p. 122-125.

(15) Os princípios da solidariedade e da universalidade são mencionados por diversos doutrinadores, podendo-se citar: CASTRO, Carlos Alberto Pereira de; LAZZARI, João Batista. *Manual de direito previdenciário*. 21. ed. Rio de Janeiro: Forense, 2018. p. 87 a 102. Ou ainda: MARTINS, Sergio Pinto. *Direito da seguridade social*. 19. ed. São Paulo: Atlas, 2003. p. 68 a 83.

da República, como a dignidade da pessoa humana e os valores sociais do trabalho e da livre-iniciativa.

Carboni (2018, p. 259)[(16)] faz observações a respeito do chamado período de carência. Alguns benefícios concedidos pela Previdência Social, como auxílio-doença, e aposentadoria por invalidez, por exemplo, exigem como requisito o cumprimento do chamado período de carência (art. 25 da Lei n. 8.213/91). Apesar de ser denominado *período* de carência, a lei não se refere a um determinado lapso temporal, mas sim a um determinado número mínimo de contribuições mensais. Esse número mínimo, se não atingido, impede o segurado de usufruir do benefício. A lei se refere expressamente a contribuições mensais, não sendo suficiente que o segurado apenas esteja com o vínculo de emprego mantido. Assim, os meses em que não houver convocação pelo empregador e, consequentemente, não existir a prestação de serviço, nem a contribuição para a previdência, não serão considerados para fins de aquisição de tempo de carência.

Há que se refletir, outrossim, a respeito do chamado período de graça, definido da seguinte maneira por Martins (2003, p. 307)[(17)]:

> *A manutenção da qualidade de segurado é o período em que esse continua filiado ao sistema, ou seja, é o chamado 'período de graça', em que o segurado continua tendo direito a benefícios e serviços, embora não recolha contribuições.*

Cabe destacar o art. 15, inciso II, da Lei n. 8.213/91:

> Art. 15. Mantém a qualidade de segurado, independentemente de contribuições:(...)
>
> II — até 12 (doze) meses após a cessação das contribuições, o segurado que deixar de exercer atividade remunerada abrangida pela Previdência Social ou estiver suspenso ou licenciado sem remuneração.

Ao que parece, o período de inatividade do contrato intermitente poderia ser enquadrado como um tempo em que o segurado deixa de "exercer atividade remunerada abrangida pela Previdência Social", pois nesse período não há atividade, nem remuneração. Há que se levar em conta, inclusive, que o legislador fez questão de deixar expresso que o período de inatividade não é sequer considerado como tempo à disposição do empregador. Nesse diapasão, os períodos de inatividade contribuiriam para a perda da qualidade de segurado. Carboni (2018, p. 260)[(18)] conclui dessa maneira: "Assim, os meses de inatividade correm em desfavor do trabalhador intermitente por implicarem também o transcurso do lapso do período de graça".

A respeito do assunto, Castro e Lazzari (2018, p. 162)[(19)] entendem que o período de inatividade deve produzir efeitos diferentes sobre o período de carência e sobre o período de graça:

> Compreendemos que, nesse caso, o segurado não poderá perder tal qualidade pelo simples fato de não ter contribuído (já que não exerceu trabalho). Porém, seu tempo de contribuição ficará limitado aos meses em que efetivamente realizar a contribuição, inclusive para fins de cômputo de prazos carenciais.

A distinção feita pelos autores se apresenta benéfica ao trabalhador intermitente, que poderia assim manter sua qualidade de segurado por mais tempo.

Evidentemente, a interpretação literal não é a única aplicável. Ainda assim, não se pode deixar de observar a letra da lei. O inciso II do art. 15 da Lei n. 8.213/91, acima transcrito, se refere ao segurado que deixar de *exercer atividade remunerada*. Parece ser o efetivo exercício da atividade, com sua correspondente contraprestação remuneratória, o critério eleito pelo

(16) CARBONI, Mario Augusto. *Op. cit.*
(17) MARTINS, Sergio Pinto. *Direito da seguridade social*. 19. ed. São Paulo: Atlas, 2003.
(18) CARBONI, Mario Augusto. *Op. cit.*
(19) CASTRO, Carlos Alberto Pereira de; LAZZARI, João Batista. *Manual de direito previdenciário*. 21. ed. Rio de Janeiro: Forense, 2018.

legislador. Com tal premissa, a manutenção do contrato de trabalho intermitente sem atividade e sem remuneração, mas apenas com o período de inatividade, não pareceria suficiente para atender ao inciso II do art. 15 da Lei n. 8.213/91.

A dissonância se apresenta com sérias consequências práticas. É necessário ter clareza e precisão a respeito do período em que se mantém a qualidade de segurado.

Imagina-se a hipótese de um trabalhador intermitente que deixou de ser convocado a partir de um determinado mês e, após oito meses de inatividade, sofreu a terminação do contrato. Com relação ao período de carência, parece não haver dúvidas ou divergências, esses oito meses não poderiam ser considerados como tempo de carência para qualquer futuro benefício.

No entanto, com relação ao período de graça, um entendimento leva a concluir que esses oito meses de inatividade não correriam em desfavor do empregado, que manteria a qualidade de segurado por mais doze meses a partir da terminação do contrato. Já o outro entendimento leva a concluir que esses oito meses de inatividade já seriam computados como período de graça, e o empregado manteria a qualidade de segurado por apenas mais quatro meses após o término do contrato. Eventual pensão por morte em função de óbito acontecido no quinto mês após o término do contrato expõe a grave insegurança jurídica[20] que paira sobre os aspectos previdenciários do contrato de trabalho intermitente. A legislação determina que a pensão por morte, que não exige carência alguma, é devida aos dependentes do segurado (arts. 26 e 74 da Lei n. 8.213/91). Importa saber, evidentemente, se aquele trabalhador do exemplo acima, no quinto mês após o término do contrato, mantinha ou não a qualidade de segurado. Como se percebe, o assunto não mereceu a devida atenção do legislador, que não se preocupou em apresentar definições claras sobre esse tipo de situação. Muitos outros exemplos a ilustrar a precariedade da situação previdenciária do trabalhador intermitente poderiam ser imaginados. A celeridade e o déficit democrático que marcaram a tramitação do projeto de lei certamente contribuíram para a grave indefinição do assunto.

Como se percebe, o período de inatividade gera grave repercussão no campo previdenciário, com diversas peculiaridades que podem expor o trabalhador intermitente a situações de total insegurança e desamparo previdenciário. O contexto merece uma resposta melhor e mais segura do Estado Democrático de Direito. É urgente corrigir os rumos que a legislação tomou.

Além do período de inatividade, há que se observar, também, aqueles períodos em que o trabalhador é convocado para trabalhar por pouco tempo dentro de um mês. O contrato de trabalho intermitente, permitida a remuneração por hora trabalhada, deve respeitar o valor horário do salário mínimo, conforme estabelece o art. 452-A da CLT. Assim, é evidentemente possível que determinado trabalhador, convocado para trabalhar apenas alguns poucos dias, ou poucas horas no mês, receba remuneração total inferior ao valor mensal do salário mínimo. A Medida Provisória n. 808/17, ao introduzir o art. 911-A na CLT, apresentou uma solução inquietante para esse tipo de situação. A regra impunha ao trabalhador intermitente o ônus de efetuar uma contribuição complementar para atingir o patamar mínimo. Sem esse complemento, aquela contribuição inferior ao mínimo não seria considerada para fins de manutenção da qualidade de segurado, nem para fins de carência. As incongruências e inconstitucionalidades da regra foram apontadas de imediato pela doutrina[21], que identificou, entre outras inadequações, o duplo enquadramento de um único segurado, numa única competência,

(20) Mais uma incerteza a tisnar a nova figura contratual. Elilegi Tebaldi relaciona uma série de controvérsias e incertezas jurídicas do contrato de trabalho intermitente, defendendo firmemente que essa figura contratual concretiza a precarização das condições de trabalho. TEBALDI, Eliegi. Contrato de trabalho intermitente. In: MANNRICH, Nelson (coord.). *Reforma trabalhista:* reflexões e críticas. 2. ed. São Paulo: LTr, 2018. p. 107-114.

(21) Podem ser citados, entre outros, CARBONI, Mario Augusto. *Op. cit.*, p. 261-262. Ou ainda CASTRO, Carlos Alberto Pereira de; LAZZARI, João Batista. *Op. cit.*, p. 150 e seguintes.

como segurado obrigatório e facultativo, em afronta direta ao art. 13 da Lei n. 8.213/91. A norma diz expressamente que o segurado facultativo será assim considerado desde que não incluído nas disposições relativas ao segurado obrigatório. Esta peculiaridade expõe como o Poder Executivo, ao tentar medicar aquela legislação recém-nascida, aplicou o remédio também de maneira equivocada, na tentativa de remediar o que seja, talvez, inapelavelmente irremediável. Diante da não apreciação pelo Congresso Nacional, a Medida Provisória n. 808/17 perdeu a vigência, não mais sendo aplicável a impensada regra do art. 911-A da CLT.

Conforme § 3º do art. 28 da Lei n. 8.212/91, o limite mínimo do salário de contribuição poderá ser correspondente ao salário mínimo, "tomado no seu valor mensal, diário ou horário, conforme o ajustado e o tempo de trabalho efetivo durante o mês". Poderá haver situações, portanto, em que o trabalhador intermitente convocado para trabalhar poucos dias ou horas por mês, contribua para a Previdência Social por diversas competências com valores inferiores ao padrão correspondente ao salário mínimo. Não se tem clareza a respeito das consequências disto. Segundo reportagem publicada no jornal *Folha de S. Paulo*[22], o próprio Instituto Nacional do Seguro Social (INSS) teria afirmado que, nesta situação, eventual requerimento de benefício ficaria suspenso, até regulamentação da matéria:

> Os benefícios da Previdência só valeriam, segundo a medida provisória que caducou, se o trabalhador fizesse uma contribuição complementar para chegar ao valor referente ao salário mínimo. Sem esse pagamento extra, também não teria o tempo de contribuição contabilizado para um futuro pedido de aposentadoria. O INSS informou que, sem uma regra vigente, o trabalhador que estiver baseado no contrato intermitente fica com o pedido suspenso até que haja regulamentação sobre o tema.

Certamente, ainda que se considere como segurado aquele trabalhador que contribui com valores abaixo do patamar do salário mínimo, a tendência será o achatamento do valor do seu salário de benefício, que é calculado a partir do salário de contribuição (art. 29 da Lei n. 8.213/91).

3.1. A vulnerabilidade previdenciária do intermitente

Diversas são as críticas à reforma trabalhista, especialmente relacionadas ao novo contrato de trabalho intermitente. Muitos doutrinadores destacam que, com essa nova figura contratual, o empregador transfere ao empregado o ônus de suportar a imprevisibilidade e os riscos do empreendimento, num evidente desvirtuamento dos conceitos próprios de empregador e empregado. Cassar (2018, p. 515)[23] afirma:

> De acordo com os arts. 2º e 3º da CLT, é o empregador quem corre os riscos da atividade empresarial. Os dois artigos (443 e 452-A) pretendem repassar ao trabalhador os riscos inerentes ao empreendimento, ante a imprevisibilidade dos ganhos mensais que terá, o que não é possível nas relações de emprego.

No mesmo sentido, Garcia (2018, p. 141-142)[24]:

> Na prática, a medida pode gerar a transferência ao empregado, que é a parte mais vulnerável da relação jurídica, dos riscos da atividade econômica e do empreendimento desenvolvido, que por natureza devem ser do empregador, por ser o titular dos meios de produção (art. 2º da CLT). (...) Na realidade, essa modalidade de

(22) ALEGRETTI, Lais. Governo deixa previdência do intermitente no limbo. *Folha de S. Paulo*, 28.9.2018. Disponível em: <https://www1.folha.uol.com.br/mercado/2018/09/governo-deixa-previdencia-do-intermitente-no-limbo.shtml>. Acesso em: 1º.10.2018.

(23) CASSAR, Vólia Bomfim. *Op cit.*

(24) GARCIA, Gustavo Filipe Barbosa. *Op. cit.*

trabalho pode favorecer a parte mais forte da relação de emprego, permitindo ao empregador a busca pelo lucro sem assumir o risco inerente à atividade desempenhada.

A transferência do risco da atividade econômica ao trabalhador traz, como consequência imediata e mais evidente, a insegurança com relação ao recebimento da remuneração. Não se sabe quando haverá a convocação pelo empregador. Não se sabe, portanto, quando haverá remuneração, ou qual será o patamar dessa remuneração. A insegurança imposta ao trabalhador é evidente.

O que se pode acrescentar, a partir dos apontamentos do presente estudo, é que a insegurança a atingir o trabalhador intermitente vai além deste efeito imediato. A insegurança atinge o trabalhador também de maneira diferida no tempo, afetando a sua relação com a previdência social. Comparado aos demais segurados empregados, o trabalhador intermitente enfrenta maiores obstáculos para acessar benefícios previdenciários, pois, com os períodos de inatividade, há prejuízos na contagem de tempo de carência e pode haver dificuldades, inclusive, para a aquisição e a manutenção da qualidade de segurado.

O trabalhador intermitente que não conseguir superar os obstáculos para acessar os benefícios previdenciários se apresenta como forte candidato a preencher os requisitos para acessar os benefícios assistenciais. Nesse cenário, toda a sociedade, responsável por financiar a assistência social, sofreria os impactos e consequências do contrato de trabalho intermitente. Em outras palavras, o contrato de trabalho intermitente, ao transferir aos empregados os riscos do empreendimento, poderá acabar por transferir à toda sociedade o ônus de arcar com os custos de uma assistência social cada vez mais demandada.

Não é possível chegar a respostas satisfatórias sobre os aspectos previdenciários do contrato de trabalho intermitente, especialmente para o trabalhador que não atingir o valor do salário mínimo mensal, ou ainda aquele que passar diversos meses sem ser convocado a prestar serviços. Trata-se de verdadeiro vácuo jurídico, sem regras seguras ou suficientes para resolver os impasses que surgem com essa nova modalidade contratual. Diante de tamanha insegurança jurídica no plano previdenciário do trabalhador intermitente, não se pode afirmar que a nova figura contratual cumpre de maneira adequada o objetivo de melhoria da condição social do trabalhador, afirmado no art. 7º, *caput* da Constituição da República. Mostra-se de maneira evidente que a legislação não promove melhoria significativa para a condição previdenciária daquele trabalhador informal que, agora, passa a ser formalmente contratado como intermitente. Em verdade, a legislação apenas procura conferir licitude à antiga situação de precariedade.

É precária a condição do trabalhador marcado pela informalidade. Aquele que, embora trabalhando, não se habilita a qualquer direito previdenciário. É a situação do trabalhador informal, do empregado sem registro, ou daquele que sobrevive de "bicos". É precária porque o trabalhador, ao ser alcançado pelo infortúnio da incapacidade para auferir renda, não terá direito a benefício previdenciário algum. Trata-se de uma das faces mais tristes da informalidade, o desamparo previdenciário justamente no momento em que o trabalhador não consegue obter, por suas próprias forças, o seu sustento. Possivelmente, restará apenas o socorro aos benefícios assistenciais.

A nova figura contratual cria, então, a invulgar situação do trabalhador que, embora agraciado agora pela formalidade, permanece sob a ameaça de, diante do infortúnio, não obter amparo da previdência social. Em outras palavras, a legislação não combateu a precariedade, ao contrário, passou a admiti-la, como se lícita fosse.

O art. 1º da Constituição Federal elenca, como fundamentos da República, o valor social do trabalho e da livre-iniciativa. Desejável o equilíbrio, portanto, entre o trabalho e a livre-iniciativa. No entanto, a nova legislação não se mostra atenta a tal equilíbrio. O empregador ganha a segurança jurídica de poder contar com um cadastro de trabalhadores aguardando a convocação. Não se corre mais o risco de chamar um trabalhador sem registro, para trabalhar na informalidade por apenas algumas horas por mês, pois existe o trabalhador intermitente, formal e licitamente contratado, aguardando ser convocado. No outro lado da balança o trabalhador intermitente, contratado formal e licitamente. Enquanto não é convocado, ou se convocado por poucas horas ao mês, o que se oferece a ele é situação idêntica a do empregado sem registro, a insegurança completa com relação à sua previdência social. Além desta insegurança, o trabalhador intermitente, nos momentos em que prestar serviços, terá que arcar com a contribuição previdenciária. Nas situações em que não se atinge o salário mínimo mensal, o trabalhador sofrerá o desconto em sua remuneração, já diminuta, para pagar a contribuição previdenciária. No entanto, não irá adquirir benefício previdenciário algum. É a inversão do sentido próprio da previdência social, contribuição que não gera direito a benefício. Trata-se do trabalhador mais fragilizado, que recebeu remuneração em valor aquém do salário mínimo, sendo obrigado a contribuir para o sistema previdenciário e, ao mesmo tempo, permanecendo à margem dos benefícios previdenciários.

Conclusão

As profundas alterações na regulação das relações laborais, estampadas na Lei n. 13.467/17, trouxeram reflexos previdenciários preocupantes. O projeto de lei inicial passou por um acelerado processo legislativo que, marcado pelo *déficit* democrático, enfraqueceu não apenas a legitimidade do novo texto normativo, mas, também prejudicou a sua coerência e a sua adequação a princípios e regras constitucionais.

Até aquilo que poderia ser considerado um avanço da legislação, ao indicar de maneira definitiva a natureza indenizatória das diárias para viagem, trouxe a mácula da completa falta de preocupação com o combate às possíveis fraudes, facilitadas agora pela retirada dos obstáculos anteriormente existentes. Perdeu-se excelente oportunidade para o aprimoramento das ferramentas de combate às fraudes e à sonegação previdenciária no pagamento da remuneração dos trabalhadores.

Ao trabalhador intermitente, especialmente aquele raramente convocado, ofereceu-se pouco mais que a completa insegurança previdenciária. O legislador, ao promover uma espécie de regulamentação daquelas relações laborais popularmente chamadas de "bico", nada mais fez do que admitir a precariedade, especialmente no aspecto relativo à previdência social.

A Constituição da República indica, como objetivo a ser perseguido, a melhoria das condições sociais do trabalhador. Não é compatível com tal objetivo a legislação que, a pretexto de combater a informalidade, passa a admitir a precariedade. O arcabouço de direitos sociais e princípios constitucionais, como a dignidade da pessoa humana e o valor social do trabalho, não tolera o convívio de norma jurídica que pretende conferir licitude a tamanha insegurança e desamparo com relação à previdência social de um trabalhador formalmente contratado.

Urge, portanto, profunda alteração na legislação, para afastar as indefinições que conferem tão preocupante insegurança à previdência social do trabalhador intermitente. Há que se respeitar a vedação ao retrocesso social[25]. Mais que meros aprimoramentos, são necessárias amplas modificações no texto legal, para que seja possível alijar da nova figura contratual os aspectos que se apresentam em franca colisão com princípios e direitos constitucionais.

Referências bibliográficas

ADASCALITEI, Dragos. MORANO; Clemente Pignatti. Drivers and effects of labour market reforms: evidence from a novel policy compendium. *IZA Journal of Labor Policy*, 5, p. 15, 2016. Disponível em

(25) Sobre o princípio da vedação ao retrocesso social, ver CANOTILHO, José Joaquim Gomes. *Direito constitucional e teoria da constituição*. 7. ed. Coimbra: Almedina, 2012. p. 338-9.

<https://izajolp.springeropen.com/articles/10.1186/s40173-016-0071-z>. Acesso em: 1º.10.2018.

ALEGRETTI, Lais. Governo deixa previdência do intermitente no limbo. *Folha de S. Paulo,* 28.9.2018. Disponível em: <https://www1.folha.uol.com.br/mercado/2018/09/governo-deixa-previdencia--do-intermitente-no-limbo.shtml>. Acesso em: 1º.10.2018.

APROVADA a reforma trabalhista. *Agência do Senado,* 13.7.2017. Disponível em: <https://www12.senado.leg.br/noticias/materias/2017/07/11/aprovada-a-reforma-trabalhista>. Acesso em: 1º.10.2018.

BONAVIDES, Paulo. *Curso de direito constitucional.* 22. ed. São Paulo: Malheiros, 2008.

CANOTILHO, José Joaquim Gomes. *Direito constitucional e teoria da constituição.* 7. ed. Coimbra: Almedina, 2012.

CASSAR, Vólia Bomfim. *Direito do trabalho:* de acordo com a reforma trabalhista. 16. ed. Rio de Janeiro: Forense; São Paulo: Método, 2018.

CASTRO, Carlos Alberto Pereira de; LAZZARI, João Batista. *Manual de direito previdenciário.* 21. ed. Rio de Janeiro: Forense, 2018.

DELGADO, Mauricio Godinho. *Curso de direito do trabalho.* 5. ed. São Paulo: LTr, 2006.

FERRAZ JUNIOR, Tércio Sampaio. *Introdução ao estudo do direito:* técnica, decisão, dominação. 2. ed. São Paulo: Atlas, 1994.

GARCIA, Gustavo Filipe Barbosa. *Reforma trabalhista.* 4. ed. Salvador: Juspodivm, 2018.

MANNRICH, Nelson (coord.). *Reforma trabalhista:* reflexões e críticas. 2. ed. São Paulo: LTr, 2018.

MARTINS, Sergio Pinto. *Direito da seguridade social.* 19. ed. São Paulo: Atlas, 2003.

NASCIMENTO, Bárbara. MP com ajustes na reforma trabalhista ainda deve ser alvo de disputa no congresso. *O Globo,* 16.11.2017. Disponível em: <https://oglobo.globo.com/economia/mp-com-ajustes-na-reforma-trabalhista-ainda-deve-ser-alvo-de-disputa-no-congresso-22072736>. Acesso em: 1º.10.2018.

______. Por acordo com senadores, reforma trabalhista deve ser alterada no planalto. *Agência do Senado,* 13.7.2017. Disponível em: <https://www12.senado.leg.br/noticias/materias/2017/07/11/por-acordo-com-senadores-reforma-trabalhista-deve-ser-alterada-no-planalto>. Acesso em: 1º.10.2018.

TEMER deve decidir sobre MP da reforma até amanhã, diz Jucá. *Veja,* 14.11.2017. Disponível em: <https://veja.abril.com.br/economia/temer-deve-decidir-sobre-mp-da-reforma-ate-amanha-diz-juca/>. Acesso em: 1º.10.2018.

Remuneração e Extinção do Contrato de Trabalho: uma Reflexão sobre o Desmonte do Direito do Trabalho

Carlos Alberto de Oliveira[1]

1. Introdução

As inovações trazidas pela Lei n. 13.467/2017, denominada Reforma Trabalhista, representam o ápice do desmonte dos direitos dos trabalhadores iniciado há tempo sob a tutela da flexibilização das leis trabalhistas.

Antes da reforma, várias figuras surgiram na direção de fragilizar a relação de emprego quer seja mascarando a relação como no caso das falsas cooperativas ou retirando direitos como no surgimento do banco de horas e do contrato por tempo parcial.

Com o discurso de modernização das relações do trabalho, o que se vê na prática é o retrocesso de conquistas históricas do Direito do Trabalho. Neste exato momento em que escrevo este artigo, o STF acaba de decidir que é constitucional a terceirização na atividade-fim das empresas.

Em 1943 o direito do trabalho alcançou patamar de destaque com a criação da Consolidação das Leis do Trabalho — CLT, Decreto-Lei n. 5.452, tendo natureza própria de um Código do Trabalho. Na CLT foram reunidas todas as leis esparsas que tratavam dos direitos trabalhistas, bem como o regulamento de algumas leis desta natureza.

Posteriormente vieram outras leis criando ou reconhecendo novos direitos como a Lei n. 605/1949 que trata do descanso semanal remunerado e a Lei n. 4.090/1962 que implanta o 13º salário.

Todavia, o ápice do Direito do Trabalho ocorreu em 1988 quando foi promulgada a Constituição da República Federativa do Brasil, tida como a Constituição Cidadã, que elevou muitos dos direitos trabalhistas a nível de Direito Fundamental. Entretanto, ao mesmo tempo em que constitucionalizou o Direito do Trabalho, flexibilizou a relação de trabalho ao permitir a redução de salário mediante acordo ou convenção coletiva. Aliás, a negociação coletiva ganha grande força, podendo estar em posição de supremacia, caso os direitos negociados alcem patamares superiores.

Na conjuntura outrora apresentada, o negociado encontrava limite no legislado, haja

(1) Auditor-Fiscal do Trabalho, bacharel em Ciências Contábeis pelo Centro Universitário da Cidade do Rio de Janeiro e Direito pela Universidade Federal do Estado do Rio de Janeiro, especialização em Negociação Coletiva pela URFRS/MPOG e Direito e Processo do Trabalho pela Escola de Magistratura do Rio de Janeiro, MBA em Gestão de Pessoas em Espaços Eclesiásticos pelo Seminário Batista do Sul do Brasil, membro da Academia Evangélica de Letras do Brasil.

vista que os acordos e convenções eram livres, desde que não conflitassem com a norma estatal para diminuir direitos reconhecidos.

Já no cenário atual, a Lei n. 13.467/2017 altera a Consolidação das Leis do Trabalho (CLT) e outras leis, mas o que chama a atenção é a novidade do negociado prevalecer sobre o legislado.

A quem interessa o cenário atual? Como as mudanças alteram a relação de trabalho? Como o empregado adormece hipossuficiente e acorda em condições de tomar decisões sem assistência, tornando-se "hiperssuficiente"? Como ficam a remuneração e a extinção do contrato de trabalho diante do quadro de "modernização" das relações do trabalho?

Essas e outras questões enfrentaremos de forma bem didática nas poucas linhas que se seguem.

2. *Hipossuficiência*

Pela definição de empregador, chegaremos à conclusão de que há uma prevalência dele sobre o empregado pelo simples fato daquele, quer seja a empresa individual ou coletiva, assumir os riscos da atividade econômica, admitindo, assalariando e dirigindo a prestação pessoal de serviço, conforme reza o art. 2º da CLT(2).

Com fulcro neste corolário, surge o Princípio Protetor, cujo nome já o apresenta com clareza: o empregado precisa da proteção estatal porque é hipossuficiente na relação de emprego e está sujeito às ações prejudiciais do empregador, que possui o domínio dos fatores de produção como também o poder econômico, constituindo, assim, a parte mais forte da relação.

Nesta linha, entendia-se que o empregado possuía ampla proteção do Estado, sendo que suas demandas podiam ser resolvidas na Justiça do Trabalho sem que viesse a ter algum tipo de prejuízo patrimonial. O Termo de Rescisão do Contrato de Trabalho para aqueles que laboraram mais de doze meses necessitava de homologação pelos órgãos estatais ou pelo sindicato da categoria, ou seja, precisava de assistência; algumas verbas remuneratórias recebiam tratamento especial, a fim de que não perdessem o caráter salarial; o tempo em que o trabalhador ficava à disposição da empresa era considerado para fins remuneratórios e até o descanso dentro da jornada, não gozado, ou parcialmente gozado possuía natureza jurídica de salário.

A hipossuficiência do trabalhador exigia que a alteração de algumas cláusulas de seu contrato de trabalho ou o modo de executá-lo tivesse a participação do sindicato da categoria mediante Acordo ou Convenção Coletiva de Trabalho.

Esse entendimento de proteção entre os sujeitos de determinada relação, considerando um deles hipossuficiente não diminui nenhuma das partes, visto que é um conceito jurídico-legal, existindo a figura em outros ramos do direito, como na relação de consumo trazido pela Lei n. 8.078, de 11.9.1990, que dispõe sobre a *proteção do consumidor*, entre outras providências.

Entretanto, a reforma trouxe para o âmbito jurídico trabalhista uma inovação que é a figura do empregado hiperssuficiente, ou seja, aquele trabalhador que possui curso de nível superior e recebe como remuneração valor superior a duas vezes o teto de benefícios do INSS. Para estes empregados, as cláusulas contratuais terão força de norma coletiva e suas demandas poderão ser resolvidas diante de uma Câmara Arbitral, desde que formada cláusula compromissória.

Ora, a condição de subordinação do empregado ao empregador impede que os mesmos estejam em pé de igualdade, não retira o temor do empregado da dispensa e muito menos o torna economicamente independente, o que o mantém na mesma condição dos demais

(2) BRASIL. Decreto-Lei n. 5.452, de 1º de maio de 1943, aprova a Consolidação das Leis do Trabalho. Disponível em: <http://www.planalto.gov.br/ccivil_03/Decreto-Lei/Del5452.htm>. Acesso em: 17.9.2018.

empregados que não possuem curso superior e que recebem menos do que o dobro do teto do INSS, maioria maciça entre os trabalhadores brasileiros.

A quem interessa a ficção da figura do hiperssuficiente trazida pela reforma? Ao Capital que cada vez mais imporá as suas vontades, "negociando" cláusulas fechadas que interessam ao empregador, num verdadeiro contrato de adesão, aliás que possui regras duras na relação de consumo, quando contém cláusulas daninhas ao consumidor, hipossuficiente na relação consumerista.

Quanto à previsão de solução do conflito à Câmara Arbitral, fica claro que a intenção da reforma é restringir o direito constitucional de acesso à justiça, já não bastassem as novas regras quanto à sucumbência, aplicáveis a todos os reclamantes.

Tudo isso faz parte de orquestração maior: diminuir a importância ou acabar com a Justiça do Trabalho.

3. *Prevalência da autonomia da vontade das partes*

Se antes a Constituição deu poderes para que as partes manifestassem sua vontade por meio dos acordos e convenções coletivas, com a reforma ampliou-se a autonomia, restringindo a própria Justiça do Trabalho, consagrando o *Princípio da Intervenção Mínima na Autonomia da Vontade Coletiva*, de modo que, no exame de convenção coletiva ou acordo coletivo de trabalho, a Justiça do Trabalho analisará exclusivamente a conformidade dos elementos essenciais do negócio jurídico, conforme previsto no § 3º do art. 8º da CLT(3).

Ocorre que nem sempre os acordos e convenções trazem cláusulas que beneficiam ao empregado, de modo que constatada tal situação em ação fiscal, o Auditor-Fiscal do Trabalho relatava o caso em relatório circunstanciado e propunha o encaminhamento ao Ministério Público do Trabalho visando ao cancelamento da cláusula conflitante com a norma jurídica. Entretanto, após a reforma trabalhista, o órgão ministerial ficará adstrito tão somente à análise da conformidade dos elementos essenciais do negócio jurídico.

Essa parte da reforma *enfraquece a proteção do trabalhador*, haja vista que, em tese, a fiscalização do trabalho não poderá autuar contra cláusulas convencionadas e nem sequer pedir sua anulação.

Entretanto, o art. 9º da própria CLT define qual o limite dessa autonomia, vez que há previsão de que "serão nulos de pleno direito os atos praticados com o objetivo de desvirtuar, impedir ou fraudar a aplicação dos preceitos contidos na presente Consolidação"(4).

Portanto, confirmado que os acordos são fraudulentos, não restará outra solução que não seja a submissão dos mesmos ao judiciário visando anular a cláusula daninha.

4. *Remuneração – verbas salariais*

Há uma diferença entre salário e remuneração. Salário é contraprestação do serviço e remuneração é tudo que vem a ser somado ao salário.

Antes da reforma, eram exemplos de adicionais para formar a remuneração as gorjetas, as comissões, percentagens, gratificações ajustadas, diárias para viagens e abonos pagos pelo empregador. A Reforma Trabalhista, além da parte fixa estipulada, manteve apenas as gratificações legais e as comissões. O § 2º do art. 457 modificado pela Lei n. 13.467/2017 ainda frisou que "Não se incluem nos salários as gratificações que não tenham sido ajustadas, as diárias para viagem e as ajudas de custo" (BRASIL, Lei n. 13.467, de 2017).(5)

(3) BRASIL. Decreto-Lei n. 5.452, de 1º de maio de 1943, Aprova a Consolidação das Leis do Trabalho. Disponível em: <http://www.planalto.gov.br/ccivil_03/Decreto-Lei/Del5452.htm>. Acesso em: 17.9.2018.

(4) *Idem.*

(5) BRASIL. Decreto-Lei n. 5.452, de 1º de maio de 1943, Aprova a Consolidação das Leis do Trabalho. Disponível em: <http://www.planalto.gov.br/ccivil_03/Decreto-Lei/Del5452.htm>. Acesso em: 17.9.2018.

Anteriormente, a ajuda de custo que tivesse caráter habitual integrava a remuneração, bem como as diárias que excediam 50% (cinquenta por cento) do salário percebido pelo empregado. O legislador reformador desconstruiu entendimento pacífico que existia no Ordenamento Pátrio de que tudo que era pago ao empregado com habitualidade incorporava-se ao salário para todos os fins. Assim reformula o novel texto:

> § 2º As importâncias, **ainda que habituais**, pagas a título de ajuda de custo, auxílio-alimentação, vedado seu pagamento em dinheiro, diárias para viagem, prêmios e abonos não integram a remuneração do empregado, não se incorporam ao contrato de trabalho e não constituem base de incidência de qualquer encargo trabalhista e previdenciário.[(6)] (Negrito meu) (BRASIL. Lei n. 13.467, de 2017)

O que a Reforma fez aqui foi desonerar a folha de pagamento com redução dos direitos dos trabalhadores. Retirando o caráter salarial das verbas acima e a incidência de Fundo de Garantia do Tempo de Serviço – FGTS e da contribuição ao INSS, diminuiu o patrimônio do empregado.

Segundo a reforma, as gorjetas *não constituem receita do empregador* (o que acaba, em tese, com a retenção total por parte dos empregadores) e que por isso deve ser distribuída aos empregados, segundo critério estabelecido em convenção ou acordo coletivo. Se após doze meses de recebimento, o empregador deixar de cobrar as gorjetas, o valor integrará o salário pela média dos últimos doze meses.

Quanto ao rateio das gorjetas, caso não haja instrumento coletivo, a Reforma pacifica a discussão antiga prevendo que:

> Art. 457. [...]
>
> § 6º As empresas que cobrarem a gorjeta de que trata o § 3º deverão:
>
> I — para as empresas inscritas em regime de tributação federal diferenciado, lançá-la na respectiva nota de consumo, facultada a retenção de até 20% (vinte por cento) da arrecadação correspondente, mediante previsão em convenção ou acordo coletivo de trabalho, para custear os encargos sociais, previdenciários e trabalhistas derivados da sua integração à remuneração dos empregados, devendo o valor remanescente ser revertido integralmente em favor do trabalhador;
>
> II — para as empresas não inscritas em regime de tributação federal diferenciado, lançá-la na respectiva nota de consumo, facultada a retenção de até 33% (trinta e três por cento) da arrecadação correspondente, mediante previsão em convenção ou acordo coletivo de trabalho, para custear os encargos sociais, previdenciários e trabalhistas derivados da sua integração à remuneração dos empregados, devendo o valor remanescente ser revertido integralmente em favor do trabalhador.[(7)]

5. Remuneração – verbas indenizatórias

Como dito alhures, a descaraterização de verba salarial para verba meramente indenizatória encontra razão na redução de encargos incidentes sobre a folha de pagamento e dos reflexos que as verbas de caráter salariais acarretam durante e após o contrato de trabalho.

No raciocínio otimista, a desoneração da folha irá proporcionar aumento de postos de trabalho, maior produção, crescimento econômico e reflexo na sociedade como um todo.

Mas numa simples análise, a descaracterização da massa salarial é o empobrecimento da classe operária, visto que as verbas agora

(6) BRASIL. Lei n. 13.467/2017, altera a Consolidação das Leis do Trabalho (CLT), a fim de adequar a legislação às novas relações de trabalho. Disponível em: <http://www.planalto.gov.br/ccivil_03/_ato2015-2018/2017/lei/L13467.htm>. Acesso: em: 4.9.2018.

(7) BRASIL. Lei n. 13.467/2017, altera a Consolidação das Leis do Trabalho (CLT), a fim de adequar a legislação às novas relações de trabalho. Disponível em: <http://www.planalto.gov.br/ccivil_03/_ato2015-2018/2017/lei/L13467.htm>. Acesso: em: 4.9.2018.

com caráter indenizatório podem ser retiradas a qualquer tempo, sem qualquer integração e sem qualquer justificativa.

Segundo Borceda (2018)[(8)], após a Reforma Trabalhista o quadro das verbas indenizatórias passou a ser o seguinte:

Verba	Pré-reforma	Pós-reforma	Mudou
Abonos	**salarial**	**Indenizatória**	**sim**
Ajuda alimentação	**salarial**	**Indenizatória**	**sim**
Ajuda de custo	**salarial**	**Indenizatória**	**sim**
Bonificações habituais	**salarial**	**Indenizatória**	**sim**
Diárias para viagens que excedam 50% do salário	**salarial**	**Indenizatória**	**sim**
Gorjetas	**salarial**	**Indenizatória**	**sim**
Participação nos lucros habitual	**salarial**	**Indenizatória**	**sim**
Prêmios habituais	**salarial**	**Indenizatória**	**sim**
Percentagens	**salarial**	**Indenizatória**	**sim**
Percentual sobre os lucros ajustado contratualmente	**salarial**	**Indenizatória**	**sim**

Como se observa, a intenção clara do legislador ordinário é reverter a posição apaziguada no ordenamento jurídico através das fontes do Direito do Trabalho, legislando na contramão dos direitos historicamente conquistados pelos trabalhadores. Ao dar natureza jurídica indenizatória às verbas salariais ele diminui o patrimônio do trabalhador, reduz em grande parte a contribuição previdenciária e aumenta o propagado déficit da Previdência.

Há clara diminuição dos salários, haja vista que as verbas salariais possuem seus reflexos em outras verbas, entretanto o mesmo não ocorre com as indenizatórias, mesmo que elas sejam habituais, desmoronando toda construção que se fez diante de longo tempo sobre verbas habituais e sua integração para todos os efeitos.

Caso clássico ocorre com o *prêmio de salário*.

Antes da reforma, o posicionamento da jurisprudência trabalhista era de que o valor pago habitualmente a título de prêmio teria natureza salarial, integrando o salário para todos os efeitos.

Assim entendia o STF com relação ao prêmio, conforme a Súmula n. 209:

> O salário-produção, como outras modalidades de salário-prêmio, é devido, desde que verificada a condição a que estiver subordinado, e não pode ser suprimido unilateralmente, pelo empregador, quando pago com habitualidade.[(9)]

Já o TST, mediante a Súmula n. 101, posicionava-se assim com relação às diárias:

> DIÁRIAS DE VIAGEM. SALÁRIO (incorporada a Orientação Jurisprudencial n. 292 da SBDI-1) — Res. n. 129/2005, DJ 20, 22 e 25.4.2005
>
> Integram o salário, pelo seu valor total e para efeitos indenizatórios, as diárias de viagem que excedam a 50% (cinquenta por cento) do salário do empregado, enquanto perdurarem as viagens. (primeira parte — ex-Súmula n.

(8) BORCEDA, Gustavo. *Valor do trabalho. Tabela das verbas salariais e indenizatórias trabalhistas antes e após a reforma (Lei n. 13.467/17)*. Disponível em: <https://www.valordotrabalho.com.br/tabela-das-verbas-salariais-e-indenizatorias-antes-e-apos-a-reforma.php >. Acesso em: 31.8.2018.

(9) BRASIL. Supremo Tribunal Federal — Súmula n. 209. Disponível em: <http://www.stf.jus.br/portal/jurisprudencia/menuSumarioSumulas.asp?sumula=3573>. Acesso em: 17.9.2018.

101 — RA n. 65/1980, DJ 18.6.1980; segunda parte — ex-OJ n. 292 da SBDI-1 — inserida em 11.8.2003) (BRASIL. TST, 2005)[(10)]

Mas, qual é o grande problema da não integração das verbas? São pelo menos dois:

1. não integrarão mais a remuneração das férias e do 13º salário;

2. não integrarão a base de cálculo para rescisão do contrato de trabalho e do FGTS.

A reforma é um verdadeiro desmonte dos direitos trabalhistas, pois além da retirada de direitos, com diminuição dos salários, também provoca a diminuição do número de vagas de trabalho de tempo integral e por prazo indeterminado.

6. Remuneração – equiparação salarial

A reforma trabalhista não veio somente com a intenção de inovar no mundo do trabalho e sim de desmoronar os alicerces que sustentam a relação justrabalhista. Quando se mexe no salário dificultando a justa retribuição pela contraprestação dos serviços prestados pelo trabalhador, trata-se de afronta a sua própria dignidade.

O art. 461 da CLT trata da equiparação salarial, sendo que antes da reforma, o TST, por meio da Súmula n. 6, pacificou o entendimento esclarecendo os requisitos para a equiparação, resumindo-se em: I. Idêntica função, II. Diferença não superior a dois anos; III. Mesma empresa e IV. Mesma região metropolitana (BRASIL, TST, 2015).[(11)]

A reforma dificultou a equiparação ao prever condição menos favorável para o paragonado, de modo que feriu grandemente o Princípio da Isonomia Salarial.

Enquanto antes o artigo da CLT proibia a distinção de sexo, nacionalidade e idade, a reforma acrescentou a *etnia*. Mandou bem nesse sentido.

A reforma considerou que só cabe a equiparação quando o trabalhador estiver trabalhando para o mesmo empregador por período não superior a quatro anos e que não esteja há mais de dois anos na função. Reclamante e paradigma devem estar a serviço do *mesmo estabelecimento* a tempo da reclamação.

A reforma não se contentou com a impossibilidade da equiparação salarial na existência de quadro de carreira, mas estendeu a impossibilidade à existência de norma interna da empresa, negociação coletiva, planos de cargos e salários, dispensando a necessidade de homologação ou registro em órgão público.

Antes da reforma as promoções deveriam ser por antiguidade e merecimento, porém a Reforma diz que poderá ser por esses critérios ou até mesmo por um deles, dentro de cada categoria profissional.

A reforma trata ainda dos casos de paradigmas remotos ou daqueles que conseguiram vantagem em ação judicial própria, não servindo estes como paradigmas.

7. Extinção do contrato de trabalho

O momento em que o empregado se sente mais fragilizado é quando o contrato de trabalho que lhe garante a sobrevivência é extinto.

Sem considerar as incertezas que lhe ronda a respeito de recolocação profissional, há ainda a dúvida quanto aos valores que receberá a título indenizatório. Anterior à reforma, havia prazos diferenciados, ficando na dependência se havia aviso-prévio trabalhado ou indeniza-

(10) BRASIL. Decreto-Lei n. 5.452, de 1º de maio de 1943, Aprova a Consolidação das Leis do Trabalho. Disponível em: <http://www.planalto.gov.br/ccivil_03/Decreto-Lei/Del5452.htm>. Acesso em: 17.9.2018.

(11) BRASIL. TST — Tribunal Superior do Trabalho – Súmula n. 6. Jurisprudência do Tribunal Superior do Trabalho. Disponível em: <http://www3.tst.jus.br/jurisprudencia/Sumulas_com_indice/Sumulas_Ind_1_50.html#SUM-6>. Acesso em: 2.9.2018.

do. Atualmente, o prazo para a quitação das verbas rescisórias passou a ser único, conforme a nova redação do § 6º do art. 477, trazido pela reforma, que assim reza:

> A entrega ao empregado de documentos que comprovem a comunicação da extinção contratual aos órgãos competentes bem como o pagamento dos valores constantes do instrumento de rescisão ou recibo de quitação deverão ser efetuados até dez dias contados a partir do término do contrato.[12]

Quer dizer que a situação do empregado *piorou* após a reforma, pois antes, se ele trabalhasse durante o aviso-prévio, receberia no primeiro dia após o termino do aviso. Da forma que está agora, ele precisa aguardar dez dias para receber as verbas rescisórias, caso cumpra o aviso-prévio trabalhado.

7.1. Rescisão contratual por acordo mútuo

A reforma trabalhista legalizou o ilegal. Se outrora havia proibição de acordo quando o empregado pedia para ser dispensado, agora há outro entendimento e se chama rescisão contratual por mútuo acordo. A prática antiga era comum e passível de autuação quando constatada pela fiscalização do trabalho, vez que era considerado rescisão fraudulenta.

O empregado que rescinde unilateralmente o contrato de trabalho:

> I. Perde o direito ao saque do FGTS, à multa indenizatória de 40% sobre o montante dos depósitos fundiários;
>
> II. É impedido de requerer o seguro-desemprego.

Assim reza o texto constitucional:

> **Art. 7º** São direitos dos trabalhadores urbanos e rurais, além de outros que visem à melhoria de sua condição social:
>
> (...)
>
> II — seguro-desemprego, **em caso de desemprego involuntário.**[13]

A reforma trabalhista veio "satisfazer" os dois lados da relação, haja visto que o acordo permite o saque e a indenização. Mas será que de fato satisfaz ao empregado? Vejamos como trata o assunto a Lei n. 13.467/2017, no introduzido art. 484-A:

> O contrato de trabalho poderá ser extinto por acordo entre empregado e empregador, caso em que serão devidas as seguintes verbas trabalhistas:
>
> I — por metade:
>
> a) o aviso-prévio, se indenizado; e
>
> b) a indenização sobre o saldo do Fundo de Garantia do Tempo de Serviço, prevista no § 1º do art. 18 da Lei n. 8.036, de 11 de maio de 1990;
>
> II — na integralidade, as demais verbas trabalhistas.
>
> § 1º A extinção do contrato prevista no *caput* deste artigo permite a movimentação da conta vinculada do trabalhador no Fundo de Garantia do Tempo de Serviço na forma do inciso I-A do art. 20 da Lei n. 8.036, de 11 de maio de 1990, <u>limitada até 80% (oitenta por cento)</u> do valor dos depósitos.
>
> § 2º A extinção do contrato por acordo prevista no *caput* deste artigo **<u>não autoriza o ingresso no Programa de Seguro-Desemprego.</u>**[14]

---

(12) BRASIL. Decreto-Lei n. 5.452, de 1º de maio de 1943, Aprova a Consolidação das Leis do Trabalho. Disponível em: <http://www.planalto.gov.br/ccivil_03/Decreto-Lei/Del5452.htm>. Acesso em: 17.9.2018.

(13) BRASIL. Constituição da República Federativa do Brasil. Senado. Disponível em: <https://www2.senado.leg.br/bdsf/bitstream/handle/id/518231/CF88_Livro_EC91_2016.pdf>. Acesso em: 4.9.2018.

(14) BRASIL. Lei n. 13.467/2017, altera a Consolidação das Leis do Trabalho (CLT), a fim de adequar a legislação às novas relações de trabalho. Disponível em: <http://www.planalto.gov.br/ccivil_03/_ato2015-2018/2017/lei/L13467.htm>. Acesso em: 4.9.2018.

Não considero que a demissão consensual **satisfaça plenamente o empregado**, vez que haverá casos em que o empregador terá a iniciativa da dispensa e o acordo será proposto. Como parte mais frágil da relação não terá outra opção a não ser aceitar e ter reduzido seus direitos, passando a receber *80%* dos valores fundiários depositados e *metade dos 40%* da indenização devida na dispensa sem justa causa bem como *metade do aviso-prévio devido*.

Aliás, *não acredito que a rescisão contratual por acordo mútuo termine com a fraude* anterior a Lei n. 13.467/2017, haja vista que as "vantagens" oferecidas pela novel lei não superam a antiga prática que se quer combater, pois na fraude 100% do FGTS são sacados, parcelas de seguro-desemprego concedidos. Mesmo com a devolução ao empregador dos 40% sobre o montante do FGTS depositado durante o contrato, a prática ilegal parece atrair os acordos não formalizados.

7.2. Termo de quitação anual de obrigações trabalhistas

A reforma trabalhista recolocou no cenário jurídico a quitação das obrigações trabalhistas, o que corresponde a verdadeiro *retrocesso na relação de trabalho*.

Anteriormente, a figura da quitação das obrigações existia para os *empregados rurais* que não estavam sujeitos à prescrição quinquenal, conforme previa o texto constitucional. Por isso, o empregador rural de cinco em cinco anos comparecia à justiça trabalhista *e dava quitação das obrigações trabalhistas do período*.

Entretanto, essa figura foi expurgada da Constituição com a Emenda Constitucional n. 28 que mudou o instituto por meio da nova redação do art. 7º, XXIX, da CF que passou a lecionar:

> São direitos dos trabalhadores urbanos e rurais, além de outros que visem à melhoria de sua condição social:
>
> (...)
>
> XXIX — ação, quanto aos créditos resultantes das relações de trabalho, com prazo prescricional de cinco anos para os trabalhadores urbanos e rurais, até o limite de dois anos após a extinção do contrato de trabalho.[15]

Com a nova redação perdeu sentido a quitação quinquenal prevista para o empregado ruralista por conta de mais um prazo prescricional.

Todavia, a *quitação anual de débitos* existe no mundo jurídico no que tange às pessoas jurídicas prestadoras de serviços públicos ou privados em face ao *consumidor*, conforme previsto no art. 1º da Lei n. 12.007/2009.[16]

A Reforma Trabalhista trouxe para a CLT a figura acima com o cunho de dar maior segurança jurídica na relação de trabalho. Assim reza o novel artigo do texto consolidado:

> Art. 507-B. É facultado a empregados e empregadores, na vigência ou não do contrato de emprego, firmar o termo de quitação anual de obrigações trabalhistas, perante o sindicato dos empregados da categoria.
>
> Parágrafo único. O termo discriminará as obrigações de dar e fazer cumpridas mensalmente e dele constará a quitação anual dada pelo empregado, com eficácia liberatória das parcelas nele especificadas. (grifo meu)[17]

Novamente o legislador *desconsiderou a posição de hipossuficiência* do empregado que, mesmo diante do sindicato, poderá não manifestar livremente a sua vontade pelas declarações e documentos apresentados, com o temor de perder seu posto de trabalho.

---

(15) BRASIL. Constituição da República Federativa do Brasil. Senado. Disponível em: <https://www2.senado.leg.br/bdsf/bitstream/handle/id/518231/CF88_Livro_EC91_2016.pdf>. Acesso em: 4.9.2018.

(16) BRASIL. Lei n. 12.007/2009, dispõe sobre a emissão de declaração de quitação anual de débitos pelas pessoas jurídicas prestadoras de serviços públicos ou privados. Disponível em: <http://www.planalto.gov.br/ccivil_03/_ato2007-2010/2009/lei/l12007.htm>. Acesso em: 4.9.2018.

(17) BRASIL. Decreto-Lei n. 5.452, de 1º de maio de 1943, Aprova a Consolidação das Leis do Trabalho. Disponível em: <http://www.planalto.gov.br/ccivil_03/Decreto-Lei/Del5452.htm>. Acesso em: 17.9.2018.

Mas o novo dispositivo legal não afasta a possibilidade de o empregado reclamar na justiça laboral tanto as verbas contidas no termo de compromisso como as que ficaram de fora, afinal, o Princípio da Inafastabilidade da Jurisdição garante o direito de ação, conforme previsto na Constituição Federal, que assim reza:

> **Art. 5º** Todos são iguais perante a lei, sem distinção de qualquer natureza, garantindo-se aos brasileiros e aos estrangeiros residentes no País a inviolabilidade do direito à vida, à liberdade, à igualdade, à segurança e à propriedade, nos termos seguintes:
>
> XXXV — <u>a lei não excluirá da apreciação do Poder Judiciário lesão ou ameaça a direito.</u>[(18)] (grifo meu)

O Termo de Quitação poderá ser apresentado na defesa do empregador demandado, mas se o empregado comprovar que não manifestou livremente a sua vontade ou até mesmo que nele consta ressalvas feitas perante o sindicato da categoria, o termo poderá firmar a convicção do juiz a favor do empregado.

Vale lembrar que o TRCT – Termo de Rescisão do Contrato de Trabalho outrora homologado pelo sindicato da categoria também possuía eficácia liberatória das parcelas nele especificadas, mas a falta de prova do adimplemento era motivo de condenação do empregador, conforme decisão do TRT-1 — Recurso Ordinário RO 00109027320145010032 RJ (TRT-1).

> FGTS. **RESSALVA EXPRESSA NO TRCT.** Existindo **ressalva expressa no TRCT** homologado pelo Sindicato, com relação aos depósitos do FGTS e não havendo prova nos autos do efetivo adimplemento, impõe-se a condenação da ré a proceder aos depósitos faltantes, com exceção do período em que o autor permaneceu em gozo do auxílio-doença previdenciário.[(19)] (BRASIL. TRT1, 2016)

Na mesma linha a decisão do TRT-18:

> **RESSALVA EXPRESSA NO TRCT.** QUANTO AO VALOR AINDA DEVIDO. VALIDADE DA QUITAÇÃO. A transação realizada, com assistência do Sindicato de Classe, com o efetivo pagamento dos valores expressamente ressalvados pelo Autor no **TRCT**, é válida quando não se vislumbra nenhum vício de consentimento. Recurso a que se dá provimento.[(20)] (BRASIL, TRT 18, 2009)

Logo, mesmo havendo a quitação anual, se o empregado comprovar que houve fraude contra preceitos trabalhistas ou que na própria quitação anual fez ressalvas ou ainda que o termo ocorreu sem o acompanhamento sindical ou perante sindicato que não representa a categoria, o termo perderá sua eficácia plena.

Vale ainda citar o art. 9º da CLT supra comentado para dizer que qualquer fraude contra preceitos trabalhistas será nula de pleno direito.[(21)]

Conclusão

O cenário atual é reflexo da propagada "modernização das relações do trabalho", mas que modernização é essa que retira direitos conquistados ao longo da história, permite condições desiguais de negociação, facilita a prática de pagamento de salários menores, redução da massa salarial, exalta as negociações entre

(18) BRASIL. Constituição da República Federativa do Brasil. Senado. Disponível em: <https://www2.senado.leg.br/bdsf/bitstream/handle/id/518231/CF88_Livro_EC91_2016.pdf>. Acesso em: 4.9.2018.

(19) BRASIL. TRT-1 — RECURSO ORDINÁRIO. RO 00109027320145010032 RJ (TRT-1). Julgamento: 11.4.2016, Décima Turma, publicado por Tribunal Regional do Trabalho da 1ª Região 2016. Disponível em: <https://trt-1.jusbrasil.com.br/jurisprudencia/342432555/recurso-ordinario-ro-109027320145010032-rj>. Acesso em: 26.8.2018.

(20) BRASIL. TRT 18. — RECURSO ORDINÁRIO. 1544005920095180121-GO-0154400-5920095180121. Disponível em: <https://trt-18.jusbrasil.com.br/jurisprudencia/419232100/recurso-ordinario-trabalhista-ro-1544005920095180121-go-0154400-5920095180121>. Acesso em: 17.9.2018.

(21) BRASIL. Decreto-Lei n. 5.452, de 1º de maio de 1943, Aprova a Consolidação das Leis do Trabalho. Disponível em: <http://www.planalto.gov.br/ccivil_03/Decreto-Lei/Del5452.htm>. Acesso em: 17.9.2018.

as partes em desigualdade de condições? Isso não é modernização e sim retrocesso.

A reforma trabalhista é uma ficção, pois cresce o número de empregos informais em detrimento dos milhares de novos empregos anunciados em alto e bom tom.

A reforma trabalhista é um retrocesso, pois os direitos que foram conquistados paulatinamente, fruto de ferrenha negociação, de lutas e desejos foram reduzidos, extintos sem que houvesse ampla discussão na sociedade.

A reforma trabalhista é uma falácia, pois atende aos interesses do capital em detrimento às aspirações da massa de trabalhadores.

A reforma trabalhista é uma afronta à dignidade do trabalhador, pois reduz seu patrimônio, quer seja pela retirada de verbas que sempre tiveram natureza salarial com reflexos para todos os fins e passaram a ter caráter indenizatório ou simplesmente por extinguir outras, como as horas *in itinere*, ou horas de percurso, que mesmo sendo tempo à disposição, deixou de ser remunerada.

O trabalhador deixou de ser hipossuficiente por uma mudança no ordenamento jurídico, mas na prática sempre o será, haja vista sua subordinação ao detentor do capital que o assalaria e dirige o investimento.

A reforma prega um grande avanço ao prever a prevalência do negociado sobre o legislado. Numa época de grande crise financeira e econômica, o trabalhador teme pelo seu emprego e não está em pé de igualdade para discutir cláusulas contratuais que continuarão a ser por adesão, sem chances para que haja de fato autonomia das vontades.

Continuando na falsa igualdade, a reforma dificultou a isonomia dos trabalhadores ao trazer regras que dificultam a equiparação salarial, inclusive exigindo que a isonomia seja considerada entre os trabalhadores do mesmo estabelecimento, o que causará diferenças salariais para empregadores com filiais, ainda que estejam no mesmo bairro, por exemplo.

A isonomia fica comprometida a partir do momento em que os critérios deixam de ser pela alternância de merecimento e antiguidade, abrindo a porta para avaliação meramente pessoal, recheada de preconceitos, ainda que a reforma tenha ido bem ao acrescentar a proibição de discriminação por conta da etnia. Mesmo assim, abriu uma brecha legal para velhos preconceitos.

Num primeiro momento, a reforma trabalhista parece ter legalizado a cultura do acordo (outrora ilegal), prática corrente para a extinção do contrato em que o empregado rescinde o contrato, mas o empregador trata a extinção como se fosse de iniciativa dele, permitindo ao empregado todos os direitos, desde que devolvesse a multa rescisória. Agora, a devolução sai de cena para entrar a redução dos direitos.

A rescisão por mútuo consentimento criou a possibilidade de o empregador forjar um acordo, quando na realidade se trata de uma dispensa sem justa causa, restringindo direitos trabalhistas.

A reforma vai ao encontro da ideologia de que a CLT é arcaica e descabida nos tempos atuais, entretanto o legislador não teve a sensibilidade ao tratar o trabalho como mera mercadoria, simples fator de produção. Desconsiderou o trabalhador na sua integralidade, não se importou com sua dignidade, com sua condição pessoal e muito menos com suas necessidades e anseios.

A nova legislação da forma como foi concebida, sem critérios e discussões é uma verdadeira máquina desgovernada que atropela tudo, sendo que à frente está o Direito do Trabalho com seus alicerces e seus princípios gerais.

Por fim, a reforma trabalhista diminui o patrimônio do trabalhador, diminui a arrecadação previdenciária, diminui o montante do fundo de garantia para financiamento de moradias, precariza a relação de trabalho com inovações pouco convencionais que vão de encontro aos direitos historicamente conquistados com suor, sangue e lágrimas e, não menos importante, dificulta a Fiscalização do Trabalho para combater fraudes, sonegações e todas formas de precarização.

O mundo do trabalho desejava uma reforma que libertasse e não a que impõe grilhões.

Referências bibliográficas

BORCEDA, Gustavo. *Valor do trabalho. Tabela das verbas salariais e indenizatórias trabalhistas antes e após a reforma (Lei n. 13.467/17).* Disponível em: <https://www.valordotrabalho.com.br/tabela-das-verbas-salariais-e-indenizatorias-antes-e-apos-a-reforma.php >. Acesso em: 31.8.2018.

BRASIL. Constituição da República Federativa do Brasil. SENADO. Disponível em: <https://www2.senado.leg.br/bdsf/bitstream/handle/id/518231/CF88_Livro_EC91_2016.pdf>. Acesso em: 4.9.2018.

______. Constituição da República Federativa do Brasil. SENADO. Disponível em: <https://www2.senado.leg.br/bdsf/bitstream/handle/id/518231/CF88_Livro_EC91_2016.pdf>. Acesso em: 4.9.2018.

______. Constituição da República Federativa do Brasil. SENADO. Disponível em: <https://www2.senado.leg.br/bdsf/bitstream/handle/id/518231/CF88_Livro_EC91_2016.pdf>. Acesso em: 4.9.2018.

______. Decreto-lei n. 5.452, , de 1º de maio de 1943, aprova a Consolidação das Leis do Trabalho. Disponível em: <http://www.planalto.gov.br/ccivil_03/Decreto-Lei/Del5452.htm>. Acesso em: 17.9.2018.

______. Lei n. 12.007/2009, que dispões sobre a emissão de declaração de quitação anual de débitos pelas pessoas jurídicas prestadoras de serviços públicos ou privados. Disponível em: <http://www.planalto.gov.br/ccivil_03/_ato2007-2010/2009/lei/l12007.htm>. Acesso em: 4.9.2018.

______. Lei n. 13.467/2017, altera a Consolidação das Leis do Trabalho (CLT), a fim de adequar a legislação às novas relações de trabalho. Disponível em: <http://www.planalto.gov.br/ccivil_03/_ato2015-2018/2017/lei/L13467.htm>. Acesso em: 4.9.2018.

______. Supremo Tribunal Federal — Súmula n. 209. Disponível em: <http://www.stf.jus.br/portal/jurisprudencia/menuSumarioSumulas.asp?sumula=3573>. Acesso em: 17.9.2018.

______. RT 18 — RECURSO ORDINÁRIO. 1544005920095180121-GO-0154400-5920095180121. Disponível em: <https://trt-18.jusbrasil.com.br/jurisprudencia/419232100/recurso-ordinario-trabalhista-ro-1544005920095180121-go-0154400-5920095180121>. Acesso em: 17.9.2018.

______. TRT-1 — RECURSO ORDINÁRIO. RO 00109027320145010032 RJ (TRT-1). Julgamento: 11.4.2016, Décima Turma, publicado por Tribunal Regional do Trabalho da 1ª Região 2016. Disponível em: <https://trt-1.jusbrasil.com.br/jurisprudencia/342432555/recurso-ordinario-ro-109027320145010032-rj>. Acesso em: 26.8.2018.

______. TST — Súmula n. 101. Disponível em: <http://www3.tst.jus.br/jurisprudencia/Sumulas_com_indice/Sumulas_Ind_101_150.html#SUM-101>. Acesso em: 17.9.2018.

______. TST — Tribunal Superior do Trabalho – Súmula n. 6. Jurisprudência do Tribunal Superior do Trabalho. Disponível em: <http://www3.tst.jus.br/jurisprudencia/Sumulas_com_indice/Sumulas_Ind_1_50.html#SUM-6>. Acesso em: 2.9.2018.

III – Direito Coletivo do Trabalho

Negociado sobre o Legislado e os Limites Impostos pelas Normas Internacionais do Trabalho e Outros Tratados de Direitos Humanos

Roseniura Santos[1]

1. Introdução

O presente estudo analisa as novas regras inseridas pela reforma trabalhista que estabelecem a primazia da livre negociação sobre a lei. Para tanto faz-se uma reflexão fundamental sobre os paradigmas ideológicos que estão na raiz da reforma juslaboral brasileira.

As normas jurídicas são também determinantes do processo de mudanças sociais. Este aspecto não tem sido negligenciado pelos operadores do neoliberalismo que, ao longo dos anos, têm concentrado sua força nos mecanismos regulatórios com especial foco no espaço jurídico pertinente ao Direito do Trabalho. O processo brasileiro de reformas legislativas tem a marca das ideias neoliberais.

A prevalência do negociado sobre o legislado retoma a ideia de liberdade contratual e autorregulação segundo a qual a economia deve ser dirigida apenas por meio de transações mercantis individuais com a promessa de que a busca do interesse individual conduzirá ao progresso geral da sociedade (promessas de geração de emprego e renda).

Não se ignora as teses juridicamente sustentáveis que pugnam pela inconstitucionalidade da prevalência do negociado sobre o legislado, todavia o estudo tem como premissa a possibilidade de tais teses não serem reconhecidas pelo STF, considerando o estímulo constitucional à negociação coletiva pelo que se buscou construir uma alternativa interpretativa.

O estudo teve por base a tese apresentada na 2ª Jornada de Direito e Processo do Trabalho realizada em 2017 que foi aprovada e consolidada no Enunciado n. 28 que fixou interpretação do *caput* do art. 611-A e parágrafo único do art. 444 da CLT no sentido de que deve observar o arcabouço constitucional, não podendo ser aplicado sem limites. Parte-se da premissa de que a proteção ao trabalho é um direito humano e como tal não pode ser objeto de livre negociação.

---

(1) Auditora-Fiscal do Trabalho. Mestra e Doutoranda em Políticas Sociais e Cidadania na Universidade Católica do Salvador. Membro do Núcleo de Pesquisa do Trabalho (NET-UCSAL). Professora adjunta de Direito do Trabalho da Faculdade Pio Décimo. *E-mail:* roseniura@gmail.com.

2. *As ideias por trás da reforma trabalhista*

2.1. Pensamento e discurso neoliberais: o paradigma da análise econômica do direito e os princípios ideológicos subjacentes à reforma trabalhista brasileira

Com raízes na doutrina de Smith, o ideário liberal formatou o discurso econômico dominante da sociabilidade mercantil para estabelecer a economia como um domínio autônomo do saber.

> Essa ontologia do sistema de livre mercado constitui o principal legado de Smith para a constituição do discurso econômico: a imagem de uma esfera da economia movida pelo interesse pessoal, que produz resultados superiores aos alcançados por qualquer forma alternativa de organização da produção material.(2)

Os dogmas liberais têm notada influência de Adam Smith que concebe a esfera econômica como uma ordem natural e não, como uma ordem moral em que o interesse pessoal precipuamente busca o lucro e conduziria à promoção do interesse geral e coletivo, pois acreditava que ao perseguir interesses individuais, o homem beneficiaria a sociedade.

A **autorregulação** é a base da doutrina liberal segundo a qual a economia é e deve ser dirigida apenas por meio do comércio ou da troca e pelos preços de mercado alimentado pelo autointeresse. Nisto consiste a fetichização smithiana do mercado cuja mão invisível conciliaria a busca do interesse individual com o progresso geral com garantia da manutenção da coesão social:

> Empregando a metáfora da mão invisível, a riqueza das nações nos revela como uma sociabilidade apoiada na divisão do trabalho e nas trocas e movida pelo princípio da barganha produz como resultados inesperados a "opulência universal". Ela demonstraria, portanto, a existência de um domínio especificamente econômico, dotado de coerência interna e, sobretudo, que operaria espontaneamente no sentido de gerar o bem da humanidade.

As interações individuais seriam movidas pelo princípio da barganha, constituindo um domínio especificamente econômico que operaria espontaneamente para o bem da humanidade pela ação da "mão invisível" que orientaria a economia para o progresso geral. A riqueza das nações cresceria se os homens, através de seus governos, fundamentalmente, não inibissem este crescimento, concedendo proteções especiais que impediriam o sistema competitivo e **autorregulável** de exercer seus efeitos benéficos. O Estado deveria se limitar tão somente a defender a nação, promover justiça e segurança aos cidadãos e prover serviços úteis, mas não atraentes para a iniciativa privada.

A mão invisível, divinizada e *não estatal* é a concepção mais influente na teoria econômica contemporânea. Muito se evoluiu, no conhecimento da ciência econômica, mas é notável a força jacente do legado de Smith na formatação do pensamento e discurso econômicos estruturantes do neoliberalismo.

Aqui reside a notável herança smithiana na constituição do pensamento e discurso econômicos contemporâneos presentes na reforma trabalhista brasileira (BONENTE e CORRÊA, 2009; CERQUEIRA, 2004; GANEM, 2015; HALL, 2006; LAYRARGUES, 1998; PAULANI, 2015; PATO, 2011), que pode ser assim sintetizada:

a) Concepção individualista como base da construção conceitual do homem econômico e da *defesa da liberdade e propriedade individuais;*

b) Proposição da autorregulação pela mão invisível dos mercados como esquema funcional da prosperidade universal;

(2) CERQUEIRA, Hugo. Adam Smith e o surgimento do discurso econômico. *Revista de Economia Política*, v. 24, n. 3, p. 438, 2004.

c) Base da teoria do desenvolvimento econômico como promessa e possibilidade de homogeneização da riqueza mundial; e

d) Proposição do papel do Estado de providência econômica como promotor da defesa institucional da propriedade e liberdade individuais com garantia da infraestrutura necessária ao processo de acumulação capitalista. A providência econômica implicaria uma *natural* providência social. A mão invisível dirigiria as Nações à Terra Prometida.

Pode-se observar que o substrato do legado de Smith está presente no pensamento econômico contemporâneo ainda que se observe reducionismos teóricos em que "a natureza da economia moderna foi substancialmente empobrecida pelo distanciamento crescente entre economia e ética"[(3)].

A construção do sistema econômico globalizado não decorreu de uma evolução natural e fatal, foi resultado de um racionalismo ungido com ar científico banhado por uma retórica economicista (BOURDIEU; WACQUANT, 1992). Este aspecto é fundamental para a análise crítica da reforma trabalhista implementadas no Brasil que, em sua essência, está impregnada dos fundamentos da Análise Econômica do Direito (AED).

2.1.1. Análise econômica do direito: fundamentos por trás de reforma trabalhista brasileira

A AED constitui estudo situado na microeconomia da teoria do contrato para representar as tomadas de decisões sob certas reflexões a partir da noção de utilidade e eficiência para identificar as melhores alternativas de decisões. A AED adota métodos da teoria microeconômica tendo como panorama referencial a ideia de que os agentes econômicos analisam benefícios e custos antes de tomar uma decisão, seja de natureza econômica, social ou cultural.

A análise econômica do direito parte da noção que considera "o direito enquanto um conjunto de regras que estabelecem custos e benefícios para os agentes que pautam seus comportamentos em função de tais incentivos"[(4)]. A AED considera que o Direito, a partir da racionalidade individual, pode conferir maior efetividade, maximizar a riqueza e promover uma alocação mais eficiente dos recursos escassos.

Sob esta perspectiva, as normas jurídicas são instrumentos de regulação com dois papéis centrais quais sejam a defesa do funcionamento do livre mercado em regra, e a viabilização da intervenção do Estado para corrigir falhas de mercado se necessário (ZYLBERSZTAJN; SZTAJN, 2005).

Considerando as consequências econômicas das normas e sua interpretação ou decisão jurídica, a AED induz o Direito a se tornar mais objetivados sob o domínio das estatísticas e projeções econômicas, ignorando ou relegando a um segundo plano, os aspectos e impactos sociais, sob a promessa historicamente não cumprida de que o crescimento traria necessariamente benefícios sociais.

A AED pretende analisar os efeitos de mudanças nas regulações jurídicas sobre o sistema econômico, tendo como referência o pensamento e o discurso reducionistas do fenômeno econômico que é apresentado como autônomo em relação ao fenômeno político-social, promovendo uma perigosa cisão entre os campos da Ética, da Economia e do Direito que potencializam a força hegemônica do capital.

O Direito é compreendido como uma instituição que deve promover a eficiência para as transações econômicas de modo a melhorar o bem-estar social. Aplicando a teoria econômica e os métodos econométricos às instituições jurídicas (leis, órgãos, agentes estatais), as instituições legais são definidas não como en-

(3) SEN, Amartya. Moral codes and economic success. In: BRITTAN, Samuel; HAMLIN, Alan. *Market capitalism and moral values.* Aldershot: Edward Elgar, 1995, p. 23.

(4) GICO JR., Ivo Teixeira. Metodologia e epistemologia da análise econômica do direito. *Economic Analysis of Law Review*, v. 1, p. 21, 2010.

dógenas ao sistema econômico, mas apropria-se delas como dimensões que pretendem integrar o próprio sistema econômico.

Num contexto de inseguranças do mundo do trabalho (desemprego crescente, heterogeneidade e precarização do mercado de trabalho, desigualdade e exclusão social) que se transmutam em elementos exponenciais e estruturantes do capitalismo contemporâneo, muitas das inovações da Lei n. 13.467/2017 são marcadas pela ideia de eficiência econômica e redução de custos produtivos, mediante normas que abrem caminho para o acirramento da erosão do trabalho contratado e juridicamente protegido substituído pelas diversas formas de exploração do trabalho programadas para externalizar riscos, custos e responsabilidades empresariais tais como o empreendedorismo, trabalho voluntário, cooperativismo, terceirização e por novas modalidades de trabalho atípico, bem como a contratação marcada pela informalidade da relação de emprego.

Neste cenário, o contrato do trabalho foi o centro do ataque neoliberal através da reforma trabalhista e buscou-se dar o golpe de misericórdia qualificado pela realidade de profunda precarização do trabalho e de descumprimento da legislação "dentro de um contexto de mercado de trabalho flexível, em que a ameaça do desemprego está no horizonte de todo assalariado"[(5)] (DARDOT; LAVAL, 2016) e não se pode seriamente falar em liberdade de negociação.

Neste quadro, caracteriza-se um processo de precarização estrutural do trabalho e de desmonte da legislação social protetora do trabalho aumentando ainda mais os mecanismos de extração do sobretrabalho, as formas de precarização e destruição dos direitos sociais arduamente conquistados:

> Longe de ser apenas um modo de gestão do trabalho pelo capital, gostaríamos de propor aqui que, sob a perspectiva biopolítica do capital, a precariedade tornou-se, primeiro intelectualmente e deve se tornar praticamente uma forma de existência, um "estilo de vida". Em outras palavras, gostaríamos de levar a sério a frase bem conhecida de Laurence Parisot, a atual presidente do MEDEF1, quando ela disse: "A vida é precária, o amor é precário, por que o trabalho escaparia desta lei? (LE FIGARO, 2005)". Sempre é bom levar a sério essas pequenas frases que parecem insignificantes, mas que, sem sequer precisar de longa exegese, falam da dominação do capital sobre o trabalho e a vida, como esta outra sentença inesquecível também de Laurence Parisot, que afirma: "a liberdade de pensamento termina onde começa o código de trabalho". Temos aqui um discurso claro de uma estratégia oculta.[(6)] (LAVAL, 2017, p. 100)

A precarização do trabalho emerge assim com uma racionalidade econômica regulatória na medida em que:

> Quanto mais aumentam a competitividade e a concorrência intercapitais, mais nefastas são suas consequências das quais duas são particularmente graves: destruição e/ou precarização, sem paralelos em toda a era moderna, da força humana que trabalha e a degradação crescente do meio ambiente, na relação metabólica entre homem, tecnologia e a natureza, conduzida pela lógica societal voltada prioritariamente para a produção de mercadorias e para o processo de valorização do capital[(7)].

O contrato de trabalho está situado neste epicentro do sistema produtivo de acumulação flexível que tem uma contradição congênita em que a flexibilização do uso do capital e do trabalho é fundamental para a busca de

---

(5) DARDOT, Pierre; LAVAL, Christian. *A nova razão do mundo.* São Paulo: Boitempo, 2017. p. 229.

(6) LAVAL, Christian. Precariedade como "estilo de vida" na era neoliberal. *Revista Científica de Comunicação Social da FIAM-FAAM*, v. 5, n. 1, p. 100, 2017.

(7) MÉSZÁROS, István. *Para além do capital.* 1. ed. Tradução de Paulo César Castanheira, Sérgio Lessa. São Paulo: Boitempo, 2011. p. 30.

mecanismos de ajuste dos riscos relativos à taxa lucratividade (estabilidade ou segurança econômica), mas tem como elemento central a precarização dos direitos sociais (instabilidade ou insegurança social).

O capital se reinventa na era digital, pretendendo conferir aos contratos de trabalho uma autonomia à margem do arcabouço regulatório formal, externalizando o ônus dos riscos econômicos integralmente para os trabalhadores e, ao seu modo sem freios e reformatando um exército de reserva de mão de obra desvinculado do sistema regulatório jurídico-formal, mas agora gerenciado via plataformas digitais em que "o controle se realizaria na própria dispersão e na própria indiscernibilidade da relação de trabalho"(8).

Este aspecto reflete-se nas ideologias da regulação e do contrato que, na visão puramente econômica, realizam-se ajustes estáveis que geram uma estrutura de incentivos para o bom funcionamento da Economia e reclamam de lado proteção à propriedade e investimentos (regulação de incentivos contratuais) e de outro, desproteção do trabalho (desregulação do contrato laboral).

3. *Negociado sobre o legislado e os limites impostos pelas Normas Internacionais do Trabalho*

3.1. A supralegalidade dos tratados internacionais de direitos humanos

O sistema internacional de proteção dos direitos humanos é formado por um conjunto de tratados, declarações ou convenções que buscam garantir os direitos humanos enquanto atributos da pessoa humana, reconhecidos em tratados e normas consuetudinárias internacionais, como sujeito central dos direitos humanos e liberdades fundamentais qualificados como universais, indivisíveis, inalienáveis e interdependentes.

Neste sentido, a Declaração e Programa de Ação de Viena de 1993 estabelece:

> 5. Todos os direitos humanos são universais, indivisíveis interdependentes e inter-relacionados. A comunidade internacional deve tratar os direitos humanos de forma global, justa e equitativa, em pé de igualdade e com a mesma ênfase. Embora particularidades nacionais e regionais devam ser levadas em consideração, assim como diversos contextos históricos, culturais e religiosos, é dever dos Estados promover e proteger todos os direitos humanos e liberdades fundamentais, sejam quais forem seus sistemas políticos, econômicos e culturais.

A ordem constitucional brasileira trouxe um claro programa de proteção ao trabalho humano que se harmoniza com as normas internacionais e se compromete com sua proteção, efetivação e incorporação. A Constituição brasileira fixa cláusula em seu art. 5º, § 2º que abre a ordem constitucional para incorporar outros direitos e garantias não expressos, mas que decorrem do regime e dos princípios humanistas constitucionalmente positivados, bem como dos tratados internacionais de que o Brasil seja parte.

O apreço constitucional está especialmente expresso no reconhecimento da hierarquia normativa superior imputada aos tratados de direitos humanos uma vez que são, em regra, supralegais, estando abaixo da Constituição, porém acima da legislação interna, podendo alcançar *status* constitucional, conforme dicção do § 3º do art. 5º pelo que não podem ser equiparados às leis internas.

No âmbito da jurisprudência do STF, temos o precedente relativo à prisão civil do depositário infiel em que a supralegalidade foi declarada:

> [...] desde a adesão do Brasil, sem qualquer reserva, ao Pacto Internacional dos Direitos Civis e Políticos (art. 11) e à Convenção

(8) ABÍLIO, Ludmila Costhek. *O* make up *do trabalho:* uma empresa e um milhão de revendedoras de cosméticos. Tese de Doutorado. Universidade Estadual de Campinas, 2011. p. 132.

Americana sobre Direitos Humanos – Pacto de São José da Costa Rica (art. 7º, 7), ambos no ano de 1992, não há mais base legal para prisão civil do depositário infiel, pois o caráter especial desses diplomas internacionais sobre direitos humanos lhes reserva lugar específico no ordenamento jurídico, estando abaixo da Constituição, porém acima da legislação interna. *O "status" normativo supralegal dos tratados internacionais de direitos humanos subscritos pelo Brasil, dessa forma, torna inaplicável a legislação infraconstitucional com ele conflitante, seja ela anterior ou posterior ao ato de adesão.* Assim ocorreu com o art. 1.287 do Código Civil de 1916 e com o DL n. 911/1969, assim como em relação ao art. 652 do novo Código Civil (Lei n. 10.406/2002).[9]

Cabe, pois a análise da reforma trabalhista à luz das normas internacionais, cabendo afastar a aplicação de normas internas em caso de conflito normativo ainda que não haja disposição constitucional correlata.

3.2. A supralegalidade das normas internacionais de proteção ao trabalho digno

No arcabouço internacional, diversas normas que reconhecem o trabalho digno e protegido como dimensões da dignidade da pessoa humana. Os direitos sociais, a teor do art. 22 da Declaração Universal dos Direitos Humanos, são indispensáveis à plena garantia da dignidade e ao livre desenvolvimento de personalidade do indivíduo. A Declaração Universal dos Direitos Humanos (DUDH) de 1948 prescreve:

> Art. 22.
>
> Todo ser humano, como membro da sociedade, tem direito à segurança social, à realização pelo esforço nacional, pela cooperação internacional e de acordo com a organização e recursos de cada Estado, dos direitos econômicos, sociais e culturais indispensáveis à sua dignidade e ao livre desenvolvimento da sua personalidade.
>
> Art. 23.
>
> I) Todo o homem tem direito ao trabalho, à livre escolha de emprego, *a condições justas e favoráveis de trabalho e à proteção contra o desemprego.*
>
> II) Todo o homem, sem qualquer distinção, tem direito a igual remuneração por igual trabalho.
>
> III) Todo o homem que trabalha tem direito a uma remuneração justa e satisfatória, que lhe assegure, assim como a sua família, *uma existência compatível com a dignidade humana, e a que se acrescentarão, se necessário, outros meios de proteção social.*
>
> IV) Todo o homem tem direito a organizar sindicatos e a neles ingressar para proteção de seus interesses. (Grifos não originais).

A Carta das Nações Unidas também trilha no mesmo sentido determinando:

> Art. 55. Com o fim de criar condições de estabilidade e bem-estar, necessárias às relações pacíficas e amistosas entre as Nações, baseadas no respeito ao princípio da igualdade de direitos e da autodeterminação dos povos, as Nações Unidas favorecerão:
>
> a) *níveis mais altos de vida, trabalho efetivo e condições de progresso e desenvolvimento econômico e social;*
>
> b) *a solução dos problemas internacionais econômicos, sociais,* sanitários e conexos; a cooperação internacional, de caráter cultural e educacional; e
>
> c) *o respeito universal e efetivo dos direitos humanos e das liberdades fundamentais para todos, sem distinção de raça, sexo, língua ou religião.*

A Magna Carta brasileira preceitua como princípios fundamentos da República a dignidade humana e a valorização social do trabalho (CF, art. 1º, incisos III e IV), bem como determina como objetivos fundamentais "construir uma sociedade livre, justa e solidária" e "erradicar a pobreza e a marginalização

(9) RE 466.343, rel. min. Cezar Peluso, voto do min. Gilmar Mendes, j. 3.12.2008, P, DJE de 5.6.2009.

e reduzir as desigualdades sociais e regionais" (CF, art. 3º, incisos I e III). Também declara proteção aos direitos sociais (CF, art. 6º). *Este panorama constitucional e o arcabouço jurídico internacional evidenciam o caráter de direito humano dos direitos sociais, destacadamente, o trabalho humano* que não pode ser mercantilizado (AZEVEDO NETO, 2017). E isto é um valor fundamental que precede os sistemas jurídicos nacionais.

> (...) *a dignidade da pessoa humana precede a Constituição de 1988 e esta não poderia ter sido contrariada, em seu art. 1º, III, anteriormente a sua vigência.* A arguente desqualifica fatos históricos que antecederam a aprovação, pelo Congresso Nacional, da Lei n. 6.683/1979. (...) A inicial ignora o momento talvez mais importante da luta pela redemocratização do País, o da batalha da anistia, autêntica batalha. Toda a gente que conhece nossa história sabe que esse acordo político existiu, resultando no texto da Lei n. 6.683/1979. (...) Tem razão a arguente ao afirmar que a dignidade não tem preço. *As coisas têm preço, as pessoas têm dignidade. A dignidade não tem preço, vale para todos quantos participam do humano.* Estamos, todavia, em perigo quando alguém se arroga o direito de tomar o que pertence à dignidade da pessoa humana como um seu valor (valor de quem se arrogue a tanto). É que, então, o valor do humano assume forma na substância e medida de quem o afirme e o pretende impor na qualidade e quantidade em que o mensure. Então o valor da dignidade da pessoa humana já não será mais valor do humano, de todos quantos pertencem à humanidade, porém de quem o proclame conforme o seu critério particular. Estamos então em perigo, submissos à tirania dos valores. (...) *Sem de qualquer modo negar o que diz a arguente ao proclamar que a dignidade não tem preço (o que subscrevo), tenho que a indignidade que o cometimento de qualquer crime expressa não pode ser retribuída com a proclamação de que o instituto da anistia viola a dignidade humana.* (...) O argumento descolado da dignidade da pessoa humana para afirmar a invalidade da conexão criminal que aproveitaria aos agentes políticos que praticaram crimes comuns contra opositores políticos, presos ou não, durante o regime militar, esse argumento não prospera.[(10)] (Grifos não originais)

Numa sociedade cada vez mais globalizada é essencial proteger o direito humano ao trabalho digno tanto sob a ótica da justiça social quanto sob o ponto de vista econômico uma vez que a legislação trabalhista é fundamental para promover o equilíbrio, pois o nível de efetividade dos direitos laborais interfere decisivamente sobre o equilíbrio concorrencial entre os agentes econômicos pelas práticas caracterizáveis como *dumping* social (SOUTO MAIOR; MOREIRA; SEVERO, 2014).

Cabe observar que este aspecto regulador dos direitos sociais, no plano das relações econômicas internas e internacionais, foi um dos principais fatos propulsores da criação da Organização Internacional do Trabalho (OIT) em 1919 logo após o fim da I Guerra Mundial, precedendo em muito a criação da Organização das nações Unidas que se deu somente em 1945 após a II Guerra Mundial.

A precedência da criação da OIT é indicativa da urgência de uma regulação adequada do trabalho humano como considerado no preâmbulo da Constituição da Organização Internacional do Trabalho (Declaração de Filadélfia) que afirma " que a paz para ser universal e duradoura deve assentar sobre a justiça social".

Com a criação da OIT, instituiu-se um sistema internacional especial de proteção do direito humano ao trabalho digno com três dimensões:

a) celebração de um consenso internacional para fixar parâmetros mínimos de proteção do direito humano ao trabalho através do tripartismo mediante participação de repre-

(10) ADPF 153, voto do rel. min. Eros Grau, j. 29.4.2010, P, DJE de 6.8.2010.

sentações dos Governos, dos trabalhadores e dos empregadores para estabelecer normas de trabalho, bem como formular políticas públicas e programas para promover o trabalho decente;

b) imposição de deveres jurídicos aos Estados-membros consignatários que são obrigados a informar regularmente sobre as medidas tomadas para tornar efetivas as Convenções ratificadas;

c) sistema de controle, avaliação e monitoramento dos cumprimentos das Convenções e Recomendações da OIT pelos Estados-Membros através do Comitê de Peritos na Aplicação de Convenções e Recomendações (órgão independente, constituído por juristas).

As Convenções Internacionais do Trabalho possuem, pois, natureza jurídica de tratados de direitos humanos em razão de seu objeto que está definido na referida Declaração anexa à Constituição da OIT que estabelece em seu item II:

> A Conferência, convencida de ter a experiência plenamente demonstrado a verdade da declaração contida na Constituição da Organização Internacional do Trabalho, que a paz, para ser duradoura, deve assentar sobre a justiça social, afirma que:
>
> *a) todos os seres humanos de qualquer raça, crença ou sexo, têm o direito de assegurar o bem-estar material e o desenvolvimento espiritual dentro da liberdade e da dignidade, da tranquilidade econômica e com as mesmas possibilidades;*
>
> b) a realização de condições que permitam o exercício de tal direito deve constituir o principal objetivo de qualquer política nacional ou internacional. (Grifamos)

O trabalho não é uma mercadoria, é expressão da dignidade da pessoa humana. As citadas normas internacionais adotados pela comunidade internacional refletem valores e princípios comuns sobre questões relacionadas à proteção ao trabalho decente, tendo natureza jurídica de norma de direito humano. Valores presentes no arcabouço constitucional brasileiro ao preceituar como princípios fundamentos da República a dignidade humana e a valorização social do trabalho (CF, art. 1º, incisos III e IV), bem como determina como objetivos fundamentais "construir uma sociedade livre, justa e solidária" e "erradicar a pobreza e a marginalização e reduzir as desigualdades sociais e regionais" (CF, art. 3º, incisos I e III). Também declara proteção aos direitos sociais (CF, art. 6º).

A Lei n. 13.467/2017 prevê a prevalência do negociado sobre as disposições fixadas em lei ao dispor no art. 611-A que convenção coletiva e o acordo coletivo de trabalho *têm prevalência sobre a lei*. Também deu nova redação ao art. 444, incluindo a hipótese de a negociação individual ter também prevalência sobre a lei:

> Art. 444. [...]
>
> Parágrafo único. A livre estipulação a que se refere o *caput* deste artigo aplica-se às hipóteses previstas no art. 611-A desta Consolidação, *com a mesma eficácia legal e preponderância sobre os instrumentos coletivos*, no caso de empregado portador de diploma de nível superior e que perceba salário mensal igual ou superior a duas vezes o limite máximo dos benefícios do Regime Geral de Previdência Social.

A reforma trabalhista do Governo Temer retoma os dogmas da liberdade e igualdade entre as partes com grande potencial implosivo das proteções consolidadas nas regulações da legislação laboral. Recorre-se à ideia da autorregulação pela qual o capital busca um alinhamento global sem diplomacias alternativas (SOUZA SANTOS, 2013), avançando na arena jurídica laboral.

3.2. A aplicação do parágrafo único do art. 444 e do art. 611-A da CLT e as limitações dos Tratados de Direitos Humanos

O Pacto Internacional sobre Direitos Econômicos, Sociais e Culturais assegura direito ao trabalho com condições dignas a serem implementadas pelas legislações nacionais. A Convenção Interamericana de Direitos Humanos (Pacto de San José) elenca diversos direitos civis e políticos que podem auxiliar na defesa dos direitos sociais. Destacando-se o art. 26 que determina o compromisso dos Estados em promover o desenvolvimento progressivo mediante providências que provejam plena efetividade dos direitos que decorrem das normas econômicas e sociais na medida dos recursos disponíveis, por via legislativa ou por outros meios apropriados.

O Protocolo Facultativo à Convenção Americana sobre Direitos Humanos em Matéria de Direitos Econômicos, Sociais e Culturais (Protocolo de San Salvador) firma o compromisso dos Estados com a proteção e promoção dos direitos econômicos, sociais e culturais dada a interdependência e indivisibilidade destes direitos com os direitos civis e políticos. Em seu preâmbulo estabelece:

> Considerando a estreita relação que existe entre a vigência dos direitos econômicos, sociais e culturais e a dos direitos civis e políticos, porquanto *as diferentes categorias de direito constituem um todo indissolúvel que encontra sua base no reconhecimento da dignidade da pessoa humana*, pelo qual exigem uma tutela e promoção permanente, com o objetivo de conseguir sua vigência plena, sem que jamais possa justificar-se a violação de uns a pretexto da realização de outros;

Propõe-se conferir ao parágrafo único do art. 444 e ao art. 611-A da CLT interpretação conforme à Constituição no sentido de que negociação em tais hipóteses não podem sobrepor-se ou conflitar com as Convenções Internacionais do Trabalho e outros tratados internacionais de direitos humanos por possuírem hierarquia supralegal ou constitucional uma vez que o trabalho digno, protegido e socialmente valorizado é direito humano fundamental.

As regras estabelecidas no *caput* do art. 611-A e parágrafo único do art. 444 da CLT devem ser interpretados conforme a Constituição de modo a reconhecer que os tratados e convenções internacionais que tenham por objeto a regulamentação da proteção ao trabalho humano em quaisquer de suas modalidades (autônomo, eventual, intermitente, subordinado), são normas internacionais de direitos humanos que possuem no ordenamento jurídico brasileiro uma posição hierárquica especial, não se equiparando às leis nacionais para tal fim.

Neste sentido, a 2ª Jornada de Direito Material e Processual do Trabalho realizada nos dias 9 e 10 de outubro/2017 pela Anamatra em parceria com a Associação Nacional dos Procuradores do Trabalho (ANPT), o Sindicato Nacional dos Auditores Fiscais do Trabalho (Sinait) e a Associação Brasileira de Advogados Trabalhistas (Abrat) fixou interpretação da Lei n. 13.467/2017 consolidada no Enunciado n. 28 aprovado:

> 28. NEGOCIADO SOBRE LEGISLADO: LIMITES
>
> NOS TERMOS DO ART. 5º, § 2º, DA CONSTITUIÇÃO FEDERAL, AS CONVENÇÕES E ACORDOS COLETIVOS DE TRABALHO NÃO PODEM SUPRIMIR OU REDUZIR DIREITOS, QUANDO SE SOBREPUSEREM OU CONFLITAREM COM AS CONVENÇÕES INTERNACIONAIS DO TRABALHO E OUTRAS NORMAS DE HIERARQUIA CONSTITUCIONAL OU SUPRALEGAL RELATIVAS À PROTEÇÃO DA DIGNIDADE HUMANA E DOS VALORES SOCIAIS DO TRABALHO E DA LIVRE-INICIATIVA.[11]

A eficácia das negociações com supremacia sobre a lei deve ter interpretação conforme a Constituição Federal, tendo em consideração a natureza jurídica e a supralegalidade das Convenções Internacionais do Trabalho e demais tratados internacionais que disponham sobre o trabalho humano. Cuja inobservância implica inaplicabilidade das normas inseridas pela reforma trabalhista na extensão pretendida pelos seus idealizadores.

3.2.1. *Tutela internacional à saúde e segurança no trabalho e à jornada*

Observa-se um conjunto de preceitos fixados em diversas normas internacionais que

(11) Autores das teses consolidadas no enunciado: Fernanda Caldas Giorgi, Maria Roseniura de Oliveira Santos, Jorge Luiz Souto Maior, Renata Alvarenga Fleury Ferracina e Marcio Monteiro da Cunha.

confere proteção normativa à saúde e segurança do trabalho, jornada de trabalho e salário. O Pacto Internacional dos Direitos Econômicos, Sociais e Culturais de 1966 estabelece que os Estados-partes no presente Pacto reconhecem o direito de toda pessoa de gozar de condições de trabalho justas e favoráveis, que assegurem condições de trabalho seguras e higiênicas (art. 7º). Também o Protocolo Adicional à Convenção Americana sobre Direitos Humanos em Matéria de Direitos Econômicos, Sociais e Culturais (Protocolo de São Salvador) estatui:

> Art. 7º Condições justas, equitativas e satisfatórias de trabalho
>
> Os Estados-Partes neste Protocolo reconhecem que o direito ao trabalho, a que se refere o artigo anterior, pressupõe que toda pessoa goze desse direito em condições justas, equitativas e satisfatórias, para que esses Estados *garantirão em suas legislações internas, de maneira particular:*
>
> [...]
>
> e) segurança e higiene no trabalho.

No âmbito da Organização Internacional do Trabalho, há inúmeras normas cujo objeto é a tutela do direito a um ambiente de trabalho seguro e saudável.

a) Convenção n. 176, sobre Segurança e Saúde nas Minas;

b) Convenção n. 174, sobre Prevenção de Acidentes Industriais Maiores;

c) Convenção n. 171, sobre Trabalho Noturno;

d) Convenção n. 170, sobre Segurança no Trabalho com Produtos Químicos;

e) Convenção n. 167, sobre a Segurança e Saúde na Construção;

f) Convenção n. 164, sobre Proteção à Saúde e Assistência Médica aos Trabalhadores Marítimos;

g) Convenção n. 162, sobre Utilização do Amianto com Segurança;

h) Convenção n. 161, sobre Serviços de Saúde no Trabalho;

i) Convenção n. 159, sobre Reabilitação Profissional e Emprego de Pessoas Deficientes;

j) Convenção n. 155, sobre Segurança e Saúde dos Trabalhadores;

k) Convenção n. 152, sobre Segurança e Higiene dos Trabalhos Portuários;

l) Convenção n. 148, sobre Contaminação do Ar, Ruído e Vibrações;

m) Convenção n. 139, sobre Prevenção e Controle de Riscos Profissionais Causados por Substâncias ou Agentes Cancerígenos;

n) Convenção n. 136, sobre Proteção Contra os Riscos da Intoxicação pelo Benzeno;

o) Convenção n. 134, sobre Prevenção de Acidentes de Trabalho dos Marítimos;

p) Convenção n. 127, sobre Peso Máximo das Cargas;

q) Convenção n. 124, sobre Exame Médico dos Adolescentes para o Trabalho Subterrâneo nas Minas;

r) Convenção n. 115, sobre Proteção contra Radiações;

s) Convenção n. 113, sobre Exame Médicos dos Pescadores.

A Lei Fundamental assegura a todos o direito ao meio ambiente ecologicamente equilibrado, nele compreendido o meio ambiente do trabalho, cabendo ao Poder Público e à coletividade o dever de defendê-lo e preservá-lo para as presentes e futuras gerações (art. 225 c/c art. 200, VIII) com caráter de direito humano já afirmado pela nossa Corte Suprema:

> *O direito à integridade do meio ambiente – típico direito de terceira geração – constitui prerrogativa jurídica de titularidade coletiva, refletindo, dentro do processo de afirmação dos direitos humanos, a expressão significativa de um poder atribuído, não ao indivíduo identificado em sua singularidade, mas, num sentido verdadeiramente mais abrangente, à própria coletividade social.* Enquanto os direitos de primeira geração (direitos civis e políticos) – que compreendem as liberdades clássicas,

negativas ou formais – realçam o princípio da liberdade e os direitos de segunda geração (direitos econômicos, sociais e culturais) – que se identificam com as liberdades positivas, reais ou concretas – acentuam o princípio da igualdade, os direitos de terceira geração, que materializam poderes de titularidade coletiva atribuídos genericamente a todas as formações sociais, consagram o princípio da solidariedade e constituem um momento importante no processo de desenvolvimento, *expansão e reconhecimento dos direitos humanos, caracterizados, enquanto valores fundamentais indisponíveis, pela nota de uma essencial inexauribilidade.*[12] (Grifos não originais)

O direito a normas de proteção à saúde e segurança no trabalho é direito humano declarado explicitamente pelo Pacto Internacional sobre Direitos Econômicos, Sociais e Culturais:

Art. 7º Os Estados-Partes do presente Pacto reconhecem o direito de toda pessoa de gozar de condições de trabalho justas e favoráveis, que assegurem especialmente:

[...]

b) A segurança e a higiene no trabalho.

O Protocolo Adicional à Convenção Americana sobre Direitos Humanos em Matéria de Direitos Econômicos, Sociais e Culturais também garante proteção à saúde e segurança do trabalhador como direito humano, dispondo:

Art. 7º Condições justas, equitativas e satisfatórias de trabalho

Os Estados-Partes neste Protocolo reconhecem que o direito ao trabalho, a que se refere o artigo anterior, pressupõe que toda pessoa goze do mesmo em condições justas, equitativas e satisfatórias, para o que esses Estados garantirão em suas legislações, de maneira particular:

[...]

e. Segurança e higiene no trabalho.

O meio ambiente de trabalho é, pois, um direito indisponível. A reforma trabalhista, quanto à saúde e segurança do trabalho reconheceu a sua indisponibilidade ao indicá-lo como objeto ilícito da negociação coletiva:

Art. 611-B. Constituem objeto ilícito de convenção coletiva ou de acordo coletivo de trabalho, exclusivamente, a supressão ou a redução dos seguintes direitos:

[...]

XVII — normas de saúde, higiene e segurança do trabalho previstas em lei ou em normas regulamentadoras do Ministério do Trabalho;

Parágrafo único. Regras sobre duração do trabalho e intervalos não são consideradas como normas de saúde, higiene e segurança do trabalho para os fins do disposto neste artigo.

Contudo, apesar de o art. 611-B declarar que não podem ser negociadas normas de saúde e segurança, o seu parágrafo único exclui do conceito duração de trabalho e intervalos e lista nos temas negociáveis livremente o enquadramento do grau de insalubridade (CLT, art. 611-A, XII). E, curiosamente, declara como objeto de livre negociação a prorrogação de jornada em ambientes insalubres, sem licença prévia das autoridades competentes do Ministério do Trabalho (CLT, art. 611-A, XIII).

Quanto à jornada de trabalho, deve-se considerar que a Declaração Universal dos Direitos Humanos assegura que "todo o homem tem direito a repouso e lazer, inclusive a limitação razoável das horas de trabalho e a férias remuneradas periódicas" (art. 24) assim como o Pacto Internacional sobre Direitos Econômicos, Sociais e Culturais dispõe:

Art. 7º

Os Estados-Partes do presente Pacto reconhecem o direito de toda pessoa de gozar de condições de trabalho justas e favoráveis, que assegurem especialmente:

[...]

d) O descanso, o lazer, *a limitação razoável das horas de trabalho* e férias periódicas remuneradas, assim como a remuneração dos feridos. (Grifamos)

(12) MS 22.164, rel. min. Celso de Mello, j. 30.10.1995, P, DJ de 17.11.1995.

Jornadas exaustivas impactam sobre a saúde física e mental por isso a Convenção Internacional do Trabalho n. 155 define o termo saúde do trabalho de forma ampla, englobando não só a ausência de doenças e agravos à saúde física e mental como também elementos que possam afetar a saúde e sejam diretamente relacionados com saúde e segurança no trabalho.

> Art. 3º
>
> Para os fins da presente Convenção:
>
> [...]
>
> e) o termo 'saúde', com relação ao trabalho, abrange não só a ausência de afecções ou de doenças, *mas também os elementos físicos e mentais que afetam a saúde e estão diretamente relacionados com a segurança e a higiene no trabalho*. (Grifos não originais)

A jornada de trabalho relaciona-se diretamente com os aspectos biológicos do trabalhador, podendo criar condições de estresse com desgaste físico e mental lesivos à saúde o que constitui um elemento mental diretamente vinculado com o meio ambiente laboral. Deste modo questões pertinentes enquadramento de insalubridade assim como os aspectos da jornada de trabalho que possam afetar o meio ambiente de trabalho tem conteúdo materialmente classificável como regras de saúde e segurança do trabalho.

O Protocolo Adicional à Convenção Americana sobre Direitos Humanos em matéria de Direitos Econômicos, Sociais e Culturais expressa esta relação entre jornada e saúde e segurança laboral ao fixar diretriz normativa de restrição a jornada de trabalho desenvolvida em trabalhos perigosos, insalubres ou noturnos:

> Art. 7º Condições justas, equitativas e satisfatórias de trabalho
>
> Os Estados-Partes neste Protocolo reconhecem que o direito ao trabalho, a que se refere o artigo anterior, pressupõe que toda pessoa goze desse direito em condições justas, equitativas e satisfatórias, para que esses *Estados garantirão em suas legislações internas, de maneira particular:*
>
> [...]
>
> g) limitação razoável das horas de trabalho, tanto diárias quanto semanais. *As jornadas serão de menor duração quando se tratar de trabalhos perigosos, insalubres ou noturnos.* (Grifamos)

A Convenção Internacional do Trabalho n. 171 que dispõe sobre trabalho noturno, consignando expressamente a relação entre normas de regulação de jornada de trabalho com proteção à saúde e segurança laboral em seu art. 3º, item, 1 ao estabelecer *o dever de os Estados adotarem medidas a fim de proteger a sua saúde, ajudá-los a cumprirem com suas responsabilidades familiares e sociais.*

Ressalte-se que a limitação à jornada é assegurada pela Declaração Universal dos Direitos Humanos no art. 24 estatui, como direito humano, o repouso e lazer, inclusive a limitação razoável das horas de trabalho e a férias remuneradas periódicas. O que é também garantido pelo Pacto Internacional dos Direitos Econômicos, Sociais e Culturais de 1966 (art. 7º, alínea *a*).

Assim o preceito do parágrafo único do art. 611-B que exclui as regras sobre duração do trabalho do enquadramento como normas de saúde e segurança do trabalho para os fins de livre negociação conflita com o arcabouço internacional que, como visto, possui hierarquia supralegal.

Na mesma trilha interpretativa, a disposição normativa do art. 611-A, XIII, que coloca a possibilidade de prorrogação de jornada em ambientes insalubres, sem licença prévia das autoridades competentes do Ministério do Trabalho possa ser objeto de livre negociação.

A hipótese conflita com o art. 9º da Convenção Internacional do Trabalho n. 155 que dispõe "O controle da aplicação das leis e dos regulamentos relativos à segurança, à higiene e ao meio ambiente de trabalho *deverá estar assegurado por um sistema de inspeção das leis ou dos regulamentos*".

A norma visa afastar o controle do sistema de inspeção, contudo além de transgredir a Convenção Internacional n. 155 também viola a Convenção da OIT n. 81 da OIT que estabelece que cada Estado-membro que haja ratificado a convenção deve ter um sistema de inspeção de trabalho (art. 1º) organizado e centralizado. No caso do Brasil, a Constituição vigente preceitua que cabe à União Federal exclusivamente organizar, manter e executar a inspeção do trabalho (CF, art. 21, XXIV), definindo deste modo uma organização centralizada do serviço de inspeção.

O Sistema Federal de Inspeção do Trabalho (SFIT) pode ser definido como conjunto de órgãos e agentes públicos vinculados ao Ministério do Trabalho encarregados de assegurar, em todo o território nacional, a aplicação das disposições legais concernentes à proteção dos trabalhadores no exercício da atividade laboral. A Auditoria Fiscal do Trabalho é uma garantia da efetividade do direito humano ao trabalho digno. Por isso a norma internacional citada impõe a obrigatoriedade de fiscalização das normas de saúde e segurança do trabalho pelo que o art. 611-A, XIII, confronta a referida convenção internacional, pois o sistema de fiscalização do trabalho constitui uma garantia da efetivação do direito a condições de trabalho salubres e seguras.

Considerações finais

Conclui-se pela necessidade de interpretar o parágrafo único do art. 444 e art. 611-A da CLT para conformá-los à Constituição. Assim deve-se interpretar de modo a conferir escopo limitado à expressão **prevalência sobre a lei** de modo que a negociação não poderá alcançar as normas internacionais do trabalho por ter inegável natureza de tratado de direitos humanos que possuem hierarquia superior em nosso ordenamento jurídico pelo que não podem ser equiparados à lei interna.

Esta interpretação também se respalda na disposição encontrada em diversos tratados internacionais de direitos humanos, em especial o Pacto Internacional dos Direitos Econômicos, Sociais e Culturais de 1966 que em seu art. 5º determina que os Estados, grupos ou indivíduos não podem praticar atos que tenham por objetivo destruir os direitos ou liberdades ou impor-lhes limitações mais amplas do que aquelas previstas.

Em que pese temas como jornada de trabalho e salário possam ser objeto de negociação, a margem negociável é limitada por medidas civilizatórias assentadas no ideário humanista corporificadas em tratados de direitos humanos, normas constitucionais e convenções internacionais do trabalho que são obstáculos juridicamente intransponíveis à corrida neoliberal para a desregulação do contrato de trabalho.

Referências bibliográficas

ABÍLIO, Ludmila Costhek. *O* make up *do trabalho:* uma empresa e um milhão de revendedoras de cosméticos. Tese de Doutorado. Tese (Doutorado em Ciências Sociais). Instituto de Filosofia e Ciências Humanas, Universidade Estadual de Campinas, Campinas, 2011.

AZEVEDO NETO, Platon Teixeira de. *A justiciabilidade dos direitos sociais nas cortes internacionais de justiça.* São Paulo: LTr, 2017.

BONENTE, Bianca Aires Imbiriba Di Maio; CORRÊA, Hugo Figueira. Sobre o discurso do desenvolvimento econômico e o desenvolvimento do discurso econômico. *Ensaios FEE,* v. 30, n. 1, p. 35-56, 2009.

BOURDIEU, Pierre; WACQUANT, Loïc JD. *An invitation to reflexive sociology.* Chicago: University of Chicago, 1992.

CERQUEIRA, Hugo. Adam Smith e o surgimento do discurso econômico. *Revista de Economia Política,* v. 24, n. 3, p. 422-441, 2004.

DARDOT, Pierre; LAVAL, Christian. *A nova razão do mundo.* São Paulo: Boitempo, 2016.

GANEM, Angela. O mercado como ordem social em Adam Smith, Walras e Hayek. *Economia e Sociedade,* v. 21, n. 1, p. 143-164, 2015.

GICO JR., Ivo Teixeira. Metodologia e epistemologia da análise econômica do direito. *Economic Analysis of Law Review,* v. 1, p. 7-32, jan. /jun. 2010.

HALL, Stuart. *A identidade cultural na pós-modernidade.* Tupy Kurumin, 2006.

LAVAL, Christian. Precariedade como "estilo de vida" na era neoliberal. *Parágrafo: Revista Científica de Comunicação Social da FIAM-FAAM,* v. 5, n. 1, p. 100-108, 2017.

LAYRARGUES, Philippe Pomier. *A cortina de fumaça:* o discurso empresarial verde e a ideologia da racionalidade econômica. São Paulo: Annablume, 1998.

MAIOR, Jorge Luiz Souto; MOREIRA, Ranúlio Mendes; SEVERO, Valdete Souto. Dumping *social nas relações de trabalho*. São Paulo: LTr, 2014.

MÉSZÁROS, István. *Para além do capital.* 1. ed. Tradução de Paulo César Castanheira, Sérgio Lessa. São Paulo: Boitempo, 2011.

PATO, Christy Ganzert Gomes. *O discurso econômico da modernidade:* notas da periferia. Tese, orientador Paulo Eduardo Arantes. São Paulo, 2011.

PAULANI, Leda. *Modernidade e discurso econômico*. São Paulo: Boitempo, 2015.

SANTOS, Boaventura de Sousa. *Para uma sociologia das ausências e uma sociologia das emergências*. São Paulo: Leya, 2013.

SEN, Amartya. Moral codes and economic success. In: BRITTAN, Samuel; HAMLIN, Alan. *Market capitalism and moral values*. Aldershot: Edward Elgar, 1995.

ZYLBERSZTAJN, Decio; SZTAJN, Rachel. *Direito e economia:* análise econômica do direito e das organizações. Rio de Janeiro: Campus, 2005.

A Prevalência do Negociado sobre o Legislado: Não Aplicabilidade em Face do Contrato Individual de Trabalho

Maria Glauce Carvalho do Nascimento Gaudêncio[(1)]

1. *Introdução*

A Lei n. 13.467, de 13 julho de 2017 que reformou a Consolidação das Leis do Trabalho, alterou entre outros, o Título VI que trata das Convenções Coletivas de Trabalho, acrescentando os arts. 611-A, 611-B; alterando o § 3º do art. 614 e o art. 620.

O art. 611-A,

Art. 611-A. A convenção coletiva e o acordo coletivo de trabalho têm prevalência sobre a lei quando, entre outros, dispuserem sobre:

I — pacto quanto à jornada de trabalho, observados os limites constitucionais;

II — banco de horas anual;

III — intervalo intrajornada, respeitado o limite mínimo de trinta minutos para jornadas superiores a seis horas;

IV — adesão ao Programa Seguro-Emprego (PSE), de que trata a Lei n· 13.189, de 19 de novembro de 2015;

V — plano de cargos, salários e funções compatíveis com a condição pessoal do empregado, bem como identificação dos cargos que se enquadram como funções de confiança;

VI — regulamento empresarial;

VII — representante dos trabalhadores no local de trabalho;

VIII — teletrabalho, regime de sobreaviso, e trabalho intermitente;

IX — remuneração por produtividade, incluídas as gorjetas percebidas pelo empregado, e remuneração por desempenho individual;

X — modalidade de registro de jornada de trabalho;

XI — troca do dia de feriado;

(1) Graduada em Direito pela Faculdade de Direito do Recife; Mestra em Direito pela Universidade Católica de Pernambuco; Especialista em Direito do Trabalho pelo Centro Universitário de João Pessoa — UNIPÊ e pela Escola Superior da Magistratura Trabalhista da Paraiba; Professora de Direito do Trabalho — UNIPÊ; Auditora-Fiscal do Trabalho, aposentada; Ex-delegada Regional do Trabalho na Paraíba. Advogada e Consultora Jurídica.

XII — enquadramento do grau de insalubridade;

XIII — prorrogação de jornada em ambientes insalubres, sem licença prévia das autoridades competentes do Ministério do Trabalho;

XIV — prêmios de incentivo em bens ou serviços, eventualmente concedidos em programas de incentivo;

XV — participação nos lucros ou resultados da empresa.

§ 1º No exame da convenção coletiva ou do acordo coletivo de trabalho, a Justiça do Trabalho observará o disposto no § 3º do art. 8º desta Consolidação.

§ 2º A inexistência de expressa indicação de contrapartidas recíprocas em convenção coletiva ou acordo coletivo de trabalho não ensejará sua nulidade por não caracterizar um vício do negócio jurídico.

§ 3º Se for pactuada cláusula que reduza o salário ou a jornada, a convenção coletiva ou o acordo coletivo de trabalho deverão prever a proteção dos empregados contra dispensa imotivada durante o prazo de vigência do instrumento coletivo.

§ 4º Na hipótese de procedência de ação anulatória de cláusula de convenção coletiva ou de acordo coletivo de trabalho, quando houver a cláusula compensatória, esta deverá ser igualmente anulada, sem repetição do indébito.

§ 5º Os sindicatos subscritores de convenção coletiva ou de acordo coletivo de trabalho deverão participar, como litisconsortes necessários, em ação individual ou coletiva, que tenha como objeto a anulação de cláusulas desses instrumentos.

Diz que a Convenção Coletiva e o Acordo Coletivo de trabalho tem prevalência sobre a lei quando entre outros, dispuserem sobre a matéria contida nos incisos ali citados e não apenas neles, pois na redação vê-se, entre vírgulas, a expressão *"entre outros"*, ou seja, a relação é apenas exemplificativa, o que leva ao entendimento de que, o negociado prevalecerá sobre a lei sempre, e a única exceção é a supressão ou redução dos direitos relacionados no art. 611-B:

Art. 611-B. Constituem objeto ilícito de convenção coletiva ou de acordo coletivo de trabalho, exclusivamente, a supressão ou a redução dos seguintes direitos: (Incluído pela Lei n. 13.467, de 2017)

I — normas de identificação profissional, inclusive as anotações na Carteira de Trabalho e Previdência Social; (Incluído pela Lei n. 13.467, de 2017)

II — seguro-desemprego, em caso de desemprego involuntário; (Incluído pela Lei n. 13.467, de 2017)

III — valor dos depósitos mensais e da indenização rescisória do Fundo de Garantia do Tempo de Serviço (FGTS); (Incluído pela Lei n. 13.467, de 2017)

IV — salário mínimo; (Incluído pela Lei n. 13.467, de 2017)

V — valor nominal do décimo terceiro salário; (Incluído pela Lei n. 13.467, de 2017)

VI — remuneração do trabalho noturno superior à do diurno; (Incluído pela Lei n. 13.467, de 2017)

VII — proteção do salário na forma da lei, constituindo crime sua retenção dolosa; (Incluído pela Lei n. 13.467, de 2017)

VIII — salário-família; (Incluído pela Lei n. 13.467, de 2017)

IX — repouso semanal remunerado; (Incluído pela Lei n. 13.467, de 2017)

X — remuneração do serviço extraordinário superior, no mínimo, em 50% (cinquenta por cento) à do normal; (Incluído pela Lei n. 13.467, de 2017)

XI — número de dias de férias devidas ao empregado; (Incluído pela Lei n. 13.467, de 2017)

XII — gozo de férias anuais remuneradas com, pelo menos, um terço a mais do que o salário normal; (Incluído pela Lei n. 13.467, de 2017)

XIII — licença-maternidade com a duração mínima de cento e vinte dias; (Incluído pela Lei n. 13.467, de 2017)

XIV — licença-paternidade nos termos fixados em lei; (Incluído pela Lei n. 13.467, de 2017)

XV — proteção do mercado de trabalho da mulher, mediante incentivos específicos, nos termos da lei; (Incluído pela Lei n. 13.467, de 2017)

XVI — aviso prévio proporcional ao tempo de serviço, sendo no mínimo de trinta dias, nos termos da lei; (Incluído pela Lei n. 13.467, de 2017)

XVII — normas de saúde, higiene e segurança do trabalho previstas em lei ou em normas regulamentadoras do Ministério do Trabalho; (Incluído pela Lei n. 13.467, de 2017)

XVIII — adicional de remuneração para as atividades penosas, insalubres ou perigosas; (Incluído pela Lei n. 13.467, de 2017)

XIX — aposentadoria; (Incluído pela Lei n. 13.467, de 2017)

XX — seguro contra acidentes de trabalho, a cargo do empregador; (Incluído pela Lei n. 13.467, de 2017)

XXI — ação, quanto aos créditos resultantes das relações de trabalho, com prazo prescricional de cinco anos para os trabalhadores urbanos e rurais, até o limite de dois anos após a extinção do contrato de trabalho; (Incluído pela Lei n. 13.467, de 2017)

XXII — proibição de qualquer discriminação no tocante a salário e critérios de admissão do trabalhador com deficiência; (Incluído pela Lei n. 13.467, de 2017)

XXIII — proibição de trabalho noturno, perigoso ou insalubre a menores de dezoito anos e de qualquer trabalho a menores de dezesseis anos, salvo na condição de aprendiz, a partir de quatorze anos; (Incluído pela Lei n. 13.467, de 2017)

XXIV — medidas de proteção legal de crianças e adolescentes; (Incluído pela Lei n. 13.467, de 2017)

XXV — igualdade de direitos entre o trabalhador com vínculo empregatício permanente e o trabalhador avulso; (Incluído pela Lei n. 13.467, de 2017)

XXVI — liberdade de associação profissional ou sindical do trabalhador, inclusive o direito de não sofrer, sem sua expressa e prévia anuência, qualquer cobrança ou desconto salarial estabelecidos em convenção coletiva ou acordo coletivo de trabalho; (Incluído pela Lei n. 13.467, de 2017)

XXVII — direito de greve, competindo aos trabalhadores decidir sobre a oportunidade de exercê-lo e sobre os interesses que devam por meio dele defender; (Incluído pela Lei n. 13.467, de 2017)

XXVIII — definição legal sobre os serviços ou atividades essenciais e disposições legais sobre o atendimento das necessidades inadiáveis da comunidade em caso de greve; (Incluído pela Lei n. 13.467, de 2017)

XXIX — tributos e outros créditos de terceiros; (Incluído pela Lei n. 13.467, de 2017)

XXX — as disposições previstas nos arts. 373-A, 390, 392, 392-A, 394, 394-A, 395, 396 e 400 desta Consolidação. (Incluído pela Lei n. 13.467, de 2017)

Parágrafo único. Regras sobre duração do trabalho e intervalos não são consideradas como normas de saúde, higiene e segurança do trabalho para os fins do disposto neste artigo. (Incluído pela Lei n. 13.467, de 2017)

Entretanto, não há referência sobre o contrato individual de trabalho.

2. *Prevalência do negociado sobre o legislado e o contrato individual de trabalho*

A teoria da relatividade afirma que tempo e espaço são relativos, pois podem variar individualmente, de acordo com vários fatores. Assim é a prevalência do negociado sobre o legislado como posto no art. 611-A da CLT em face ao contrato individual de trabalho.

O art. 444 da CLT, estabelece que, "as relações contratuais de trabalho podem ser objeto de livre estipulação das partes interessadas em tudo quanto não contravenha às disposições de proteção ao trabalho, aos contratos coletivos que lhes sejam aplicáveis e às decisões das autoridades competentes.

A esse artigo, a Lei n. 13.467/2017 acrescentou o parágrafo único, estabelecendo que "a livre estipulação a que se refere o *caput* deste artigo aplica-se às hipóteses no art. 611-A desta Consolidação, com a mesma eficácia legal e preponderância sobre os instrumentos coletivos, no caso de empregado portador de diploma de nível superior e que perceba salário mensal igual ou superior a duas vezes o limite máximo dos benefícios do Regime Geral da Previdência Social".

Observando-se a redação do referido artigo e seu parágrafo, tem-se que as partes podem contratar o que lhes for conveniente, contanto que respeitem as disposições de proteção ao trabalho, os acordos e convenções coletivas de trabalho, bem como as decisões das autoridades competentes, concedendo, entretanto, aos empregados portadores de diploma de nível superior e que receba salário mensal igual ou superior a duas vezes o limite máximo dos benefícios previdenciários, a possibilidade e a liberdade de estipularem cláusulas contratuais com os seus empregadores, mesmo que sejam contrárias à lei e às convenções e acordos coletivos de trabalho. Assim, tem-se que, a lei autorizou a renúncia ou a transação dos direitos previstos no art. 611-A da CLT para esses empregados, sendo, entretanto, vale ressaltar, vedada a supressão ou redução dos direitos postos no art. 611-B.

O art. 611-B estabelece em seus trinta incisos o que constitui objeto ilícito de convenção ou acordo coletivo de trabalho, quer seja como *supressão* ou *redução*. Daí, tem-se, por exemplo, que a remuneração do trabalho noturno superior à do diurno não pode, através de acordo ou de convenção coletiva, ser inferior aos 20% estabelecidos na CLT, em seu art. 73[(2)], como também não pode ser acordada ou convencionada qualquer cláusula que implique em transação, renúncia ou descumprimento de qualquer norma de saúde e segurança do trabalho prevista em lei ou nas normas regulamentadoras (NRs) do Ministério do Trabalho.

Ressalta-se também, as normas de proteção do trabalho da mulher e as de proteção à maternidade que, igualmente, não podem ser transacionadas, renunciadas ou desrespeitadas através de acordo ou convenção coletiva, nesse caso, o inciso XXX do art. 611-B, especificou, detalhadamente, o que é inegociável. Portanto, "Ressalvadas as disposições legais do art. 373-A:

> Art. 373-A. Ressalvadas as disposições legais destinadas a corrigir as distorções que afetam o acesso da mulher ao mercado de trabalho e certas especificidades estabelecidas nos acordos trabalhistas, é vedado:
>
> I — publicar ou fazer publicar anúncio de emprego no qual haja referência ao sexo, à idade, à cor ou situação familiar, salvo quando a natureza da atividade a ser exercida, pública e notoriamente, assim o exigir;
>
> II — recusar emprego, promoção ou motivar a dispensa do trabalho em razão de sexo, idade, cor, situação familiar ou estado de gravidez, salvo quando a natureza da atividade seja notória e publicamente incompatível;
>
> III — considerar o sexo, a idade, a cor ou situação familiar como variável determinante para fins de remuneração, formação profissional e oportunidades de ascensão profissional;
>
> IV — exigir atestado ou exame, de qualquer natureza, para comprovação de esterilidade ou gravidez, na admissão ou permanência no emprego;
>
> V — impedir o acesso ou adotar critérios subjetivos para deferimento de inscrição ou aprovação em concursos, em empresas privadas, em razão de sexo, idade, cor, situação familiar ou estado de gravidez;
>
> VI — proceder o empregador ou preposto a revistas íntimas nas empregadas ou funcionárias.
>
> Parágrafo único. O disposto neste artigo não obsta a adoção de medidas temporárias

---

(2) Art. 73. Salvo nos casos de revezamento semanal ou quinzenal, o trabalho noturno terá remuneração superior a do diurno e, para esse efeito, sua remuneração terá um acréscimo de 20 % (vinte por cento), pelo menos, sobre a hora diurna.

> que visem ao estabelecimento das políticas de igualdade entre homens e mulheres, em particular as que se destinam a corrigir as distorções que afetam a formação profissional, o acesso ao emprego e as condições gerais de trabalho da mulher".

O art. 390, proíbe ao empregador contratar mulher em serviço que demande força muscular superior a vinte quilos para o trabalho contínuo e vinte e cinco quilos para o trabalho ocasional. O art. 392 estabelece a licença-maternidade de 120 dias sem prejuízo do emprego e do salário além de outras normas protetivas, tais como:

> Art. 392. A empregada gestante tem direito à licença-maternidade de 120 (cento e vinte) dias, sem prejuízo do emprego e do salário. (Redação dada pela Lei n. 10.421, 15.4.2002)
>
> § 1º A empregada deve, mediante atestado médico, notificar o seu empregador da data do início do afastamento do emprego, que poderá ocorrer entre o 28º (vigésimo oitavo) dia antes do parto e ocorrência deste. (Redação dada pela Lei n. 10.421, 15.4.2002)
>
> § 2º Os períodos de repouso, antes e depois do parto, poderão ser aumentados de 2 (duas) semanas cada um, mediante atestado médico. (Redação dada pela Lei n. 10.421, 15.4.2002)
>
> § 3º Em caso de parto antecipado, a mulher terá direito aos 120 (cento e vinte) dias previstos neste artigo. (Redação dada pela Lei n. 10.421, 15.4.2002)
>
> § 4º É garantido à empregada, durante a gravidez, sem prejuízo do salário e demais direitos: (Redação dada pela Lei n. 9.799, de 26.5.1999)
>
> I — transferência de função, quando as condições de saúde o exigirem, assegurada a retomada da função anteriormente exercida, logo após o retorno ao trabalho; (Incluído pela Lei n. 9.799, de 26.5.1999)
>
> II — dispensa do horário de trabalho pelo tempo necessário para a realização de, no mínimo, seis consultas médicas e demais exames complementares. (Incluído pela Lei n. 9.799, de 26.5.1999)
>
> § 5º (VETADO) (incluído pela Lei n. 10.421, de 2002)
>
> Art. 392-A. À empregada que adotar ou obtiver guarda judicial para fins de adoção de criança ou adolescente será concedida licença-maternidade nos termos do art. 392 desta Lei. (Redação dada pela Lei n. 13.509, de 2017)
>
> § 4º A licença-maternidade só será concedida mediante apresentação do termo judicial de guarda à adotante ou guardiã. (Incluído pela Lei n. 10.421, 15.4.2002)
>
> § 5º A adoção ou guarda judicial conjunta ensejará a concessão de licença-maternidade a apenas um dos adotantes ou guardiães empregado ou empregada.

O art. 394-A, foi alterado pela Lei n. 13.467/17. Na redação anterior, tinha-se que:

> Art. 394-A. A empregada gestante ou lactante será afastada, enquanto durar a gestação e a lactação, de quaisquer atividades, operações ou locais insalubres, devendo exercer suas atividades em local salubre.

A redação atual é mais detalhada, exigindo atestado médico emitido por médico de confiança da mulher, para os afastamentos em atividades insalubres de grau médio ou mínimo durante a gestação e, de qualquer grau, durante a lactação. Observe-se que o atestado deve ser emitido por médico de confiança da mulher, e não por médico da empresa.

No art. 396 tem-se que, para amamentar o filho, até 6 meses de idade, a mulher terá direito a dois descansos especiais, de meia hora cada um, durante a jornada de trabalho. A Lei n. 13.467/17 acrescentou o § 2º possibilitando que esses descansos sejam definidos em acordo individual celebrado entre a mulher e o empregador. Na prática, isso já acontecia, pois na maioria das vezes, a mulher prefere juntar as duas meias horas e chegar uma hora mais tarde ou sair uma hora mais cedo, de acordo com sua conveniência. Agora, está na lei, a possibilidade da definição de como esse descanso poderá ocorrer através de acordo individual, mas, não de acordo coletivo ou de convenção coletiva.

Feitas essas observações, reitera-se que, nenhum dos direitos relacionados no art. 611-B pode ser suprimido ou reduzido mediante acordo ou convenção coletiva, e aí constam todos os direitos dispostos no art. 7º da Constituição Federal, e em mais alguns outros dispositivos constitucionais e da Consolidação das Leis do Trabalho. Assim, aparentemente, o que não consta da relação do art. 611-B, ainda que seja matéria de lei, pode ser modificada através de acordo ou convenção coletiva, nos termos estabelecidos no art. 611-A, valendo lembrar que as normas constantes de cada convenção ou acordo são válidas exclusivamente durante sua vigência, e, uma vez encerrada deixam de existir, passando as relações de trabalho por elas regidas, serem orientadas pelas regras legais vigentes. Portanto, são normas temporárias, conforme redação do parágrafo terceiro do art. 614 da CLT que diz: "§ 3º Não será permitido estipular duração de convenção coletiva ou acordo coletivo de trabalho superior a dois anos, sendo vedada a ultratividade".

Resta, portanto, agora, a análise dos contratos individuais de trabalho em face das convenções e acordos coletivos de trabalho ante o comando do art. 611-A.

A CLT define, no art. 442, o que é contrato de trabalho, dizendo que "é o acordo tácito ou expresso, correspondente à relação de emprego". De forma sucinta, Vólia Bomfim[3] ensina que "é o acordo bilateral entre empregado e empregador. Por isto, caracteriza-se em norma pessoal, concreta e específica, criadora de obrigações". Lembra que o princípio do *pacta sunt servanda* é amplamente aplicado no Direito do Trabalho e que, portanto, "aquilo que for ajustado acima da lei obrigará o empregador ao respectivo cumprimento".

A Constituição Federal, em seu art. 7º, XVI, estabelece a remuneração do serviço extraordinário superior, no mínimo, em 50% a do normal. O art. 611-B, considera objeto ilícito de convenção ou acordo coletivo, a supressão ou redução dessa remuneração nos termos postos, (inciso X), ou seja, 50% à do normal.

Mas, através de acordo ou convenção coletiva de trabalho, esse percentual pode ser aumentado, e isso ocorre com frequência. O mesmo pode acontecer em um contrato individual de trabalho, ou seja, conter cláusula com percentual de remuneração de hora extra superior ao legal e ao convencional acordado. Exemplificando:

Hora extra legal — 50%

Hora extra convencional — 70%

Hora extra contratual — 100%

Certamente prevalecerá o percentual de 100% previsto no contrato. Além do respeito ao princípio do *pacta sunt servanda*, tem-se a observar os princípios próprios do Direito do Trabalho.

O art. 7º da Constituição, *caput*, estabelece que "são direitos dos trabalhadores urbanos e rurais, além de outros que visem à melhoria de sua condição social".

Por sua vez, o art. 611-A, repita-se, estabelece a prevalência da convenção e do acordo coletivo sobre a lei nas situações que não são vedadas pelo art. 611-B. Tem-se também, com a nova redação dada ao art. 620 da CLT, que, "as condições estabelecidas em acordo coletivo de trabalho sempre prevalecerão sobre as estipuladas em convenção coletiva de trabalho". Nesse caso, pouco importa que sejam mais ou menos favoráveis. Entretanto, o contrato individual de trabalho não consta do *caput* do art. 611-A, portanto, a prevalência é apenas sobre a lei e não sobre o contrato individual, a menos que no acordo ou na convenção conste norma mais favorável que a(s) disposta(s) no contrato individual, porque, nesta hipótese, automaticamente, essa integraria o contrato individual durante o tempo de vigência do acordo ou convenção coletiva.

O contrato individual é norma pessoal, concreta e específica, criadora de obrigações entre empregado e empregador.

A convenção coletiva de trabalho, conforme art. 611 da CLT, "é o acordo de caráter normativo, pelo qual dois ou mais sindicatos representativos de categorias econômicas e

(3) CASSAR, Vólia Bomfim. *Direito do trabalho de acordo com a reforma trabalhista Lei n. 13.467/2017*. 15. ed. São Paulo: Método, 2018. p. 91.

profissionais estipulam condições de trabalhos aplicáveis, no âmbito das respectivas representações, às relações individuais de trabalho", e, os acordos coletivos de trabalho são celebrados entre os sindicatos representativos de categorias profissionais com uma ou mais empresas da correspondente categoria econômica, igualmente para estipularem condições de trabalho, mas neste caso, restritas à(s)empresa(s) acordante(s).

A lei, as convenções e acordos coletivos garantem um nível mínimo de direitos dos trabalhadores. A convenção e o acordo criam normas que vão projetar-se sobre os contratos individuais de trabalho.(4) Portanto, a autonomia dos dois instrumentos é plena.

Francesco Carnelutti, citado por Amauri Mascaro Nascimento "viu no contrato individual de trabalho uma relação jurídica em que os contraentes dispõem *in re própria*, na tutela do seu interesse, criando direitos e obrigações recíprocos; na convenção coletiva, uma relação jurídica na qual as partes não modificam a já existente, mas o sindicato estabelece o regulamento para relações entre sujeitos diversos daqueles que o concluem".

Citando Rivero e Savatier, diz ainda Mascaro que as duas figuras se distinguem pelo objeto: "nas convenções coletivas, a fixação de certo regime de trabalho com base no qual são desenvolvidas as relações individuais de trabalho; no contrato individual de trabalho, a constituição de obrigações diretas entre as partes".

Tem-se que, as mesmas regras são aplicáveis para os acordos coletivos.

Ora, se o contrato individual de trabalho, repousa no princípio da autonomia da vontade, enquadrando-se no campo do direito privado(5), as partes podem acordar da forma que lhe convierem, respeitadas as normas legais e convencionais mínimas, a teor, inclusive, do art. 444 da CLT:

> Art. 444. As relações contratuais de trabalho podem ser objeto de livre estipulação das partes interessadas em tudo quanto não contravenha às disposições de proteção ao trabalho, aos contratos coletivos que lhes sejam aplicáveis e às decisões das autoridades competentes.
>
> Parágrafo único. A livre estipulação a que se refere o *caput* deste artigo aplica-se às hipóteses previstas no art. 611-A desta Consolidação, com a mesma eficácia legal e preponderância sobre os instrumentos coletivos, no caso de empregado portador de diploma de nível superior e que perceba salário mensal igual ou superior a duas vezes o limite máximo dos benefícios do Regime Geral de Previdência Social. (Incluído pela Lei n. 13.467, de 2017)

Confrontando-se o que foi dito com os princípios do direito do trabalho que não deixaram de existir em decorrência de uma simples reforma da CLT, tem-se que, o acordo ou convenção coletiva de trabalho não revogam norma mais favorável presente no contrato individual de trabalho. O art. 8º da CLT, dispõe que:

> Art. 8º As autoridades administrativas e a Justiça do Trabalho, na falta de disposições legais ou contratuais, decidirão, conforme o caso, pela jurisprudência, por analogia, por equidade e outros princípios e normas gerais de direito, **principalmente do direito do trabalho** (grifo nosso), e, ainda, de acordo com os usos e costumes, o direito comparado, mas sempre de maneira que nenhum interesse de classe ou particular prevaleça sobre o interesse público.

Ora, conforme já observado, a Constituição Federal, em seu art. 7º, recepcionou o princípio da norma mais favorável quando se referiu expressamente a outros direitos "que visem a melhoria de sua condição social". Daí, no exemplo que foi referido no caso do percen-

(4) NASCIMENTO, Amauri Mascaro (*in memorian*); NASCIMENTO, Sônia Mascaro; NASCIMENTO, Marcelo Mascaro. *Compêndio de direito sindical*. 8. ed. São Paulo: LTr, 2015.

(5) BARROS, Alice Monteiro de. *Curso de direito do trabalho*. 11. ed. atual. por Jessé Claudio Franco de Alencar. São Paulo: LTr, 2017. p. 157-158.

tual de remuneração por hora extra previsto em contrato individual de trabalho ser superior ao previsto em convenção ou acordo coletivo, tem-se que, é prevalecente o estabelecido no contrato individual de trabalho.

Portanto, a regra constante do art. 611-A, bem como a prevista no art. 620, não irão prevalecer sobre o contrato individual de trabalho, quando a regra existente neste, seja mais favorável, porque a prevalência da convenção ou acordo coletivo é sobre a lei, e a do acordo coletivo também sobre a convenção coletiva, e não sobre o contrato individual de trabalho, por representar a vontade das partes individualmente consideradas.

Poder-se-ia indagar também, se, através de Termo Aditivo ao Contrato de Trabalho, seria possível aplicar-se norma menos favorável contida em acordo ou convenção coletiva de trabalho, em relação ao contrato individual e inicial de trabalho.

Observando o art. 468 da CLT, tem-se que:

> Art. 468. Nos contratos individuais de trabalho só é lícita a alteração das respectivas condições por mútuo consentimento, e ainda assim desde que não resultem, direta ou indiretamente, prejuízos ao empregado, sob pena de nulidade da cláusula infringente desta garantia.
>
> § 1º Não se considera alteração unilateral a determinação do empregador para que o respectivo empregado reverta ao cargo efetivo, anteriormente ocupado, deixando o exercício de função de confiança. (Redação dada pela Lei n. 13.467, de 2017)
>
> § 2º A alteração de que trata o § 1º deste artigo, com ou sem justo motivo, não assegura ao empregado o direito à manutenção do pagamento da gratificação correspondente, que não será incorporada, independentemente do tempo de exercício da respectiva função. (Incluído pela Lei n. 13.467, de 2017)

Assim, se só é lícita a alteração das condições do contrato por mútuo consentimento e mesmo assim, se não existir prejuízo direto e indiretamente para o empregado, resta bem claro que prevalecerá o estabelecido no contrato individual inicial, quando a norma presente for mais favorável que a contida em acordo ou convenção coletiva de trabalho, como é o caso do exemplo já referido do percentual de remuneração de hora extra superior no contrato individual de trabalho.

Ressalte-se, inclusive, que a Lei n. 13.467/17 não quis modificar tal entendimento, porque acrescentou o § 2º ao art. 468, explicando em que circunstância a alteração prejudicial pode ocorrer. Portanto, respeitou, nesse caso, a autonomia da vontade, o *pacta sunt servanda*, e o princípio da norma mais favorável.

Considerações finais

Nessa perspectiva, o contrato individual de trabalho, não pode ser alterado por acordo ou convenção coletiva de trabalho, naquilo em que contiver norma mais favorável pactuada entre as partes.

Fernandes (2018) considera que as mudanças perpetradas pelo legislador no art. 611 da CLT, podem representar um período de reequilíbrio entre a relação com o trabalhador e a diversidade do sistema produtivo ou econômico gerador dos empregos regulados pela lei, que é cada vez mais dinâmico e incompatível com o modelo de regulação estático, unidirecional e pobre em diversidade.

> O ideal de um mundo orientado pela valorização do ser humano que sempre buscará o desenvolvimento ininterrupto e interminável das vantagens em relação ao trabalhador, mas a partir do momento em que se reconhece que o atingimento desse objetivo está ligado à fertilidade do meio em que o trabalhador desenvolve seu mister, poder-se-á conviver com propostas de reformulação do tecido legislativo nem sempre favorável, mas que permite a passagem pelo período de incertezas". (FERNANDES, 2018, p. 170). "[...] Daí, as consequências dependerem mais dos atores sociais do que do Estado".

Refere-se ainda, Fernandes (2018) quanto à constitucionalidade dessas mudanças, parece ter o Supremo Tribunal Federal reconhecido pelo Recurso Extraordinário com Repercussão Geral n. 590.415, de 29.5.2015, que as transações realizadas por meio de negociação coletiva, por não estarem, os atores sociais em desigualdade de forças, deve ser respeitada pelo Estado, inclusive no tocante à quitação dos direitos oriundos da relação de emprego, na mais ampla interpretação do que dispõe o art. 7º, XXVI, da CRFB, deixando livre o caminho para a modificação legislativa que hoje encontra-se em vigor.

Entretanto, por mais ampla que seja a interpretação do "reconhecimento das convenções e acordos coletivos de trabalho", tem-se que, no contrato individual de trabalho, deve-se priorizar a autonomia da vontade e o *pacta sunt servanda* quando as normas nele presentes forem mais favoráveis. Por outro lado, havendo a necessidade e a vontade de alteração contratual pelas partes, existe a possibilidade de acompanhamento pelo sindicato da categoria do trabalhador, sempre que o acordo coletivo de trabalho contenha norma menos favorável que o contrato individual de trabalho.

Destarte, a palavra final será da Justiça do Trabalho e do Supremo Tribunal Federal, quando situações envolvendo a matéria lhes forem submetidas, devendo, por esta razão, as empresas adotarem comportamento mais conservador em respeito aos princípios citados, além de outros presentes na Doutrina, evitando-se assim, formação de eventual passivo trabalhista.

Referências bibliográficas

ALMEIDA, André Luiz Paes do. *CLT e súmulas do TST comentadas*. 18. ed. São Paulo: Rideel, 2017.

BARROS, Alice Monteiro de. *Curso de direito do trabalho*. 11. ed. atual. por Jessé Claudio Franco de Alencar. São Paulo: LTr, 2017.

BRASIL. Constituição. *Constituição da República Federativa do Brasil:* promulgada em 5 de outubro de 1988. 4. ed. Organização do texto: Juarez de Oliveira. São Paulo: Saraiva, 1990. (Série Legislação Brasileira).

CASSAR, Vólia Bomfim. *Direito do trabalho de acordo com a reforma trabalhista Lei n. 13.467/2017*. 15. ed. São Paulo: Método, 2018.

______. *CLT comparada e atualizada:* com a reforma trabalhista. 2. reimpr. Organização Vólia Bomfim Cassar. Rio de Janeiro: Forense; São Paulo: Método, 2017.

FERNANDES, Reinaldo de Francisco. Relações entre negociado e legislado: art. 611-A e art. 611-B da CLT. In: MANNRICH, Nelson (org.). *Reforma trabalhista:* reflexões e críticas. São Paulo: LTr, 2018. Vários autores.

NASCIMENTO, Amauri Mascaro (*in memoriam*); NASCIMENTO, Sônia Mascaro; NASCIMENTO, Marcelo Mascaro. *Compêndio de direito sindical*. 8. ed. São Paulo: LTr, 2015.

SAAD, Eduardo Gabriel. *Consolidação das Leis do Trabalho:* comentada. 50. ed. atual. rev. e ampl. por José Eduardo Duarte Saad, Ana Maria Saad Castello Branco. São Paulo: LTr, 2017.

SCALÉRCIO, Marcos. *CLT:* comparada conforme a reforma trabalhista. São Paulo: LTr, 2017.

Limites da Negociação Coletiva em Matéria de Segurança e Saúde do Trabalho: Novos Contornos sobre a Duração do Trabalho e o Labor em Ambiente Insalubre

Francisco Péricles Rodrigues Marques de Lima[1]
Emerson Victor Hugo Costa de Sá[2]

Introdução

A aprovação da reforma trabalhista pela Lei n. 13.467/2017 — posteriormente alterada pela Medida Provisória n. 808/2017, a qual caducou em 23 de abril de 2018 — ocorreu em virtude de um momento histórico caracterizado pelo avanço de setores conservadores no cenário político brasileiro.

A reforma trabalhista promoveu manifesta queda no patamar civilizatório ofertado aos trabalhadores celetistas pelo ordenamento jurídico pátrio. Além do surgimento de novas modalidades contratuais, houve flexibilização de regras de duração do trabalho, enrijecimento do sistema processual para o empregado reclamante, redução de disposições relacionadas ao meio ambiente laboral e fragilização do sistema sindical. Operou-se, assim, profundo ataque às variadas instâncias do mundo do trabalho.

Essa gama de alterações na legislação tem sido objeto de questionamentos por parte de diversos atores do cenário trabalhista. Existem, atualmente, 23 (vinte e três) ações diretas de inconstitucionalidade movidas contra dispositivos da Lei n. 13.467/2017. Além disso, o Brasil passou a figurar na lista dos países sob observação do Comitê de Peritos da Organização Internacional do Trabalho — OIT, em razão do possível descumprimento da Convenção n. 98 da entidade, que trata do direito de sindicalização e negociação coletiva.

O *caput* do art. 225 da Constituição da República de 1988 consagra uma visão antropocêntrica da tutela do meio ambiente, na medida em que a proteção constitucional tem como escopo, em última análise, a garantia dos direitos humanos fundamentais. Diante disso, entende-se que a tutela do ambiente laboral, ocupado pelo ser humano trabalhador, também

(1) Auditor-Fiscal do Trabalho. Mestrando em Direito Ambiental pela Universidade do Estado do Amazonas — UEA. Especialista em Direito e Processo do Trabalho pela Anhanguera-UNIDERP. *E-mail:* pericles.aft@gmail.com.
(2) Auditor-Fiscal do Trabalho. Mestre em Direito Ambiental pela Universidade do Estado do Amazonas — UEA. Especialista em Direito do Estado pela Anhanguera-UNIDERP. *E-mail:* emersonvictor.sa@gmail.com.

deve ser garantida pelo Estado Democrático de Direito (JUSTINIANO, 2014).

Em mais de uma oportunidade, a Lei n. 13.467/2017 trata de temas ligados ao ambiente de trabalho. Em todos os casos, o novo regramento dispõe de proteções constantes nas normas anteriormente vigentes, causando estranheza aos estudiosos, sobretudo em virtude do inevitável choque da recente legislação com os princípios de Direito Ambiental do Trabalho previstos na Constituição da República Federativa do Brasil de 1988 (CRFB/1988) e em diversos diplomas internacionais, como as convenções da OIT, o Pacto de *San Salvador* e a Declaração Sociolaboral do Mercosul.

A título de exemplo, no capítulo que trata da proteção do trabalho da mulher, além de promover a revogação do art. 384, que tratava do descanso de 15 (quinze) minutos antes da realização de horas extras; houve alteração considerável do art. 394-A, passando-se a admitir o labor de gestantes em condições insalubres nos graus médio ou mínimo (II), salvo havendo atestado de saúde que recomende o afastamento; e, no caso das lactantes, em qualquer grau (III), salvo atestado de saúde que recomende o afastamento.

No capítulo que trata das convenções coletivas de trabalho, a Lei n. 13.467/2017 inseriu o art. 611-A, o qual estabelece a possibilidade de a contratação coletiva sobrepujar os termos da lei quando tratar de *enquadramento do grau de insalubridade* (XII) e *prorrogação de jornada em ambientes insalubres, sem licença prévia das autoridades competentes do Ministério do Trabalho* (XIII). Logo, percebe-se que o tema da insalubridade foi sobremaneira visado pelo legislador reformista, cabendo ao intérprete, à luz das disposições constitucionais relacionadas ao meio ambiente do trabalho, verificar a validade e a aplicabilidade das novas regras.

Seguindo o mesmo diapasão, o regime de duração do trabalho foi alvo de diversas alterações lesivas, as quais se operacionalizaram sob um viés de intensificação e prolongamento da exploração do trabalho. Em outros termos, o novo regime visa à otimização da extração de mais-valia pelo empregador, sem concessão de benefício em contrapartida.

A despeito da centralidade e importância histórica do tema, a questão do tempo de trabalho foi tratada de maneira precarizante, gerando danos reflexos sobre diversos aspectos da vida do proletariado. As novas disposições solaparam não somente as garantias constantes nas regras anteriormente vigentes, mas, sobretudo, violaram direitos humanos de matiz social positivados na Constituição da República de 1988 e em diversos diplomas internacionais, como a Declaração Universal dos Direitos Humanos, o Pacto de *San Jose* da Costa Rica e o Protocolo de *San Salvador*.

Em síntese, a pesquisa tem como escopo desvendar as implicações do tratamento conferido pelo legislador às normas relativas a jornada de trabalho e intervalos, notadamente quanto ao parágrafo único do art. 611-B, que afasta tais regras do regime inerente às normas de proteção à saúde do trabalhador. Também serão analisadas as novas disposições a respeito do trabalho em ambiente insalubre, inadvertidamente ampliado pelo legislador reformista. Busca-se verificar os impactos de tais alterações legislativas sobre direitos humanos sociais da classe-que-vive-do-trabalho, assim entendido o conjunto dos trabalhadores assalariados engajados em labor produtivo ou de serviços (ANTUNES, 1999, p. 103). Essa classe, identificada no proletariado celetista, contém a grande massa atingida pelas alterações legislativas. Nesta pesquisa bibliográfica e documental, adota-se o método dedutivo.

2. *Contexto histórico*

Nos oito anos de social-liberalismo que caracterizaram a presidência de Luís Inácio Lula da Silva (2003-2010), do Partido dos Trabalhadores (PT), observou-se relativo sucesso na promoção da melhoria nas condições gerais de vida da população e, concomitantemente, no exponencial incremento dos lucros do capital financeiro. Embora engendrada por uma sigla tradicionalmente trabalhista, tal fórmula primordialmente conciliadora mantinha, em grande medida, a cartilha neoliberal ditada pelo Fundo Monetário Internacional (FMI), já posta em prática pelos governos anteriores (ANTUNES, 2018, p. 5959).

Em tal período, não houve avanço na proteção social proporcional às expectativas geradas por um governo trabalhista economicamente próspero(3). Houve, sim, uma tímida contenção do avanço neoliberal observado na década de 1990. Segundo Alves (2017, p. 102):

> Enfim, incapaz de confrontar o bloco neoliberal no poder, construindo um Estado brasileiro capaz de garantir a eficácia dos ideais constitucionais de 1988, Lula apenas paralisou um processo histórico, sem revertê-lo no sentido de abolir a nova ordem da precariedade salarial. Nos governos neodesenvolvimentistas, o choque de capitalismo deu-se sob um mundo de trabalho precário por conta da nova ordem de regulação flexível instaurada na década neoliberal. O lulismo apenas adaptou-se à nova dinâmica da acumulação do capital, buscando paralisar processos de precarização laboral que corroíam a base do sindicalismo organizado.

Todavia, o sucesso da fórmula lulista não se repetiu no governo de Dilma Rousseff (2011-2016). Diante de reflexos internos da recessão global de 2008, o governo petista mostrou-se inábil a manter a conciliação política anteriormente praticada, sofrendo a repulsa de grupos que exigiam ajustes fiscais mais radicais, o que culminou na queda da Presidente por um processo de *impeachment* político.

Uma vez que Michel Temer, até então vice, assumiu a Presidência da República, os setores mais conservadores encontraram um ambiente político favorável à implementação das reformas tendentes à proteção das taxas de lucratividade por meio da desvalorização dos custos da força de trabalho, e da blindagem do orçamento público em conformidade com interesses rentistas. Esse "pacote" de reformas encontra-se consubstanciado no Teto dos Gastos Públicos, na instituição da terceirização irrestrita, na Reforma Trabalhista e na Reforma Previdenciária (ALVES, 2017, p. 106).

Propagou-se, então, nos meios de comunicação massificados, o falacioso discurso da liberdade do empreendedor e do trabalhador, a qual estaria sendo tolhida pela amplitude da proteção promovida pelas leis trabalhistas consideradas defasadas. Nesse sentido, a respeito da prevalência dos discursos desfavoráveis aos direitos sociais, Neuner (2009, p. 19) adverte:

> A dimensão social dos direitos humanos é frequentemente ofuscada e, com isso, acentuada pura e simplesmente a sua função jurídico-defensiva liberal. Também sob a crescente pressão da globalização econômica, os direitos humanos sociais passam cada vez mais para um plano secundário. Para o cidadão singular, a globalização econômica pode conduzir a uma parcial privação de direitos, ao mesmo tempo em que encerra, do ponto de vista internacional, o latente perigo de muitos Estados constitucionais acabarem se transformando em uma espécie de Estado neocolonial.

A reforma trabalhista é fruto, portanto, de um projeto de retomada das políticas francamente neoliberais em sucessão a uma linha de governo social-liberal.

A respeito da tramitação do Projeto de Lei (PL) que resultou na reforma trabalhista, possui especial significado a apuração realizada pelo sítio eletrônico *The Intercept* Brasil (2017). Constatou-se que, dentre as 850 emendas apresentadas por 82 deputados ao PL na comissão especial, 292 haviam sido *redigidas integralmente* nos computadores da Confederação Nacional dos Transportes, da Confederação Nacional das Instituições Financeiras, Confederação Nacional da Indústria e Associação Nacional do Transporte de Cargas e Logística. Dessas, 52,4% foram incorporadas, total ou parcialmente, ao substitutivo elaborado pelo relator deputado Rogério Marinho.

---

(3) Em 2006, ano em que se observou maior aumento real do salário mínimo à época (13,04%), o Departamento Intersindical de Estatística e Estudos Socioeconômicos (DIEESE, 2018) recomendava salário mínimo de R$ 1.536,96 contra os R$ 350,00 efetivamente estabelecidos.

3. Centralidade das normas de duração do trabalho e tratamento conferido pela Lei n. 13.467/2017 como figura estranha ao sistema de proteção da saúde do trabalhador

Entende-se por tempo de trabalho a jornada do laborista engajada às atividades de interesse do empregador. É o tempo despendido com treinamentos, deslocamentos em razão do trabalho, submissão a exames médicos e labor propriamente dito. Contrapõe-se ao tempo em que o trabalhador se despe parcialmente[(4)] de sua condição funcional para executar quaisquer atividades desvinculadas da alienação de sua força produtiva ao empregador, ou seja, o momento em que lhe é deferido buscar o atingimento da "vida dotada de sentido fora do trabalho" (ANTUNES, 1999, p. 174).

A questão do tempo de trabalho assume importância central na construção da cidadania do assalariado. É a partir do não-trabalho que a classe-que-vive-do-trabalho adquire as ferramentas para a construção dos pilares para o incremento de sua condição social e existencial. Daí a recorrência das reivindicações, desde os primórdios, relacionadas às fronteiras entre tempo que o trabalhador tem para si e o que tem para colocar à disposição do empregador em busca de contraprestação pecuniária que lhe permita o acesso a bens necessários à existência digna (COSTA NETO; SILVA, 2017, p. 124).

Com efeito, a primeira das convenções da OIT (Convenção n. 1), não ratificada pelo Brasil, dispõe justamente acerca do tema jornada. Denota-se a importância central da duração do trabalho já no período de institucionalização do Direito do Trabalho, na classificação histórica de Delgado (2010, p. 97).

O excesso de trabalho aliena o ser humano politicamente, causa acidentes e adoecimentos, mina as relações familiares e comunitárias e inviabiliza o desenvolvimento educacional e cultural do indivíduo e da sociedade. Tamanha é a centralidade do tema para a construção da cidadania do trabalhador que mais defensável seria a redução da jornada de trabalho em relação às 44 horas instituídas pelo art. 7º, XIII, da CRFB/1988, que as disposições trazidas pela reforma trabalhista, aqui estudadas. Nesse sentido, Antunes (1999, p. 174) aduzia que:

> Nos dias atuais essa formulação [redução de jornada] ganha ainda mais concretude, pois mostra-se, contingencialmente, como um mecanismo importante (ainda que, quando considerado isoladamente, bastante limitado) para tentar minimizar o desemprego estrutural que atinge um conjunto enorme de trabalhadores e trabalhadoras. Mas transcende em muito essa esfera da imediaticidade, uma vez que a discussão da redução da jornada de trabalho configura-se como um ponto de partida decisivo, ancorado no universo da vida cotidiana, para, por um lado, permitir uma reflexão fundamental sobre o tempo, o tempo de trabalho, o autocontrole sobre o tempo de trabalho e o tempo de vida. E, por outro lado, por possibilitar o afloramento de uma vida dotada de sentido fora do trabalho.

A reforma trabalhista adotou o paradigma de tempo de trabalho exclusivamente a serviço do empregador, ignorando os períodos de deslocamento. Criou mecanismos de alargamento da jornada e suprimiu barreiras protetivas até então presentes no texto consolidado. Ademais, buscou expressamente excluir o caráter sanitário historicamente conferido às normas relacionadas a jornada e intervalos. Nesse sentido, constam diversas alterações relacionadas ao tema, a saber: exclusão das horas em trânsito do cômputo da jornada; ampliação do contrato de trabalho de tempo parcial; generalização do banco de horas; ausência de controle de

(4) Diz-se "parcialmente" em razão da compreensão de que esse obreiro, ainda que considerado em momento alheio às atividades do seu empregador, não se desprende por completo de sua condição, haja vista a existência do contrato de trabalho, sua condição de membro de categoria profissional, sua experiência de trabalho, entre outras características que o definem perante a sociedade.

jornada no teletrabalho; e contrato de trabalho intermitente.

Destacam-se as alterações trazidas pelos arts. 611-A e 611-B da Consolidação das Leis do Trabalho — CLT, as quais representam o novo espírito assumido pelo legislador reformista em matéria de flexibilização de jornada. Transcreve-se a seguir os incisos do art. 611-A que tratam de duração de trabalho:

> Art. 611-A. A convenção coletiva e o acordo coletivo de trabalho têm prevalência sobre a lei quando, entre outros, dispuserem sobre:
>
> I — pacto quanto à jornada de trabalho, observados os limites constitucionais;
>
> II — banco de horas anual;
>
> III — intervalo intrajornada, respeitado o limite mínimo de trinta minutos para jornadas superiores a seis horas;
>
> (...)
>
> VIII — teletrabalho, regime de sobreaviso, e trabalho intermitente;
>
> IX — remuneração por produtividade, incluídas as gorjetas percebidas pelo empregado, e remuneração por desempenho individual;
>
> X — modalidade de registro de jornada de trabalho;
>
> XI — troca do dia de feriado;
>
> XII — enquadramento do grau de insalubridade;
>
> XIII — prorrogação de jornada em ambientes insalubres, sem licença prévia das autoridades competentes do Ministério do Trabalho;
>
> (...)
>
> § 1º No exame da convenção coletiva ou do acordo coletivo de trabalho, a Justiça do Trabalho observará o disposto no § 3º do art. 8º desta Consolidação.
>
> § 2º A inexistência de expressa indicação de contrapartidas recíprocas em convenção coletiva ou acordo coletivo de trabalho não ensejará sua nulidade por não caracterizar um vício do negócio jurídico.
>
> § 3º Se for pactuada cláusula que reduza o salário ou a jornada, a convenção coletiva ou o acordo coletivo de trabalho deverão prever a proteção dos empregados contra dispensa imotivada durante o prazo de vigência do instrumento coletivo.
>
> § 4º Na hipótese de procedência de ação anulatória de cláusula de convenção coletiva ou de acordo coletivo de trabalho, quando houver a cláusula compensatória, esta deverá ser igualmente anulada, sem repetição do indébito.
>
> § 5º Os sindicatos subscritores de convenção coletiva ou de acordo coletivo de trabalho deverão participar, como litisconsortes necessários, em ação individual ou coletiva, que tenha como objeto a anulação de cláusulas desses instrumentos.

Nota-se que o legislador ampliou consideravelmente o mecanismo de flexibilização trabalhista via da negociação coletiva. No dizer de Souza (2017, p. 177):

> A Lei n. 13.467, de 2017, em seus arts. 611-A e 611-B, aparentemente subverte toda essa construção e cria opção hermenêutica de abrir as portas da negociação coletiva para regramento em patamares mesmo inferiores ao previsto na lei. Em poucas palavras, prevê que as convenções e acordos coletivos de trabalho têm prevalência sobre a legislação no que dispuser sobre 15 itens. Além disso, fixa limitadores para atividade jurisdicional de controle de conteúdo dos instrumentos coletivos. Envolve o desamarrar do mastro, permitir que sindicatos e empresários fiquem "livres" para fixar condições de trabalho piores que as da lei.

Em resposta à tradicional visão de que as normas a respeito da duração do trabalho representam normas imperativas, por estarem ligadas à saúde do trabalhador (DELGADO, 2010, p. 864), o legislador reformista, no parágrafo único do art. 611-B, dispôs que as *regras sobre duração do trabalho e intervalos não são consideradas como normas de saúde, higiene e segurança do trabalho para os fins do disposto neste artigo.* Dessa forma, criou uma ficção jurídica, ao promover a desmesurada abertura das regras sobre duração de trabalho para tratamento via negociação coletiva.

A partir de uma interpretação literal do dispositivo, infere-se que muito se precarizou o sistema de proteção da saúde e segurança dos trabalhadores. Um dos elementos centrais desse sistema — a jornada — foi reduzido à categoria dos direitos de natureza meramente econômica para efeitos de negociação coletiva.

Cabe, todavia, ressaltar que a saúde do trabalhador é diretamente afetada pelo regime de duração de trabalho estabelecido, seja pela ampliação do tempo de exposição a agentes de risco, seja pelas próprias consequências da jornada dilatada sobre o corpo e a mente do trabalhador. Nesse sentido, Fonseca (2012, p. 123) aponta:

> Uma vez que o trabalho, naturalmente, produz desgaste nos trabalhadores, resta clara a conexão entre a exaustão e a jornada laboral, sendo certo que referido desgaste se acentua na medida em que se alonga ou intensifica o trabalho. Aumentam, nessa esteira, igualmente os riscos de acidentes. São precisamente, portanto, o desgaste e a exaustão no trabalho que dão margem ao surgimento da resistência obreira. Daí dizer que os desgastes físicos e psicológicos agem como "detonadores da redução" da carga horária laboral, fomentando a mobilização dos trabalhadores nesse sentido.

Diante de tal obviedade, incumbe frisar que disposições de caráter hierarquicamente superior à lei levam a entendimento moderador das ilações mais literais do parágrafo único do art. 611-B. Com efeito, a Constituição da República de 1988, em seu art. 7º, XXII, consagra a *redução dos riscos inerentes ao trabalho*, assim como, em seu art. 196, consagra o direito à saúde. A CRFB/1988 estabelece, ainda, a consagração do valor social do trabalho (art. 1º, IV) e da dignidade humana (art. 1º, III). No mesmo sentido, a Convenção n. 155 da OIT, ratificada pelo Brasil, considera necessária uma política nacional de segurança e saúde no trabalho.

Não há, portanto, que se tratar as normas de duração do trabalho como objeto de livre transação, como se tivessem reflexos adstritos à relação entre empregadores e obreiros.

4. *Trabalho em condições insalubres*

No art. 189 da CLT, o trabalho insalubre está conceituado como aquele que, por sua natureza, condições ou métodos, expõe os trabalhadores a agentes nocivos à saúde, acima dos limites de tolerância. O labor assim executado classifica-se, conforme os graus de exposição ou os agentes de insalubridade, em máximo, médio ou mínimo. O enquadramento técnico é conferido pela Norma Regulamentadora n. 15 (NR-15), editada pela Portaria n. 3.214, de 8 de junho de 1978, do Ministério do Trabalho. A partir dessa normativa, define-se o nível de gravidade dos casos, para entendimento a respeito de quando serão devidos os adicionais de 40%, 20% ou 10% (art. 192, CLT). Em termos práticos, são consideradas as atividades e operações insalubres aquelas enquadradas pelos anexos da NR-15 como tal.

O exercício do trabalho nessas condições é desestimulado pela legislação e pelos regulamentos. Apenas se admite a ocorrência depois da adoção de todas as medidas de controle, medidas administrativas e o fornecimento de equipamentos de proteção individual (itens 9.3.5.2 e 9.3.5.4 da NR-9, editada pela Portaria MTb n. 3.214/1978). A própria instituição de um adicional de insalubridade tem como uma de suas justificativas servir de desestímulo à manutenção do labor em tais condições.

A Lei n. 13.467/2017 promoveu mudanças significativas no texto celetista, inclusive com relação às disposições relacionadas ao labor em condições insalubres. No capítulo que trata da proteção do trabalho da mulher, o legislador reformista alterou o art. 394-A, cuja redação anterior (trazida pela Lei n. 13.287/2016) proibia tal forma de trabalho a gestantes e lactantes. A partir da novel alteração, passou-se a admitir o trabalho nessas condições a tais trabalhadoras, nos graus médio ou mínimo, no caso das gestantes, e em qualquer grau, no caso das lactantes, salvo quando apresentarem atestado de saúde emitido por médico de sua confiança que recomende o afastamento.

Em suma, somente restou vedado o trabalho insalubre às gestantes quando o ambiente ofereça o grau máximo de risco. Nos casos em que não se mostrar possível a troca do posto de trabalho para um ambiente salubre, o § 3º oferece a solução atécnica do afastamento por gravidez de risco, situação em que, segundo o dispositivo, a empregada perceberia salário-maternidade, na forma da Lei n. 8.213/1991.

Ocorre que a própria doutrina médica questiona se os atestados serão realmente garantia de proteção para a mulher, o feto e o lactente; e se o médico de confiança, geralmente obstetra — e não médico do trabalho — terá o conhecimento específico sobre Medicina do Trabalho, e examinará adequadamente o local das atividades insalubres (PARENTE, 2017).

Segundo o relatório da comissão especial destinada a analisar o projeto da reforma trabalhista (2017), o dispositivo foi alterado em razão de a redação anterior, a qual vedava todo trabalho insalubre a gestantes e lactantes, gerar situações de discriminação na contratação de mulheres para o exercício de funções necessariamente em locais insalubres, sem qualquer possibilidade de realocação, tal como em hospitais. Além dessa situação, cita a redução salarial das empregadas que passavam a laborar em ambientes salubres, haja vista a perda do adicional.

A alteração legislativa supramencionada há que ser interpretada de acordo com os cânones maiores da proteção à infância e à maternidade (art. 6º da CRFB/1988), bem como ao direito à saúde e à vida da trabalhadora e da criança. É passível de duras críticas a posição do legislador, o qual, a pretexto de promover o trabalho das mulheres, optou por precarizar as regras de proteção relacionadas à saúde, em vez de criar mecanismos de melhoria.

Já no capítulo que trata das convenções coletivas de trabalho, a Lei n. 13.467/2017 inseriu o art. 611-A, o qual estabelece a possibilidade de a contratação coletiva sobrepujar os termos da lei quando tratar de *enquadramento do grau de insalubridade* (inciso XII) e *prorrogação de jornada em locais insalubres, sem licença prévia das autoridades competentes do Ministério do Trabalho* (inciso XIII). Ressalte-se que a caducidade da Medida Provisória n. 808 ensejou a perda do trecho *desde que respeitadas as normas de saúde e segurança do trabalho* da redação do dispositivo, tornando-o ainda mais precário.

A respeito do inciso XII, questiona-se a possibilidade de serem ignorados os critérios técnico-científicos de aferição do grau de insalubridade eleitos pela NR-15 em prol da negociação coletiva. Ora, uma vez aberta a discussão pelo inciso, certamente da prática resultará redução do patamar previsto em norma regulamentadora.

Ainda a respeito de tal disposição, todavia, cabe observar que a interpretação sistemática das próprias regras trazidas pela Lei n. 13.467/2017 enseja o entendimento de que a transação a respeito do *grau de insalubridade* referido pelo legislador será meramente de caráter econômico, isto é, para efeitos de percentual a ser pago, e não referente ao enquadramento técnico. Outro não poderia ser o entendimento ante o disposto no inciso XVII do art. 611-B, o qual veda que a norma coletiva exclua ou suprima direitos advindos de *normas de saúde, higiene e segurança do trabalho previstas em lei ou em normas regulamentadoras do Ministério do Trabalho*. Ora, se a NR-15 estabelece tratamento diferenciado aos empregados conforme o grau da exposição à insalubridade, este não poderá ser abolido pela mera negociação coletiva.

Em suma, o caráter precarizante da previsão contida no inciso XII do art. 611-A deve restringir-se à dimensão econômica do grau de insalubridade, isto é, ao valor do adicional, não sem adentrar no delineamento e no âmbito do critério técnico, cujo tratamento encontra-se adstrito às normas de Segurança e Saúde no Trabalho.

Por sua vez, com relação ao inciso XIII, verifica-se que o dispositivo retirou do Ministério do Trabalho o poder de emitir a autorização para a prática de horas extras em ambiente insalubre, desde que seja acordada tal possibilidade em negociação coletiva. Dessa forma, a saúde dos trabalhadores passou a ser objeto de transação, hipótese há muito refutada pela doutrina e pela jurisprudência pátrias, haja vista o caráter indisponível das regras relacionadas à saúde dos trabalhadores.

Em adição, atente-se para o fato de a nova normatização ter fragilizado as estruturas da maioria dos sindicatos ao abolir o imposto sindical, gerando posição desvantajosa para a representação profissional, de que provavelmente deverão emergir as negociações mais precárias possíveis, inclusive, doravante, em matéria de insalubridade.

Destaca-se, ainda o beneplácito criado pela Lei n. 13.467/2017, por meio da inclusão de um parágrafo único ao art. 60 da CLT, para que o regime de jornada de "12 x 36" (a cada doze horas de trabalho, correspondem trinta e seis de descanso) possa ser indiscriminadamente praticado em ambientes insalubres, ignorando a construção jurisprudencial consolidada, que entendia pela necessidade da autorização ministerial para tal prática. *In verbis:*

> I — AGRAVO DE INSTRUMENTO DA RECLAMADA. RECURSO DE REVISTA INTERPOSTO SOB A ÉGIDE DA LEI N. 13.015/2014. JORNADA 12 X 36 HORAS. REGIME DE COMPENSAÇÃO DE JORNADA. INVALIDADE. ATIVIDADE INSALUBRE. AUSÊNCIA DE AUTORIZAÇÃO PRÉVIA DA AUTORIDADE COMPETENTE. O Regional consignou que o acordo de compensação de jornada foi descaracterizado, pois a Reclamada não demonstrou a existência de prévia autorização do Ministério do Trabalho para a prorrogação da jornada de trabalho em atividade insalubre. O art. 60 da CLT prevê que, nas atividades insalubres, só será permitida qualquer prorrogação da jornada de trabalho mediante licença prévia das autoridades competentes em matéria de higiene do trabalho. Desse modo, mesmo que haja norma coletiva autorizando o regime compensatório em atividade insalubre, é imprescindível a observância da obrigação de haver inspeção e permissão das autoridades competentes, na forma do art. 60 da CLT. Nesse contexto, a declaração de invalidade do regime compensatório (escala de 12 horas de trabalho por 36 horas de descanso) e a determinação de pagamento das horas trabalhadas não pagas nem compensadas estão de acordo com a jurisprudência deste Tribunal Superior, sedimentada no item VI da Súmula n. 85 do TST. Incidência do óbice da Súmula n. 333 do TST e do art. 896, § 7º, da CLT. Agravo de instrumento a que se nega provimento. II — RECURSO DE REVISTA DA RECLAMADA. RECURSO INTERPOSTO SOB A ÉGIDE DA LEI N. 13.015/2014. HONORÁRIOS ADVOCATÍCIOS. AUSÊNCIA DE CREDENCIAL SINDICAL. Esta Corte já pacificou a controvérsia acerca da matéria por meio das Súmulas ns. 219, I, e 329 do TST, segundo as quais a condenação ao pagamento de honorários advocatícios não decorre unicamente da sucumbência, sendo necessária a ocorrência concomitante de dois requisitos: a assistência por sindicato da categoria profissional e a comprovação da percepção de salário inferior ao dobro do mínimo legal ou de situação econômica que não permita ao empregado demandar sem prejuízo do próprio sustento ou da respectiva família. *In casu,* ausente a credencial sindical, indevida a condenação em honorários advocatícios. Ressalva de entendimento da Relatora. Recurso de revista conhecido e provido. (ARR — 20715-57.2015.5.04.0016, Relatora Ministra: Maria Helena Mallmann, Data de Julgamento: 20.6.2018, 2ª Turma, Data de Publicação: DEJT 29.6.2018)

Cabe destacar o disposto pela Nota Técnica n. 64/2015/DSST, da Secretaria de inspeção do trabalho, a qual trata dos requisitos para autorização da prática de horas extras em ambiente insalubre, demonstrando a necessidade de critérios científicos na aferição das condições em que o labor será executado:

> A hipótese de prorrogação de jornada em atividades insalubres em que os trabalhadores estão expostos a agentes químicos ou físicos que possuem limite de tolerância de exposição, valor que tem relação com o tempo de exposição, deve ser sistematicamente negada por evidente ampliação dos riscos à saúde dos trabalhadores, salvo em situações transitórias, por curto período de tempo e desde que sejam implementadas medidas adicionais de proteção do trabalhador contra a exposição ao agente nocivo.

Faz-se necessário, portanto, refletir a respeito dos princípios do Direito Ambiental do Trabalho como informador dos limites da negociação coletiva em matéria de meio ambiente laboral. O direito fundamental ao meio ambiente de trabalho seguro e saudável tem assento constitucional (CRFB/1988, arts. 1º, III, 7º, XXII, 225, *caput*, e 200, VIII). Guarda seu significado tanto na referência ao ambiente geral quanto como elemento essencial à vida, com qualidade e dignidade, do obreiro (CAMARGO; MELO, 2013).

É sabido que os direitos fundamentais têm seu espectro limitado entre si, fazendo-se necessária a harmonização em cada caso. Assim, é possível que o valor do ambiente de trabalho seguro, em casos concretos, seja contraposto por outros valores constitucionais, tais como o direito ao trabalho ou à livre-iniciativa. Nesses casos, cabe ao intérprete oferecer a solução dada pelo sopesamento de direitos.

Portanto, indispensável o profundo conhecimento das implicações que a medida legislativa comentada pode ter sobre a realidade do trabalhador e do empregador, com vistas à manutenção dos parâmetros constitucionais vigentes em matéria ambiental.

Tal cuidado não foi prestigiado no processo de implementação e aprovação do novo regramento da matéria laboral agregado ao direito pátrio. Pelo contrário, as normas foram inseridas sem a necessária discussão e participação do público diretamente impactado pelas alterações legislativas. Não houve a promoção de debates e audiências públicas, que pretendessem registrar as diversas opiniões e harmonizar os interesses conflitantes.

A segurança jurídica que resultaria da observância de tais parâmetros democráticos de gestão viabilizaria o alcance de melhores condições de produtividade, sem olvidar os cuidados com questões peculiares da realidade laboral, notadamente quanto às normas de segurança e saúde. Ainda que se diga o contrário no texto expresso da nova lei, e diferente não poderia ser, inserem-se nessa temática os contextos relacionados à limitação da jornada, à concessão de descansos que propiciem o gozo do direito à desconexão do trabalho e à atenção diferenciada necessária ao trabalho da mulher, especialmente quando grávida e lactante.

Conclusão

Consideradas as premissas desenvolvidas ao longo do estudo, mais defensável seria a redução da jornada de trabalho em relação às 44 horas instituídas pelo art. 7º, XIII, da CRFB/1988, que as disposições trazidas da reforma trabalhista. Com efeito, o conjunto de alterações normativas surgiu em contrariedade às políticas voltadas ao desenvolvimento da classe-que-vive-do-trabalho e à implementação da melhoria das condições laborais.

A Lei n. 13.467/2017 majoritariamente não acresceu aos anseios de efetivação dos direitos humanos do trabalhador celetista pontos positivos. Pelo contrário, parece ter sido redigida na contramão da alínea "a" do art. I da Declaração de Filadélfia (1944), que dispõe que *o trabalho não é mercadoria*. Observou-se esse quadro tanto no tratamento conferido ao regime de duração do trabalho como no que tange ao labor em condições insalubres.

Observa-se, assim, que a reforma trabalhista representa, no mundo do trabalho, a negação do princípio do não retrocesso social, positivado no *caput* do art. 7º da CRFB/1988, o qual lista os direitos sociais laborais, antes aduzindo que *são direitos dos trabalhadores urbanos e rurais, além de outros que visem à melhoria de sua condição social*, bem como no art. 26 da Convenção Americana sobre Direitos Humanos, que dispõe:

> Os Estados-Partes comprometem-se a adotar providências, tanto no âmbito interno como mediante cooperação internacional, especialmente econômica e técnica, a fim de conseguir progressivamente a plena efetividade dos direitos que decorrem das normas econômicas, sociais e sobre educação, ciência e cultura, constantes da Carta da Organização dos Estados Americanos, reformada pelo Protocolo de Buenos Aires, na medida dos recursos disponíveis, por via legislativa ou por outros meios apropriados.

A possibilidade de riscos à infância e à maternidade, no caso de gestantes e lactantes, bem como de adoecimentos decorrentes da sobrejornada em condições inadequadas, demandam a intervenção dos operadores do Direito com o fito de firmar posições que atendam aos segmentos envolvidos, sem o comprometimento da saúde dos trabalhadores. A resposta a tais questionamentos deve ser buscada no próprio ordenamento jurídico, não se olvidando que a nova normatização deva ser submetida ao crivo dos princípios maiores que regem a matéria em que se insere.

Embora o País requeira reformas estruturais, a mera adoção de uma cartilha internacional que nega efetividade aos direitos humanos sociais, mediante a implementação de reformas que sabidamente desatendem aos interesses do proletariado, representa ruptura com a ordem jurídica voltada à progressão social, ao princípio de solidariedade (art. 3º, III, CRFB/1988) e à valorização social do trabalho (art. 1º, IV, e 170, *caput*, CRFB/1988).

Referências bibliográficas

ALVES, Giovanni. O minotauro brasileiro: reforma trabalhista e desenvolvimento histórico do capitalismo no Brasil. *Revista do Tribunal Regional do Trabalho da 15ª Região*, Campinas, SP, n. 51, p. 97-108, jul./dez. 2017. Disponível em: <https://juslaboris.tst.jus.br/handle/20.500.12178/125460>. Acesso em: 2.9.2018.

ANTUNES, Ricardo. *Os sentidos do trabalho.* São Paulo: Boitempo, 1999.

______. *O privilégio da servidão.* São Paulo: Boitempo, 2018.

BRASIL. Câmara dos Deputados. *Comissão Especial destinada a proferir parecer ao Projeto de Lei n. 6.787, de 2016, do Poder Executivo.* Congresso Nacional: Brasília, 2017. Disponível em: <http://www.camara.gov.br/proposicoesWeb/prop_mostrarintegra?codteor=1544961>. Acesso em: 11.8.2018.

CAMARGO, Thaísa Rodrigues Lustosa de; MELO, Sandro Nahmias. *Princípios de direito ambiental do trabalho.* 1. ed. São Paulo: LTr, 2013.

CHAVES, Reinaldo; COSTA, Breno; LAMBRANHO, Lúcio; MAGALHÃES, Aline. Lobistas de bancos, indústrias e transportes estão por trás das emendas da reforma trabalhista. *The Intercept Brasil,* 26 de abril de 2017. Disponível em: <https://theintercept.com/2017/04/26/lobistas-de-bancos-industrias-e-transportes-quem-esta-por-tras-das-emendas-da-reforma-trabalhista/>. Acesso em: 14.7.2018.

COSTA NETO, Antonio Cavalcante da; SILVA, Paulo Henrique Tavares da. Mercado de horas: acerca do novo e cruel modelo de exploração do trabalho implementado pela "Reforma Trabalhista" brasileira. In: FELICIANO, Guilherme Guimarães; FONTES, Saulo Tarcísio de Carvalho; TREVISO, Marco Aurélio Treviso (orgs.). *Reforma trabalhista:* visão, compreensão e crítica. São Paulo: LTr, 2017.

DELGADO, Mauricio Godinho. *Curso de direito do trabalho.* 11. ed. São Paulo: LTr, 2012.

DIEESE — DEPARTAMENTO INTERSINDICAL DE ESTATÍSTICA E ESTUDOS SOCIOECONÔMICOS. *Nota Técnica n. 106,* dezembro 2011. Atualizada em janeiro 2012. Disponível em: <https://www.dieese.org.br/notatecnica/2012/notatec106PoliticaSalarioMinimo.pdf>. Acesso em: 2.9.2018.

FONSECA, Maíra S. Marques da. *Redução da jornada de trabalho:* fundamentos interdisciplinares. São Paulo: LTr, 2012.

JUSTINIANO, Jeibson dos Santos. *Direito ambiental do trabalho:* afirmação de uma sistemática de tutela específica. Dissertação (Mestrado) — Programa de pós-graduação em direito ambiental. Manaus: Universidade do Estado do Amazonas, 2014.

LIMA, Francisco Meton Marques de; LIMA, Francisco Péricles Rodrigues Marques de. *Reforma trabalhista:* entenda ponto por ponto. São Paulo: LTr, 2017.

MELO, Sandro Nahmias. Teletrabalho e controle de jornada. In: FELICIANO, Guilherme Guimarães; FONTES, Saulo Tarcísio de Carvalho; TREVISO, Marco Aurélio Treviso (orgs.). *Reforma trabalhista:* visão, compreensão e crítica. São Paulo: LTr, 2017.

NEUNER, Jörg. Os direitos humanos sociais. *Direito Público,* v. 6, n. 26, jun. 2010. Disponível em: <https://www.portaldeperiodicos.idp.edu.br/direitopublico/ article/view/1529/923>. Acesso em: 2.8.2018.

OIT — ORGANIZAÇÃO INTERNACIONAL DO TRABALHO. *Declaração de Filadélfia.* Anexo à Constituição da OIT. 26ª Reunião (1944). Disponível em: <http://www.ilo.org/wcmsp5/groups/public/---americas/---ro-lima/---ilo-brasilia/documents/genericdocument/wcms_336957.pdf>. Acesso em: 2.9.2018.

______. *Convenções da Organização Internacional do Trabalho.* Disponível em: <https://www.ilo.org/

brasilia/convencoes/lang--pt/index.htm>. Acesso em: 20.8.2018.

OEA — ORGANIZAÇÃO DOS ESTADOS AMERICANOS. *Convenção Americana sobre Direitos Humanos.* Assinada na Conferência Especializada Interamericana sobre Direitos Humanos, San José, Costa Rica, em 22 de novembro de 1969. Disponível em: <https://www.cidh.oas.org/basicos/portugues/c.convencao_americana.htm>. Acesso em: 2.9.2018.

_____ . *Protocolo Adicional à Convenção Americana sobre Direitos Humanos em matéria de direitos econômicos, sociais e culturais, "Protocolo de San Salvador".* Disponível em: <http://www.cidh.org/Basicos/Portugues/e.Protocolo_de_San_Salvador.htm>. Acesso em: 4.9.2018.

ONU — ORGANIZAÇÃO DAS NAÇÕES UNIDAS. *Declaração Universal dos Direitos Humanos.* Resolução n. 217, A III, de 10 de dezembro 1948. Disponível em: <http://www.onu.org.br/img/2014/09/DUDH.pdf>. Acesso em: 15.7.2018.

PARENTE, Mírian Perpétua Palha Dias. Trabalho e gestante: riscos e vulnerabilidade — visão do médico do trabalho. *V Fórum de Medicina do Trabalho do Conselho Federal de Medicina,* 2017. Apresentação disponível em: <http://www.eventos.cfm.org.br/images/PDFs/dra%20mirian.pdf>. Acesso em: 18.11.2017.

SOUZA, Rodrigo Trindade de. Negociado sobre o legislado: O mito de Ulisses e as sereias. In: FELICIANO, Guilherme Guimarães; FONTES, Saulo Tarcísio de Carvalho; TREVISO, Marco Aurélio Treviso (orgs.). *Reforma trabalhista:* visão, compreensão e crítica. São Paulo: LTr, 2017.

Reforma Trabalhista: Impacto no Direito Coletivo do Trabalho e no Poder Sindical

Francimary Oliveira Michiles[1]

Introdução

Não é de hoje que a desconstrução do Direito do Trabalho vem sendo forçada por diversos governantes. Desde 1990 tentou-se passar a flexibilização das normas trabalhistas. Em 1992 o Governo Federal constituiu Comissão de Modernização da Legislação do Trabalho, por meio do Decreto de 22.6.1992, na qual apresentou proposta para fazer prevalecer o produto da negociação coletiva sobre os direitos individuais estabelecidos em lei. Em seguida, por meio da Lei n. 8.949, de 1994, o Governo liberou as cooperativas de trabalho, já tentando implantação de uma modalidade de terceirização de serviços, sem caracterização de vínculo empregatício. Depois, implantou-se os bancos de horas e o contrato provisório de trabalho, por meio da Lei n. 9.601/98. Posteriormente, tentou-se mais uma vez a flexibilização de direitos laborais, por meio do Projeto de Lei n. 5.483/2001, que propunha alteração do art. 618 da CLT, para que acordo e convenção coletiva prevalecessem sobre a lei. Porém, esta, até então, as tentativas de passar liberação do "negociado sobre o legislado" não vingaram. E, registre-se que tais tentativas só não vingaram, devido incansável atuação dos operadores do direito, como bem registra o doutor professor Mauricio Delgado.[2]

Por fim, mesmo a despeito de lutas em contrário por parte desses operadores e de representação de trabalhadores, o governo federal levou a efeito seu intento, sem sequer ouvir as partes interessadas ou debater o tema com a sociedade. Para aflição dos trabalhadores brasileiros, essa desconstrução foi implantada por meio da Lei n. 13.467, de 13 de julho de 2017, com denominação de reforma trabalhista, a qual desfigurou os direitos individuais e coletivos previstos na Consolidação das Leis do Trabalho; bem como por meio da Lei

---

(1) Auditora-Fiscal do Trabalho aposentada. Advogada. Contabilista. Especialista em Direito do Trabalho e Previdenciário pelo Centro Integrado de Ensino Superior do Amazonas. Doutoranda em Ciencias Jurídicas y Sociales pela UMSA — Universidad del Museo Social Argentino.

(2) *"É claro também que, muitas vezes, a jurisprudência, juntamente com as funções exercidas pelo Ministério Público do Trabalho e pela auditoria fiscal do Ministério do Trabalho, todos tiveram fundamental papel na defesa do Direito do Trabalho e da dignidade do trabalhador, em contraste com as iniciativas desregulamentadora a flexibilizatórias e precarizantes oriundas do Parlamento ou da Presidência da República desde o início da década de 1990."* DELGADO, Mauricio Godinho. *Capitalismo, trabalho e emprego:* entre o paradigma da destruição e os caminhos de reconstrução. 3. ed. São Paulo: LTr, 2017. p. 132.

n. 13.429/2017, que regulamenta a terceirização generalizada no país. Podendo gerar, ambas as leis, grande retrocesso social.

Diante desse contexto lastimável pelo qual se passa atualmente, propusemo-nos a discorrer sobre como a reforma trabalhista, imposta pela Lei n. 13.467, de 13 de julho de 2017, a fim de demonstrar como esta impactou negativamente nos direitos dos trabalhadores brasileiros de forma ampla, vez que afetou, drasticamente, não só os direitos individuais dos trabalhadores, como também o direito coletivo de trabalho, gerando maior fragilização dos direitos trabalhistas e da atuação dos sindicatos laborais.

No tocante ao direito coletivo do trabalho, note-se que ao tempo em que os apoiadores da referida reforma querem deixar transparecer, com ampla divulgação de um de seus objetivos, que haveria intervenção mínima do Estado nas negociações coletivas, com a institucionalização do "negociado sobre o legislado" — caso em que os direitos negociados com os trabalhadores pelos sindicatos prevalecem sobre os previsto na lei —, com o qual se fortaleceria a atuação Sindical na representação do interesse dos trabalhadores, na verdade, tenta-se maquiar o rolo compressor que passa sobre os direitos laborais, haja vista que a dita reforma, além de ferir garantias constitucionais de direito individual, retira, sobremaneira, poder dos Sindicatos dos Trabalhadores com a imposição de várias outras alterações do direito coletivo do trabalho, colidindo com os ditames insertos nas Convenções da Organização Internacional do Trabalho — OIT, conforme se demonstrará adiante.

Para isso, serão analisadas as previsões contidas na Lei n. 13.467, de 13 de julho de 2017, que alterou a Consolidação das Leis do Trabalho, Decreto-Lei n. 5.452, de 1º de maio de 1943, relativas ao direito coletivo do trabalho e seu impacto na atuação sindical. Serão consideradas doutrina e jurisprudência sobre o tema, além de consulta nos bancos de dados de demandas trabalhistas dos órgãos competentes.

1. Do impacto sobre o direito coletivo

Pela análise das imposições contidas na Lei n. 13.467, de 13 de julho de 2017, que altera o Decreto-Lei n. 5.452, de 1º de maio de 1943, denominada reforma trabalhista, pode-se extrair que as inovações nela inseridas constituem mais uma forma de flexibilização, levando a efeito a desconsideração dos direitos sociais conquistados a duras penas, impondo a precarização desses direitos. Tanto os direitos individuais, como o coletivo do trabalho sofreram alteração significativa, impactando negativamente na proteção do direito do trabalhador.

Quanto à aplicação do direito coletivo do trabalho, objeto desse trabalho, vê-se que a referida lei prioriza o direito individual, em detrimento do direito coletivo do trabalho, praticamente extirpando este último. E, o faz impondo a tese contratualista nas relações do trabalho, em que se considera a relação de emprego como os demais contratos civis, ou seja, sem as especificações próprias do contrato de direito de trabalho, em que se há de elevar o trabalhador como parte fraca nessa relação jurídica.

Dessa forma, pode-se concluir que tal reforma trabalhista, além de decretar uma alteração da legislação vigente sem observância dos preceitos constitucionais de direito coletivo do trabalho, insertos nos arts. 7º, XXVI e 8º, da CRFB, tais como: autonomia privada coletiva, liberdade sindical e negociação coletiva de trabalho c/c os ditames contidos na Convenção n. 98, da OIT; fere, frontalmente, o Princípio da Proteção — pilar do direito do trabalho —, o qual se implanta, também, por meio da verdadeira atuação dos sindicatos, seja por meio de instrumentos da negociação coletiva; seja visando normatização sobre condições adequadas de trabalho; ou prevendo implantação de direitos não previstos em lei.

Não obstante essa inobservância relevante supramencionada, observa-se que desde a promulgação da referida lei, muito se tem questionado a respeito do impacto negativo que sofreriam os Sindicatos Laborais, gerado pela norma legal reformista, principalmente quanto ao aspecto financeiro, com a extinção do imposto sindical obrigatório, com as alterações dos arts. 578 e 602 da CLT, o que fragilizaria o seu poder de atuação e levaria esses entes representativos a banca rota.

Realmente, procedente essa arguição. Pois trata-se de mais uma da séria alteração da CLT em desfavor dos sindicatos dos trabalhadores brasileiros. Sem dúvida que esta fragiliza em demasia seu poder de atuação, vez que lhes retira o controle de arrecadação financeira, consequentemente, o de investimento na sua atuação, o que enfraqueceria sua autonomia. Afinal, não se pode conceber administração de qualquer ente existente sem recursos. Contudo, há de se convir que o problema vai muito além disso.

Primeiro, porque embora se abomine as várias alterações sofridas pelo direito coletivo do trabalho, em tal caso, ao nosso ver, forçoso considerar que havia a necessidade de mudança na forma de contribuição para os sindicatos.

É indubitável que para se ter um sindicato realmente representativo e forte faz-se necessária a efetiva participação dos trabalhadores sem obrigatoriedade imposta por lei. Isso se perfaz, obviamente, com uma contribuição sindical facultativa.

De outro lado, ressalta-se, quanto a esta alteração, dois significantes equívocos cometidos pelos legisladores reformistas: i) não atentaram ou relevaram sobre a necessidade em se modificar a forma de modelo sindical, que atualmente trata-se de modelo único (obviamente que para isso far-se-ia necessária alteração constitucional); ii) além de não se ter concedido um prazo razoável às entidades sindicais existentes para adequação na forma da arrecadação da contribuição atual, de formas a lhes garantir a sua autonomia.

Ademais, convém assinalar, que devido à existência de modelo de unicidade sindical no país, houve, de fato, a proliferação de sindicatos[(3)] e sem qualquer representatividade de sua categoria, como ilustra a Nota Técnica sobre a temática, emitida em conjunto, em 6.3.2017, pelos operadores de direito, representados pela ANAMATRA, SINAIT e ANPT: *"No caso brasileiro. A representação sindical é falha. Se fortes e representativos fossem todos os sindicatos profissionais brasileiros, a ideia vazada no PL n. 6.787/2016, quanto à prevalência do negociado sobre o legislado em grande parte dos direitos trabalhistas típicos, poderia ser oportuna e útil. No entanto, não é o que acontece. A organização sindical brasileira é extremamente rígida e a unicidade sindical construiu, no Brasil, uma estrutura sindical frágil e, em muitos casos, de pouca representatividade"*[(4)].

Bom não olvidar, que não obstante boa parte dos sindicatos ainda mantenham formalização das respectivas convenções junto ao MTb, sabe-se que o ato de produção de alguns sindicatos não passa disso, haja vista que muitas dessas convenções nada acrescentam de importante para os trabalhadores, pois limitam-se a transcrever os dispositivos legais contidos na própria CLT, fato facilmente constatado por breve análise desses documentos constantes dos bancos de dados do MTb —, ressalvados os atos de reconhecidos sindicatos —, além de não se fazer o acompanhamento de seu cumprimento. Por óbvio, os autênticos sindicatos existentes no país são aqueles que se

(3) Notícias: "Esse excessivo volume de sindicatos foi sustentado pela contribuição (imposto) sindical, recolhida obrigatoriamente pelos empregadores no mês de janeiro e pelos trabalhadores no mês de abril de cada ano — e extinta pela reforma trabalhista que entrou em vigor no último dia 11 de novembro de 2017. Em 2016, os sindicatos receberam R$ 3,5 bilhões dos trabalhadores. Em 2017, a soma chegou a R$ 3,54 bilhões. Registro de sindicatos ativos, até 13.11.2017, totaliza 16.720, sendo 11.478 de trabalhador e 5.242 de empregador. Número de sindicatos com registro ativo no Brasil. Fonte: MTb". Disponível em: <http://www.ilisp.org/noticias/numero-de-sindicatos-brasileiros-ultrapassa-16-mil-com--arrecadacao-de-35-bilhoes/>. Acesso em: 21.9.2018.

O Globo. Com mais de 250 novos sindicatos por ano, Brasil já tem mais de 15 mil entidades. Disponível em:< http//oglobo.globo.com/economia/com-mais-de-250-novos-sindicatos-por-ano-brasil-já-tem-mais-de-15-mil-entidades-8237463>.

(4) Nota Técnica PL n. 6.787/2016 — Reforma trabalhista. ANAMATRA. Disponível em: <https://www.sinait.org.br/arquivos/informes/Informe_1236.pdf>. Acesso em: 29.9.2018.

tem notório conhecimento, justamente por serem atuantes em defesa de seus representados.

Dessa forma, pode-se concluir que certamente a concorrência entre sindicatos seria salutar, porque traria o fortalecimento daquele que melhor atendesse aos anseios de seus filiados.[(5)]

Segundo, como se há de verificar, o verdadeiro impacto sobre esses entes representativos da classe operária dar-se-á com vasta alteração do direito coletivo do trabalho, a qual interfere sobremaneira no poder sindical.

2. *Verdadeiros impactos sobre sindicatos dos trabalhadores*

É notório que os apoiadores da malfadada reforma querem deixar transparecer que um de seus objetivos seria a intervenção mínima do Estado (art. 611-A, § 1º, da CLT, c/c art. 8º, § 2º, da CLT) nas negociações coletivas, conforme destaca o professor Homero Silva[(6)], com a institucionalização do Negociado sobre o Legislado (art. 611-A da CLT) — caso em que os direitos negociados com os trabalhadores pelos sindicatos prevalecem sobre o determinado na lei, independentemente da expressa indicação de contrapartidas em caso de redução de direitos ou vantagens (art. 611-A, § 2º, da CLT), com o qual se fortaleceria a atuação Sindical na representação do interesse dos trabalhadores, dando-lhes superpoderes. Mas, na verdade, com essa justificativa tenta-se maquiar o rolo compressor que passará sobre os direitos coletivos, sem piedade.

Em primeiro plano, mister se faz ressaltar que o próprio instituto do negociado sobre legislado já é uma afronta não só à Constituição da República Federativa do Brasil, mas também à Convenção n. 98 da Organização Internacional do Trabalho, ratificada pelo país.

Tanto é que o tema foi amplamente discutido na 2ª Jornada de Direito Material e Processo do Tralho, que reuniu Auditores-Fiscais do Trabalho, Magistrados Trabalhistas, Procuradores do Trabalho, Advogados Trabalhistas e outros especialistas, para debater a reforma trabalhista, em que se concluiu pela sua inconstitucionalidade.[(7)]

Destaca-se ainda, que depois de várias denúncias formalizadas pelas entidades de defesa do trabalhador, o Brasil já integrou *"long list"*[(8)] da OIT em 2017, em razão da tramitação do então PL n. 6.787/2016 — Reforma

---

(5) Notícias: BBC Brasil. "Como a reforma trabalhista pode afetar os sindicatos e seus 150 mil funcionários". "Da forma como foi instituído, em 1937, o imposto sindical tende a provocar a dependência do sindicalismo em relação ao Estado e o distanciamento em relação aos trabalhadores que representam, afirma Andréia Galvão, professora do departamento de ciência política da Unicamp. Assim, a mudança trazida pela reforma poderia estimular um sindicalismo mais independente e mais representativo, ela diz. Sem a garantia de recursos financeiros, os sindicatos precisariam se preocupar mais com o trabalho de base, já que passariam a depender de suas próprias forças, isto é, de seus filiados e suas contribuições voluntárias. A reestruturação do movimento sindical, acrescenta Vargas Netto, vai levar a um reagrupamento das entidades, com demissões e corte de áreas que não sejam fundamentais." Disponível em: <https://www.bbc.com/portuguese/brasil-40676314>. Acesso em: 4.10.2018.

(6) SILVA, Homero Batista Mateus da. *Comentários à reforma trabalhista.* São Paulo: Revista dos Tribunais, 2017. p. 114.

(7) "NEGOCIADO SOBRE LEGISLADO: LIMITES.
Nos termos do art. 5º, § 2º, da Constituição Federal, as convenções e acordos coletivos de trabalho não podem suprimir ou reduzir direitos, quando se sobrepuserem ou conflitarem com as convenções internacionais do trabalho e outras normas de hierarquia constitucional ou supralegal relativas à proteção da dignidade humana e dos valores sociais do trabalho e da livre-iniciativa. (Enunciado Aglutinado n. 2 da Comissão 3).
NEGOCIADO SOBRE O LEGISLADO E PATAMAR CIVILIZATÓRIO MÍNIMO.
É nula cláusula normativa, por quebra das características fundantes do direito do trabalho como ramo jurídico especializado, quando importar violação ao patamar civilizatório mínimo (arts. 9º, 444, 468 e 611-A da CLT). (Enunciado n. 5 da Comissão 3)" — 2ª Jornada de Direito Material e Processual do Trabalho — Promovido pela ANAMATRA, Sinait, ANPT, e outras entidades. Disponível em: <https://www.anamatra.org.br/imprensa/noticias/26227-enunciados-aprovados-na-2-jornada-de-direito-material-e-processual-do-trabalho-sao-organizados-por-tema>. Acesso em: 2.10.2018.

(8) *"Long List"* — Divulgação anual pela OIT de lista contendo 40 casos que o Comitê de Peritos considera graves. O que gera cobrança, por parte da OIT, de resposta oficial dos Estados-membros envolvidos, sobre o descumprimento de normas convencionais.

Trabalhista, e voltou a integrá-la no início de 2018, devido à inconvencionalidade de dispositivos constantes da reforma trabalhista, após publicação da Lei n. 13.467/2017. E em maio de 2018 sofreu nova denúncia pelo presidente do SINAIT — Sindicato Nacional dos Auditores Fiscais do Trabalho, Carlos Silva e de outras entidades, na 107ª Conferência Internacional da OIT, o Brasil foi incluído na *"short list"*[9][10], **por descumprimento dos termos da Convenção n. 98** (*direito de sindicalização e de negociação coletiva*), e por reduzir ou retirar direitos sociais, identificando os contidos nos arts. 611-A e 611-B da CLT.

Em segundo plano, a lei reformista prioriza o direito individual do trabalho em detrimento ao direito coletivo do trabalho, em que há a necessária participação sindical. No caso, o direito individual do trabalho sobrepõe-se como máxima de negociação nas relações contratuais, contrariando a função do Direito do Trabalho de melhoria das condições de pactuação da força de trabalho na ordem socioeconômica, conforme ensina o professor Mauricio Godinho Delgado: *"Esclareça-se que essa função não pode ser apreendida sob uma perspectiva meramente individualista, enfocando o trabalhador isolado. Como é próprio ao Direito — e fundamentalmente ao Direito do Trabalho, em que o ser coletivo prepondera sobre o ser individual —, a lógica básica do sistema jurídico deve ser captada, tomando-se o conjunto de situações envolvidas, jamais sua fração isolada. Assim, deve-se considerar, no exame do cumprimento da função jurídico-trabalhista, o ser coletivo obreiro, o universo mais global de trabalhadores, independentemente dos estritos efeitos sobre o ser individual destacado"*[11].

A propósito, pela dita reforma, houve inversão dos princípios de proteção nas relações do trabalho, porque na ótica reformista o trabalhador deixaria de ser hipossuficiente, amparado pelo Princípio da Proteção — pilar do Direito do Trabalho, e passaria a ser hipersuficiente, podendo tratar das negociações de seu contrato de trabalho como se autonomia tivesse nessa relação, não obstante ainda ali imperar o poder econômico, ao qual ele está subordinado. E o empregador passa a ser o hipossuficiente, cria-se, de forma deplorável, o "princípio de proteção ao empregador"[12]. Com isso, o trabalhador não precisaria mais de amparo e acompanhamento de seus representantes sindicais. Isso, devido às várias possibilidades ventiladas, vejamos.

2.1. Arbitragem individual

A norma reformista possibilita a arbitragem individual (art. 507-A da CLT) para as demandas trabalhistas, sem debater ou questionar os reais efeitos de sua aplicação. O referido artigo prevê a inserção de "cláusula compromissória de arbitragem" nos contratos de trabalho. Assim, em caso de descumprimento do contrato, o litigio deverá ser discutido por um árbitro. Bom, não olvidem que a possibilidade de negociação de direitos trabalhistas em câmara arbitral foi, reiteradamente, objeto de discussão se caberia ou não, tendo o TST rejeitado essa viabilidade.[13]

Com efeito, se não se pode cogitar negociação desse porte em Câmara Arbitral, muito menos se poderia estender ao trabalha-

(9) *"Short list"* — lista dos 24 piores casos selecionados para a discussão na 107ª Conferência Internacional do Trabalho realizada em, em 29.5.2018, em Genebra-Suíça.

(10) *Sinait faz denúncias na 107ª Conferência Internacional da OIT*. Disponível em: <https://www.sinait.org.br/site/noticiaview?id=15746/sinait%20faz%20denuncias%20na%20107?%20conferencia%20internacional%20da%20oit>. Acesso em: 2.10.2018.

(11) DELGADO, Mauricio Godinho. *Op. cit.*, p. 116.

(12) TRINDADE, Rodrigo. *Reforma trabalhista* — 10 (novos) princípios do direito empresarial do trabalho, p. 3. Disponível em: <http://www.amatra4.org.br/79-uncategorised/1249-reforma-trabalhista-10-novos-principioos-do-direito-empresarial-do-trabalho>. Acesso em: 1º.10.2018.

(13) TST NOTÍCIAS: *TST determina que Câmara de Mediação e Arbitragem de MG não atue em conflitos trabalhistas.* Disponível em: <http://www.tst.jus.br/noticias/-/asset_publisher/89Dk/content/tst-determina-que-camara-de-mediacao-e-arbitragem-de-mg-nao-atue-em-conflitos-trabalhistas>. Acesso em: 27.9.2018.

dor "poderes" para fazê-lo individualmente. Principalmente afastando a participação e assistência sindical.

Cumpre salientar, que não obstante a lei estabeleça essa regra a empregado com remuneração superior a duas vezes o limite máximo estabelecido para os benefícios do Regime Geral de Previdência Social, atualmente corresponde a R$ 11.291,60 (onze mil, duzentos e noventa e um reais e sessenta centavos)[14]; por iniciativa do empregado ou mediante a sua concordância expressa, de formas que pudesse confirmar sua vontade de realização desse ato, ao nosso ver, pelas experiências constatadas em fiscalizações e pelas demandas levadas a juízo laboral, tal regra não assegura ser, o trabalhador, "hiperssuficiente", como querem os reformistas.

Mister se faz ressaltar, por mais que se almejasse ter trabalhador nesse nível no país, sonho de todo do defensor do direito trabalhista, a dura realidade tem demonstrado que o simples recebimento de maior remuneração não eleva o poder de autonomia de um trabalhador. Poder-se-ia até conjecturar tal feito, mas somente para trabalhadores de alto escalão, como poucos existentes, a exemplo pode-se citar grandes jogadores de futebol, os quais são bem remunerados e tem autonomia para negociação de seu contrato de trabalho.

Como é cediço, o trabalhador brasileiro está, na maioria das vezes, em situação de inferioridade econômico-financeira, além de não deter conhecimento, e tampouco ser amparado por equipes jurídicas, diferentemente do empregador que detém todo esse aparato. Ademais, agregue-se à subordinação desse trabalhador às ordens inquestionáveis do patrão. Desse modo, evidentemente que os comandos partirão da parte que detém o poder na relação contratual, podendo, nesse caso, incluir-se qualquer cláusula no contrato de trabalho, inclusive a arbitral, sugerida pela tal reforma. Nessa linha, o entendimento da professora Vólia Bomfim: "*Entender que os empregados que recebem valor igual ou maior que R$ 11.063,00 podem livremente dispor sobre os direitos trabalhistas relacionados no art. 611-A da CLT e das próprias normas coletivas é negar a vulnerabilidade do trabalhador, que depende do emprego para sobreviver e, com relativa facilidade, concordaria com qualquer ajuste para manutenção do emprego*".[15]

Portanto, pode-se concluir que essa infeliz inovação facilitará ainda mais as fraudes que ocorrem nas relações do trabalho, mascarando o cumprimento da legislação, principalmente quando da rescisão do contrato de trabalho.

Aliás, registre-se que essa experiência já se teve no país, com a implantação das famosas CCPs — Câmaras de Conciliação Prévia, instituídas pela Lei n. 9.958/2000, que trouxe mais prejuízos para os trabalhadores com a ocorrência de fraudes, como bem registram os doutos especialistas Grijalbo Coutinho, ex-presidente da Anamatra e juiz da 10ª Região; Márcio Túlio Viana, juiz do trabalho da 3ª Região; Mauricio Godinho Delgado, Ministro do TST; e Reginaldo Melhado, juiz do trabalho da 9ª Região, em análise da atuação dessas comissões: "*Passados quatro anos, não se pode deixar de constatar que as comissões de conciliação prévia, nos moldes concebidos para seu funcionamento no Brasil, constituem hoje fator de promoção de fraudes contra os direitos trabalhistas*"[16].

(14) Portaria n. 15, de 16 de janeiro de 2018, editada pelo Ministério da Fazenda, o teto previdenciário foi fixado em R$ 5.645,80 (cinco mil, seiscentos e quarenta e cinco reais e oitenta centavos). Disponível em: <http://normas.receita.fazenda.gov.br/sijut2consulta/link.action?visao=anotado&idAto=89503>. Acesso em: 6.10.2018.

(15) CASSAR, Vólia Bomfim. A reforma trabalhista e a autonomia da vontade do empregado. *Lex Magister: Doutrinas*, São Paulo, 25 abr. 2018. Disponível em: <https://www.lex.com.br/doutrina_27640581_A_REFORMA_TRABALHISTA\nA_AUTONOMIA_DA_VONTADE_DO_EMPREGADO.aspx>. Acesso em: 6.10.2018.

(16) *Para evitar as fraudes nas CCPs*. Grijalbo Coutinho, Márcio Túlio Viana, Mauricio Godinho e Reginaldo Melhado, juízes do trabalho. Disponível em: <https://www.anamatra.org.br/artigos/872-para-evitar-as-fraudes-nas-ccps-04172296919089087 4>.

2.2. Negociação individual

Na ótica reformista, o trabalhador, agora "hiperssuficiente", pode "negociar" os seguintes direitos.

2.2.1. *Parcelamento de férias*

O § 1º do art. 134 da CLT, determina "*Desde que haja concordância do empregado, as férias poderão ser usufruídas em até três períodos, sendo que um deles não poderá ser inferior a quatorze dias corridos e os demais não poderão ser inferiores a cinco dias corridos, cada um*" (grifamos). É de ser relevado que essa alteração seria até razoável se, realmente, o empregado fosse autossuficiente ou se tivesse assistência sindical. Ocorre que pelas constatações nas fiscalizações do trabalho ou até por apanhado de demandas em processos judiciais, vê-se não ser exequível essa alteração, sem prejuízo para o trabalhador. Infelizmente, devido à mentalidade de muitos empregadores que não cumprem sequer a legislação quanto à liberação do empregado para gozo de férias, ou o respectivo pagamento(17), imagine-se para liberação desse empregado esperando a concordância do patrão para o parcelamento de suas férias. Isso chega a ser risível.

2.2.2. *Banco de horas por acordo individual*

O art. 59-B da CLT, prevê a possibilidade de realização de banco de horas por meio de

---

(17) TST — RECURSO DE REVISTA RR 2483720135040013 (TST)
Data de publicação: 27.10.2017
Ementa: A) AGRAVO DE INSTRUMENTO. RECURSO DE REVISTA. PROCESSO SOB A ÉGIDE DA LEI N. 13.015/2014. RECONHECIMENTO DE VÍNCULO DE EMPREGO EM JUÍZO. RESCISÃO INDIRETA. AUSÊNCIA DO PAGAMENTO DAS FÉRIAS, 13º SALÁRIO E DE RECOLHIMENTO DO FGTS. Demonstrado no agravo de instrumento que o recurso de revista preenchia os requisitos do art. 896 da CLT, dá-se provimento ao agravo de instrumento, para melhor análise da arguição de violação do art. 483, *d*, da CLT, suscitada no recurso de revista. Agravo de instrumento provido. B) RECURSO DE REVISTA. RECONHECIMENTO DE VÍNCULO DE EMPREGO EM JUÍZO. RESCISÃO INDIRETA. AUSÊNCIA DO PAGAMENTO DAS FÉRIAS, 13º SALÁRIO E DE RECOLHIMENTO DO FGTS. A jurisprudência majoritária desta Corte entende que o descumprimento de obrigações pela Reclamada do contrato de trabalho, decorrentes do reconhecimento do vínculo de emprego em Juízo, constitui justo motivo para a rescisão indireta, nos termos do art. 483, *d*, da CLT. É que se trata de várias e relevantes faltas empresariais, ensejando o enquadramento da situação na justa causa do empregador. No caso concreto, conforme dados fáticos devidamente registrados no acórdão recorrido, a Reclamada manteve contrato de trabalho com o Autor por aproximadamente 20 anos sem remunerar **férias**, 13º salário e sem registrar o pacto laboral na CTPS, com consequente **ausência** do recolhimento do FGTS, situação que autoriza o trabalhador a buscar a resolução do contrato de trabalho. Recurso de revista conhecido e provido no tema.
"Por não permitir férias, empresa é condenada a pagar dano moral
Não conceder férias a funcionário gera dano moral. Por isso, a 7ª Turma do Tribunal Regional do Trabalho da 1ª Região (RJ) condenou uma empresa de gestão ambiental a pagar R$ 2 mil a um empregado por obrigá-lo a trabalhar nas férias. O fato ocorreu entre 2008 a 2011. Na decisão, o colegiado destacou que o trabalhador que é privado de 30 dias de descanso após 12 meses de trabalho pode sofrer sérios prejuízos à sua saúde. A decisão foi unânime.
A decisão da 7ª Turma manteve a sentença da juíza Verônica Ribeiro Saraiva, da 1ª Vara do Trabalho de Campos dos Goytacazes. Segundo os autos, o trabalhador exercia a função de supervisor do pessoal contratado para trabalhar em postos do Departamento de Trânsito do Estado (Detran-RJ) nas Regiões Norte e Noroeste, assim como na Região dos Lagos e Serrana. O trabalhador afirmou ter sofrido dano moral em razão da fraude na concessão das férias, pois jamais usufruiu do benefício, já que a empresa fazia o supervisor e os demais funcionários assinarem as notificações de férias como se tivessem sido usufruídas. Em contrapartida, ele conta que recebia uma parcela no contracheque denominada "ajuda de custo II". A empresa defendeu-se dizendo que competia ao trabalhador comprovar que as férias não foram gozadas. O preposto da empresa, entretanto, afirmou que as férias tinham sido pagas, mas não sabia dizer se o empregado tinha usufruído dos dias de férias. Diante da contradição, o 1º Grau condenou a empresa a pagar o dobro das férias dos anos pelo período de 2008 a 2011, assim como a pagar indenização por dano moral. A empresa recorreu. No TRT-1, a juíza convocada Claudia Regina Vianna Marques, que relatou o caso, afirmou que o desconhecimento do preposto quanto a fato importante da lide gera presunção relativa que pode ser elidida por prova em contrário, o que não ocorreu no caso concreto. Na decisão, a relatora também destacou os prejuízos à saúde ao trabalhador que não tira férias pode sofrer. O desrespeito a normas que protegem a saúde e a segurança do trabalhador consiste, indubitavelmente, em lesão à sua dignidade, e caracteriza, sem sombra de dúvidas, o dano extrapatrimonial. Essa espécie de dano moral dispensa prova, já que o fato por si só é suficiente para se verificar a lesão", escreveu. *Com informações da Assessoria de Imprensa do TRT-1*". Disponível em: <https://www.conjur.com.br/2015-jul-05/nao-permitir-ferias-empresa-condenada-pagar-dano>.

simples acordo do trabalhador. Essa é outra fonte de geração de fraudes, pois a experiência nas constatações de fiscalizações do trabalho e nas demandas judiciais demonstram que há prática corriqueira de se fraudar o controle de jornada para denegar os direitos dos trabalhadores que laboram em excesso de jornada. Muitos trabalhadores não detêm sequer o poder de controlar a quantidade de horas extras realizadas ou de exigir do empregador o cumprimento dos respectivos pagamentos, portanto não se pode conceber que algum deles poderá controlar ou negociar as horas extraordinárias efetivamente prestadas constantes de banco de horas. O próprio banco de horas instituído em convenção coletiva de trabalho já é objeto de fraudes.[18]

(18) **"Ex-empregado da Ambev comprova manipulação em controle de horário e receberá horas extras.**
A Sétima Turma do Tribunal Superior do Trabalho não conheceu (não examinou o mérito) do recurso da Companhia de Bebidas das Américas — Ambev contra decisão que a condenou a pagar horas extras a um ex-operador. A Justiça do Trabalho da 12ª Região (SC) desconsiderou os controles de frequência como forma de registro de horário, pois as provas revelaram que a empresa fraudava e manipulava os registros, não existindo prova capaz de invalidar a jornada afirmada pelo trabalhador. Na reclamação trabalhista, o operador afirmou que fazia de três a quatro horas diárias, sem receber corretamente. Segundo ele, os controles de horário não refletiam as horas efetivamente trabalhadas, pois eram alterados e adulterados pela Ambev para não registrar a jornada excessiva. A Ambev, em sua defesa, alegou que tinha sistema de ponto eletrônico, com crachá de identificação em catraca. O empregado, ao entrar ou sair da fábrica, registrava o início e término da jornada, e os registros seriam, portanto, corretos. O juízo de primeiro grau constatou a existência de outras ações contra a Ambev com a mesma alegação de manipulação e fraude dos registros de ponto eletrônico. Segundo as testemunhas, por mais que fizessem horas extras, em jornadas de 12 horas ou em turnos seguidos, nunca havia saldo positivo de horas a compensar. Com isso, considerou inválidos os cartões de ponto e acolheu a jornada apresentada pelo operador. O Tribunal Regional do Trabalho da 12ª Região (SC) manteve este entendimento. O acórdão regional registra que a gravidade da situação era tal que a juíza de primeiro grau determinou a expedição de ofícios ao Ministério Público do Trabalho, Ministério Público Federal, Delegacia Regional do Trabalho e à Delegacia de Polícia Federal. Para o relator do recurso da Ambev ao TST, ministro Douglas Alencar Rodrigues, as instâncias anteriores decidiram o caso após minuciosa análise das provas, em especial oral e documental. O ministro lembrou que, ao TST, como corte revisora, "cabe somente a apreciação das questões de direito. Ultrapassar as conclusões de primeiro e segundo graus sobre a validade dos controles de ponto demandaria o reexame dos fatos e das provas do processo, o que é vedado pela Súmula n. 126 do TST". Processo: RR-294000-51.2008.5.12.0007. Disponível em: <http://www.tst.jus.br/noticias/-/asset_publisher/89Dk/content/ex-empregado-da-ambev-comprova-manipulacao-em-controle-de-horario-e-recebera-horas-extras>. Acesso em: 2.10.2018.
Notícias: "MPT consegue liminar contra Eletrokasa para acabar com fraude no registro de ponto"
Eletrokasa é condenada a pagar multa por fraude em Registro de Ponto de funcionários.
O Ministério Público do Trabalho em Mato Grosso (MPT-MT) obteve liminar favorável em ação civil pública movida contra a empresa EB Comércio de Eletrodomésticos Ltda., a Eletrokasa. Na decisão, a juíza do Trabalho Adenir Alves da Silva Carruesco, da 1ª Vara do Trabalho da cidade, determinou que a empresa deixe de fraudar os cartões de ponto e registre a jornada de trabalho efetivamente cumprida pelos empregados. A multa pelo descumprimento é de R$ 5 mil, a ser revertida a projetos sociais.
O MPT ainda aguarda a análise do pedido de indenização por danos morais coletivos, estipulados em cerca de R$ 2,3 milhões. Para apuração do valor, o MPT realizou um cálculo aproximado do benefício econômico obtido pela Eletrokasa ao sonegar o pagamento de horas extras aos funcionários (198, segundo o Cadastro Geral de Empregados e Desempregados — Caged) ao longo de cinco anos, período correspondente ao prazo prescricional atual para empregados urbanos e rurais exigirem seus créditos e direitos trabalhistas na justiça. Pela análise dos documentos, são realizadas, por empregado, cinco horas extras de trabalho todos os sábados, em média.
A investigada consiste em um empreendimento de grande porte no comércio de eletrodomésticos e possui, de acordo com seu site oficial, 58 filiais, sendo 57 em Mato Grosso e uma em Mato Grosso do Sul.
Em inspeção realizada pela Superintendência Regional de Trabalho e Emprego de Mato Grosso (SRTE-MT), foram encontrados trabalhadores em atividade mesmo após o horário da saída ter sido registrado. No relatório de fiscalização, a conduta da Eletrokasa é descrita como "fraudulenta".
Além disso, pontuam SRTE-MT e MPT que as irregularidades consubstanciam práticas sistemáticas da empresa, na medida em que foram observadas em vários de seus estabelecimentos, seja pelo elevado número de reclamações trabalhistas ajuizadas (como em Primavera do Leste), seja pela verificação *in loco* da prática de ilícitos em outras filiais, como o caso de duas lojas de Rondonópolis, alvos de ação fiscal em junho de 2016 e abril deste ano.
"Note-se bem que a fraude é engendrada com o propósito de a empresa não ter que pagar por todo o período em que se apropria da força de trabalho de seus empregados, uma vez que estes seguem laborando mesmo após a batida

2.2.3. Jornada 12 x 36 por acordo individual

O art. 59-A da CLT, oficializa a jornada 12 x 36 por simples acordo individual e de forma genérica, e inclusive em ambiente insalubre (art.60, parágrafo único, da CLT).

2.2.4. Supressão de intervalo para refeição e descanso por acordo individual

O art. 59-A da CLT, também admite que por meio de acordo individual se possa suprimir intervalo para refeição e descanso.

2.3. Desconsideração de prerrogativas dos sindicatos laborais

2.3.1. Dispensas de empregados, com mais de um ano de contrato de trabalho, sem assistência sindical

A obrigatoriedade para assistência pelos sindicatos aos empregados, em caso de dispensa com mais de um ano de contrato de trabalho deixa de existir (art. 477-A da CLT).

Nesse ponto, não precisa nem ser *expert* em direito do trabalho para se afirmar que essa alteração certamente aumentará o prejuízo dos trabalhadores por falta de pagamento de verbas rescisórias e falta de recolhimento de FGTS e multa rescisória, o que ocorre na maioria das rescisões contratuais. Inclusive, com fraudes nas rescisões.

Dentre esses casos, pode-se citar a prática reiterada de empregadores que forçam o empregado a pedir demissão, seja para evitar o pagamento das verbas inerentes ao término de contrato; seja para simular acordo com o empregado, a fim de que este possa fazer saque do FGTS e receber o seguro-desemprego, sem o respectivo pagamento das verbas rescisórias. Fato constatado pelos Auditores-Fiscais do Trabalho, quando de assistência de homologação rescisórias ou por meio de fiscalização nas empresas para verificar afastamentos de trabalhadores; além de vastas decisões judiciais sobre o tema.(19)

---

do ponto. Tem-se, por conseguinte, violação à obrigação contida no art. 74, § 2º, da CLT, a imputar à empresa a obrigação de registrar a jornada efetivamente praticada pelos seus empregados — o que não ocorre quando estes são obrigados a trabalhar depois de batido o ponto", salienta o procurador do Trabalho Bruno Choairy.

Outra irregularidade apontada se refere ao fato da empresa adotar sistema de compensação de horas não previsto em negociação coletiva. Pelo exame das folhas de ponto, o MPT e a fiscalização do Trabalho verificaram que a compensação não ocorria dentro da própria semana — caso que não exigiria acordo ou convenção coletiva — mas dentro de meses diversos. Neste caso, não se aplicaria o regime compensatório na modalidade "banco de horas", havendo a necessidade de pagamento de horas extras". Disponível em: <https://www.contabeis.com.br/noticias/34673/mpt-consegue-liminar-contra-eletrokasa-para-acabar-com-fraude-no-registro-de-ponto/>. Acesso em: 2.10.2018.

(19) PENAL. ESTELIONATO MAJORADO. CONCURSO MATERIAL. SEGURO-DESEMPREGO. PRINCÍPIO DA INSIGNIFICÂNCIA. INAPLICÁVEL. ELEMENTAR DO TIPO. ARDIL. PRESENTE. VÍNCULO INFORMAL DE TRABALHO. (...). PREJUÍZO/DANOS CAUSADOS. JUSTIÇA GRATUITA. ISENÇÃO DAS CUSTAS PROCESSUAIS. 1. Apelante que, após dissimular com a firma individual do corréu, por 2 (duas) vezes, Rescisão de contrato de trabalho, deu entrada no requerimento de seguro-desemprego, recebendo, de forma fraudulenta, 4 (quatro) parcelas do benefício, de julho a outubro/2001, além de mais 5 (cinco) parcelas, de agosto a dezembro/2004, praticou o crime do art. 171, § 3º, c/c o art. 69 do CP (estelionato majorado em concurso material, duas vezes). 2. Nos delitos de estelionato praticados em relação ao recebimento de seguro-desemprego não se aplica o princípio da insignificância. (Precedentes deste Tribunal Regional e do Superior Tribunal de Justiça). 3. O ardil está materializado na simulação da dispensa imotivada, situação que possibilitou ao apelante receber as parcelas indevidas do seguro-desemprego. 4. Comete o crime de estelionato majorado (art. 171, § 3º, do CP) o agente que, demitido sem justa causa, recebe parcelas do seguro-desemprego, mas mantém o vínculo informal de trabalho, posteriormente reconhecido em reclamação trabalhista. (Precedente da Turma). 5. Não há que se falar em erro de proibição (art. 21 do CP), quando as provas dos autos afastam a alegada boa-fé e demonstram a presença do dolo em receber a vantagem indevida. 6. O art. 171, § 1º, do CP trata da hipótese de estelionato privilegiado e determina que se "o criminoso é primário, e é de pequeno valor o prejuízo, o juiz pode aplicar a reprimenda conforme o disposto no art. 155, § 2º", ou seja, diminuída de um a dois terços, ou aplicando somente a pena de multa. Entende a jurisprudência que o prejuízo de "pequeno valor" não pode ultrapassar o salário mínimo vigente na época dos fatos. (Precedente do STJ e desta Turma). 7. Na hipótese, embora o réu seja tecnicamente primário, não se pode considerar de pequeno valor o "prejuízo" causado ao Fundo de Amparo ao Trabalhador no montante de

Aliás, note-se, que quanto à fraude do saque indevido do FGTS, derivado de rescisão contratual fraudulenta, a própria "reforma" tratou de legalizar, permitindo "acordos" para atender a vontade do empregador em desligar o empregado sem ter que desembolsar os 40% da multa rescisória (art. 484-A da CLT).

2.3.2. *Despedidas coletivas sem participação sindical*

Mais uma retirada de importante prerrogativa dos sindicatos: a de negociar afastamento coletivo de contrato de trabalho (477-A da CLT).

Vale lembrar que, embora a lei anterior fosse omissa com relação a obrigatoriedade de acompanhamento pelos sindicatos quando houvesse demissão coletiva de trabalho, a jurisprudência do TST, aplicando interpretação lógico-sistemática dos princípios constitucionais (arts. 1º, incisos III e IV; 6º, e 170, inciso VIII, da CRFB, c/c art. 8º, incisos III e VI, da CRFB), e visando diminuir o impacto negativo dessas demissões coletivas na sociedade, fez prevalecer o entendimento da obrigatoriedade de os empregadores negociarem com os sindicatos em casos de demissões em massa. E para coibir essa prática a lei reformista inovou fazendo constar do art. 477-A da CLT, a não obrigatoriedade dessa negociação, afastando o poder de atuação dos sindicatos dos trabalhadeiros.

Sem dúvida, essa inovação concedida pela dita reforma pode gerar consequências drásticas para a representação sindical. Pois o fato de deixar livre o empregador para rescindir contrato de trabalho em massa, sem o acompanhamento do sindicato, facilitando-lhe a substituição de seu quadro de pessoal por trabalhadores em outras modalidades de contratos, como os terceirizados, temporários ou autônomos, já que a própria reforma permite essa contratação desenfreada, pode gerar grande impacto social e implicar em esvaziamento ou até a extinção de uma categoria, como bem alerta o especialista em direito coletivo, Nicolas Basilio[20]. A exemplo, uma demissão em massa de uma categoria, mesmo as hoje reconhecidamente forte, com boa representatividade, como a dos bancários, dos metalúrgicos etc.

Veja-se que essa imposição da lei colide com o entendimento jurisprudencial atual, que atesta a necessidade do acompanhamento do sindicato da categoria em despedida coletiva do trabalho, justamente por entender danoso o seu alcance[21]. Portanto, pode-se asseverar

R$ 2.020,00 (dois mil e vinte reais), que ultrapassa, em muito, o salário mínimo vigente na época dos fatos: R$ 180,00 (cento e oitenta reais) em 2001 e R$ 260,00 (duzentos e sessenta reais) em 2004. 8. O cálculo da pena-base ocorreu em estrita observância do determinado pelo art. 59 do CP. 9. Esta Turma, em consonância com o Superior Tribunal de Justiça, já decidiu que, embora o pagamento do benefício do seguro-desemprego seja efetivado em parcelas, trata-se de um único crime, não sendo hipótese de continuidade delitiva (art. 71 do CP). (Precedente do STJ e da Turma). 10. Deferido o benefício da Justiça Gratuita ao apelante assistido pela Defensoria Pública da União. 11. Há que ficar sobrestado o pagamento de custas e despesas processuais enquanto perdurar o estado de pobreza do condenado pelo prazo máximo de 5 (cinco) anos, quando então estará prescrito, nos termos do art. 12 da Lei n. 1.060/1950 ou pelo prazo de 5 (cinco) anos, cabendo ao Juízo da Execução verificar a real situação financeira do réu. 12. Apelação do Ministério Público Federal desprovida. 13. Apelação do réu parcialmente provida. (ACR 0011001-77.2011.4.01.3800/MG, Rel. Juíza Federal Rosimayre Gonçalves de Carvalho (Conv.), Terceira Turma, e-DJF1 de 7.4.2017).

(20) BASILIO, Nícolas. *Reflexos da reforma trabalhista no direito coletivo do trabalho*, p. 2. Disponível em: <https://nicolasbasilio.wordpress.com/2017/10/30/reflexos-da-reforma-trabalhista-no-direito-coletivo-do-trabalho/>.

(21) Tribunal Superior do Trabalho — TST (DC — 00309/2009-000-15-00.4) por maioria de votos, fixou entendimento no sentido de que demissão em massa, diante das graves consequências econômicas e sociais dela decorrente deve, antes, ser submetida à negociação com o sindicato dos trabalhadores, com o objetivo não de proibi-la, porque não há lei que assim estabeleça, mas, para se encontrar mecanismos que diminuam seus impactos para a sociedade. A seguir trechos da ementa:

EMENTA: [...] A massificação das dinâmicas e dos problemas das pessoas e grupos sociais nas comunidades humanas, hoje, impacta de modo frontal a estrutura e o funcionamento operacional do próprio Direito. Parte significativa dos danos mais relevantes na presente sociedade e das correspondentes pretensões jurídicas têm natureza massiva. O caráter massivo de tais danos e pretensões obriga o Direito a se adequar, deslocando-se da matriz individualista de enfoque, compreensão e enfrentamento dos problemas a que tradicionalmente perfilou-se. [...] As dispensas coletivas realizadas de maneira maciça e avassaladora, somente seriam juridicamente que essa normatização transpassa o próprio interesse de uma categoria, pois pode gerar grande impacto social.

Aliás, importante ressaltar que esse tema, devido ao seu teor, também foi objeto de debate na 2ª Jornada Nacional de Direito Material e Processual do Trabalho, tendo-se concluído no constante do Enunciado n. 1, *verbis*:[22]

> *ENUNCIADO N. 1. Dispensa Coletiva: Inconstitucionalidade*
>
> *EMENTA: o art. 477-A da CLT padece de inconstitucionalidade, além de inconvencionalidade, pois viola os arts. 1º, III, IV, 6º, 7º, I, XXVI, 8º, III, VI, 170,* caput, *III e VIII, 193, da Constituição Federal, como também o art. 4º da Convenção n. 98, o art. 5º da Convenção n. 154 e o art. 13 da Convenção n. 158, todas da OIT. Viola, ainda, a vedação de proteção insuficiente e de retrocesso social. As questões relativas à dispensa coletiva deverão observar: a) o direito de informação, transparência e participação da entidade sindical; b) o dever geral de boa-fé objetiva; e c) o dever de busca de meios alternativos às demissões em massa.*

2.3.3. *Vedação da ultratividade das Convenções Coletivas*

A vedação da ultratividade prevista no art. 614, § 3º, da CLT, põe fim a discussão jurisprudencial. Anteriormente, o TST já havia firmado a Súmula n. 277, que reconhecia a ultratividade das convenções coletivas para manter as condições ali previstas até que novo instrumento fosse formalizado. Não obstante já existir liminar concedida pelo Ministro Gilmar Mendes, para suspender a referida Súmula.

Tal Súmula visava proteger os direitos previstos em acordo ou convenção coletiva quando os empregadores ou os sindicatos patronais se recusassem a negociar sua renovação. Isso, em decorrência da Emenda Constitucional n. 45, de 8 de dezembro de 2004, que deu nova redação ao art. 114, § 2º, da CRFB, estabelecendo que para a propositura do dissídio coletivo de natureza econômica tenha-se um "comum acordo", autorização ou concordância patronal para o ingresso de dissídio coletivo. Com a "reforma" em vigor, o empregador não mais estará obrigado ao cumprimento da antiga convenção e poderá negar-se a negociar nova norma em benefício dos trabalhadores, o que dificultará a atuação dos sindicatos nas tentativas de negociação coletiva.

2.4. Pulverização contratual

Outro dos grandes males suscitados pela "reforma" em face da atuação sindical, trata-se da pulverização de contratos de trabalho, que se dará com a terceirização ampla, "pejotização", e contrato autônomo.

Essa pulverização gera precarização do trabalho de várias formas, pois afeta não só o trabalhador diretamente, com a mudança de contrato de trabalho, haja vista que estimula a empresa a demitir seus empregados para contratá-los na nova versão oferecida pela norma reformista (a exemplo, a Universidade

possíveis em um normativo hiperindividualista, sem qualquer regulamentação social, instigador da existência de mercado hobbesiano na vida econômica, inclusive entre empresas e trabalhadores, tal como, por exemplo, respaldado por Carta Constitucional como a de 1891, já há mais um século superada no país. Na vigência da Constituição de 1988, das convenções internacionais da OIT ratificadas pelo Brasil relativas a direitos humanos e, por consequência, direitos trabalhistas, e em face da leitura atualizada da legislação infraconstitucional do país, é inevitável concluir-se pela presença de um Estado Democrático de Direito no Brasil, de um regime de império da norma jurídica (e não do poder incontrastável privado), de uma sociedade civilizada, de uma cultura de bem-estar social e respeito à dignidade dos seres humanos, tudo repelindo, imperativamente, dispensas massivas de pessoas, abalando empresa, cidade e toda uma importante região. Em consequência, fica fixada, por interpretação da ordem jurídica, a premissa de que — a negociação coletiva é imprescindível para a dispensa em massa de trabalhadores. SIMÃO, Raimundo Melo. *Dispensa coletiva antes e depois da reforma trabalhista*, p. 1. Disponível em: <https://www.conjur.com.br/2017dez-01/reflexoes-trabalhistas-dispensa-coletiva-antes-depois-reforma-trabalhista>).

(22) 2ª *Jornada de Direito Material e Processual do Trabalho*. Disponível em: <https://www.anamatra.org.br/imprensa/noticias/26227-enunciados-aprovados-na-2-jornada-de-direito-material-e-processual-do-trabalho-sao-organizados-por-tema>. Acesso em: 1º.10.2018.

Estácio com base na nova legislação, demitiu 1,2 mil professores que eram registrados e irá recontratá-los sem CLT e com salário mais baixo),[(23)(24)] como também afastando-o do amparo da representação sindical, uma vez que essa segregação interfere na união dos trabalhadores, dificultando a organização sindical e a negociação coletiva[(25)]. Sem contar outras fragilizações a que ele estará exposto, como alta rotatividade de contratação, que chega a ser de 44,9% entre os terceirizados.[(26)]

Por conseguinte, todos esses fatores levam à redução da base de representação sindical, e consequentemente fragmenta ainda mais os sindicatos.

Com efeito, a taxa de sindicalização tende a cair, o que, juntamente com o caráter facultativo do imposto sindical, afetará o financiamento das organizações existentes, e seu poder de atuação, conforme bem demonstrado do projeto de pesquisa do CESIT/UNICAMP.[(27)]

3. *Negociação — efeitos da reforma*

Véspera de completar aniversário da referida reforma, já se pode constatar seus efeitos. Segundo levantamento da Fundação Instituto de Pesquisas Econômicas — FIPE, houve queda das negociações coletivas de trabalho. No primeiro semestre de 2018, a quantidade de convenções coletivas fechadas recuou 45,2%, na comparação com o mesmo período do ano passado. No mesmo período, o total de acordos coletivos caiu 34%. Na média, a redução foi de 39,6%.[(28)]

Nas negociações diretas com o trabalhador, segundo os dados do MT — Ministério do Trabalho, cerca de 41 mil trabalhadores sacaram o Fundo de Garantia do Tempo de Serviço (FGTS) em "comum acordo" com o empregador para serem demitidos, no período de novembro 2017 a fevereiro de 2018. O total sacado nestes meses foi de R$ 242 milhões, com um valor médio de R$ 5.891 por trabalhador.[(29)]

Pelos dados acima, há nítida insegurança na realização de negociação coletiva, mas maior propensão para demissão de trabalhadores, com esvaziamento das contas do Fundo de Garantia. Agora, quanto à real quitação das verbas rescisórias, não se sabe se foram devidamente cumpridas. Somente os resultados das futuras fiscalizações do trabalho poderão dizer.

Considerações finais

Diante de todo o exposto, pode-se asseverar que as mudanças previstas na "reforma trabalhista", Lei n. 13.467/2017, ferem dispo-

(23) NOTÍCIAS: *Reforma trabalhista leva universidade a demitir e recontratar, com salário mais baixo, mais de mil professores.* Disponível em: <https://www.revistaforum.com.br/reforma-trabalhista-leva-universidade-demitir-e-recontratar-com-salario-mais-baixo-mais-de-mil-professores/>. Acessos em: 3.10.2018.

(24) *Terceirização e desenvolvimento uma conta que não fecha.* Dossiê acerca do impacto da terceirização sobre os trabalhadores e propostas para garantir a igualdade de direitos. CUT/Brasil. p. 16. Disponível em: <https://reporterbrasil.org.br/wp-content/uploads/2016/11/Dossie-Terceirizacao-eDesenvolvimentolayout.pdf>. Acesso em: 3.10.2018.

(25) PROJETO DE PESQUISA. *Subsídios para a discussão sobre a reforma trabalhista no Brasil. Texto de discussão n. 5. Movimento Sindical e Negociação Coletiva.* CESIT/UNICAMP. Disponível em: <http://www.cesit.net.br/wp-content/uploads/2017/11/Texto-de-discuss%C3%A3o-5-Negociacao-coletiva-e-sindicalismo-1.pdf>. Acesso em: 2.10.2018.

(26) *Terceirização e desenvolvimento: uma conta que não fecha.* Dossiê acerca do impacto da terceirização sobre os trabalhadores e propostas para garantir a igualdade de direitos. Secretaria Nacional de Relações de Trabalho e Departamento Intersindical de Estatística e Estudos Socioeconômicos. São Paulo, p. 56, ISBN 978-85-89210-50-8.

(27) PROJETO DE PESQUISA. *Subsídios para a discussão sobre a reforma trabalhista no Brasil. Texto de discussão n. 5. Movimento Sindical e Negociação Coletiva.* CESIT/UNICAMP. Disponível em: <http://www.cesit.net.br/wp-content/uploads/2017/11/Texto-de-discuss%C3%A3o-5-Negociacao-coletiva-e-sindicalismo-1.pdf>, p. 30. Acesso em: 2.10.2018.

(28) *Número de acordos em convenções coletivas tem queda de 45% após reforma trabalhista.* Extra. Disponível em: <https://extra.globo.com/noticias/economia/numero-de-acordos-em-convencoes-coletivas-tem-queda-de-45-apos-reforma-trabalhista-22968277.html>. Acesso em: 4.10.2018.

(29) Após 6 meses, nova lei trabalhista traz mudanças, mas ainda enfrenta resistência; veja as consequências. *O Globo.* Disponível em: <https://g1.globo.com/economia/noticia/apos-6-meses-nova-lei-trabalhista-traz-mudancas-mas-ainda-enfrenta-resistencia-veja-as-consequencias.ghtml>. Acesso em: 6.10.2018.

sições constitucionais, principalmente quanto à inobservância do princípio da dignidade da pessoa humana (art.1º, inciso III, da CRFB), além das Convenções Internacionais ns. 98 e 154 da Organização Internacional do Trabalho, ratificadas pelo país. Desfigurando os direitos do trabalho individual e coletivo.

Como visto, houve somente falácia de robustecimento dos Sindicatos, com a implantação do "negociado sobre o legislado. Note-se que pela análise fria da lei, pôde-se conferir que a atuação sindical, em defesa dos direitos dos trabalhadores foi devastada com a implantação da referida reforma.

E o problema não se limita apenas à retirada da fonte de financiamento dos sindicatos, como muito alardeada. O problema maior foi decorrente da fabricação de novas formas de "negociação", dificultado ou abolindo a participação dos representantes sindicais, de formas a permitir regulamentação em patamares inferiores mínimos, contrariando o princípio do não retrocesso social.

Tanto é que seus efeitos refletem a inoperância sindical, com a diminuição de negociações coletivas de trabalho, conforme o resultado apontado no primeiro semestre de 2018, cuja quantidade de convenções coletivas fechadas recuou 45,2%, na comparação com o mesmo período do ano passado. E no mesmo período, o total de acordos coletivos caiu 34%. Na média, a redução foi de 39,6% (Fundação Instituto de Pesquisas Econômicas — FIPE). Demonstrando a insegurança de atuação dos representantes sindicais, frente às mudanças reformistas, que perderam seu poder de barganha.

Decerto que a "reforma" trouxe como um dos propósitos sobrepor o negociado sobre o legislado, de forma a permitir renúncia de direitos pelo trabalhador, formalizada pelos sindicatos; além de fazer prevalecer a autonomia individual do trabalhador, agora elevado a condição de "hiperssuficiente", dando-lhe poder de "negociação" de direitos, antes tido na alçada do direito coletivo, mediante a negociação direta entre empregadores e empregados, com intuito de flexibilizar as relações de trabalho e retirar direitos trabalhistas.

Por óbvio, não se ventilou sequer a possibilidade de fortalecimento das entidades representantes dos trabalhadores, como deixaram transparecer inicialmente. Em sentido contrário, além de retirar sua principal fonte de receita e contribuições sindicais, descentralizaram ao máximo as negociações, a fim de dificultar a sua atuação.

Destarte, vê-se que a referida "reforma" colide com a função de melhoria das condições de pactuação da força produtiva.

Bom se ter em conta, que essa função do Direito do Trabalho possibilita inserção digna do trabalhador no mercado de trabalho. E isso se perfaz não só com fixação de normas de caráter protetivo, mas também normas de negociação coletiva, em observância aos princípios constitucionais e convencionais.

Em remate, importante lembrar que para cumprir essa função, necessário se faz assegurar equivalência entre os representantes dos empregados e empregadores nas negociações. Por óbvio que essa equivalência se efetiva, mormente, com o fortalecimento dos sindicatos representantes dos trabalhadores, o que não foi observado pelos reformistas.

Referências bibliográficas

BRASIL. *Constituição da República Federativa do Brasil.*

_____. Lei n. 13.467, de 13 de julho de 2017. Altera a Consolidação das Leis do Trabalho (CLT). *Diário Oficial da União*, Brasília, 2017.

BASILIO, Nícolas. *Reflexo da reforma trabalhista no direito coletivo do trabalho.* Disponível em: <https://nicolasbasilio.wordpress.com/2017/10/30/reflexos-da-reforma-trabalhista-no-direito-coletivo-do-trabalho/>. Acesso em: 21.9.2018.

CARVALHO, Sandro Sacchet de. *Uma visão geral sobre a reforma trabalhista.* Disponível em: <http://repositorio.ipea.gov.br/bitstream/11058/8130/1/bmt_63_vis%C3%A3o.pdf>. Acesso em: 21.9.2018.

CASSAR, Vólia Bomfim. A reforma trabalhista e a autonomia da vontade do empregado. *Lex Magister: Doutrinas*, São Paulo, 25 abr. 2018. Disponível em: <https://www.lex.com.br/doutri-

na_27640581_A_REFORMA_TRABALHISTA\nA_AUTONOMIA_DA_VONTADE_DO_EMPREGADO.aspx>. Acesso em: 6.10.2018.

COUTINHO, Grijalbo; VIANA, Márcio Túlio; GODINHO, Mauricio; MELHADO, Reginaldo, juízes do trabalho. *Para evitar as fraudes nas CCPs*. Disponível em: <https://www.anamatra.org.br/artigos/872-para-evitar-as-fraudes-nas-ccps-04172296919089O874>. Acesso em: 1º.10.2018.

DELGADO, Mauricio Godinho. *Capitalismo, trabalho e emprego:* entre o paradigma da destruição e os caminhos de reconstrução. 3. ed. São Paulo: LTr, 2017.

GALVÃO, Andrea e outros. Projeto de Pesquisa. *Subsídios para a discussão sobre a reforma trabalhista no Brasil. Texto de discussão n. 5. Movimento Sindical e Negociação Coletiva*. CESIT\UNICAMP. Disponível em: <http://www.cesit.net.br/wp-content/uploads/2017/11/Texto-de-discuss%C3%A3o-5-Negociacao-coletiva-e-sindicalismo-1.pdf>. Acesso em: 2.10.2018.

LISBÔA, Daniel. Desacertos da quitação trabalhista: a vontade contemporânea e a quitação civil. In: FELICIANO, Guilherme Guimarães; TREVISO, Marco Aurélio Marsiglia; FONTES, Saulo Tarcísio de Carvalho (orgs.). *Reforma trabalhista:* visão, compreensão e crítica. São Paulo: LTr, 2017.

MAIOR, Jorge Luís Souto. *A "reforma" trabalhista e seus reflexos no direito coletivo do trabalho*. Disponível em: <https://www.jorgesoutomaior.com/blog/a-reforma-trabalhista-e-seus-reflexos-no-direito-coletivo-do-trabalho>. Acesso em: 5.10.2018.

MELO, Raimundo Simão de. *Dispensa coletiva antes e depois da reforma trabalhista*. Disponível em: <https://www.conjur.com.br/2017dez-01/reflexoes-trabalhistas-dispensa-coletiva-antes-depois-reforma-trabalhista>. Acesso em: 20.9.2018.

O GLOBO. Com mais de 250 novos sindicatos por ano, Brasil já tem mais de 15 mil entidades. Disponível em: <http//oglobo.globo.com/economia/com-mais-de-250-novos-sindicatos-por-ano-brasil-já-tem-mais-de-15-mil-entidades-8237463>. Acesso em: 2.10.2018.

QUEIROZ, Antônio Augusto. *Reforma trabalhista e seus reflexos sobre os trabalhadores e as entidades representativas*. Brasília: DIAP, 2017 (Educação política). Disponível em: <https://www.diap.org.br/images/stories/rt_cartilha.pdf>. Acesso em: 2.10.2018.

SILVA, Homero Batista Mateus da. *Comentários à reforma trabalhista*. São Paulo: Revista dos Tribunais, 2017.

SOUZA, Rodrigo Trindade de. Negociado sobre legislado: o mito de Ulisses e as sereias. In: FELICIANO, Guilherme Guimarães; TREVISO, Marco Aurélio Marsiglia; FONTES, Saulo Tarcísio de Carvalho (orgs.). *Reforma trabalhista:* visão, compreensão e crítica. São Paulo: LTr, 2017.

TRINDADE, Rodrigo. *Reforma trabalhista* — 10 (novos) princípios do direito empresarial do trabalho. Disponível em: <http://www.amatra4.org.br/79-uncategorised/1249-reforma-trabalhista-10-novos-principioos-do-direito-empresarial-do-trabalho>. Acesso em: 1º.10.2018.

Sites:

https://www.anamatra

https://www.bbc.com

http://www.ilisp.org

http://www.mtb.gov.br

http://idg.receita.fazenda.gov.br/

https://reporterbrasil.org.br

https://www.revistaforum.

http://sinait.org.br

www.tst.jus.br

O Sistema Sindical Brasileiro: da Constituição de 1934 à Lei n. 13.467/2017

Fernanda Santos Borba[1]

1. Introdução

A Lei n. 13.467/2017, em vigor, alterou, substancialmente, a legislação de proteção ao trabalho, precarizando ainda mais a relação laboral e contrariando pilares do Direito do Trabalho, como os princípios da aplicação da norma mais favorável e da irrenunciabilidade. E mais, quanto ao já inusitado sistema sindical vigente, avilta e atenta contra o diálogo social, ao permitir a prevalência do negociado frente ao legislado; atenta contra a aplicação das normas de proteção ao trabalho, ao permitir a renúncia de direitos por meio de acordos individuais, especialmente em momentos de crucial fragilidade do trabalhador, avilta e atenta contra a organização sindical, quando atribui a comissões no local de trabalho, sem qualquer participação do sindicato, funções que são autenticamente sindicais e, ainda, quando autoriza irrestritamente a terceirização.

Da mesma forma nociva, atenta, direta e indiretamente, contra o poder das instituições públicas que resguardam o equilíbrio social: no âmbito administrativo, o Sistema Federal de Inspeção do Trabalho e, no judicial, a Justiça do Trabalho e o Ministério Público do Trabalho.

Neste artigo, com base principalmente na doutrina especializada, pretende-se relatar o aspecto nocivo e demonstrar importantes consequências das medidas da reforma trabalhista, sob o enfoque do Direito Individual e do Coletivo.

Especialmente, e considerado o tema abordado, a pretensão é situar, inclusive historicamente, o sistema sindical brasileiro, demonstrando a precariedade do modelo corporativista, em que o Estado mantém reféns os sindicatos, o que justifica a condição de ser o Brasil, na América Latina, há 12 anos, o único país onde não há liberdade sindical.

2. Desenvolvimento

2.1. *Aproximação*

Significativas mudanças na forma de organização da sociedade, romperam, ao largo

(1) Auditora-Fiscal do Trabalho aposentada. Mestra em Empleo, Relaciones Laborales y Diálogo Social en Europa, pela Universidade de Castilla La Mancha, Espanha. Especialista pela Organização Internacional do Trabalho (OIT), Turim, Itália; Universidade de Bolonha, Itália e Universidade de Castilla La Mancha, Espanha. *E-mail:* ferborba@hotlink.com.br.

da História, a clássica divisão romana entre o público e o privado. De um lado, foi o Estado que assumiu atividades tipicamente privadas, chegando mesmo a converter-se "*em protagonista direto das relações de produção, que já não incumbem exclusivamente aos particulares*"(2).

Do outro lado, foi a sociedade civil que passou a executar um papel institucional em defesa de seus interesses particulares, por meio dos movimentos sociais, dos quais, os sindicatos se não são o exemplo mais importante, são o mais remoto: há milhares de anos, no Antigo Egito, na China e na Índia, coalizões de trabalhadores, movidos por interesses idênticos em atividades comuns, fizeram "verdadeiras greves"(3).

Daí que, à dicotomia original dos interesses público e privado, somou-se, destacadamente, a importância da questão social, em seus múltiplos aspectos, determinando o surgimento de uma zona gris, que do Estado merece um enfoque atípico, ao fazer corresponder a agentes privados, funções antes exercidas somente pelos agentes públicos(4).

Nesse novo conceito político, denominado neocorporativismo, uma vez mais são exemplo os sindicatos, que serviram de modelo à organização de coletivos outros, como o de consumidores, todos eles integrando a zona resultante da interseção entre o público e o privado(5).

Os sindicatos, no desempenho do seu papel nas relações com o conjunto da sociedade, necessitam que o Estado, por meio da lei, garanta a sua autonomia, e impeça qualquer interferência na sua organização e no seu funcionamento. Ou seja, no desempenho do seu papel nas relações com o conjunto da sociedade, os sindicatos necessitam que o Estado garanta sua autonomia, e deles se afaste.

As relações de trabalho, por sua importância no contexto social, sempre necessitam e não podem prescindir da intervenção do Estado, estabelecendo garantias indeclináveis e necessárias, para o cumprimento das condições estipuladas. E que sejam, essas condições, estipuladas por aqueles que devem ser os protagonistas das relações laborais: os sujeitos da relação de trabalho. Em seu papel, o Estado intervirá como garante da eficácia de execução e de forma não tão extensa que constitua risco à autonomia coletiva(6).

O Direito do Trabalho, derivando do Direito Civil, no conceito contratual que o reveste, se constitui, em função das peculiaridades dos princípios que regem seu ordenamento — em especial o interesse público —, em disciplina que alterna normas de ordem pública com outras de livre disposição das partes.

E especificamente quanto a essas partes, o ordenamento laboral, se revela ainda mais peculiar, por compartilhar fontes tão distin-

(2) PALOMEQUE LÓPEZ, M. C.; ÁLVAREZ DE LA ROSA, Manuel. *Derecho del trabajo*. Madrid: Universitaria Ramón Areces, 2005. p. 295, em tradução da autora: "o Estado já não se limita, na sociedade capitalista avançada, a ser uma mera organização política dessa sociedade, senão que a ela se adequa como um elemento característico de sua organização econômica, para converter-se em protagonista direto das relações de produção. Na proporção em que essas medidas já não incumbem de modo exclusivo aos particulares, ficava assim substancialmente modificado um dos postulados tradicionais do Estado liberal, qual seja a separação entre a política e a economia, entre a esfera pública e a privada".

(3) VIANNA, Segadas (original); SÜSSEKIND, Arnaldo (atualização). Organização Sindical. In: SÜSSEKIND, Arnaldo *et al. Instituições de direito do trabalho*. São Paulo: LTr, 2005, v. 2, p. 1098.

(4) GALLARDO MOYA, Rosario. *Democracia sindical interna. Un análisis jurídico*. Madrid: Trotta, 1996. p. 23 e NASCIMENTO, Amauri Mascaro. *Curso de direito do trabalho*. São Paulo: Saraiva, 2005. p. 1052.

(5) MARTÍN VALVERDE, A. *et al. Derecho del trabajo*. Madrid: Tecnos, 2005. p. 60-61, mencionando a justiça social como fim do Direito do Trabalho, referem-se, em tradução da autora, a que em seu conceito se inclui "*a assunção pela sociedade organizada da atenção daquelas necessidades vitais que determinado grupo de indivíduos não pode atender satisfatoriamente por si mesmo*".

(6) PIQUERAS PIQUERAS, Carmen. *El acuerdo sobre solución extrajudicial de conflictos. Una reflexión sobre su naturaleza y eficacia*. Madrid: Ibidem, 1998. p. 37. CRUZ VILLALÓN, Jesús. La resolución privada de los conflictos relativos a la negociación colectiva. In: SIMA. *Solución Extrajudicial de los conflictos laborales*. Madrid: Fundación SIMA, 1999. p. 83, refere-se, em tradução da autora, a que "*a intervenção estatal é consideravelmente limitada nesta matéria, por isso que sua atitude é a de limitar-se a abrir caminhos que facilitem a implantação e o desenvolvimento dos procedimentos privados de resolução de conflitos*".

tas como o Estado e a vontade individual, permeadas pela vontade coletiva dos sujeitos sociais.

Essas fontes, sem sombra de dúvida, estão subordinadas entre si, pelo inafastável respeito ao princípio da proteção, quando garante a aplicação da norma mais favorável. A vontade individual sujeita-se à lei e à norma coletiva e, no entanto, sobre elas prevalecerá, quando estipular condição mais favorável ao trabalhador. Pelo mesmo princípio, qualquer condição, tenha sido legal ou individualmente pactuada, perderá seu efeito se surgir norma da fonte mais característica do Direito do Trabalho: a autonomia coletiva.

Em assim sendo, a vontade individual prevalecerá, apenas se e quando, o acordado estabelecer condição mais favorável que a da lei e a da norma coletiva. E restará, automática e imperativamente derrogada, se da lei ou da negociação coletiva, surgir condição então mais favorável.

2.2. O sindicato e o sistema brasileiro

É indiscutível que os indivíduos agindo por si mesmos, isoladamente, não conseguem alcançar alguns interesses vitais, necessitando para tanto organizar-se, agrupar-se com seus pares, compartilhando esses interesses, ou seja, formando uma categoria. Isso é fundamental na organização social, sendo essa a ideia básica para a formação de sindicatos e suas congêneres associações patronais, cuja meta é a defesa dos interesses da respectiva categoria que cada um deles congrega.

Para consecução desse objetivo, e este é o primeiro aspecto fundamental, os sindicatos necessitam de atribuições especiais, garantidas por um Estado democrático que, ao mesmo tempo em que reforça e garante o cumprimento das normas sindicais, afasta-se da sua organização e lhes confere autonomia para que participem do diálogo social. Esse papel institucional dos sindicatos, se constitui em um dos mais importantes elementos para que a verdadeira representação de classe possa existir.

Como segundo aspecto, é pacífico que não será qualquer uma das agremiações — que por decisão dos seus congregados foram livremente criadas — que merecerá o direito de exercer o papel de protagonista na organização social do Estado, mais precisamente, no diálogo social. Para que possa discutir e defender a política social que mais interesse à categoria, é mister que o sindicato desfrute da real confiança daqueles que o integram, no universo social que lhes respeita, ou seja, daqueles que o escolheram. Isto significa dizer que o sindicato, efetivamente, detenha a representatividade da categoria. Significa dizer também, que entre todas as congêneres — cuja existência a lei deve garantir e jamais impedir —, serão aquelas duas agremiações — a profissional e a patronal — livre e respectivamente escolhidas por trabalhadores e empresários, que terão voz no diálogo social. E assim será porque, verdadeiramente, representam a vontade e o interesse das respectivas categorias, por livre escolha dos seus integrantes.

Finalmente, em síntese, chegamos ao núcleo duro de uma organização de classe realmente democrática, e que está composto por dois direitos que devem ser assegurados a todo trabalhador e a cada empresa: a liberdade de associar-se aos seus pares e a liberdade para associar-se àqueles que lhes pareçam os mais apropriados, os melhores. Ou seja, no caso do trabalhador, que tenha ele o direito a sindicalizar-se ou não; e, optando por sindicalizar-se, que tenha ele a liberdade para escolher o sindicato a que quer filiar-se.

A Constituição de 1988 ensaia a liberdade sindical, no *caput* do seu art. 8º, para em seguida, no inciso II, jogar-lhe uma pá de cal, ao proibir a criação de mais de um sindicato representativo da mesma categoria, adotando o princípio da unicidade sindical. Quer dizer, no curioso modelo brasileiro, um trabalhador tem liberdade de associar-se a um sindicato, mas não tem liberdade para associar-se ao sindicato que mais lhe convenha: essa escolha é feita pelo Estado.

A consequência é desastrosa, já que propicia a existência de entidades que não precisam exercer nenhuma atividade no interesse da categoria que representam. Entidades que se constituem em atores meramente decorativos, que muitas vezes apenas oferecem serviços assistencialistas.

2.2.1. Contexto histórico do movimento sindical no Brasil

Fatores políticos e econômicos — assim como, atualmente, os tecnológicos —, foram determinantes do papel do Estado nas relações de trabalho. Assim foi o *laissez faire* que se seguiu à Revolução Francesa, caracterizado pelo total afastamento do Estado da relação laboral.

A partir do século XX, o liberalismo de então, no cenário que se seguiu à Revolução Industrial, se mostrou insatisfatório e a sociedade passou a exigir uma nova política na busca de uma necessária justiça social.

Como efeitos da fragilidade do Estado, como instituição, no sistema liberal, foram emblemáticos a Revolução Russa e o *crash* na economia dos Estados Unidos, surgindo daí a consciência de que a política de mercado impede a eficiência social estatal. A partir daí, e o *New Deal é* o exemplo, surge a ideia de uma *"intervenção compensatória de um Estado, já não mínimo, senão de Bem-estar"*[7].

O liberalismo de então dá vez a um intervencionismo estatal na regulação da política econômica: o Estado se atribui metas e regula sua ação no sentido de alcançá-las. E essa ação, assim como a decisão que a determina, se revestem de conteúdo político[8]: a economia é submetida à orientação política[9].

Na Europa, esse modelo adquire significado crescente e culmina com o reconhecimento constitucional dos direitos sociais por muitos de seus Estados, a partir da Segunda Guerra.

O fordismo, já consolidado como modelo de processo de produção, promovia a concentração de trabalhadores estáveis nas empresas, resultando no surgimento do sindicalismo reivindicativo.

Infelizmente, o intervencionismo estatal, em alguns casos, foi além da política econômica e social, transmutando-se em regimes ditatoriais, em que o conflito do trabalho foi negado como fenômeno social e a própria relação laboral foi inteiramente controlada.

A partir de alguns países da Europa, onde surgiu, já no início do século XX, o modelo intervencionista chega à América Latina e, a exemplo de outros países regionais, o Brasil disso não fugiu.

O cenário, na época, não era muito distinto do atual no que respeita à liberdade sindical: a Constituição de 1934 que estabelecia pluralidade e autonomia no sistema sindical, foi anulada, nesse aspecto, pelo Decreto n. 24.694, promulgado quatro dias antes da vigência da Carta Magna, interferindo sobremaneira nas organizações sindicais[10]. Como afirma Otávio Bueno Magano, o Decreto n. 24.694, não teve sua inconstitucionalidade declarada pelo Supremo Tribunal Federal[11].

O Estado Novo, em 1943, aprovou a Consolidação das Leis do Trabalho, com o intuito político de seduzir e conquistar a adesão dos trabalhadores às medidas do governo e assim, enquanto mantinha sob controle a relação social, dava-lhes a ideia de que o Estado era seu protetor[12].

A Constituição de 1946, por sua vez, declarou a liberdade sindical, mas por con-

(7) DE FRANCISCO, Andrés. El «mundo feliz» del liberalismo. *Cuaderno de Relaciones Laborales*, Madrid, 16:77-97, 2000. p. 86, referindo-se a N. Barr.

(8) IANNI, Otávio. *Estado e planejamento econômico no Brasil.* Rio de Janeiro: Civilização Brasileira, 1991. p. 151 e seg.

(9) BAYLOS GRAU, Antonio. Globalización y derecho del trabajo: realidad y proyecto. *Cuadernos de Relaciones Laborales*, n. 15, Madrid: Serv. Publ. UCM, p. 22, 1999.

(10) BRITO FILHO, José Cláudio Monteiro de. *Direito sindical.* São Paulo: LTr, 2000. p. 73.

(11) *Ibidem*, p. 74.

(12) RUSSOMANO, Mozart Victor. *Curso de direito do trabalho.* Rio de Janeiro: José Konfino, 1974. p. 21 e que, na p. 22, refere-se a que só com a redemocratização, em 1946, houve o reconhecimento constitucional do direito de greve.

dicioná-la a disposições de lei, permitiu a manutenção do regime corporativista.

Essa condição chamava a atenção pois mantinha um regime *"fascistizante, em pleno quadro democrático de uma nação"*[(13)].

Em 1988, com a redemocratização, a Constituição reconheceu a convenção coletiva, proclamou como livre a associação sindical e vedou a interferência e a intervenção do Estado nos sindicatos.

Por outro lado, paradoxalmente, manteve os pilares do corporativismo: a unicidade sindical, a contribuição sindical obrigatória e o poder normativo da Justiça do Trabalho.

A Carta de 1988, ao negar a liberdade sindical negou, ao mesmo tempo, a autonomia, já que à autonomia restrita não corresponde a necessária soberania dos sujeitos coletivos para conduzir a relação social, comprometendo, da mesma forma, a questão da representatividade, também fundamental.

A sobrevivência desse regime, que vinha de legislações anteriores, foi recebida como outra expressiva vitória da conspiração contra a verdadeira liberdade sindical no direito brasileiro e, desta vez alçada a sede constitucional, concedendo uma liberdade frágil e restrita. O fato resulta ainda mais estranho pela característica democrática da Carta de 1988[(14)].

O sistema do sindicato único e da contribuição obrigatória é reflexo do autoritarismo, nesse modelo que une umbilicalmente o Estado e os sindicatos, num cenário que se arrasta há mais de meio século e após constituições democráticas, a exemplo das de 1946 e 1988[(15)].

Ainda sobre a Constituição de 1988: as mudanças produzidas, considerado o momento histórico, foram tímidas e, ao conjunto normativo que garantiu a unicidade sindical, a contribuição obrigatória e a competência normativa da Justiça do Trabalho, José Claudio Monteiro de Brito Filho chamou de *"tripé da farsa"* e Flávio Antonello Benites Filho afirmou *"ser o Brasil o último país do mundo onde ainda existe o poder normativo da Justiça do Trabalho"*[(16)].

2.2.2. A ação dos atores sociais no Brasil

A convivência no núcleo da relação social, como sujeitos dela formadores, confere a trabalhadores e empresários a mais autêntica — e legítima —, competência para criar e administrar as condições próprias dessa relação.

A relação de trabalho, que tem na democracia um fator vital, não pode prescindir do princípio básico da autonomia coletiva, que se confirma e tem seu ápice na negociação coletiva.[(17)]

Instrumento imprescindível à conquista da justiça social, o diálogo social é afirmação democrática e, dessa forma, é considerada pela Organização Internacional do Trabalho (OIT), como o caminho para uma paz universal e permanente, como consta no Preâmbulo da sua Constituição. Assim, o diálogo social será o principal instrumento na conquista da paz social, inclusive como fator de redução dos conflitos laborais, refletindo seus efeitos na política e na estabilidade socioeconômica.

Iniciativas próprias do Estado, outras tripartites ou promovidas pelo conjunto dos agentes sociais, e principalmente aquelas marcadamente autônomas, transcorrem a história dos sistemas nacionais.

(13) BRITO FILHO. *Op. cit.*. p. 75, citando Evaristo de Moraes Filho.

(14) SILVA, Antônio Álvares da. *Pluralismo sindical na nova constituição. Perspectivas atuais do sindicalismo brasileiro.* Belo Horizonte: Livraria Del Rey, 1990. p. 22.

(15) COUTINHO, Grijalbo Fernandes e FAVA, Marcos Neves. *Justiça do trabalho:* competência ampliada. São Paulo: LTr, 2005. p. 110.

(16) *Apud* BORBA, Fernanda Santos. Composição negociada dos conflitos de trabalho: conquista da autonomia coletiva. Uma análise comparada dos sistemas brasileiro e espanhol. *Revista TRT 6ª Região,* Recife, v. 17, n. 34, p. 121-137, 2007.

(17) "À democracia interessam os procedimentos de autocomposição e, ao autoritarismo, os procedimentos de tutela estatal": síntese de Octávio Bueno Magano, *apud* VASCONCELOS, Antonio Gomes; GALDINO, Dirceu. *Núcleos intersindicais de conciliação trabalhista. Fundamentos, princípios, criação, estrutura e funcionamento.* São Paulo: LTr, 1999. p. 47.

Em 1985, o Ministro do Trabalho revogou a proibição de existência das Centrais Sindicais, o controle absoluto do Ministério do Trabalho sobre as eleições nos sindicatos e reabilitou os sindicalistas punidos.

Em 1991, o Ministério da Indústria e Comércio — sem qualquer participação do Ministério do Trabalho — promoveu a instalação de Câmaras Setoriais, que discutiram salários e condições de trabalho, incluindo questões como nível de emprego nos complexos industriais, tributação e investimentos, além de outras de maior alcance, como Seguridade Social, política de emprego, reformas tributária e fiscal, e políticas governamentais entre governo, trabalhadores e empresários(18).

Em 1992, esses agentes dos três segmentos sociais — empresários, trabalhadores e governo —, apresentaram os diagnósticos sobre relações capital e trabalho, assinalando, entre as conclusões que: nas relações coletivas de trabalho o sistema de negociação era precário e subordinado à intervenção obrigatória de terceiros, e o Estado exercia um papel repressivo com sua interferência nas relações coletivas(19).

Em 1993, o Ministério do Trabalho promoveu o Fórum Nacional para Discussão do Sistema de Relações do Trabalho e convocou as centrais sindicais, confederações dos bancos, da indústria, do comércio e da agricultura, bem como o pensamento nacional das bases empresariais, congregando assim todos os interlocutores sociais. O fórum, envolvendo atores de todo o país, promoveu um grande debate nacional sobre o sistema de relações laborais.

No documento final, os participantes afirmaram, consensualmente, como primeira constatação, que o então vigente modelo de relações do trabalho se caracterizava pela tradição corporativista, por uma legislação extensa e anacrônica, pela tutela do Estado e pela negação do conflito coletivo. E sendo assim, transformações eram imperativas para garantir: negociação coletiva, inclusive no setor público; espaços para o exercício da negociação de formas alternativas e aplicação de normas sem a desregulamentação do Direito; que os conflitos de interesses só fossem submetidos à jurisdição estatal por acordo, não cabendo recurso da decisão; adoção de princípios de plena liberdade sindical e direito de representação de trabalhadores no local de trabalho; adoção de normas eficazes do cumprimento do acordado, com a necessária participação do Ministério do Trabalho(20).

Só em 2004, onze anos após o Fórum, por emenda constitucional, as partes obtiveram o direito de eleger arbitragem ou instaurar, de comum acordo, dissídio coletivo na Justiça do Trabalho, nos conflitos coletivos de interesse que não tivessem chegado a acordo na negociação coletiva. Contudo, reservou-se ao Ministério Público do Trabalho, em caso de greve com possibilidade de lesão do interesse público, e a seu critério, o poder de instaurar o dissídio coletivo, submetendo o conflito ao julgamento da Justiça do Trabalho. Por sua vez, os conflitos coletivos jurídicos se mantinham na competência exclusiva da Justiça do Trabalho.

Como se vê, no Brasil, os atores sociais são capazes de analisar o sistema em que convivem na relação de trabalho; são capazes de fazer o seu diagnóstico, mas não são capazes de promover as mudanças cuja necessidade constataram nem de salvaguardar-se de contextos políticos. Não são protagonistas do sistema de relações laborais, não têm a tradição da prática livre, eficaz e autônoma da negociação coletiva. Seguem reféns do Estado.

O êxito que alcançou o sistema das câmaras setoriais seguiu-se no Fórum Nacional de Discussão do Sistema de Relações do Trabalho, dois anos depois, sem que nenhum deles tenha tido caráter propagador e propulsor, numa prova cabal de que, no Brasil, as relações de trabalho se davam — e seguem assim — com restrição à liberdade sindical, sem democracia e sem tradição de independência institucional.

(18) DIEESE — Departamento Intersindical de Estatística e Estudos Socioeconômicos. *As negociações coletivas no Brasil.* São Paulo: Dieese, 2001. p. 5.
(19) RAMOS FILHO, Wilson. *O fim do poder normativo e a arbitragem.* São Paulo: LTr, 1999. p. 226.
(20) *Ibidem*, p. 228, referindo-se a Bresciani & Benites Filho.

Com respeito à autonomia coletiva, não faltam críticas à Constituição de 1988, imputando-lhe o pecado de impedir a liberdade sindical, desprezando a oportunidade de se constituir no marco daquela autonomia.

A questão, em consequência, conduz a uma outra, que é a da representatividade que, se falta ao sindicato, a negociação não consegue seus objetivos de pacificação.

A unicidade sindical imposta pela Constituição, contradiz a liberdade sindical e concentra a negociação no nível da categoria, elegendo o sindicato único como seu agente exclusivo, num sistema que não favorece a autonomia coletiva.

No Brasil, os sujeitos sociais se articulam, mas não conseguem realizar as medidas que autonomamente propõem. Aos sujeitos da relação de trabalho lhes falta, seguramente, a necessária autonomia coletiva: não é seu o protagonismo nas relações de trabalho, assim como a condição de representante da categoria não lhe é outorgada pelos representados, senão imposta pela estrutura corporativista em que os sindicatos são organizados.

A virtual representatividade, por isso, resta sem condições de ser legitimada, pois aos trabalhadores lhes é negado o direito de escolher seus representantes, que assim têm também negado o direito de legitimar sua capacidade de ação.

Sendo fato que a representatividade sindical não se apresenta de forma a avalizar e legitimar a autonomia coletiva, se tem que essa representatividade é trasladada de seu papel fundamental de conciliadora de interesses contrapostos, fazendo do sindicato *"um mero acompanhante de baile sem um espaço próprio"*[21].

Nessa realidade, os sindicatos são meros coadjuvantes num cenário de diálogo social incipiente, sem tradição de negociação coletiva que abranja âmbito e conteúdo significativos, num sistema totalmente institucional[22].

2.2.3. *A negociação coletiva*

Quando da sua promulgação, a Constituição de 1988, para solução do conflito coletivo, reconhecia a negociação coletiva e admitia a arbitragem voluntária. Entretanto, se uma das partes se recusasse a negociar ou a aceitar a arbitragem, a Justiça do Trabalho seria competente para compor a controvérsia, estabelecendo normas e condições.

À reserva dessa competência institucional para solução do conflito, se atribuiu a causa de a negociação coletiva, no Brasil, não ter tido um desenvolvimento apreciável: a Justiça do Trabalho normalmente assegurava condições de trabalho satisfatórias, fazendo com que as partes não utilizassem toda a sua capacidade de discussão, não esgotassem as possibilidades de uma solução negociada[23].

A negociação coletiva, dessa forma, excetuadas algumas ilhas de desenvolvimento — a exemplo do que se verá adiante, no contexto da própria Reforma ora analisada —, se deu sem expressão e num âmbito muito reduzido, sem que houvesse um autêntico mandato representativo, nem em consequência, uma mínima autonomia sindical[24].

---

(21) GALLARDO MOYA, Rosario. Tradução da autora. Los acuerdos colectivos comunitarios fuertes. In: BAYLOS GRAU, Antonio (coord.). *La dimensión europea y trasnacional de la autonomía colectiva.* Alicante: Bomarzo, 2003. p. 92.

(22) BORBA. *Composição...*, cit., p. 135.

(23) Nesse sentido aponta o magistério de Mozart Victor Russomano, *apud* LOPES, Otavio Brito. A Emenda Constitucional n. 45 e o Ministério Público do Trabalho. In: COUTINHO. *Justiça...*, cit.. p. 375.

(24) Casas Baamonde, é precisa sobre o tema, em tradução da autora do espanhol original: *"A solução judicial como solução única dificulta o pleno desenvolvimento das faculdades e das responsabilidades das partes coletivas na organização das relações de trabalho, diminuindo inevitavelmente sua autonomia e protagonismo, e substituindo seu papel pacificador"*. E nesse sentido manifesta que a pacificação judicial dos conflitos coletivos, significa a renúncia à autonomia coletiva e a admissão da incapacidade dos negociadores de gerir os conflitos. CASAS BAAMONDE, María Emilia. Los procedimientos autónomos de solución de los conflictos laborales en el derecho español. In: FUNDACIÓN SIMA. *Solución extrajudicial de conflictos laborales.* Madrid: SIMA, 1999. p. 16 y 17.

Assim, os sindicatos foram levados a uma vida vegetativa, negociando condições não significativas(25), sobrevivendo sem competitividade(26) nem necessidade de medir sua representatividade efetiva na categoria, comparecendo anualmente à mesa de negociação, sob a proteção do poder normativo da Justiça do Trabalho e prestando serviços assistenciais a seus poucos associados, financiados pela cota sindical, que era obrigatória a todos os trabalhadores.

Contudo, mesmo durante o regime militar, os movimentos sociais brasileiros não se deixaram sufocar totalmente e, a partir dos últimos anos da década de 1970, os sindicatos representavam uma resistência organizada, ainda que centrada marcadamente nos grandes centros industriais, principalmente de São Paulo(27).

Se até então a atividade sindical se mostrava reduzida, por força da repressão, a partir de 1978, afastando-se do modelo populista, que "*girava em torno dos trabalhadores em transportes coletivos e estatais*", o movimento sindical brasileiro se incrementa, promovendo o novo sindicalismo que se assentava "*nos trabalhadores das indústrias de ponta...; dos serviços sociais públicos e do meio rural*", como afirma a professora Maria Hermínia Tavares de Almeida, ressaltando que o Brasil apresentou um quadro distinto dos demais países da América Latina, que naquele período tiveram um debilitamento do sindicalismo(28).

Contudo, essa posição mais avançada em relação aos vizinhos latino-americanos, não permitiu uma evolução do nível de alcance da base territorial das convenções coletivas. Só em 1992, os mais de cem Sindicatos dos Bancários conseguiram a primeira Convenção Coletiva de Trabalho de aplicação nacional.

Já no século XXI, sem qualquer mudança no sistema sindical, a negociação coletiva segue sendo feita por categoria — e não por ramo de atividade —, na base territorial dos municípios, entre sindicato e empresa. Em 2003, a Central Única dos Trabalhadores — CUT, em seu 8º Congresso, insistia na necessidade de um movimento articulado para transformar os sindicatos, por meio das "organização sindical, negociação coletiva e contrato coletivo de trabalho e o fim da unicidade e do imposto sindical".(29)

2.3. Impactos da nova legislação

O Governo não conseguiu mudar o conceito de trabalho análogo ao escravo, como recentemente tentou. Entretanto, com a vigência da reforma aprovada no ano passado, conseguiu debilitar a proteção social de tal forma que, o trabalhador, se não se encontra em situação de escravidão, encontra-se em condições degradantes.

A Constituição de 1988, em seu art. 1º, aponta entre os fundamentos da República, a dignidade da pessoa humana e os valores sociais do trabalho e da livre-iniciativa e, no art. 6º, enumera entre os direitos sociais, o trabalho e a proteção à maternidade.

Neste trabalho, no **2.2.1**, foi visto que, quatro dias antes da vigência da Constituição de 1934, que garantia a liberdade sindical, foi

(25) A situação foi muito bem resumida por Flávio Antonello Benites Filho, em *Contrato coletivo e legislação de sustento*, São Paulo, 1994: "*Assim, por meio do poder normativo, a ingerência do Estado em um conflito inerente às relações de trabalho impede que as partes cheguem à exaustão das suas forças para superá-lo*". *Apud* RAMOS FILHO. *Op. cit.*, p. 221.

(26) Nesse sentido: BRITO FILHO. *Op. cit.*, p. 76 e ss.; RAMOS FILHO. *Op. cit.*, p. 157 e NASCIMENTO, Amauri Mascaro. *Compêndio de direito sindical.* São Paulo: LTr, 2005. p. 95 e seg.

(27) A isso fazem referência, RAMOS FILHO. *Op. cit.*, p. 157, NASCIMENTO. *Compêndio...*, cit., p. 95 e seg. e BRITO FILHO. *Op. cit.*, p. 76 e seg.

(28) *Apud* BRITO FILHO. *Op. cit.*, p. 77.

(29) SANTOS, Artur Henrique da Silva. Contrato coletivo nacional articulado para avançar na organização sindical. In: Confederación Sindical de Trabajadores y Trabajadoras de las Américas. *Procesos de autorreforma sindical en las Américas. Avances del grupo de trabajo sobre autorreforma sindical (GTAS) en 2012 – 2013. FSAL-AS/ACTRAV/OIT.* São Paulo: CSA, 2013. p. 117 e 118.

aprovado um decreto que estabelecia condições para criação de sindicatos, fulminando a autonomia sindical... e o decreto não teve sua inconstitucionalidade declarada.

Agora, da mesma forma que há 84 anos, preceitos constitucionais como o trabalho e a proteção à maternidade foram ignorados, e a nova CLT traz normas como o art. 394-A, que determina que a trabalhadora gestante não será afastada do exercício de atividade insalubre de graus médio e mínimo, a não ser que apresente laudo médico, por sua iniciativa, que recomende o afastamento.

O desmonte produzido pela reforma de 2017 atingiu aspectos fundamentais do Direito do Trabalho, ignorando os princípios da proteção — nos seus três desdobramentos que asseguram a aplicação da norma mais favorável, da condição mais benéfica e do *in dubio pro operario* —, da irrenunciabilidade, da primazia da realidade, da continuidade da relação de emprego e, inclusive, os princípios da boa-fé e da razoabilidade, esses dois últimos aplicáveis a todos os ramos do direito. E não apenas no que se refere ao direito individual do trabalho, já que, também o direito coletivo, foi alterado.

Atingiu, não apenas a parte privada do Direito do Trabalho, mas também as normas de direito público que promovem a tutela do trabalho, com profundas modificações no âmbito de prevalência da vontade individual.

No que respeita ao Direito Público, modificou e limitou, explicitamente, a competência da Justiça do Trabalho, e do mesmo modo, igualmente limitando e dificultando o exercício das competências do Sistema Federal de inspeção do trabalho e do Ministério Público do Trabalho.

Considerando a proposta do tema, no presente trabalho, sem prejuízo de algum enfoque necessário no direito individual, será feita a abordagem dos principais impactos que a reforma causou no sistema sindical brasileiro.

2.3.1. *Sobre o diálogo social e a organização sindical*

Foram diversos os ataques ao livre exercício da atividade sindical, com consequências diretas na negociação coletiva, de que são exemplos:

a) a substituição do instrumento coletivo por acordo individual — art. 59, § 6º[(30)], 59-A, e 477-A[(31)];

b) a preponderância do acordo individual sobre o instrumento coletivo e sobre a lei, mesmo em situação desfavorável ao trabalhador — art. 444, parágrafo único e 477-B;

c) a extinção da necessidade de homologação do recibo de rescisão contratual — art. 477.

Cassado o direito de participação dos sindicatos nas situações antes garantidas, essa nova situação legal potencializa condições para um afastamento entre sindicato e trabalhadores, em especial os associados, deslocando o poder de representação para uma posição duvidosa, sem qualquer controle da categoria organizada, em sua concepção tradicional.

Especialmente sobre o art. 477-B, vale notar que, se o plano de demissão voluntária for previsto em Convenção ou Acordo Coletivo, "[...] *enseja quitação plena e irrevogável dos direitos decorrentes da relação empregatícia* [...]", exceto se as partes estipularem o contrário. Assim, se o sindicato não conseguir negociar o PDV sem a cláusula de quitação plena e irrevogável, restam-lhe duas opções: concordar com a quitação plena ou não fazer acordo ou convenção regulando o plano e, assim, abrindo caminho para os acordos individuais.

A debilitação da ação sindical se dá simultaneamente — e delas são consequência —, com as condições criadas para que a vontade individual prevaleça sobre a coletiva.

(30) Em que fica, inclusive, admitido o acordo individual tácito.
(31) Registre-se que o Tribunal Superior do Trabalho, em dissídio coletivo, em 2009, firmou entendimento de que a dispensa plúrima ou coletiva deveria ser precedida de negociação coletiva.

É inegável a distinção do grau de equilíbrio dos sujeitos sociais na relação coletiva e na relação individual. O *status* que o sindicato detém nas relações coletivas, de forma alguma corresponde à situação do trabalhador na relação individual, assim como as eventuais vantagens que se produzem na solução autônoma dos conflitos coletivos não necessariamente se mantêm quando se trata de solucionar os conflitos individuais.(32)

2.3.2. *Sobre a proteção ao trabalho*

Uma nova concepção de igualdade jurídica entre os sujeitos da relação de trabalho, plasmou as novas regras reguladoras da relação social no Brasil. A isonomia que, indiscutivelmente, é um dos pilares do Direito do Trabalho não foi considerada da forma devida e, assim, os desiguais são tratados igualmente.

Dessa forma é que se tem, na nova Consolidação das Leis do Trabalho:

a) o § 2º do art. 75-C, que assegura ao empregador o direito de alterar o contrato de trabalho à distância para trabalho presencial, meramente por meio de comunicação com quinze dias de antecedência e um termo aditivo ao contrato;

b) o art. 442-B, que dispõe "*A contratação do autônomo* [...] *com ou sem exclusividade, de forma contínua ou não, afasta a qualidade de empregado prevista no art. 3º desta Consolidação*".

Vale ressalvar que ao legislador não escapou a obviedade da relação de emprego que, no caso, surge da continuidade e da implícita dependência, tanto que, claramente admitindo-a, explicita que "*afasta a qualidade de empregado*", em nada importando a realidade dos fatos, que na relação social deve ter primazia;

c) ignorando os princípios da proteção e da irrenunciabilidade, que o parágrafo único do art. 444, contrariando o *caput*, onde se elencam os limites da livre pactuação, cria a possibilidade de que, no contrato de trabalho, o pacto individual tenha eficácia, mesmo em contrariedade à norma legal ou coletiva;

d) outra vez o art. 477-B, que garantindo quitação plena e irrevogável, fere o princípio da irrenunciabilidade;

e) o art. 484-A, que criando a rescisão contratual por acordo entre empregador e empregado, viola os princípios da proteção e da irrenunciabilidade. Ademais, pela possibilidade de ocorrer num momento de crucial fragilidade para o trabalhador, na iminência de ser despedido, talvez só lhe reste a opção de aceitar o acordo, pois do contrário e na eventualidade de não pagamento de seus direitos, teria ele que buscar a Justiça do Trabalho, pagar custas, aguardar meses e assumir o risco de eventualmente pagar por perícias e pela sucumbência;

f) o art. 507-A, que admite a possibilidade, sem qualquer restrição e em alguns casos, de que no contrato individual de trabalho conste cláusula compromissória arbitral, nos termos da Lei n. 9.307, ignorando os termos do art. 1º: "*As pessoas capazes de contratar poderão valer-se da arbitragem para dirimir litígios relativos a direitos patrimoniais disponíveis*". Considerada a natureza da maior parte das normas de proteção ao trabalho e o princípio da irrenunciabilidade, não seriam muitas as hipóteses de conflito passíveis de arbitragem privada.

2.3.3. *Sobre as obrigações do Brasil, quanto a convenções da OIT ratificadas*

Em junho de 2017, a Central Única dos Trabalhadores (CUT), a União Geral dos Trabalhadores (UGT), a Central dos Trabalhadores e Trabalhadoras do Brasil (CTB), a Força Sindical, a Nova Central Sindical de Trabalhadores (NCST) e a Central dos Sindicatos Brasileiros (CSB), formularam consulta à Organização Internacional do Trabalho (OIT), indagando se a adoção de uma nova legislação, sem que

(32) BORBA, Fernanda Santos. Composición de los conflictos laborales en Brasil y las comisiones de conciliación previa: la oportunidad perdida. In: *Derecho Civil y Social (DECISO)*, n. 30, año III, Morelia: Universidad Michoacana de San Nicolás de Hidalgo, 2008.

tenha havido qualquer participação dos sujeitos sociais, violaria a Convenção n. 144, sobre Consulta Tripartite.

Em resposta, a Diretora do Departamento de Normas Internacionais do Trabalho, da OIT[(33)], informou:

> 2. [...] Na medida em que várias das perguntas examinadas nesta comunicação se referem a temas sindicais e de negociação coletiva, **se ressalta a este respeito o art. 7º da Convenção n. 154 que prevê que "as medidas adotadas pelas autoridades públicas para estimular e fomentar o desenvolvimento da negociação coletiva deverão ser objeto de consultas prévias e, quando possível, de acordos entre as autoridades públicas e as organizações de empregadores e de trabalhadores".**
>
> 3. A este respeito, convém também ressaltar que o Comitê de Liberdade Sindical do Conselho de Administração da OIT considerou em numerosas ocasiões que **'é essencial que, quando se introduza um projeto de lei que afete a negociação coletiva ou as condições de emprego, se proceda antes a consultas detalhadas com as organizações de trabalhadores e de empregadores interessadas.** (Veja-se o compêndio de princípios e decisões do Comitê de Liberdade Sindical, quinta edição, 2006, parágrafo 1075). O Comitê também destacou, em um caso relativo a um país em particular, **"a importância de que toda modificação relativa ao alcance e ao exercício dos direitos sindicais seja objeto de consultas em profundidade com as organizações mais representativas para efeito de chegar na maior medida possível a soluções compartilhadas"** (Veja-se o 376º informe do Comitê, caso núm. 3101 (Paraguai), parágrafo 857).
>
> 4. **Com base no anteriormente exposto e à luz das convenções internacionais do trabalho ratificadas pelo Brasil, recorda-se portanto que a adoção de um projeto de lei que reforma a legislação laboral deveria ser precedida de consultas detalhadas com os interlocutores sociais do país.**
>
> 5. [...] Reafirma-se portanto, novamente, que os Estados-Membros têm a obrigação de garantir, tanto na lei como na prática, a aplicação efetiva das convenções ratificadas, motivo pelo qual **não se pode, licitamente, rebaixar, por meio de acordos coletivos ou individuais, as proteções estabelecidas nas convenções da OIT ratificadas e um vigor em um país determinado.**
>
> 6. [...] a CEACR destacou que, ainda que disposições legislativas pontuais, relativas a aspectos específicos das condições de trabalho, poderiam prever, de maneira circunscrita e motivada, a possibilidade de sua derrogação por via da negociação coletiva, **uma disposição que instituísse a possibilidade de derrogação geral da legislação do trabalho por meio da negociação coletiva seria contrária ao objetivo de promoção da negociação coletiva livre e voluntária prevista pela Convenção** e confiou, por conseguinte, que os alcances do art. 4 da Convenção seriam plenamente levados em consideração tanto no âmbito do exame dos mencionados projetos de lei.
>
> [...]
>
> 12. [...] Esperando que estes elementos deem resposta à solicitação expressada, a OIT lembra que permanece à disposição dos representantes tripartites do Brasil para toda assistência técnica que possa, no âmbito das discussões em curso sobre o PLC n. 38/2017, contribuir para que sejam tomados em consideração os comentários emitidos pelos órgãos de controle da OIT. Neste sentido, e de conformidade com a prática estabelecida, a presente comunicação será compartilhada com o Governo e com as organizações de empregadores do Brasil.[(34)] (Grifos da autora)

A resposta da Diretora do Departamento de Normas Internacionais do Trabalho, da OIT, fala por si e dispensa outros comentários sobre o processo utilizado pelo Brasil para promover a reforma implantada pela Lei n. 13.467.

(33) VARGHA, Corinne. Directora del Departamento de Normas Internacionales del Trabajo. Oficina Internacional del Trabajo. Genève. Disponível em: <https://view.publitas.com/cut/carta-da-oit-condena-reforma-trabalhista-brasileira/page/1>.

(34) Tradução do espanhol, pela autora.

O Governo brasileiro, ignorando os interlocutores sociais, negando-se ao diálogo a que estava obrigado por conta das Convenções por ele ratificadas e impondo-lhes uma lei que não respeita o princípio da isonomia, entre outros, violou obrigações que lhe correspondiam.

Vê-se daí que, pela inobservância das obrigações assumidas, no mínimo com a ratificação das Convenções ns. 154 e 155, o Brasil deve esclarecimentos e da mesma forma está sujeito, mais uma vez, a denúncia à Organização Internacional do Trabalho (OIT).

A mesma OIT que dá à liberdade sindical valor idêntico ao que as sacerdotisas da deusa Vesta davam ao fogo sagrado do templo, *"ainda que a OIT não é tanto uma vestal venerada quanto desarmada"*, como doutrinou o venerando Professor Umberto Romagnoli, catedrático da Universidade de Bolonha, na Conferência de Abertura do X Curso para Expertos latino-americanos.[35] É possível que o governo brasileiro conheça a opinião do Prof. Romagnoli.

Conclusões

Era extremamente grave que no Brasil não houvesse liberdade sindical, mantendo esse nocivo sistema corporativista, em que o Estado limita a ação de associações patronais e sindicatos.

Sistema que é responsável pelo fato de que a Organização Internacional do Trabalho não permita que o Brasil ratifique a sua Convenção n. 87, que garante a liberdade sindical.

Até 2006, El Salvador lhe acompanhava nessa condição, e, desde então o Brasil é o único: o único país entre todos da América do Sul, da América Central e do Caribe onde não há democracia sindical garantida.

E hoje, além de viver à margem da Convenção n. 87, o país descumpriu obrigações fundamentais das Convenções ns. 154 e 155, ambas ratificadas em 1992.

A reforma promovida pela Lei n. 13.467/17, tornou ainda pior as relações sociais no Brasil, cuja situação já era "extremamente grave" e foi elaborada sem observância das regras internacionais a que estava obrigado, como signatário de Convenções da OIT, demonstrando assim a exata medida do que é, no Brasil, o diálogo social.

As novas regras, desconsiderando princípios fundamentais do Direito do Trabalho, debilitaram a proteção social, permitindo ao empregador a alteração unilateral do contrato de trabalho; excetuando a aplicação da norma consolidada para negar a configuração do vínculo de emprego, não importando a realidade dos fatos; garantindo que, na relação de trabalho, o pacto individual prevaleça, ainda que em contrariedade à norma legal ou coletiva; e admitindo, sem condições ou restrições, o compromisso arbitral no momento da contratação, sem observar que a Lei da Arbitragem apenas se aplica a direitos patrimoniais disponíveis, o que nem sempre é o caso das normas de Direito do Trabalho.

A ação sindical, já sem autonomia e liberdade, foi fragilizada, teve reduzida a sua competência e foram criadas condições suficientes para que as empresas mantenham o sindicato cada vez mais à distância.

As novas regras cassaram o direito de participação sindical em importantes situações antes garantidas, potencializando condições para um afastamento entre sindicato e trabalhadores.

Nesse cenário o que se pode esperar da negociação coletiva? Continuará possível formalizar acordos coletivos que contenham uma *"cláusula de salvaguarda"*, com o compromisso patronal de negociar *"a introdução de qualquer medida de precarização autorizada pela reforma trabalhista e que não esteja prevista em convenção coletiva"*? Foi esse o acordo que os metalúrgicos do ABC negociaram com seis associações patronais.[36]

(35) ROMAGNOLI, Umberto. La libertad sindical, hoy. Tradução para o espanhol por Antonio Baylos. *Revista de Derecho Social*, n. 14, Albacete: Bomarzo, p. 10, 2001. Traduzido do espanhol pela autora.

(36) GALVÃO, Andréia; OLIVEIRA TEIXEIRA, Marilane. Flexibilização na lei e na prática: o impacto da reforma trabalhista sobre o movimento sindical. In: KREIN, José Dari *et al.* (org.). *Dimensões críticas da reforma trabalhista no Brasil.* Campinas: Curt Nimuendajú, 2018. p. 171.

No que respeita ao Direito Público, modificou, reduziu e limitou a competência, dificultando o exercício das respectivas atribuições da Justiça do Trabalho, do Sistema Federal de Inspeção do Trabalho e do Ministério Público do Trabalho, instituições públicas que resguardam o equilíbrio social.

Pode-se finalizar com a seguinte síntese da reforma:

> A viabilização desse novo padrão requer fragilizar, não somente os direitos inscritos no arcabouço legal institucional, bem como esvaziar as instituições públicas responsáveis em assegurar a efetivação dos direitos. Na mesma perspectiva, enfraquece os sindicatos e descentraliza as negociações coletivas. Portanto, é uma reforma que altera substantivamente as condições sob as quais se estrutura o mundo do trabalho em nosso país.[37]

Referências bibliográficas

BAYLOS GRAU, Antonio. Globalización y derecho del trabajo: realidad y proyecto. *Cuadernos de Relaciones Laborales*, n. 15, Madrid, 1999.

BORBA, Fernanda Santos. Composição negociada dos conflitos de trabalho: conquista da autonomia coletiva. Uma análise comparada dos sistemas brasileiro e espanhol. *Revista TRT 6ª Região*, v. 17, n. 34, Recife, p. 121-137, 2007.

______. Composición de los conflictos laborales en Brasil y las comisiones de conciliación previa: la oportunidad perdida. In: Universidad Michoacana de San Nicolás de Hidalgo. *Derecho Civil y Social (DECISO)*, n. 30, año III, Morelia, 2008.

BRITO FILHO, José Cláudio Monteiro de. *Direito sindical.* São Paulo: LTr, 2000.

CASAS BAAMONDE, María Emilia. Los procedimientos autónomos de solución de los conflictos laborales en el derecho español. In: *Solución extrajudicial de los conflictos laborales*. Madrid: SIMA, 1999.

COUTINHO, Grijalbo Fernandes; FAVA, Marcos Neves. *Justiça do trabalho:* competência ampliada. São Paulo: LTr, 2005.

CRUZ VILLALÓN, Jesús. La resolución privada de los conflictos relativos a la negociación colectiva. *Solución extrajudicial de los conflictos laborales*. Madrid: SIMA, 1999.

DE FRANCISCO, Andrés. El «mundo feliz» del liberalismo. *Cuaderno de Relaciones Laborales,* 16, Madrid, p. 77-97, 2000.

DIEESE — Departamento Intersindical de Estatística e Estudos Socioeconômicos. *As negociações coletivas no Brasil*. São Paulo, 2001.

GALLARDO MOYA, Rosario. *Democracia sindical interna. Un análisis jurídico.* Madrid: Trotta, 1996.

______. Los acuerdos colectivos comunitarios fuertes. In: BAYLOS GRAU, Antonio (coord.). *La dimensión europea y trasnacional de la autonomía colectiva.* Alicante: Bomarzo, 2003.

GALVÃO, Andréia; OLIVEIRA TEIXEIRA, Marilane. Flexibilização na lei e na prática: o impacto da reforma trabalhista sobre o movimento sindical. In: KREIN, José Dari *et al.* (org.). *Dimensões críticas da reforma trabalhista no Brasil.* Campinas: Curt Nimuendajú, 2018.

IANNI, Otávio. *Estado e planejamento econômico no Brasil.* Rio de Janeiro: Civilização Brasileira, 1991.

KREIN, José Dari; GIMENEZ, Denis Maracci. Apresentação. In: KREIN, José Dari *et al.* (org.). *Dimensões críticas da reforma trabalhista no Brasil.* Campinas: Curt Nimuendajú, 2018.

LOPES, Otavio Brito. A Emenda Constitucional n. 45 e o Ministério Público do Trabalho. In: COUTINHO, Grijalbo Fernandes; FAVA, Marcos Neves, *Justiça do Trabalho: competência ampliada.* São Paulo: LTr, 2005.

MARTÍN VALVERDE, A. *et al. Derecho del trabajo.* Madrid: Tecnos, 2005.

NASCIMENTO, Amauri Mascaro. *Compêndio de direito sindical.* São Paulo: LTr, 2005.

______. *Curso de direito do trabalho.* São Paulo: Saraiva, 2005.

PALOMEQUE LÓPEZ, M. C.; ÁLVAREZ DE LA ROSA, Manuel. *Derecho del trabajo.* Madrid: Universitaria Ramón Areces, 2005.

(37) KREIN, José Dari; GIMENEZ, Denis Maracci. Apresentação. In: KREIN. *Op. cit.* p. 15.

PIQUERAS PIQUERAS, Carmen. *El acuerdo sobre solución extrajudicial de conflictos. Una reflexión sobre su naturaleza y eficacia.* Madrid: Ibidem, 1998.

RAMOS FILHO, Wilson. *O fim do poder normativo e a arbitragem.* São Paulo: LTr, 1999.

ROMAGNOLI, Umberto. La libertad sindical, hoy. Tradução para o espanhol por Antonio Baylos. *Revista de Derecho Social,* n. 14, Albacete, p. 9 a 23, 2001.

RUSSOMANO, Mozart Victor. *Curso de direito do trabalho.* Rio de Janeiro: José Konfino, 1974.

SANTOS, Artur Henrique da Silva. Contrato coletivo nacional articulado para avançar na organização sindical. In: Confederación Sindical de Trabajadores y Trabajadoras de las Américas. *Procesos de autorreforma sindical en las Américas.* Avances del Grupo de Trabajo sobre Autorreforma Sindical (GTAS) en 2012 — 2013. FSAL-AS/ACTRAV/OIT. São Paulo: CSA, 2013.

SILVA, Antônio Álvares da. *Pluralismo sindical na nova constituição. Perspectivas atuais do sindicalismo brasileiro.* Belo Horizonte: Del Rey, 1990.

SÜSSEKIND, Arnaldo, Princípios de direito do trabalho. In: SÜSSEKIND, Arnaldo *et al. Instituições de direito do trabalho.* São Paulo: LTr, 2005. v. 1.

VARGHA, Corinne. Directora del Departamento de Normas Internacionales del Trabajo. Oficina Internacional del Trabajo. Genève. Disponível em: <https://view.publitas.com/cut/carta-da-oit-condena-reforma-trabalhista-brasileira/page/1>. Acesso em: 26.9.2018.

VASCONCELOS, Antonio Gomes; GALDINO, Dirceu. *Núcleos intersindicais de conciliação trabalhista. Fundamentos, princípios, criação, estrutura e funcionamento.* São Paulo: LTr, 1999.

VIANNA, Segadas (original); SÜSSEKIND, Arnaldo (atualização). Organização sindical. In: SÜSSEKIND, Arnaldo *et al. Instituições de direito do trabalho.* São Paulo: LTr, 2005. v. 2.

Representação dos Trabalhadores nas Empresas e o Sistema Sindical Brasileiro

Francisco das Chagas Oliveira Rodrigues[(1)]

Introdução

Há, atualmente, grande desinteresse do trabalhador em participar dos movimentos sindicais. No contexto anterior à Reforma Trabalhista — Lei n. 13.467/2017 —, concorreu, para a inércia pela busca de representatividade, a acomodação dos dirigentes, certos de contar com o aporte financeiro de valores da contribuição sindical, que, juntamente com a inexistência de quórum para a fundação, motivou a febre de proliferação de sindicatos, ainda mais quando era recebida mesmo por entidades que não firmavam instrumentos coletivos de trabalho, garantindo benefícios aos seus representados. Os trabalhadores mencionam, como motivos de rejeição a sindicalização e a participação ativa: a falta de transparência na prestação de contas e na condução do processo eleitoral; o autoritarismo; a manipulação das eleições sindicais. Contraditoriamente não se filiam, para se habilitarem a concorrer a cargos de direção nos pleitos eleitorais, e buscar mudar a realidade que tanto criticam.

Por isso, os sindicatos, que só visavam a percepção da contribuição sindical, hoje estão numa encruzilhada difícil e precisam se reinventar para, com nova roupagem, conquistarem representatividade num ambiente de grande desinteresse dos trabalhadores.

Tratarei do tema com base em minha experiência, como servidor do Ministério do Trabalho — MT, diretamente envolvido com o assunto: na mediação coletiva e no serviço de Cadastro Nacional de Entidades Sindicais.

Farei um breve relato histórico do sindicalismo em nosso país; tratarei de pontos negativos, que geraram a atual crise de credibilidade e, por fim, de vias alternativas de recuperação, junto a trabalhadores e empregadores, da credibilidade e da confiança perdidas, fatores indispensáveis à consecução do resgate do respeito e da importância histórica dos sindicatos.

(1) Auditor-Fiscal do Trabalho, Advogado e Economista.

1. *Breve histórico do sindicalismo nacional até a Constituição de 1988*

A crise de representatividade sindical tem se intensificado de forma contínua ao longo dos anos. O marco inicial de meu acompanhamento é o ano de 1995, quando assumi o cargo de Auditor-Fiscal do Trabalho, embora já estivesse acontecendo desde muito antes.

Com a estabilização da moeda, pelo Plano Real, seguida de uma crise de desemprego, os Sindicatos, já abalados desde 1989, com o Plano Color, começaram a se retrair ainda mais, diante do temor dos trabalhadores em perder seus postos de trabalho, embora o ano de 2015 tenha registrado o maior índice de sindicalização no país, segundo o IBGE.

Mas a desmotivação dos trabalhadores em participar das Assembleias sindicais teve início bem antes, na ausência de tradição de inter-relação e proximidade dos trabalhadores com seus órgãos de representação e vice-versa, em parte por culpa dos próprios sindicatos.

A contribuição sindical obrigatória foi fator de acomodação das lideranças que confiaram na permanência do repasse e se deram ao luxo de se manterem distanciadas das bases representadas, como veremos nas considerações a seguir.

O sistema sindical brasileiro se criou sob a égide de influências do corporativismo, doutrina do início do século vinte, que preconizava o controle pelo Estado dos agrupamentos profissionais e das classes econômicas. Era bem marcante na Itália, e, entre nós, se estabeleceu fortemente a partir de 1930. Até essa data, o sindicalismo incipiente em nosso País, com marco inicial de ação em 1888, exerceu um protagonismo improvisado, e até anárquico, num contexto de vácuo de legislação e de inexistência de uma economia consistente e de um empresariado de mentalidade aberta às profundas mudanças em gestação, à época, nas relações de trabalho pós-escravatura.

Os imigrantes europeus que chegaram ao País depois da libertação dos escravos, em 1888 — alemães, italianos — trouxeram a experiência de ativismo político e social de seus países e aqui deram início a movimentos de mudanças das práticas desumanas, nas relações de trabalho, nos moldes de outras reações que já vinham acontecendo nos centros onde a revolução industrial teve berço.

Pelo efeito demonstrativo, no aprendizado de lutas por melhores condições de trabalho, os trabalhadores brasileiros abriram frentes de movimentos de reivindicações em setores melhor estruturados, como Portos e Ferrovias, forçando o Estado a se antecipar, com medidas interventivas pontuais e paliativas, quanto ao sistema produtivo, com o condão de atenuar a intensidade das insatisfações, principalmente de movimentos orientados pelo anarquismo, uma filosofia em grande evidência na época, em contraponto ao liberalismo econômico puro.

Dessa forma, a evolução dos direitos sociais e trabalhistas em nosso país, marcadamente de 1888 a 1930, aconteceu num processo concomitante de pressão da sociedade civil, de um lado, e, de outro, de reações da classe produtiva e do governo, mas pouco a pouco antecipando medidas legislativas, embora tímidas, para amortecer a força das demandas.

A partir de 1930, sob o governo Getúlio Vargas, o direito do trabalho se institucionalizou, juntamente com órgãos destinados a dar-lhe efetividade prática — Ministério do Trabalho, Justiça do Trabalho; ocorreu também o reconhecimento da existência legal dos sindicatos e de direitos trabalhistas e sociais considerados ainda hoje avançados para a época.

O sindicalismo reconhecido era de natureza corporativa, órgão de cooperação do Estado, que lhe concedia registro, para funcionar, e que podia intervir e interferir na organização e administração, com amplos poderes legais.

Hoje o modelo é criticado, mas é preciso reconhecer que não havia outro, à época, a ser copiado; logicamente os trabalhadores de então, em especial em nosso país, acabados de sair de um regime de escravatura de mais de 400 anos, não tinham a consciência política crítica para levantar questionamentos sobre princípios de liberdade sindical plena, sobre sindicato atrelado ao Estado, sobre sistema corporativista; lutavam por mudanças em suas condições insuportáveis de trabalho, em um ambiente sem regras pertinentes; não dispunham do cabedal de contribuições doutrinárias produzidas ao longo do amadurecimento democrático dos últimos 60 anos, especialmente após a criação da Organização Internacional do Trabalho — OIT, em 1919. De forma que o Estado, num contexto político-social de ditadura, buscou, logo no início dos movimentos sociais, cooptar as lideranças e tutelá-las, manobra que hoje, de fato, com a evolução das liberdades individuais e coletivas, não faz mais sentido.

O sistema sindical se formou então em um modelo confederativo, em forma piramidal, em que na grande base estão os sindicatos; no meio, as federações, que podem ser criadas por, no mínimo cinco sindicatos e, no ápice, as confederações, criadas por, no mínimo, três federações.

Esse modelo, em um país agrário, de distâncias imensas, sem comunicações físicas, além de ter sido um mecanismo de controle político, pelo Estado, foi também um sistema capilar vertical de transmissão, de cima para baixo, de decisões políticas e administrativas do governo por meio das entidades sindicais, na medida em que as Confederações eram e ainda são legalmente obrigadas a ter sede na capital da República, a fim de interagir politicamente com o governo federal, de forma célere e objetiva; as decisões e diretrizes centrais eram repassadas às demais entidades, no meio e na base da pirâmide, e elas, logicamente, conforme as regras corporativistas plenamente aceitas, num contexto de sindicalismo comprometido com o governo, as implementavam.

A contrapartida do Estado ao apoio político das lideranças sindicais se deu com a criação da Contribuição Sindical, um imposto de um dia de labor de todos os trabalhadores, filiados ou não à entidade sindical, cobrado anualmente, para rateio entre as entidades: sindicato (60%); federação (15%); confederação (5%) e o próprio governo (20%); atualmente a parte do governo é apenas 10%, após ter sido concedido às centrais sindicais o repasse do percentual de 10%; essa concessão também se fez num clima de corporativismo, em troca, também, de boa vontade de cooperar das centrais.

A política de controle da organização sindical pelo Estado durou, sem quase nenhuma alteração, atravessando instabilidades institucionais e políticas severas, até o advento da Constituição Federal de 1988.

Cumpre mencionar que, durante aquele longo período, vigoraram exigências legais hoje inaceitáveis, mas que, ao contrário de atualmente, orientavam a fundação de entidades sindicais com representatividade reconhecida, desde o nascedouro.

2. *Criação de sindicatos antes de 1988*

No momento presente, na crise de representatividade, seria quase impossível criar um sindicato com as regras de antes da Constituição Federal de 1988; havia pré-requisitos quase intransponíveis: podiam ser criadas associações profissionais ou econômicas, quantas fossem, que tinham de passar por uma fase embrionária de experiência administrativa, competindo entre si, para se habilitarem a solicitar o registro sindical, junto ao Ministério do Trabalho — MT. Conseguia-o a que provasse reunir requisitos indispensáveis, geralmente após três anos de funcionamento: melhores serviços sociais; maior patrimônio; melhores condições financeiras; maior número de associados; assembleia de fundação com, no mínimo, 1/3 da categoria, tudo aferido pelo Ministério do Trabalho.

A Constituição Federal de 1988 não recepcionou boa parte da legislação da velha organização sindical, mas preservou alguns institutos corporativos, hoje bastante criticados: a unicidade sindical; a contribuição sindical.

Costumam dizer os saudosistas do velho esquema que a organização sindical saiu de um regime de liberdade condicionada para outro de liberalidade total; isso se deu em virtude de revogação de quase toda legislação anterior, pela Constituição atual, sem a contrapartida de criação de regras mínimas, para orientar o novo modelo; até porque, na discussão da matéria na

Assembleia Constituinte de 1988, já havia uma vasta legislação da Organização Internacional do Trabalho — OIT, preconizando a ampla liberdade e autonomia e a não intervenção do Estado na Organização Sindical.

3. *Consequências da inexistência de regramento mínimo*

Dessa forma, dois fatores principais passaram a motivar a proliferação desenfreada de entidades sindicais: a inexistência de quórum para fundação e a garantia de recebimento de um dia de labor de todos os trabalhadores da categoria — a contribuição sindical —, depois de fundado e de adquirida a personalidade sindical, junto ao Ministério do Trabalho — MT, mediante a concessão do registro sindical. Hoje não precisa mais passar pela fase experimental de associação, nem há exigência legal de quórum mínimo, na assembleia de fundação do sindicato.

A inexistência de quórum de fundação abriu as porteiras para proliferação de sindicatos, com a finalidade única de fazerem jus às contribuições sindicais, mesmo sem nunca firmar um instrumento coletivo de trabalho. Essa dádiva, sem contrapartida da obrigatoriedade de firmar instrumentos coletivos de trabalho, não tem mais aceitação.

A febre de criação de sindicatos encontrou no judiciário um caminho aberto, para desmembramento por dissociação de categorias, com fundamento no princípio da especificidade; as entidades de grau superior, sem se importarem com o enfraquecimento dos sindicatos, por meio da divisão, por dissociação de categorias, não se opuseram à pulverização, beneficiadas, de qualquer forma, pela ampliação da base de recolhimento da contribuição sindical.

A contribuição sindical, percebida sem contrapartida de atuação, motivou a acomodação das lideranças; assim, não se preocuparam em manter a proximidade permanente com as bases representadas.

A par disso, também não se interessaram por um trabalho permanente de preparação de lideranças visando a formação de quadros qualificados, aptos a dar continuidade à ação sindical e à atuação nas funções mais complexas, como as negociações coletivas.

O distanciamento das bases foi tão marcante que os trabalhadores atualmente chegam a ojerizar o sindicato, com presunções e acusações de que os dirigentes são corruptos e inertes. Uma constatação disso é o fato de não se motivarem a autorizar o desconto da contribuição sindical, depois de tornado não obrigatório, pela Lei n. 13.467/2017, embora para tanto concorra igualmente um trabalho de desconstrução de imagem feita de forma sutil ou ostensiva pelo patronato, junto a seus empregados.

4. *Desinteresse e nível cultural dos trabalhadores*

Temos constatado, no dia a dia, entre os trabalhadores, a falta de um conhecimento mínimo da legislação trabalhista, e mais acentuadamente, desconhecimento da importância social do sindicato.

No período de discussão da reforma trabalhista, recebíamos não apenas trabalhadores, mas, também diretores sindicais completamente desinformados das mudanças em curso.

Realizamos uma pesquisa informal e constatamos a ignorância a respeito do sindicato. Não é nenhum demérito do trabalhador desconhecer isso, porém o é o não se saber como peça mais importante, na qualidade de membro da assembleia geral — instância difusa — formada por todos os trabalhadores da categoria, numa dada atividade econômica —, com competência exclusiva para, quando convocada, conforme o estatuto, tomar as decisões mais importantes da entidade.

Apenas para ilustrar: recebemos todos os dias levas de trabalhadores buscando informações sobre como se desfiliar do sindicato. O auditor-fiscal do trabalho, no cumprimento de suas atribuições, mostra a eles os benefícios previstos no instrumento coletivo da categoria (cesta básica, PLR, vale-alimentação) que não têm previsão legal e não existiriam sem a atuação do sindicato; depois, mostra-lhes a comparação do quanto recebem de benefícios com o quanto contribuem e eles, então, veem motivos para permanecerem filiados ao sindicato.

Ainda mais quando informa que, caso o sindicato não renove o instrumento coletivo no vencimento, tais benefícios poderão deixar de ser pagos pelas empresas.

Então, há, de certo, corrupção, mas, na decisão de contribuir financeiramente para o sindicato deve o trabalhador levar em conta a avaliação custo/benefício: recebo R$ 400,00 e contribuo com R$ 30,00; não contribuir leva o sindicato a fechar as portas.

5. *Desafio em face à reforma trabalhista*

A contribuição sindical, com a perda do caráter obrigatório, trazida pela reforma trabalhista, já não pode mais ser utilizada como argumento corporativista.

Portanto, para se enquadrar nas exigências da Convenção n. 87 da OIT, de ampla liberdade sindical, basta, agora, eliminar-se o princípio da unicidade sindical.

Nesse possível contexto de liberdade ampla, logicamente deve haver regramento mínimo para a ação das entidades sindicais.

Nenhum ente, dentro de um sistema democrático e de legalidade, pode arvorar-se imune às limitações legais.

Mesmo preconizando a liberdade sindical, no art. 2º da Convenção n. 87, sem propor pluralidade, a Organização Internacional do Trabalho — OIT, no art. 8º do mesmo diploma, chama a atenção para o respeito à legislação do país onde a mesma se aplica.

Adicionalmente, em sua jurisprudência, o Comitê de Liberdade Sindical reconhece situações que devem sofrer restrições ou permissões legais; citamos algumas, elencadas por Arnaldo Süssekind, no seu livro *Direito Internacional do Trabalho:*

> (...) cobrança de uma quota de solidariedade (...) a trabalhadores (...) não filiados à organização sindical parte num contrato coletivo, que desejem, no entanto, beneficiar-se das disposições do mesmo (...) (verbete n. 324, ob. cit., p. 69, *apud* SÜSSEKIND, 1986, p. 286).[(2)]

Greve política ou extemporânea — As greves de caráter puramente político e as greves decididas sistematicamente muito tempo antes de que as negociações se realizem não se enquadram no âmbito dos princípios da liberdade sindical (verbete n. 372, ob. cit., p. 77, *apud* SÜSSEKIND, 1986, p. 291); a OIT admite restrição.[(3)]

Conflitos de direito — A solução de um conflito de direito resultante da diferença de interpretação de um texto legal deve incumbir aos tribunais competentes. A proibição (...). Não constitui violação da liberdade sindical (verbete n. 374, ob. cit., p. 77, *apud* SÜSSEKIND, 1986, p. 291); a OIT admite restrição.[(4)]

Quórum — A obrigação de respeitar determinado quórum e de tomar a decisão de fazer greve por meio de escrutínio secreto pode considerar-se admissível (verbete n. 382, ob. cit., p. 79, *apud* SÜSSEKIND, 1986, p. 291).[(5)]

Funcionários públicos — O reconhecimento do princípio da liberdade sindical aos funcionários públicos não implica necessariamente o direito de greve (Verbete

(2) SÜSSEKIND, Arnaldo. *Direto internacional do trabalho.* 2. ed. São Paulo: LTr, 1986. p. 286.
(3) *Ibidem,* p. 291.
(4) *Ibidem,* p. 291.
(5) *Ibidem,* p. 291.

n. 365, ob. cit., p. 76, *apud* SÜSSEKIND, 1986, p. 291).[(6)]

Segurança industrial — As restrições impostas ao direito de greve em certos setores, com o fim de respeitar os regulamentos de segurança, constituem restrições normais (verbete n. 413, ob. cit., p. 85, *apud* SÜSSEKIND, 1986, p. 292).[(7)]

Piquetes de greves — O comitê considerou legítima uma disposição legal que proíbe aos piquetes de greve perturbar a ordem pública e ameaçar aos trabalhadores que continuam trabalhando (Verbete n. 434, ob. cit., p. 87, *apud* SÜSSEKIND, 1986, p. 291).[(8)]

Ou seja, não há liberdade irrestrita; por esse ângulo, nos animamos a dar sugestões inspiradas na PEC n. 369/05, elaborada depois de dois anos de intensas discussões com a sociedade, em fóruns nacionais em todo país.

Apenas por meio de adoção de critérios regimentais transparentes de seu funcionamento administrativo, em especial o processo eleitoral e de controles de fiscalizações confiáveis da prestação de contas, poderão as entidades sindicais recuperar a credibilidade e a confiança dos representados, dos empregadores e da sociedade, no novo contexto jurídico surgido da reforma trabalhista.

6. *Representatividade e legitimidade de atuação*

No nosso sistema de unicidade sindical a legitimidade de representação está diretamente ligada ao maior ou menor índice de representatividade, ou seja, o número de filiados; num sistema de ampla liberdade sindical merecem apreciação as regras previstas na PEC n. 369/05, no sentido de que tenha legitimidade — entre vários sindicatos que representam uma mesma categoria — aquele com maior representatividade, na linha também defendida pela Organização Internacional do Trabalho — OIT; isso vale também num sistema de unicidade sindical.

Para obter representatividade, é premente a necessidade de recuperar a credibilidade, em todos os aspectos; e credibilidade se conquista com transparência nas ações, na legitimidade de acesso aos cargos de direção da entidade e na lisura da prestação de contas; portanto, toda reforma sindical deve levar em conta os requisitos a seguir elencados.

6.1. Eleições conduzidas por órgão independente

Para legitimidade inquestionável, o processo eleitoral, na fase de votação, deve ser conduzido por uma instância independente, quer oficial, quer criada pelo próprio sistema sindical; nessa questão, as normas anteriores à Constituição Federal propiciavam eleições de resultados inquestionáveis; embora prevista nos Estatutos, não nos parece eivada de moralidade a prática segundo a qual a Diretoria, ainda com mandato em curso, conduza todo processo de sua própria reeleição; com o avanço tecnológico atual, indispensável o uso de urnas eletrônicas, quando possível.

6.2. Prestação de contas

Prestar contas é outra importante condição *sine qua non* para a recuperação da credibilidade dos sindicatos; o conselho fiscal deve buscar se manter independente da diretoria executiva, tanto no processo eletivo quanto na atuação funcional.

Atualmente, de regra, o conselho fiscal, no processo eletivo, concorre junto com a diretoria executiva, fazendo parte da mesma chapa, na mesma campanha eleitoral, utilizando os mes-

(6) SÜSSEKIND, Arnaldo. *Direto internacional do trabalho.* 2. ed. São Paulo: LTr, 1986. p. 286.
(7) *Ibidem,* p. 292.
(8) *Ibidem,* p. 291.

mos recursos financeiros; algumas vezes até desviados do próprio sindicato, participando já de um ensaio para futuras leniências.

Adicionalmente, deve haver previsão legal de necessidade de auditoria regular, ou quando solicitada por parte com legitimidade e interesse de pedir, como membros da diretoria ou associados; isso não é agressão à liberdade sindical, e sim um recurso de proteção aos bens morais e materiais da entidade sindical, requisito que agrega credibilidade, pela transparência dos atos administrativos.

6.3. Representação dos trabalhadores no local de trabalho

A Norma Regulamentadora n. 1, do Ministério do Trabalho — MT, prevê o acompanhamento do sindicato nas inspeções destinadas a verificar atributos de segurança e medicina do trabalho. Durante mais de vinte anos como servidor do Ministério do Trabalho — MT não tenho conhecimento de alguma vez sindicato ter acompanhado, em Manaus, fiscalizações do tipo; limitaram-se, nesses anos todos, com a certeza da garantia de recebimento de valores das contribuições sindicais, a negociar índices de reajustes, e omitiram o atributo segurança e medicina no trabalho, um dos mais importantes, numa pauta de reivindicação.

É estranho que, durante toda a história do sindicalismo nacional, não tenham ainda os sindicatos conquistado o direito de acessar os locais de trabalho de seus associados, para verificar condições de trabalho; ainda mais quando a própria Organização Internacional do Trabalho — OIT, desde 1971, preconiza a importância da representação dos trabalhadores na empresa, na Convenção n. 135 e na Recomendação n. 143.

Há, ainda, de fato, uma relação de antagonismo entre patrões e empregados, por questões históricas, que não cabem serem aqui discutidas.

A Constituição Federal, de forma cautelosa, prevê a participação de representantes dos trabalhadores, nas empresas, com mais de 200 empregados, com a finalidade de tratar de interesses entre patrões e empregados.

Preferível e mais ousada é a proposta da PEC n. 369/05, reconhecendo o direito de representação em empresas com 30 empregados, e atribuindo aos representantes a competência para atuar como parte integrante do sindicato, como admitido também pela OIT, limitada a atuação apenas a questões de relações do trabalho.

7. Regramento mínimo para as ações administrativas mais importantes

A liberdade preconizada pela Organização Internacional do Trabalho — OIT se refere à autonomia e à autodeterminação da entidade sindical e não à imunidade para atuar e agir sem controle legal. Portanto, deve ser do interesse da organização sindical a criação de um regramento mínimo quanto às eleições, quórum, prestação de contas, greves, nepotismo nos cargos, para balizar, de forma macro, a ação sindical, perante a sociedade. Seriam regras que tirassem de sua competência certas práticas que não se coadunam com princípios de moralidade administrativa, como eleições conduzidas pela diretoria ainda em pleno exercício do mandato; o conselho fiscal concorrer às eleições na mesma chapa da diretoria executiva e ter a obrigação de manter fidelidade aos dirigentes, durante o mandato, inclusive exercendo funções de competência da diretoria, como promover greves, mediar conflitos, realizar serviços burocráticos estranhos aos do seu cargo; devem os estatutos preveem auditorias independentes para apreciar prestações de conta.

8. Situações urgentes a serem resolvidas para retomada do papel social dos sindicatos

8.1. Contribuições sindicais

A própria Organização Internacional do Trabalho — OIT, como acima mencionado, admite que se crie, por lei, uma quota de solidariedade a ser descontada da remuneração dos trabalhadores não filiados que queiram se beneficiar das disposições dos instrumentos coletivos de trabalho.

Não é razoável nem viável uma entidade associativa se empenhar em lutas por conquistas sociais e salariais a favor de seus representados e estes ficarem alheios ao processo de negociação.

Nada mais justo que, para se beneficiarem dos ganhos, se não são filiados, tenham a faculdade de contribuir financeiramente, para fazer jus aos benefícios conquistados que, sem a ação sindical, não existiriam, por não terem previsão legal: cesta básica, participação em lucros e resultados, vale-alimentação, plano de saúde, isenção de pagamento de percentuais legais, como vale-transporte; beneficiar-se-iam apenas, sem contribuição, de atributos protegidos por lei, como salário, concessão de vale-transporte.

Assim, fica respeitada a vontade dos membros da categoria não filiados de optaram ou não, sob condições: eles decidem se querem participar com uma quota de solidariedade; caso contrário, devem abrir mão dos benefícios sociais.

8.2. Fórum para solução de conflitos

A redação do § 2º do art. 114 da Constituição Federal abre margem a interpretações que obriguem as entidades sindicais a negociar; mencionado instituto preconiza que "recusando-se qualquer das partes à negociação coletiva ou à arbitragem, é facultada às mesmas, de comum acordo, ajuizar dissídio coletivo de natureza econômica".

A leitura nos leva a concluir que, para recusa à negociação ou à arbitragem, há de haver negociação prévia. Entrando os trabalhadores com dissídio, porque a entidade patronal não quis conversar, é presumível crer que o tribunal requeira que as partes cumpram a exigência de negociar, até chegarem a impasse, com os devidos motivos fundamentados; recusando-se o patronal a sentar à mesa, como tem feito ultimamente, é de se supor que fica prejudicado o direito de recusa e que a justiça deva tratar o assunto com menos receptividade em relação ao patronal, que sequer deu a oportunidade de o laboral apresentar suas reivindicações.

Porque, na verdade, durante indicativos de greve, temos visto a justiça agir com mão pesada contra as manifestações laborais, proibindo a greve, mediante imposição de multas de valores estratosféricos; de forma diversa, não impõe multa quando empresas não cumprem atributos trabalhistas reivindicados em greves justas, pelos sindicatos laborais.

Ora, se a greve é justa, deixem o movimento prosseguir, até a empresa quitar as pendências, ou se dispor a chegar a "comum acordo" com o sindicato.

Porque as maiores dificuldades das entidades sindicais laborais, no momento presente, são: encontrar fontes de receitas para custeio de suas atividades e a dificuldade de levar as entidades patronais a sentar à mesa, para negociar, num desequilíbrio imenso de forças.

A exigência do "comum acordo" do art. 114 da Constituição Federal, está questionada junto ao Supremo Tribunal Federal, por confrontar com outro princípio previsto no art. 5º, inciso XXXV, segundo o qual "a lei não excluirá da apreciação do poder judiciário lesão ou ameaça a direito".

Tenho entendido que a deflagração de uma greve é ameaça a direitos empresariais; nesse caso, deve caber a apreciação judicial de dissídio de natureza econômica sem o "comum acordo"? Ora, quem deve provocar o judiciário é a parte patronal; pode ela ingressar com ação contra a greve já antecipando que não concorda em discutir cláusulas econômicas? Será preciso sempre fazer uma greve para que fique dispensado o "comum acordo?".

Por outro lado, segundo o princípio de que uma norma exarada na constituição não pode ser declarada inconstitucional, poderá o Supremo Tribunal Federal entender que, para se chegar à conclusão de que houve ou não "comum acordo" terá de se esgotar o processo de negociação direta, mediada ou arbitrada; se assim for, o sindicato laboral fica prestigiado, com a prerrogativa de fazer o patronal sentar à mesa, para negociar, mesmo sem a disposição de concordar.

8.3. Via de sobrevivência

Noutra situação chegada à nossa instância de mediação, os empregados de uma empresa procuraram o sindicato para renovar acordo coletivo de trabalho; o sindicato recusou-se a assumir as negociações, alegando que não há, nela, empresa, nenhum empregado filiado, pelo que presumiu não ter representatividade lá, entendendo que a não filiação era um indicativo óbvio de que os empregados não queriam a interferência sindical.

Portanto, pode ser uma alternativa de sobrevivência do sindicato só negociar com empresas onde tenha filiados, pelo justo motivo de que não pode sobreviver sem fonte de receita para custeio de suas despesas; os empregados, por sua vez, devem entender que não podem ficar alheios ao problema; ou abrem mão dos benefícios conquistados, não previstos em lei, ou optam por contribuir, para fazer jus aos mesmos. Logicamente, numa tomada de decisão dessas deve pesar o grau de atuação da entidade sindical que, por sua vez, depende da representatividade, ou seja, de associados contribuindo e apoiando as reivindicações justas.

Observa-se, na atitude de rejeição dos trabalhadores a suas entidades representativas, uma grande contradição; senão vejamos: eles se recusam a se filiarem e a contribuir financeiramente, alegando uma série de pontos negativos na administração, sem se darem conta de que cometem um erro grave.

Ora, sem a filiação enfraquecem a entidade e, adicionalmente, ficam impedidos de votar, ou mesmo de formar uma chapa eleitoral, com a finalidade de mudar a situação de que tanto reclamam.

9. Ensino do exercício da cidadania nas escolas

É fato reconhecido a ignorância dos trabalhadores a respeito da importância do sindicato no mundo do trabalho; da mesma forma em relação a direitos básicos, nas relações de trabalho.

Não apenas para prover os trabalhadores de conhecimentos específicos atinentes a essa matéria, mas também para formar indivíduos melhor aparelhados ao exercício da cidadania, está na hora de reivindicarmos para o ensino fundamental e médio algo parecido com a antiga Organização Social e Política Brasileira — OSPB, ou seja, uma disciplina para o ensino de matérias que preparem os adolescentes para o exercício da cidadania, em questões como: as competências e funções dos órgãos públicos; sindicato; previdência social; Ministério Público, do Ministério do Trabalho — MT; Congresso Nacional, a fim de fazer surgir gerações com capacidade de reivindicar melhor, nas instâncias administrativas e judiciais, e de fazer valer com conhecimento de causa seus direitos, ou a recusa de exercê-los, quando de cumprimento facultativo.

A sociedade devia pugnar por medida governamental nessa linha.

Conclusão

Uma instituição se perpetua no tempo basicamente pela importância de suas funções e pela credibilidade; a credibilidade, por sua vez, se conquista pela transparência na administração; lisura na escolha dos representantes; regular prestação de contas e pela boa-fé nas ações.

A meu ver, o sindicalismo nacional só sairá da encruzilhada em que já estava, e se agravou com a reforma trabalhista, quando se decidir a aceitar um regramento mínimo voltado à garantia de seu patrimônio moral e material.

Para tanto, precisa aceitar que o processo eleitoral seja conduzido por órgão independente, para garantir a lisura do pleito e evitar a recorrente busca do judiciário por suspeitas de fraude; deve admitir auditorias independentes, além do acompanhamento do Conselho Fiscal, para atenuar as suspeitas de enriquecimento ilícito dos diretores; os conselhos fiscais devem atuar com mais independência em relação à diretoria executiva; atualmente se elegem em chapas e campanhas comuns e mantêm pacto de cumplicidade.

Por fim, formar bons quadros e se empenhar em mostrar à sociedade sua importância; priorizar temas de grande importância nacional, como segurança do trabalho; buscar o direito de ingresso nas empresas, para verificar as condições dos locais de trabalho, bem como reconhecer a obrigação de negociar, quando provocado, e procurar conquistar a obrigatoriedade de o patronal também sentar à mesa, quando convidado, mesmo sem a condição de que tenha de firmar um acordo.

Referências bibliográficas

GODINHO, Mauricio. *Direito coletivo do trabalho*. 4. ed. São Paulo: LTr, 2011.

NASCIMENTO, Amauri Mascaro. *Curso de direito do trabalho*. 10. ed. São Paulo: Saraiva, 1992.

SÜSSEKIND, Arnaldo. *Direto internacional do trabalho*. 2. ed. São Paulo: LTr, 1986.

Negociações Coletivas Ante a Prevalência do Negociado sobre o Legislado. A Questão da Aprendizagem: um Caso Concreto

Anna Christina Teixeira de Lucena[1]

1. Introdução

A flexibilização dos direitos trabalhistas introduzida pela Lei n. 13.467, de 2017 trouxe mudanças muito impactantes na Consolidação das Leis do Trabalho (CLT) e na vida dos trabalhadores. É de se destacar que tal flexibilização foi realizada às pressas, sem que tenha havido um amplo e devido debate entre os atores sociais envolvidos.

Desse modo, urge que seja realizado um acompanhamento sobre o verdadeiro impacto de tais mudanças na realidade dos trabalhadores, a fim de se levantar os principais prejuízos trazidos aos mesmos. E é imprescindível que esses prejuízos sejam acompanhados e divulgados para que se inicie um amplo debate sobre a reforma trabalhista realizada, com a finalidade de readequá-la à realidade dos trabalhadores brasileiros, já que a motivação da reforma não foi a de precarizar as relações trabalhistas.

Trataremos de analisar especificamente as negociações coletivas ante a prevalência do negociado sobre o legislado, ou seja, os arts. 611-A e 611-B da CLT. É de se destacar que antes da reforma trabalhista não era possível haver qualquer negociação que reduzisse direitos trabalhistas previstos em lei. As negociações poderiam acrescentar direitos, sem, no entanto, reduzi-los. Tal entendimento se baseava no princípio da norma mais favorável, a qual prevê que seja aplicada a norma mais favorável, independentemente de sua hierarquia.

Recorrendo à doutrina, encontramos os seguintes entendimentos:

> *Agregue-se, quanto à Constituição, que a regra do inciso XXVI do art. 7º ("reconhecimento das convenções e acordos coletivos de trabalho") — que representa, aliás, simples continuidade de preceito inserido, desde 1934, nos textos constitucionais brasileiros —, não traduz, obviamente, autorização para que tais instrumentos coletivos privados suprimam direitos e garantias trabalhistas. Traduz apenas o reconhecimento de sua existência como fonte normativa no Direito brasileiro, submetida, é claro, às diretrizes e restrições constitucionais, inclusive ao princípio da norma mais favorável, que foi constitucionalizado pelo* caput *do art. 7º da Constituição de 1988: "Art. 7º São direitos dos*

(1) Auditora-Fiscal do Trabalho.

trabalhadores urbanos e rurais, além de outros que visem à melhoria de sua condição social: (...)". (grifos acrescidos).[2]

Verificado o conflito de normas, prevalecerá no caso concreto aquela oriunda do Estado Brasileiro, através de suas leis (primária), salvo se houver no caso concreto uma norma negociada mais favorável ao trabalhador, hipótese em que esta prevalecerá para aquele caso (secundária). A Lei n. 13.467/2017 trouxe novidade legislativa no sentido de atribuir expressamente uma inversão de valores, dispondo que em todas as hipóteses a norma coletiva negociada prevalecerá sobre a norma legal legislada. Tal norma claramente contraria anos de estudos e formação principiológica sobre a matéria, de modo que muitos questionam até mesmo sua constitucionalidade material. Para o caso de uma norma coletiva com preceitos mais favoráveis ao trabalhador, não resta dúvidas que a mesma prevalecerá sobre o legislado. A dúvida fica para a hipótese de a norma coletiva conter disposições menos favoráveis em relação ao legislado.

Portanto, a aplicação da prevalência do negociado sobre o legislado contraria o princípio da norma mais favorável, vulnerabilizando diversos direitos trabalhistas. E é este o objetivo deste trabalho: apurar os danos causados aos trabalhadores, atendo-se à análise prática da aplicação dos arts. 611-A e 611-B da CLT a uma norma coletiva, sem ter qualquer pretensão de adentrar no mérito de constitucionalidade ou não da reforma trabalhista.

2. *Desenvolvimento*

Com o intuito de aferirmos as consequências das mudanças ocorridas nas negociações coletivas realizadas ante a prevalência do negociado sobre o legislado, confrontaremos o novo texto da CLT que trata do tema com itens relevantes de uma Convenção Coletiva do Trabalho – CCT realizada no Rio de Janeiro, recorrendo a leis específicas, quando necessário:

Art. 611-A. A convenção coletiva e o acordo coletivo de trabalho têm prevalência sobre a lei quando, entre outros, dispuserem sobre:

I — pacto quanto à jornada de trabalho, observados os limites constitucionais; (Incluído pela Lei n. 13.467, de 2017)

II — banco de horas anual; (Incluído pela Lei n. 13.467, de 2017)

III — intervalo intrajornada, respeitado o limite mínimo de trinta minutos para jornadas superiores a seis horas; (Incluído pela Lei n. 13.467, de 2017)

IV — adesão ao Programa Seguro-Emprego (PSE), de que trata a Lei n. 13.189, de 19 de novembro de 2015; (Incluído pela Lei n. 13.467, de 2017)

V — plano de cargos, salários e funções compatíveis com a condição pessoal do empregado, bem como identificação dos cargos que se enquadram como funções de confiança; (Incluído pela Lei n. 13.467, de 2017)

VI — regulamento empresarial; (Incluído pela Lei n. 13.467, de 2017)

VII — representante dos trabalhadores no local de trabalho; (Incluído pela Lei n. 13.467, de 2017)

VIII — teletrabalho, regime de sobreaviso, e trabalho intermitente; (Incluído pela Lei n. 13.467, de 2017)

IX — remuneração por produtividade, incluídas as gorjetas percebidas pelo empregado, e remuneração por desempenho individual; (Incluído pela Lei n. 13.467, de 2017)

X — modalidade de registro de jornada de trabalho; (Incluído pela Lei n. 13.467, de 2017)

XI — troca do dia de feriado; (Incluído pela Lei n. 13.467, de 2017)

XII — enquadramento do grau de insalubridade; (Incluído pela Lei n. 13.467, de 2017)

XIII — prorrogação de jornada em ambientes insalubres, sem licença prévia das autoridades competentes do Ministério do Trabalho; (Incluído pela Lei n. 13.467, de 2017)

(2) DELGADO, Mauricio Godinho; DELGADO, Gabriela Neves. *A reforma trabalhista no Brasil.* São Paulo: Edição do Kindle, 2017. p. 256.

XIV — prêmios de incentivo em bens ou serviços, eventualmente concedidos em programas de incentivo; (Incluído pela Lei n. 13.467, de 2017)

XV — participação nos lucros ou resultados da empresa. (Incluído pela Lei n. 13.467, de 2017)

§ 1º No exame da convenção coletiva ou do acordo coletivo de trabalho, a Justiça do Trabalho observará o disposto no § 3º do art. 8º desta Consolidação. (Incluído pela Lei n. 13.467, de 2017)

§ 2º A inexistência de expressa indicação de contrapartidas recíprocas em convenção coletiva ou acordo coletivo de trabalho não ensejará sua nulidade por não caracterizar um vício do negócio jurídico. (Incluído pela Lei n. 13.467, de 2017)

§ 3º Se for pactuada cláusula que reduza o salário ou a jornada, a convenção coletiva ou o acordo coletivo de trabalho deverão prever a proteção dos empregados contra dispensa imotivada durante o prazo de vigência do instrumento coletivo. (Incluído pela Lei n. 13.467, de 2017)

§ 4º Na hipótese de procedência de ação anulatória de cláusula de convenção coletiva ou de acordo coletivo de trabalho, quando houver a cláusula compensatória, esta deverá ser igualmente anulada, sem repetição do indébito. (Incluído pela Lei n. 13.467, de 2017)

§ 5º Os sindicatos subscritores de convenção coletiva ou de acordo coletivo de trabalho deverão participar, como litisconsortes necessários, em ação individual ou coletiva, que tenha como objeto a anulação de cláusulas desses instrumentos. (Incluído pela Lei n. 13.467, de 2017)

Art. 611-B. Constituem objeto ilícito de convenção coletiva ou de acordo coletivo de trabalho, exclusivamente, a supressão ou a redução dos seguintes direitos: (Incluído pela Lei n. 13.467, de 2017)

I — normas de identificação profissional, inclusive as anotações na Carteira de Trabalho e Previdência Social; (Incluído pela Lei n. 13.467, de 2017)

II — seguro-desemprego, em caso de desemprego involuntário; (Incluído pela Lei n. 13.467, de 2017)

III — valor dos depósitos mensais e da indenização rescisória do Fundo de Garantia do Tempo de Serviço (FGTS); (Incluído pela Lei n. 13.467, de 2017)

IV — salário mínimo; (Incluído pela Lei n. 13.467, de 2017)

V — valor nominal do décimo terceiro salário; (Incluído pela Lei n. 13.467, de 2017)

VI — remuneração do trabalho noturno superior à do diurno; (Incluído pela Lei n. 13.467, de 2017)

VII — proteção do salário na forma da lei, constituindo crime sua retenção dolosa; (Incluído pela Lei n. 13.467, de 2017)

VIII — salário-família; (Incluído pela Lei n. 13.467, de 2017)

IX — repouso semanal remunerado; (Incluído pela Lei n. 13.467, de 2017)

X — remuneração do serviço extraordinário superior, no mínimo, em 50% (cinquenta por cento) à do normal; (Incluído pela Lei n. 13.467, de 2017)

XI — número de dias de férias devidas ao empregado; (Incluído pela Lei n. 13.467, de 2017)

XII — gozo de férias anuais remuneradas com, pelo menos, um terço a mais do que o salário normal; (Incluído pela Lei n. 13.467, de 2017)

XIII — licença-maternidade com a duração mínima de cento e vinte dias; (Incluído pela Lei n. 13.467, de 2017)

XIV — licença-paternidade nos termos fixados em lei; (Incluído pela Lei n. 13.467, de 2017)

XV — proteção do mercado de trabalho da mulher, mediante incentivos específicos, nos termos da lei; (Incluído pela Lei n. 13.467, de 2017)

XVI — aviso-prévio proporcional ao tempo de serviço, sendo no mínimo de trinta dias, nos termos da lei; (Incluído pela Lei n. 13.467, de 2017)

XVII — normas de saúde, higiene e segurança do trabalho previstas em lei ou em normas regulamentadoras do Ministério do Trabalho; (Incluído pela Lei n. 13.467, de 2017)

XVIII — adicional de remuneração para as atividades penosas, insalubres ou perigosas; (Incluído pela Lei n. 13.467, de 2017)

XIX — aposentadoria; (Incluído pela Lei n. 13.467, de 2017)

XX — seguro contra acidentes de trabalho, a cargo do empregador; (Incluído pela Lei n. 13.467, de 2017)

XXI — ação, quanto aos créditos resultantes das relações de trabalho, com prazo prescricional de cinco anos para os trabalhadores urbanos e rurais, até o limite de dois anos após a extinção do contrato de trabalho; (Incluído pela Lei n. 13.467, de 2017)

XXII — proibição de qualquer discriminação no tocante a salário e critérios de admissão do trabalhador com deficiência; (Incluído pela Lei n. 13.467, de 2017)

XXIII — proibição de trabalho noturno, perigoso ou insalubre a menores de dezoito anos e de qualquer trabalho a menores de dezesseis anos, salvo na condição de aprendiz, a partir de quatorze anos; (Incluído pela Lei n. 13.467, de 2017)

XXIV — medidas de proteção legal de crianças e adolescentes; (Incluído pela Lei n. 13.467, de 2017)

XXV — igualdade de direitos entre o trabalhador com vínculo empregatício permanente e o trabalhador avulso; (Incluído pela Lei n. 13.467, de 2017)

XXVI — liberdade de associação profissional ou sindical do trabalhador, inclusive o direito de não sofrer, sem sua expressa e prévia anuência, qualquer cobrança ou desconto salarial estabelecidos em convenção coletiva ou acordo coletivo de trabalho; (Incluído pela Lei n. 13.467, de 2017)

XXVII — direito de greve, competindo aos trabalhadores decidir sobre a oportunidade de exercê-lo e sobre os interesses que devam por meio dele defender; (Incluído pela Lei n. 13.467, de 2017)

XXVIII — definição legal sobre os serviços ou atividades essenciais e disposições legais sobre o atendimento das necessidades inadiáveis da comunidade em caso de greve; (Incluído pela Lei n. 13.467, de 2017)

XXIX — tributos e outros créditos de terceiros; (Incluído pela Lei n. 13.467, de 2017)

XXX — as disposições previstas nos arts. 373-A, 390, 392, 392-A, 394, 394-A, 395, 396 e 400 desta Consolidação. (Incluído pela Lei n. 13.467, de 2017)

Parágrafo único. Regras sobre duração do trabalho e intervalos não são consideradas como normas de saúde, higiene e segurança do trabalho para os fins do disposto neste artigo. (Incluído pela Lei n. 13.467, de 2017)

CONVENÇÃO COLETIVA DE TRABALHO 2017/2018:

TRABALHADORES DE NECESSIDADES ESPECIAIS

CLÁUSULA VIGÉSIMA TERCEIRA — PORTADOR DE NECESSIDADES ESPECIAIS:

As empresas com mais de 100 (cem) empregados comprometem-se a preencher, de acordo com o art. 93 da Lei n. 8.213, de 24.7.1991, de 2% (dois por cento) a 5% (cinco por cento) dos seus cargos com beneficiários reabilitados ou pessoas portadoras de necessidades especiais, habilitadas, desde que passem por avaliação médica, social e psicológica, para que haja boa adaptação à empresa e vice-versa.

Ora, a Lei n. 8.213, de 24.7.1991, prevê o seguinte em seu art. 93:

A empresa com 100 (cem) ou mais empregados está obrigada a preencher de 2% (dois por cento) a 5% (cinco por cento) dos seus cargos com beneficiários reabilitados ou pessoas portadoras de deficiência, habilitadas, na seguinte proporção:

I — até 200 empregados 2%;

II — de 201 a 500 3%;

III — de 501 a 1.000 4%;

IV — de 1.001 em diante 5%.

§ 1º A dispensa de pessoa com deficiência ou de beneficiário reabilitado da Previdência Social ao final de contrato por prazo determinado de mais de 90 (noventa) dias e a dispensa imotivada em contrato por prazo indeterminado somente poderão ocorrer após a contratação de outro trabalhador com deficiência ou beneficiário reabilitado da Previdência Social. (Redação dada pela Lei n. 13.146, de 2015)

§ 2º Ao Ministério do Trabalho e Emprego incumbe estabelecer a sistemática de fiscalização, bem como gerar dados e estatísticas sobre o total de empregados e as vagas preenchidas por pessoas com deficiência e por beneficiários reabilitados da Previdência Social, fornecendo-os, quando solicitados, aos sindicatos, às entidades representativas dos empregados ou aos cidadãos interessados. (Redação dada pela Lei n. 13.146, de 2015)

§ 3º Para a reserva de cargos será considerada somente a contratação direta de pessoa com deficiência, excluído o aprendiz com deficiência de que trata a Consolidação das Leis do Trabalho (CLT), aprovada pelo Decreto-Lei n. 5.452, de 1º de maio de 1943. (Incluído pela Lei n. 13.146, de 2015)

Assim, notamos que a parte convencionada que será destacada a seguir não encontra respaldo legal, pois criou exigências não previstas na referida lei: "desde que passem por avaliação médica, social e psicológica, para que haja boa adaptação à empresa e vice-versa". Ora, a inclusão de tal previsão na Convenção dificulta de forma clara o acesso de pessoas com deficiência ou beneficiários reabilitados às vagas oferecidas pelas empresas, contrariando inclusive o art. 7º da Constituição Federal do Brasil: "XXXI — proibição de qualquer discriminação no tocante a salário e critérios de admissão do trabalhador portador de deficiência" e dificultando o cumprimento da cota de PCDs pelas empresas.

Ademais, o tema negociado não está contemplado dentre aqueles permitidos pelo art. 611-A para terem prevalência sobre a lei. Além disso, a redução de direitos relativos a essas pessoas ao mercado de trabalho constitui objeto ilícito da CCT, conforme previsto no inciso XXII do art. 611-B.

Finalmente, a inclusão da Cláusula em questão resultou em prejuízo aos trabalhadores que não puderam ser contratados e que sofreram discriminação nos critérios de admissão.

CLÁUSULA VIGÉSIMA QUARTA — JOVENS APRENDIZES:

As empresas com mais de 200 (duzentos) empregados, deverão garantir o cumprimento da primeira fase do curso de aprendizagem do menor cotista, salvo por motivos disciplinares, escolares ou por acordo entre as partes.

Parágrafo único. Recomenda-se às empresas o aproveitamento, em seu quadro efetivo de vagas, do jovem aprendiz, após concluído o curso.

Ora, a Consolidação das Leis do Trabalho prevê em seu art. 429 o seguinte:

> Os estabelecimentos de qualquer natureza são obrigados a empregar e matricular nos cursos dos Serviços Nacionais de Aprendizagem número de aprendizes equivalente a cinco por cento, no mínimo, e quinze por cento, no máximo, dos trabalhadores existentes em cada estabelecimento, cujas funções demandem formação profissional.

Já a IN n. 97/2012 prevê o seguinte:

> *Art. 2º Conforme determina o art. 429 da CLT, os estabelecimentos de qualquer natureza são obrigados a contratar e matricular aprendizes nos cursos de aprendizagem, no percentual mínimo de cinco e máximo de quinze por cento das funções que exijam formação profissional.*
>
> *§ 1º Na conformação numérica de aplicação do percentual, ficam obrigados a contratar aprendizes os estabelecimentos que tenham pelo menos sete empregados contratados nas funções que demandam formação profissional, nos termos do art. 10 do Decreto n. 5.598, de 2005, devendo ser respeitado o limite máximo de quinze por cento previsto no art. 429 da CLT.*
>
> *§ 2º Entende-se por estabelecimento todo complexo de bens organizado para o exercício de atividade econômica ou social do empregador, que se submeta ao regime da CLT.*

Contudo, a CCT analisada prevê que: "*As empresas com mais de 200 (duzentos) empregados, deverão garantir o cumprimento da primeira fase do curso de aprendizagem do menor cotista*".

Desse modo, a previsão convencionada é flagrantemente contrária às normas vigentes que tratam do tema, causando danos aos trabalhadores que deixam de ser contratados como aprendizes, já que a abrangência das empresas foi reduzida de forma muito significativa: "empresas com mais de 200 empregados" ao invés de "estabelecimentos que tenham pelo menos sete empregados". Ou seja, todos os estabelecimentos com 7 a 199 empregados, empregados contratados nas funções que demandam formação profissional, ficaram dispensados da cota de contratação de aprendizes. Além disso, a norma fala em "estabelecimento" e a CCT se refere às "empresas" — conceito que engloba todos os estabelecimentos, o que reduz, ainda mais, o universo de contratação de aprendizes.

Ademais, o tema negociado não está contemplado dentre aqueles permitidos pelo art. 611-A para terem prevalência sobre a lei.

Por fim, a Convenção Coletiva em questão contrariou a norma vigente, alterando o texto da lei, fato que certamente causou danos a inúmeros trabalhadores que deixaram de ser contratados como aprendizes.

> *CLÁUSULA TRIGÉSIMA NONA — ÁGUA POTÁVEL:*
>
> *As empresas localizadas nos municípios abrangidos por este acordo, não integradas à rede pública de fornecimento de água, se obrigam a fornecer no horário e local de trabalho, água potável a seus empregados;*
>
> *Parágrafo único. As empresas acima definidas deverão, na forma da Lei, proceder à análise bacteriológica da água destinada ao consumo humano.*

Analisando a NR-24, verificamos que a mesma define como deve ser realizado o fornecimento de água potável:

> 24.7.1 Em todos os locais de trabalho deverá ser fornecida aos trabalhadores água potável, em condições higiênicas, sendo proibido o uso de recipientes coletivos. Onde houver rede de abastecimento de água, deverão existir bebedouros de jato inclinado e guarda protetora, proibida sua instalação em pias ou lavatórios, e na proporção de 1 (um) bebedouro para cada 50 (cinquenta) empregados.
>
> *24.7.1.1 As empresas devem garantir, nos locais de trabalho, suprimento de água potável e fresca em quantidade superior a 1/4 (um quarto) de litro (250ml) por hora/homem trabalho.*
>
> *24.7.1.2 Quando não for possível obter água potável corrente, essa deverá ser fornecida em recipientes portáteis hermeticamente fechados de material adequado e construídos de maneira a permitir fácil limpeza.*

Verifica-se que a cláusula da CCT deturpou o que prevê a NR-24 nos itens acima descritos. De acordo com a referida NR, o fornecimento de água potável é obrigatório em todos os locais de trabalho e não como previu a CCT, apenas nos municípios não integrados à rede pública de fornecimento de água.

Ora, a referida NR apenas previu que o estabelecimento tenha bebedouros onde houver rede de abastecimento de água, ou seja, quem não os utilizar deverá fornecer água potável a todos os trabalhadores.

Ademais, o tema negociado não está contemplado dentre aqueles permitidos pelo art. 611-A para terem prevalência sobre a lei. Destaca-se ainda que a redução de direitos relativos às Normas de Saúde e Segurança no Trabalho constitui objeto ilícito da CCT, conforme previsto no inciso XVII do art. 611-B.

Desse modo, fica patente os danos causados aos trabalhadores nos locais de trabalho onde há rede de abastecimento de água, já que os mesmos não ficaram cobertos pela obrigatoriedade de utilizarem bebedouro ou de receberem água potável, como prevê a NR-24.

> *CLÁUSULA QUADRAGÉSIMA — UTILIZAÇÃO DE EQUIPAMENTOS DE PROTEÇÃO INDIVIDUAL — EPI:*
>
> *Os empregados se obrigam a usar regularmente o EPI, de acordo com o preceituado na legislação vigente, bem como, a zelar por sua conservação. O não uso dos EPI, por parte do empregado, o sujeitará às penas previstas em Lei.*
>
> *§ 1º As empresas fornecerão aos seus empregados os equipamentos de proteção individual, necessários à sua segurança e relativos ao tipo de atividade a ser desempenhada, bem como, se comprometem a respeitar as normas prevencionistas de acidentes do trabalho;*
>
> *§ 2º Na hipótese de extravio ou dano dos equipamentos, os empregados indenizarão as empresas, quando tais fatos decorrerem de sua culpa;*
>
> *§ 3º Os empregados poderão ser impedidos de trabalhar, quando não se apresentarem ao serviço com os equipamentos fornecidos ou se apresentarem com estes, em condições de higiene ou de uso inadequados.*

Ao analisarmos a NR-6, verificamos que a mesma prevê diversos deveres aos empregadores e aos empregados:

> 6.6.1 Cabe ao empregador quanto ao EPI:
>
> a) adquirir o adequado ao risco de cada atividade;
>
> b) exigir seu uso;
>
> c) fornecer ao trabalhador somente o aprovado pelo órgão nacional competente em matéria de segurança e saúde no trabalho;

d) orientar e treinar o trabalhador sobre o uso adequado, guarda e conservação;

e) substituir imediatamente, quando danificado ou extraviado;

f) responsabilizar-se pela higienização e manutenção periódica; e,

g) comunicar ao MTE qualquer irregularidade observada.

h) registrar o seu fornecimento ao trabalhador, podendo ser adotados livros, fichas ou sistema eletrônico. (Inserida pela Portaria SIT/DSST n. 107/2009)

6.7.1 Cabe ao empregado quanto ao EPI:

a) usar, utilizando-o apenas para a finalidade a que se destina;

b) responsabilizar-se pela guarda e conservação;

c) comunicar ao empregador qualquer alteração que o torne impróprio para uso; e,

d) cumprir as determinações do empregador sobre o uso adequado.

Verifica-se que a cláusula da CCT foi muito além do que prevê a NR-6 nos itens acima descritos. Ao analisar os §§ 2º (indenização dos equipamentos por culpa dos empregados) e 3º (impedimento dos empregados quando não apresentarem os equipamentos em condições de higiene ou de uso inadequados) da referida cláusula, verificamos que os mesmos excederam o que está previsto na NR-6.

Ora, a obrigação de manter os equipamentos em condições de higiene é dos empregadores, conforme prevê o item 6.6.1 "f", não podendo ser transferida para os empregados. Além disso, os empregados devem comunicar ao empregador qualquer alteração que o torne impróprio para uso e, ainda, a NR não prevê a indenização por culpa dos empregados.

Ademais, o tema negociado não está contemplado dentre aqueles permitidos pelo art. 611-A para terem prevalência sobre a lei. Destaca-se ainda que a redução de direitos relativos às Normas de Saúde e Segurança no Trabalho constitui objeto ilícito da CCT, conforme previsto no inciso XVII do art. 611-B.

Finalmente, a cláusula em questão causou prejuízo aos empregados, já que transferiu para os mesmos diversas responsabilidades atribuídas aos empregadores pela NR-6.

Conclusão

Tendo em vista o que foi explicitado, notamos nitidamente que as cláusulas da CCT analisadas ante a prevalência do negociado sobre o legislado foram utilizadas de forma abusiva, ultrapassando os limites da razoabilidade, da proporcionalidade e da legalidade. Em decorrência disso, sem dúvidas, é possível afirmarmos que inúmeros trabalhadores foram prejudicados, seja porque não tiveram acesso às vagas de aprendizagem ou de PCDs, seja porque tiveram restrição dos seus direitos relacionados à saúde e segurança no trabalho.

Com isso, fica patente que está havendo a precarização de diversos direitos trabalhistas desde a dispensa da aplicação do princípio da norma mais favorável por meio da prevalência do negociado sobre o legislado.

É de se destacar, ainda, que por meio da amostra aqui analisada é possível inferirmos que outros sindicatos também estejam interpretando de forma equivocada a aplicação dos arts. 611-A e 611-B da CLT e que, possivelmente, também estejam extrapolando a limitação legal. Ora, conforme entendimento doutrinário, a estrita aplicação de tais artigos, por si só, já seria suficiente para trazer danos aos trabalhadores.

Finalmente, trazemos a luz da doutrina em relação ao tema:

Não existe, pois, na ordem constitucional interna e na ordem internacional imperativa no Brasil autorização para a descaracterização da negociação coletiva trabalhista, de um veículo de avanços e melhorias no mundo do trabalho para a direção oposta, da degradação e aviltamento do valor trabalho.[3]

Referências bibliográficas

BRASIL. *Constituição Federal do Brasil.* Disponível em: <http://www.planalto.gov.br/ccivil_03/constituicao/constituicao.htm>.

______ . Lei n. 13.467, de 13 de julho de 2017. Disponível em: <http://www.planalto.gov.br/ccivil_03/_ato2015-2018/2017/lei/l13467.htm>.

______ . Consolidação das Leis do Trabalho. Disponível em: <http://www.planalto.gov.br/ccivil_03/Decreto-Lei/Del5452compilado.htm>.

CONVENÇÃO COLETIVA DE TRABALHO 2017/2018. Disponível em: <http://metalurgicosrj.org.br/wp-content/uploads/2018/05/CCT-Grupo-19-2017-2018-Registrada.pdf>.

DELGADO, Mauricio Godinho; DELGADO, Gabriela Neves. *A reforma trabalhista no Brasil.* São Paulo: Edição do Kindle, 2017.

OLIVEIRA, Jean Marcel Mariano. *Direito constitucional do trabalho e a reforma trabalhista.* Edição 2017.

(3) OLIVEIRA, Jean Marcel Mariano. *Direito constitucional do trabalho e a reforma trabalhista.* Edição 2017.

LEI N. 13.467, DE 13 DE JULHO DE 2017

Altera a Consolidação das Leis do Trabalho (CLT), aprovada pelo Decreto-Lei n. 5.452, de 1º de maio de 1943, e as Leis ns. 6.019, de 3 de janeiro de 1974, 8.036, de 11 de maio de 1990, e 8.212, de 24 de julho de 1991, a fim de adequar a legislação às novas relações de trabalho.

O Presidente da República

Faço saber que o Congresso Nacional decreta e eu sanciono a seguinte Lei:

Art. 1º A Consolidação das Leis do Trabalho (CLT), aprovada pelo Decreto-Lei n. 5.452, de 1º de maio de 1943, passa a vigorar com as seguintes alterações:

"Art. 2º (...)

(...)

§ 2º Sempre que uma ou mais empresas, tendo, embora, cada uma delas, personalidade jurídica própria, estiverem sob a direção, controle ou administração de outra, ou ainda quando, mesmo guardando cada uma sua autonomia, integrem grupo econômico, serão responsáveis solidariamente pelas obrigações decorrentes da relação de emprego.

§ 3º Não caracteriza grupo econômico a mera identidade de sócios, sendo necessárias, para a configuração do grupo, a demonstração do interesse integrado, a efetiva comunhão de interesses e a atuação conjunta das empresas dele integrantes." (NR)

"Art. 4º (...)

§ 1º Computar-se-ão, na contagem de tempo de serviço, para efeito de indenização e estabilidade, os períodos em que o empregado estiver afastado do trabalho prestando serviço militar e por motivo de acidente do trabalho.

§ 2º Por não se considerar tempo à disposição do empregador, não será computado como período extraordinário o que exceder a jornada normal, ainda que ultrapasse o limite de cinco minutos previsto no § 1º do art. 58 desta Consolidação, quando o empregado, por escolha própria, buscar proteção pessoal, em caso de insegurança nas vias públicas ou más condições climáticas, bem como adentrar ou permanecer nas dependências da empresa para exercer atividades particulares, entre outras:

I — práticas religiosas;

II — descanso;

III — lazer;

IV — estudo;

V — alimentação;

VI — atividades de relacionamento social;

VII — higiene pessoal;

VIII — troca de roupa ou uniforme, quando não houver obrigatoriedade de realizar a troca na empresa." (NR)

"Art. 8º (...)

§ 1º O direito comum será fonte subsidiária do direito do trabalho.

§ 2º Súmulas e outros enunciados de jurisprudência editados pelo Tribunal Superior do Trabalho e pelos Tribunais Regionais do Trabalho não poderão restringir direitos legalmente previstos nem criar obrigações que não estejam previstas em lei.

§ 3º No exame de convenção coletiva ou acordo coletivo de trabalho, a Justiça do Trabalho analisará exclusivamente a conformidade dos elementos essenciais do negócio jurídico, respeitado o disposto no art. 104 da Lei n. 10.406, de 10 de janeiro de 2002 (Código Civil), e balizará sua atuação pelo princípio da intervenção mínima na autonomia da vontade coletiva." (NR)

"Art. 10-A. O sócio retirante responde subsidiariamente pelas obrigações trabalhistas da sociedade relativas ao período em que figurou como sócio, somente em ações ajuizadas até dois anos depois de averbada a modificação do contrato, observada a seguinte ordem de preferência:

I — a empresa devedora;

II — os sócios atuais; e

III — os sócios retirantes.

Parágrafo único. O sócio retirante responderá solidariamente com os demais quando ficar comprovada fraude na alteração societária decorrente da modificação do contrato."

"Art. 11. A pretensão quanto a créditos resultantes das relações de trabalho prescreve em cinco anos para os trabalhadores urbanos e rurais, até o limite de dois anos após a extinção do contrato de trabalho.

I — (revogado);

II — (revogado).

(...)

§ 2º Tratando-se de pretensão que envolva pedido de prestações sucessivas decorrente de alteração ou descumprimento do pactuado, a prescrição é total, exceto quando o direito à parcela esteja também assegurado por preceito de lei.

§ 3º A interrupção da prescrição somente ocorrerá pelo ajuizamento de reclamação trabalhista, mesmo que em juízo incompetente, ainda que venha a ser extinta sem resolução do mérito, produzindo efeitos apenas em relação aos pedidos idênticos." (NR)

"Art. 11-A. Ocorre a prescrição intercorrente no processo do trabalho no prazo de dois anos.

§ 1º A fluência do prazo prescricional intercorrente inicia-se quando o exequente deixa de cumprir determinação judicial no curso da execução.

§ 2º A declaração da prescrição intercorrente pode ser requerida ou declarada de ofício em qualquer grau de jurisdição."

"Art. 47. O empregador que mantiver empregado não registrado nos termos do art. 41 desta Consolidação ficará sujeito a multa no valor de R$ 3.000,00 (três mil reais) por empregado não registrado, acrescido de igual valor em cada reincidência.

§ 1º Especificamente quanto à infração a que se refere o *caput* deste artigo, o valor final da multa aplicada será de R$ 800,00 (oitocentos reais) por empregado não registrado, quando se tratar de microempresa ou empresa de pequeno porte.

§ 2º A infração de que trata o *caput* deste artigo constitui exceção ao critério da dupla visita." (NR)

"Art. 47-A. Na hipótese de não serem informados os dados a que se refere o parágrafo único do art. 41 desta Consolidação, o empregador ficará sujeito à multa de R$ 600,00 (seiscentos reais) por empregado prejudicado."

"Art. 58. (...)

(...)

§ 2º O tempo despendido pelo empregado desde a sua residência até a efetiva ocupação do posto de trabalho e para o seu retorno, caminhando ou por qualquer meio de transporte, inclusive o fornecido pelo empregador, não será computado na jornada de trabalho, por não ser tempo à disposição do empregador.

§ 3º (Revogado)." (NR)

"Art. 58-A. Considera-se trabalho em regime de tempo parcial aquele cuja duração não exceda a trinta horas semanais, sem a possibilidade de horas suplementares semanais, ou, ainda, aquele cuja duração não exceda a vinte e seis horas semanais, com a possibilidade de acréscimo de até seis horas suplementares semanais.

(...)

§ 3º As horas suplementares à duração do trabalho semanal normal serão pagas com o acréscimo de 50% (cinquenta por cento) sobre o salário-hora normal.

§ 4º Na hipótese de o contrato de trabalho em regime de tempo parcial ser estabelecido em número inferior a vinte e seis horas semanais, as horas suplementares a este quantitativo serão consideradas horas extras para fins do pagamento estipulado no § 3º, estando também limitadas a seis horas suplementares semanais.

§ 5º As horas suplementares da jornada de trabalho normal poderão ser compensadas diretamente até a semana imediatamente posterior à da sua execução, devendo ser feita a sua quitação na folha de pagamento do mês subsequente, caso não sejam compensadas.

§ 6º É facultado ao empregado contratado sob regime de tempo parcial converter um terço do período de férias a que tiver direito em abono pecuniário.

§ 7º As férias do regime de tempo parcial são regidas pelo disposto no art. 130 desta Consolidação." (NR)

"Art. 59. A duração diária do trabalho poderá ser acrescida de horas extras, em número não excedente de duas, por acordo individual, convenção coletiva ou acordo coletivo de trabalho.

§ 1º A remuneração da hora extra será, pelo menos, 50% (cinquenta por cento) superior à da hora normal.

(...)

§ 3º Na hipótese de rescisão do contrato de trabalho sem que tenha havido a compensação integral da jornada extraordinária, na forma dos §§ 2º e 5º deste artigo, o trabalhador terá direito ao pagamento das horas extras não compensadas, calculadas sobre o valor da remuneração na data da rescisão.

§ 4º (Revogado).

§ 5º O banco de horas de que trata o § 2º deste artigo poderá ser pactuado por acordo individual escrito, desde que a compensação ocorra no período máximo de seis meses.

§ 6º É lícito o regime de compensação de jornada estabelecido por acordo individual, tácito ou escrito, para a compensação no mesmo mês." (NR)

"Art. 59-A. Em exceção ao disposto no art. 59 desta Consolidação, é facultado às partes, mediante acordo individual escrito, convenção coletiva ou acordo coletivo de trabalho, estabelecer horário de trabalho de doze horas seguidas por trinta e seis horas ininterruptas de descanso, observados ou indenizados os intervalos para repouso e alimentação.

Parágrafo único. A remuneração mensal pactuada pelo horário previsto no *caput* deste artigo abrange os pagamentos devidos pelo descanso semanal remunerado e pelo descanso em feriados, e serão considerados compensados os feriados e as prorrogações de trabalho noturno, quando houver, de que tratam o art. 70 e o § 5º do art. 73 desta Consolidação."

"Art. 59-B. O não atendimento das exigências legais para compensação de jornada, inclusive quando estabelecida mediante acordo tácito, não implica a repetição do pagamento das horas excedentes à jornada normal diária se não ultrapassada a duração máxima semanal, sendo devido apenas o respectivo adicional.

Parágrafo único. A prestação de horas extras habituais não descaracteriza o acordo de compensação de jornada e o banco de horas."

"Art. 60. (...)

Parágrafo único. Excetuam-se da exigência de licença prévia as jornadas de doze horas de trabalho por trinta e seis horas ininterruptas de descanso." (NR)

"Art. 61. (...)

§ 1º O excesso, nos casos deste artigo, pode ser exigido independentemente de convenção coletiva ou acordo coletivo de trabalho.

(...)" (NR)

"Art. 62. (...)

III — os empregados em regime de teletrabalho.

(...)" (NR)

"Art. 71. (...)

§ 4º A não concessão ou a concessão parcial do intervalo intrajornada mínimo, para repouso e alimentação, a empregados urbanos e rurais, implica o pagamento, de natureza indenizatória, apenas do período suprimido, com acréscimo de 50% (cinquenta por cento) sobre o valor da remuneração da hora normal de trabalho.

(...)." (NR)

"TÍTULO II

(...)

CAPÍTULO II-A
DO TELETRABALHO

'Art. 75-A. A prestação de serviços pelo empregado em regime de teletrabalho observará o disposto neste Capítulo.'

'Art. 75-B. Considera-se teletrabalho a prestação de serviços preponderantemente fora das dependências do empregador, com a utilização de tecnologias de informação e de comunicação que, por sua natureza, não se constituam como trabalho externo.

Parágrafo único. O comparecimento às dependências do empregador para a realização de atividades específicas que exijam a presença do empregado no estabelecimento não descaracteriza o regime de teletrabalho.'

'Art. 75-C. A prestação de serviços na modalidade de teletrabalho deverá constar expressamente do contrato individual de trabalho, que especificará as atividades que serão realizadas pelo empregado.

§ 1º Poderá ser realizada a alteração entre regime presencial e de teletrabalho desde que haja mútuo acordo entre as partes, registrado em aditivo contratual.

§ 2º Poderá ser realizada a alteração do regime de teletrabalho para o presencial por determinação do empregador, garantido prazo de transição mínimo de quinze dias, com correspondente registro em aditivo contratual.'

'Art. 75-D. As disposições relativas à responsabilidade pela aquisição, manutenção ou fornecimento dos equipamentos tecnológicos e da infraestrutura necessária e adequada à prestação do trabalho remoto, bem como ao reembolso de despesas arcadas pelo empregado, serão previstas em contrato escrito.

Parágrafo único. As utilidades mencionadas no *caput* deste artigo não integram a remuneração do empregado.'

'Art. 75-E. O empregador deverá instruir os empregados, de maneira expressa e ostensiva, quanto às precauções a tomar a fim de evitar doenças e acidentes de trabalho.

Parágrafo único. O empregado deverá assinar termo de responsabilidade comprometendo-se a seguir as instruções fornecidas pelo empregador.'"

"Art. 134. (...)

§ 1º Desde que haja concordância do empregado, as férias poderão ser usufruídas em até três períodos, sendo que um deles não poderá ser inferior a quatorze dias corridos e os demais não poderão ser inferiores a cinco dias corridos, cada um.

§ 2º (Revogado).

§ 3º É vedado o início das férias no período de dois dias que antecede feriado ou dia de repouso semanal remunerado." (NR)

"TÍTULO II-A
DO DANO EXTRAPATRIMONIAL

'Art. 223-A. Aplicam-se à reparação de danos de natureza extrapatrimonial decorrentes da relação de trabalho apenas os dispositivos deste Título.'

'Art. 223-B. Causa dano de natureza extrapatrimonial a ação ou omissão que ofenda a esfera moral ou existencial da pessoa física ou jurídica, as quais são as titulares exclusivas do direito à reparação.'

'Art. 223-C. A honra, a imagem, a intimidade, a liberdade de ação, a autoestima, a sexualidade, a saúde, o lazer e a integridade física são os bens juridicamente tutelados inerentes à pessoa física.'

'Art. 223-D. A imagem, a marca, o nome, o segredo empresarial e o sigilo da correspondência são bens juridicamente tutelados inerentes à pessoa jurídica.'

'Art. 223-E. São responsáveis pelo dano extrapatrimonial todos os que tenham colaborado para a ofensa ao bem jurídico tutelado, na proporção da ação ou da omissão.'

'Art. 223-F. A reparação por danos extrapatrimoniais pode ser pedida cumulativamente com a indenização por danos materiais decorrentes do mesmo ato lesivo.

§ 1º Se houver cumulação de pedidos, o juízo, ao proferir a decisão, discriminará os valores das indenizações a título de danos patrimoniais e das reparações por danos de natureza extrapatrimonial.

§ 2º A composição das perdas e danos, assim compreendidos os lucros cessantes e os danos emergentes, não interfere na avaliação dos danos extrapatrimoniais.'

'Art. 223-G. Ao apreciar o pedido, o juízo considerará:

I — a natureza do bem jurídico tutelado;

II — a intensidade do sofrimento ou da humilhação;

III — a possibilidade de superação física ou psicológica;

IV — os reflexos pessoais e sociais da ação ou da omissão;

V — a extensão e a duração dos efeitos da ofensa;

VI — as condições em que ocorreu a ofensa ou o prejuízo moral;

VII — o grau de dolo ou culpa;

VIII — a ocorrência de retratação espontânea;

IX — o esforço efetivo para minimizar a ofensa;

X — o perdão, tácito ou expresso;

XI — a situação social e econômica das partes envolvidas;

XII — o grau de publicidade da ofensa.

§ 1º Se julgar procedente o pedido, o juízo fixará a indenização a ser paga, a cada um dos ofendidos, em um dos seguintes parâmetros, vedada a acumulação:

I — ofensa de natureza leve, até três vezes o último salário contratual do ofendido;

II — ofensa de natureza média, até cinco vezes o último salário contratual do ofendido;

III — ofensa de natureza grave, até vinte vezes o último salário contratual do ofendido;

IV — ofensa de natureza gravíssima, até cinquenta vezes o último salário contratual do ofendido.

§ 2º Se o ofendido for pessoa jurídica, a indenização será fixada com observância dos mesmos parâmetros estabelecidos no § 1º deste artigo, mas em relação ao salário contratual do ofensor.

§ 3º Na reincidência entre partes idênticas, o juízo poderá elevar ao dobro o valor da indenização.'"

"Art. 394-A. Sem prejuízo de sua remuneração, nesta incluído o valor do adicional de insalubridade, a empregada deverá ser afastada de:

I — atividades consideradas insalubres em grau máximo, enquanto durar a gestação;

II — atividades consideradas insalubres em grau médio ou mínimo, quando apresentar atestado de saúde, emitido por médico de confiança da mulher, que recomende o afastamento durante a gestação;

III — atividades consideradas insalubres em qualquer grau, quando apresentar atestado de saúde, emitido por médico de confiança da mulher, que recomende o afastamento durante a lactação.

§ 1º (...)

§ 2º Cabe à empresa pagar o adicional de insalubridade à gestante ou à lactante, efetivando-se a compensação, observado o disposto no art. 248 da Constituição Federal, por ocasião do recolhimento das contribuições incidentes sobre a folha de salários e demais rendimentos pagos ou creditados, a qualquer título, à pessoa física que lhe preste serviço.

§ 3º Quando não for possível que a gestante ou a lactante afastada nos termos do *caput* deste artigo exerça suas atividades em local salubre na empresa, a hipótese será considerada como gravidez de risco e ensejará a percepção de salário-maternidade, nos termos da Lei n. 8.213, de 24 de julho de 1991, durante todo o período de afastamento." (NR)

"Art. 396. (...)

§ 1º (...)

§ 2º Os horários dos descansos previstos no *caput* deste artigo deverão ser definidos em acordo individual entre a mulher e o empregador." (NR)

"Art. 442-B. A contratação do autônomo, cumpridas por este todas as formalidades legais, com ou sem exclusividade, de forma contínua ou não, afasta a qualidade de empregado prevista no art. 3º desta Consolidação."

"Art. 443. O contrato individual de trabalho poderá ser acordado tácita ou expressamente, verbalmente ou por escrito, por prazo determinado ou indeterminado, ou para prestação de trabalho intermitente.

(...)

§ 3º Considera-se como intermitente o contrato de trabalho no qual a prestação de serviços, com subordinação, não é contínua, ocorrendo com alternância de períodos de prestação de serviços e de inatividade, determinados em horas, dias ou meses, independentemente do tipo de atividade do empregado e do empregador, exceto para os aeronautas, regidos por legislação própria." (NR)

"Art. 444. (...)

Parágrafo único. A livre estipulação a que se refere o *caput* deste artigo aplica-se às hipóteses previstas no art. 611-A desta Consolidação, com a mesma eficácia legal e preponderância sobre os instrumentos coletivos, no caso de empregado portador de diploma de nível superior e que perceba salário mensal igual ou superior a duas vezes o limite máximo dos benefícios do Regime Geral de Previdência Social." (NR)

"Art. 448-A. Caracterizada a sucessão empresarial ou de empregadores prevista nos arts. 10 e 448 desta Consolidação, as obrigações trabalhistas, inclusive as contraídas à época em que os empregados trabalhavam para a empresa sucedida, são de responsabilidade do sucessor.

Parágrafo único. A empresa sucedida responderá solidariamente com a sucessora quando ficar comprovada fraude na transferência."

"Art. 452-A. O contrato de trabalho intermitente deve ser celebrado por escrito e deve conter especificamente o valor da hora de trabalho, que não pode ser inferior ao valor horário do salário mínimo ou àquele devido aos demais empregados do estabelecimento que exerçam a mesma função em contrato intermitente ou não.

§ 1º O empregador convocará, por qualquer meio de comunicação eficaz, para a prestação de serviços, informando qual será a jornada, com, pelo menos, três dias corridos de antecedência.

§ 2º Recebida a convocação, o empregado terá o prazo de um dia útil para responder ao chamado, presumindo-se, no silêncio, a recusa.

§ 3º A recusa da oferta não descaracteriza a subordinação para fins do contrato de trabalho intermitente.

§ 4º Aceita a oferta para o comparecimento ao trabalho, a parte que descumprir, sem justo motivo, pagará à outra parte, no prazo de trinta dias, multa de 50% (cinquenta por cento) da remuneração que seria devida, permitida a compensação em igual prazo.

§ 5º O período de inatividade não será considerado tempo à disposição do empregador, podendo o trabalhador prestar serviços a outros contratantes.

§ 6º Ao final de cada período de prestação de serviço, o empregado receberá o pagamento imediato das seguintes parcelas:

I — remuneração;

II — férias proporcionais com acréscimo de um terço;

III — décimo terceiro salário proporcional;

IV — repouso semanal remunerado; e

V — adicionais legais.

§ 7º O recibo de pagamento deverá conter a discriminação dos valores pagos relativos a cada uma das parcelas referidas no § 6º deste artigo.

§ 8º O empregador efetuará o recolhimento da contribuição previdenciária e o depósito do Fundo de Garantia do Tempo de Serviço, na forma da lei, com base nos valores pagos no período mensal e fornecerá ao empregado comprovante do cumprimento dessas obrigações.

§ 9º A cada doze meses, o empregado adquire direito a usufruir, nos doze meses subsequentes, um mês de férias, período no qual não poderá ser convocado para prestar serviços pelo mesmo empregador."

"Art. 456-A. Cabe ao empregador definir o padrão de vestimenta no meio ambiente laboral, sendo lícita a inclusão no uniforme de logomarcas da própria empresa ou de empresas parceiras e de outros itens de identificação relacionados à atividade desempenhada.

Parágrafo único. A higienização do uniforme é de responsabilidade do trabalhador, salvo nas hipóteses em que forem necessários procedimentos ou produtos diferentes dos utilizados para a higienização das vestimentas de uso comum."

"Art. 457. (...)

§ 1º Integram o salário a importância fixa estipulada, as gratificações legais e as comissões pagas pelo empregador.

§ 2º As importâncias, ainda que habituais, pagas a título de ajuda de custo, auxílio-alimentação, vedado seu pagamento em dinheiro, diárias para viagem, prêmios e abonos não integram a remuneração do empregado, não se incorporam ao contrato de trabalho e não constituem base de incidência de qualquer encargo trabalhista e previdenciário.

(...)

§ 4º Consideram-se prêmios as liberalidades concedidas pelo empregador em forma de bens, serviços ou valor em dinheiro a empregado ou a grupo de empregados, em razão de desempenho superior ao ordinariamente esperado no exercício de suas atividades." (NR)

"Art. 458. (...)

§ 5º O valor relativo à assistência prestada por serviço médico ou odontológico, próprio ou não, inclusive o reembolso de despesas com medicamentos, óculos, aparelhos ortopédicos, próteses, órteses, despesas médico-hospitalares e outras similares, mesmo quando concedido em diferentes modalidades de planos e coberturas, não integram o salário do empregado para qualquer efeito nem o salário de contribuição, para efeitos do previsto na alínea *q* do § 9º do art. 28 da Lei n. 8.212, de 24 de julho de 1991."(NR)

"Art. 461. Sendo idêntica a função, a todo trabalho de igual valor, prestado ao mesmo empregador, no mesmo estabelecimento empresarial, corresponderá igual salário, sem distinção de sexo, etnia, nacionalidade ou idade.

§ 1º Trabalho de igual valor, para os fins deste Capítulo, será o que for feito com igual produtividade e com a mesma perfeição técnica, entre pessoas cuja diferença de tempo de serviço para o mesmo empregador não seja superior a quatro anos e a diferença de tempo na função não seja superior a dois anos.

§ 2º Os dispositivos deste artigo não prevalecerão quando o empregador tiver pessoal organizado em quadro de carreira ou adotar, por meio de norma interna da empresa ou de negociação coletiva, plano de cargos e salários, dispensada qualquer forma de homologação ou registro em órgão público.

§ 3º No caso do § 2º deste artigo, as promoções poderão ser feitas por merecimento e por antiguidade, ou por apenas um destes critérios, dentro de cada categoria profissional.

(...)

§ 5º A equiparação salarial só será possível entre empregados contemporâneos no cargo ou na função, ficando vedada a indicação de paradigmas remotos, ainda que o paradigma contemporâneo tenha obtido a vantagem em ação judicial própria.

§ 6º No caso de comprovada discriminação por motivo de sexo ou etnia, o juízo determinará, além do pagamento das diferenças salariais devidas, multa, em favor do empregado discriminado, no valor de 50% (cinquenta por cento) do limite máximo dos benefícios do Regime Geral de Previdência Social." (NR)

"Art. 468. (...)

§ 1º (...)

§ 2º A alteração de que trata o § 1º deste artigo, com ou sem justo motivo, não assegura ao empregado o direito à manutenção do pagamento da gratificação correspondente, que não será incorporada, independentemente do tempo de exercício da respectiva função." (NR)

"Art. 477. Na extinção do contrato de trabalho, o empregador deverá proceder à anotação na Carteira de Trabalho e Previdência Social, comunicar a dispensa aos órgãos competentes e realizar o pagamento das verbas rescisórias no prazo e na forma estabelecidos neste artigo.

§ 1º (Revogado).

(...)

§ 3º (Revogado).

§ 4º O pagamento a que fizer jus o empregado será efetuado:

I — em dinheiro, depósito bancário ou cheque visado, conforme acordem as partes; ou

II — em dinheiro ou depósito bancário quando o empregado for analfabeto.

(...)

§ 6º A entrega ao empregado de documentos que comprovem a comunicação da extinção contratual aos órgãos competentes bem como o pagamento dos valores constantes do instrumento de rescisão ou recibo de quitação deverão ser efetuados até dez dias contados a partir do término do contrato.

a) (revogada);

b) (revogada).

§ 7º (Revogado).

(...)

§ 10. A anotação da extinção do contrato na Carteira de Trabalho e Previdência Social é documento hábil para requerer o benefício do seguro-desemprego e a movimentação da conta vinculada no Fundo de Garantia do Tempo de Serviço, nas hipóteses legais, desde que a comunicação prevista no *caput* deste artigo tenha sido realizada." (NR)

"Art. 477-A. As dispensas imotivadas individuais, plúrimas ou coletivas equiparam-se para todos os fins, não havendo necessidade de autorização prévia de entidade sindical ou de celebração de convenção coletiva ou acordo coletivo de trabalho para sua efetivação."

"Art. 477-B. Plano de Demissão Voluntária ou Incentivada, para dispensa individual, plúrima ou coletiva, previsto em convenção coletiva ou acordo coletivo de trabalho, enseja quitação plena e irrevogável dos direitos decorrentes da relação empregatícia, salvo disposição em contrário estipulada entre as partes."

"Art. 482. (...)

m) perda da habilitação ou dos requisitos estabelecidos em lei para o exercício da profissão, em decorrência de conduta dolosa do empregado.

(...)" (NR)

"Art. 484-A. O contrato de trabalho poderá ser extinto por acordo entre empregado e empregador, caso em que serão devidas as seguintes verbas trabalhistas:

I — por metade:

a) o aviso prévio, se indenizado; e

b) a indenização sobre o saldo do Fundo de Garantia do Tempo de Serviço, prevista no § 1º do art. 18 da Lei n. 8.036, de 11 de maio de 1990;

II — na integralidade, as demais verbas trabalhistas.

§ 1º A extinção do contrato prevista no *caput* deste artigo permite a movimentação da conta vinculada do trabalhador no Fundo de Garantia do Tempo de Serviço na forma do inciso I-A do art. 20 da Lei n. 8.036, de 11 de maio de 1990, limitada até 80% (oitenta por cento) do valor dos depósitos.

§ 2º A extinção do contrato por acordo prevista no *caput* deste artigo não autoriza o ingresso no Programa de Seguro Desemprego."

"Art. 507-A. Nos contratos individuais de trabalho cuja remuneração seja superior a duas vezes o limite máximo estabelecido para os benefícios do Regime Geral de Previdência Social, poderá ser pactuada cláusula compromissória de arbitragem, desde que por iniciativa do empregado ou mediante a sua concordância expressa, nos termos previstos na Lei n. 9.307, de 23 de setembro de 1996."

"Art. 507-B. É facultado a empregados e empregadores, na vigência ou não do contrato de emprego, firmar o termo de quitação anual de obrigações trabalhistas, perante o sindicato dos empregados da categoria.

Parágrafo único. O termo discriminará as obrigações de dar e fazer cumpridas mensalmente e dele constará a quitação anual dada pelo empregado, com eficácia liberatória das parcelas nele especificadas."

"TÍTULO IV-A
DA REPRESENTAÇÃO DOS EMPREGADOS

'Art. 510-A. Nas empresas com mais de duzentos empregados, é assegurada a eleição de uma comissão para representá-los, com a finalidade de promover-lhes o entendimento direto com os empregadores.

§ 1º A comissão será composta:

I — nas empresas com mais de duzentos e até três mil empregados, por três membros;

II — nas empresas com mais de três mil e até cinco mil empregados, por cinco membros;

III — nas empresas com mais de cinco mil empregados, por sete membros.

§ 2º No caso de a empresa possuir empregados em vários Estados da Federação e no Distrito Federal, será assegurada a eleição de uma comissão de representantes dos empregados por Estado ou no Distrito Federal, na mesma forma estabelecida no § 1º deste artigo.'

'Art. 510-B. A comissão de representantes dos empregados terá as seguintes atribuições:

I — representar os empregados perante a administração da empresa;

II — aprimorar o relacionamento entre a empresa e seus empregados com base nos princípios da boa-fé e do respeito mútuo;

III — promover o diálogo e o entendimento no ambiente de trabalho com o fim de prevenir conflitos;

IV — buscar soluções para os conflitos decorrentes da relação de trabalho, de forma rápida e eficaz, visando à efetiva aplicação das normas legais e contratuais;

V — assegurar tratamento justo e imparcial aos empregados, impedindo qualquer forma de discriminação por motivo de sexo, idade, religião, opinião política ou atuação sindical;

VI — encaminhar reivindicações específicas dos empregados de seu âmbito de representação;

VII — acompanhar o cumprimento das leis trabalhistas, previdenciárias e das convenções coletivas e acordos coletivos de trabalho.

§ 1º As decisões da comissão de representantes dos empregados serão sempre colegiadas, observada a maioria simples.

§ 2º A comissão organizará sua atuação de forma independente.'

'Art. 510-C. A eleição será convocada, com antecedência mínima de trinta dias, contados do término do mandato anterior, por meio de edital que deverá ser fixado na empresa, com ampla publicidade, para inscrição de candidatura.

§ 1º Será formada comissão eleitoral, integrada por cinco empregados, não candidatos, para a organização e o acompanhamento do processo eleitoral, vedada a interferência da empresa e do sindicato da categoria.

§ 2º Os empregados da empresa poderão candidatar-se, exceto aqueles com contrato de trabalho por prazo determinado, com contrato suspenso ou que estejam em período de aviso prévio, ainda que indenizado.

§ 3º Serão eleitos membros da comissão de representantes dos empregados os candidatos mais votados, em votação secreta, vedado o voto por representação.

§ 4º A comissão tomará posse no primeiro dia útil seguinte à eleição ou ao término do mandato anterior.

§ 5º Se não houver candidatos suficientes, a comissão de representantes dos empregados poderá ser formada com número de membros inferior ao previsto no art. 510-A desta Consolidação.

§ 6º Se não houver registro de candidatura, será lavrada ata e convocada nova eleição no prazo de um ano.'

'Art. 510-D. O mandato dos membros da comissão de representantes dos empregados será de um ano.

§ 1º O membro que houver exercido a função de representante dos empregados na comissão não poderá ser candidato nos dois períodos subsequentes.

§ 2º O mandato de membro de comissão de representantes dos empregados não implica suspensão ou interrupção do contrato de trabalho, devendo o empregado permanecer no exercício de suas funções.

§ 3º Desde o registro da candidatura até um ano após o fim do mandato, o membro da comissão de representantes dos empregados não poderá sofrer despedida arbitrária, entendendo-se como tal a que não se fundar em motivo disciplinar, técnico, econômico ou financeiro.

§ 4º Os documentos referentes ao processo eleitoral devem ser emitidos em duas vias, as quais permanecerão sob a guarda dos empregados e da empresa pelo prazo de cinco anos, à disposição para consulta de qualquer trabalhador interessado, do Ministério Público do Trabalho e do Ministério do Trabalho.'"

"Art. 545. Os empregadores ficam obrigados a descontar da folha de pagamento dos seus empregados, desde que por eles devidamente autorizados, as contribuições devidas ao sindicato, quando por este notificados.

(...)" (NR)

"Art. 578. As contribuições devidas aos sindicatos pelos participantes das categorias econômicas ou profissionais ou das profissões liberais representadas pelas referidas entidades serão, sob a denominação de contribuição sindical, pagas, recolhidas e aplicadas na forma estabelecida neste Capítulo, desde que prévia e expressamente autorizadas." (NR)

"Art. 579. O desconto da contribuição sindical está condicionado à autorização prévia e expressa dos que participarem de uma determinada categoria econômica ou profissional, ou de uma profissão liberal, em favor do sindicato representativo da mesma categoria ou profissão ou, inexistindo este, na conformidade do disposto no art. 591 desta Consolidação." (NR)

"Art. 582. Os empregadores são obrigados a descontar da folha de pagamento de seus empregados relativa ao mês de março de cada ano a contribuição sindical dos empregados que autorizaram prévia e expressamente o seu recolhimento aos respectivos sindicatos.

(...)" (NR)

"Art. 583. O recolhimento da contribuição sindical referente aos empregados e trabalhadores avulsos será efetuado no mês de abril de cada ano, e o relativo aos agentes ou trabalhadores autônomos e profissionais liberais realizar-se-á no mês de fevereiro, observada a exigência de autorização prévia e expressa prevista no art. 579 desta Consolidação.

(...)" (NR)

"Art. 587. Os empregadores que optarem pelo recolhimento da contribuição sindical deverão fazê-lo no mês de janeiro de cada ano, ou, para os que venham a se estabelecer após o referido mês, na ocasião em que requererem às repartições o registro ou a licença para o exercício da respectiva atividade." (NR)

"Art. 602. Os empregados que não estiverem trabalhando no mês destinado ao desconto da contribuição sindical e que venham a autorizar prévia e expressamente o recolhimento serão descontados no primeiro mês subsequente ao do reinício do trabalho.

(...)" (NR)

"Art. 611-A. A convenção coletiva e o acordo coletivo de trabalho têm prevalência sobre a lei quando, entre outros, dispuserem sobre:

I — pacto quanto à jornada de trabalho, observados os limites constitucionais;

II — banco de horas anual;

III — intervalo intrajornada, respeitado o limite mínimo de trinta minutos para jornadas superiores a seis horas;

IV — adesão ao Programa Seguro Emprego (PSE), de que trata a Lei n. 13.189, de 19 de novembro de 2015;

V — plano de cargos, salários e funções compatíveis com a condição pessoal do empregado, bem como identificação dos cargos que se enquadram como funções de confiança;

VI — regulamento empresarial;

VII — representante dos trabalhadores no local de trabalho;

VIII — teletrabalho, regime de sobreaviso, e trabalho intermitente;

IX — remuneração por produtividade, incluídas as gorjetas percebidas pelo empregado, e remuneração por desempenho individual;

X — modalidade de registro de jornada de trabalho;

XI — troca do dia de feriado;

XII — enquadramento do grau de insalubridade;

XIII — prorrogação de jornada em ambientes insalubres, sem licença prévia das autoridades competentes do Ministério do Trabalho;

XIV — prêmios de incentivo em bens ou serviços, eventualmente concedidos em programas de incentivo;

XV — participação nos lucros ou resultados da empresa.

§ 1º No exame da convenção coletiva ou do acordo coletivo de trabalho, a Justiça do Trabalho observará o disposto no § 3º do art. 8º desta Consolidação.

§ 2º A inexistência de expressa indicação de contrapartidas recíprocas em convenção coletiva ou acordo coletivo de trabalho não ensejará sua nulidade por não caracterizar um vício do negócio jurídico.

§ 3º Se for pactuada cláusula que reduza o salário ou a jornada, a convenção coletiva ou o acordo coletivo de trabalho deverão prever a proteção dos empregados contra dispensa imotivada durante o prazo de vigência do instrumento coletivo.

§ 4º Na hipótese de procedência de ação anulatória de cláusula de convenção coletiva ou de acordo coletivo de trabalho, quando houver a cláusula compensatória, esta deverá ser igualmente anulada, sem repetição do indébito.

§ 5º Os sindicatos subscritores de convenção coletiva ou de acordo coletivo de trabalho deverão participar, como litisconsortes necessários, em ação individual ou coletiva, que tenha como objeto a anulação de cláusulas desses instrumentos."

"Art. 611-B. Constituem objeto ilícito de convenção coletiva ou de acordo coletivo de trabalho, exclusivamente, a supressão ou a redução dos seguintes direitos:

I — normas de identificação profissional, inclusive as anotações na Carteira de Trabalho e Previdência Social;

II — seguro-desemprego, em caso de desemprego involuntário;

III — valor dos depósitos mensais e da indenização rescisória do Fundo de Garantia do Tempo de Serviço (FGTS);

IV — salário mínimo;

V — valor nominal do décimo terceiro salário;

VI — remuneração do trabalho noturno superior à do diurno;

VII — proteção do salário na forma da lei, constituindo crime sua retenção dolosa;

VIII — salário-família;

IX — repouso semanal remunerado;

X — remuneração do serviço extraordinário superior, no mínimo, em 50% (cinquenta por cento) à do normal;

XI — número de dias de férias devidas ao empregado;

XII — gozo de férias anuais remuneradas com, pelo menos, um terço a mais do que o salário normal;

XIII — licença-maternidade com a duração mínima de cento e vinte dias;

XIV — licença-paternidade nos termos fixados em lei;

XV — proteção do mercado de trabalho da mulher, mediante incentivos específicos, nos termos da lei;

XVI — aviso prévio proporcional ao tempo de serviço, sendo no mínimo de trinta dias, nos termos da lei;

XVII — normas de saúde, higiene e segurança do trabalho previstas em lei ou em normas regulamentadoras do Ministério do Trabalho;

XVIII — adicional de remuneração para as atividades penosas, insalubres ou perigosas;

XIX — aposentadoria;

XX — seguro contra acidentes de trabalho, a cargo do empregador;

XXI — ação, quanto aos créditos resultantes das relações de trabalho, com prazo prescricional de cinco anos para os trabalhadores urbanos e rurais, até o limite de dois anos após a extinção do contrato de trabalho;

XXII — proibição de qualquer discriminação no tocante a salário e critérios de admissão do trabalhador com deficiência;

XXIII — proibição de trabalho noturno, perigoso ou insalubre a menores de dezoito anos e de qualquer trabalho a menores de dezesseis anos, salvo na condição de aprendiz, a partir de quatorze anos;

XXIV — medidas de proteção legal de crianças e adolescentes;

XXV — igualdade de direitos entre o trabalhador com vínculo empregatício permanente e o trabalhador avulso;

XXVI — liberdade de associação profissional ou sindical do trabalhador, inclusive o direito de não sofrer, sem sua expressa e prévia anuência, qualquer cobrança ou desconto salarial estabelecidos em convenção coletiva ou acordo coletivo de trabalho;

XXVII — direito de greve, competindo aos trabalhadores decidir sobre a oportunidade de exercê-lo e sobre os interesses que devam por meio dele defender;

XXVIII — definição legal sobre os serviços ou atividades essenciais e disposições legais sobre o atendimento das necessidades inadiáveis da comunidade em caso de greve;

XXIX — tributos e outros créditos de terceiros;

XXX — as disposições previstas nos arts. 373-A, 390, 392, 392-A, 394, 394-A, 395, 396 e 400 desta Consolidação.

Parágrafo único. Regras sobre duração do trabalho e intervalos não são consideradas como normas de saúde, higiene e segurança do trabalho para os fins do disposto neste artigo."

"Art. 614. (...)

§ 3º Não será permitido estipular duração de convenção coletiva ou acordo coletivo de trabalho superior a dois anos, sendo vedada a ultratividade." (NR)

"Art. 620. As condições estabelecidas em acordo coletivo de trabalho sempre prevalecerão sobre as estipuladas em convenção coletiva de trabalho." (NR)

"Art. 634. (...)

§ 1º (...)

§ 2º Os valores das multas administrativas expressos em moeda corrente serão reajustados anualmente pela Taxa Referencial (TR), divulgada pelo Banco Central do Brasil, ou pelo índice que vier a substituí-lo." (NR)

"Art. 652. Compete às Varas do Trabalho:

(...)

f) decidir quanto à homologação de acordo extrajudicial em matéria de competência da Justiça do Trabalho.

(...)" (NR)

"Art. 702. (...)

I — (...)

f) estabelecer ou alterar súmulas e outros enunciados de jurisprudência uniforme, pelo voto de pelo menos dois terços de seus membros, caso a mesma matéria já tenha sido decidida de forma idêntica por unanimidade em, no mínimo, dois terços das turmas em pelo menos dez sessões diferentes em cada uma delas, podendo, ainda, por maioria de dois terços de seus membros, restringir os efeitos daquela declaração ou decidir que ela só tenha eficácia a partir de sua publicação no Diário Oficial;

(...)

§ 3º As sessões de julgamento sobre estabelecimento ou alteração de súmulas e outros enunciados de jurisprudência deverão ser públicas, divulgadas com, no mínimo, trinta dias de antecedência, e deverão possibilitar a sustentação oral pelo Procurador-Geral do Trabalho, pelo Conselho Federal da Ordem dos Advogados do Brasil, pelo Advogado-Geral da União e por confederações sindicais ou entidades de classe de âmbito nacional.

§ 4º O estabelecimento ou a alteração de súmulas e outros enunciados de jurisprudência pelos Tribunais Regionais do Trabalho deverão observar o disposto na alínea *f* do inciso I e no § 3º deste artigo, com rol equivalente de legitimados para sustentação oral, observada a abrangência de sua circunscrição judiciária." (NR)

"Art. 775. Os prazos estabelecidos neste Título serão contados em dias úteis, com exclusão do dia do começo e inclusão do dia do vencimento.

§ 1º Os prazos podem ser prorrogados, pelo tempo estritamente necessário, nas seguintes hipóteses:

I — quando o juízo entender necessário;

II — em virtude de força maior, devidamente comprovada.

§ 2º Ao juízo incumbe dilatar os prazos processuais e alterar a ordem de produção dos meios de prova, adequando-os às necessidades do conflito de modo a conferir maior efetividade à tutela do direito." (NR)

"Art. 789. Nos dissídios individuais e nos dissídios coletivos do trabalho, nas ações e procedimentos de competência da Justiça do Trabalho, bem como nas demandas propostas perante a Justiça Estadual, no exercício da jurisdição trabalhista, as custas relativas ao processo de conhecimento incidirão à base de 2% (dois por cento), observado o mínimo de R$ 10,64 (dez reais e sessenta e quatro centavos) e o máximo de quatro vezes o limite máximo dos benefícios do Regime Geral de Previdência Social, e serão calculadas:

(...)" (NR)

"Art. 790. (...)

§ 3º É facultado aos juízes, órgãos julgadores e presidentes dos tribunais do trabalho de qualquer instância conceder, a requerimento ou de ofício, o benefício da justiça gratuita, inclusive quanto a traslados e instrumentos, àqueles que perceberem salário igual ou inferior a 40% (quarenta por cento) do limite máximo dos benefícios do Regime Geral de Previdência Social.

§ 4º O benefício da justiça gratuita será concedido à parte que comprovar insuficiência de recursos para o pagamento das custas do processo." (NR)

"Art. 790-B. A responsabilidade pelo pagamento dos honorários periciais é da parte sucumbente na pretensão objeto da perícia, ainda que beneficiária da justiça gratuita.

§ 1º Ao fixar o valor dos honorários periciais, o juízo deverá respeitar o limite máximo estabelecido pelo Conselho Superior da Justiça do Trabalho.

§ 2º O juízo poderá deferir parcelamento dos honorários periciais.

§ 3º O juízo não poderá exigir adiantamento de valores para realização de perícias.

§ 4º Somente no caso em que o beneficiário da justiça gratuita não tenha obtido em juízo créditos capazes de suportar a despesa referida no *caput*, ainda que em outro processo, a União responderá pelo encargo." (NR)

"Art. 791-A. Ao advogado, ainda que atue em causa própria, serão devidos honorários de sucumbência, fixados entre o mínimo de 5% (cinco por cento) e o máximo de 15% (quinze por cento) sobre o valor que resultar da liquidação da sentença, do proveito econômico obtido ou, não sendo possível mensurá-lo, sobre o valor atualizado da causa.

§ 1º Os honorários são devidos também nas ações contra a Fazenda Pública e nas ações em que a parte estiver assistida ou substituída pelo sindicato de sua categoria.

§ 2º Ao fixar os honorários, o juízo observará:

I — o grau de zelo do profissional;

II — o lugar de prestação do serviço;

III — a natureza e a importância da causa;

IV — o trabalho realizado pelo advogado e o tempo exigido para o seu serviço.

§ 3º Na hipótese de procedência parcial, o juízo arbitrará honorários de sucumbência recíproca, vedada a compensação entre os honorários.

§ 4º Vencido o beneficiário da justiça gratuita, desde que não tenha obtido em juízo, ainda que em outro processo, créditos capazes de suportar a despesa, as obrigações decorrentes de sua sucumbência ficarão sob condição suspensiva de exigibilidade e somente poderão ser executadas se, nos dois anos subsequentes ao trânsito em julgado da decisão que as certificou, o credor demonstrar que deixou de existir a situação de insuficiência de recursos que justificou a concessão de gratuidade, extinguindo-se, passado esse prazo, tais obrigações do beneficiário.

§ 5º São devidos honorários de sucumbência na reconvenção."

"TÍTULO X

(...)

CAPÍTULO II

(...)

Seção IV-A

Da Responsabilidade por Dano Processual

'Art. 793-A. Responde por perdas e danos aquele que litigar de má-fé como reclamante, reclamado ou interveniente.'

'Art. 793-B. Considera-se litigante de má-fé aquele que:

I — deduzir pretensão ou defesa contra texto expresso de lei ou fato incontroverso;

II — alterar a verdade dos fatos;

III — usar do processo para conseguir objetivo ilegal;

IV — opuser resistência injustificada ao andamento do processo;

V — proceder de modo temerário em qualquer incidente ou ato do processo;

VI — provocar incidente manifestamente infundado;

VII — interpuser recurso com intuito manifestamente protelatório.'

'Art. 793-C. De ofício ou a requerimento, o juízo condenará o litigante de má-fé a pagar multa, que deverá ser superior a 1% (um por cento) e inferior a 10% (dez por cento) do valor corrigido da causa, a indenizar a parte contrária pelos prejuízos que esta sofreu e a arcar com os honorários advocatícios e com todas as despesas que efetuou.

§ 1º Quando forem dois ou mais os litigantes de má-fé, o juízo condenará cada um na proporção de seu respectivo interesse na causa ou solidariamente aqueles que se coligaram para lesar a parte contrária.

§ 2º Quando o valor da causa for irrisório ou inestimável, a multa poderá ser fixada em até duas vezes o limite máximo dos benefícios do Regime Geral de Previdência Social.

§ 3º O valor da indenização será fixado pelo juízo ou, caso não seja possível mensurá-lo, liquidado por arbitramento ou pelo procedimento comum, nos próprios autos.'

'Art. 793-D. Aplica-se a multa prevista no art. 793-C desta Consolidação à testemunha que intencionalmente alterar a verdade dos fatos ou omitir fatos essenciais ao julgamento da causa.

Parágrafo único. A execução da multa prevista neste artigo dar-se-á nos mesmos autos.'"

"Art. 800. Apresentada exceção de incompetência territorial no prazo de cinco dias a contar da notificação, antes da audiência e em peça que sinalize a existência desta exceção, seguir-se-á o procedimento estabelecido neste artigo.

§ 1º Protocolada a petição, será suspenso o processo e não se realizará a audiência a que se refere o art. 843 desta Consolidação até que se decida a exceção.

§ 2º Os autos serão imediatamente conclusos ao juiz, que intimará o reclamante e, se existentes, os litisconsortes, para manifestação no prazo comum de cinco dias.

§ 3º Se entender necessária a produção de prova oral, o juízo designará audiência, garantindo o direito de o excipiente e de suas testemunhas serem ouvidos, por carta precatória, no juízo que este houver indicado como competente.

§ 4º Decidida a exceção de incompetência territorial, o processo retomará seu curso, com a designação de audiência, a apresentação de defesa e a instrução processual perante o juízo competente." (NR)

"Art. 818. O ônus da prova incumbe:

I — ao reclamante, quanto ao fato constitutivo de seu direito;

II — ao reclamado, quanto à existência de fato impeditivo, modificativo ou extintivo do direito do reclamante.

§ 1º Nos casos previstos em lei ou diante de peculiaridades da causa relacionadas à impossibilidade ou à excessiva dificuldade de cumprir o encargo nos termos deste artigo ou à maior facilidade de obtenção da prova do fato contrário, poderá o juízo atribuir o ônus da prova de modo diverso, desde que o faça por decisão fundamentada, caso em que deverá dar à parte a oportunidade de se desincumbir do ônus que lhe foi atribuído.

§ 2º A decisão referida no § 1º deste artigo deverá ser proferida antes da abertura da instrução e, a requerimento da parte, implicará o adiamento da audiência e possibilitará provar os fatos por qualquer meio em direito admitido.

§ 3º A decisão referida no § 1º deste artigo não pode gerar situação em que a desincumbência do encargo pela parte seja impossível ou excessivamente difícil." (NR)

"Art. 840. (...)

§ 1º Sendo escrita, a reclamação deverá conter a designação do juízo, a qualificação das partes, a breve exposição dos fatos de que resulte o dissídio, o pedido, que deverá ser certo, determinado e com indicação de seu valor, a data e a assinatura do reclamante ou de seu representante.

§ 2º Se verbal, a reclamação será reduzida a termo, em duas vias datadas e assinadas pelo escrivão ou secretário, observado, no que couber, o disposto no § 1º deste artigo.

§ 3º Os pedidos que não atendam ao disposto no § 1º deste artigo serão julgados extintos sem resolução do mérito." (NR)

"Art. 841. (...)

§ 3º Oferecida a contestação, ainda que eletronicamente, o reclamante não poderá, sem o consentimento do reclamado, desistir da ação." (NR)

"Art. 843. (...)

§ 3º O preposto a que se refere o § 1º deste artigo não precisa ser empregado da parte reclamada." (NR)

"Art. 844. (...)

§ 1º Ocorrendo motivo relevante, poderá o juiz suspender o julgamento, designando nova audiência.

§ 2º Na hipótese de ausência do reclamante, este será condenado ao pagamento das custas calculadas na forma do art. 789 desta Consolidação, ainda que beneficiário da justiça gratuita, salvo se comprovar, no prazo de quinze dias, que a ausência ocorreu por motivo legalmente justificável.

§ 3º O pagamento das custas a que se refere o § 2º é condição para a propositura de nova demanda.

§ 4º A revelia não produz o efeito mencionado no *caput* deste artigo se:

I — havendo pluralidade de reclamados, algum deles contestar a ação;

II — o litígio versar sobre direitos indisponíveis;

III — a petição inicial não estiver acompanhada de instrumento que a lei considere indispensável à prova do ato;

IV — as alegações de fato formuladas pelo reclamante forem inverossímeis ou estiverem em contradição com prova constante dos autos.

§ 5º Ainda que ausente o reclamado, presente o advogado na audiência, serão aceitos a contestação e os documentos eventualmente apresentados." (NR)

"Art. 847. (...)

Parágrafo único. A parte poderá apresentar defesa escrita pelo sistema de processo judicial eletrônico até a audiência." (NR)

"TÍTULO X

(...)

CAPÍTULO III

(...)

Seção IV

Do Incidente de Desconsideração da Personalidade Jurídica

'Art. 855-A. Aplica-se ao processo do trabalho o incidente de desconsideração da personalidade jurídica previsto nos arts. 133 a 137 da Lei n. 13.105, de 16 de março de 2015 — Código de Processo Civil.

§ 1º Da decisão interlocutória que acolher ou rejeitar o incidente:

I — na fase de cognição, não cabe recurso de imediato, na forma do § 1º do art. 893 desta Consolidação;

II — na fase de execução, cabe agravo de petição, independentemente de garantia do juízo;

III — cabe agravo interno se proferida pelo relator em incidente instaurado originariamente no tribunal.

§ 2º A instauração do incidente suspenderá o processo, sem prejuízo de concessão da tutela de urgência de natureza cautelar de que trata o art. 301 da Lei n. 13.105, de 16 de março de 2015 (Código de Processo Civil).'"

"CAPÍTULO III-A

DO PROCESSO DE JURISDIÇÃO VOLUNTÁRIA PARA HOMOLOGAÇÃO DE ACORDO EXTRAJUDICIAL

'Art. 855-B. O processo de homologação de acordo extrajudicial terá início por petição conjunta, sendo obrigatória a representação das partes por advogado.

§ 1º As partes não poderão ser representadas por advogado comum.

§ 2º Faculta-se ao trabalhador ser assistido pelo advogado do sindicato de sua categoria.'

'Art. 855-C. O disposto neste Capítulo não prejudica o prazo estabelecido no § 6º do art. 477 desta Consolidação e não afasta a aplicação da multa prevista no § 8º art. 477 desta Consolidação.'

'Art. 855-D. No prazo de quinze dias a contar da distribuição da petição, o juiz analisará o acordo, designará audiência se entender necessário e proferirá sentença.'

'Art. 855-E. A petição de homologação de acordo extrajudicial suspende o prazo prescricional da ação quanto aos direitos nela especificados.

Parágrafo único. O prazo prescricional voltará a fluir no dia útil seguinte ao do trânsito em julgado da decisão que negar a homologação do acordo.'"

"Art. 876. (...)

Parágrafo único. A Justiça do Trabalho executará, de ofício, as contribuições sociais previstas na alínea a do inciso I e no inciso II do *caput* do art. 195 da Constituição Federal, e seus acréscimos legais, relativas ao objeto da condenação constante das sentenças que proferir e dos acordos que homologar." (NR)

"Art. 878. A execução será promovida pelas partes, permitida a execução de ofício pelo juiz ou pelo Presidente do Tribunal apenas nos casos em que as partes não estiverem representadas por advogado.

Parágrafo único. (Revogado)." (NR)

"Art. 879. (...)

§ 2º Elaborada a conta e tornada líquida, o juízo deverá abrir às partes prazo comum de oito dias para impugnação fundamentada com a indicação dos itens e valores objeto da discordância, sob pena de preclusão.

(...)

§ 7º A atualização dos créditos decorrentes de condenação judicial será feita pela Taxa Referencial (TR), divulgada pelo Banco Central do Brasil, conforme a Lei n. 8.177, de 1º de março de 1991." (NR)

"Art. 882. O executado que não pagar a importância reclamada poderá garantir a execução mediante depósito da quantia correspondente, atualizada e acrescida das despesas processuais, apresentação de seguro-garantia judicial ou nomeação de bens à penhora, observada a ordem preferencial estabelecida no art. 835 da Lei n. 13.105, de 16 de março de 2015 — Código de Processo Civil." (NR)

"Art. 883-A. A decisão judicial transitada em julgado somente poderá ser levada a protesto, gerar inscrição do nome do executado em órgãos de proteção ao crédito ou no Banco Nacional de Devedores Trabalhistas (BNDT), nos termos da lei, depois de transcorrido o prazo de quarenta e cinco dias a contar da citação do executado, se não houver garantia do juízo."

"Art. 884. (...)

§ 6º A exigência da garantia ou penhora não se aplica às entidades filantrópicas e/ou àqueles que compõem ou compuseram a diretoria dessas instituições." (NR)

"Art. 896. (...)

§ 1º-A. (...)

IV — transcrever na peça recursal, no caso de suscitar preliminar de nulidade de julgado por negativa de prestação jurisdicional, o trecho dos embargos declaratórios em que foi pedido o pronunciamento do tribunal sobre questão veiculada no recurso ordinário e o trecho da decisão regional que rejeitou os embargos quanto ao pedido, para cotejo e verificação, de plano, da ocorrência da omissão.

(...)

§ 3º (Revogado).

§ 4º (Revogado).

§ 5º (Revogado).

§ 6º (Revogado).

(...)

§ 14. O relator do recurso de revista poderá denegar-lhe seguimento, em decisão monocrática, nas hipóteses de intempestividade, deserção, irregularidade de representação ou de ausência de qualquer outro pressuposto extrínseco ou intrínseco de admissibilidade." (NR)

"Art. 896-A. (...)

§ 1º São indicadores de transcendência, entre outros:

I — econômica, o elevado valor da causa;

II — política, o desrespeito da instância recorrida à jurisprudência sumulada do Tribunal Superior do Trabalho ou do Supremo Tribunal Federal;

III — social, a postulação, por reclamante-recorrente, de direito social constitucionalmente assegurado;

IV — jurídica, a existência de questão nova em torno da interpretação da legislação trabalhista.

§ 2º Poderá o relator, monocraticamente, denegar seguimento ao recurso de revista que não demonstrar transcendência, cabendo agravo desta decisão para o colegiado.

§ 3º Em relação ao recurso que o relator considerou não ter transcendência, o recorrente poderá realizar sustentação oral sobre a questão da transcendência, durante cinco minutos em sessão.

§ 4º Mantido o voto do relator quanto à não transcendência do recurso, será lavrado acórdão com fundamentação sucinta, que constituirá decisão irrecorrível no âmbito do tribunal.

§ 5º É irrecorrível a decisão monocrática do relator que, em agravo de instrumento em recurso de revista, considerar ausente a transcendência da matéria.

§ 6º O juízo de admissibilidade do recurso de revista exercido pela Presidência dos Tribunais Regionais do Trabalho limita-se à análise dos pressupostos intrínsecos e extrínsecos do apelo, não abrangendo o critério da transcendência das questões nele veiculadas." (NR)

"Art. 899. (...)

§ 4º O depósito recursal será feito em conta vinculada ao juízo e corrigido com os mesmos índices da poupança.

§ 5º (Revogado).

(...)

§ 9º O valor do depósito recursal será reduzido pela metade para entidades sem fins lucrativos, empregadores domésticos, microempreendedores individuais, microempresas e empresas de pequeno porte.

§ 10. São isentos do depósito recursal os beneficiários da justiça gratuita, as entidades filantrópicas e as empresas em recuperação judicial.

§ 11. O depósito recursal poderá ser substituído por fiança bancária ou seguro garantia judicial." (NR)

Art. 2º A Lei n. 6.019, de 3 de janeiro de 1974, passa a vigorar com as seguintes alterações:

"Art. 4º-A. Considera-se prestação de serviços a terceiros a transferência feita pela contratante da execução de quaisquer de suas atividades, inclusive sua atividade principal, à pessoa jurídica de direito privado prestadora de serviços que possua capacidade econômica compatível com a sua execução.

(...)" (NR)

"Art. 4º-C. São asseguradas aos empregados da empresa prestadora de serviços a que se refere o art. 4º-A desta Lei, quando e enquanto os serviços, que podem ser de qualquer uma das atividades da contratante, forem executados nas dependências da tomadora, as mesmas condições:

I — relativas a:

a) alimentação garantida aos empregados da contratante, quando oferecida em refeitórios;

b) direito de utilizar os serviços de transporte;

c) atendimento médico ou ambulatorial existente nas dependências da contratante ou local por ela designado;

d) treinamento adequado, fornecido pela contratada, quando a atividade o exigir.

II — sanitárias, de medidas de proteção à saúde e de segurança no trabalho e de instalações adequadas à prestação do serviço.

§ 1º Contratante e contratada poderão estabelecer, se assim entenderem, que os empregados da contratada farão jus a salário equivalente ao pago aos empregados da contratante, além de outros direitos não previstos neste artigo.

§ 2º Nos contratos que impliquem mobilização de empregados da contratada em número igual ou superior a 20% (vinte por cento) dos empregados da contratante, esta poderá disponibilizar aos empregados da contratada os serviços de alimentação e atendimento ambulatorial em outros locais apropriados e com igual padrão de atendimento, com vistas a manter o pleno funcionamento dos serviços existentes."

"Art. 5º-A. Contratante é a pessoa física ou jurídica que celebra contrato com empresa de prestação de serviços relacionados a quaisquer de suas atividades, inclusive sua atividade principal.

(...)" (NR)

"Art. 5º-C. Não pode figurar como contratada, nos termos do art. 4º-A desta Lei, a pessoa jurídica cujos titulares ou sócios tenham, nos últimos dezoito meses, prestado serviços à contratante na qualidade de empregado ou trabalhador sem vínculo empregatício, exceto se os referidos titulares ou sócios forem aposentados."

"Art. 5º-D. O empregado que for demitido não poderá prestar serviços para esta mesma empresa na qualidade de empregado de empresa prestadora de serviços antes do decurso de prazo de dezoito meses, contados a partir da demissão do empregado."

Art. 3º O art. 20 da Lei n. 8.036, de 11 de maio de 1990, passa a vigorar acrescido do seguinte inciso I-A:

"Art. 20. (...)

I-A — extinção do contrato de trabalho prevista no art. 484-A da Consolidação das Leis do Trabalho (CLT), aprovada pelo Decreto-Lei n. 5.452, de 1º de maio de 1943;

(...)" (NR)

Art. 4º O art. 28 da Lei n. 8.212, de 24 de julho de 1991, passa a vigorar com as seguintes alterações:

"Art. 28. (...)

§ 8º (Revogado).

a) (revogada);

(...)

§ 9º (...)

h) as diárias para viagens;

(...)

q) o valor relativo à assistência prestada por serviço médico ou odontológico, próprio da empresa ou por ela conveniado, inclusive o reembolso de despesas com medicamentos, óculos, aparelhos ortopédicos, próteses, órteses, despesas médico-hospitalares e outras similares;

(...)

z) os prêmios e os abonos.

(...)" (NR)

Art. 5º Revogam-se:

Lei n. 5.452, de 1º de maio de 1943:

a) § 3º do art. 58;

b) § 4º do art. 59;

c) art. 84;

d) art. 86;

e) art. 130-A;

f) § 2º do art. 134;

g) § 3º do art. 143;

h) parágrafo único do art. 372;

i) art. 384;

j) §§ 1º, 3º e 7º do art. 477;

k) art. 601;

l) art. 604;

m) art. 792;

n) parágrafo único do art. 878;

o) §§ 3º, 4º, 5º e 6º do art. 896;

p) § 5º do art. 899;

II — a alínea *a* do § 8º do art. 28 da Lei n. 8.212, de 24 de julho de 1991;

III — o art. 2º da Medida Provisória n. 2.226, de 4 de setembro de 2001.

Art. 6º Esta Lei entra em vigor após decorridos cento e vinte dias de sua publicação oficial.

Brasília, 13 de julho de 2017; 196º da Independência e 129º da República.

MICHEL TEMER
Torquato Jardim
Ronaldo Nogueira de Oliveira